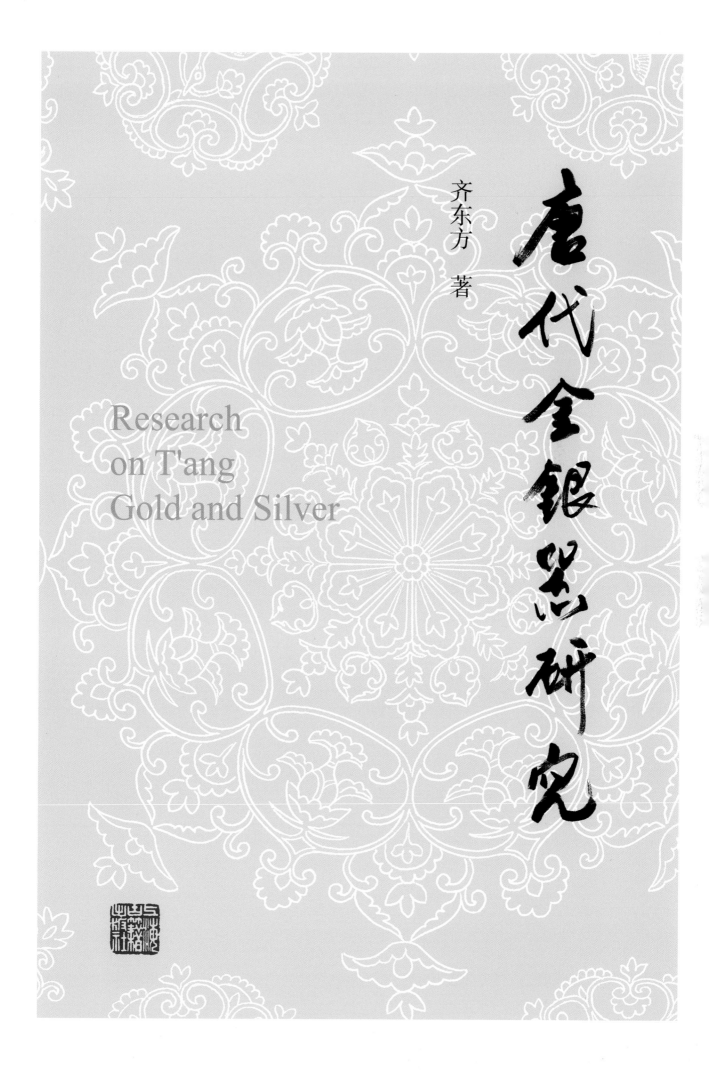

齐东方　著

Research
on T'ang
Gold and Silver

唐代金银器研究

齐东方，北京大学考古文博学院教授，从事汉唐考古的教学与科研，研究涉及墓葬制度、丝绸之路、吐谷浑余部历史以及金银器、马具、玻璃器、陶俑等领域。著作有《走进死亡之海》《唤醒沉睡的王国》《我在考古现场》《碰撞与交融：考古发现与外来文化》《行走在汉唐之间》等。

金银具有自然魅力和永恒价值，古今中外，金银经常以货币、赋税、赏赐、贡奉、赠送、施舍、悬赏、贿赂、赌博、陈列、观赏等多种功能，直接参与了丰富多彩的人类社会生活。经济学家把它们看作是价值尺度，艺术家把它们作为精美的艺术作品材料，商人和收藏家把它们当成财富，每个普通人也都或多或少地与金银发生联系。

Contents

目　录

序　言

Preface

黄金、白银的自然魅力和永恒价值，使古今中外的人们对它们发生浓厚的兴趣：商人把它们当成财富，经济学家把它们视为价值尺度，艺术家将它们作为精美的艺术作品材料，而每个普通的人都或多或少地与黄金、白银发生联系。

那么对考古学家来说，黄金和白银意味着什么？

1836年，丹麦学者汤姆森（Christian Jürgensen Thomsen, 1788～1865年）分析出人类的发展经历了石器时代、青铜时代和铁器时代。这一划分方法对历史、考古学研究产生了深远的影响。没有黄金、白银时代的说法，是因为它们没有对人类社会的发展起到划时代的推动作用。但是，黄金、白银大约是人类最早利用的金属，而且与铜、铁等其他金属不同，它们一被认识和利用，便始终与人类社会生活紧密伴随，从未衰落。在中国考古学以器物质料分类的研究中，人们对商周以后的铜器没有兴趣，对汉代以后的铁器也缺乏热情，显然是因为那些遗物已不再是影响社会发展的主要因素，也不代表物质文化的主流。黄金和白银遗物从未成为某一时代具有重要标志性的器类，却也不曾有衰落的过程，如同它们自身的价值一样，是历代研究中"永恒"的题材。

在人类社会生活中，黄金、白银及其器物体现出生活实用、观赏陈列、财富保存等多重价值，它们以货币、赋税、赏赐、贡奉、赠送、施舍、悬赏、贿赂、赌博等多种功能，直接参与了丰富多彩的社会政治、经济、文化乃至军事生活，成为社会发展的润滑剂，也影响着人们的思想和行为，甚至在汉语词汇中都成了比喻事物的典范。如形容不可改变的原则时叫"金科玉律"，比喻时间宝贵称"一刻千金"，表示坚不可摧叫"固若金汤"，而写文章精炼和改文章精彩则叫"惜墨如金""点石成金"，至于奢华而腐朽的生活被说成是"纸醉金迷"，一个人由坏向好的转变称作"浪子回头金不换"等等，金银的价值观念已经渗透到人们的思想深处。正因为如此，人们对金、银强烈的占有欲望和疯狂追求产生了无数历史传奇。8世纪的突厥人借口唐皇室赠送的黄金是假货，悍然发动了狼烟四起的战争；19世纪的"淘金热"，使数以万计的炎黄子孙东渡浩瀚的太平洋，到美洲的加利福尼亚去实现发财的梦想。1851年澳大利亚的一块土地上发现了黄金，采金人的涌入使这里变成了澳大利亚第一个首都墨尔本。金银驱动着社会不断进步和发展，也诱发出人类灵魂的丑陋和罪恶。

黄金、白银对社会发展产生的作用才是考古学者研究金银及其器物的深层次的目的和意义。

然而，对黄金、白银的研究，从未像青铜、铁、陶瓷、丝绸等质料那样出现一部部的专著，寥若晨星的文章散见在各种书刊中。原因并不令人费解，除了黄金、白银没有像青铜、铁一样成为人类进步划时代的象征外，它们的出土发现远不如其他质料的遗物多，而且几乎每件器物都是珍贵文物，亲眼看见的机会不多，而对视觉观察实物极为重要的考古学来说，看不到实物的研究自然是十分困难的。与金银器自身的灿烂辉煌相比，对它们的研究显得格外苍白。

中国古代金银器的发展直到唐代才令人改观。在中国，金银的开采、冶炼和器物制造技艺经历了漫长而缓慢的发展历程，到唐代才发展到相当高的水准。在国泰民安、财富聚集、相对自由的大唐帝国，奢靡享乐之风盛行，金银器物便成了人们的追求。正是此刻，"丝绸之路"兴盛畅通，中亚、西亚及地中海沿岸国家的金银器物的大量传入，犹如"万事俱备"之后的"东风"一样，为唐代金银器的飞速发展带来了契机。于是，如积累沉淀的巨大能量突然爆发，唐代金银器以从未有过的崭新面貌出现在历史舞台上。

唐代没有哪类物品像金银器那样造型别致、纹样丰富、工艺精巧。古人在金银器物制作上倾注的热情和聪明才智远远超过对其他物品的投入。丰富多彩的金银器，微妙地与唐代社会的变化紧密联系在一起，继往开来的唐代金银器又在中国金银器发展中发挥着重要的作用。就整个中国古代金银器而言，相比溯源和追流，首先把唐代金银器清理一番更是当务之急。因此，从考古、历史和中外关系的角度为唐代金银器写本书是十分必要的。

如果仅仅把金银器当成青铜、铁、陶瓷、丝绸等不同质料的考古学类别对待，将失去金银器研究的特别意义。仔细观察这些器物的造型、纹样和制法，不仅会惊叹唐朝艺匠卓越的创造才能和人们的艺术品位，也不难发现外来文化与中国传统巧妙的融合。金银器在历史中扮演的奇特角色是通常的考古遗物中未曾见到的。

收集有关古代金银器的资料是一项艰苦细致而又十分繁琐的工作，但材料占有多少对研究者来说至关重要。以往学者的著作主要有陆九皋、韩伟的《唐代金银器》、韩伟的《海内外唐代金银器萃编》、瑞典俞博（Bo Gyllensvord）的《唐代金银器》《卡尔·凯波收藏的中国金银和陶瓷器》，美国威廉（Clarence W. Kelley）的《美国收藏的中国金银器》。这些著作总共涉及唐代金银器皿300多件，是我主要依靠的资料。在此基础上，截止到1998年，我共收集到唐代金银器皿1 000多件，还收集了大量唐以前的金银器资料。当然，本书的目的不是提供一个资料大全。作为学术研究必须对材料加以选择：被我剔出不用的器物，一是那些重复的器物，即在同样的器物中往往仅选一件。二是考古发掘报告中提到却没有图片的器物。三是由于印刷质量等问题，报告提供的图片模糊不清、无法利用的器物[①]。

---

① 湖南麻阳县发现唐代金银器28件（参见怀化地区博物馆等：《湖南麻阳县发现唐代窖藏银器》，《文博》1993年1期），但图片模糊不清，而且同类器物在其他遗址中亦有出土，故本书未采用。

四是有的器物的真伪引起我的怀疑，故不采纳。遗憾的是，收藏在外国的唐代金银器，个人藏品、博物馆藏品有关报道发表零散，收藏地点时有改变，我无条件一一核对，可能会有错误，更可能遗漏。最后我选择的器物有近500件。在材料收集和选择中，我尤其重视的是地下发掘品，因为经过科学发掘的物品不需要进行真伪鉴定，而准确的出土地点、出土时间、遗迹的环境、伴出的器物等等无疑为研究提供了更广阔的空间。

研究唐代金银器，光凭金银器自身的资料是远远不够的。我还利用了以下三方面的资料：（1）与唐代金银器关系密切的壁画、铜器、陶瓷器等。一个时代的遗物，尽管质料不同，但在造型、纹样、工艺等方面常常具有共同性，是唐代金银器研究的重要参考。（2）相当于唐代及稍早的外国金银器也是重要参考，特别是粟特、萨珊银器与唐代关系密切，这些资料主要得益于马尔萨克（Б. И. Маршак）的《粟特银器》和波普（A. U. Pope）的《波斯艺术综述》。（3）世界上没有哪个国家能像中国唐朝那样留下丰富的文献史料，在浩如烟海、记录零散的古代文献中寻找与金银器有关的史料，我虽然竭尽全力，但仍不能保证没有遗漏。

在资料准备基础上，我的研究最后解决了如下问题：

1. 考古学的分期研究

唐朝的300年间，最初是中国的征服、移民时代，并引发出中亚地区一系列民族的迁徙，唐朝对外扩张的同时，也接受着外来文化的入侵。紧接着的"盛唐时期"，富裕、奢侈和文化的复兴，把唐朝带到辉煌的顶峰。而"安史之乱"后唐朝的形势急转直下，战乱与藩镇割据，使辉煌的唐朝在10世纪消失于历史舞台。历史发展与金银器的演变有关，这就必须有一个分期的框架。分期很大程度上是主观的，我所作的是纠正了以往对某些器物断代的错误，并试图把金银器的分期与唐代历史更紧密地联系在一起。

我把唐代金银器分为"飞速发展时期""成熟时期""普及和多样化时期"。

7世纪至8世纪初是"飞速发展时期"。唐夺取政权后，便立即经营西部，太宗和高宗时期，唐朝对西域的五次重大军事行动及其胜利，打通了中国王朝与西方交往的商路，并在西域设置了许多行政机构。唐高宗、武则天时期，国内稳定，中西交通繁荣，包括金银器在内的西方物品大量传入中国。同时中国金银矿的普遍开采，中央政府又专门设立了金银作坊，使金银器生产迅速发展。通过"丝绸之路"输入到中国的中亚、西亚和地中海沿岸东罗马等地的金银器对中国产生了强烈影响。7世纪至8世纪中叶，唐代金银器中流行的高足杯、带把杯、长杯，纹样盛行的忍冬纹、缠枝纹、葡萄纹、联珠纹、绳索纹等，这些非中国传统的器物形制和纹样，十分明显是在西方文化影响下出现的，西方盛行的捶揲技术也被唐代工匠全面掌握，不仅器物形态捶揲制成，器表又捶出凹凸变化的纹样轮廓，再錾刻细部纹样。将另外制成的凹凸起伏的花纹片，嵌或贴在器胎上，焊接后整体为半浮雕式，更是直接学习了西方金银器皿的做法。由于中西方在政治、宗教、艺术等传统上的差异，地理环境、生活习俗上的不同，唐朝在接受西方器物影响的同时，也开始了创新，使器物的造型、纹样变得更适合中国人的使用和观赏。

8世纪中叶至8世纪末是"成熟时期"。8世纪前半叶，唐朝国势强大、经济繁荣，学术、文化出现了各种流派、各种风格，这一社会背景对金银器创作产生了影响。唐朝工匠经历了从7世纪到8世纪初约100年的生产实践后，完全摆脱了西方模式，按自身民族化的方向发展。新一代工匠所受的盛唐文化熏陶，与早期工匠受"胡化之风"的影响不同，因此，金银器制作便以一种崭新的面目出现了。高足杯、带把杯、长杯和忍冬纹、葡萄纹极少见到，新出现了各种壶、盘、盒，器皿的外形多作成四五曲花形。宝相花纹、折枝纹、团花纹兴起。纹样布局疏朗，内容写实。少数器物上与西方金银器相似之处不再是直接来自西方金银器的影响，而是继承了前期器物的特点，器物的形制和纹样大多是既不见于西方器物，也少见于此前中国传统器物的创新作品。

9世纪是"普及和多样化时期"。9世纪，唐代方镇割据势力强大，中央集权衰落，与西方等周边地区的往来也进入低潮。两税法实施后，社会经济也出现改变，商品市场得到发展，特别是南方经济发展迅速。唐代前期，金银器生产主要由中央控制的局面被打破，地方官府及私营的金银器作坊出现。金银器是高级贵族用品，9世纪的所谓普及和多样化只是相对前两期而言的。金银器的商品化，使器物更具实用性，一些富裕的百姓也开始使用金银器物，尤其是在南方地区较盛。金银器的商品化，也使许多器物形制趋向单薄、简洁，而器物种类却大增。目前已知唐代金银器中的茶具类、香宝子、羹碗子、波罗子、蒲篮、温器、筹筒、龟盒、支架等器类均属这一时期的产品。碗、盒、盘的形制也发生了大的变化，流行花口、浅腹斜壁碗和四五曲花形带足的盒、葵花形的盘等。折枝纹种类繁多，并以阔叶大花为特点。鸳鸯、鹦鹉、鸿雁、双鱼等纹样成为人们喜爱的动物题材，新出现荷叶纹、绶带纹、叶瓣纹。纹样风格自由随意，具有浓厚的民间生活气息。带有刻铭的器物增多。

2. 唐代金银器的历史渊源和兴盛原因的研究

唐代金银器出现的繁荣是多种原因共同作用的结果。我用了三个章节对唐代以前的中国金银器进行了全面论述，虽然这不是本书的重点，也显得简略，但对于正确地理解和阐述唐代金银器是绝对必要的。

唐代继承和发展了汉代以来对金银所有的神秘观念，同时又把金银器皿的使用渗透到社会等级观念之中。皇室和权贵们对金银器物的喜好，使一些人通过进奉金银器取得了帝王的宠幸。在宫廷斗争、外交活动、军事战争等方面，金银器成为收买、赏赐的主要物品。所有这些都为唐代金银器物的制造发展提供了契机，促使金银器越做越精美，越做越多。如文献中记录9世纪前半叶王播任淮南节度使期间有三次进奉金银器，最多的一次"进大小银碗三千四百枚"。三次进奉的金银器皿达5 900多件。而帝王用于赏赐的金银器在文献记载中更比比皆是。

金银采矿、冶炼、征收、作坊等整套完备组织和制度，是唐代金银器得以蓬勃发展的保证。《新唐书·地理志》载唐代产、贡金的府州73处，产、贡银的府州68处。采矿经营有官府和私人两大系统，允许私人采矿是唐朝的基本政策。政府对民间金银开采的鼓励，促进了金银矿业的开发，政府也从税收中获益，如唐朝的伊阳县中的一个银矿每年交税银就达千两之多。不少州府被指定要交纳金银，也可以用银来代替其他税收。唐代金银产量之高前所未有。唐代银器经过测定的纯度都很高，一般在98%以上，可见唐代银的冶炼技术也十分高超。

8世纪中叶以前，唐代金银器制作基本由中央政府和皇室垄断，十分明确的机构是掌冶署和金银作坊院。9世纪唐皇室作坊文思院兴盛。技艺高超的巧匠，几乎是强制性被征调为官府服役，各地有熟练技术的金银工匠集中于官府作坊，他们之间可以相互学习、取长补短。官府作坊中原材料充足，生产条件优越，产品不计成本，可全心全意地进行创作。官府作坊的每件产品制成后，参与者的人名按其不同身份由低向高排列刻在器物上，严格的监督、检验程序，使产品质量极大提高。唐代还制定了教授、培养后备人才的制度，金银器制作要学习四年，通过严格考核后方能成为正式工匠，官府工匠的后代优先被选择继承父业。

从考古发现带刻铭的金银器看，有越州（今浙江绍兴）、宣州（今安徽宣州）、桂州（今广西桂林）、洪州（今江西南昌）等，表明南方地区一些州设金银制造作坊。丁卯桥和下莘桥两处银器窖藏，许多器物造型一样，尺寸相同，显然是定做或出卖的商品；而银器上出现许多工匠的名字，文献记载的私人作坊、行会等，都是以前从未有过的，是地方官府作坊和私营作坊发展成熟的标志。

3. 唐代金银器与外来文明的研究

我不得不花费三分之一的篇幅来讨论这一问题，是因为外来文化对唐代金银器发展的影响极其重要。唐代的前半期是崇尚外来物品的时代。中国长安、洛阳居住着来自突厥、回鹘、波斯、吐火罗和粟特等地的外国人，他们享受着与唐朝人一样的待遇，开设自己的宗教寺院，与内地人通婚，甚至当上唐朝的官吏。商人们还乐意居住在河西走廊的各个城镇，以便利地获取商贸利益。都城长安的市场和河西走廊成为推销外国货的主要地点，也是文化交汇融合之地。外来物品给唐朝人带来了新奇和丰富的想象，启发了人们的思想，改变了人们的行为。

以往的学者如美国的薛爱华（E. H. Shafer）、中国的向达等对文献记载的中外关系进行过全面的研究，尽管他们深深地感到并极力推崇考古发现的重要性，然而，他们所处的时代没能为他们的研究提供更多的帮助。如今我们可以主要依据地下出土的文物，而不是主要依据文献，系统而详细地阐述唐代的外来文明问题。考古发现的陶俑、壁画、金银器、玻璃器等，完全可领略出唐代长安国际都市的风采。而不易腐朽、容易在地下保存的金银器，也成为发掘出土较多的文物。作为文化传播的媒介，金银器的造型、纹样丰富，包含的信息量更多，而它们质地的珍贵，又首先影响着社会上层贵族的生活和思想，也引起广大普通市民的效仿。

关于唐代金银器与外来文明的问题，我提出了对唐代产生重要影响的萨珊、粟特、罗马-拜占庭三个系统。中亚、西亚及地中海沿岸古代国家复杂的历史背景和金银器皿自身内涵的多样性，决定了它们本身常常是多种文化的集合。因此并不意味着三个系统对中国的影响可以截然分开。但是西方不同地区的文化在向中国传播时，产生的影响是不同的，三个系统的划分或许对历史研究更有意义。

粟特银器与唐代银器的关系最密切。我考证出十几件过去被认为是唐代银器的银带把壶、银带把杯、银长杯、银盘、银碗是粟特输入品，并通过个别器物、一类器物、一批器物分别论述了粟特与唐代银器的关系。还进一步讨论了唐代金银器对粟特的影响问题。

中国与萨珊往来最密切的是在北魏至唐初，目前中国仅出土萨珊银币已达3 000多枚，中国在4世纪至6世纪的墓葬中发现许多萨珊银器、玻璃器。唐代萨珊与中国通使29次，萨珊商人和后来的皇室遗族来到中国的历史事件，表明了两地关系的密切。萨珊式的金银长杯是唐代流行的器物。银器的纹样如绳索纹圆框内饰带翼的狮、鹿等"徽章式纹样"，显然接受了萨珊艺术的内容。

唐代前期流行的高足杯类，可能源于罗马-拜占庭的影响。对海上交通并不陌生的罗马-拜占庭人，很早就通过南海与中国交往。因此，罗马人常用的高足杯在中国南方有较多的铜、锡、陶瓷仿造品，唐代前期流行一时的银高足杯是受罗马-拜占庭器物影响的可能性很大。当然，由于萨珊、粟特控制着中国通往拜占庭的陆路要道，不能排除这种影响是间接的。

考古学、美术史研究面对的是实物，在上述研究中我尽可能地随文配有插图和照片。虽然用了约2 000幅图片，仍嫌不足，但基本上可以看出唐代及其以前中国古代金银器的大致面貌。

唐代金银器的考古学研究

Archaeological Study
on the Gold & Silver of the T'ang Dynasty

唐代金银器的发现与研究

Discovery and Study on the Gold & Silver of the T'ang Dynasty

　　唐代金银器，代表了当时金属工艺的最高水平。它们在形制、纹样和工艺技术上显示出的丰富内容，是其他质料的器物无法比拟的。金银器的形制多种多样，超过其他所有质料器物的种类类型，与人们的起居生活、风俗习惯关系密切。金银器上的纹样，几乎包括了唐代流行的装饰花纹的全部，表现出人们的思想观念和审美情趣。金银器精良的质地和精湛的制作技术，反映了唐代金银采矿、冶炼和制作工艺的卓越成就。

　　中国古代金银器，发展至唐代才兴盛起来。目前考古发现的唐以前历代的金银器皿，总共不过几十件，唐代的数量猛增，已发现几千件。

　　唐代是中西文化交流的繁荣时期，也是一个兼容并蓄、善于吸收周边文化和外国文化的时期。金银器的兴盛发展，与外来文化的影响有极为密切的关系。汉唐是中国历史上为人们称道的"盛世"，唐代文化之有别于汉代文化而成为中国历史上又一个高峰，一定程度上得益于外来文化影响，而外来文化影响在唐代金银器中表现得尤为明显。目前出土的唐代金银器皿中，不仅有外国输入品，还有一些仿制品，加之以大量的创新作品，都直接地反映了中西文化的交流与融合。

　　金银器物几乎件件都是珍贵的艺术品。考古学、美术史研究的最终目的是从遗迹和遗物中了解一个社会的历史，由确定了时代归属及彼此之间联系的器物组成的群体便是社会某一侧面的缩影。金银器和其他考古发现的遗物一样，质地、形制、纹样、色彩、制法等要素包涵许多当时社会的信息，不仅使文献记载的史实形象化，还可补充文献记载的不足，甚至填补历史记录的空白。

　　金银器因质料珍贵、外观华丽，具有生活实用、观赏陈设，甚至货币职能等多重价值，有别于其他质料的物品。从历史文献记录和考古出土的实物看，金银器被用于赏赐、贡奉、赠送、贿赂、赋税、施舍、悬赏、赌博、储存等多方面，与社会经济、政治生活的关系较其他质料的遗物更密切。特殊的质地决定了金银器只能为社会上的少数人占有，表现出比较独特的风格，而且影响着其他器物的制造，领导着时代变化的潮流。在唐代考古学研究中，从金银器的发展和演变，可以发现人们审美情趣、思想意识，甚至社会等级制度的变化。所以，金银器的研究，不仅是考古学、美术史中的一个门类，对唐代社会的探讨也有一定的意义。

一、唐代金银器的考古发现

Archaeological Finds on the Gold & Silver of the T'ang Dynasty

　　金、银的价值和社会功能，决定了它们作为财富的特殊象征和代表物，被人们所追求、占有。因得之不易，古代又没有特别的储藏设施，人们保存金银最安全的办法就是秘密埋藏。《因话录》载："范阳卢仲元，家于寿之安丰，其妻清河崔氏，率更令谦侄女也。崔氏兄，即有薄田百亩，在洛城之东，守道力田以自给，未尝干人。常躬耕，得金一瓶，计百两，不言于人，密埋于居室内。"[1]这是以埋藏的手段保存金银。又如《朝野佥载》云："邹骆驼，长安人。先贫，常以小车推蒸饼卖之。每胜业坊角有伏砖，车触之即翻，尘土浇其饼，驼苦之。乃将镬剧去十余砖，下有瓷瓮，容五斛许，开看，有金数斗，于是巨富。"[2]这是发现埋藏黄金的实例。《旧唐书·王锷传》云："锷在藩镇，稷尝留京师，以家财奉权要，视官高下以进赂，不待白其父而行之。广治第宅，尝奏请借坊以益之，作复垣洞穴，实金钱于其中。"[3]可知埋藏金银财宝的做法在唐代是普遍现象。正因为如此，唐代金银器的发现与其他器类最大的区别是，它们主要发现于"窖藏"。"窖藏"是指文献中屡屡见到的有意埋藏珍宝的遗迹。唐代金银器发现的另一个来源是墓葬。古人事死如事生的观念，导致了厚葬成风，金银器也作为供死人阴间享用的物品被带到地下世界，是唐代贵族墓葬中的重要随葬品。但是，目前发掘的唐代墓葬大多数早年被盗，盗掘者主要收掠的对象就是金银器类，故尽管文献中屡见随葬金银的记载，考古发掘所见未被盗走金银器的墓葬实例并不多。

从20世纪50年代末开始，中国田野考古开始发掘出土唐代金银器，主要出自"窖藏"和墓葬遗迹中，出土的金银器逐渐增多，并作为学术研究资料公布，其中重要而且是成批的发现主要见表1-1。

表1-1是田野考古发掘中出土金银器数量较多的唐代窖藏和墓葬。"窖藏"的性质很难确定。考古学中一般把专门储藏物品的遗迹称为窖藏，有的具有仓库的性质，有的则是因突发事件而匆忙掩埋的。唐代出土金银器的窖藏中，最为著名的是西安市南郊何家村窖藏，出土地点曾被认为是长安城内兴化坊邠王府[4]。兴化坊位于长安城宫城之南，坊内分为十六个小区[5]，邠王府位于坊内西门之南，而金银器窖藏出土地点在邠王府所在小区之东的区域内，故与邠王府似乎无关[6]。西安市西北工业大学窖藏位于长安城内与西市相邻的光德坊西北隅，同时出土的唐代砖瓦很多，银器埋在唐代地面之下。陕西蓝田县杨家沟窖藏，成批器物有层次地堆积在临时挖掘的土坑之内，埋藏草率，与马镫及铸具一同落土，可能是在行旅之中仓促埋藏的。西安沙坡村窖藏位于长安城春明门附近。山西繁峙窖藏将银器埋藏于直径1米左右的圆形坑内。江苏丹徒县丁卯桥窖藏，附近有房屋遗迹，出土遗物大都装在一件银质大酒瓮中，可能是遭战乱威胁时仓促埋藏的。除表1-1所列的重要发现之外，其他零星出土的唐代金银器也经常见到，有的根据刻铭文字可考其年代，仍然十分珍贵。

① 赵璘：《因话录》卷三，88页，上海古籍出版社，1979年。
② 张鷟：《朝野佥载》卷五，119～120页，中华书局，1979年。
③ 《旧唐书》卷一百五十一，4061页，中华书局，1975年。
④ 陕西省博物馆等：《西安南郊何家村发现唐代窖藏文物》，《文物》1972年1期。
⑤ 宿白：《隋唐长安城和洛阳城》，《考古》1978年6期。
⑥ 参见段鹏琦所著《西安南郊何家村唐代金银器小议》（《考古》1980年6期）。又据《唐两京城坊考》，兴化坊内有租庸使刘震宅，何家村所出遗物中有官府商业税收的"东市库银饼"及"洊安""怀集"庸调银饼，窖藏似乎和租庸使刘震有关。但出土物还有日本银币、东罗马金币、波斯萨珊银币、西亚玻璃杯、银"开元通宝"。从银盒装药品的情况看是私人用物，故窖藏的归属尚难断定。

表 1-1　　　　　　　　　　　　　　　　　　　　唐代金银器重要发现

出土时间	出土地点	遗迹及年代	出土物品及数量	参考文献
1957年	陕西西安市和平门外	窖藏	银器7件	[1]
1958年	陕西耀县柳林背阴村	窖藏	银器19件	[2]
1963年	陕西西安市东南郊沙坡村	窖藏	银器15件	[3]
1970年	陕西西安市南郊何家村	窖藏	金银器1 000余件（200余件器皿）	[4]～[6]
1975年	内蒙古敖汉旗李家营子	墓葬	银器6件	[7]
1975年	陕西西安市西北工业大学	窖藏	银器4件	[8]
1975年	浙江长兴县下莘桥	窖藏	金银器约100件	[9]
1976年	内蒙古昭乌达盟喀喇沁旗	窖藏	银器5件	[10]
1977年	陕西西安市东郊枣园村	窖藏	银器4件	[11]
1979年	浙江淳安县朱塔	窖藏	银器12件	[12]
1980年	陕西蓝田县杨家沟	窖藏	金银器30余件	[6]、[13]
1980年	浙江临安县	水邱氏墓天复元年（公元901年）	银器38件	[14]
1982年	江苏丹徒县丁卯桥	窖藏	银器近1 000件	[15]
1982年	陕西西安市电车二场	窖藏	银器12件	[16]
1984年	河南偃师县杏园	李景由墓开元二十六年（公元738年）	银器13件	[17]
1985年	青海都兰县	墓葬	银器30余件	[18]
1987年	陕西扶风县法门寺	塔基地宫遗址	金银器121件	[19]、[20]
1989年	陕西西安市东郊西北国棉五厂	65号墓开元六年（公元718年）	银器5件	[21]
1989年	陕西西安市东郊西北国棉五厂	韦美美墓开元二十一年（公元733年）	银器4件	[22]
1990年	山西繁峙县	窖藏	银器约40件	[23]
1991年	河南伊川县鸦岭	齐国太夫人墓长庆四年（公元824年）	金银器21件	[24]

此外，在中国田野考古学出现之前，被盗掘的唐代墓葬和其他遗迹中也发现过许多金银器物，主要出土于清末民国初年修建陇海铁路所经河南洛阳北邙的唐代墓群中，也有的出土于陕西西安地区。这些金银器多流入海外，分别收藏在日本、美国、英国、德国、瑞典、法国等地的博物馆和私人手中。博物馆收藏数量较多的有3处，英国伦敦不列颠博物馆收藏20余件，美国华盛顿弗利尔美术馆收藏20余件，日本神户白鹤美术馆收藏20余件。私人收藏以瑞典卡尔·凯波收藏最多，属于唐代的金银器约有10件[①]。

在唐代金银器成批发现的遗迹中，最重要的是陕西西安市南郊何家村窖藏、江苏丹徒县丁卯桥窖藏、陕西扶风县法门寺地宫三大发现。何家村窖藏位于北方地区，埋藏的时间是8世纪中叶或稍晚，器物的造型和纹样，代表了北方金银器的风格。丁卯桥窖藏位于南方地区，器物的造型和纹样，代表了南方金银器的风格。法门寺为皇家寺院，出土的器物大量为晚唐时期的作品，有皇室所属作坊制作的，也有南方地区制作后进奉到长安的，许多器物上刻有纪年铭文。这三批器物数量多，分别代表了唐代前期和唐代中后期的遗物，反映了唐代金银器制作的南、北不同系统，还表现出唐代中央和地方官府作坊产品的不同。它们极大地开阔了人们的眼界，加深了对唐代金银器的整体认识。

考古发现和传世收藏的物品，在1985年出版的《唐代金银器》和1989年出版的《海内外唐代金银器萃编》中收录较多，将重复者除外，总共收录300多件器物。1987年陕西省扶风县法门寺地宫中新发现了唐代金银器121件，主要发表在《法门寺地宫珍宝》一书中。金银器皿绝大多数为珍贵文物，分藏在各地文物部门，很难逐件对实物进行考察，有些藏于国内外博物馆和私人手中的藏品尚未公布，因此对目前出土和收藏的唐代金银器数量很难做出准确的统计。各种书刊发表的器物，有的由于摄影技术、印刷水平、纸张质量等原因而不清晰，有的未刊登图片，还有些器物仅从发表的图片来看，不能准确地判断其真伪。因此在进行研究时，不得不作一些选择。

法门寺地宫出土的唐代金银器多来自皇室，为当时最精美的器物，许多器物的制作时间、管理的工官和制作工匠名字都十分清楚。更重要的是，入藏这批器物时（咸通十五年，公元874年）镌刻的《应从重真寺随真身供养道具及恩赐金银器物宝函等并新恩赐到金银宝器衣物账》碑（简称《法门寺衣物账》，图1-1）也完整无损地出土，现迻录如下[②]。

《法门寺衣物账》开篇便指出地宫内入藏物品有"恩赐金银器物宝函等"和"新恩赐到金银宝器"两大批，这两批物品是地宫宝物中的主要内容。从《法门寺衣物账》记录的方式上不难发现，账上所记物品有一定的顺序。首先，按器物的来源分批记入；其次，以物品的质料分别叙述；再次，凡金银器类，除了记有器物名称、数量外，还注明重量。《法门寺衣物账》详载了法门寺地宫中的大部分金银器物，广泛涉及器物的名称、用途、形状、工艺制法和重量，多与实际出土遗物相符，是研究唐代金银器的珍贵文字资料。

---

① 海外藏品在韩伟编著的《海内外唐代金银器萃编》（三秦出版社，1989年）中收录较多，但其中有的可能是赝品，如图235卡尔·凯波收藏的"狻猊流云纹银盒"、图237瑞典国王古斯塔夫六世阿道尔夫收藏的"双鹿双雀纹银盒"，从其纹样观察似乎是赝品。

② 1999年版《法门寺衣物账》录文是沈睿文参照韩伟著的《法门寺地宫唐代随真身衣物帐考》（《文物》1991年5期）和京都文化博物馆编的《大唐长安展》（日本写真印刷株式会社，1994年）243页拓本照片录出的。此次出版引用了《法门寺》报告中的拓本和录文。

靴五量各并氈。

惠安皇太后及昭儀、晉國夫人衣計七副：：紅羅裙衣二副各五事，夾纈下蓋二副各三事已上　惠安皇太后施；

裙衣一副四事　昭儀施；，衣二副八事　晉國夫人施。

諸頭施到銀器衣物共九件：：銀金花菩薩一軀并真珠裝共重五十兩并銀棱函盛，銀鑷子二具共重二兩，僧澄依施；

銀白成香合一具重十五兩半已上供奉官楊復恭施；銀如意一枚重

九兩四錢，袈裟一副四事已上尼弘照施；銀金涂盞一枚重卅一兩僧智英施；銀如意一枚重廿兩，手爐一枚

重十二兩二分，衣一副三事已上尼明蕭施。

以前都計二千四百九十九副、枚、領、張、口、具、兩、錢、字等內

金銀寶器衫袍及下蓋裙衣等計八百九十九副、枚、領、張、口、具等，金器計七十一兩一錢，銀器計一千五百廿七兩一字。

右件金銀寶器衣物道具等并真身，高品臣孫克政、臣齊詢敬，庫家臣劉處宏，承

旨臣劉繼鄁與西頭高品彭延魯，內養馮全璋，鳳翔觀察留后元充及左右街僧

錄清瀾、彥楚，首座僧澈、惟應，大師清簡、雲顥、惠暉、可孚、懷敬、從建、文楚、文

會、師益、令真、志柔及監寺高品張敬全、當寺王綱義、方敬能、從湮，主持真身

院及隧道宗奧、清本、敬舒等，一一同點驗安置于塔下石道內訖，其石記于鹿

項內安置。咸通十五年正月四日謹記。

興善寺僧覺支書

中天竺沙門僧伽提和迎送真身到此，蒙　恩賜紫歸本國。

銀香爐共重廿四兩，□□□臺三只共重六兩已上遍覺大師智慧輪施。

金函一重廿八兩，銀函重五十兩，銀閼伽瓶四只，水椀一對共重十一兩，

右神策軍營田兵馬使孟可周

真身使小判官周重晦、劉處權、呂敬權、閻彥暉、張敬章

鳳翔監軍使判官韋遂玫、張齊果迎送　真身勾當供養

武功縣百姓社頭王宗、張文建、王仲真等一百廿人，各自辦衣裝程糧，往來异真身佛塔。

寺衣物账》拓本

图1-1 《法门

惠安皇太后及昭儀晉國夫人衣計七副

裙襦一副單 貼儀施 衣二副夾單 晉國夫人施

諸頭施到銀器衣物共九件 銀金花香爐一

銀白成 香爐一枚并承鐵索重二百三兩

九兩四錢 架澡一副四事已上屈眞施

重十一兩二分 衣一副三事 屈上屈明肅施

前都計二十四百九十九副校領張口具兩鐵字時內

徐銅寶器袍及下蓋裙承等計八百九十九副校領張口具兩

右件金銀寶器衣物道具莘升其真身口

首臣劉繼卿与西頭高品彭延曹內養馮金鐘鳳

會門益令真志柔及監寺高品張敬全嘗寺

蘇精瀾彥楚首座僧澈乢難大師清間實頭鳳翔龍泰囧

院從徑道宗寘清本敬衛唄二同寘驗安置於略

鳳翔監軍使判官畫遂致張齊果迎送

真身使小判官周重晦劉慶權呂敬權閻彥暉張敬章

右神榮軍當田兵馬使迴可同

武切縣百姓社頭王宗張文建玉仙真等一百廿人各自辦

衣裝程粮往來昇眞身佛塔

真身勾當供養

興善寺僧澄文書

監送真身使

應從重真寺將真身供養道具及　恩賜金銀器物寶函等并　新恩賜到金銀寶器衣物等如後：

新

重真寺將到物七件：袈裟三領，武后繡裙一腰，蹙金銀線披襖子一領，水精椰子一枚，鐵盝一枚。

真身到內后，相次賜到物一百二十二件：銀金花合二具共重六十兩，錫杖一枝（枚）重六十兩，香爐一枚重卅二兩元無蓋。

香爐一副并臺蓋朵帶共重三百八十兩，香寶子二枚共重卅五兩，金缽盂一枚重十四兩三錢，金襕袈裟三副各五事，

毳納佛衣二事，瓷秘色椀七口內二口銀稜，瓷秘色盤子、疊子共六枚，新絲一結，百索線一結，紅綉案裙一枚，綉帕二條，

鏡二面，襪十量，紫靸鞋二量，綉韈十條，

寶函一副八重并紅錦袋盛：第一重真金小塔子一枚并底觀

共三段內有銀柱子一枚，第二重瑉玞石函一枚金筐寶鈿真珠裝，第三重真金函一枚金筐寶鈿真珠裝，

第四重真金鈒花函一枚已上計金卌七兩二分、銀二分半，第五重銀金花鈒作函一枚重卌兩二分，第六重素銀函一枚

重卌九兩三錢，第七重銀金花鈒作函一枚重六十五兩二分，第八重檀香縷金銀稜裝鈒函一枚；銀鑼子及金

涂鑼子七具并鑰匙、屈戌，□子等共計銀一百六十兩四錢，銀金涂鈒花菩薩一軀重十六兩，銀金花供養器物共卌

件、一枚、一只。對內墨子一十枚，波羅子一十枚，香案子一枚，香匙一枚，香爐一副并椀子、鉢盂子一枚；

羹椀子一枚，匙筯一副，火筯一對，香合一具，香寶子二枚一副七事共重八十兩，隨求六枚共重廿五兩，水精枕一枚，

重九兩三錢，乳頭香山二枚重三斤，檀香山二枚重五斤二兩，丁香山二枚重一斤二兩，沈香山二枚重四斤二兩；真金缽盂、錫杖各一枚共

影水精枕一枚，七孔針一，骰子一對，稜函子三，琉璃鉢子一枚，琉璃茶椀柘子一副，琉璃疊子十一枚，

結條籠子一枚重八兩三分，茶槽子、碾子、茶羅、匙子一副七事共重八十兩，籠子一枚重十六兩三分，

銀金花盆一口重一百五十五兩，香囊二枚重十五兩三分，籠子一枚重十六兩半，龜一枚重廿兩，鹽臺一副重十二兩，

銀稜檀香木函子一枚，花羅衫十五副內襯七副，跨八副各三事，花羅袍十五副內襯八副，跨七副各四事，

長袖五副各三事，夾可幅長袖五副各五事，長夾暖子廿副各三事內五事，五副綺、一副金錦、一副金褐、

一副銀褐、一副龍紋綺、一副辟邪綺、一副織成綾、二副白氎、二副紅絡擭，下蓋廿副各三事，接襯五具，

結條籠子一枚重八兩三分，茶槽子、碾子、茶羅、匙子一副七事共重八十兩，隨求六枚共重廿五兩，水精枕一枚，

恩賜到金銀寶器、衣物、席褥、幰頭、巾子、靴鞋等，共計七百五十四副、枚、領、具、對、頂、量、張。

可副綾披袍五領，紋谷披衫五領，繚綾浴袍五副各二事，繚綾影毡二條，可幅臂鈎五具，可幅勒腕帛子五對，

影水精枕一枚，七孔針一，骰子一對，稜函子三，琉璃鉢子一枚，琉璃茶椀柘子一副，琉璃疊子十一枚，

方帛子廿枚，繚綾食帛十條，織成綺綾長袦襯卅量，蹙金繡鞋五量，被褥五床，每床綿二張、夾一張，

錦席褥五床，九尺簟二床，八尺席三床各四事，八尺踏床錦席褥一副二事，赭黃熟線綾床毡五條，

赭黃羅綺枕二枚，緋羅香褥二枚，花羅夾幰頭五十頂，繪羅單幰頭五十頂，花羅夾帽子五十頂，巾子五十枚，

一千九百□□九月十六日條，刀子文枝刀子一丁文，工字文枝殳刀□條，刀柒首式支，三郎卅一枚。

二、唐代金银器研究评述

Comment on the Study of the Gold & Silver of the T'ang Dynasty

现代考古学研究以田野科学发掘为基础，有别于单纯以传世品、收藏品为对象的研究。唐代金银器的发现与研究的历史却比较特殊，不是先有田野考古发掘然后展开研究，而是先有研究后有考古发现。众所周知，在中国现代考古学尚未发掘出土唐代金银器时，一些传世的器物已收藏在私人家中和博物馆中。这些器物虽也有20世纪初地下出土的，但未经科学发掘，由盗墓者获得或偶然发现，经古董商之手辗转流传于世，出土时间、出土地点、出土遗迹的性质、伴出器物的组合等重要的考古学现象都无记录。然而，这些精美的传世唐代金银器，引起了人们极大的兴趣，以传世品、收藏品为对象的研究很早就开始了。迄今为止，唐代金银器研究可分为三个阶段。

（一）第一阶段

20世纪20年代末，英国学者B. L. 霍伯森（B. L. Hobson）最先公布了相传出土于洛阳北邙、在不列颠博物馆收藏的15件唐代金银器①。几乎同时，日本出版了《东瀛珠光》②《正仓院御物图录》③，发表了一些日本收藏的唐代金银器。此后，收藏于国外的唐代金银器不断发表，引起学术界的关注。日本学者原田淑人、梅原末治、石田茂作和德国学者A.格拉夫·施特拉赫维茨（A. Graf. Strachwitz）等进行了最初的研究④。当时，资料分散于各国，他们只是各自对几件器物进行探讨，在肯定这些藏品是中国唐代器物的同时，指出了它们与波斯萨珊金银工艺的密切关系。1957年，瑞典学者俞博（Bo Gyllensvard）发表《唐代金银器》一文⑤，收集了当时所能见到的各国收藏的唐代金银器以及相关的石刻、壁画、织物、陶瓷和西方金银器，第一次全面地、综合地研究了唐代金银器。在20世纪20年代末到50年代的研究中，有三个显著特点：研究的对象是收藏品；研究学者都是外国人；研究一开始就注意到中西文化交流问题。

俞博的论著涉及问题最为广泛，对后来的研究产生了很大的影响。他通过对比分析，首次进行了唐代金银器的分期，认为唐代金银器应分作初唐（公元618～650年）、盛唐（公元650～755年，又分前、后两段：前段：公元650～712年；后段：公元712～755年）、中唐（公元755～820年）、晚唐（公元820～906年）。还论证了唐代金银器有四种风格，即中国传统风格、波斯萨珊风

---

① B. L. Hobson, *A T'ang Silver Hoard*. B. M. Quard Volume I, 1926–1927, London.

② 东京审美学院：《东瀛珠光》，1926～1927年。

③ 日本帝室博物馆：《正仓院御物图录》，1928年。

④ 原田淑人：《东亚古文化研究》，座右宝刊行会，1941年。

　梅原末治：《支那唐代银器の三四に就て》，《美术研究》第一三〇号，1937年。

　石田茂作：《奈良时代文化杂考·正仓院 御物の奈良时代文化》，创元社，1926年。

　参见陈英英等：《国外学者研究唐代金银器情况介绍》，《考古与文物》1985年2期。

⑤ Bo Cyllensvard, *T'ang Gold and Silver*, No. 29, Bulletin of the Museum of Far Eastern Antiquities, 1957.

格、印度风格、中国唐代创新风格。遗憾的是，当时俞博在研究中，只能利用各个博物馆及私人的收藏品，无明确的科学发掘出土遗物。在进行分期时借鉴的铜器、瓷器、漆器和壁画、石刻有准确纪年的也不多。如英国不列颠博物馆收藏的15件唐代银器皿，只有1件带"乾符四年"的刻铭，而这批器物显然不是同一时期的作品，俞博却将它们统统作为晚唐的标准器物。此外，他所论及的唐代金银器的几种风格也存在一些问题。包括金银器在内的波斯萨珊艺术，至今仍是争论不休的问题，尽管波斯萨珊金银器对唐代有很大的影响，但在所谓"萨珊金银器"中，现在已有许多被定为粟特或东伊朗地区的产品。且俞博未对粟特地区金银器与唐代金银器的关系进行阐述。俞博的论著完成于20世纪50年代，出现的各种问题主要是由于时代的局限造成的。

（二）第二阶段

20世纪70年代初，英国学者玛格丽特（Magaret）撰写《唐代金银器》一文，重点讨论了唐代金银原料的来源和金银器的分期[1]。俄罗斯学者Б. И. 马尔萨克（Б. И. Маршак）在论著《粟特银器》中，把过去笼统认为是萨珊银器的一部分考定为粟特地区的产品，并指出其中有些器物与中国唐代金银器关系密切[2]。20世纪50年代以后，中国陆续报道了一些地下出土的唐代金银器，数量不多，也未在学者们的论著中得到充分的利用。1970年，西安南郊何家村窖藏出土了唐代金银器1 000余件，其中容器达296件，几乎超过以前所知唐代金银器皿数量的总和，使人们对唐代金银器有了新的认识。1977年，日本学者桑山正进《一九五六年以来出土的唐代金银器及其编年》一文[3]，根据地下出土的资料重新对唐代金银器作了分期，并研究了杯的谱系。此后，中国学者夏鼐、段鹏琦、韩伟、卢兆荫等相继发表了一些专题性的论文[4]，使唐代金银器的研究进入新的阶段。这一阶段的研究有两个特点：研究的对象以出土品为主；许多中国学者开始进行研究。

玛格丽特的分期与俞博基本相同。她在解释第一期萨珊金属工艺对中国的影响时指出，约在7世纪中叶，伊朗的捶揲和雕刻技术传入中国。她的结论与考古发现的实际情况不符。中国目前发现的汉至隋代金银器皿中，除外国输入品外，已有采用捶揲技术的，如山东淄博汉齐王墓随葬坑出土的鎏金银盘和河北定县汉中山穆王刘畅墓出土的龙形金饰片等等[5]。虽然唐代以前中国金属工艺中捶揲和雕刻不发达，但无疑已出现了这种技术。

马尔萨克将粟特地区的银器分为三个流派，"A流派"带有萨珊风格，"B流派"为当地特征，

---

① Magaret Medlley, *T'ang Gold and Silver*, 1971.

② Б. И. Маршак, *Согдииское Серебро*, Москва. 1971.

③ 桑山正进：《一九五六年以来出土的唐代金银器とその编年》，《史林》六〇卷第六号，1977年。

④ 夏鼐：《近年中国出土的萨珊朝文物》，《考古》1978年2期。

段鹏琦：《西安南郊何家村唐代金银器小议》，《考古》1980年6期。

韩伟：《唐代社会生活中的金银器》，《考古与文物》1980年创刊号。

卢兆荫：《试论唐代的金花银盘》，《中国考古学研究——夏鼐先生考古五十年纪念文集》，文物出版社，1986年。

⑤ 参见本书第二编《金银制造业的发展》。

"C流派"与中国唐代银器接近。中国出土的属于唐代历史时期的银器，有的与粟特银器十分相像，有的便是粟特银器[①]。马尔萨克的研究结果对于探讨唐代金银器分期及与西方的关系具有重要意义。不足的是，他对每件器物的时代，界定的范围较大，多为一个世纪；限于当时能掌握的唐代金银器的资料很少，"C流派"与唐代的关系论述得很笼统。粟特地区与唐代中国内地关系甚为密切，两地间的交流、影响是相互的。"C流派"与唐代金银器接近的现象，是受唐代器物的影响，还是粟特银器中的"C流派"作风影响唐代器物，论述得并不明确。

桑山正进论文最大的特点是根据考古发掘品，对唐代金银器进行编年和分期。在唐代金银杯谱系的论述中利用了马尔萨克的成果，认为粟特地区对唐代金银器有深刻的影响，而有的高足杯可能源自罗马金属器。但是，该文基本采用原报告对出土物的年代判定，未作进一步的分析；又将唐代金银杯中的高足杯和带把杯混在一起区分类、式，致使很有见地的看法未能深入。

（三）第三阶段

中国关于唐代金银器的研究起步较晚，20世纪80年代以前没有专门的著作和综合性的研究文章。继何家村窖藏发现之后，1982年江苏省丹徒丁卯桥窖藏又发现金银器956件，更加丰富了唐代金银器的资料。1985年文物出版社出版了《唐代金银器》一书，以图录为主，收录136件器物。书中附有《唐代金银器概述》《试论唐代南方金银工艺的兴起》《金银器与唐代进奉之风》《唐代白银地金的形制、税银与衡制》《唐代冶银术初探》等5篇论文。1989年，三秦出版社出版了韩伟编著的《海内外唐代金银器萃编》，共收器290件，包括收藏在外国的器物149件，每件器物都有较详细的说明，卷首还有"简论"一篇。此外，熊存瑞、陈英英分别撰写了《唐代金银容器》和《唐代金银器研究》，这是两篇硕士学位论文，虽未公开发表，但已入藏北京大学图书馆、中国社会科学院考古研究所图书室，应作为中国学者对唐代金银器研究的成果。20世纪80年代唐代金银器的研究，是在新的考古发现基础上开展的，深度和广度都超过以往。这一阶段的特点是：出版了较全面地介绍中国的新发现及收藏于海外而以往鲜为人知的资料的书籍；根据日益增多的出土的新资料，对分期进行了再探索；研究的内容更为全面。

《海内外唐代金银器萃编》一书，为20世纪80年代中国研究唐代金银器最为重要的著作。此书以介绍资料为主，将290件器物绘出线图。此前，中国出土以及海外收藏的唐代金银器，多以照片的形式刊布，许多器物由于印刷质量较差，通过照片很难观察清楚器物的面貌，使研究受到一定的限制。此书以清晰的线图将零散地出现在各种书刊中和收藏于海外的金银器集中在一起，无疑为研究者提供了方便。书中的"简论"共3万余字，包括"唐代制造金银器的目的及部门""金银器在唐代前后的使用情况""唐代社会生活中的金银器""唐代金银器装饰图案的题材""金银器的装饰构图""金银器装饰图案的特点""唐代金银器的分期""唐代金银器装饰图案的演变"等8个部分，是有关唐代金银器研究的较全面的论述。目前，在唐代金银器的研究中，对每件器物的断代和考古学的分期仍是极为重要的基础研究。而对许多器物的断代，我与该书看法不同。该书认为在唐代中晚期，金银器的制作曾出现复古倾向，产生了许多形制较晚而纹样较早或形制较早

[①] 参见本书第三编《唐代粟特式金银带把杯》。

而纹样较晚的器物。对此,我曾发表专文讨论,此不赘述[①]。

此外,早在20世纪20年代,日本学者加藤繁著有《唐宋时代金银之研究》一书[②],该书研究的重点是金银的货币职能,较全面地收集了文献史料,对唐代的金银矿的开采与税收也有详细的探讨。英国学者罗森于1982年撰写了《中国唐朝银器装饰》,认为唐代银器的流行源于西方影响,唐初银器上的纹样模仿西方,7世纪末8世纪初开始创新[③]。其他中外学者发表的散见在各种杂志中的论文,将在下文中述及。

总括中国唐代金银器的发现与研究,从考古学的角度看,主要进行了以下几个方面的工作:(1)尝试了编年与分期问题的研究。(2)试图找出唐代金银器与西方器物的具体联系。(3)探讨了金银器与唐代社会的关系。(4)探讨了唐代金银器的区域性差异问题。(5)以金银器为资料研究其他如税制、衡制、冶银、美术等问题。

所以用尝试、试图、探讨、涉及等词来概括这些研究,意在表示这些工作刚刚开始,尚待深入;也反映国内外学者们在各个时期所作的努力和已经取得的成果。需要申明的是,在目前有条件掌握更多的资料,特别是地下出土的遗物的情况下,评述前辈学者论著中的得失,并非否定他们在研究唐代金银器的历程中所作出的杰出贡献,他们的许多成果和研究方法至今仍具有重要意义,即使是有疑问的结论也给后人的研究以启示。

①　齐东方:《评〈海内外唐代金银器萃编〉》,《考古》1991年2期。
②　加藤繁:《唐宋时代金银之研究》(中译本),联合准备银行,1944年。
③　J. Rawson, *The Ornament on Chinese Silver of the T'ang Dynasty* (AD. 618~906). British Museum, 1982.

标准器物及标准器物群

Standard Artifacts and Groups of Standard Artifacts

在进行金银器研究时，首先遇到的问题就是器物的断代。如果不能准确地考订出每件器物的制作或流行时间，其他问题将无法深入探讨。考古学研究中确定器物时代通常用地层学、类型学和科学技术检测等手段。但就唐代金银器而言，无论是博物馆藏品或地下出土的器物，地层学方法都不能对它们提供断代方面的帮助，科学技术检测方法也尚未解决金银器的时代断定问题。因此，目前只能采用类型学方法推断时代。每件器物都有自身的形制和纹样特征，这些特征是其制作年代的标志。唐代金银器断代，重要的便是对器物的形制和纹样进行分析。然而，要确定器物形制、纹样的时代特征和发展演变，必须以一批年代清楚的器物为标准。

所谓的标准器物和标准器物群，是指器物和器物群的年代清楚，可作为对其他器物进行比较分析、进而断代的基础。标准器物和标准器物群的年代具有客观性，有的能准确得知具体的年月，有的可以了解器物制作的大致时间范围，并以半个世纪为限，否则不能作为标准器物及标准器物群。

唐代金银器中有些器物具有如下几种特点：（1）器物自身带有铭文，可考其制作年代。（2）出土在纪年墓葬之中。（3）伴出器物的年代明确。这类器物无疑对认识唐代金银器的时代特征十分重要。但是，由于任何一件器物的形制和纹样都有特殊性，故不是每件年代清楚的器物都可以作为断代标准器物的。因此，标准器物的确立，参考了其他资料的纪年遗物中与金银器形制或纹样相同者，而这些其他质料的器物本身也可作为金银器断代的重要参照物。此外，器物的群体更能反映一个时代的共同特征，同一墓葬或窖藏出土的一批器物，其制作时间一般较接近，至少流传的下限比较清楚。以标准器物和标准器物群为依据，对其他年代不清的金银器皿的形制、纹样进行排比，总结出唐代器物形制、纹样变化的共同规律，就能够确定各件器物制作时代的相对早晚。

一、标准器物

Standard Artifacts

唐代金银器中的标准器物，有棺、椁、壶、盒、铛、杯、盘、茶托、盐台、炉等器类。

泾川金棺（图1-2）、泾川银椁（图1-3），甘肃省泾川塔基[25]内出土。依据同时出土的舍利石函上的铭文可知，此二者是武则天延载元年（公元694年）以前的物品。泾川金棺和泾川银椁形制上的特点都是顶部前高后低，呈斜坡形。金棺焊贴团花和折枝花；银椁通体满饰缠枝纹，纹样纤细繁密。

图1-2 泾川金棺　　　　　　　　　　图1-3 泾川银椁

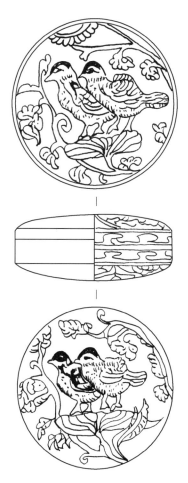

图1-4 "韦美美"鸳鸯
纹圆形银盒

莲瓣纹三足银壶（彩版47）、折枝纹三足银壶（彩版46）、象纹圆形银盒（彩版29）、鸳鸯纹蛤形银盒（彩版43），西安东郊唐墓[21]出土，葬于开元六年（公元718年）。莲瓣纹三足银壶由盖、身两部分组成。盖面隆起，有盘状捉手。壶身呈十二瓣，口微敞，腹有横折棱，下附三蹄足。盖面为两周莲瓣，莲瓣内饰花草。壶身每瓣内饰花草、鸾鸟。折枝纹三足银壶亦由盖、身两部分组成。盖作伞帽形，上有纽。壶身口微敞，束颈，圆鼓腹，圜底，下附三蹄足。盖面饰草叶纹。壶身饰折枝花草、鸾鸟，足部饰孔雀尾似的羽毛纹样。象纹圆形银盒上下隆起，以子母口扣合。盒的一面饰飞鸟、卧鹿、花草、树木、山峦，另一面饰鸾鸟、折枝花和僧人执杖牵象图。鸳鸯纹蛤形银盒以环轴连接盒体两半。盒表主题纹样一面饰交颈鸿雁和鹊鸟，配以折枝花纹；另一面为鸳鸯相对，配以鹊鸟和折枝花草。这几件器物纹样比较纤细繁密，僧人执杖牵象图为少见的内容。器物均捶揲成型，纹样錾刻，然后鎏金。

"韦美美"鸳鸯纹圆形银盒（图1-4，彩版30）和"韦美美"鸳鸯纹蛤形银盒（图1-5，彩版42），西安东郊韦美美墓[21][22]出土，葬于开元二十一年（公元733年）。圆形银盒的上下隆起，以子母口扣合。盒表两面中心饰鸳鸯踩莲图，两旁衬以折枝花草。盒表侧面饰云朵纹。蛤形银盒的两半用环轴连接，开启自如。盒表主题纹样为鸳鸯衔绶纹，周围饰折枝花草。这2件器物均捶揲成型，纹样錾刻，然后鎏金。

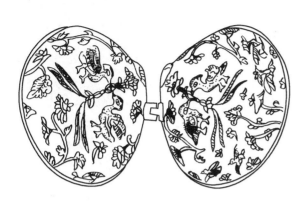

图1-5 "韦美美"鸳鸯纹蛤形银盒

图1-7 "李景由"宝相
花纹花瓣形银盒

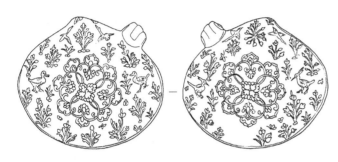

图1-6 "李景由"宝相花纹蛤形银盒

　　"李景由"宝相花纹蛤形银盒（图1-6）、"李景由"宝相花纹花瓣形银盒（图1-7，图版68）、"李景由"素面圆形银盒（图1-8、9）、"李景由"素面圜底银碗（图1-10、11）、"李景由"素面短柄圜底银铛（图1-12），河南偃师李景由墓[17]出土，葬于开元二十六年（公元738年）。蛤形银盒的两半亦用环轴连接，可以扣合。盒表的两面为宝相花，周围饰折枝花草。花瓣形银盒呈六角花瓣形，每瓣微鼓，盒的上下隆起，以子母口扣合。盒表两面均饰宝相花纹和缠枝纹，侧面为折枝纹。圆形银盒2件，大小各异，盖与器身以子母口扣合。通体抛光，制作规整。圜底银碗2件，皆侈口，但大小不同。银铛的口微敞，浅腹，一侧有叶芽形把。这些器物均捶揲成型，蛤形银盒和花瓣形银盒的纹样细密繁缛，用錾刻技术刻出，然后鎏金。

图1-8、9 "李景由"素面圆形银盒

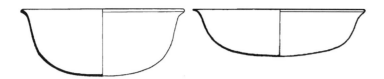

图1-10、11 "李景由"素面圜底银碗

图1-12 "李景由"素面短柄圜底银铛

图1-13 临潼缠枝纹
筒腹银高足杯

临潼缠枝纹筒腹银高足杯（图1-13）、临潼金棺（图1-14）、临潼银椁（图1-15，彩版65），陕西临潼庆山寺塔基[26]内出土。塔基内出土唐开元二十九年（公元741年）树立的"上方舍利塔记"，出土物的年代不会晚于这个时间。银高足杯直壁，深腹，高足的中间有"算盘珠"式的节。杯体饰缠枝纹，纹样较肥大，从藤蔓和枝叶看，似为葡萄纹的简化。金棺置于银椁内，盖顶前高后低，呈斜坡形。盖顶中心饰鎏金宝相花，四周有小团花；前、后挡及两侧也有小团花。银椁的形制复杂，盖顶前高后低，呈斜坡形，底有长方形镂空座。椁盖顶的中心焊贴莲花，其上以粗银丝作成类似宝刹的螺旋，莲花的四周有四朵小团花。椁的前挡有门扉，左右各焊贴浮雕鎏金菩萨；后挡焊贴浮雕鎏金摩尼宝珠；两侧焊贴对佛涅槃表示悲伤的五名弟子。

图1-14、15 临潼金棺、临潼银椁

图 1-17 "李勉"圆形银盘

图 1-16 八府庄狮纹葵花形银盘

八府庄狮纹葵花形银盘（图1-16，彩版18），陕西西安东北郊八府庄窖藏[27]出土。与盘同时出土的4件银铤中有2件分别带"天宝二年"（公元743年）和"天宝十载"（公元751年）的铭文，此盘的年代与之大体接近①。盘宽沿，浅腹，三足。内底中心饰凸起的狮子，狮子回首，张口，作行走状；盘沿饰不同形状的折枝花叶纹。器物捶揲成型，纹样部分先捶出轮廓，再錾刻细部，然后鎏金。

"李勉"圆形银盘（图1-17，彩版16），陕西西安南郊西北工业大学窖藏[8]出土。侈口，浅腹，平底。盘心以忍冬叶构成圆圈，正中有两尾鲤鱼，鲤鱼周围饰折枝花叶，忍冬圈之外也饰折枝花叶。器物捶揲成型，纹样部分先捶出轮廓，再錾刻细部，然后鎏金。盘底刻"朝议大夫使持节都督洪州诸军事守洪州刺史兼御史丞充江南道观察处置都团练守捉及莫徭等使赐紫金鱼袋臣李勉奉进"，还有墨书"赵一"两字。李勉任洪州刺史充江南道观察等使系从代宗广德二年（公元764年）九月至大历二年（公元767年）四月②。

"郑洵"鸳鸯纹蛤形银盒（图1-18，彩版40），河南偃师郑洵墓[28]出土，葬于大历十三年（公元778年）。蛤形银盒的两半用环轴连接，可以扣合。盒表的两面主题花纹是鸳鸯，周围饰阔叶折枝花草，蛤盒的根部饰孔雀尾似的羽毛纹样。器物捶揲成型，纹样錾刻，然后鎏金。

"刘赞"葵花形银盘（图1-19），内蒙古昭乌达盟喀喇沁旗窖藏[10]出土。宽沿，浅腹，三足已失。盘心饰卧鹿一只，鹿角为平

图1-18 "郑洵"鸳鸯纹蛤形银盒

---

① 卢兆荫：《从考古发现看唐代的金银"进奉"之风》，《考古》1983年2期。
② 卢兆荫：《试论唐代的金花银盘》，《中国考古学研究——夏鼐先生考古五十年论文集》，文物出版社，1986年。

图1-19 "刘赞"葵花形银盘

图1-20 "裴肃"葵花形银盘

角，或称"肉芝顶"，四周为折枝石榴，再外为阔叶折枝花。盘沿折向盘腹处饰联珠一周。盘沿饰六簇折枝花。器物捶揲成型，纹样部分先捶出轮廓，再錾刻细部，然后鎏金。盘底刻"朝议大夫使持节宣州诸军事守宣州刺史兼御史中丞充宣歙池等州都团练观察处置采石军等使彭城县开国男赐紫金鱼袋臣刘赞进"，刘赞任宣州刺史、宣歙州观察使是从德宗贞元三年八月至十二年六月（公元787～796年）[1]。

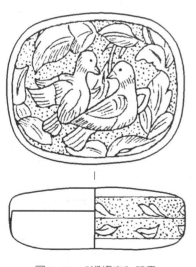

图1-21 "郑绍方"鸳鸯
纹椭方形银盒

"裴肃"葵花形银盘（图1-20，图版37），陕西西安北郊坑底村窖藏[29]出土。侈口，平沿，圈底。盘分为六曲，底心饰翔鸟一对和折枝花丛，盘沿内外侧饰叶瓣纹，盘沿饰六组双鸟衔花和折枝花。器物捶揲成型，纹样捶出轮廓后錾刻细部再鎏金。此盘直径达55厘米，盘底刻"浙东道都团练观察处置等使大中大夫守越州刺史兼御史大夫上柱国赐紫金鱼袋臣裴肃进"和"点过讫"。裴肃任越州刺史、浙东道观察使在德宗贞元十四年九月至十八年正月之间（公元798～802年）[2]。

"郑绍方"鸳鸯纹椭方形银盒（图1-21），河南偃师郑绍方墓[17]出土，葬于宪宗元和五年（公元810年）。银盒椭方形，盒面饰一对鸳鸯，四周为折枝花草，纹样简洁。器物捶揲成型，纹样錾刻。

---

① 卢兆荫：《从考古发现看唐代的金银"进奉"之风》，《考古》1983年2期。
② 卢兆荫：《从考古发现看唐代的金银"进奉"之风》，《考古》1983年2期。

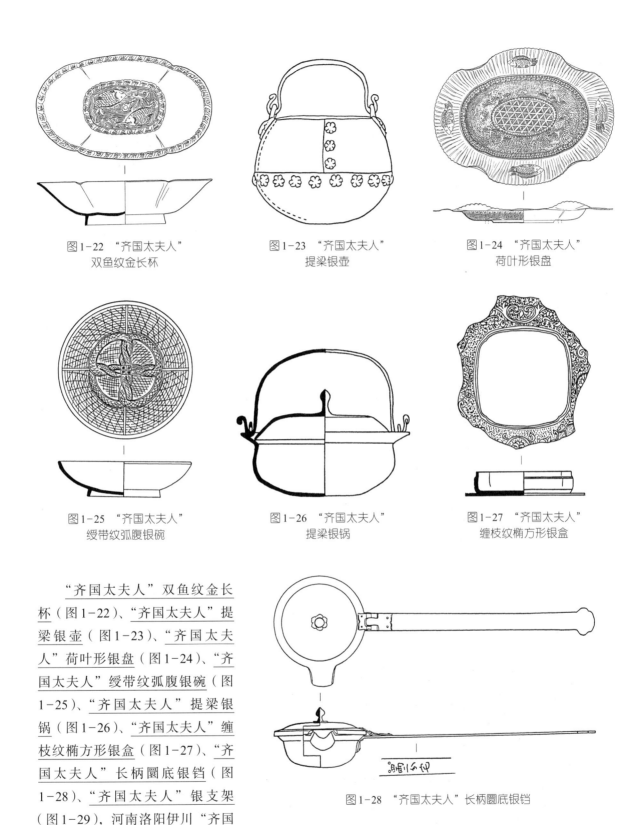

图1-22 "齐国太夫人"
双鱼纹金长杯

图1-23 "齐国太夫人"
提梁银壶

图1-24 "齐国太夫人"
荷叶形银盘

图1-25 "齐国太夫人"
绶带纹弧腹银碗

图1-26 "齐国太夫人"
提梁银锅

图1-27 "齐国太夫人"
缠枝纹椭方形银盒

图1-28 "齐国太夫人"长柄圜底银铛

"齐国太夫人"双鱼纹金长杯（图1-22）、"齐国太夫人"提梁银壶（图1-23）、"齐国太夫人"荷叶形银盘（图1-24）、"齐国太夫人"绶带纹弧腹银碗（图1-25）、"齐国太夫人"提梁银锅（图1-26）、"齐国太夫人"缠枝纹椭方形银盒（图1-27）、"齐国太夫人"长柄圜底银铛（图1-28）、"齐国太夫人"银支架（图1-29），河南洛阳伊川"齐国太夫人"墓[24]出土，墓主卒于穆宗长庆四年（公元824年）。双鱼纹金长杯共出土2件，形制相同，侈口，四曲斜腹，圈足。内底中心饰水波纹，其中有火焰宝珠和双鱼，外周和口沿饰叶瓣纹。提梁银壶，敛口，鼓腹，圜底。双耳铆接于口沿外侧，与提梁相勾连。腹部有接缝，用30枚六瓣花形银铆钉铆接。荷叶形银盘也出土2件，形制相同，四曲长椭圆形，宽沿，四角上翘，浅腹，平底内凹，腹外有焊痕一周，应接圈足。沿上錾刻荷叶纹，间饰四组双鱼，内底中心为毯路纹，四周围绕双雁流云。绶带纹弧腹银碗，侈口，尖唇，弧腹，圜底，圈足。碗内正中为绶带纹，腹壁分四区饰斜方格纹。提梁银锅，敞口，宽折沿，腹微鼓，圜底。双耳立于折沿上，与提梁勾连。椭方形银盒，四曲，子口，盖已失。盒底焊接底托。盒表面及底托表面錾刻缠枝纹。盒内有粉痕。长柄圜底银铛，敞口，折沿，弧腹，圜底。长柄铆于器口外壁。银支架架面呈圆角方形，鹤首柄，四兽足。支架面饰镂空缠枝纹。

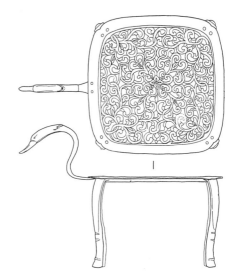

图1-29　"齐国太夫人"银支架

图1-30　禅众寺银椁

图1-31　禅众寺金棺

禅众寺银椁（图1-30）、禅众寺金棺（图1-31）、长干寺银椁（图1-32）、长干寺金棺（图1-33），江苏镇江甘露寺塔基[30]内出土。依据同时出土的石函铭文（图1-34），塔基所出物品是唐文宗太和三年（公元829年）以前之物。禅众寺银椁为方箱形，顶盖饰两只飞翔的仙鹤，四周饰半花纹。正面为直棂乳钉门扉，两侧饰伽陵频嘉。底部周边饰半花纹。禅众寺金棺为长方形，顶部较平。盖上饰四只飞翔的仙鹤，四周为联珠纹。前挡为直棂乳钉门扉。两侧为伽陵频嘉。底座饰水波、几何、半花纹。长干寺银椁的盖顶部前高后低不明显，盖顶錾刻两个飞天，余白处填折枝花和云朵，前、后挡饰缠枝和折枝花草，前挡还有直棂乳钉门扉。椁的两侧有双头伽陵频嘉，飞翔在缠枝花草中。长干寺

图1-32 长干寺银椁

图1-33 长干寺金棺

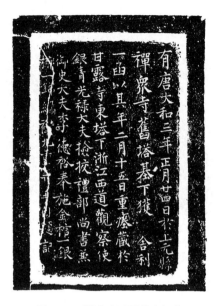

图1-34 禅众寺石函铭文拓本

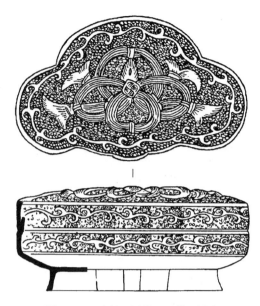

图1-35 "李郁"绶带纹云头形银盒

金棺的盖顶饰三只飞翔的仙鹤，两侧饰伽陵频嘉，余白处为缠枝花草和云朵。

"李郁"绶带纹云头形银盒（图1-35），河南偃师李郁墓[28]出土，葬于武宗会昌三年（公元843年）。盒身以鱼子纹为地，器盖錾刻绶带纹和缠枝纹。

"穆惊"犀牛纹椭方形银盒（彩版38），河南偃师穆惊墓[31]出土，葬于宣宗大中元年（公元847年）。椭方形几乎无棱角而呈椭圆形，盒身的四瓣微微内凹。盖面中心饰一醒目的犀牛，犀牛为趴卧状，四周是折枝花草。

"敬晦"葵花形银盘（图1-36，彩版15），陕西耀县柳林背阴村窖藏[2]出土。侈口，浅腹，圈足。盘底心饰四枝折枝花组成的圆形图案，腹壁间隔地饰五株折枝叶。器物捶揲成型，纹样錾刻，然后鎏金。盘底刻"盐铁使臣敬晦进十二"。敬晦任盐铁使始于宣宗大中三年四月（公元849年）或稍后至大中五年二月（公元851年）[①]。

和平门双层莲瓣银茶托（图1-37，图版100），陕西西安和平门窖藏[1]出土。圜底深托，宽平沿，圈足。宽平沿錾出双层莲瓣。器物圈足内侧刻"大中十四年（公元860年）八月造成浑金涂茶拓子一枚金银共重拾两捌钱叁字"。同时出土的茶托共7件，另6件与此件形制稍有差别，为单层莲瓣（图版101），其中1件圈足内侧刻"左策使宅茶库金涂工拓子壹拾枚共重玖拾柒两伍钱一"。

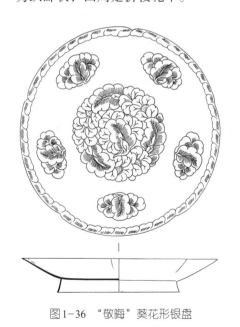

图1-36 "敬晦"葵花形银盘

---

① 卢兆荫：《从考古发现看唐代的金银"进奉"之风》，《考古》1983年2期。

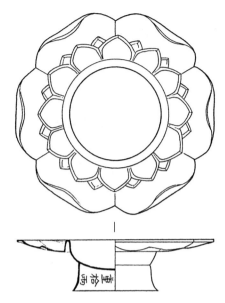

图1-37　和平门双层莲瓣银茶托

"田嗣莒"双凤纹花瓣形银盒（图1-38），陕西蓝田杨家沟窖藏[13]出土。盒身和盒盖为五曲花瓣形，圈足已失。盖面隆起，正中饰双凤衔绶带，周边为缠枝纹和飞鸿。盒身饰绶带、鸳鸯和缠枝纹。器物捶揲成型，纹样錾刻，然后鎏金。盒外底部刻"内园供奉合咸通七年（公元866年）十一月十五日造使臣田嗣莒重一十五两五钱一字"。

法门寺银盐台（图1-39）、法门寺五足银炉（彩版54）、法门寺珍珠宝钿方形金盒（彩版34），陕西扶风法门寺地宫[19][20]出土。银盐台由盖、台盘、三足架组成。盖为荷叶状，有莲蕾捉手，盖面饰四个摩羯。台盘由一周花瓣组成。三足内侧均錾文，可知其为咸通九年（公元868年）文思院造。五足银炉由炉盖、炉身和足组成。盖顶有莲蕾捉手，盖面饰莲花绶带纹。炉身刻缠枝纹，铆接五个绶带纹朵带和五个独角兽足。炉底錾文49字，可知为咸通十年（公元869年）文思院造。方形金盒正面竖錾文10行83字，说明系智慧轮于咸通十二年（公元871年）闰八月造。

"宣徽酒坊"银注壶（图1-40），陕西西安二府庄窖藏[32]出土。口微侈，粗颈，鼓腹，圈足。肩有长注，颈至腹有曲把。圈足内的器底刻"宣徽酒坊咸通十三年（公元872年）六月廿日别敕造七升地字号酒注壹枚重壹佰两匠臣杨存实等造监造番头品官冯金泰

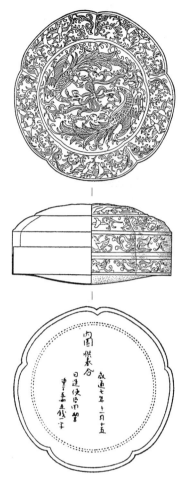

图1-38　"田嗣莒"双凤纹
花瓣形银盒

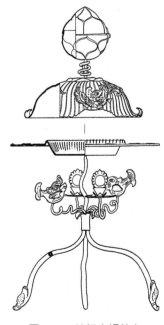

图1-39　法门寺银盐台

图1-40 "宣徽酒坊"银注壶

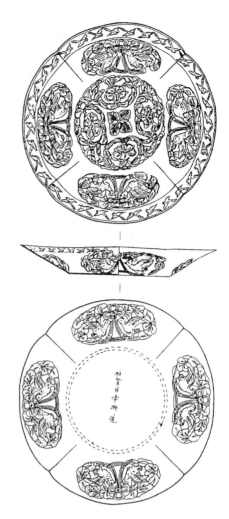

图1-41 "李杆"葵花形银盘

都知高品臣张景谦使高品臣宋师贞"。

"李杆"葵花形银盘（图1-41），陕西蓝田杨家沟窖藏[13]出土。侈口，浅腹，圈足已失。盘身呈四瓣，各饰鸳鸯衔绶带和折枝花。口沿为飞鸟纹边。盘底心饰四株折枝花组成的圆形图案，内壁间隔地饰四株折枝叶。器物捶揲成型，纹样錾刻，然后鎏金。盘底圈足内刻"桂管臣李杆进"。该器与"田嗣莒"双凤纹花瓣形银盒共出，李杆进奉的器物又出土于法门寺地宫，因而其时代应在9世纪后半叶。

不列颠银长杯（图1-42），英国不列颠博物馆收藏[33]。侈口，六曲浅腹，圈足。杯身呈四瓣。圈足外侧刻"乾符四年（公元877年）王大夫置造镇司公廨重二两半分"。

"高骈"多曲银碗（图1-43），山西繁峙窖藏[23]出土。敞口，深腹，圈足已失。碗身为四曲花瓣形，每瓣正中饰折枝花。碗内底中心为水波纹，其中有一对摩羯和火焰宝珠。口沿

图1-42 不列颠银长杯

图1-43 "高骈"多曲银碗

处饰叶瓣纹。碗外沿錾刻"诸道盐铁转运等使臣高骈进"12字，高骈被授盐铁转运等使为唐乾符五年（公元878年）。

上述标准器物中有的是唐代金银器皿中的孤品，有的为不带纹样的素面器物，远不能以此来确定其他所有唐代金银器皿的年代。但这些时代清楚的标准器物，有时伴出其他器皿而构成一个器物群体。还有一些成组的器物，出土于同一墓葬或窖藏，即使并非同时期的遗物，也可确定整个群体的时代下限。

二、标准器物群
Groups of Standard Artifacts

标准器物群虽不能像标准器物那样为判定其他器皿提供更可靠的时代依据，却提供一个时代下限和时代范围，而且大大地丰富了可供参考的器类、器形和纹样。这些器物群体需要讨论后才能作为具有一定断代意义的标准器物群。

根据考古发现的情况，分别有8世纪前半叶、8世纪中叶、8世纪后半叶、9世纪前半叶、9世纪后半叶的器物群。

（1）8世纪前半叶　5组

西安南郊何家村窖藏出土金银器皿200余件，共出遗物中有的带明确纪年，其中时代最晚的是刻有"开元十九年（公元731年）庸调"字样的银饼。此银饼是作为洧安县"庸调"上缴的。银饼只具有一定价值，一般不能直接充当货币广泛流通，需要制成其他器物才有明确的价值和使用价值。故银饼按原样保存的时间不会太长，因而与之同出的其他器物的年代大都不会晚于银饼的年代[①]。

西安东南郊沙坡村窖藏出土银器15件，无纪年物品共出。但是，15件器物的形制、纹样风格与何家村窖藏出土的大部分器物接近，均不见于时代明确的8世纪中叶以后的器物中，也不见于江苏丹徒丁卯桥窖藏和陕西扶风法门寺地宫两批9世纪中后期的器物中。因此，它们的时代应属于8世纪前半叶。

陕西西安东郊开元六年（公元718年）墓出土银器5件，制作时间应早于8世纪中叶。

陕西西安东郊开元二十一年（公元733年）韦美美墓出土银器4件，制作时间也应早于8世纪中叶。

河南偃师开元二十六年（公元738年）李景由墓出土银器13件，制作时间均应为8世纪前半叶。

---

① 关于何家村窖藏文物年代的下限，有8世纪中叶和8世纪后半叶两种意见（参见段鹏琦：《西安南郊何家村唐代金银器小议》，《考古》1980年6期；秋山进午：《唐朝の工艺》，《正仓院と唐朝工艺》，平凡社，1981年），但都认为大多数器物应是8世纪中叶以前的。有争议、认为时代为8世纪后半叶的器物仅有何家村折枝纹带盖银碗、何家村团花纹带盖银碗、何家村团花纹花瓣形银盒、何家村鹦鹉纹提梁银壶、何家村银匜。这几件器物暂不列入8世纪中叶以前的典型器物群内。

（2）8世纪中叶　1组

陕西西安南郊西北工业大学窖藏出土银器4件，其中有"李勉"圆形银盘，应为8世纪中叶的器物。

（3）8世纪后半叶　1组

内蒙古昭乌达盟喀喇沁旗窖藏出土银器6件，其中有"刘赞"葵花形银盘，为8世纪后半叶的器物。

（4）9世纪前半叶　2组

河南洛阳伊川唐齐国太夫人墓出土金银器21件，齐国太夫人卒于长庆四年（公元824年），器物制作时间应在9世纪前半叶。

陕西耀县柳林背阴村窖藏出土银器19件，其中有"敬晦"葵花形银盘，年代当在9世纪前半叶及中叶。

（5）9世纪后半叶　6组

陕西西安和平门窖藏出土银器7件，其中1件带"大中十四年"（公元860年）錾文，年代当在9世纪后半叶。

陕西蓝田杨家沟窖藏出土银器30余件，其中有"李杆"葵花形银盘，年代在9世纪后半叶。

西安东郊枣园村窖藏出土银器4件，同时出土乾符六年（公元879年）刻铭的银铤1件，年代为9世纪后半叶。

江苏丹徒丁卯桥窖藏出土银器956件，其年代应为9世纪后半叶。

浙江长兴下莘桥窖藏出土银器一批，与江苏丹徒丁卯桥窖藏出土银器风格一致，年代为9世纪后半叶。

陕西扶风法门寺地宫出土金银器121件（图1-44、45），其中有咸通年间制造的器物，可以推测绝大部分器物的年代为9世纪后半叶。

浙江临安水邱氏墓出土银器38件，该墓埋葬时间是天复元年（公元901年），器物制作时间应在9世纪后半叶。

以上器物是年代清楚和比较清楚的，在时间上跨越了整个唐代。这些器物如果按时间先后排列，可以反映出某些器皿的形制、纹样等方面的早晚不同，从而粗略地勾出一个唐代金银器发展演变的序列，并获得了许多有关器皿的时代早晚特征的认识，这一年代序列便使其他金银器在确定年代时有了一个可靠的比较标准。

图1-44 法门寺塔地宫后室金银器分布图（第一层）

1. 迎真身银金花双轮十二环锡杖 2、15. 阏伽瓶 3. 鎏金鸳鸯团花纹双耳圈足银盆 4、5. 鎏金鸿雁纹壶门座五环银香炉 6、17. 波罗子 8. 素面银如意 9、21. 鎏金人物画银坛子 10. 鎏金带座菩萨 11. 鎏金银如意 12. 素面银灯 13. 鎏金银水碗 14. 素面银手炉 16. 委角方形银盒 19. 鎏金葵口小银碟 20、24. 银芙蕖 22. 鎏金龟形银盒 28. 鎏金双狮纹菱弧形圈足银盒 29. 鎏金双凤衔绶纹圈足银方盒 30. 素面盝顶银函 32. 蕾纽摩羯纹三足架盐台 33. 鎏金卧龟莲花纹五足朵带银熏炉 34. 单轮十二环金锡杖 35. 鎏金团花纹银钵盂 36. 金银丝结条笼子 37、42、44、45. 调达子 39. 鎏金双凤衔瑞草纹五足朵带银炉台 40. 素面银香案 41. 鎏金流云纹长柄银匙 43. 银食箸 46. 伽陵频嘉纹纯金钵盂 47. 鎏金银龛碗

（此图及说明均摘自原发掘简报，本书所用法门寺地宫出土器物的名称与此不同）

图1-45 法门寺塔地宫后室金银器分布图（第二层）

1、2. 八重宝函 3. 银则 4. 银羹碗子碗盏 7、32. 银阏伽瓶 9. 银芙蕖花蕾 12、14. 银笼（内装两件香囊）
15、21、22、38. 银荷叶 17. 银莲蕾 19. 纯金钵盂 27. 银粉盒 33. 银锅轴 35、39、40、41. 银盐台 36. 银茶碾子
37. 银调达子 42. 银茶罗子 43. 炉台银朵带 44～49. 银臂钏 51. 银龟盒 52. 银莲蕾
（此图及说明均摘自原发掘简报，本书所用法门寺地宫出土器物的名称与此不同）

器物形制分析
Typological Analysis

　　器物的形制，既与人们的生活方式相联系，也与审美情趣有关，从而不可避免地反映出时代的变化。器物形制和纹样的变化，并非毫无根据的臆造。唐代人的起居生活先是传统席地而坐，晚唐逐渐流行高桌、椅类的家具，不同的生活方式使得日用器皿的形态随之改变，唐代的"胡化之风"及饮食结构的变化，也影响到器皿的制作。

　　考古发现的金银器，名称多为现代人所命名，其依据多以现代器物名称为参考，虽然这种做法通俗易懂，但很多与古代文献无法对应。从文献中检索出唐代金银器的名称有：金胡瓶、金瓮、银瓮、金罍、金银杯、金银碗、羹碗子、金盘、金合、银炉、金炉、香宝子、金唾壶、金钵盂、波罗子、叠子、金函、金奁、银奁、盏子、银榼、银魁、银盆、金花银双丝瓶、金镀银盖碗、金银平脱酒海、金平脱杓、金平脱大盏、金镀银盒子、银沙罗、银沙枕、银织成筹筐、银织筭篦、筹子、茶拓子、龟、盐台、茶槽子、碾子、茶罗子、匙子、镂银锁、金箸、金栉、金凤钗、金翠冠、银筐、金银臂钏、金环、香案子、黄金床、金缕枕、银椅、金车、金鞍、银鞍、黄金勒、金络、黄金甲，此外还有如金酒器、金银具食藏等不明确的器物。

　　已知的唐代金银器皿形态多样，散见在各书刊中的命名也不统一，在对唐代金银器进行考古学综合研究时，有必要将用途相同的器物分类叙述，按形状和用途分类即杯、盘、碗、盒、壶、瓶、炉、香囊、铛、锅、豆、匜、盆、茶托、茶碾子、茶罗子、盐台、笼子、香宝子、羹碗子、波罗子、蒲篮、温器、筹筒、龟形盒、支架、器盖、棺、椁、塔等。因为各器多分别出土和刊布，所定名称各异，相同的器物在不同的报告中常有定名不同的现象，同件器物在不同的论著中名称也不相同。有些时候，两件器物也很难在名称上加以区别。考虑到这一现实，本书在器物定名时，参照唐代文献相关的记载，采用考古学界约定俗成的定名，与唐代文献有矛盾时将予以说明。具体做法是：（1）尽可能与原始报告定名相同或相近。（2）《唐代金银器》《海内外唐代金银器萃编》《法门寺地宫珍宝》是资料最多的三部书，书中对器物的命名是主要参考。（3）为区别相同或相近的器类，每件器物前加出土地点或收藏地点。（4）出土地点、器类相同或相近，根据器物纹样区分。（5）出土地点、器类和纹样都相同或相近，再以形制特点相区别。（6）一些有人名、地名刻字的直接冠在器物名称前。

　　在下面的各种器类分析中，有些采用了分型、式的做法。型，表示每类器物在形态上较大的区别，型与型之间一般没有早晚关系，但有时不同型的消失和兴起在时间上衔接，也是演变的结果。式，设在型之下，以每型器物形制上的变化为划分依据，一般表示早晚演变关系。

　　考古学研究，一般都要对器物采用区分型、式的归纳，找出同类器物的地区特征、时代特征和演变，以及与其他器物的关系，这几乎是资料综合研究时必不可少的手段。由于每个人的研究都有自己划分型、式的原则，归纳整理后的某型某式器物从未统一过。而器物的型、式划分是研究手段，不是目的，研究目的不同或仅仅是看问题的角度不同，也会出现对同一器物不同的型式划分，无法强求统一。但是，考古研究的对象是视觉直接感知到的实物，器物的型、式名称使人无法产生任何形象的联想，如果每件器物以A型Ⅰ式碗、B型Ⅱ式盘等面目出现，即便是考古学家也很难仅仅从其他同行所说的某型某式器物得知该器物的样式。因此，本书在对唐代金银器各种器类进行了型、式划分研究后，在论述中尽量直接使用器物名称，淡化型、式，甚至把原来类型学研究时的型、式称谓取消，使人看到器物名称就能更多地联想到器物的样式。

一、杯

Cup

金银杯在文献中常见。《旧唐书·胡楚宾传》记载："胡楚宾者，宣州秋浦人。属文敏速，每饮半酣而后操笔，高宗每令作文，必以金银杯盛酒令饮，便以杯赐之。"[①]《资治通鉴》中和元年七月条也记载："令孜宴土客都头，以金杯行酒，因赐之，诸都头皆拜而受。"[②]但古代文献对金银杯的形制没有具体的描述。现代考古学中定名的杯类很复杂，一般是以器物的形状和现代器皿的名称来定名，有些碗形的器物也被称为杯。杯类器物，有的形状差别甚大，当时的用途也不同。故仅将杯类器物按形状差别分为高足杯、带把杯、长杯等来分别叙述。

（一）高足杯

高足杯的形制分为两部分，上为杯体，平面呈圆形或多曲圆形，腹深大于或小于口径，圜底下接较高的器足。高足的上部很细，有的器物高足与杯体相接处有圆托，高足中部一般有"算盘珠"式的节，下部向外撇呈喇叭状。杯体用来盛装液体，器足具有放置和使用时手执的功用。高足杯的形体都比较小，为唐代饮酒用具，如同现代的高脚杯。

高足杯精致而珍贵，是高级贵族拥有和使用的器物。葬于唐咸亨四年（公元673年）的房陵大长公主墓，前甬道西壁绘执杯男装侍女图，后室北壁西侧绘执杯侍女图，杯的样式即高足杯。据此可知高足杯的使用方法是用拇指和食指捏住高足杯的喇叭形圈足底。这种执高足杯的方法，也见于中亚壁画，是一种外来的方式，同时也表明高足杯原来是外来的器物[③]。唐代高足杯多为收藏品，主要器物见表1-2。

---

① 《旧唐书》卷一百九十，5011～5012页，中华书局，1975年。

② 《资治通鉴》卷二百五十四唐纪七十僖宗中和元年条，8254页，中华书局，1982年。

③ 参见本书第三编《唐代高足杯研究》。

表1-2

唐代银高足杯

器物名称	型式	器高	器宽	收藏地点	参考文献
弗利尔狩猎纹筒腹银高足杯	AⅠ	7.8	6.9	弗利尔美术馆	[16]
纽约缠枝纹筒腹银高足杯	AⅠ			纽约	[16]
凯波狩猎纹筒腹银高足杯	AⅡ	5	4.1	卡尔·凯波	[16]
凯波葡萄纹筒腹银高足杯	AⅡ	5.2		卡尔·凯波	[16]
何家村素面筒腹银高足杯	AⅡ	8	6.3	陕西省博物馆	[4]、[16]
何家村狩猎纹筒腹银高足杯	AⅡ	7	5.9	陕西省博物馆	[4]、[16]
沙坡村狩猎纹筒腹银高足杯	AⅡ	7.4	6.3	北京故宫博物院	[3]、[16]
北京大学狩猎纹筒腹银高足杯	AⅡ	8.5	7.5	北京大学	[34]
临潼缠枝纹筒腹银高足杯	AⅡ	6	5	临潼县博物馆	[16]、[26]
大和文华缠枝纹筒腹银高足杯	AⅡ	6		大和文华馆	[16]、[46]
藤井缠枝纹筒腹银高足杯	AⅢ	6.5		藤井有邻馆	[16]
芝加哥缠枝纹筒腹银高足杯	AⅢ	7.6	6.4	芝加哥美术研究院	[16]
沙坡村莲瓣纹折腹银高足杯	BⅠ	5	7.2	中国历史博物馆	[3]、[16]
韩森寨莲瓣纹折腹银高足杯	BⅠ	6.1	7.7	陕西省博物馆	[35]
白鹤联珠纹折腹银高足杯	BⅠ	5.4	7.5	白鹤美术馆	[16]
耶鲁莲瓣纹折腹银高足杯	BⅠ	5.1	7	耶鲁美术学院	[16]
凯波莲瓣纹折腹银高足杯	BⅠ	5.4		卡尔·凯波	[16]
圣·路易斯莲瓣纹折腹银高足杯	BⅠ	5.4	7	圣·路易斯美术馆	[16]
凯波立鸟纹折腹银高足杯	BⅠ	6.2	8.1	卡尔·凯波	[16]
沙坡村莲瓣纹弧腹银高足杯	BⅡ	5	7.2	中国历史博物馆	[3]、[16]
白鹤狩猎纹弧腹银高足杯	BⅢ	5.5	8.7	白鹤美术馆	[16]
白鹤缠枝纹弧腹银高足杯	BⅢ	5.2	7.6	白鹤美术馆	[16]
白鹤莲瓣纹弧腹银高足杯	BⅢ	4.7	6.2	白鹤美术馆	[16]
纳尔逊莲瓣纹弧腹银高足杯	BⅢ	3	6.4	纳尔逊美术博物馆	[16]
纽约莲瓣纹弧腹银高足杯	BⅢ	4.8	6.4	纽约亚洲协会	[16]
凯波折枝纹弧腹银高足杯	BⅢ	4	5.9	卡尔·凯波	[16]
凯波萱草纹弧腹银高足杯	BⅢ	4.3	7	卡尔·凯波	[16]
芝加哥葡萄纹弧腹银高足杯	BⅢ	4.8	7.6	芝加哥美术学院	[16]
弗利尔缠枝纹弧腹银高足杯	BⅢ	4.2	6.5	弗利尔美术馆	[16]
伊川缠枝纹弧腹银高足杯	BⅢ	4	6	洛阳市文物工作队	[36]
沙坡村折枝纹弧腹银高足杯	BⅢ	4	6.2	中国历史博物馆	[3]、[16]
淳安素面银高足杯	C	8	10	浙江省博物馆	[6]、[12]
背阴村素面银高足杯	C		9.5		[2]、[6]

图1-46　弗利尔狩猎纹筒腹银高足杯　　　　　　图1-47　纽约缠枝纹筒腹银高足杯

高足杯分为三型，目前所知均为银质，但纹样大都鎏金。

A型的杯体深，杯深大于口径，一般腹壁较直。高足较细，而且在中部大都带有"算盘珠"式的节。可分三式。

Ⅰ式杯敞口，深腹，腹壁较斜，器身上有尖瓣装饰，高足与杯体相接处有托盘，足中间有"算盘珠"式的节，足底外撇（图1-46、47）。

Ⅱ式杯口微敞，腹壁较直，绝大多数口沿下带一周突棱，有的下腹部亦带突棱，高足中间也有"算盘珠"式的节[①]（图1-48～54，彩版1、2，图版1、2）。

Ⅲ式杯腹部既无尖瓣，也无突棱，圈足不带"算盘珠"式的节（图1-55、56，图版3）。

A型Ⅱ式中的何家村狩猎纹筒腹银高足杯、何家村素面筒腹银高足杯、沙坡村狩猎纹筒腹银高足杯、临潼缠枝纹筒腹银高足杯，均属于年代不晚于8世纪中叶的标准器物和标准器物群中的器物。故口部微敞、腹壁较直、杯体带突棱、高足中部有"算盘珠"式的节，应是唐代8世纪中叶以前高足杯的重要特征。北京大学狩猎纹筒腹银高足杯，形制和纹样与何家村狩猎纹筒腹银高足杯几乎完全一致，属A型Ⅱ式。与这几件年代下限较清楚的高足杯相比，A型Ⅰ式中的弗利尔狩猎纹筒腹银高足杯和纽约缠枝纹筒腹银高足杯，形制上明显的特征是敞口，与西安发现的隋大业四年（公元608年）李静训墓[37]金、银高足杯口部敞开的特点一致。因此，A型Ⅰ式高足杯应早于A型Ⅱ式高足杯。A型Ⅲ式高足杯的杯体上无突棱，高足中部的"算盘珠"式的节消失，应是高足杯的新变化。所以，A型Ⅲ式高足杯可能略晚于A型Ⅱ式。高足杯是外来风格浓厚的器

---

① 韩伟编著的《海内外唐代金银器萃编》图44"卷草纹高足杯"（器物线图说明为卡尔·凯波收藏）与日本奈良县立橿原考古学研究所附属博物馆编的《唐草文の世界》75页的"小禽唐草文银盃"（注为大和文华馆收藏）可能为同一器物。

图1-48 凯波狩猎纹
筒腹银高足杯

图1-49 凯波葡萄纹
筒腹银高足杯

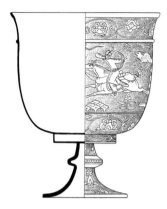

图1-50 何家村狩猎纹
筒腹银高足杯

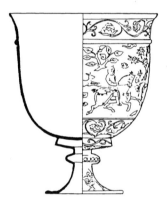

图1-51 沙坡村狩猎纹
筒腹银高足杯

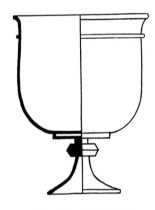

图1-52 何家村素面
筒腹银高足杯

图1-53 临潼缠枝纹
筒腹银高足杯

图1-54 大和文华缠枝纹
筒腹银高足杯

图1-55 藤井缠枝纹
筒腹银高足杯

图1-56 芝加哥缠枝纹
筒腹银高足杯

物种类，其渊源在罗马及中亚地区[①]。

B型的杯体浅，口径大于深度，呈碗形。可分三式。

Ⅰ式杯腹部较深，中间有折棱，有的在折棱处饰联珠。高足上部有托盘，中间有节，足底多为花瓣形（图1-57～62，彩版3、4，图版4、6）。

Ⅱ式杯腹部无折棱（图1-63，彩版5）。

Ⅲ式杯浅腹，腹部无折棱，圈足无"算盘珠"式的节。有的器口部及腹部为花瓣形，足底为花瓣形或圆形，有的在圈足上部无托盘（图1-64～74，图版5、7～9）。

B型中的沙坡村莲瓣纹折腹银高足杯、沙坡村莲瓣纹弧腹银高足杯、沙坡村折枝纹弧腹银高足杯属于8世纪前半叶标准器物群。B型Ⅰ式高足杯腹部带折棱的做法，在中国传统的杯类器皿中少见，而西亚、中亚等西方相当于唐代或稍早的器皿却有较多的折腹器。中国唐代金银器皿最初

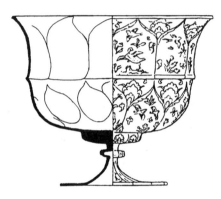

图1-57　沙坡村莲瓣纹
折腹银高足杯

图1-58　白鹤联珠纹
折腹银高足杯

图1-59　耶鲁莲瓣纹
折腹银高足杯

图1-60　凯波莲瓣纹
折腹银高足杯

---

①　参见本书第三编《唐代高足杯研究》。

图1-61　圣·路易斯莲瓣纹
折腹银高足杯

图1-62　凯波立鸟纹
折腹银高足杯

图1-63　沙坡村莲瓣纹
弧腹银高足杯

图1-64　白鹤狩猎纹
弧腹银高足杯

图1-65　白鹤缠枝纹
弧腹银高足杯

图1-66　白鹤莲瓣纹
弧腹银高足杯

图 1-67　纳尔逊莲瓣纹
弧腹银高足杯

图 1-68　纽约莲瓣纹
弧腹银高足杯

图 1-69　凯波折枝纹
弧腹银高足杯

图 1-70　凯波萱草纹
弧腹银高足杯

图 1-71　芝加哥葡萄纹
弧腹银高足杯

图 1-72　弗利尔缠枝纹
弧腹银高足杯

曾受西方的影响，后来逐渐中国化。按这一发展过程，三种形态的B型高足杯也应有相对的早晚关系。腹部带折棱的B型Ⅰ式高足杯的时代应略早。B型Ⅱ式腹部的折棱消失，B型Ⅲ式不仅腹部无折棱，高足中部的"算盘珠"式的节也不见。

C型杯为花瓣形杯身，粗壮的喇叭形高圈足。浙江淳安素面银高足杯共发现6件（图1-75），与9世纪后半叶的陕西耀县背阴村素面银高足杯（图1-76）形态相同。杯体呈明显的花瓣形并带粗壮高足的杯，是晚唐流行的样式，并一直流行到宋元时期。

此外，同属于9世纪后半叶标准器物群的丁卯桥窖藏出土一件高足杯，形制独特。杯口呈明显的花瓣形，腹部较深，中间有一周凸棱，圈足较粗矮（图1-77）。

图1-73　沙坡村折枝纹弧腹银高足杯

图1-74　伊川缠枝纹弧腹银高足杯

图1-75　淳安素面银高足杯

图1-76　背阴村素面银高足杯

图1-77　丁卯桥素面银高足杯

（二）带把杯

带把杯的杯体多数较深，杯深大于口径，底部有圈足。突出的特点是杯的口沿至腹部有各种形制的把，杯体绝大部分在下部有横折棱。主要器物见表1-3。

表1-3　　　　　　　　　　　　　　　　唐代金银带把杯　　　　　　　　　　　　长度单位：厘米

器物名称	型式	器高	器宽	收藏地点	参考文献
何家村人物纹金带把杯	A Ⅰ	6.5	7.2	陕西省博物馆	［4］、［16］
何家村乐伎纹银带把杯	A Ⅱ	6.6	7	陕西省博物馆	［4］、［16］
何家村人物忍冬纹金带把杯	A Ⅱ	5.3	7	陕西省博物馆	［4］、［16］
韩森寨缠枝纹银带把杯	A Ⅲ	6.1	6.8	陕西省博物馆	［4］、［16］
大都会缠枝纹银带把杯	A Ⅲ	6.2	8.8	大都会博物馆	［38］
霍姆斯凤鸟纹银带把杯	A Ⅳ	6.5	7.7	霍姆斯	［16］
何家村团花纹金带把杯	B Ⅰ	5.9	6.8	陕西省博物馆	［4］、［16］
沙坡村素面筒形银带把杯	B Ⅰ	6.2	7	中国历史博物馆	［3］、［16］
纳尔逊缠枝纹银带把杯	B Ⅰ	6	7	纳尔逊阿特金斯美术馆	［16］
凯波缠枝纹银带把杯	B Ⅰ	4.5		卡尔·凯波	［16］
大阪缠枝纹银带把杯	B Ⅰ	5.4	6.1	大阪市立美术馆	［16］
维克利亚缠枝纹银带把杯	B Ⅰ	5.1		维克多利亚博物馆	［39］
西雅图缠枝纹银带把杯	B Ⅱ	6.4	7.6	西雅图美术馆	［16］
弗利尔葡萄纹银带把杯	B Ⅱ	6.4	7.8	弗利尔美术馆	［16］
詹姆斯鸟纹银带把杯	B Ⅱ	6.1	7.6	詹姆斯·盖·索	［16］
白鹤缠枝纹银带把杯	B	5.8		白鹤美术馆	［16］
大和文华缠枝纹银带把杯	B	4.6		大和文华馆	［16］
"韦洵"折枝纹银杯	B	4.5	5.2	陕西省考古研究所	［21］
何家村仕女纹银带把杯	C	5.1	9.1	陕西省博物馆	［4］、［16］

带把杯可分为三型。有金质和银质两种，银带把杯的纹样多鎏金。

A型杯的杯体为八棱状，侈口，器壁稍内弧，下部带横折棱，带圈足，把位于杯体上部。因把的不同分为四式。

Ⅰ式杯由联珠组成环形把，上部带指垫，指垫上有浮雕状装饰。足部亦为八棱形，足底边带联珠。杯体的折棱处亦饰联珠（彩版6）。

Ⅱ式杯把为圆环形，把上部带指垫，下部有指鋬（图1-78、79，彩版7、8）。

Ⅲ式杯把下无指鋬（图1-80，彩版9，图版10）。

Ⅳ式杯把为叶芽形（图1-81）。

A型Ⅰ式的何家村人物纹金带把杯出土于标准器物群。纹样中人物的形象和服饰，均无中国

图1-78 何家村乐伎纹银带把杯

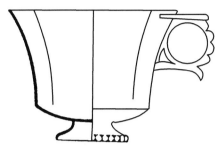

图1-79 何家村人物忍冬纹金带把杯

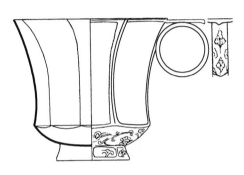

图1-80 韩森寨缠枝纹银带把杯

图1-81 霍姆斯凤鸟纹银带把杯

传统风格，却能在西方地区的金银器皿上找到许多一致因素，其八棱形杯体、环形联珠把及指垫、足底一周联珠也是明显的西方风格[①]。人物采用浮雕式的做法也是西方银器的装饰特点，同时也是时代较早的做法[②]。因此，此杯可能是一件外国输入的器物或外国工匠在中国制造的，年代在7世纪后半叶[③]。A型Ⅱ式的何家村乐伎纹银带把杯（彩版8）、何家村人物忍冬纹金带把杯（彩版7、70）同出于一个标准器物群，形制与Ⅰ式基本相同，但纹样已是中国式的，时代应略晚，在7世纪后半叶。A型Ⅲ式、A型Ⅳ式杯的把或无指錾，或变为叶芽形（彩版9，图版10），时代应更晚，约在7世纪末至8世纪前半叶。

B型杯的侈口、器壁内弧、带圈足等特征与A型同，但器体无棱，平面呈圆形。因把的不同分为两式。

Ⅰ式杯把为环形，指垫呈叶芽状，不与器体相连，直接从环形把的上部向杯体的相反方向伸出（图1-82～86，彩版11，图版11～14）。

Ⅱ式杯把较大，为卷草叶形，与杯体相反的方向为两片外卷，与杯体相对的方向是两个对卷勾（图1-87～89，图版15）。

B型Ⅰ式的何家村团花纹金带把杯、沙坡村素面筒形银带把杯都属于标准器物群，杯把的环

① 东京国立博物馆：《シルクロードの遗宝》，日本经济新闻社，1985年。

② A. U. Pope, *The Survey of Persian Art*, New Edition. Ashiya, Japan, 1981.

③ 参见本书第三编《唐代粟特式金银带把杯》。

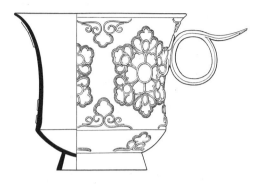

图1-82　何家村团花纹金带把杯

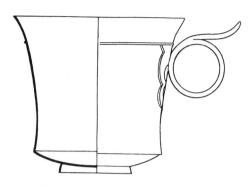

图1-83　沙坡村素面筒形银带把杯

图1-84　纳尔逊缠枝纹银带把杯

图1-85　凯波缠枝纹银带把杯

图1-86　大阪缠枝纹银带把杯

图1-87　西雅图缠枝纹银带把杯

图1-88　弗利尔葡萄纹银带把杯

图1-89　詹姆斯鸟纹银带把杯

图1-90　白鹤缠枝纹银带把杯

图1-91　大和文华缠枝纹银带把杯

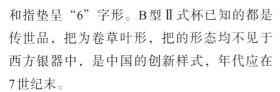

和指垫呈"6"字形。B型Ⅱ式杯已知的都是传世品，把为卷草叶形，把的形态均不见于西方银器中，是中国的创新样式，年代应在7世纪末。

　　白鹤缠枝纹银带把杯、大和文华缠枝纹银带把杯亦为B型，由于把已失，不分式（图1-90、91，图版16）。"韦洵"折枝纹银杯（图版17）虽无把亦属B型。

　　C型杯为圜底碗形。何家村仕女纹银带把杯（图1-92，彩版10）出土于标准器物群，其时代为8世纪前半叶。

　　金银带把杯不是中国传统器物造型，以上器物中何家村人物纹金带把杯、何家村乐伎纹银带把杯、何家村人物忍冬纹金带把杯可能是粟特工匠在中国的制品，其余为唐代

图1-92　何家村仕女纹银带把杯

创新的作品。在内蒙古敖汉旗李家营子和西安郊区何家村、沙坡村还出土了几件形制较特殊的带把杯，皆为输入品，将专门讨论[①]。

（三）长杯

杯体平面为椭圆形，并且许多器物呈多曲状椭圆形。杯体内部因分曲而形成突起的条棱，外表则凹陷进去。长杯的杯体深浅不一，多数带高矮不同的圈足。考古报告中对这类器物的定名比较混乱，称为碟、盘、船形杯、椭圆形杯、花口形杯、多曲杯、羽觞、碗等。由于它们都有椭圆形的特征并属于同类实用器物，本文统称为长杯。目前已知的长杯主要见表1-4。

表1-4　　　　　　　　　　　　　　**唐代金银长杯**　　　　　　　　　　　长度单位：厘米

器物名称	型式	器高	器长	收藏地点	参考文献
白鹤缠枝纹银长杯	AⅠ	3.5	15.1	白鹤美术馆	[16]
旧金山缠枝纹银长杯	AⅠ	4.5	15	旧金山美术博物馆	[16]
凯波折枝纹银长杯	AⅡ	2	5.7	卡尔·凯波	[16]
西安摩羯纹金长杯	AⅢ	3	13.2	陕西省博物馆	[16]、[40]
西安鸿雁纹银长杯	AⅢ	3	13	西安市文管会	[16]、[41]
白鹤鹦鹉纹银长杯	AⅢ		15.3	白鹤美术馆	[16]
西安鹦鹉纹银长杯	AⅢ	5	15	西安市文管会	[16]
背阴村双鱼纹银长杯	AⅢ	4.3	15.4	陕西省博物馆	[2]、[16]
"齐国太夫人"双鱼纹金长杯	AⅢ	4.05	13.8	洛阳第二文物工作队	[24]
白鹤飞禽纹银长杯	AⅢ		15.3	白鹤美术馆	[16]
弗利尔高足银长杯	AⅣ	6.9	11.9	弗利尔美术馆	[16]
大都会高足银长杯	AⅣ	7.4	13.2	大都会博物馆	[16]
凯波高足银长杯	AⅣ	5.5	14.5	卡尔·凯波	[16]
芝加哥带托银长杯	AⅣ	6.2	12.8	芝加哥美术学院	[16]
不列颠银长杯	AⅣ	3.65	11.9	不列颠博物馆	[33]
何家村银耳杯	B	3	10.6	陕西省博物馆	[4]、[16]

长杯可分为二型。有金质、银质两种，银质长杯纹样部分多鎏金。

A型的平面呈多曲椭圆形，可分四式。

---

① 参见本书第三编《唐代粟特式金银带把杯》。

Ⅰ式杯体较浅，呈多曲状，每一曲线都向器内凹入，两侧的曲线不及底。有矮圈足（图1-93、94，彩版12，图版18）。

Ⅱ式杯每条曲线均至器物的底部，形成分瓣（图1-95，图版19）。

Ⅲ式杯杯体浅，分曲较少，一般为四曲（图1-96～102，彩版13，图版20）。

Ⅳ式杯杯体深，分曲处的内凹不明显，有高圈足（图1-103～106，图版21、22）。

图1-93　白鹤缠枝纹银长杯

图1-94　旧金山缠枝纹银长杯

图1-95　凯波折枝纹银长杯

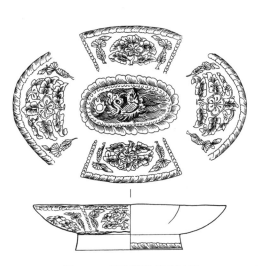

图1-96　西安摩羯纹金长杯

图1-97　西安鸿雁纹银长杯

图1-98　白鹤鹦鹉纹银长杯

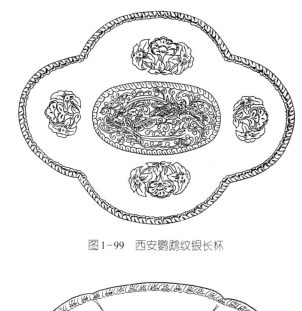

图1-99　西安鹦鹉纹银长杯

图1-100　白鹤飞禽纹银长杯

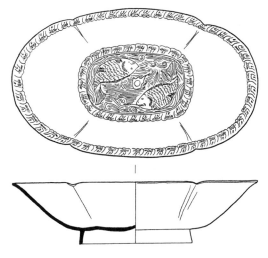

图1-101　"齐国太夫人"双鱼纹金长杯

图1-102　背阴村双鱼纹银长杯

　　A型Ⅰ式长杯的2件器物收藏于日本、美国，均非科学发掘所得。萨珊银器中器形与之类似的
器皿较多①。中国也曾在山西大同北魏遗址中出土过，可能是来自伊朗东部呼罗珊地区或中亚的萨
珊式银器②。但此2件器物的纹样表明系中国制造的器物无疑，由于器形上还带有浓厚的萨珊风格，
其年代应在7世纪后半叶。Ⅱ式长杯仅1件，亦为传世品，此器的多曲的曲线已由口及底，与萨珊
式的多曲长杯有了明显区别，开始向新的杯形演变，因此，Ⅱ式长杯应是萨珊式长杯向中国式长
杯过渡的形制。其时代比Ⅰ式略晚，在8世纪前半叶。Ⅲ式的背阴村双鱼纹银长杯出土于标准器
物群，时代为9世纪前半叶。Ⅳ式长杯的形制变化较大，除了杯体较深外，高圈足是突出的特征。
这种形制的瓷器在浙江临安光化三年（公元900年）钱宽墓③、天复元年（公元901年）水邱氏墓④
中均有发现。而高圈足在9世纪的唐代金银器上常见，如法门寺出土的香宝子的高圈足与之非常相

　　①　A. U. Pope, *The Survey of Persian Art*, New Edition. Ashiya, Japan, 1981.
　　②　孙培良：《略谈大同市南郊出土的几件银器和铜器》，《文物》1977年9期。
　　③　浙江省博物馆等：《浙江临安晚唐钱宽墓出土天文图及"官"字款白瓷》，《文物》1979年12期。
　　④　明堂山考古队：《临安县水邱氏墓发掘报告》，《浙江省文物考古研究所学刊》第一辑，1981年。

图1-103　弗利尔高足银长杯

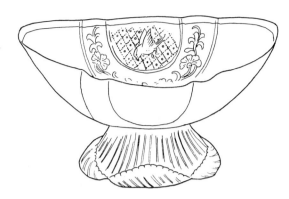

图1-104　大都会高足银长杯

图1-105　凯波高足银长杯

图1-106　芝加哥带托银长杯

像①。因此，Ⅳ式长杯的时代应在9世纪后半叶。陕西耀县柳林背阴村出土的2件高足多曲杯，与A型Ⅳ式长杯十分接近，但杯体不是椭圆形。另外3件"羽觞"分别作十二曲、八曲、四曲，接近于A型Ⅰ式。其中背阴村素面银长杯为十二曲椭圆形，据称"圈足脱落，外底留有焊接痕迹"②，故原来器形应与Ⅰ式同。A型长杯是萨珊银器影响下唐代出现的仿制、创新作品。

下莘桥摩羯纹银长杯亦为八曲长杯，原来是否有高足不得而知，内壁有清晰的棱线，属Ⅱ式。此外，英国不列颠银长杯至少有3件，其中1件带"乾符四年（公元877年）王大夫置造镇司公廨重二两半分"铭文（参见图1-42）。

B型杯体浅，不分曲，无圈足，有长方形片状双耳，器形如同汉代的耳杯（图1-107，彩版14）。

B型的何家村银耳杯与其他长杯并非同类器物，在目前所知唐代器物中仅此1件，因该杯体亦为长形，暂归长杯类中。此杯出土于标准器物群何家村窖藏，时代约为8世纪中叶。

图1-107　何家村银耳杯

---

①　法门寺考古队：《法门寺地宫珍宝》，图10、图11，陕西人民美术出版社，1989年。
②　中国美术全集编辑委员会：《中国美术全集·工艺美术编·金银玻璃珐琅器》，文物出版社，1987年。

二、盘

Plate

盘和碟形制接近，考古报告与论述中经常混用。按人们的生活习惯，形体较大的称盘，较小的称碟，但难以在尺寸上确立出严格的界限。作为对古代器物的综合考察，暂将二者归在一起。唐代文献中提到金银盘甚多，如《安禄山事迹》载，唐玄宗曾赐禄山"金花大银盘四"[1]。《剧谈录》说方士条载："金盘贮石榴，置于御榻。"[2]诗文中提到的金、银盘更多，贺知章《答朝士》诗云："钑镂银盘盛蛤蜊。"[3]王建《宫词一百首》中就有"一样金盘五千面，红酥点出牡丹花"之句[4]。诗文虽为夸张之词，却反映金、银盘是唐代较为流行的器物形制。文物中的金银盘流行于整个唐代，形制区别比较大，有圆形盘、菱花形盘、葵花形盘、海棠形盘和不规则形盘。

（一）圆形盘

平面呈圆形，有平底、圜底、带圈足三种。主要器物见表1-5。

表1-5 唐代圆形银盘 长度单位：厘米

器物名称	器高	器宽	收藏地点	参考文献
凯波犀牛纹圆形银盘	3	15.2	卡尔·凯波	[16]、[38]
凯波犀牛纹圆形银盘			卡尔·凯波	[16]、[38]
克利夫兰葡萄纹圆形银盘		30.6	克利夫兰美术博物馆	[16]、[42]
何家村鹊鸟纹圆形银盘	1	9.8	陕西省博物馆	[4]、[16]
"李勉"圆形银盘	1.6	17	西安市文管会	[8]、[16]
西北工大黄鹂纹圆形银盘	3	24	西安市文管会	[8]、[16]
曲江池团花纹圆形银盘	1	15.5	西安市文管会	[16]、[41]
明尼亚波利斯圆形银盘			明尼亚波利斯艺术研究所	[16]
圣地亚哥蝴蝶纹圆形银盘		30.6	圣地亚哥博物馆	[16]、[42]

凯波犀牛纹圆形银盘（图1-108，图版29、30）带圈足，曲江池团花纹圆形银盘（图1-109，图版26）三足已失。其他属于收藏品的盘由于发表时有的器物没有附侧视图，无法了解盘底的情形。圆形盘（图1-110～115，彩版16，图版23～25）在唐代自始至终都流行，形制上虽无大差别，但属于不同的时期，只能通过纹样来断定各器的时代。

---

① 姚汝能：《安禄山事迹》卷上，9页，上海古籍出版社，1983年。
② 康骈：《剧谈录》卷下，52页，古典文学出版社，1958年。
③ 《全唐诗》第二函第六册，266页，上海古籍出版社，1994年。
④ 《全唐诗》第五函第五册，762页，上海古籍出版社，1994年。

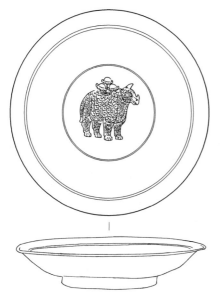

图1-109　曲江池团花纹圆形银盘

图1-108　凯波犀牛纹圆形银盘

图1-110　克利夫兰葡萄纹圆形银盘

图1-111　何家村鹊鸟纹圆形银盘

图1-112　"李勉"圆形银盘

图1-113　西北工大黄鹂纹圆形银盘

图1-114 明尼亚波利斯圆形银盘　　　　　　图1-115 圣地亚哥蝴蝶纹圆形银盘

（二）菱花形盘

盘体平面呈菱花形，菱花形的特点是花瓣为尖状。现知完整而形体较大的器物底部有足，较小的常被称为碟，一般没有足。主要器物见表1-6。

表1-6　　　　　　　　　　　　　　　　唐代菱花形银盘　　　　　　　　　　　　长度单位：厘米

器物名称	器高	器宽	收藏地点	参考文献
韩森寨鸾鸟纹菱花形银盘		84	陕西省博物馆	［16］、［43］
宽城鹿纹菱花形银盘	10	50	河北宽城文物保管所	［16］、［44］
正仓院折枝纹菱花形银盘	12.3	42	正仓院南仓	［16］
丁卯桥菱花形银盘	5.6	16	镇江市博物馆	［6］、［15］、［16］
繁峙菱花形银盘	1.8	13.2		［23］
繁峙菱花形银盘	2.3	12.4		［23］

唐代的菱花形器皿有麟德元年（公元664年）郑仁泰墓出土菱花形铜盘[①]。唐代铜镜中也有不少呈菱花形，菱花镜的纹样丰富，据出土于纪年墓者可知，主要流行于武则天至唐玄宗天宝以前[②]，即7世纪末至8世纪中叶，以后不多见。这可作为推断菱花形盘（图1-116～121，彩版19）流行时代的参考。

---

① 陕西省博物馆等：《唐郑仁泰墓发掘简报》，《文物》1972年7期。
② 孔祥星：《隋唐铜镜的类型与分期》，《中国考古学会第一次年会论文集》，文物出版社，1979年。

图1-116 韩森寨鸾鸟纹菱花形银盘

图1-119 丁卯桥菱花形银盘

图1-117 宽城鹿纹菱花形银盘

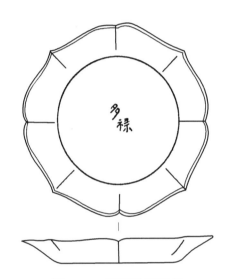

图1-120 繁峙菱花形银盘

图1-118 正仓院折枝纹菱花形银盘

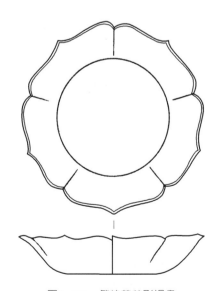

图1-121 繁峙菱花形银盘

（三）葵花形盘

平面呈葵花形，葵花形的特点是花瓣为漫圆弧状。主要器物见表1-7。

表1-7 　　　　　　　　　　　　　　　　 **唐代葵花形银盘** 　　　　　　　　　　　　长度单位：厘米

器物名称	式别	器高	器宽	收藏地点	参考文献
何家村飞廉纹葵花形银盘	I	1.4	15.3	陕西省博物馆	［4］、［16］
何家村熊纹葵花形银盘	I	0.9	13.3	陕西省博物馆	［4］、［16］
何家村凤鸟纹葵花形银盘	I	1.5	16.3	陕西省博物馆	［4］、［16］
曲江池折枝纹葵花形银盘	II	1	15.5	西安市文管会	［16］、［41］
八府庄狮纹葵花形银盘	II	6.7	40	中国历史博物馆	［16］、［27］
正仓院鹿纹葵花形银盘	II	13.2	61.5	正仓院南仓	［16］
瑞典宝相花纹葵花形银盘	II			瑞典斯德哥尔摩远东艺术博物馆	［16］
喀喇沁摩羯纹葵花形银盘	III	2	47.8	辽宁省博物馆	［10］、［16］
"刘赞"葵花形银盘	III	22	46.6	辽宁省博物馆	［10］、［16］
喀喇沁狮纹葵花形银盘	III	2.4	46.6	辽宁省博物馆	［10］、［16］
"裴肃"葵花形银盘	III		55	陕西省博物馆	［16］、［29］
"李杆"葵花形银盘	IV	3	20.3	蓝田县文管会	［13］、［16］
蓝田鹦鹉纹葵花形银盘	IV	3.5	21	蓝田县文管会	［13］、［16］
枣园村双凤纹葵花形银盘	IV	3.2	22.2	西安市文管会	［11］、［16］
"敬晦"葵花形银盘	IV	3	17.7	陕西省博物馆	［2］、［16］
法门寺折枝纹葵花形银盘	IV	1.4	10.2	法门寺博物馆	［19］、［20］
法门寺折枝纹葵花形银盘	IV	1.9	10	法门寺博物馆	［19］、［20］

葵花形盘按细部区别分为四式。

I式盘沿很窄，分瓣明显，平底（图1-122～124，图版31、33、34）。

II式盘沿较宽，盘底多带足（图1-125～128，彩版18，图版28、38）。

III式盘沿宽，分瓣不明显，仅有很小的内凹（图1-129～132，彩版17，图版37）。

IV式盘形制比III式盘简化，平面为五或四个不明显的葵花瓣。盘体加深，有的带圈足，盘沿有的极窄，有的消失（图1-133～137，彩版15，图版27）。

图1-122　何家村飞廉纹葵花形银盘

图1-123　何家村熊纹葵花形银盘

图1-124　何家村凤鸟纹葵花形银盘

图1-125　曲江池折枝纹葵花形银盘

图1-126　八府庄狮纹葵花形银盘

图1-127　正仓院鹿纹葵花形银盘

图1-128 瑞典宝相花纹葵花形银盘

图1-129 客喇沁摩羯纹葵花形银盘

图1-130 "刘赞"葵花形银盘

图1-131 喀喇沁狮纹葵花形银盘

图1-132 "裴肃"葵花形银盘

图1-133 "李杆"葵花形银盘

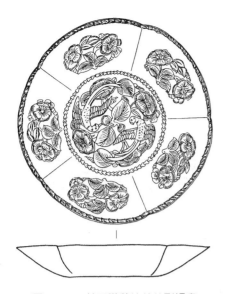

图1-134 蓝田鹦鹉纹葵花形银盘

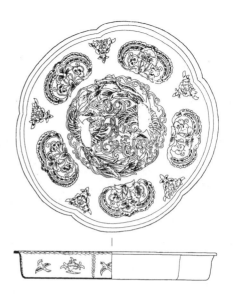

图1-135 枣园村双凤纹葵花形银盘

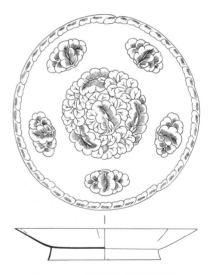

图1-136 "敬晦"葵花形银盘

Ⅰ式的何家村飞廉纹葵花形银盘、何家村熊纹葵花形银盘、何家村凤鸟纹葵花形银盘均出土于8世纪前半叶的标准器物群。此式盘无足、器体有起伏的分瓣和仅在盘心饰一动物纹样的做法与萨珊、粟特银器的作风相同，时代应为7世纪后半叶到8世纪初。Ⅱ式盘的盘沿加宽，已与西方银盘不同。八府庄狮纹葵花形银盘与刻"天宝十载"的银铤同时出土，为8世纪中叶的标准器物。正仓院鹿纹葵花形银盘、曲江池折枝纹葵花形银盘和八府庄狮纹葵花形银盘的风格一致，时代也应相当。Ⅲ式盘中的"裴肃"葵花形银盘、"刘赞"葵花形银盘为标准器物。喀喇沁摩羯纹葵花形银盘、喀喇沁狮纹葵花形银盘与"刘赞"葵花形银盘同出。此式盘时代应为8世纪后半叶。Ⅳ式盘中的"敬晦"葵花形银盘为9世纪前半叶的标准器物，"李杆"葵花形银盘、枣园村双凤纹葵花形银盘、法门寺折枝纹葵花形银盘为9世纪后半叶标准器物或器物群的器物，故此式盘为9世纪的器物。

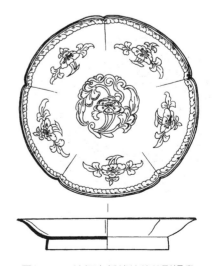

图1-137 法门寺折枝纹葵花形银盘

（四）海棠形盘

平面呈菱形，常被称为海棠形盘。主要器物见表1-8。

表1-8   **唐代海棠形银盘**   长度单位：厘米

器物名称	器高	器长	收藏地点	参考文献
丁卯桥双鸾纹海棠形银盘	4.8	21	镇江市博物馆	［6］、［15］、［16］
不列颠人物纹海棠形银盘	3.96	23.1	不列颠博物馆	［16］、［33］
不列颠鹦鹉纹海棠形银盘	3.65	11.7	不列颠博物馆	［16］、［33］
西安抚琴纹海棠形银盘		21	西安市文管会	［16］、［41］
繁峙海棠形银盘	2.7	17		［23］

丁卯桥双鸾纹海棠形银盘（图1-138，彩版20）属于9世纪后半叶的标准器物群，不列颠人物纹海棠形银盘（图1-139）、不列颠鹦鹉纹海棠形银盘（图1-140，图版35）据说与刻有"乾符四年"（公元877年）铭文的器物同出。繁峙海棠形银盘（图1-141）足刻"马师仁"3字，同出的一批器物都属9世纪的作品。另外，浙江临安光化三年（公元900年）钱宽墓中出土形制相同的海棠形白瓷盘①，故目前发现的海棠形银盘（图1-142）应为9世纪的作品。

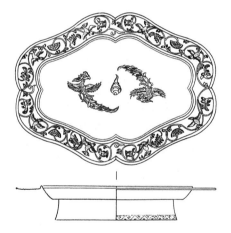

图1-138 丁卯桥双鸾纹海棠形银盘

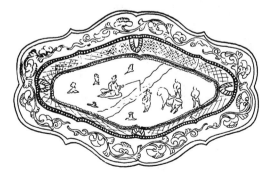

图1-139 不列颠人物纹海棠形银盘

图1-140 不列颠鹦鹉纹海棠形银盘

---

① 浙江省博物馆等：《浙江临安晚唐钱宽墓出土天文图及"官"字款白瓷》，《文物》1979年12期。

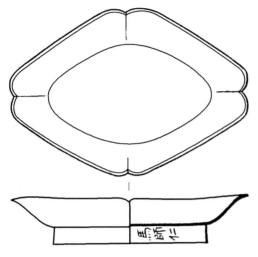

图1-141 繁峙海棠形银盘

图1-142 西安抚琴纹海棠形银盘

（五）不规则形盘

唐代银盘中，还有几件形状不规则的盘，主要器物见表1-9。

表1-9   唐代不规则形银盘   长度单位：厘米

器物名称	器高	器长	收藏地点	参考文献
何家村龟纹桃形银盘	0.9	12.3	陕西省博物馆	［4］、［16］
何家村双狐纹双桃形银盘	1.5	22.5	陕西省博物馆	［4］、［16］
大都会缠枝纹叶形银盘		14.6	大都会博物馆	［16］、［42］
西安荷叶形银盘	3.2	13.6	西安市文管会	［16］、［41］
"齐国太夫人"荷叶形银盘	1.9	20.1	洛阳第二文物工作队	［24］

何家村龟纹桃形银盘（图1-143，图版32）、何家村双狐纹双桃形银盘（图1-144，彩版21），属于8世纪前半叶的标准器物群。大都会缠枝纹叶形银盘（图1-145，图版36），是唐代较流行的器物形制，神龙二年（公元706年）埋葬的章怀太子李贤墓前甬道左壁壁画中有一侍女手托这种盘[①]。西安荷叶形银盘（图1-146）和"齐国太夫人"荷叶形银盘（参见图1-24）以写实的荷叶为造型。以荷叶作为器物形制上的装饰，见于时代为9世纪后半叶的A型Ⅳ式银长杯和同时的标准器物群法门寺地宫出土的器物。

---

① 陕西省博物馆等编：《唐李贤墓壁画》，文物出版社，1974年。

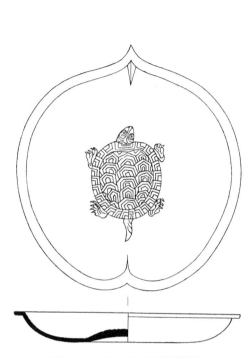

图1-143 何家村龟纹桃形银盘

图1-144 何家村双狐纹双桃形银盘

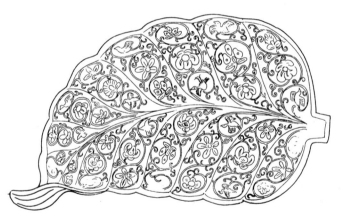

图1-145 大都会缠枝纹叶形银盘

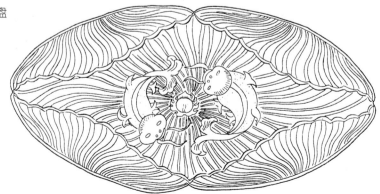

图1-146 西安荷叶形银盘

三、碗
Bowl

碗在唐代金银器中也是最多的器类之一。《安禄山事迹》曾提到唐玄宗赐安禄山"金镀银盖碗二"[①]，金镀银或银镀金，即通常所说的鎏金、鎏银。据《旧唐书·王播传》载，大和元年（公元827年），淮南节度使王播进奉"大小银碗三千四百枚"[②]，可知当时银碗制品颇多。此外还有金花银碗。《唐摭言·杂记》云："开成中，户部杨侍郎检校尚书镇东川，白乐天即尚书妹婿。时乐天以太子少傅分洛，戏代内子贺兄嫂曰：……'金花银碗饶兄用，罨画罗裙尽嫂裁，觅得黔娄为妹婿，可能空寄蜀茶来。'"[③]"金花银碗"是在银碗的花纹镀金，与文献中的"金花银盘"相同。钵是碗的一种，考古报告中碗和钵很难区别，一般把圜底的小碗称为钵，盂有时也指碗。

碗的形制变化较大，不同形态的碗有时反映时代早晚，有时是不同祖形的发展演变，唐代金银器中的碗有折腹碗、弧腹碗、带盖碗、圜底及平底碗、多曲碗等。

（一）折腹碗

碗的腹壁中间有一周横折棱，主要器物见表1-10。

表1-10 　　　　　　　　　　　　　　**唐代折腹银碗**　　　　　　　　　　　　　　长度单位：厘米

器物名称	器高	器宽	收藏地点	参考文献
沙坡村折腹银碗	8.1	18	中国历史博物馆	[3]、[16]
何家村折腹银碗	7.8	19.2	陕西省博物馆	[4]、[16]
何家村折腹银碗	7	17	陕西省博物馆	[4]、[16]
明尼亚波利斯折腹银碗			明尼亚波利斯美术研究院	[16]
瑞典折腹银碗			瑞典斯德哥尔摩	[16]

何家村出土的2件折腹碗（图1-147、148），素面无纹样。沙坡村折腹银碗（图1-149，图版39）的形制与之相近，只是器体和圈足分曲。这3件发掘出土的折腹银碗都属于8世纪前半叶的标准器物群，其年代相当。明尼亚波利斯折腹银碗（图1-150）、瑞典折腹银碗（图1-151），通体满饰纹样，时代可能略晚，约在8世纪前半叶。折腹器物是西方陶器、金银器较流行的形制，折腹器对中国的影响，反映在8世纪初陶瓷器之上，如葬于神龙二年（公元706年）的永泰公主李仙蕙墓

---

① 姚汝能：《安禄山事迹》卷上，10页，上海古籍出版社，1983年。
② 《旧唐书》卷一百六十四，4277页，中华书局，1975年。
③ 王定保：《唐摭言》卷十五，162页，中华书局，1960年。

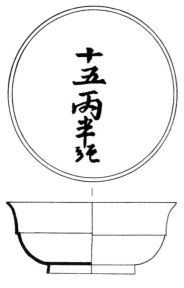

图1-147 何家村折腹银碗

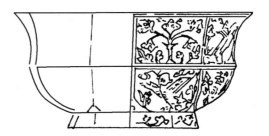

图1-149 沙坡村折腹银碗

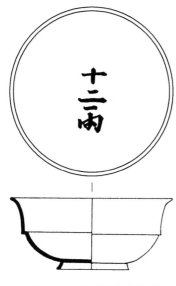

图1-148 何家村折腹银碗

图1-150 明尼亚波利斯折腹银碗

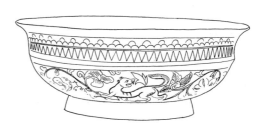

图1-151 瑞典折腹银碗

出土有三彩折腹碗[①]、西安东郊西北国棉五厂开元六年（公元718年）墓出土的瓷碗及开元二十一年（公元733年）韦美美墓出土的三彩碗等[②]。陶瓷器中模仿金银器皿的造型，其时代应与同类金银器皿相当或略晚。由于永泰公主李仙蕙墓出土的三彩折腹碗未必是这种碗中最早的实例，可以推知与其形制相同的折腹银碗流行的时代应在7世纪末至8世纪初。

① 陕西省文物管理委员会：《唐永泰公主墓发掘简报》，《文物》1964年1期。
② 陕西省考古研究所等：《陕西新出土文物集萃》，陕西旅游出版社，1993年。

（二）弧腹碗

碗壁呈弧形，主要器物见表1-11。

表1-11　　　　　　　　　　　　　　　　　唐代弧腹金银碗　　　　　　　　　　　　　　　长度单位：厘米

器物名称	式别	器高	器宽	收藏地点	参考文献
何家村莲瓣纹弧腹金碗	I	5.5	13.7	陕西省博物馆	[4]、[16]
何家村云瓣纹弧腹银碗	I	3.7	11	陕西省博物馆	[4]、[16]
何家村摩羯纹弧腹银碗	I	2.7	11.6	陕西省博物馆	[4]、[16]
何家村龙凤纹弧腹银碗	I	4.2	12.9	陕西省博物馆	[4]、[16]
俞博莲瓣纹弧腹银碗	II			俞博著录	[16]
白鹤莲瓣纹弧腹银碗	II	5.2	14	白鹤美术馆	[16]
弗利尔莲瓣纹弧腹银碗	II	5.5	14.5	弗利尔美术馆	[16]
纽约莲瓣纹弧腹银碗	II	7	17.5	纽约亚洲协会	[16]、[42]
大都会莲瓣纹弧腹银碗	II			大都会博物馆	[42]
纽约缠枝纹弧腹银碗	III			纽约	[16]
芝加哥缠枝纹弧腹银碗	III	6.2	13.9	芝加哥美术研究所	[16]、[42]
大都会卧鹿纹弧腹银碗	IV	5.7	18	大都会博物馆	[16]、[42]
大和文华折枝纹弧腹银碗	IV	7.4	21.8	大和文华馆	[16]
西北工大鸿雁纹弧腹银碗	IV	4.7	21.7	西安市文管会	[8]、[16]
西安折枝纹弧腹银碗	IV	5	17.3	西安市文管会	[16]
"宣徽酒坊"莲瓣纹弧腹银碗	IV	5.2	14.6	陕西省博物馆	[2]、[16]
印第安纳波利斯团花纹弧腹银碗	IV	6.4	23	印第安纳波利斯博物馆	[16]、[42]
"齐国太夫人"绶带纹弧腹银碗	IV	3.5	13.8	洛阳第二文物工作队	[24]

弧腹碗依照碗壁及装饰的区别分为四式。

I式碗壁较浅，有的器壁捶出凹凸起伏的双层花瓣或曲线。何家村莲瓣纹弧腹金碗（图1-152，彩版24、68）的器壁捶出凹凸不平的花瓣，圈足底部有一周突起的联珠。何家村云瓣纹弧腹银碗（图1-153，彩版27）的器体有十四个由口及底的曲瓣。这些特点在目前已发现的唐代金银碗上少见，却在粟特地区7世纪的银器中可以见到许多相似的实例[①]。何家村摩羯纹弧腹银碗

---

① Б. И. Маршак, *Согдийское Серебро*. Москва, 1971.

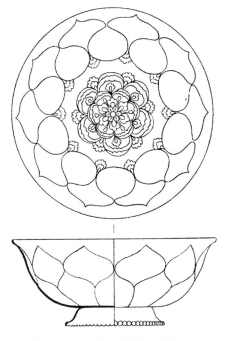

图1-152 何家村莲瓣纹弧腹金碗

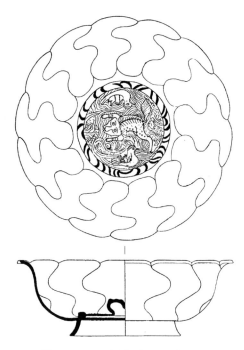

图1-153 何家村云瓣纹弧腹银碗

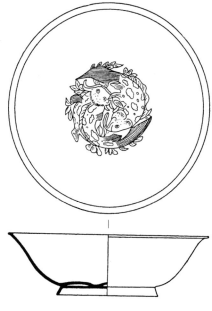

图1-154 何家村摩羯纹弧腹银碗

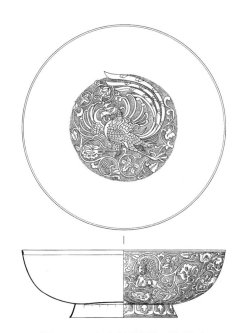

图1-155 何家村龙凤纹弧腹银碗

（图1-154）和何家村龙凤纹弧腹银碗（图1-155，图版43）虽无花瓣或曲线，但碗壁较浅，与前二者形制略同，并同出土于标准器物群何家村窖藏，据此，可将Ⅰ式碗定在7世纪后半叶。

Ⅱ式碗腹壁捶出起伏变化的花瓣。皆为收藏品。其中俞博莲瓣纹弧腹银碗（图1-156）的腹壁花瓣为双层，上层的花瓣很小。大都会莲瓣纹弧腹银碗、白鹤莲瓣纹弧腹银碗（图1-157，彩版25、66）、弗利尔莲瓣纹弧腹银碗（图1-158，图版40）和纽约莲瓣纹弧腹银碗（图1-159）的腹

图1-156 俞博莲瓣纹弧腹银碗

图1-157 白鹤莲瓣纹弧腹银碗

图1-158 弗利尔莲瓣纹弧腹银碗

图1-159 纽约莲瓣纹弧腹银碗

图1-160 纽约缠枝纹弧腹银碗

图1-161 芝加哥缠枝纹弧腹银碗

壁花瓣为单层。Ⅱ式碗形制接近Ⅰ式碗，器壁上捶出的凹凸不平的花瓣与西方的金银器相似。但Ⅱ式碗上捶出的花瓣形状是中国样式，且无联珠装饰，可能时代略晚，约在7世纪末、8世纪初。

Ⅲ式碗无捶出的花瓣。都是收藏品。纽约缠枝纹弧腹银碗[1]（图1-160，图版41）和芝加哥缠枝纹弧腹银碗（图1-161）年代可能稍晚，约在8世纪前半叶。

Ⅳ式碗体较浅，腹壁稍斜（图1-162～168，彩版22，图版42、51、52）。按唐代陶瓷器中碗的演变规律，这种形制的碗多流行于9世纪[2]。

---

① 图版41取自Die Sammlung Pierre Uldry *Chinesisches Gold und Silber*，图版143，Zürich 1994.
② 李知宴：《唐代瓷窑概况与唐瓷的分期》，《文物》1972年3期。

图1-162　大都会卧鹿纹弧腹银碗

图1-163　大和文华折枝纹弧腹银碗

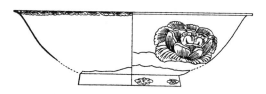

图1-164　西安折枝纹弧腹银碗

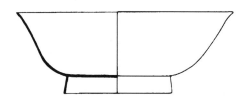

图1-165　"宣徽酒坊"莲瓣纹弧腹银碗

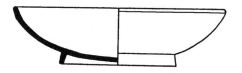

图1-166　"齐国太夫人"绶带纹弧腹银碗

图1-167　西北工大鸿雁纹弧腹银碗

图1-168　印第安纳波利斯团花纹弧腹银碗

（三）带盖碗

带盖碗的造型与弧腹碗基本相同，区别只是带盖，主要器物见表1-12。

表1-12 　　　　　　　　　　　　　　**唐代带盖银碗** 　　　　　　　　　　　　长度单位：厘米

器物名称	式别	器高	器宽	收藏地点	参考文献
何家村折枝纹带盖银碗	Ⅰ	9.7	21	陕西省博物馆	［4］、［16］
何家村团花纹带盖银碗	Ⅰ	9.8	22.5	陕西省博物馆	［4］、［16］
弗利尔缠枝纹带盖银碗	Ⅰ	4.8	6.7	弗利尔美术馆	［16］
五曲带盖银碗	Ⅱ	11	24.5	宾夕法尼亚大学博物馆	［16］

带盖碗按碗壁的不同分为二式。

Ⅰ式为直壁，深腹。何家村折枝纹带盖银碗（图1-169，图版44）、何家村团花纹带盖银碗（图1-170，彩版23）属于标准器物群何家村窖藏，该窖藏有的金银器的年代下限可能晚至唐德宗时期[1]。这2件带盖碗便是窖藏中时代较晚的器物，约为8世纪中叶。弗利尔缠枝纹带盖银碗（图1-171，图版45）形制与前二者一致，年代应相同。

Ⅱ式碗体较浅，腹壁稍斜。除了有盖，与弧腹碗的Ⅳ式基本相同。五曲带盖银碗（图1-172，图版46）时代应为9世纪[2]。

图1-169　何家村折枝纹带盖银碗

图1-170　何家村团花纹带盖银碗

---

[1]　参见段鹏琦：《西安南郊何家村唐代金银器小议》，《考古》1980年6期。

[2]　据韩伟编著的《海内外唐代金银器萃编》图151"荷叶纹五曲银盖碗"的说明："此碗出于蒙古Palm（帕林）古墓。1930年欧·卡尔伯克先生得到八个银碗。同时出土的还有两个圆碗、一个椭圆碗以及其它器皿。墓地内出石碑一通，纪年为宋代。其余器物大都为美国私人收藏。"据Bo Gyllensvärd, *Chinese Gold, Silver and Porcelain：The Kempe Collection*图50，两者极为相似。

图1-171 弗利尔缠枝纹带盖银碗

图1-172 五曲带盖银碗

（四）圜底及平底碗

圜底及平底碗的造型简单，是中国唐代的各种质料的器物中均可见到的器形。主要器物见表1-13。

表1-13　　　　　　　　　　　　　　　唐代圜底及平底金银碗　　　　　　　　　　　长度单位：厘米

器物名称	器高	器宽	收藏地点	参考文献
何家村云瓣纹圜底银碗	3.5	12.4	陕西省博物馆	[4]、[16]
凯波桃形纹圜底银碗		16.3	卡尔·凯波	[16]
蓝田绶带纹圜底银碗	6	22	陕西蓝田县文管会	[13]、[16]
白鹤龙纹圜底银碗	3.7	10.5	白鹤美术馆	[16]
凯波团花纹圜底银碗	8	24.5	卡尔·凯波	[16]
何家村折枝纹圜底银碗	3.4	10.3	陕西省博物馆	[4]、[16]
法门寺折枝纹圜底银碗	7.3	7.9	法门寺博物馆	[19]、[20]
法门寺素面平底金碗	7.2	21.2	法门寺博物馆	[19]、[20]
"李景由"素面圜底银碗	3.5	9	中国社会科学院考古研究所	[17]
"李景由"素面圜底银碗	1.5	5.8	中国社会科学院考古研究所	[17]
西北工大石榴纹圜底银碗	4	19	西安市文管会	[8]、[16]
凯波缠枝纹圜底银碗		17.6	卡尔·凯波	[16]
凯波鹦鹉纹圜底银碗	5.9	11.7	卡尔·凯波	[16]
法门寺伽陵频嘉纹平底金碗			法门寺博物馆	[45]
西安蝴蝶纹平底银碗	5.1	14.5	西安市文管会	[16]、[41]
白鹤十字花纹平底银碗	3.8	10	白鹤美术馆	[16]

圜底及平底碗有的口部微敛，有的口部外侈，有的腹壁较直，有的腹壁较斜，而且大都是孤例，难以从造型上看出时代特点。何家村云瓣纹圜底银碗（图1-173，彩版26）、何家村折枝纹圜底银碗（图1-174，图版47）出于8世纪前半叶的标准器物群。前者的腹壁捶出云瓣，器底焊接附加的圆饰，为西方金银器的工艺特征，是唐代7世纪后半叶到8世纪初模仿西方工艺的结果，故时

代较早。后者饰阔叶大花的折枝纹，是8世纪中叶流行的纹样，时代略晚。"李景由"素面圜底银碗2件（图1-175、176）为8世纪前半叶的标准器物。西北工大石榴纹圜底银碗（图1-187）为8世纪中叶标准器物群中的遗物。法门寺素面平底金碗（图1-177）为咸通十四年（公元873年）制造。白鹤十字花纹平底银碗（图1-179，图版57）与洛阳马坡村出土的三彩碗[①]形制、纹样十分接近。以上器物可根据出土遗迹和铭文断定时代，其他碗（图1-178、180～186，彩版67，图版48～50）的时代只能通过纹样来判定。

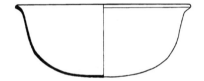

图1-174 何家村折枝纹圜底银碗

图1-175 "李景由"素面圜底银碗

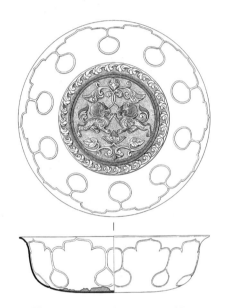

图1-173 何家村云瓣纹圜底银碗

图1-176 "李景由"素面圜底银碗

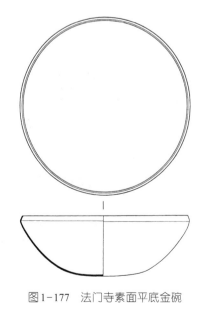

图1-177 法门寺素面平底金碗

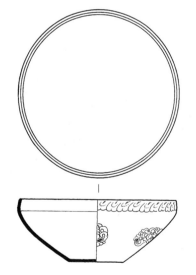

图1-178 法门寺折枝纹圜底银碗

---

① 洛阳博物馆：《洛阳唐三彩》，图98，河南美术出版社，1985年。

图1-179　白鹤十字花纹平底银碗

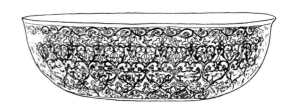

图1-180　凯波桃形纹圜底银碗

图1-181　蓝田绶带纹圜底银碗

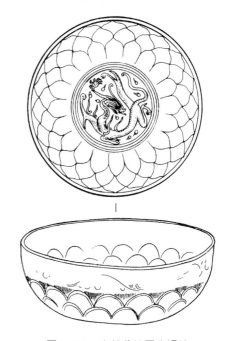

图1-182　白鹤龙纹圜底银碗

图1-183　凯波团花纹圜底银碗

图1-184　西安蝴蝶纹平底银碗

图1-185　凯波缠枝纹圜底银碗

图1-186　凯波鹦鹉纹圜底银碗

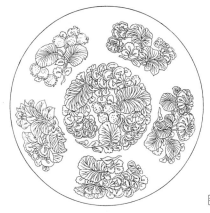

图1-187　西北工大石榴纹圜底银碗

（五）多曲碗

多曲碗的器壁多为五曲，少数为四曲，带圈足，有的圈足较高。主要器物见表1-14。

多曲形金银器皿虽然在唐代始终流行，但在碗、盘、碟等器物中，8世纪中叶以前和以后的多曲器有明显的不同。时代较早的多曲器物分瓣多，分瓣处内凹明显，平面总体呈长形的为多，与萨珊、粟特的器物风格接近。时代较晚的多曲器一般分为四瓣、五瓣，有的仅表现在口沿上，器物腹部不分瓣或分瓣不明显，平面总体呈圆形。

西北工大鸿雁纹多曲银碗（图1-188）为8世纪中叶标准器物群中的遗物。背阴村折枝纹多曲银碗（图1-189）为9世纪前半叶及中叶标准器物群中的遗物。丁卯桥鹦鹉纹多曲银碗（图1-190）、丁卯桥素面多曲银碗（图1-191）为9世纪后半叶标准器物群中的遗物。"高骈"多曲银碗（图1-192）外底刻"大彭"2字，碗外沿刻"诸道盐铁转运等使臣高骈进"12字（高骈在《旧唐书》《新唐书》中有传，为9世纪后半叶之人），与其同时出土的还有繁峙多曲银碗

表1-14 唐代多曲银碗 长度单位：厘米

器物名称	器高	器宽	收藏地点	参考文献
西北工大鸿雁纹多曲银碗	5.7	21.4	西安市文管会	[8]、[16]
西雅图折枝石榴纹多曲银碗	8.9	24	西雅图艺术博物馆	[16]、[42]
西雅图折枝串花纹多曲银碗	8.9	24	西雅图艺术博物馆	[16]、[42]
宾夕法尼亚折枝纹多曲银碗			宾夕法尼亚博物馆	[16]、[42]
折枝纹多曲银碗	6	24.2	瑞典？	[16]
背阴村折枝纹多曲银碗	8	19.8	陕西省博物馆	[2]、[16]
丁卯桥鹦鹉纹多曲银碗	11.5	21.3	镇江市博物馆	[6]、[15]、[16]
芝加哥荷叶纹多曲银碗			芝加哥	[16]
旧金山鹦鹉纹多曲银碗	5.1	14	旧金山博物馆	[16]
丁卯桥素面多曲银碗	9.5	15.2	镇江市博物馆	[6]、[15]、[16]
法门寺莲瓣多曲银碗	8	16	法门寺博物馆	[19]、[20]
"高骈"多曲银碗	8	23		[23]
繁峙多曲银碗	4.6	11.9		[23]

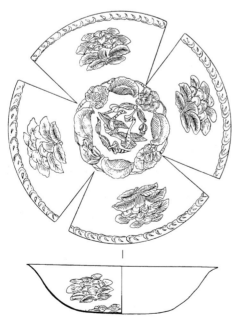

图1-188　西北工大鸿雁纹多曲银碗

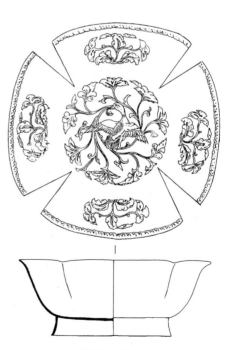

图1-189　背阴村折枝纹多曲银碗

图1-190 丁卯桥鹦鹉纹多曲银碗

图1-191 丁卯桥素面多曲银碗

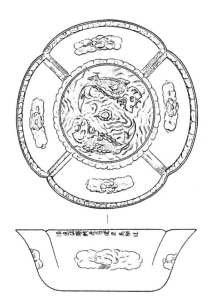

图1-192 "高骈"多曲银碗

（图1-193）。可见这种分瓣银碗在8世纪出现，9世纪流行，与中晚唐的陶瓷器物上常见的分瓣作风一致。其他如西雅图折枝串花纹多曲银碗（图1-194，图版54）、西雅图折枝石榴纹多曲银碗（图1-195，图版55）、宾夕法尼亚折枝纹多曲银碗（图版53）、折枝纹多曲银碗（图1-196）、芝加哥荷叶纹多曲银

图1-193 繁峙多曲银碗

图1-194 西雅图折枝串花纹多曲银碗

图1-195 西雅图折枝石榴纹多曲银碗

图1-196 折枝纹多曲银碗

图1-197 芝加哥荷叶纹多曲银碗

图1-198 旧金山鹦鹉纹多曲银碗

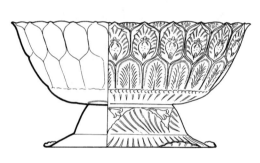

图1-199 法门寺莲瓣多曲银碗

碗（图1-197）、旧金山鹦鹉纹多曲银碗（图1-198，图版56）等，也均应是9世纪的作品。

法门寺莲瓣多曲银碗（图1-199）的形制比较特殊，碗壁为两层莲瓣，瓣尖形成口沿，圈足为翻卷的荷叶，圈足底錾刻"衙内都虞侯兼押衙监察御史安淑布施，永为供奉"。足底内墨书"吼"①。这种以莲花为造型、尖瓣口沿的碗可能是做佛事时的专门用具。

沙坡村鹿纹银碗和西安西郊缠枝纹银碗，在已知唐代银碗中形制和纹样特殊，应是中亚粟特的输入品②。

---

① 法门寺考古队：《法门寺地宫珍宝》，陕西人民美术出版社，1989年。
② 参见本书第三编《中国发现的粟特银碗》。

四、盒
Case

　　盒是目前唐代金银器皿中数量最多的器类，沿用的时间也最长。文献中亦常见到金银盒的记载。《安禄山事迹》载：太真赐安禄山"金镀银盒子二、金平脱盒子四"[①]。元稹《内状诗》有"彤管内人书细腻，金奁御印篆分明"[②]。《西阳杂俎》亦云："陆畅初娶董溪女，每旦群婢捧匜，以银奁盛藻豆。"[③]《旧唐书·李德裕传》载："（长庆四年）七月诏浙西造银盝子妆具二十事进内。"[④]《法门寺衣物账》中将盛放佛指舍利的方形盝顶盒分别叫作"银金花钑作函"和"真金钑花函"，故文献中的奁、匣、盝子、函，也可能即盒。

　　盒都具有可以开启、分为上下两部分的共同特征。但大小不一，形制各异，在日常生活中的用途不同。盒在形制上的区别主要是盖和底的外部轮廓。平面为圆形、花瓣形、椭方形的占大多数，顶部有平顶、盝顶、隆顶。隆顶有慢拱式和因花纹设计需要而形成的凹凸不平的样式。底部有平底、圜底和带圈足的。还有的盒为方形，盖呈盝顶。

　　由于盒的种类和形制多样，其用途有很大差别。圆形盒、花瓣形盒是出土最多的种类。出土时，有的装收贵重药材，有的盛放化妆品或其他珍贵物品，有的可能兼作陈设之用。较小的银盒主要盛放化妆品。一些盒出土时发现盒中有脂粉痕迹，如洛阳"齐国太夫人"缠枝纹椭方形银盒，盖无存，盒底焊接底托，盒内还留有粉痕，可知这类盒的用途主要是盛放化妆品。刘禹锡《为淮南杜相公谢赐历日面脂口脂表》里有"腊日面脂、口脂、红雪、紫雪，并金花银合二，金棱合二"[⑤]。尺寸较大的盒用途较广，可以珍藏药材、茶、香料等，何家村窖藏出土的银盒中就有不少装有药材，并用墨书详载了药材的名称和重量[4]。

（一）圆形盒

　　平面圆形，顶和底均微隆起。主要器物见表1-15。

　　圆形盒根据底部的不同可分为二式。

　　Ⅰ式盒盖与盒身相同，均隆起成慢拱形，无圈足。标准器物群何家村窖藏出6件（图1-200～203、205、206，彩版28），沙坡村窖藏出1件（图1-204），西安开元六年（公元718年）墓和开元二十一年（公元733年）韦美美墓各出1件（参见图1-4，彩版29、30），开元二十六年（公元738年）李景由墓出2件（图1-220），偃师唐墓出1件（图1-221），说明8世纪中叶以前主要流行Ⅰ式圆形盒，其他同式器物（图1-207～219，图版61～66）的年代也应在8世纪中叶以前。

① 姚汝能：《安禄山事迹》卷上，11页，上海古籍出版社，1983年。

② 《全唐诗》第六函第十册，上海古籍出版社，1994年。

③ 段成式：《西阳杂俎》续集卷四贬误条，234页，中华书局，1981年。

④ 《旧唐书》卷一百七十四，4511页，中华书局，1975年。

⑤ 《全唐文》卷六百二，2694页，上海古籍出版社，1993年。

表 1-15 　　　　　　　　　　　　　　　　唐代圆形银盒　　　　　　　　　　　　　　　　长度单位：厘米

器物名称	式别	器高	器宽	收藏地点	参考文献
何家村飞狮纹圆形银盒	I	4.8	12.4	陕西省博物馆	[4]、[16]
何家村凤鸟纹圆形银盒	I	2	4.6	陕西省博物馆	[4]、[16]
何家村独角兽纹圆形银盒	I	1.5	6.4	陕西省博物馆	[4]、[16]
何家村石榴纹圆形银盒	I	6	16.5	陕西省博物馆	[4]、[16]
何家村双鸿纹圆形银盒	I	3.1	8	陕西省博物馆	[4]、[16]
何家村双鸳纹圆形银盒	I	7	16	陕西省博物馆	[4]、[16]
旧金山缠枝纹圆形银盒	I	3.2	5.1	旧金山亚洲博物馆	[16]
三兆村双鸳纹圆形银盒	I	0.8	3.1	西安市文管会	[16]、[41]
西安双猴纹圆形银盒	I	0.9	4.2	西安市文管会	[16]、[41]
沙坡村折枝纹圆形银盒	I	2.2	6	北京故宫博物院	[3]、[16]
白鹤鸳鸯纹圆形银盒	I		3.5	白鹤美术馆	[16]
凯波双鸳纹圆形银盒	I		4.4	卡尔·凯波	[16]、[42]
印第安纳波利斯 双鸳纹圆形银盒	I	2.5	4.8	印第安纳波利斯美术馆	[16]、[42]
凯波萱草纹圆形银盒	I	2	4.3	卡尔·凯波	[16]
弗利尔葡萄纹圆形银盒	I	2.2	4.4	弗利尔美术馆	[16]
威廉五鹊纹圆形银盒	I	1.6	3.5	威廉哈·沃尔夫	[16]
西雅图宝相花纹圆形银盒	I	2.2	4.9	西雅图美术博物馆	[16]
日本仙鹤纹圆形银盒	I	3	5.6		[16]
威廉双鸭纹圆形银盒	I	1.9	4.5	威廉哈·沃尔夫	[16]、[42]
凯波团花纹圆形银盒	I		4.4	卡尔·凯波	[16]
象纹圆形银盒	I	1.2	2.8	陕西省考古研究所	[21]
"韦美美"鸳鸯纹圆形银盒	I	1.2	2.9	陕西省考古研究所	[21]、[22]
偃师素面圆形银盒	I	1.3	2.4	中国社会科学院考古研究所	[28]
"李景由"素面圆形银盒	I	1.5	3	中国社会科学院考古研究所	[17]
"李景由"素面圆形银盒	I	1	1.5	中国社会科学院考古研究所	[17]
丁卯桥鹦鹉纹圆形银盒	II	8.5	11	镇江市博物馆	[6]、[15]、[16]
丁卯桥素面圆形银盒	II	8.3	11	镇江市博物馆	[6]、[15]、[16]
凯波缠枝纹圆形银盒	II	4.6	12.1	卡尔·凯波	[16]
法门寺素面圆形银盒	II	9.8	18.4	法门寺博物馆	[19]、[20]

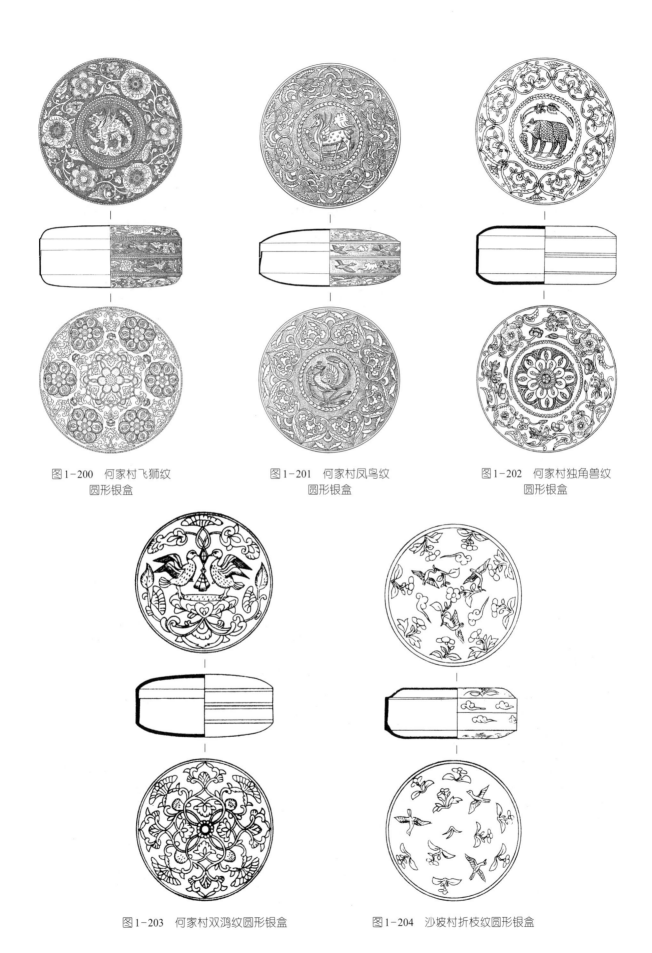

图1-200　何家村飞狮纹
圆形银盒

图1-201　何家村凤鸟纹
圆形银盒

图1-202　何家村独角兽纹
圆形银盒

图1-203　何家村双鸿纹圆形银盒

图1-204　沙坡村折枝纹圆形银盒

Ⅱ式盒身一般带圈足。丁卯桥鹦鹉纹圆形银盒（图1-222）、法门寺素面圆形银盒（图1-223）属于9世纪后半叶标准器物群。丁卯桥鹦鹉纹圆形银盒共出土4件，与法门寺素面圆形银盒形制相同的丁卯桥素面圆形银盒（图1-224）多达15件。由此可知，Ⅱ式流行的时代为9世纪。凯波缠枝纹圆形银盒（图1-225）也应是9世纪的作品。

值得注意的是，多数Ⅰ式盒与Ⅱ式盒的尺寸差别较大，用途不同。目前出土的这两种形制的圆形盒虽然分别出现在唐代前期和后期，但其间无直接演变关系。

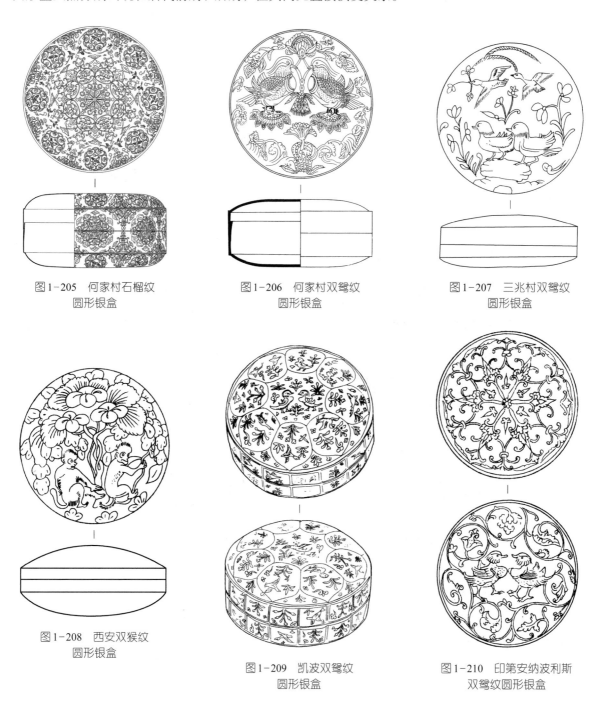

图1-205　何家村石榴纹
　　　　　圆形银盒

图1-206　何家村双鸳纹
　　　　　圆形银盒

图1-207　三兆村双鸳纹
　　　　　圆形银盒

图1-208　西安双猴纹
　　　　　圆形银盒

图1-209　凯波双鸳纹
　　　　　圆形银盒

图1-210　印第安纳波利斯
　　　　　双鸳纹圆形银盒

图1-211 旧金山缠枝纹
圆形银盒

图1-212 白鹤鸳鸯纹圆形银盒

图1-213 弗利尔葡萄纹圆形银盒

图1-214 凯波萱草纹圆形银盒

图1-215 威廉五鹊纹圆形银盒

图1-217 日本仙鹤纹圆形银盒

图1-216 西雅图宝相花纹圆形银盒

图1-218 威廉双鸭纹圆形银盒

图1-219 凯波团花纹圆形银盒

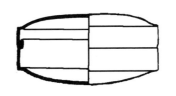

图1-220 "李景由"素面圆形银盒

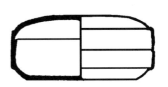

图1-221 偃师素面圆形银盒

图1-222　丁卯桥鹦鹉纹圆形银盒

图1-223　法门寺素面圆形银盒

图1-224　丁卯桥素面圆形银盒

图1-225　凯波缠枝纹圆形银盒

（二）花瓣形盒

顶和底均微隆起，器体呈多曲花瓣形，曲瓣多少不等，为菱花形和葵花形。主要器物见表1-16。

根据有无圈足分为二式。

Ⅰ式无圈足。何家村团花纹花瓣形银盒（图1-226）、"李景由"宝相花纹花瓣形银盒（图1-232，图版68）为8世纪前半叶标准器物。如在金银盘中所述，以菱花形和葵花形为造型的器物，主要出现在7、8世纪之交，8世纪中叶以后流行。同样形制的银盒在日本的白鹤美术馆、大和文华馆和美国的弗利尔博物馆、大都会博物馆等也有收藏（图1-227～231，图版67、69～71）。唐代在审美意识上的变化反映在所制作的器物上应是相同的，故其他器物的时代也应在8世纪前半叶。

Ⅱ式有圈足。丁卯桥鹦鹉纹花瓣形银盒（图1-234）、丁卯桥凤纹花瓣形银盒（图1-235，彩版31）、法门寺双狮纹花瓣形银盒（彩版32）均属于9世纪后半叶标准器物群中的器物。"田嗣莒"双凤纹花瓣形银盒（图1-233）底部刻"咸通七年（公元866年）十一月十五日造"，"都管七国"花瓣形银盒（图1-236，彩版33）的形制亦与之略同。因此，Ⅱ式盒的时代应为9世纪。

与圆形盒同样，花瓣形盒Ⅰ式与Ⅱ式的尺寸差别也较大，用途当不同。

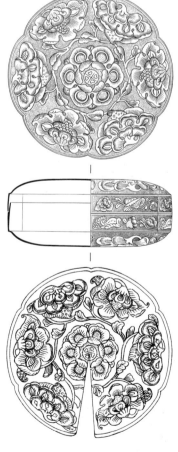

图1-226　何家村团花纹
花瓣形银盒

器物名称	式别	器高	器宽	收藏地点	参考文献
何家村团花纹花瓣形银盒	I	4.1	11.2	陕西省博物馆	[4]、[16]
白鹤宝相花纹花瓣形银盒	I	2.9	7	白鹤美术馆	[16]
白鹤宝相花纹花瓣形银盒	I	3.1		白鹤美术馆	[16]
弗利尔宝相花纹花瓣形银盒	I	3	6.5	弗利尔博物馆	[16]
弗利尔团花纹花瓣形银盒	I	3	10.7	弗利尔博物馆	[16]
大都会宝相花纹花瓣形银盒	I	8	3.2	大都会博物馆	[38]
纳尔逊折枝纹花瓣形银盒	I	10.5	10	纳尔逊阿特金斯博物馆	[16]、[42]
大和文华飞鸟纹花瓣形银盒	I			大和文华馆	[46]
"李景由"宝相花纹花瓣形银盒	I	1.5	3.3	中国社会科学院考古研究所	[17]
"都管七国"花瓣形银盒	II	5	7.5	西安市文管会	[16]、[47]
丁卯桥鹦鹉纹花瓣形银盒	II	7.5	9.5	镇江市博物馆	[6]、[15]、[16]
丁卯桥凤纹花瓣形银盒	II	26	31	镇江市博物馆	[6]、[15]、[16]
"田嗣莒"双凤纹花瓣形银盒	II	3.5	15	蓝田县文管会	[13]、[16]
法门寺双狮纹花瓣形银盒	II	12	17.3	法门寺博物馆	[19]、[20]

表1-16 　　　　　　　　　　　　　　唐代花瓣形银盒 　　　　　　　　　　　　　长度单位：厘米

图1-227　白鹤宝相花纹
花瓣形银盒

图1-228　白鹤宝相花纹
花瓣形银盒

图1-229　弗利尔团花纹
花瓣形银盒

图1-230　弗利尔宝相花纹
花瓣形银盒

图1-232　"李景由"宝相花纹
花瓣形银盒

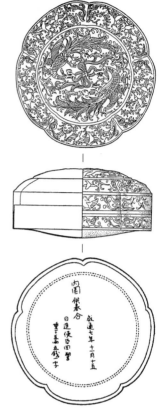

图1-233　"田嗣莒"
双凤纹花瓣形银盒

图1-231　纳尔逊折枝纹
花瓣形银盒

图1-234　丁卯桥鹦鹉纹
花瓣形银盒

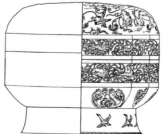

图1-235　丁卯桥凤纹
花瓣形银盒

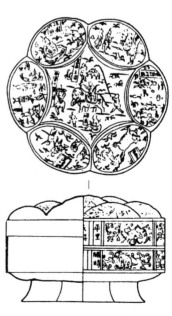

图1-236　"都管七
国"花瓣形银盒

（三）方形盒

器体呈方形，一般为盝顶。法门寺地宫中盛放佛指舍利的方形盝顶盒在《法门寺衣物账》中称为"函"。主要器物见表1-17。

表1-17 　　　　　　　　　　　　　唐代金银方形盒 　　　　　　　　　　　长度单位：厘米

器物名称	器高	器长	收藏地点	参考文献
何家村方形银盒	10	12	陕西省博物馆	［4］、［16］
大阪方形银盒		6.5	大阪市立美术馆	［16］
法门寺四天王纹方形银盒（宝函）	23.5	20.2	法门寺博物馆	［19］、［20］
法门寺素面方形银盒（宝函）	19.3	18.4	法门寺博物馆	［19］、［20］
法门寺如来说法纹方形银盒（宝函）	16.2	15.8	法门寺博物馆	［19］、［20］
法门寺六臂观音纹方形金盒（宝函）	13.5	13.5	法门寺博物馆	［19］、［20］
法门寺珍珠宝钿方形金盒（宝函）			法门寺博物馆	［45］
法门寺"御前赐"方形银盒	9.5	21.5	法门寺博物馆	［19］、［20］
法门寺素面长方形银盒	9.7	17.3	法门寺博物馆	［19］、［20］

何家村方形银盒（图1-237，图版74）出土于8世纪前半叶的标准器物群，大阪方形银盒（图1-238）的时代也基本相同。法门寺地宫出土的方形金银盒是专门供奉佛指舍利的多重套装宝函（图1-239～241，彩版34，图版72、75），其中法门寺素面方形银盒刻"咸通拾贰年闰捌月拾伍日造"，法门寺珍珠宝钿方形金盒刻"咸通十二年闰捌月拾日传大教三藏僧智慧轮记"，为唐懿宗时期入藏寺院的遗物，年代为9世纪后半叶。

方形盒在形态上基本相同，但用途广泛。法门寺的方形盒是佛教用具，何家村方形银盒的形制与法门寺的方形盒一样，却不是寺院用品。法门寺"御前赐"方形银盒的盒底錾刻："诸道盐铁转运等使臣李福进"，盖顶墨书"随真身御前赐"文字（图版73），是将地方官进奉给皇室的器物在供奉佛指舍利时施舍于寺院的普通用具，它与法门寺素面长方形银盒同样，均带圈足，其用途与圆形盒、花瓣形盒应是一样的，不过将器体做成方形和长方形。

图1-237　何家村方形银盒

图 1-238　大阪方形银盒

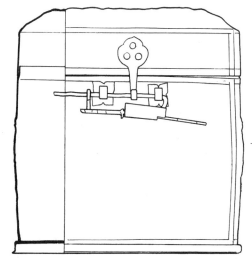

图 1-239　法门寺六臂观音纹方形金盒（宝函）

图 1-240　法门寺八重宝函

2. 四天王纹方形银盒（宝函）　3. 素面方形银盒（宝函）　4. 如来说法纹方形银盒（宝函）　5. 六臂观音纹方形金盒（宝函）　6. 珍珠宝钿方形金盒（宝函）　7. 珍珠宝钿方形石盒（宝函）　8. 金塔（宝函）（由大至小为第二函至第八函）

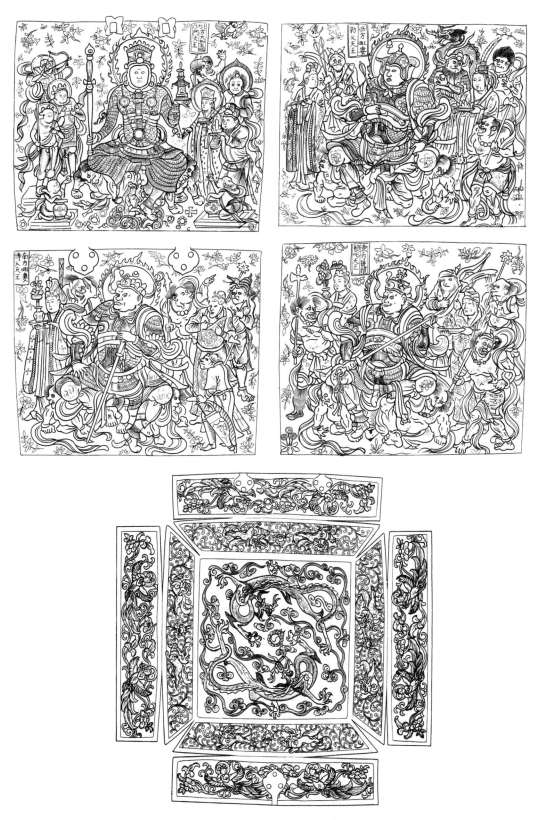

图1-241　法门寺四天王纹方形银盒（宝函）

（四）不规则形盒

有的分曲瓣，一般为四瓣，分瓣处不明显，器体接近椭方形。有的分瓣明显，但各瓣大小不等。还有的是根据蝴蝶、卧羊、荷叶、瓜果的形状做成器物。主要器物见表1-18。

表1-18   **唐代不规则形银盒**   长度单位：厘米

器物名称	器高	器长	收藏地点	参考文献
蓝田鹦鹉纹云头形银盒	2		蓝田市文管会	[13]、[16]
白鹤卧犀纹云头形银盒		8.8	白鹤美术馆	[16]
"李郁"绶带纹云头形银盒	2.7	3.8	中国社会科学院考古研究所	[28]
法门寺双鸿纹海棠形银盒	2	5.1	法门寺博物馆	[19]、[20]
西安鹦鹉纹海棠形银盒	3.4	6.4	西安市文管会	[16]、[47]
丁卯桥四鱼纹菱形银盒	5	9	镇江市博物馆	[6]、[15]、[16]
西安折枝纹四瓣形银盒盖	0.8	6.7	西安市文管会	[16]
西安黄鹂纹椭方形银盒盖	1	8.4	西安市文管会	[16]
丹麦宝相花纹椭方形银盒		4.2	丹麦	[16]
凯波鸿雁纹椭方形银盒		5.5	卡尔·凯波	[16]
"郑绍方"鸳鸯纹椭方形银盒	1.4	4	中国社会科学院考古研究所	[17]
"齐国太夫人"缠枝纹椭方形银盒	1.1	5	洛阳第二文物工作队	[24]
"穆悰"犀牛纹椭方形银盒	1.4	4	中国社会科学院考古研究所	[17]
纳尔逊卧羊形银盒	5.7	8	纳尔逊阿特金斯博物馆	[16]
弗利尔瓜形银盒	6.4	5	弗利尔美术馆	[16]
凯波荷叶形银盒	1.5	8.1	卡尔·凯波	[16]
丁卯桥蝴蝶形银盒	5	9	镇江市博物馆	[6]、[15]、[16]
西安龟背形银盒	2.3	4.7	西安市文管会	[16]、[47]
大和文华四鸿纹环形银盒			大和文华馆	[16]
何家村折枝纹钵形银盒	2.9	4.7	中国历史博物馆	[4]、[16]

云头形、海棠形和菱形盒的形态比较接近，蓝田鹦鹉纹云头形银盒（图1-242）、"李郁"绶带纹云头形银盒（图1-243）、法门寺双鸿纹海棠形银盒（图版58）、丁卯桥四鱼纹菱形银盒（图1-244，彩版36）属于9世纪后半叶标准器物或器物群。因此，这类银盒（图1-245、246）的年代均在9世纪。四瓣形和椭方形盒应是花瓣形盒的简化，"郑绍方"鸳鸯纹椭方形银盒（图1-247）、"齐国太夫人"缠枝纹椭方形银盒（图1-248）、"穆悰"犀牛纹椭方形银盒（彩版38）出土于洛阳

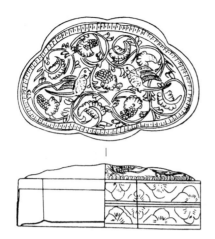

图1-242　蓝田鹦鹉纹云头形银盒

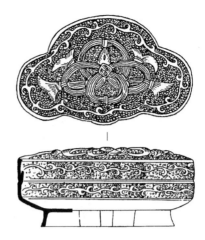

图1-243　"李郁"绶带纹云头形银盒

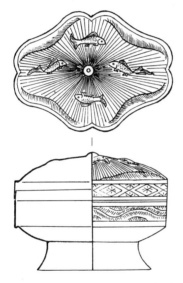

图1-244　丁卯桥四鱼纹菱形银盒

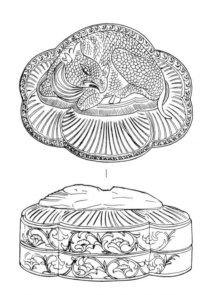

图1-245　白鹤卧犀纹云头形银盒

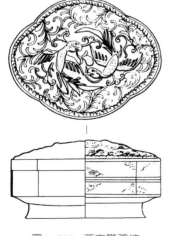

图1-246　西安鹦鹉纹
海棠形银盒

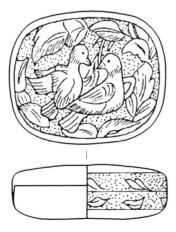

图1-247　"郑绍方"鸳鸯纹
椭方形银盒

图1-248　"齐国太夫人"
缠枝纹椭方形银盒

图 1-249　西安折枝纹
四瓣形银盒盖

图 1-252　凯波鸿雁纹
椭方形银盒

图 1-250　西安黄鹂纹
椭方形银盒盖

图 1-251　丹麦宝相花纹
椭方形银盒

图 1-253　纳尔逊卧羊形
银盒

9 世纪前半叶的墓葬中，其他器物（图 1-249～252）的时代也大体与之相当。

美国收藏的纳尔逊卧羊形银盒（图 1-253，彩版 35）、弗利尔瓜形银盒（图 1-254，图版 60）因饰有细密的葡萄纹，时代应为 7 世纪后半叶、8 世纪初。凯波荷叶形银盒（图 1-255，图版 76）以荷叶为造型，而荷叶装饰流行于晚唐，如法门寺地宫出土的法门寺银盐台、法门寺乐伎纹银香宝子、法门寺人物纹银香宝子、法门寺银羹碗子等的足部均用荷叶为装饰。丁卯桥蝴蝶形银盒（图 1-256，彩版 37）也为 9 世纪的作品。

除了上述各形态的盒外，还有几件造型特殊的器物。何家村折枝纹钵形银盒（图 1-257）的盒面隆起，中心镂空，盒底微凸起后至中心形成小凹底。西安龟背形银盒（图 1-258）与海棠形盒接近，但显然是仿龟背的形态。日本收藏的大和文华四鸿纹环形银盒（图 1-259）的盒体正中有一圆孔，使盒呈圆环状。这些造型特殊的器物，根据纹样可分别定在 8 世纪中叶、9 世纪前叶。

图 1-254　弗利尔瓜形银盒

图 1-255　凯波荷叶形银盒

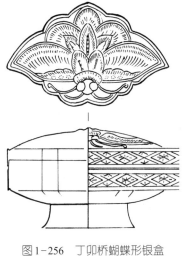

图1-256 丁卯桥蝴蝶形银盒

图1-257 何家村折枝纹
钵形银盒

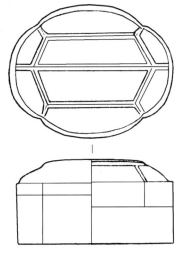

图1-258 西安龟背形银盒

图1-259 大和文华
四鸿纹环形银盒

（五）蛤形盒

呈蛤形，或称蚌形、贝形的银盒，是一种形制特殊的盒。它的盒体和盖仿蛤壳的上下两扇，扣合处为类似蛤类的齿合形式，并以环轴连接，可以开合。唐代写实仿生造型的器物，多见于陶瓷器。许多动物形器皿的出现成为唐代器物造型的新时尚。蛤壳壁薄体轻，质地坚硬，可用作制造器物的原料，河南偃师杏园村唐郑绍方墓，墓主头骨附近出土1件蛤盒，是用自然蛤壳制作的容器[1]。河南上蔡县贾庄唐墓出土1件蛤盒，是用自然蛤壳不加修饰的器物[2]。直到现代还以天然蛤壳为容器盛装化妆品，"蛤蜊油"即为天然蛤壳盛装的护肤防裂油。唐代，仿生器物深受人们的喜爱，又有天然蛤壳制成的日用器物，以银来仿制蛤盒也不足为奇了。主要器物见表1-19。

① 中国社会科学院考古研究所河南第二工作队：《河南偃师杏园村的六座纪年唐墓》，《考古》1986年5期。
② 河南省文化局文物工作二队：《河南上蔡县贾庄唐墓清理简报》，《文物》1964年2期。

器物名称	器高	器宽	收藏地点	参考文献
鸳鸯纹蛤形银盒	3.4		陕西省考古研究所	[21]
"韦美美"鸳鸯纹蛤形银盒	3.9		陕西省考古研究所	[21]、[22]
"李景由"宝相花纹蛤形银盒	1.7	3.6	中国社会科学院考古研究所	[17]
"郑洵"鸳鸯纹蛤形银盒		9.6	中国社会科学院考古研究所	[28]
白鹤宝相花纹蛤形银盒	1.8	4.6	白鹤美术馆	[16]
大阪鸳鸯纹蛤形银盒		4.5	大阪市立美术馆	[16]
大阪忍冬纹蛤形银盒	3.5	6.3	大阪市立美术馆	[16]
大阪山岳纹蛤形银盒	2.3	4.3	大阪市立美术馆	[16]
芝加哥缠枝纹蛤形银盒		6.7	芝加哥美术学院	[16]
弗利尔双凤纹蛤形银盒	4.6	8.6	弗利尔美术馆	[16]、[42]
弗拉海狸鼠纹蛤形银盒		9.5	弗拉美术陈列室	[16]
瑞典鸾鸟纹蛤形银盒		6.3	瑞典	[16]
哈·克·李鹦鹉纹蛤形银盒		8.9	哈·克·李	[16]

目前国内外公开发表的蛤形银盒有10余件。在地下出土蛤形盒以前，美国芝加哥美术馆藏品①的年代被推定为7世纪后半叶到8世纪前半叶，其余蛤形盒曾被推测为9世纪晚唐时期的作品②。这些蛤形银盒造型一致，纹样虽有差别，总体风格相似，其年代应大致相同。近年考古发掘出土的器物，为蛤形盒准确的断代提供了线索。

陕西西安市东郊开元六年（公元718年）墓、开元二十一年（公元733年）韦美美墓和河南偃师杏园开元二十六年（公元738年）李景由墓、大历十三年（公元778年）郑洵墓各出土1件（图1-260～262，彩版40、42、43），时代均在8世纪中叶及以前，表明了蛤形盒的流行时期。这4件器物也是对海外同类收藏品断代的重要参考。

大阪鸳鸯纹蛤形银盒（图1-263）与"韦美美"鸳鸯纹蛤形银盒的纹样相似，也与何家村窖藏出土的8世纪前半叶的何家村双鸿纹圆形银盒、何家村双鸳纹圆形银盒的主题十分相似。大阪忍

---

① 美国芝加哥美术馆有一件曾由Lucy Maud Buckingham收藏的蛤形鎏金银盒，收录在1989年芝加哥美术馆在日本东京和大阪举办的"中国美术名品展"图录（《シカゴ美术馆·中国美术名品展》图27，日本写真印刷株式会社，1989年）中，此件与韩伟《海内外唐代金银器萃编》著录的芝加哥美术学院藏品相似，由于照片和线图的拍摄和描绘角度不同，而且美国博物馆和私人藏品经常易手，故难以判断是否为同一件物品。

② 韩伟编著：《海内外唐代金银器萃编》，三秦出版社，1989年。

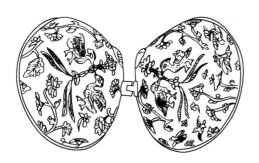

图1-260 "韦美美"鸳鸯纹蛤形银盒

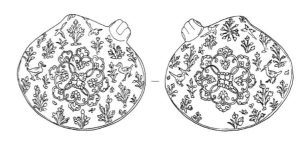

图1-261 "李景由"宝相花纹蛤形银盒

图1-262 "郑洵"鸳鸯纹
蛤形银盒

图1-263 大阪鸳鸯纹
蛤形银盒

图1-264 大阪忍冬纹
蛤形银盒

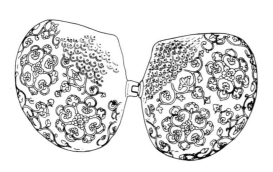

图1-265 白鹤宝相花纹蛤形银盒

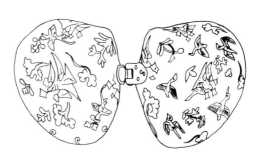

图1-266 大阪山岳纹蛤形银盒

冬纹蛤形银盒（图1-264）、白鹤宝相花纹蛤形银盒（图1-265）根部孔雀开屏似的纹样与"郑洵"鸳鸯纹蛤形银盒同部位纹样相似。白鹤宝相花纹蛤形银盒的纹样中心为醒目的宝相花，与"李景由"宝相花纹蛤形银盒的纹样更为相似。由此看来，它们的年代也应一致。

海外收藏的蛤形银盒，如大阪山岳纹蛤形银盒（图1-266）、弗利尔双凤纹蛤形银盒（图1-267，图版77）、弗拉海狸鼠纹蛤形银盒（图1-268，图版59）、芝加哥缠枝纹蛤形银盒（图1-269，彩版41）、瑞典鸾鸟纹蛤形银盒（图1-270）[①]等分别饰繁缛的葡萄纹、缠枝纹、宝相花

---

① 瑞典国王古斯塔夫六世阿道尔夫藏蛤形银盒（参见韩伟编著的《海内外唐代金银器萃编》图259，三秦出版社，1989年），从图像上观察较为古怪，疑为赝品，因未见实物不敢臆断。

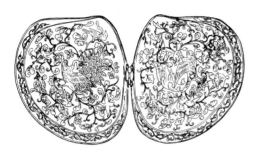

图1-267　弗利尔双凤纹蛤形银盒

图1-268　弗拉海狸鼠纹蛤形银盒

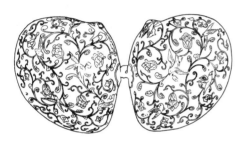

图1-269　芝加哥缠枝纹蛤形银盒

图1-270　瑞典鸳鸟纹蛤形银盒

图1-271　哈·克·李鹦鹉纹蛤形银盒

纹等，均以细密、满地装为特征。这在唐代纹样分期上是7世纪末到8世纪中叶的主要内容，而且并不独出现在金银器上。唐代铜镜中的葡萄纹镜，出现于唐高宗时期，流行于武则天时期及玄宗初年，8世纪中叶后少见。带枝、蔓、叶、花、实且比较纤细的缠枝纹在铜镜、石刻中均为8世纪中叶以前。宝相花是指由对卷的忍冬叶或勾卷组成花瓣的整体团花，在敦煌壁画中也主要流行于8世纪初和中叶[①]。海外收藏的蛤形银盒上的纹样均符合这一时代特征，其时代也均为8世纪中叶或稍早。"郑洵"鸳鸯纹蛤形银盒最晚，墓葬纪年为代宗大历十三年（公元778年），其上的双鸿雁或鸭，不是相对而立，而是前后并排，植物纹为阔叶大花，构图疏朗随意，这在唐代纹样中主要流行在8世纪中叶以后。哈·克·李鹦鹉纹蛤形银盒（图1-271）的时代也可能略晚。

"韦美美"鸳鸯纹蛤形银盒，出土在紧挨墓主头部的地方，与盛化妆品的金、银、铜质小器皿同置于一个圆漆盒内。"李景由"宝相花纹蛤形银盒出土在男性墓主头部附近的银平脱漆方盒内，此墓为二次合葬，墓内曾进水，器物漂浮移动，银平脱漆方盒原来应是李景由妻卢氏的用物，为盛装化妆品之用。

---

① 薄小莹：《敦煌莫高窟六世纪末至九世纪中叶的图案装饰》，《敦煌吐鲁番文献研究论集》第五辑，北京大学出版社，1990年。

五、壶

Jug

唐代关于金银壶的记载颇多。《新唐书·李绛传》载：元和时期"襄阳裴均违诏书，献银壶瓮数百具"[1]。可见壶在唐代是常用器物，大量制作。考古出土和收藏品中被叫作金、银壶的器物，实际形制差别甚大，在使用中属于完全不同的器类。有的在器物上部有活动提梁，有的在腹部有把，并有注或流，还有的带三足、四足，也有一些被称为罐，较大的还被叫作瓮。这些不同的"壶"类器皿，在通常的考古报告和研究中不加以区分，有时以型式表示不同，型与式之间却无联系。为区分不同的器类，可以其形制特点所反映的用途不同，分别称为提梁壶、带足壶、注壶、罐形壶、唾壶。

（一）提梁壶

罐式的器体加以提梁。一般在器体的肩部两侧铆焊环或铺首，再连接弧形的提梁，提梁可以自由活动。主要器物见表1-20。

何家村舞马纹提梁银壶（图1-272，彩版44），器身仿皮囊，上方有弧状提梁，不能活动。竖式筒状小口置于壶上方的一端，有带子口的覆莲瓣纹的盖。盖顶端有一环，环中套链条与提梁相连。这件壶在唐代金银器中尚属孤例，其平面呈椭圆形，提梁在器顶偏于一侧，具有草原游牧民族器物的特点。壶的腹部两侧各饰一匹衔杯舞马，圈足与腹部相接处有绳索纹边饰。舞马活动流行于盛唐时，绳索纹流行于唐代前期。该器出土于标准器物群何家村窖藏，年代应是8世纪前半叶。

何家村莲瓣纹提梁银壶（图1-273，图版79）和2件何家村素面提梁银壶（图1-274，图版78）

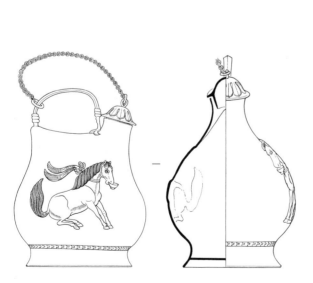

图1-272 何家村舞马纹提梁银壶

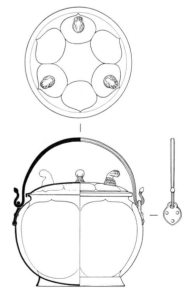

图1-273 何家村莲瓣纹提梁银壶

① 《新唐书》卷一百五十二，4837页，中华书局，1986年。

表1-20　　　　　　　　　　　　　　　　　　　唐代提梁银壶　　　　　　　　　　　　　　　长度单位：厘米

器物名称	器高	口径	足径	收藏地点	参考文献
何家村舞马纹提梁银壶	15.1	2.2	8.8×7.1	陕西省博物馆	[4]、[16]
何家村莲瓣纹提梁银壶	23.7	17.9	15.1	陕西省博物馆	[4]、[16]
何家村素面提梁银壶	24.2	12.4	14.3	陕西省博物馆	[4]、[16]
何家村素面提梁银壶	35.5	13.7		陕西省博物馆	[4]、[6]
何家村鹦鹉纹提梁银壶	36.4	16.5		陕西省博物馆	[4]、[16]
繁峙折枝纹提梁银壶	24	14	12		[23]
"齐国太夫人"提梁银壶	10	8.4		洛阳第二文物工作队	[24]

出土于8世纪前半叶的标准器物群。开元二十一年（公元733年）韦美美墓出土的提梁铜壶①，与何家村素面提梁银壶的造型几乎完全一样。何家村鹦鹉纹提梁银壶（图1-275，彩版45）所饰折枝花，花叶肥大，整体纹样布置留出较多的空白，年代可能略晚。提梁壶流行的时间很长，繁峙折枝纹提梁银壶（图1-276）腹部饰阔叶团花和鸳鸯纹，同时出土的器物有带"咸通十三年"（公元872年）刻文银盘②、带"诸道转盐铁运等使臣高骈进"刻文银盘，高骈为9世纪后半叶唐懿、僖宗时期人。这种提梁壶直到宋代以后一直使用。

"齐国太夫人"提梁银壶（图1-277）无盖，敛口，鼓腹，圜底。齐国太夫人卒于长庆四年（公元824年）。

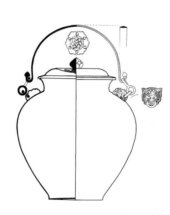

图1-274　何家村素面提梁银壶

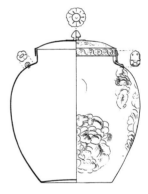

图1-276　繁峙折枝纹提梁银壶

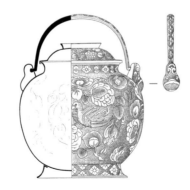

图1-275　何家村鹦鹉纹提梁银壶

图1-277　"齐国太夫人"提梁银壶

---

① 陕西省考古研究所等：《陕西新出土文物集萃》，陕西旅游出版社，1993年。

② 山西繁峙发现的"咸通十三年"（公元872年）刻文银盘已经流失，报告只记录了文字（参见李有成：《繁峙县发现唐代窖藏银器》，《文物季刊》1996年1期）。

（二）罐形壶

壶体呈罐形，一般带盖，也可称为罐，形体大的称瓮。主要器物见表1-21。

表1-21 　　　　　　　　　　　　　　　　　**唐代罐形银壶** 　　　　　　　　　　　　　长度单位：厘米

器物名称	器高	口径	腹径	收藏地点	参考文献
喀喇沁双鱼罐形银壶	25.5			喀喇沁旗	[10]、[16]
正仓院狩猎纹罐形银壶	43	42.1	61.9	正仓院	[16]
何家村素面罐形银壶	3.5	4.4		陕西省博物馆	[4]、[16]
何家村素面罐形银壶	4.4	2.7		陕西省博物馆	[4]、[6]
凯波莲花纹罐形银壶	6.5			卡尔·凯波	[16]
东大寺狩猎纹罐形银壶	4.2	4.6	6.6	东大寺	[16]
丁卯桥素面罐形银壶（瓮）	55	26	29.5	镇江市博物馆	[6]、[15]、[16]

喀喇沁双鱼罐形银壶（图1-278），平面呈椭圆形，由两条腹部相接的鱼构成器形，双鱼以尾着地作直立状，鱼口作壶口。与该壶同时出土的5件银器中有"刘赞"葵花形银盘，时代为8世纪后半叶。壶的整体作成鱼身的做法，在唐代陶瓷器物中也曾见到，如扬州博物馆藏的三彩双鱼形壶。

正仓院狩猎纹罐形银壶（图1-279，图版83），鼓腹，圈足，无盖。据底部刻的"东大寺银壶重大五十二斤盖实并台重大七十斤十二两天平神护三年二月四日"，可知原来有盖。另外，此器足为分离的台座①。2件何家村素面罐形银壶（图1-280，图版81）出土于标准器物群，时代当在8世纪前半叶。凯波莲花纹罐形银壶（图1-281，图版87）和东大寺狩猎纹罐形银壶（图1-282）的形制略同，但都保存着盖，时代亦为8世纪前半叶。丁卯桥素面罐形银壶（瓮，图1-283）为9世纪的遗物。形体很大，外底中部竖刻"酒瓮壹口并盖镙子等共重贰百陆拾肆两柒钱"，可见形态似壶但器形较大的被称作瓮，并用于盛酒，《安禄山事迹》载唐玄宗赐安禄山物品中也有"金平脱五斗饭罌二口"。

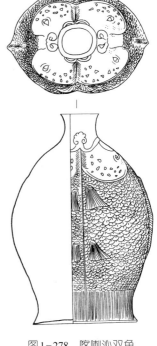

图1-278　喀喇沁双鱼
罐形银壶

---

① 据考，此器可能是称德天皇（公元764年至770年）给东大寺的献物（参见奈良国立博物馆所编《正仓院》，株式会社便利堂，1988年）。

图1-279　正仓院狩猎纹罐形银壶

图1-282　东大寺狩猎纹罐形银壶

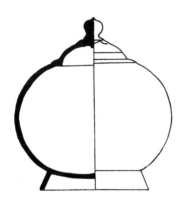

图1-280　何家村素面罐形银壶

图1-283　丁卯桥素面罐形银壶（瓮）

图1-281　凯波莲花纹罐形银壶

（三）带足壶

唐代带足的银壶出土较多，罐形壶体，有的带盖，平底或圜底，一般为三足，也有的为四足。主要器物见表1-22。

西安开元六年（公元718年）墓出土莲瓣纹三足银壶（彩版47）和折枝纹三足银壶（彩版46），前者器体为碗状，带盖。后者为鼓腹罐状，也带盖。何家村三足银壶（图1-284），器身似

表1-22　　　　　　　　　　　　　　　　　　　唐代带足银壶　　　　　　　　　　　　　　　　　长度单位：厘米

器物名称	器高	口径	收藏地点	参考文献
莲瓣纹三足银壶	3.6	5.3	陕西省考古研究所	［21］
折枝纹三足银壶	5.1	4.7	陕西省考古研究所	［21］
何家村三足银壶	4.4	2.7	陕西省博物馆	［4］、［16］
何家村三足银壶	3.5	4.4	陕西省博物馆	［4］、［6］
背阴村人物纹三足银壶	5.8	3.2	陕西省博物馆	［2］、［16］
丁卯桥童子纹三足银壶	7	3.8	镇江市博物馆	［6］、［15］、［16］
"水邱氏"人物纹四足银壶	14.2	8.2	临安文管会	［14］、［16］

一圜底带盖碗，有三足。另1件何家村三足银壶为直壁折底（图版80），时代均在8世纪前半叶。8世纪中叶以后带足壶更为流行，壶身多为罐形。背阴村人物纹三足银壶（图1-285，图版84）、丁卯桥童子纹三足银壶（图1-286，彩版48）、"水邱氏"人物纹四足银壶（图1-287，图版85）分别出土于标准器物群，时代为9世纪。

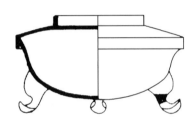

图1-284　何家村三足银壶

图1-285　背阴村人物纹
三足银壶

图1-286　丁卯桥童子纹
三足银壶

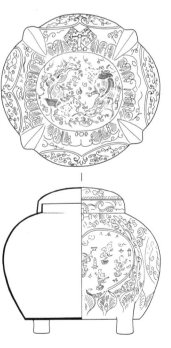

图1-287　"水邱氏"人物纹
四足银壶

（四）注壶

器物的一侧有一弧形的把手，相对的一侧安有管状流口，有时叫带把壶，有的出土器物自铭"酒注"，也常常称作"注子"或"注壶"。《资暇录》云："元和初，酌酒犹用樽杓，所以丞相高公有斟酌之誉，虽数十人，一樽一杓，挹酒而散，了无遗滴。居无何，稍用注子，其形若罂，而盖、觜、柄皆具。太和九年后，中贵人恶其名同郑注，乃去柄安系，若茗瓶而小异，目之曰偏提。"[①]带管状流的注壶出现在中唐时，逐渐流行，用于饮酒和饮茶[②]。主要器物见表1-23。

表1-23 唐代金银注壶 长度单位：厘米

器物名称	器高	口径	收藏地点	参考文献
"宣徽酒坊"银注壶	26	14.2	陕西省博物馆	[16]、[32]
咸阳缠枝纹金注壶	21.3	6.6	咸阳市博物馆	[16]、[48]
"水邱氏"素面银注壶	16.2	4.9	临安县文管会	[14]、[16]
不列颠银注壶			不列颠博物馆	[16]、[33]
丁卯桥素面银注壶	22	8.4	镇江市博物馆	[6]、[15]、[16]
丁卯桥素面银注壶	19	6.6	镇江市博物馆	[6]、[15]、[16]

"宣徽酒坊"银注壶（图1-288）有"咸通十三年（公元872年）六月廿日别敕造"的刻铭。咸阳缠枝纹金注壶（图1-289，彩版52）的流口部分已残，已发表的器物图片上的流口是复原后加上的，原来的流应更长些。这件金壶壶身所饰的缠枝纹与法门寺乐伎纹银香宝子、法门寺六臂观音纹方形金盒（宝函）的缠枝纹一致，应为9世纪的作品。"水邱氏"素面银注壶（图1-290）出土于标准器物群水邱氏墓。丁卯桥素面银注壶（图1-291、292）出土于标准器物群，时代为9世纪后半叶。不列颠银注壶（图1-293）据说与之同时出土的一件器物有"乾符四年"（公元877年）的铭刻[③]。浙江淳安县朱塔银壶盖[12]（图1-294）与不列颠银注壶的盖相同。

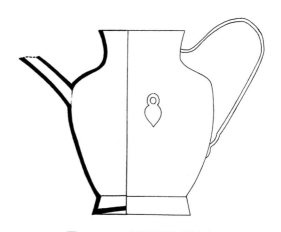

图1-288 "宣徽酒坊"银注壶

---

① 李济翁：《资暇录》，丛书集成初编本0279册，27页，中华书局，1985年。
② 孙机：《唐宋时代的茶具与酒具》，《文物丛谈》，文物出版社，1991年。
③ 后藤守一：《大英博物馆所藏的唐代金银器》，《考古学杂志》第二十卷第二号，1930年。

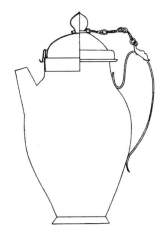

图1-289 咸阳缠枝纹
金注壶

图1-291、292 丁卯桥素面银注壶

图1-290 "水邱氏"
素面银注壶

图1-293 不列颠银注壶

图1-294 淳安银壶盖

（五）唾壶

壶的形制分上、下两部分，上部似一浅腹圈底碗，侈口，四曲葵花瓣形，其下有较细颈与下部的罐形器身相连，底为圈足。唾壶有时也被叫作"渣斗""唾盂"。金唾壶至少在曹魏时期已有制作，曹操《上杂物疏》中云："御杂物用，有纯金唾壶一枚，……贵人有纯银参带唾壶三十枚。"[①]《旧唐书·郑朗传》载："初，太和末风俗稍奢，……张元昌便用金唾壶。"[②]唾壶是拿在手上捧着使用的，西安南里王村唐韦洞墓的石椁线刻人物中，有一个双髻侍女，手上就捧着这样的唾壶[③]。唾壶是唐代常见器物，多用陶瓷制作，尚未发现金唾壶，银唾壶有3件，器物见表1-24。

表1-24 　　　　　　　　　　　　　　唐代银唾壶　　　　　　　　　　　　长度单位：厘米

器物名称	器高	器宽	收藏地点	参考文献
西安折枝纹银唾壶	9.8	14.6	西安市文管会	［11］、［16］
普赖斯折枝纹银唾壶	12	15.3	普赖斯·扬家庭博物馆	［16］
"水邱氏"素面银唾壶	9.5	11.5	临安县文管会	［14］、［16］

唾壶在唐代墓葬出土的陶瓷器中常见，如陕西礼泉张士贵墓出土的瓷唾壶[④]、河南洛阳偃师元和五年（公元810年）郑绍方墓出土的瓷唾壶[⑤]。唾壶的时代变化特征明显，唐前期的唾壶上部为盘口，带盖，直径小于下部腹径，中晚唐时期唾壶的上部为碗状，直径大于下部的腹径。西安折枝纹银唾壶（图1-295，彩版50）与乾符六年（公元879年）刻铭的银铤同出于枣园村窖藏，"水邱氏"素面银唾壶（图1-296）为标准器物群中的遗物。普赖斯折枝纹银唾壶（图1-297）是传世收藏品。3件银唾壶的造型基本一致，均为口大腹小的特征，与中晚唐时期的瓷唾壶一致，应为9世纪的作品。

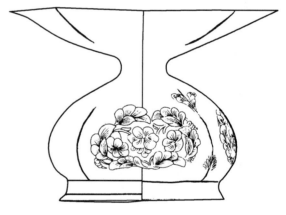

图1-295　西安折枝纹银唾壶

---

① 《曹操集》，40～43页，中华书局，1974年。

② 《旧唐书》卷一百七十三，4493页，中华书局，1975年。

③ 陕西省文物管理委员会：《长安县南里王村唐韦洞墓发掘记》，《文物》1959年8期。

④ 陕西省文管会等：《陕西礼泉唐张士贵墓》，《考古》1978年3期。

⑤ 中国社会科学院考古研究所河南第二工作队：《河南偃师杏园村的六座纪年唐墓》，《考古》1986年5期。

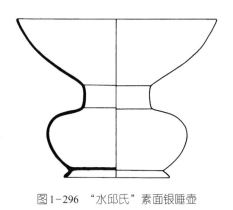

图1-296 "水邱氏"素面银唾壶

图1-297 普赖斯折枝纹银唾壶

六、瓶、炉、香囊、铛
Bottle, Incense Burner, Perfume Bag, *Cheng*

（一）瓶

唐代金银器中瓶发现得并不多，报告中称作瓶的器物，器形差别较大，相互间没有共同之处。《旧唐书·齐映传》载："映常以顷为相辅，无大过而罢，冀其复入用，乃掊敛贡奉，及大为金银器以希旨。先是，银瓶高者五尺余。李兼为江西观察使，乃进六尺者。至是，因帝诞日端午，映为瓶高八尺者以献。"[1] 如此巨大精美的银瓶，考古发掘和传世收藏尚未见到，只有一些普通的小银瓶。主要器物见表1-25。

海狸鼠纹银瓶（图1-298，图版86）、奔狮纹银瓶（图1-299，彩版49）的形制相同，均为喇叭口，细长颈，圆肩，长鼓腹，圈足。同样的器形在其他质料的器物中也有发现，如山西长治北

表1-25 　　　　　　　　　　　唐代银瓶 　　　　　　　长度单位：厘米

器物名称	器高	收藏地点	参考文献
海狸鼠纹银瓶	20.5	布鲁克莱特博物馆	［16］、［42］
奔狮纹银瓶	19.1	戴·托恩美术学院	［16］、［42］
何家村小口银瓶	10.1	陕西省博物馆	［4］、［16］
何家村仰莲座银瓶	9.6	陕西省博物馆	［4］、［16］
法门寺银阏伽瓶	21	法门寺博物馆	［19］、［20］
喀喇沁鹿纹银瓶	27	［10］、［16］

---

① 《旧唐书》卷一百三十六，3751页，中华书局，1975年。

石槽文明元年（公元684年）4号墓[①]、太原金胜村武则天时期的5号墓[②]、西安东郊西北国棉五厂37号唐墓[③]出土了陶长颈瓶。大体可以说这种器形流行于玄宗之前。时代更早一些的有安阳北齐范粹墓[④]出土的青釉瓷瓶及河北磁县东魏墓[⑤]出土的褐釉瓷瓶。与银长颈瓶更为相似的铜长颈瓶，出自纪年墓的主要有河北景县封氏墓[⑥]、河北赞皇李希宗墓[⑦]、山西北齐库狄迴洛墓[⑧]，3件器物均属北朝时期。上述这些器物，大体表明长颈瓶是北朝至唐代玄宗时期流行于北方的器物。海狸鼠纹银瓶、奔狮纹银瓶的形制最接近北朝的遗物，时代应在7世纪后半叶。

何家村小口银瓶（图1-300）颈部有一圈外凸的棱带，外表看口较粗，但颈与腹部相接处仅留直径约为0.5厘米的小孔，孔内有棍状的塞。圜底，器壁厚重。这种小银瓶共出土4件（图版82），命名为石榴罐，被认为古代炼丹的药具，即简单的蒸馏器[⑨]。何家村仰莲座银瓶（图1-301）有盖，短颈，器底外撇后形成圜底，底部有一小孔。这两种瓶均出土于标准器物群何家村窖藏，当属于8世纪中叶以前的器物。

图1-298　海狸鼠纹银瓶

图1-299　奔狮纹银瓶

图1-300　何家村
小口银瓶

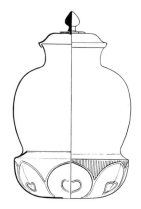

图1-301　何家村
仰莲座银瓶

①　山西省文物管理委员会晋东南文物工作组：《山西长治北石槽唐墓》，《考古》1965年9期。
②　山西省文物管理委员会：《太原南郊金胜村唐墓》，《考古》1959年9期。
③　陕西省考古研究所等：《陕西新出土文物集萃》，陕西旅游出版社，1993年。
④　河南省博物馆：《河南安阳北齐范粹墓发掘简报》，《文物》1972年1期。
⑤　磁县文化馆：《河北磁县东陈村东魏墓》，《考古》1977年6期。
⑥　张季：《河北景县封氏墓群调查记》，《考古通讯》1957年3期。
⑦　石家庄地区革委会文化局文物发掘组：《河北赞皇东魏李希宗墓》，《考古》1977年6期。
⑧　王克林：《北齐库狄迴洛墓》，《考古学报》1979年3期。
⑨　陕西省博物馆文管会写作小组：《从西安南郊出土的医药文物看唐代医药的发展》，《文物》1972年6期。
　　耿鉴庭：《西安南郊唐代窖藏里的医药文物》，《文物》1972年6期。

法门寺银阏伽瓶（彩版53），盘口，细颈，短流，圆腹，喇叭形圈足。共出土4件，足内分别墨书"东""南""北"，另一件原当有"西"字。时代为9世纪后半叶。"阏伽瓶"是法门寺地宫中出土的《法门寺衣物账》所记唐朝人的定名，为佛教寺院专用器物。据饶宗颐考证，"阏伽"梵言Arghya，其意为香水，为佛教做法场时置于坛四角的器物[1]。

喀喇沁鹿纹银瓶（图1-302），"发现时已被砸扁，残损最甚，经复原后，全形呈一圆球状，顶部似没有器口，只在底部有圆口"[2]。此器可能是瓶。与"刘赞"葵花形银盘同出，时代应为8世纪后半叶。

图1-302　喀喇沁鹿纹银瓶

除上述瓶，有的被称为壶的器物也可叫瓶。《朝野佥载》载："初兵部尚书任瓌，敕赐宫女二人，皆国色。妻妒，烂二女头，发秃尽，太宗闻之，令上宫赉金壶瓶（瓶）酒赐之。"[3]《安禄山事迹》云，唐玄宗曾"赐禄山金鞍花大银胡瓶（瓶）四"及"金窑细胡瓶二"[4]。"胡瓶"的样式可由日本正仓院藏的漆器得知，这件漆器在《国家珍宝账》中明确记为："柒胡瓶一口。"[5]其形制与内蒙古李家营子银带把壶、河北宽城银带把壶（把已脱落）属同类器物，这两件银带把壶或所谓"胡瓶"，应为粟特输入品[6]。

（二）炉

炉在唐代银器中多有发现，用于熏香、煮茶及取暖等，为不同的器具。曹操《上杂物疏》中云："御物三十种，有纯金香炉一枚，下盘自副，贵人公主有纯银香炉四枚，皇太子有纯银香炉四枚。"[7]提到是熏香用的炉，可知用金银制作香炉在唐以前就有。韩愈《奉和库部卢四兄曹长元日朝回》诗有"金炉香动螭头暗，玉佩声来雉尾高"[8]之句，指的也是熏炉。而《太平广记》引《玄怪录》所云"银炉煮茗方熟，坐者起入西厢帷中"[9]的银炉指的是茶炉。可见唐代各种用途的金银炉的使用普遍。主要器物见表1-26。

目前发现的银炉，时代都比较明确，分别出土于标准器物群何家村窖藏、丁卯桥窖藏、法门寺地宫和水邱氏墓。

何家村五足银炉与法门寺五足银炉形制相似。何家村五足银炉（图1-303，图版88）分三层，

---

① 饶宗颐：《文化之旅》，91页，辽宁教育出版社，1998年。

② 喀喇沁旗文化馆：《辽宁昭盟喀喇沁旗发现唐代鎏金银器》，《考古》1977年5期。

③ 张鷟：《朝野佥载》卷三，59页，中华书局，1979年。

④ 姚汝能：《安禄山事迹》卷上，9页，上海古籍出版社，1983年。

⑤ 奈良国立博物馆：《正仓院展》，株式会社便利堂，1987年。

⑥ 参见本书第三编《李家营子出土的银器与丝绸之路上的粟特人》。

⑦ 《曹操集》，40～43页，中华书局，1974年。

⑧ 《全唐诗》第五函第十册，850页，上海古籍出版社，1994年。

⑨ 《太平广记》卷三百四十三宝玉条，2720页，中华书局，1981年。

表1-26　　　　　　　　　　　　　　　　　　　唐代银炉　　　　　　　　　　　　　　　　　　长度单位：厘米

器物名称	器高	器宽	收藏地点	参考文献
何家村五足银炉	33.3	21.6	陕西省博物馆	[4]、[16]
法门寺五足银炉	29.5	25.9	法门寺博物馆	[19]、[20]
"水邱氏"三足银炉	9.5	7.6	临安县文管会	[14]、[16]
丁卯桥高圈足银炉	23.6	22.5	镇江市博物馆	[6]、[15]、[16]
法门寺高圈足银炉	56	20.7	法门寺博物馆	[19]、[20]
法门寺盆形银炉	15.1	19.5	法门寺博物馆	[19]、[20]
法门寺碗形银炉	20.3	16	法门寺博物馆	[19]、[20]

上层为炉盖，盖面高隆，顶部平坦，雕有仰莲瓣的宝珠形的纽铆于正中。中层以子母口与下层相接，束颈，鼓腹。下层为圆盘状炉身，深腹，直壁，有五个蹄形足，足间的腹外壁有链条五根。法门寺五足银炉（彩版54）分两层。上层为炉盖，宽沿平折向下，与炉身扣合。盖面高隆，宝珠形盖纽，以仰莲瓣衬托。下层是炉身，直口，平折沿，方唇，深腹，平底。腹壁铆接五只独角四趾兽足，足间腹壁外以销钉套接绶带盘结的朵带。还有与之相配的托盘。两者的区别是：何家村五足银炉分三层，炉体高，有简单的五个蹄足，在炉盖和腹部镂空花纹为溢烟孔。法门寺五足银炉分两层，炉体稍矮。炉的足较复杂，上部为独角兽，下部是四趾蹄。宝珠盖纽下仰莲瓣割开上卷作为溢烟孔。前者时代在8世纪前半叶或稍早。后者錾刻铭文5行49字，为咸通十年（公元869年）文思院造。

"水邱氏"三足银炉（图1-304），炉体呈圜底罐形。小直口，鼓腹，腹部镂四组对称的、每组六个长方形的溢烟孔，镂孔之间铆有链条。三足为扁长条卷曲形，足顶部较集中地接于炉体底部，足底部向外撇出并上卷。炉内有炭灰和木炭。出土于9世纪后半叶的水邱氏墓。

图1-303　何家村五足银炉

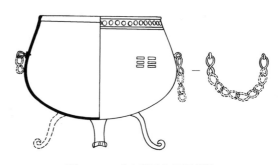

图1-304　"水邱氏"三足银炉

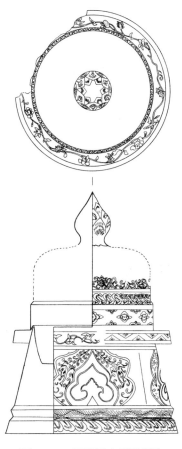

图1-305 丁卯桥高圈足银炉

图1-306 法门寺碗形银炉

丁卯桥高圈足银炉、法门寺高圈足银炉、法门寺盆形银炉、法门寺碗形银炉皆带炉座。

丁卯桥高圈足银炉（图1-305）、法门寺高圈足银炉（图版89），炉座也可称为高筒式圈足，整个炉体呈塔形。丁卯桥高圈足银炉分三层，可以拆卸组装。上为较高炉盖，弧顶，饰仰莲瓣宝珠纽，盖腹较直，以镂空卷草纹为溢烟孔。中层是承盘，宽沿，折边，突棱状子口，平底。下层为筒形炉座，上小下大，有四个壶门。法门寺高圈足银炉由盖、身组成，盖沿为三层渐收的棱台，盖面呈半球状，上半部镂空为溢烟孔，顶部是三层银片作成的仰莲瓣承托镂空的莲蕾式宝珠。炉身与炉座为一体，上小下大，平底。口沿亦为三层渐收的棱台，每层棱台外缘六曲。腹壁为内外两层铆合在一起。内层分作六块，与炉底铆接。外层由炉体向下即成炉座，下部有六个壶门，底部接平折的足沿。炉底与腹壁铆接，其下焊有用作承托的十字铜条，炉身两侧的口沿下各铆接一个提耳。

法门寺盆形银炉（彩版55）由炉盘、炉座构成。盆形炉盘敞口，平折沿，斜腹壁，平底。腹壁分为五瓣，各瓣心都铆接一兽面铺首，口衔环耳并套一环。炉座为覆盆状，小直口，圆肩，宽平足沿。腹壁有五个镂空壶门。

法门寺碗形银炉（图1-306）炉身上部呈圜底碗形，平折沿，口沿上立有四棱攒尖纽，下部为喇叭形底座。此炉在报告发表时被称为"素面银灯"，但《法门寺衣物账》上明确记有"香炉并碗子"，与该器正合。

这4件炉皆出土于9世纪后半叶的标准器物群。

上述炉中法门寺高圈足银炉和"水邱氏"三足银炉，有的学者认为是茶炉[①]。但法门寺高圈足银炉捶揲成型，腹壁为六块，与炉底铆接，根本无法盛水。炉盖上部及盖纽上均有镂孔，如果用

<hr/>

① 韩伟：《从饮茶风尚看法门寺等地出土的唐代金银茶具》，《文物》1988年10期。
孙机：《法门寺出土文物中的茶具》，《文物丛谈》，103～113页，文物出版社，1991年。

于煮水，无需镂孔。另外，若用于煮水，下部应燃火，此炉下的圈足内无法燃火，亦不易使用炭类。相反，作为熏香用具，将香料置于炉腹中点燃，其盖的镂孔正可溢香。法门寺地宫出土《法门寺衣物账》中记有"银白成香炉一枚并承铁共重一百三两"，可知与此炉正合，为熏香用具。而且炉盖出土时，盖面贴一墨书"大银香炉臣杨复恭"的封签，杨复恭同时还进献"银白盛香盒"，故两者为一套熏香用具。由此推知，丁卯桥高圈足银炉亦应为香炉。《茶经》对烹茶用的风炉的描述是"风炉以铜铁铸之，如古鼎形……"①看来用于盛水、煮水的风炉，应该严密无缝，铸器就十分必要了。"水邱氏"三足银炉也不会是茶具中的风炉，该炉的口径和高仅为7.6厘米和9.5厘米，腹壁又有四组镂孔，不能盛水。如果作为燃火用具，器物小，火力弱。况且，敛口的炉形亦不利火的燃烧。此炉内存有炉灰和细木炭，未化验是否为香料，很有可能是随身取暖或熏香的用具。

图1-307　银香囊展开

（三）香囊

这种金属制作的圆形器物十分别致，球形体，内外分三层，带链钩。外层为两个半圆体，用子母口扣合，饰以镂空花纹。其内设两层双轴相连的同心圆机环，大的机环与外层球壁相连，小的机环安置香盂（图1-307）。使用时，随着最内层半圆形香盂所受的重力和活动机环的作用，无论外层球体如何转动，最里面的香盂总保持平衡状态。香盂盛装香料，点燃时火星不会外漏，烧尽的香灰也不至于撒落出，设计非常巧妙。无论是考古发掘品还是博物馆藏品，过去都称为"熏球"或"熏炉"，按其形状和用途而命名。《旧唐书·杨贵妃传》载，安史之乱后唐玄宗自蜀地重返京都，思念旧情，秘密派人改葬贵妃，但挖开旧冢时发现："初瘗时以紫褥裹之，肌肤已坏，而香囊仍在。内官以献，上皇视之凄惋……"②在唐代壁画、石刻的人物像中，腰间悬挂的香袋或香包似为丝织品制成，然而，丝织物易于朽坏，杨贵妃埋葬后，"肌肤已坏，而香囊仍在"的香囊未必是用丝织品制作的。

这种器物在法门寺地宫中出土两件（图1-308），记载地宫藏品的《法门寺衣物账》上记述银器时提到"香囊二枚重十五两三分"，与出土器物正合。可知这种圆形的熏香器物的名字应是"香囊"。关于它的名称和用途，《一切经音义》香囊条载："《考声》云：香袋也。案香囊者，烧香圆器也。巧智机关，转而不倾，令内常平。《集

图1-308　法门寺银香囊

①　陆羽：《茶经》，丛书集成初编本1479册，5页，中华书局，1985年。
②　《旧唐书》卷五十一，2181页，中华书局，1975年。

训》云：有底袋也。"又载："《考声》云：斜口香袋也。按香囊者，烧香器物也。以铜、铁、金、银玲珑圆作，内有香囊，机关巧智，虽外纵横圆转，而内常平，能使不倾。妃后贵人之所用之也。"[①]对香囊的样式、用途和质地记载得十分详尽。参照法门寺地宫出土的《法门寺衣物账》及实物，可知唐人把这种球状的熏香用具称为"香囊"。唐代银香囊主要器物见表1-27。

表1-27 　　　　　　　　　　　　　　　唐代银香囊　　　　　　　　　　　　　长度单位：厘米

器物名称	器高	器宽	收藏地点	参考文献
沙坡村银香囊	5	4.8	中国历史博物馆	[3]、[16]
沙坡村银香囊	5.3	4.5	中国历史博物馆	[3]、[16]
沙坡村银香囊	5	4.8	中国历史博物馆	[3]、[16]
沙坡村银香囊	5	4.8	中国历史博物馆	[3]、[16]
何家村银香囊	4.5	4.5	陕西博物馆	[4]、[16]
三兆村银香囊	6	5.4	西安市文管会	[16]、[41]
法门寺银香囊		5.8	法门寺博物馆	[19]、[20]
法门寺银香囊		12.8	法门寺博物馆	[19]、[20]
正仓院银香囊	18.8	18	正仓院	[16]
弗利尔银香囊		5	弗利尔美术馆	[42]
凯波银香囊		4.3	卡尔·凯波	[16]
凯波银香囊			卡尔·凯波	[16]
大都会银香囊			大都会博物馆	[38]

　　沙坡村银香囊和何家村银香囊（图1-309～312、315，彩版56、57），年代下限为8世纪中叶，法门寺银香囊由于地宫封闭的时间为9世纪后半叶，其时代为9世纪。其他银香囊（图1-313、314、316、317，图版92～94）的时代均在8世纪中叶以前，个别时代稍晚。可见这种器物在唐代始终流行。日本正仓院还收藏一件铜香囊。球状香囊的顶部安有环纽、链条、挂钩，显然不仅可任意摆放、四处悬挂，同时还可以随身携带。多数香囊的直径在5厘米以下，又可作为手中的赏玩

---

① 《一切经音义》卷六（230页）、卷七（260页），上海古籍出版社，1986年。
　　葛洪《西京杂记》（8页，中华书局，1985年）"常满灯被中香炉"条载："长安巧工丁缓者，……作卧褥香炉，一名被中香炉。本出房风，其法后绝。至缓始更为之。为机环转运四周，而炉体常平，可置之被褥，故以为名。"所谓"被中香炉"也是"机环转运四周，而体内常平"的熏香器，正是后来唐代的香囊。

图1-309 沙坡村银香囊

图1-310 沙坡村银香囊

图1-311 何家村银香囊　　　　　　　图1-312 沙坡村银香囊

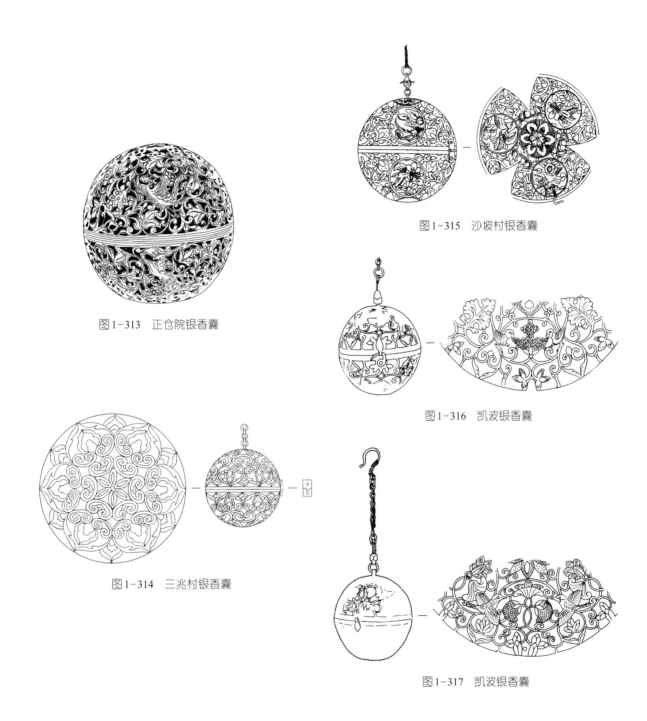

图1-313 正仓院银香囊

图1-314 三兆村银香囊

图1-315 沙坡村银香囊

图1-316 凯波银香囊

图1-317 凯波银香囊

之物，甚至藏在身中不被人所知。香囊随人走动，周围始终伴随着沁人肺腑的芳香。《大般若波罗蜜多经》载："若善男子善女人等，怖畏怨家恶兽灾横厌祷疾疫毒药咒等，应书般若波罗蜜多大神咒王，随多少分香囊盛贮，置宝筒中恒随逐身，供养恭敬尊重赞叹，诸怖畏事皆自销除。"[1]这里所说的香囊，似乎还用于佛事活动，与避邪免灾有关。

———————

① 《大般若波罗蜜多经》卷五百一，No.220；T7/551b～552a。

（四）铛

铛是一种带柄的器物，有的带足，可能是温酒器或药具[1]。《太平御览》引《通俗文》曰："鬴有足曰铛。"[2]《南齐书·萧颖胄传》载："上慕俭约，欲铸坏太官元日上寿银酒鎗，尚书令王晏等咸称盛德。颖胄曰：'朝廷盛礼，莫过三元。此一器既是旧物，不足为侈。'帝不悦。后预曲宴，银器满席。颖胄曰：'陛下前欲坏酒鎗，恐宜移在此器也。'帝甚有惭色。"[3]《太平御览》引此条时"银酒鎗"作"银酒铛"。李白《襄阳歌》中有"舒州杓，力士铛，李白与尔同死生"之句[4]。《新唐书·武攸绪传》载其曾被皇帝"赐金银铛鬲"[5]，可见唐代用金银制作铛。唐代银器中有两件被称为碗的器物，带柄，柄部与三足铛的柄一样，应属同类器物，暂时归在此类器物中。主要器物见表1-28。

表1-28　　　　　　　　　　　　　　**唐代金银铛**　　　　　　　　　　　　长度单位：厘米

器物名称	型别	器高	器宽	收藏地点	参考文献
何家村双狮纹短柄三足金铛	A	3.4	9.2	陕西省博物馆	［4］、［16］
何家村素面短柄三足银铛	A	4	10.5	陕西省博物馆	［4］、［16］
"李景由"短柄圜底银铛	B	4.1	13.3	中国社会科学院考古研究所	［17］
芝加哥短柄圈足银铛	B	3.2	19	芝加哥美术学院	［16］
何家村素面长柄三足银铛	C	7.6	10.2	陕西省博物馆	［4］、［16］
"齐国太夫人"长柄圜底银铛	C	6.4	9.7	洛阳第二文物工作队	［24］

铛根据柄及器底的不同可分为三型。

A型铛短柄，带三足。何家村双狮纹短柄三足金铛（图1-318，彩版69）和何家村素面短柄三足银铛（图1-319）器身呈圜底碗形，柄作叶芽状。后者柄上还有云曲状指垫。A型铛均出土于8世纪前半叶标准器物群何家村窖藏。陕西西安东郊开元二十一年（公元733年）韦美美墓出土一件黑褐釉瓷铛[6]，器物造型与A型铛相似，时代也相近。

---

① 孙机：《鹦鹉杯与力士铛》，《文物丛谈》，文物出版社，1991年。
　　陕西省博物馆文管会写作小组：《从西安南郊出土的医药文物看唐代医药的发展》，《文物》1972年6期。
　　耿鉴庭：《西安南郊唐代窖藏里的医药文物》，《文物》1972年6期。
② 《太平御览》卷七五七器物部，3360页，中华书局，1986年。
③ 《南齐书》卷三十八，666页，中华书局，1995年。
④ 《全唐诗》第三函第四册，391页，上海古籍出版社，1994年。
⑤ 《新唐书》卷一百九十六，5602页，中华书局，1986年。
⑥ 陕西省考古研究所等：《陕西新出土文物集萃》，陕西旅游出版社，1993年。

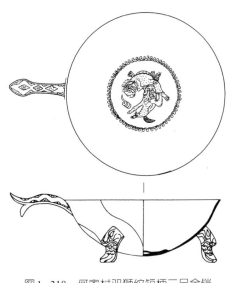

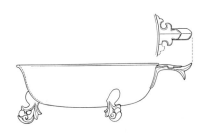

图1-319　何家村素面短柄三足银铛

图1-320　"李景由"短柄圜底银铛

图1-321　芝加哥短柄圈足银铛

图1-318　何家村双狮纹短柄三足金铛

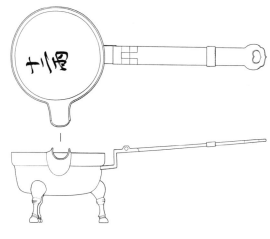

图1-322　何家村素面长柄三足银铛

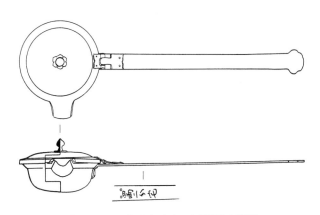

图1-323　"齐国太夫人"长柄圜底银铛

　　B型铛短柄，圜底或带圈足。"李景由"短柄圜底银铛（图1-320）的口部微敞，浅腹，平底，一侧有叶芽状柄，柄的形状及器体与A型铛十分相似，只是不带三足。芝加哥短柄圈足银铛（图1-321，图版95）为侈口，腹部有突棱一周，并由此下折，短柄焊于口沿下，亦为叶芽状。"李景由"短柄圜底银铛出土墓葬的年代是开元二十六年（公元738年）。芝加哥短柄圈足银铛的年代在8世纪中叶以前。

　　C型铛长柄。何家村素面长柄三足银铛（图1-322，图版96）深直腹，平底，带三足。颈腹间安有短流，流身稍上翘。颈下焊接长柄，长柄根部有合页，可使长柄折叠，并有滑动锁扣可以固定，时代应为8世纪前半叶。"齐国太夫人"长柄圜底银铛（图1-323）无足，带盖，时代为9世纪后半叶。

七、锅、豆、匜、盆

Pot, *Dou*, *Yi*, Basin

唐代银锅、豆、匜、盆等器物主要见表1-29。

表1-29　　　　　　　　　　　　**唐代银锅、豆、匜、盆**　　　　　　　　　　长度单位：厘米

器物名称	器高	器宽	收藏地点	参考文献
何家村双环耳银锅	13	28.2	陕西省博物馆	[4]、[16]
何家村提梁银锅	22.6	25	陕西省博物馆	[4]、[16]
何家村提梁银锅	17.1	19	陕西省博物馆	[4]、[16]
何家村提梁银锅	17.1	19	陕西省博物馆	[4]、[6]
"齐国太夫人"提梁银锅	14	21.5	洛阳第二文物工作队	[24]
弗利尔缠枝纹带盖银豆	12.3	7.1	弗利尔美术馆	[16]
"水邱氏"缠枝纹银豆	9.7	8.5	临安县文管会	[14]、[16]
何家村银匜	8.7	20.5	陕西省博物馆	[4]、[16]
"水邱氏"银匜	7	12.3	临安县文管会	[14]、[16]
丁卯桥摩羯纹银盆	7.3	34.5	镇江市博物馆	[6]、[15]、[16]
法门寺"浙西"银盆	14.5	46	法门寺博物馆	[19]、[20]

　　唐代银器中称为锅的器物，形体都较小。何家村窖藏共出土锅5件，有银锅4件、金锅1件，其中单流金锅的柄部已残，内有墨笔题字"旧泾用十七两暖药"。由于古代文献中熬药用金、银锅，故金、银锅被推测是医药用具[①]。何家村双环耳银锅（图1-324，图版97），侈口，腹部向外鼓出一周突棱，平底。锅沿铆接双耳，耳上立环状把手。何家村提梁银锅（图1-325，图版98），平底，锅口铆接双环，连接提梁。另2件何家村提梁银锅（图1-326，图版99），宽沿平折，敞口，弧腹下收为圜底。宽沿上铆有环形立耳，连接提梁。以上4件器物均为8世纪前半叶标准器物群遗物。"齐国

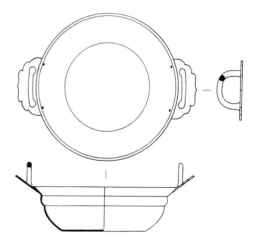

图1-324　何家村双环耳银锅

[①]　陕西省博物馆文管会写作小组：《从西安南郊出土的医药文物看唐代医药的发展》，《文物》1972年6期。
　　耿鉴庭：《西安南郊唐代窖藏里的医药文物》，《文物》1972年6期。

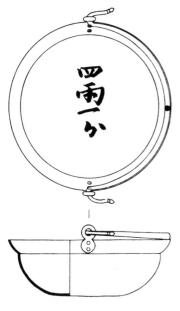

图1-326 何家村提梁银锅

图1-325 何家村提梁银锅

图1-327 "齐国太夫人"提梁银锅

图1-328 弗利尔缠枝纹带盖银豆

图1-329 "水邱氏"缠枝纹银豆

太夫人"提梁银锅（图1-327），与何家村提梁银锅形态十分接近，区别是带盖。时代为9世纪后半叶。

豆的形态是上部为碗状，多带盖，下有底座，是中国古代常见器物，但在唐代银器中发现不多。弗利尔缠枝纹带盖银豆（图1-328）平面呈椭圆形，高圈足。盖顶有宝珠形纽。这件银豆在唐代金银器中目前尚属孤例，从其较细密的缠枝纹和圈足底沿的三角纹边饰等特征看，时代应为8世纪前半叶。"水邱氏"缠枝纹银豆（图1-329，图版90）无盖或盖已失，带子口，半球状腹，喇叭形高圈足。出土在天复元年（公元901年）的水邱氏墓中[1]。

匜是商周青铜器中常见的器形，汉代以后已不流行。《酉阳杂俎》载："陆畅初娶董溪女，每旦群婢捧匜。"唐代银器中发现的实例目前仅知两件。何家村银匜（图1-330，彩版51），侈口，口沿带上翘的流，底部带圈足。为8世纪前半叶标准器物群的器物。"水邱氏"银匜（图1-331），

---

① 段成式：《酉阳杂俎》续集卷四贬误条，234页，中华书局，1981年。

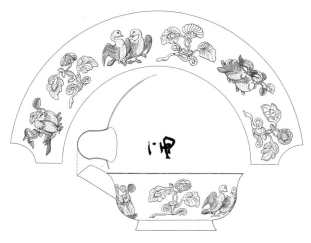

图1-330　何家村银匜

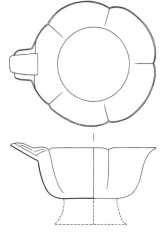

图1-331　"水邱氏"银匜

侈口，整体作五曲葵花形，口沿上有流，带圈足。出土在公元901年的水邱氏墓中。匜在瓷器和铜器中也偶有出土，天宝三载（公元744年）史思礼墓出土瓷匜[①]。

　　银器中的盆，敞口，基本形态与碗相似，但器体较大。王建《宫词一百首》有"归到院中重洗面，金花盆里泼银泥"之句[②]，可见唐代有时会把银盆做得很大。丁卯桥摩羯纹银盆（图1-332），呈五曲葵花形，敞口，平底。法门寺"浙西"银盆（彩版58），呈四曲葵花形，敞口，斜腹下收，带圈足。盆外两侧各铆接两个铺首衔环，环上套接弓形提耳。这两件银盆出土于9世纪后半叶的标准器物群，为金银器中的大型器物，特别是法门寺"浙西"银盆高14.5厘米，口径达46厘米，《法门寺衣物账》记为"银金花盆"，为唐代银器中最大的一件。

图1-332　丁卯桥摩羯纹银盆

八、茶托、茶碾子、茶罗子、盐台、笼子

Cha tuo (Saucer), *Cha nianzi* (Tea mill),

Cha luo (Tea sift), *Yantai* (Salt basin), Cage

　　金银器中有许多与饮茶有关的用具，陕西扶风法门寺地宫出土的器物中，《法门寺衣物账》明确记载的银器中有"茶槽子、碾子、茶罗、匙子一副七事"，还有"琉璃茶碗、托子"等。此外，盐台、笼子也应为银茶具。西安和平门窖藏出土的和平门双层莲瓣银茶托和和平门单层莲瓣银茶托，分别在圈足内刻"大中十四年八月造成浑金涂茶拓子一枚金银共重拾两捌钱叁字"（图

---

①　李知宴：《唐代瓷窑概况与唐瓷的分期》，《文物》1972年3期。
　　中国社会科学院考古研究所河南第二工作队：《河南偃师杏园村的两座唐墓》，《考古》1984年10期。
②　《全唐诗》第五函第五册，762页，上海古籍出版社，1994年。

1-333，图版100），"左策使宅茶库金涂工拓子壹拾枚共重玖拾柒两伍钱一"（图1-334，图版101），明确指出其饮茶的用途。有些盒类或许也用于盛茶[①]。主要器物见表1-30。

茶托宽平沿，浅腹，圈足。平面为五曲、六曲花瓣形，有的茶托每个曲瓣的顶端微向上卷。茶托有时被称为盏、托盏。唐人也写成"茶拓"。西安和平门银茶托共出土7件，其中1件茶托的圈足上刻有"大中十四年"（公元860年）铭文。山西繁峙银茶托（图1-335）、陕西背阴村银茶托和江苏丁卯桥双瓣葵花形银茶托、丁卯桥葵花形银茶托（图1-336~338）的形制略同，而且茶托类的器物广泛流行于9世纪的瓷器之中，故这些茶托的时代也为9世纪后半叶。

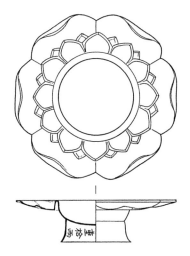

图1-333　和平门双层莲瓣银茶托

表1-30　　　　　　　　　唐代银茶托、茶碾子、茶罗子、盐台和金银丝笼子　　　　　　　　长度单位：厘米

器物名称	器高	器宽	收藏地点	参考文献
和平门双层莲瓣银茶托	4.5	18.3	中国历史博物馆	[1]、[16]
和平门单层莲瓣银茶托	4	17	中国历史博物馆	[1]、[16]
繁峙银茶托	4.3	16.8		[23]
背阴村银茶托	2.5	16.5	陕西省博物馆	[2]、[16]
丁卯桥双瓣葵花形银茶托	8.5	18	镇江博物馆	[6]、[15]、[16]
丁卯桥葵花形银茶托	7	17.3	镇江博物馆	[6]、[15]、[16]
法门寺银茶碾子	7.1	27.4×3	法门寺博物馆	[19]、[20]
法门寺银茶罗子	9.5	13.4×8.4	法门寺博物馆	[19]、[20]
法门寺银盐台	25		法门寺博物馆	[19]、[20]
法门寺银笼子	17.8		法门寺博物馆	[19]、[20]
法门寺金银丝笼子			法门寺博物馆	[19]、[20]

法门寺银茶碾子（图1-339）通体为长方形，由碾槽、辖板、槽座、碾轴组成。槽呈半月形弧尖底，口沿平折，与槽座连接。槽口插置辖板。辖板呈长方形，中间有宝珠提手。槽座两端作如意云头，座壁有镂空壹门。同样形制的陶茶碾曾在洛阳白居易宅遗址、洛阳偃师唐文宗开成五年（公元840年）崔防墓中出土[②]，西安唐西明寺遗址中还出土石茶碾，并刻"西明寺""石茶碾"的文字[③]。

①　韩伟：《从饮茶风尚看法门寺等地出土的唐代金银茶具》，《文物》1988年10期。
②　奈良县立橿原考古学研究所附属博物馆：《遣唐使が见た中国文化》，明新印刷株式会社，1995年。
③　陕西省博物馆：《隋唐文化》，190页，学林出版社，1990年。

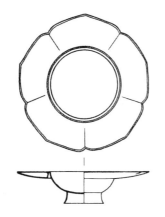

图1-334 和平门单层莲瓣银茶托

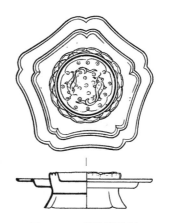

图1-335 繁峙银茶托

图1-336 背阴村银茶托

图1-337 丁卯桥双瓣葵花形银茶托

图1-338 丁卯桥葵花形银茶托

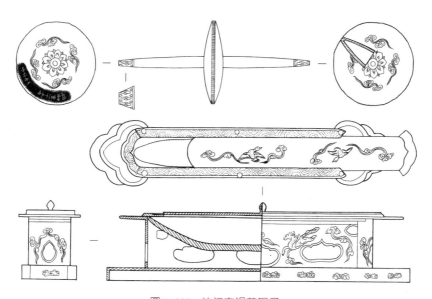

图1-339 法门寺银茶碾子

　　法门寺银茶罗子（图1-340），为长方形，由盖、罗、屉、架、座组成。盖面盝顶。罗、屉均作匣形。罗分内、外两层，中夹罗网。屉有环状拉手。罗架下焊接台形座，有镂空壶门。《安禄山事迹》载：太真赐安禄山"银沙罗一"，不知是否与此物有关。

　　法门寺银盐台（参见图1-39），由盖、台盘、支架组成。盖面高隆，上有捉手，盖沿为卷荷。台盘为花口圈足，其下焊接支架。支架为三足，以银筋盘曲而成。架中斜出枝端有两颗宝珠，珠下有莲座。

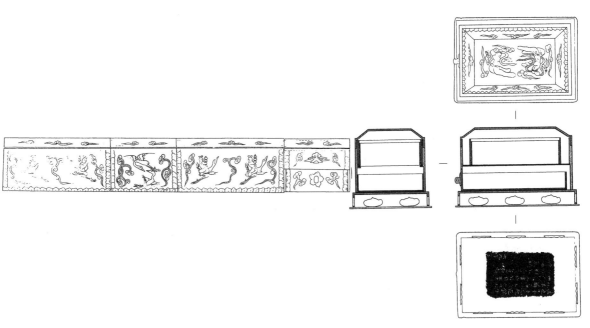

图1-340　法门寺银茶罗子

　　法门寺银笼子（彩版60），带盖。盖面隆起，顶端有纽。口沿下折，与笼体扣合。笼体两侧口沿下铆环耳套置提梁，提梁套有可活动的银链与盖顶相连。足由"品"字形花瓣构成，与笼底边铆接。笼通体为毯路纹，孔眼处全部镂空。银笼子在洛阳齐国太夫人墓亦出土1件，已残。法门寺地宫还出有法门寺金银丝笼子（彩版59）。

　　以上器物除了茶托外，其他各器出土于法门寺地宫，是一套与茶事活动有关的器具，为9世纪后半叶的产品。

九、香宝子、羹碗子、波罗子

Xiangbaozi (Perfume Bag), *Gengwanzi* (Soup Bowl), *Boluozi*

　　香宝子、羹碗子、波罗子是唐代银器中少见的器物，均出土在陕西扶风法门寺地宫内，其名称根据地宫出土的《法门寺衣物账》而定，可能为佛寺的供奉用具。主要器物见表1-31。

表1-31　　　　　　　　　　　　　唐代银香宝子、羹碗子、波罗子　　　　　　　　　　　长度单位：厘米

器物名称	器高	器宽	收藏地点	参考文献
法门寺人物纹银香宝子	24.7	11.2	法门寺博物馆	［19］、［20］
法门寺乐伎纹银香宝子	11.7	6.3	法门寺博物馆	［19］、［20］
法门寺银羹碗子	9.8	7.1	法门寺博物馆	［19］、［20］
法门寺银波罗子	3.87	10.28	法门寺博物馆	［19］、［20］

图1-341　法门寺人物纹银香宝子

　　法门寺人物纹银香宝子（图1-341），带盖，盖面高隆，上端有宝珠纽。器身为直壁，下部为凸起的莲瓣托。器身下为圈足，圈足上部一周外鼓，然后是粗高的喇叭形底座。法门寺乐伎纹银香宝子（彩版61），盖同前件。器身上部有立沿，腹微内弧，下部是喇叭形圈足。《法门寺衣物账》所记物品以质料分别叙述，凡金银器类，除了记有器物名称、数量外，还注明重量。在记录金银器时两次提到有"香宝子二枚"，总共有四枚。而且"香宝子"均记在金银内，并如同其他金银器一样标明了重量，故"香宝子"属金银器类无疑。按前述二件器物形制，原发掘报告定名的"鎏金人物画银坛子"和"鎏金伎乐纹调达子"①都带盖，圆筒形器身，高圈足，其形制出现在佛教壁画之中，应是《法门寺衣物账》中的"香宝子"，为盛香的容器。因属于两对器物，故形制上有差别。

　　法门寺银羹碗子（图版91），由盖、碗子、碗托三部分组成。盖呈半球状，有莲蕾式的宝珠纽。盖面高隆，带镂孔，有立沿。碗子平宽折沿，圜底。碗托上部是双层仰莲瓣，下部是卷荷状圈足。

---

①　韩伟所著《法门寺地宫唐代随真身衣物帐考》（《文物》1991年5期）将前者称为"鎏金人物画银坛子"，列为《法门寺衣物账》中未载之物；将后者称为"鎏金伎乐纹调达子"。而《法门寺衣物账》记载"调达子"的情况是，在"新恩赐到金银宝器、衣物……"之后，记载金银宝器，然后是"水精枕一枚，影水精枕一枚，七孔针一，骰子一对，调达子一对"，接下来记琉璃器。显然所谓"调达子"非金银器之属。《法门寺衣物账》所载的银器名称，多有前所未见者，韩伟已根据出土的实物作出了初步的对照，发现《法门寺衣物账》与实物不符的情况有四种：即有物无载、有载无物、载少物多、载多物少，所列《法门寺地宫衣物帐刊误表》统计误差达70件之多。如果银坛子、调达子确为香宝子无误，"有物无载"的银坛子和"有载无物"的香宝子的矛盾正好可以解决。

法门寺银波罗子（彩版62），一套五件，形制相同，上下套放，以子母口扣合。直口，浅腹，圈足。器内底焊接十字格，圈足有六个镂空的壶门。"波罗子"一词较为罕见。《法门寺衣物账》中有"波罗子一十枚"，此名出现于所叙述金银器类之下，应指金银器无疑。《法门寺衣物账》中凡金银器名常后缀一个"子"字，如香宝子、羹碗子、小金塔子、银锁子等等，故"波罗子"或即"波罗"。现已将地宫中出土的圆形、直壁、有子母口，上部是带十字格的浅盘，下部为有壶门装饰的座，同类器物可套放在一起的器物定为"波罗"。此器为何称"波罗"是饶有趣味的问题。《北史·祖珽传》载："神武宴僚属，于座失金叵罗。窦泰令饮酒者皆脱帽，于珽髻上得之，神武不能罪也。"[1]可知金叵罗是为饮宴时所用器皿，且体积不大。李白的诗《对酒》有"葡萄酒，金叵罗，吴姬十五细马驮"[2]之句，可见金叵罗也与饮酒相关，指的是器皿。《新唐书·吐蕃传》载："显庆三年（公元658年），献金盎、金颇罗等。"[3]《册府元龟》载："上元二年（公元675年）正月，右骁卫大将军龟兹王白素稽献银颇罗，赐帛以答之。"[4]似乎波罗、叵罗、颇罗是外来器物，故在音译时出现不同的汉字[5]。唐代及南北朝时期西方的粟特、萨珊、拜占庭金银器多已传入中国，并直接影响了唐代金银器制造，盛唐以后经过改造、创新，逐渐形成了中国金银工艺特有的风格，但西方影响的遗痕尚存。金银器中的"波罗"可能即为反映在器物名称上的外来语词[6]。

以上各器物均出土于法门寺地宫，时代为9世纪后半叶。

一〇、蒲篮、温器、筹筒、龟形盒、支架、器盖
Pulan, Wenqi (Warmer), *Choutong* (A silver cylinder for lots),
Guixinghe (Turtle-shaped case), *Zhijia* (Support), *Qigai* (Lid)

这些器物出土和收藏很少，大都是孤例，详见表1-32。

蒲篮的形制特殊，也被称为"笆斗形盏""柳斗银杯""碗"。直口，圆底。器物腹部凹凸不平的纹样似仿柳条编结。不列颠银蒲篮（图1-342，图版104）、淳安银蒲篮（图1-343），均为9世纪后半叶的器物。中国还在内蒙古巴林右旗白音汉出土过辽代的同类器物[7]。

---

① 《北史》卷四十七，1737页，中华书局，1997年。

② 《全唐诗》第三函第六册，430页，上海古籍出版社，1994年。

③ 《新唐书》卷二百一十六，6075页，中华书局，1986年。

④ 《册府元龟》卷九七〇外臣部朝贡三，11402页，中华书局，1960年。

⑤ 丝绸之路畅通后，汉语词汇中出现了一些外来语，大都来自中亚、西亚的古代语词，古伊朗语中传入中国很多，美国学者劳费尔著《中国伊朗编》曾列举了大量的实例，中国学者也作过研究。黄时鉴《现代汉语中的伊朗语借词初探》（《伊朗学在中国论文集》，北京大学出版社，1993年）一文，举出了很多汉语词汇中伊朗语词的例证，指出"波罗"一词源于古伊朗词汇，原词为伊朗语padrōd，意为"碗""杯"。还有purdal一词，意为"盘""碟"，也可与波罗或叵罗、颇罗对音。

⑥ 孙机认为"叵罗"是指唐代银器中的"多曲长杯"（参见《唐·李寿石椁线刻〈侍女图〉、〈乐舞图〉散记》，《中国圣火》，辽宁教育出版社，1996年）。

⑦ 巴右文等：《内蒙古昭乌达盟巴林右旗发现辽代银器窖藏》，《文物》1980年5期。

表1-32　　　　　唐代银蒲篮、温器、筹筒、龟形盒、支架、器盖　　　　　长度单位：厘米

器物名称	器高	器宽	收藏地点	参考文献
不列颠银蒲篮			不列颠博物馆	[16]、[33]
淳安银蒲篮	5.3	10.35	浙江省博物馆	[12]
"水邱氏"银温器			临安县文管会	[14]、[16]
丁卯桥银筹筒	34.2	24.6	镇江市博物馆	[6]、[15]、[16]
繁峙龟形银盒	18	18		[23]
法门寺龟形银盒	13	28	法门寺博物馆	[19]、[20]
"齐国太夫人"银支架	14.6	14.3	洛阳第二文物工作队	[24]
蓝田杨家沟银器盖	3	25.8	蓝田县文管会	[13]、[16]
耀县背阴村银器盖	5	23.6	陕西省博物馆	[2]、[16]
丁卯桥半球形银器盖	6.3	14.2	镇江市博物馆	[6]、[15]、[16]
丁卯桥荷叶形银器盖	4	25.6	镇江市博物馆	[6]、[15]、[16]

　　"水邱氏"银温器（图1-344）是唐代银器中的一个特殊器物。盖作五曲带蒂荷叶形，叶边上卷。盖下是碗，作五曲葵花形，敞口，斜直壁。碗下为托座，由盘和高圈足组成。出土于水邱氏墓中，时代为9世纪后半叶。

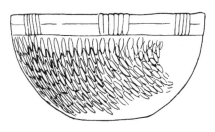

图1-342　不列颠银蒲篮

图1-343　淳安银蒲篮

图1-344　"水邱氏"银温器

丁卯桥银筹筒（图1-345，彩版63）是一种盛装行酒令筹的用具，为龟背负圆筒，筒有盖，内装酒令筹，筒壁中部刻"论语玉烛"四字，底座为龟，昂首曲尾，四足内缩。出土于标准器物群丁卯桥窖藏，时代为9世纪中后半叶。

法门寺龟形银盒（彩版39）和繁峙龟形银盒（图1-346），器体仿龟形，生动逼真。均为9世纪后半叶的作品。

"齐国太夫人"银支架（参见图1-29），圆角方形，鹤首柄，四兽足。支架面用缠枝卷蔓镂空。为9世纪前半叶的作品。

此外唐代银器中还有一些器盖，有的呈荷叶形、半球形等（图1-347～350，图版102、103），分别出土于标准器物群丁卯桥窖藏、蓝田杨家沟窖藏和耀县背阴村窖藏，为9世纪中后半叶的遗物。

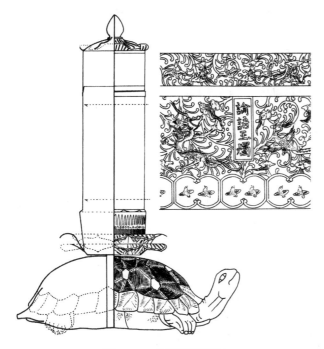

图1-345　丁卯桥银筹筒

图1-346　繁峙龟形银盒

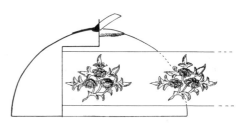

图1-347　丁卯桥半球形银器盖

图1-348　丁卯桥荷叶形银器盖

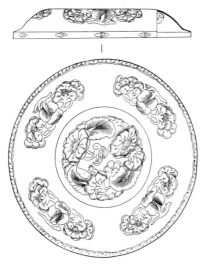

图1-349 蓝田杨家沟银器盖

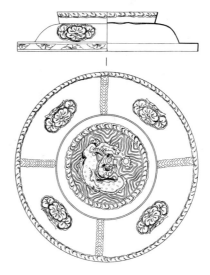

图1-350 耀县背阴村银器盖

一一、棺、椁、塔及其他
Coffin, Outer Coffin, Pagoda and so on

考古发现的金银棺、椁和塔均出土于寺院塔基地宫遗迹中，也有传世收藏品，为佛教供奉舍利的用具。主要器物见表1-33。

棺、椁分为二型。

A型棺、椁前高后低十分明显，盖顶形成陡坡形，有带栏杆的底座。泾川银椁（图1-351）前高后低，两侧有铺首，置于底座之上。底座呈长方形，四周有栏杆，每面栏杆都有缺口。泾川金棺（图1-352）与泾川银椁相同。临潼银椁（图1-353，彩版65）前高后低，前挡錾门，上有垂环。两侧均有兽首衔环。椁下有长方形镂空底座。棺下亦有长方形底座。底座呈长方形，四周设栏杆，每边有缺口，底座四周有壶门。法门寺伽陵频嘉纹银棺、法门寺双凤纹银棺（图版106、107），盖为弧形，内壁两端有凸棱台，正好与棺体扣合。棺体前挡宽高，錾两扇门。棺座与棺体焊接，中空，四壁錾壶门。A型的泾川金棺、泾川银椁与带武则天延载元年（公元694年）铭文的石函同出，为7世纪后半叶的物品。临潼银椁出土于临潼唐庆山寺遗址，时代不晚于8世纪中叶。

图1-351 泾川银椁

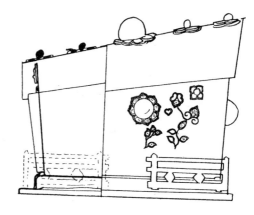

图1-352 泾川金棺

表1-33　　　　　　　　　　　　　　唐代金银棺、椁、塔　　　　　　　　　　　长度单位：厘米

器物名称	型别	器高	器长	器宽	收藏地点	参考文献
泾川银椁	A	7.1	10.7	6	甘肃省博物馆	[16]、[25]
泾川金棺	A	4.6	7.5	3.5	甘肃省博物馆	[16]、[25]
临潼银椁	A	14.5	21	12	临潼县博物馆	[16]、[26]
临潼金棺	A	9.5	14	7.4	临潼县博物馆	[16]、[26]
法门寺伽陵频嘉纹银棺	A	10.2	4.5		法门寺博物馆	[19]、[20]
法门寺双凤纹银棺	A				法门寺博物馆	[19]、[20]
长干寺银椁	B	4.9	11.5	4.3	镇江市博物馆	[16]、[30]
长干寺金棺	B	2.8	6.4	1.9	镇江市博物馆	[16]、[30]
禅众寺银椁	B	12.4	9.7	8	镇江市博物馆	[16]、[30]
禅众寺金棺	B	6.5	7.5	3.5	镇江市博物馆	[16]、[30]
朱隍村银椁	B		10.6		镇江市博物馆	[6]
法门寺金塔			7.1	4.8	法门寺博物馆	[19]、[20]

图1-353　临潼银椁

法门寺银棺虽出土于9世纪后半叶的法门寺地宫，但从二棺的形制观察，其时代可能要早①。

B型棺、椁前高后低较平缓，有的椁甚至成为长方形的箱。底座较简洁。长干寺银椁（图1-354）为长方形，前、后高度相差不大，前挡錾直棂乳钉门。长干寺金棺（图1-355）与长干寺银椁极为相似。禅众寺银椁（图1-356）为长方形的箱式，盖面微鼓，与下部的椁体扣合，椁体正面直棂乳钉门，带门环及锁，下部有三层式的假底座。禅众寺金棺（图1-357）长方形，前、后挡几乎成水平，前挡有两扇门扉，下部有五层式的底座。B型的4件棺椁出土于镇江甘露寺，与太和三年（公元829年）李德裕重瘗禅众寺舍利石函同出，时代为9世纪前半叶。

---

① 法门寺为藏有佛舍利的重要寺院，文献中有帝王多次到此迎送佛骨的记载。显庆五年（公元660年），武则天曾为法门寺舍利舍所寝衣帐、直绢一千匹，造金银棺椁。故法门寺银棺不一定是唐懿宗时制作的。

图1-354 长干寺银椁

图1-355 长干寺金棺

图1-356　禅众寺银椁

朱隍村银椁（图1-358）侧面分别刻龙、虎纹。

　　法门寺金塔（图版105）是供养佛指舍利的用具。由塔身、塔座和垫板三部分组成。塔身呈正方形，单檐顶，四角起翘，塔尖饰宝珠。塔身有四门。塔座上有一银柱，其上套置佛指舍利。座下有垫板。

　　此外，还有法门寺捧真身银菩萨（彩版64）、法门寺银手炉、法门寺银锡杖、法门寺金锡杖、法门寺银臂钏、法门寺银如意、法门寺银香案、法门寺银芙蕖，这些器物上多有刻铭，为咸通年间制造。金银首饰、造像和剪刀、勺、箸等在唐代也有许多发现，由于本书主要讨论金银器皿类，对此暂不涉及。

图1-357　禅众寺金棺

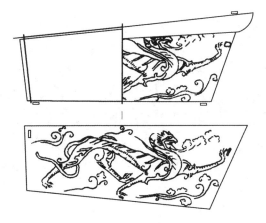

图1-358　朱隍村银椁

肆

器物纹样分析

Analysis of Designs

　　器物上的纹样，主要功能是用于观赏，有时也是制作技术的反映。纹样既然用于观赏，就直接体现人们的思想意识和审美观念，是唐代社会精神面貌的反映。开放的唐代社会，人们的思想观念、宗教信仰等多元化，器物纹样装饰摆脱了传统的束缚；富足的生活也使普通百姓开始更多地参与美的创造，进而又影响了贵族阶层的审美情趣，世俗化、大众化和多样化的艺术题材纷纷涌现，植物、动物纹样种类繁多，更为写实；外来文化的艺术形式也逐渐被人们接受，在改造过程中变为唐代文化的一部分，以崭新的面目出现。唐朝人思想观念的变化和艺术上的创新，在器物纹样上打下了深深烙印。

　　中国纹样史上曾发生两次大的变革。第一次大变革是在南北朝时期。汉代及其以前传统的升仙思想受到佛教等外来文化的冲击，神怪、云气纹发展到了尽头，源于西方、具有浓厚外来文化色彩的莲花、忍冬等植物纹样进入中国。这些新颖的艺术题材，伴随佛教的东渐，开始主要出现在佛教遗迹和遗物中，紧接着演变为近乎纯粹的艺术形式普及到各类器物装饰上。第二次大变革是在唐代。植物纹和动物纹摆脱了宗教信仰等的约束，华丽奔放的葡萄、缠枝卷草、折枝花草、宝相花、团花、石榴等植物纹样很快占据了主导地位。动物纹由神异变为写实，以往被神化的、带有神秘感的、形象怪异的动物纹样减少，写实的、生动活泼的狮、马、犀牛、鹿、鸿雁、蜂蝶、飞鸟等动物大都直接源于现实生活，一般不再有信仰方面的含义。新出现和流行的植物、动物纹样丰富多彩，几乎找不到与信仰方面的联系，变成纯粹美的创造，主要起装饰作用。

　　当然，唐代纹样的突变并非毫无根据的臆造。如常见的一些站立的鸟、奔驰的鹿、联珠纹及联珠圈，在西亚、中亚艺术中可找到渊源；忍冬、莲花等纹样的延续也可以看到佛教艺术的影响。但是，外来的纹样尽管也包含着思想意识的内容，传入中国后由于传统和宗教等方面的差异，人们主要接受的是艺术形式而不是思想观念，一些构图和内容相同的实例，所反映的人的精神文化却不同。而且，原封不动的外来纹样并不多见，往往是在中国发生变异后的新样式，化为唐代自身文化的一部分；佛教艺术中的忍冬、莲花等纹样，经过魏晋南北朝时期的流行，到唐代已经成为一般性的装饰题材，与佛教思想的关系并不密切。

　　然而，唐代外来纹样风格的浓厚与否，包括佛教艺术在内的中国传统纹样的演变，也成为判断器物制作时间的依据，各器物之间相对的早晚关系也通过纹样反映出来。

　　唐代金银器的纹样，可根据装饰部位分为主题纹样和附属纹样。主题纹样饰于器物的显著部位，十分醒目，直接反映装饰风格，在器物的断代上非常重要。附属纹样饰于器物的口沿、底边、转角等处，展开后呈条带形，在器物断代方面亦具有重要意义。唐代金银器的纹样复杂丰富，以往著述中对纹样的定名亦不统一，在下面的讨论中，各种纹样都附图，以明确名称所指。

一、主题纹样

Theme Motif

主题纹样包括忍冬纹、葡萄纹、缠枝纹、宝相花纹、团花纹、折枝纹、绶带纹、莲叶纹。

（一）忍冬纹

忍冬纹为叶状植物纹样，是西方传入中国的重要纹样之一[①]，传入中国后，经过一定的改造，形成了各种变体，广泛地施用在各类器物上。忍冬纹在北朝时代最为流行，尤其在佛教艺术中。北朝以后继续出现，但不再繁盛，成为简化和变化的形式。唐代忍冬纹多为三曲至五曲的半片叶，作为装饰时或两叶对卷，或与枝蔓结合对称侧卷。对忍冬纹形状的这一限定，是根据目前考古论著中最常见的说法，有些考古报告和论文所说的忍冬纹，不一定与本书相同。

唐代金银器皿上常见由两个忍冬叶片对卷后构成花瓣，再由若干个花瓣组成新的纹样或装饰。饰有这类纹样的器物有沙坡村莲瓣纹折腹银高足杯、何家村人物忍冬纹金带把杯（图1-359，彩版7）、韩森寨鸾鸟纹菱花形银盘（图1-360）、何家村莲瓣纹弧腹金碗（图1-361，彩版24）、俞博莲瓣纹弧腹银碗、白鹤莲瓣纹弧腹银碗（彩版25）、弗利尔莲瓣纹弧腹银碗（图版40）、纽约莲瓣纹弧腹银碗、何家村凤鸟纹圆形银盒、何家村独角兽纹圆形银盒、白鹤鸳鸯纹圆形银盒（图1-362）、纳尔逊折枝纹花瓣形银盒。

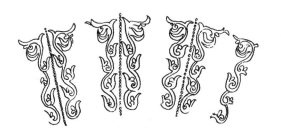

图1-359　何家村人物忍冬纹金带把杯外腹纹样

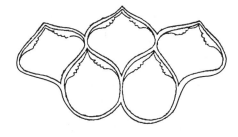

图1-361　何家村莲瓣纹弧腹金碗外腹纹样

图1-360　韩森寨鸾鸟纹菱花形银盘沿面纹样

图1-362　白鹤鸳鸯纹圆形银盒表面纹样

---

① 　林良一：《佛教美术の装饰纹样・パルメット》，《佛教美术》，109、111号，每日新闻，1975年。
奈良县立橿原考古学研究所附属博物馆：《唐草纹の世界》，21页，明新印刷株式会社，1987年。

何家村人物忍冬纹金带把杯八棱面的人物图像两边装饰的波状忍冬纹，常见于北朝晚期和隋代。其他器物上装饰的是对卷忍冬叶合成的花瓣再组成所谓莲瓣、团花、宝相花等纹样。沙坡村莲瓣纹折腹银高足杯、何家村人物忍冬纹金带把杯、何家村凤鸟纹圆形银盒、何家村独角兽纹圆形银盒出土于标准器物群沙坡村窖藏和何家村窖藏，时代均在8世纪中叶以前。

8世纪中叶的"李勉"圆形银盘（图1-363，彩版16），盘心为双鱼图案，四周有类似忍冬纹的边饰，但叶片各自独立，不见枝蔓。属于9世纪的法门寺莲瓣多曲银碗（参见图1-199）、法门寺银阏伽瓶（彩版53）等器物上也有由对卷叶构成的花瓣，然而对卷叶的形状不明显，花瓣内的纹样也不同，这种纹样只能看作是忍冬纹进一步简化后的延续。

图1-363 "李勉"圆形银盘内底纹样

（二）葡萄纹

葡萄纹是由弯曲变化的主枝与茎、蔓、叶、实组成的写实性植物纹样（凡无葡萄叶或葡萄串不写实者暂不归入），常常作为器皿的通体装饰。如凯波葡萄纹筒腹银高足杯、芝加哥葡萄纹折腹银高足杯（图版6）、弗利尔葡萄纹银带把杯、克利夫兰葡萄纹圆形银盘（图1-364，图版23）、明尼亚波利斯折腹银碗、何家村龙凤纹弧腹银碗（图1-365）、弗利尔葡萄纹圆形银盒（图1-366）、纳尔逊卧羊形银盒（图1-367，彩版35）、弗利尔瓜棱形银盒、弗拉海狸鼠纹蛤形银盒（图1-368，

图1-364 克利夫兰葡萄纹圆形银盘内底纹样

图1-365 何家村龙凤纹弧腹银碗外腹纹样

图1-366 弗利尔葡萄纹圆形银盒盖面纹样

图1-367 纳尔逊卧羊形银盒表面纹样

图1-368　弗拉海狸鼠纹蛤形银盒表面纹样

图版59）、海狸鼠纹银瓶（图版86）、奔狮纹银瓶（彩版49）。

虽然只有何家村龙凤纹弧腹银碗出土于8世纪中叶以前的标准器物群，但葡萄纹样流行的年代比较清楚。中国较早的葡萄纹出现于新疆地区的东汉织物上[①]，北朝时期内地如云冈、龙门石窟的装饰纹样中也常见。据出土于纪年墓中的铜镜可知，唐代铜镜装饰的葡萄纹，绝大多数为唐高宗、武则天时期，即流行在7世纪后半，以后逐渐减少。因此，葡萄纹是唐代高宗、武则天时期最盛行的纹样，一直延续到唐代8世纪前半叶。

（三）缠枝纹

考古报告和论述中经常出现缠枝卷叶、缠枝花卉、蔓草、卷草、唐草等纹样名称，特征一般都以弯曲的主干配以茎、蔓、叶、花、实。主干随意变化，茎、蔓、叶、花、实等却不一定同时具备。由于葡萄纹、忍冬纹也有这些特征，前者亦被称为"缠枝葡萄纹"，后者也有叫作"缠枝纹"的。葡萄纹特征鲜明，忍冬纹大体约定俗成，都是容易限定基本特点的纹样。除此之外，其余具有弯曲变化的主干，兼有茎、蔓、叶、花、实，又无法叫出明确名称的纹样，均可称为缠枝纹。缠枝纹无论细部如何变化，总体特征是一致的。

缠枝纹极富变化，其茎、蔓、叶、花、实的有无及其特点，为区别不同的式别提供了条件，不同的样式又反映了时代的早晚。缠枝纹分为四式。

Ⅰ式缠枝纹以枝蔓为主，茎、花、实随意变化。总体特点是纤细、繁缛，经常作为器皿的通体或大面积的装饰。如白鹤莲瓣纹弧腹银高足杯（图1-369）、韩森寨缠枝纹银带把杯（图1-370、371，彩版9）、纳尔逊缠枝纹银带把杯（图1-372）、白鹤缠枝纹银长杯（彩版12）、旧金山缠枝纹银长杯（图版18）、

图1-369　白鹤莲瓣纹弧腹银高足杯外腹纹样

图1-370　韩森寨缠枝纹银带把杯外腹纹样

图1-371　韩森寨缠枝纹银带把杯外底纹样

①　新疆维吾尔自治区博物馆等：《丝绸之路——汉唐织物》，文物出版社，1972年。

图1-373 何家村方形银盒
盖面纹样

图1-372 纳尔逊缠枝纹
银带把杯外腹纹样

图1-374 泾川银樽
盖面纹样

俞博莲瓣纹弧腹银碗、弗利尔莲瓣纹弧腹银碗（图版40）、纽约莲瓣纹弧腹银碗、何家村莲瓣纹弧腹金碗（彩版24）、何家村方形银盒（图1-373）、泾川银樽（图1-374）等。

泾川银樽是7世纪前半叶的标准器物，韩森寨缠枝纹银带把杯、何家村莲瓣纹弧腹金碗和何家村银方盒属于8世纪前半叶标准器物群。此外，这种缠枝纹在唐代石刻中也能见到，如显庆三年（公元658年）尉迟敬德墓志边饰[1]。因此，Ⅰ式缠枝纹主要流行在7世纪中叶及后半叶。器物形制为8世纪前半叶的藤井缠枝纹筒腹银高足杯、白鹤缠枝纹弧腹银高足杯、纳尔逊莲瓣纹弧腹银高足杯（图版7）上也有Ⅰ式缠枝纹，又表明这种缠枝纹此后还在延续，但已不再纤细、繁缛，而且数量不多。

图1-375 西雅图缠枝纹银带把杯
外腹纹样

Ⅱ式缠枝纹在Ⅰ式基础上出现少量明显的小叶，但叶常常淹没于枝、蔓、茎、花、实之间，不易辨认。如纽约缠枝纹筒腹银高足杯、凯波缠枝纹银带把杯（图版12）、大阪缠枝纹银带把杯（图版13）、西雅图缠枝纹银带把杯（图1-375）、纽约缠枝纹弧腹银碗（图1-376，图版41）、凯波桃形纹圈底银碗（图1-377）、凯波缠枝纹圈底银碗（图1-378）、芝加哥缠枝纹弧腹银碗（图1-379）、何家村独角兽纹圆形银盒（图1-380）、日本仙鹤纹圆形银盒。

图1-376 纽约缠枝纹弧腹
银碗外腹纹样

仅何家村独角兽纹圆形银盒为8世纪前半叶标准器物群出土的遗物。Ⅱ式缠枝纹的叶显然是由蔓、茎演变而来的。如芝加哥缠枝纹弧腹银碗主干之外的蔓茎，出现了多层的卷曲，已带有叶的意味。凯波缠枝纹银带把杯、西雅图缠枝纹银带把杯、纽约缠枝纹弧腹银碗、凯波桃形纹圈底银碗、凯

图1-377 凯波桃形纹圈底
银碗外腹纹样

① 昭陵文物管理所：《唐尉迟敬德墓发掘简报》，《文物》1978年5期。

图1-378　凯波缠枝纹圜底银碗内腹纹样

图1-379　芝加哥缠枝纹弧腹银碗外腹纹样

图1-380　何家村独角兽纹圆形银盒底面纹样

图1-381　临潼缠枝纹
筒腹银高足杯外腹纹样

图1-382　芝加哥缠枝纹
筒腹银高足杯外腹纹样

图1-383　弗利尔缠枝纹弧腹银高足杯外腹纹样

波缠枝纹圜底银碗上的缠枝纹蔓茎部分变成小叶，每叶一般为两三瓣，有的为多层。这些小叶片的形态虽然接近于忍冬纹的叶片，但更为自由随意，不像忍冬叶那样单调呆板。忍冬纹主要流行于南北朝时期，唐代前期已经衰落，唐代后期基本不见。由此可见Ⅱ式缠枝纹的时代也较早。Ⅰ式缠枝纹以纤细、繁缛为特征，Ⅱ式缠枝纹稍简化。因此，带有少量小叶片的Ⅱ式缠枝纹虽与Ⅰ式并行，从后来发展出来的阔叶缠枝纹的情况看，应是向阔叶缠枝纹过渡的形式。

Ⅲ式缠枝纹蔓茎减少或改变了原有的形态，带阔叶大花，如临潼缠枝纹筒腹银高足杯（图1-381）、芝加哥缠枝纹筒腹银高足杯（图1-382，图版3）、弗利尔缠枝纹弧腹银高足杯（图1-383）、詹姆斯鸟纹银带把杯（图1-384，图版15）、弗利尔高足银长杯、何家村银耳杯（图1-385，彩版14）、何家村折枝纹圜底银碗（图1-386，图版47）、弗利尔缠枝纹带盖银碗（图1-387，图版45）、丁卯桥双鸾纹海棠形银盘（图1-388，彩版20）、凯波缠枝纹圆形银盒（图1-389）、弗利尔双凤纹蛤形银盒（图1-390，图版77）所饰的纹样。

图1-384　詹姆斯鸟纹银带把杯外腹纹样

图1-385 何家村银耳杯外腹纹样

图1-386 何家村折枝纹
圆底银碗外腹纹样

图1-387 弗利尔缠枝纹
带盖银碗外腹纹样

图1-388 丁卯桥双鸾纹
海棠形银盘沿面纹样

图1-389 凯波缠枝纹圆形银盒盖面纹样

图1-390 弗利尔双凤纹
蛤形银盒表面纹样

　　何家村银耳杯出土于8世纪前半叶标准器物群中，Ⅲ式缠枝纹的重要特点是以肥大的叶或花取代部分蔓、茎。临潼缠枝纹筒腹银高足杯上的缠枝纹，叶明显是葡萄纹的叶，却无葡萄串。葡萄纹常见于唐高宗、武则天时期的铜镜等器物上。简化的无葡萄串的葡萄枝叶应略晚于这一时间。不把无葡萄串的葡萄枝叶作为葡萄纹产生之前的阶段，是因为8世纪中叶以前，唐代纹样的总体特点是纤细、繁缛，以后则以肥大、疏朗的纹样为主。这种无葡萄串的葡萄纹并不纤细，枝叶略显肥大，应是原来葡萄纹的简化形式。阔叶和大花出现在铜镜、石刻上的时代都较晚[①]。因此，Ⅲ式缠枝纹出现于8世纪前半叶，流行于8世纪后半叶甚至更晚。

　　Ⅳ式缠枝纹的蔓、茎、花、实发生较大的变化，主枝两边对称的外卷蔓更加随意。如白鹤鹦鹉纹银长杯（图1-391）、西安鹦鹉纹银长杯（图1-392）、白鹤飞禽纹银长杯、凯波高足银长

----

　　① 张广立：《中国古代石刻纹样》，人民美术出版社，1988年。

图1-391　白鹤鹦鹉纹银长杯内腹纹样

图1-392　西安鹦鹉纹银长杯内底纹样

图1-393　凯波高足银长杯内底纹样

图1-394　不列颠鹦鹉纹海棠形银盘内底纹样

图1-395　西安抚琴纹海棠形银盘内底纹样

图1-396　旧金山鹦鹉纹多曲银碗内沿纹样

图1-397　凯波缠枝纹圆形银盒侧面纹样

图1-398　"田嗣莒"双凤纹花瓣
形银盒盖面纹样

杯（图1-393）、不列颠鹦鹉纹海棠形银盘（图1-394，图版35）、西安抚琴纹海棠形银盘（图1-395）、旧金山鹦鹉纹多曲银碗（图1-396，图版56）、凯波缠枝纹圆形银盒（图1-397）、"都管七国"花瓣形银盒（彩版33）、丁卯桥凤纹花瓣形银盒（彩版31）、"田嗣莒"双凤纹花瓣形银盒（图1-398）、法门寺四天王纹方形银盒（宝函，图1-399）、咸阳缠枝纹金注壶（图1-400，彩版52）、法门寺盆形银炉（彩版55）、法门寺人物纹银香宝子（图1-401，彩版61）、丁卯桥银筹筒（图1-402，彩版63）所饰的纹样。

"田嗣莒"双凤纹花瓣形银盒上有"咸通七年"（公元866年）的刻铭，丁卯桥凤纹花瓣形银

图1-399　法门寺四天王方形银盒
（宝函）盒盖侧面纹样

图1-401　法门寺人物纹银香宝子盖面纹样

图1-400　咸阳缠枝纹金注壶外腹纹样

图1-402　丁卯桥银筹筒外壁纹样

盒、丁卯桥银筹筒、法门寺人物纹银香宝子、法门寺盆形银炉出土于9世纪后半叶的标准器物群。因此，Ⅳ式缠枝纹的年代应为9世纪，最流行是在9世纪后半叶。值得注意的是，不列颠鹦鹉纹海棠形银盘、西安抚琴纹海棠形银盘、凯波缠枝纹圆形银盒上除了饰有Ⅳ式缠枝纹外，还有Ⅲ式缠枝纹。但这些Ⅲ式缠枝纹上的阔叶采用了对称外卷的做法，与Ⅳ式缠枝纹的意味相同，表现出Ⅲ式向Ⅳ式的过渡。

以上可看出缠枝纹由Ⅰ式向Ⅳ式的演变。泾川银椁上同时饰有Ⅰ式、Ⅱ式缠枝纹，不列颠鹦鹉纹海棠形银盘、西安抚琴纹海棠形银盘、凯波缠枝纹圆形银盒上同时饰有Ⅲ式、Ⅳ式缠枝纹，清楚地证明了这个演变的存在。缠枝纹的变化也与器物形态、整体纹样布局有关。8世纪中叶以后，许多器皿改变了满地装饰纹样的做法，流行分单元布局，纹样也从细密向疏朗发展。原来的Ⅰ式、Ⅱ式缠枝纹不适应这种布局，9世纪的缠枝纹发生了大的变化，以Ⅲ式、Ⅳ式的形态出现。

缠枝纹装饰于器物上有三种情况：一是随意布置，无固定的设计，占的面积较大，一般饰在器物最醒目的部位，作为主题纹样。二是饰在口沿、腹下部、器足等处，作为边饰使用，装饰性很强。三是设在一定的范围内或按一定的规律排列，常与其他纹样组合，而总体上又可称为另一种纹样。缠枝纹虽然流行于整个唐代，但大量出现在唐代前期，唐代后期较少。上述三种情况，据标准器物和标准器物群的情况来看，第一种主要出现在唐代前期，第二种流行于整个唐代，第三种较集中于晚唐。

（四）宝相花纹

是一种多层次、表现花朵整体平面的花纹，外层多由对卷的忍冬叶或勾卷组成花瓣。采用了中国传统的云朵、勾卷纹样，又融汇了西方传入的忍冬叶、莲花的部分造型。宝相花纹是唐代独具特色的纹样，已经图案模式化，是目前中国考古学界约定俗成、特指的一种纹样，与宋代文献中提到的宝相花不同[①]。唐代宝相花纹很流行，较为集中见于甘肃敦煌莫高窟壁画中的藻井、佛像头光及其边饰、壁画分界处、衾边、平綦等处。薄小莹对敦煌莫高窟壁画中的各种花纹作了研究，划分为五个发展演变阶段：贞观前期（公元627～638年）、贞观后期至开元前期（公元638～727年）、开元后期至天宝前期（公元727～749年）、天宝后期至建中二年（公元749～781年）、建中二年至开成四年（公元781～839年）[②]。将其中的宝相花归为侧卷瓣和云勾瓣两类（前者最外层的主要花瓣由侧卷瓣构成，后者外层的花瓣由云曲瓣或内卷对勾构成）。敦煌莫高窟壁画中宝相花的演变，可以作为研究金银器上宝相花纹的参考，现将其研究结果重新归纳（图1-403、404）。

装饰于金银器皿上的宝相花纹分为两式。

I式的外层为尖瓣，每瓣由两个对卷的忍冬叶构成轮廓，内饰其他纹样，与敦煌壁画中的"侧卷瓣宝相花"基本一致。如克利夫兰葡萄纹圆形银盘（图1-405，图版23）、瑞典宝相花纹葵花形银盘（图1-406）、西雅图宝相花纹圆形银盒（图1-407）、弗利尔宝相花纹花瓣形银盒（图1-408）、"李景由"宝相花纹花瓣形银盒（图1-409，图版68）、丹麦宝相花纹椭方形银盒（图1-410）所饰的纹样。

"李景由"宝相花纹花瓣形银盒出土于开元二十六年（公元738年）李景由墓。葬于8世纪初的懿德太子李重润墓[③]出土一件鎏金铜马饰，纹样与I式宝相花纹的花瓣相同。

克利夫兰葡萄纹圆形银盘内底正中的宝相花纹，外层是由对卷的忍冬叶合成的尖状花瓣，与贞观前期敦煌壁画中的宝相花最接近；宝相花纹外的一周桃形花瓣，与贞观至开元前期敦煌壁画中的宝相花一致。其外的葡萄纹主要流行于高宗武则天时期。盘沿上的缠枝纹以藤、茎、蔓为主，偶见忍冬叶式的小叶。前面关于葡萄纹和缠枝纹的分析中已指出，这都是7世纪后半叶或略早流行的纹样。克利夫兰葡萄纹圆形银盘的整体纹样纤细、繁缛，也是唐代较早的纹样风格。葡萄纹间禽兽纹有飞狮、走狮、尖嘴兽、飞鸟、立鸟，带翼兽是萨珊和粟特地区常见的动物纹样，可视为外来风格。总之，克利夫兰葡萄纹圆形银盘上的纹样都是比较早的，时代应为7世纪后半叶[④]。

---

① 唐代文献中有"宝花"一词，不知其所指。宋《营造法式》中规定的"宝相花"图案与今考古论著中的"宝相花"不同。

② 薄小莹：《敦煌莫高窟六世纪末至九世纪中叶的装饰图案》，《敦煌吐鲁番文献研究论集》第五辑，北京大学出版社，1988年。

③ 陕西省博物馆等：《唐懿德太子墓发掘简报》，《文物》1972年7期。

④ 克利夫兰葡萄纹圆形银盘曾被定为9世纪的作品（参见韩伟所著《海内外唐代金银器萃编》，图171，三秦出版社，1989年）。

名称 时代	侧卷瓣宝相花	云勾瓣宝相花
贞观前期		
贞观后期至开元前期		
开元后期至天宝前期		
天宝后期至建中二年		
建中二年至开成四年		

图 1-403、404　莫高窟壁画宝相花的演变

图1-405 克利夫兰葡萄纹
圆形银盘内底纹样

图1-406 瑞典宝相花纹
葵花形银盘内底纹样

图1-407 西雅图宝相花纹
圆形银盒盖面纹样

图1-408 弗利尔宝相花纹
花瓣形银盒盖面纹样

图1-409 "李景由"宝相花纹
花瓣形银盒盖面纹样

图1-410 丹麦宝相花纹
椭方形银盒盖面纹样

西雅图宝相花纹圆形银盒的盒盖中心为尖瓣宝相花纹，也接近敦煌壁画中开元以前的实例，宝相花纹的四周有六只禽鸟和各种折枝花草。这些花草在8世纪初的永泰公主李仙蕙墓、韦洞墓出土的石刻上均有发现[1]。此盒应在7世纪末8世纪初[2]。

弗利尔宝相花纹花瓣形银盒的盒盖中心为一尖瓣宝相花纹，花心有五个圆点，花心边缘是多曲花瓣。宝相花纹外层对卷的两个忍冬叶未合拢，留出一定的空隙。敦煌的"侧卷瓣宝相花"主要在8世纪前半叶流行，弗利尔宝相花纹花瓣形银盒的宝相花纹似不应晚于这一时间。此外，主题花纹外围饰一周绳索纹的圆框的做法，在萨珊和粟特地区十分流行，中国主要出现于7世纪唐代的器物之上。此盒的形制为菱花形，也是较早的作风。因此，其年代当在8世纪前半叶[3]。

瑞典宝相花纹葵花形银盘的盘心为尖瓣宝相花纹，外层为六个尖状对卷花瓣，内有相对的卷勾，各瓣之间又有一层尖瓣，尖瓣内有联珠和云曲瓣。敦煌石窟壁画中无相似实例。该盘为八

---

①　陕西省文物管理委员会：《唐永泰公主墓发掘简报》，《文物》1964年1期。
　　陕西省文物管理委员会：《长安县南里王村唐韦洞墓发掘记》，《文物》1958年8期。
②　西雅图宝相花纹圆形银盒曾被定为9世纪的作品（参见韩伟所著《海内外唐代金银器萃编》，图239，三秦出版社，1989年）。
③　弗利尔宝相花纹花瓣形银盒曾被定为9世纪的作品（参见韩伟所著《海内外唐代金银器萃编》，图230，三秦出版社，1989年）。

瓣葵花形，平面形制及纹样很像铜镜。葵花镜出现在8世纪前半叶[①]，纹样一般不分区，分内、外区者，外区很大。瑞典宝相花纹葵花形银盘的外区实际是边饰，组合是中间一株折枝花，两边各有一只蝴蝶；或双株折枝花之间有一只飞鸟。这种纹样组合也见于唐中宗神龙三年（公元707年）墓出土的瑞兽鸾鸟镜[②]，其内区纹样也有两兽和两鸟，配置情况完全相同，只是银盘的飞鸟之间为缠枝，而铜镜为折枝；银盘的形制是葵花形，铜镜为菱花形。由于铜镜的年代较清楚，而纹样又与此盘极为相似，故年代相去不会太远。此盘应为天宝或稍晚一些的器物，即8世纪中叶或稍晚[③]。

Ⅱ式的外层为圆瓣，与敦煌壁画中的"云勾瓣宝相花"很接近。如何家村莲瓣纹弧腹金碗（图1-411，彩版24）、何家村折枝纹圆底银碗（图1-412，图版47）、"李景由"宝相花纹蛤形银盒（图1-413）、白鹤宝相花纹蛤形银盒（图1-414、415）、何家村银耳杯（图1-416，彩版14）所饰的纹样。

图1-411　何家村莲瓣纹
弧腹金碗内底纹样

图1-412　何家村折枝纹
圆底银碗内底纹样

图1-413　"李景由"宝相花纹
蛤形银盒表面纹样

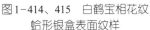

图1-414、415　白鹤宝相花纹
蛤形银盒表面纹样

图1-416　何家村银耳杯
内底纹样

① 中国社会科学院考古研究所河南第二工作队：《河南偃师杏园村的六座纪年唐墓》，《考古》1986年5期。
② 陕西省博物馆：《陕西省出土铜镜》，图132，文物出版社，1959年。
③ 瑞典宝相花纹葵花形银盘曾被定为9世纪的作品（参见韩伟所著《海内外唐代金银器萃编》，图187，三秦出版社，1989年）。

何家村莲瓣纹弧腹金碗、何家村折枝纹圜底银碗、何家村银耳杯上宝相花纹的花瓣呈圆弧状，都出土于8世纪前半叶的标准器物群何家村窖藏。"李景由"宝相花纹蛤形银盒出土于开元二十六年（公元738年）李景由墓。

因宝相花纹流行的时间较清楚，也可作为器物断代的重要线索。白鹤宝相花纹蛤形银盒的两扇各以两朵宝相花纹为主题纹样。宝相花纹分三层：花心为十字形云曲瓣小花；中层为对勾，并在顶端加云曲组成的花瓣；外层花瓣有两种，一种是平圆的花瓣，另一种是对卷瓣。与敦煌壁画中贞观前期的"云勾瓣宝相花"最相似，同样的形式以后较少，开元时基本消失。8世纪初的懿德太子李重润墓中甬道天井壁亦有实例[1]。因此，该器的年代约在7世纪末到8世纪前半叶[2]。

宝相花纹外层的花瓣还经常以连续展开的形式出现，饰于器物的腹部，成为主题花纹。就整体而言，这种连续展开的花瓣纹样也可称作莲瓣纹，但具体观察其每个花瓣，则与宝相花纹的花瓣极相似。装饰方法是捶揲出花瓣的轮廓后再錾刻细部。饰这种纹样的器物有，何家村仕女纹银带把杯（彩版10）、俞博莲瓣纹弧腹银碗（图1-417）、弗利尔莲瓣纹弧腹银碗（图1-418，图版40）、纽约莲瓣纹弧腹银碗（图1-419）、白鹤莲瓣纹弧腹银碗（图1-420，彩版25）、何家村莲瓣纹弧腹金碗（图1-421）、凯波桃形纹圜底银碗（图版48）、何家村

图1-417　俞博莲瓣纹弧腹银碗外腹纹样

图1-418　弗利尔莲瓣纹弧腹银碗外腹纹样

图1-420　白鹤莲瓣纹弧腹银碗外腹纹样

图1-419　纽约莲瓣纹弧腹银碗外腹纹样

图1-421　何家村莲瓣纹弧腹金碗外腹纹样

---

① 陕西省博物馆等：《唐懿德太子墓发掘简报》，《文物》1972年7期。
② 白鹤宝相花纹蛤形银盒曾被定为9世纪的作品（参见韩伟所著《海内外唐代金银器萃编》，图262，三秦出版社，1989年）。

图1-422　何家村凤鸟纹　　　　　　　　　图1-423　何家村独角兽纹
圆形银盒底面纹样　　　　　　　　　　　圆形银盒盖面纹样

凤鸟纹圆形银盒（图1-422）、何家村独角兽纹圆形银盒（图1-423）。

克利夫兰葡萄纹圆形银盘（图版23）、何家村莲瓣纹弧腹金碗、白鹤宝相花纹花瓣形银盒上将宝相花纹与宝相花瓣组合成的"莲瓣纹"作为主题纹样，说明二者流行的时间相同。宝相花纹多出现在盘、碗、盒等器物的中心部位，因为呈圆形团状的宝相花纹适于做这种装饰。宝相花瓣组合成的"莲瓣纹"则多见于碗上，适合装饰碗壁。特别是8世纪中叶以前唐代金银器皿的纹样流行满地装的手法，单朵的宝相花显然不宜用于器壁。因此饰有连续展开的宝相花瓣（莲瓣纹）的器物多出土在8世纪前半叶或更早。

（五）团花纹

团花纹是一种泛称，形状大体为圆形，不能确切地指出属于哪种植物的花朵。以往有人将这种团花称为茶花、牡丹、西番莲，但从形态观察很难予以肯定，故统称为团花纹。团花纹与宝相花纹的区别是，前者是比较写实的自然花朵，后者更为图案化。这一类花朵基本上平面为圆形，似俯视的花朵。

饰有团花纹的器物有霍姆斯凤鸟纹银带把杯（图1-424）、何家村团花纹金带把杯（图1-425，彩版11）、圣地亚哥蝴蝶纹圆形银盘（图1-426，图版24）、沙坡村折腹银碗（图1-427，图版39）、俞博莲瓣纹弧腹银碗（图1-428）、何家村独角兽纹圆形银盒（图1-429）、凯波缠枝纹圆形

图1-424　霍姆斯凤鸟纹　　　　图1-425　何家村团花纹　　　图1-426　圣地亚哥蝴蝶纹
银带把杯外底纹样　　　　　　　金带把杯外腹纹样　　　　　圆形银盘内底纹样

图1-427　沙坡村
折腹银碗外底纹样

图1-428　俞博莲瓣纹
弧腹银碗外底纹样

图1-429　何家村独角兽纹
圆形银盒外底纹样

图1-430　凯波缠枝纹
圆形银盒盖面纹样

图1-431　何家村团花纹
花瓣形银盒盖面纹样

图1-432　纳尔逊折枝纹
花瓣形银盒盖面纹样

图1-433　丁卯桥童子纹
三足银壶外底纹样

图1-434　何家村
五足银炉盖面纹样

图1-435　何家村双狮纹
短柄三足金铛外底纹样

银盒（图1-430）、何家村团花纹花瓣形银盒（图1-431）、纳尔逊折枝纹花瓣形银盒（图1-432，图版67）、丁卯桥童子纹三足银壶（图1-433，彩版48）、咸阳缠枝纹金注壶（彩版52）、何家村五足银炉（图1-434，图版88）、何家村双狮纹短柄三足金铛（图1-435，彩版69）。这些团花纹无相同者，看不出其间的联系。

　　何家村团花纹金带把杯、沙坡村折腹银碗、何家村独角兽纹圆形银盒、何家村团花纹花瓣形银盒、何家村五足银炉、何家村双狮纹短柄三足金铛出土于8世纪前半叶的标准器物群。这些团花纹的整体样式差别很大，如将细部分解，仍可看出具有一定的相似性，有的不过是同一纹样的变换组合，有些细部又可在宝相花纹中找到相似性，只是没有对卷忍冬叶或对勾组成的外层花瓣这一宝相花纹最重要的特征。由于这些团花纹与宝相花纹有密切的联系，流行的年代应接近。

　　圣地亚哥蝴蝶纹圆形银盘内底、丁卯桥童子纹三足银壶外底、咸阳缠枝纹金注壶顶部的团花纹，有的花瓣肥厚，有的花瓣尖细。花瓣肥厚者见于新疆阿斯塔那大历十三年（公元778年）墓[①]出土的花鸟纹锦，均在8世纪中叶以后。

（六）折枝纹

犹如一枝折下的植物或单独生长的花草，形态大都比较写实。时代较早的，纤细繁缛；时代较晚的，肥阔疏朗。折枝纹类形态多样，许多折枝之间无内在联系，不宜笼统地归为同一类型，可根据各种折枝的特点分为折枝花草纹、折枝石榴纹、折枝串花纹、十字折枝纹、折枝叶纹。

1. 折枝花草纹　有四种形式。

Ⅰ式纹样纤细，花较小，较写实、呆板。出现在凯波狩猎纹筒腹银高足杯、何家村狩猎纹筒腹银高足杯（彩版1）、沙坡村狩猎纹筒腹银高足杯（图版1）、沙坡村莲瓣纹折腹银高足杯、韩森寨莲瓣纹折腹银高足杯（彩版3）、耶鲁莲瓣纹折腹银高足杯（图版4）、凯波莲瓣纹折腹银高足杯、圣·路易斯莲瓣纹折腹银高足杯、白鹤狩猎纹弧腹银高足杯、白鹤缠枝纹弧腹银高足杯（图1-436）、纳尔逊莲瓣纹弧腹银高足杯（图1-437，图版7）、纽约莲瓣纹弧腹银高足杯、凯波折枝纹弧腹银高足杯、凯波萱草纹弧腹银高足杯（图版8）、韩森寨缠枝纹银带把杯（图1-438，彩版9）、何家村仕女纹银带把杯（图1-439，彩版10）、白鹤缠枝纹银长杯（彩版12）、旧金山缠枝纹银长杯（图版18）、何家村莲瓣纹弧腹金碗（彩版24）、何家村云瓣纹弧腹银碗（图1-440，彩版27）、俞博莲瓣纹弧腹银碗、白鹤莲瓣纹弧腹银碗（彩版25）、弗利尔莲瓣纹弧腹银碗（图1-441，图版40）、纽约莲瓣纹弧腹银碗（图1-442）、何家村折枝纹带盖银碗（图版44）、沙坡村折枝纹圆形银盒、三兆村双鸳纹圆形银盒、凯波双鸳纹圆形银盒（图版63）、凯波萱草纹圆形银盒、威廉五鹊纹圆形银盒（图版66）、西雅图宝相花纹圆形银盒（图版61）、丁卯桥鹦鹉纹圆形银盒、何家村方形银盒（图1-443）、丹麦宝相花纹椭方形银盒、大阪山岳纹蛤形银盒、正仓院狩猎纹罐形银壶（图版83）、东大寺狩猎纹罐形银壶、泾川金棺之上。

图1-436　白鹤缠枝纹
弧腹银高足杯外腹纹样

图1-437　纳尔逊莲瓣纹
弧腹银高足杯外腹纹样

图1-438　韩森寨缠枝纹
银带把杯外腹纹样

---

① 竺敏：《吐鲁番新发现的古代丝绸》，《考古》1972年2期。

图1-439 何家村仕女纹
银带把杯外腹纹样

图1-440 何家村云瓣纹
弧腹银碗外腹纹样

图1-441 弗利尔莲瓣纹
弧腹银碗外腹纹样

图1-442 纽约莲瓣纹
弧腹银碗外腹纹样

沙坡村狩猎纹筒腹银高足杯、沙坡村莲瓣纹折腹银高足杯、沙坡村折枝纹圆形银盒和何家村狩猎纹筒腹银高足杯、何家村仕女纹银带把杯、何家村莲瓣纹弧腹金碗、何家村云瓣纹弧腹银碗、何家村折枝纹带盖银碗、何家村方形银盒均出土于8世纪前半叶的标准器物群。泾川金棺为7世纪后半叶的标准器物。Ⅰ式折枝花草纹应为8世纪初及以前流行的纹样。

图1-443 何家村方形银盒外腹纹样

　　Ⅱ式纹样粗壮、肥厚，较为流畅。出现在沙坡村折枝纹弧腹银高足杯（图1-444，图版9）、何家村银耳杯（图1-445，彩版14）、何家村折枝纹圜底银碗（图1-446，图版47）之上，这3件器物亦为8世纪前半叶的标准器物群的器物，Ⅱ式折枝花草纹应是8世纪中叶流行的纹样。

图1-444 沙坡村折枝纹弧腹
银高足杯外腹纹样

图1-445 何家村银耳杯内腹纹样

图1-446 何家村折枝纹圜底银碗内腹纹样

Ⅲ式纹样为大花阔叶，肥厚繁茂，较呆板拘谨。有的叶与花几乎成为一体，不易分辨。出现于西安摩羯纹金长杯（图1-447、448，彩版13）、西安鹦鹉纹银长杯（图1-449）、喀喇沁摩羯纹葵花形银盘（图1-450，彩版17）、"裴肃"葵花形银盘（图1-451～453，图版37）、蓝田鹦鹉纹葵花形银盘（图1-454）、枣园村双凤纹葵花形银盘（图1-455）、何家村折枝纹带盖银碗（图1-456、457，图版44）、宾夕法尼亚折枝纹多曲银碗（图1-458）、凯波团花纹圜底银碗（图版50）、西北工大石榴纹圜底银碗（图1-459、460）、西北工大鸿雁纹多曲银碗（图1-461）、西雅图折枝石榴纹多曲银碗（图1-462）、西安折枝纹四瓣形银盒盖、西安黄鹂纹椭方形银盒盖、何家村折枝纹钵形银盒（图1-463）、哈·克·李鹦鹉纹蛤形银盒、何家村鹦鹉纹提梁银壶（图1-464、465，彩版45）、西安折枝纹银唾壶（图1-466，彩版50）、普赖斯折枝纹银唾壶（图1-467）之上。

图1-447、448 西安摩羯纹
金长杯内腹纹样

图1-449 西安鹦鹉纹
银长杯内腹纹样

图1-450 喀喇沁摩羯纹
葵花形银盘沿面纹样

图1-451、452 "裴肃"
葵花形银盘内腹纹样

图1-453 "裴肃"葵花
形银盘沿面纹样

图1-454 蓝田鹦鹉纹
葵花形银盘内腹纹样

图1-455 枣园村双凤纹
葵花形银盘内底纹样

图1-456、457 何家村折枝纹
带盖银碗内腹纹样

图1-458 宾夕法尼亚折枝纹
多曲银碗内腹纹样

图1-459、460 西北工大石榴纹
圜底银碗内腹纹样

图1-461 西北工大鸿雁纹
多曲银碗内腹纹样

图1-462 西雅图折枝石榴纹
多曲银碗外腹纹样

图1-463 何家村折枝纹
钵形银盒内腹纹样

图1-464 何家村鹦鹉纹
提梁银壶外腹纹样

图1-465 何家村鹦鹉纹
提梁银壶外腹纹样

图1-466 西安折枝纹
银睡壶外腹纹样

图1-467 普赖斯折枝纹
银睡壶外腹纹样

　　何家村折枝纹圜底银碗、何家村折枝纹钵形银盒、何家村鹦鹉纹提梁银壶虽然也出土于西安南郊何家村窖藏，但装饰纹样与Ⅰ式、Ⅱ式折枝花草不同。肥厚茂盛是与Ⅰ式的区别，呆板拘谨是与Ⅱ式的不同，整体布局又都采用了分单元的方式，这些都是8世纪中叶以后更流行的做法。蓝田鹦鹉纹葵花形银盘出土于9世纪后半叶的标准器物群，但时代可能比共出的其他器物略早。其盘心所饰的折枝花与对鸟的纹样可称为"对鸟衔瑞草"，是铜镜中较流行的题材，如出土于陕西天宝四载（公元745年）墓中的"双鸾衔绶镜"[①]，除绶带纹外，布局设计与该盘的几乎完全一致。文献也记载唐德宗、文宗时的官服上有"鹊衔瑞草""雁衔绶带"的纹样[②]。盘上的一周绳索纹圆框，曾出现于8世纪中叶以前的何家村凤鸟纹圆形银盒、何家村独角兽纹圆形银盒、正仓院狩猎纹罐形银壶（图版83）、何家村舞马纹提梁银壶（彩版44）上。由此可见，陕西蓝田杨家沟窖藏出土的9世纪后半叶金银器物群中，这件器物的时代应较早，约当8世纪中叶及后半叶。Ⅲ式折枝花纹亦为8世纪后半叶最为流行。

图1-468 西安折枝纹
弧腹银碗外腹纹样

图1-469 耀县背阴村
银器盖外腹纹样

图1-470 蓝田杨家沟
银器盖外腹纹样

Ⅳ式纹样以花为主，枝叶较少，花肥大而呆板。见于西安折枝纹弧腹银碗（图1-468）、耀县背阴村银器盖（图1-469）、蓝田杨家沟银器盖（图1-470）之上。

西安折枝纹弧腹银碗折枝花的叶形同花瓣，若不仔细分辨，易误作花瓣，花心中的石榴与法门寺"浙西"银盆（彩版58）上的一致。可见Ⅳ式折枝花是9世纪后半叶流行的纹样。

2. 折枝石榴纹

花纹清晰地表现出写实的石榴，如"刘赞"葵花形银盘（图1-471）、西安折枝纹弧腹银碗（图1-472）、西北工大石榴纹圈底银碗（图1-473、474）、折枝纹多曲银碗（图1-475）、西雅图折枝石榴纹多曲银碗（图1-476，图版55）和法门寺"浙西"银盆（图1-477，彩版58）所饰的花纹。

图1-471 "刘赞"葵花形
银盘内底纹样

图1-472 西安折枝纹弧腹
银碗内底纹样

① 陕西省文物管理委员会：《陕西省出土铜镜》，图131，文物出版社，1959年。
② 《新唐书·车服志》，531页，中华书局，1986年。

图1-473 西北工大石榴纹
圆底银碗内腹纹样

图1-474 西北工大石榴纹
圆底银碗内底纹样

图1-475 折枝纹多曲
银碗内底纹样

图1-476 西雅图折枝石榴纹
多曲银碗外底纹样

"刘赞"葵花形银盘为8世纪后半叶的标准器物，西北工大石榴纹圆底银碗、法门寺"浙西"银盆的时代为8世纪中叶和9世纪后半叶，这三件器皿上的折枝石榴纹很接近，纹样十分流畅。西雅图折枝石榴纹多曲银碗也采用折枝石榴纹，但石榴的果实较少，还出现了一种不见于上述三件器皿上的串花，时代可能略晚，属于9世纪。西安折枝纹弧腹银碗上的纹样较特殊，在一朵有立体感的大花之中饰两枚石榴，纹样拘谨呆板，应为9世纪后半叶的做法。

图1-477 法门寺"浙西"
银盆内底纹样

3. 折枝串花纹

花成串，有的形似葡萄、石榴，附有枝叶而无藤蔓。有时与写实的折枝石榴纹共存，为将二者相区分，称为折枝串花。根据细部不同可分为四式。

Ⅰ式折枝串花纹带花枝，串花形似葡萄、石榴。如宽城鹿纹菱花形银盘（图1-478，彩版19）、正仓院折枝纹菱花形银盘（图1-479）、何家村团花纹带盖银碗（图1-480～482，彩版23）、威廉双鸭纹圆形银盒（图版64）、何家村银匜所饰的纹样（图1-483，彩版51）。

图1-478　宽城鹿纹菱花形
银盘沿面纹样

图1-479　正仓院折枝纹
菱花形银盘外腹纹样

图1-480～482　何家村团花纹带盖银碗外腹纹样　　　　　图1-483　何家村银匜外腹纹样

何家村团花纹带盖银碗、何家村银匜出土于8世纪前半叶的标准器物群。宽城鹿纹菱花形银盘、正仓院折枝纹菱花形银盘的形制属于8世纪前半叶及中叶。

Ⅱ式折枝串花纹的串花为双层颗粒，只露出前半，后部掩于花叶之中。如西北工大黄鹂纹圆形银盘（图1-484，图版25）、西北工大鸿雁纹弧腹银碗（图1-485，图版51）所饰的纹样。

这两件器物与8世纪中叶标准器物"李勉"圆形银盘同出，故这种纹样应流行于8世纪中叶。

Ⅲ式折枝串花纹的串花的颗粒细密，后部也掩于花叶之中。如"裴肃"葵花形银盘（图1-486，图版37）、喀喇沁摩羯纹葵花形银盘（图1-487，彩版17）所饰的纹样。

"裴肃"葵花形银盘为8世纪后半叶的标准器

图1-484　西北工大黄鹂纹
圆形银盘内腹纹样

图1-485　西北工大鸿雁纹
弧腹银碗内腹纹样

图1-486 "裴肃"葵花形
银盘沿面纹样

图1-487 喀喇沁摩羯纹
葵花形银盘沿面纹样

图1-488～490 西雅图折枝石榴纹多曲银碗外腹纹样

图1-491、492 西雅图折枝串花纹多曲银碗内腹纹样　　　　图1-493 宾夕法尼亚折枝纹
多曲银碗内腹纹样

物，故这种纹样流行的年代约在8世纪后半叶。

ⅠⅤ式折枝花纹的串花为双重或多重的颗粒，一般只有一片叶，整体串花疏朗简化。如西雅图折枝石榴纹多曲银碗（图1-488～490，图版55）、西雅图折枝串花纹多曲银碗（图1-491、492，图版54）、宾夕法尼亚折枝纹多曲银碗（图1-493，图版53）所饰的纹样。

宾夕法尼亚折枝纹多曲银碗的纹样中有折枝串花，同时饰与9世纪后半叶的法门寺"浙西"银盆（彩版58）上相同的折枝石榴纹，故时代当在9世纪后半叶。

4. 十字折枝纹

以花、枝、叶构成十字形状。出现在枣园村双凤纹葵花形银盘（图1-494）、法门寺折枝纹葵花形银盘（图版27）、背阴村折枝纹多曲银碗（图1-495）、西安蝴蝶纹平底银碗（图1-496）、丁卯桥半球形银器盖（图1-497）之上。

背阴村折枝纹多曲银碗与9世纪中叶标准器物"敬晦"葵花形银盘（彩版15）同出，枣园村双凤纹葵花形银盘、法门寺折枝纹葵花形银盘皆出土于9世纪后半叶标准器物群。因此，十字折枝纹流行于9世纪中叶及后半叶。

图1-494 枣园村双凤纹
葵花形银盘内底纹样

图1-495 背阴村折枝纹
多曲银碗内腹纹样

图1-496 西安蝴蝶纹
平底银碗外腹纹样

图1-497 丁卯桥半球形
银器盖外腹纹样

5. 折枝叶纹

完全由叶构成。如背阴村双鱼纹银长杯
（图1-498）、"敬晦"葵花形银盘（图1-499，
彩版15）、大和文华折枝纹弧腹银碗（图1-
500）所饰的纹样。

"敬晦"葵花形银盘为9世纪中叶标准器
物。折枝叶纹亦流行于9世纪中叶及后半叶。

（七）荷叶纹

为写实的荷叶，有细密的筋脉，有的
带莲花。饰于圣地亚哥蝴蝶纹圆形银盘（图
1-501，图版24）上。芝加哥荷叶纹多曲银
碗、宾夕法尼亚折枝纹多曲银碗（图版53）
上的纹样也似荷叶。将荷叶造型结合于器物形
制的有弗利尔高足银长杯（图1-502）、大都
会高足银长杯（图1-503，图版21）、芝加哥
带托银长杯（图版22）、背阴村双鱼纹银长杯
（图1-504，图版20）、西安荷叶形银盘（图
1-505）、"水邱氏"缠枝纹银豆（图版90）、
凯波荷叶形银盒（图1-506，图版76）、"水邱
氏"银温器（图1-507、508）、丁卯桥荷叶形
银器盖（图版102）、法门寺人物纹银香宝子、
法门寺乐伎纹银香宝子（彩版61）、法门寺银
羹碗子（图版91）、法门寺银盐台等器物。

这些器物中时代清楚的都属于9世纪后半
叶标准器物群，宾夕法尼亚折枝纹多曲银碗
上还有Ⅳ式折枝串花纹。因此，荷叶纹流行
于9世纪，主要是9世纪后半叶。

图1-498 背阴村双鱼纹
银长杯内腹纹样

图1-499 "敬晦"葵花形
银盘内腹纹样

图1-500 大和文华折枝纹弧腹银碗外腹纹样

图1-501 圣地亚哥蝴蝶纹圆形银盘内底纹样

图1-502 弗利尔高足银长杯足部纹样

图1-503 大都会高足银长杯足部纹样

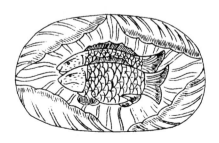

图1-504 背阴村双鱼纹银长杯内底纹样

图1-505 西安荷叶形银盘表面纹样

图1-506 凯波荷叶形
银盒表面纹样

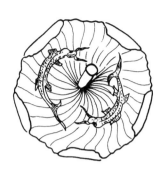

图1-507 "水邱氏"
银温器盖面纹样

图1-508 "水邱氏"
银温器内腹纹样

（八）绶带纹

形如带状系结在一起，称为绶带纹。如"李杆"葵花形银盘（图1-509）、枣园村双凤纹葵花形银盘（图1-510）、蓝田绶带纹圜底银碗（图1-511、512）、丁卯桥鹦鹉纹多曲银碗（图1-513）、"李郁"绶带纹云头形银盒（图1-514）、法门寺五足银炉（图1-515，彩版54）所饰的纹样。上述器物分别出土于9世纪后半叶的标准器物群。因此，金银器上的绶带纹主要流行于9世纪后半叶。饰绶带纹的器物，还经常饰有十字折枝纹，也是时代较晚的旁证。

图1-509 "李杆"葵花形
银盘内腹纹样

图1-510 枣园村双凤纹
葵花形银盘内底纹样

图1-5†1 蓝田绶带纹圜底
银碗内腹纹样

图1-513 丁卯桥鹦鹉纹
多曲银碗内腹纹样

图1-512 蓝田绶带纹
圜底银碗内底纹样

图1-514 "李郁"绶带纹
云头形银盒盖面纹样

图1-515 法门寺五足
银炉朵带

（九）人物纹

唐代金银器的人物纹也是器物断代的重要依据，人物纹的内容和人物的面貌、服饰都反映着时代特征。目前发现的饰人物纹的金银器有：沙坡村狩猎纹筒腹银高足杯（图1-516）、何家村狩猎纹筒腹银高足杯（图1-517，彩版1）、北京大学狩猎纹筒腹银高足杯（彩版2）、凯波狩猎纹筒腹银高足杯、白鹤狩猎纹弧腹银高足杯、何家村人物纹金带把杯（彩版6）、何家村乐伎纹银带把杯（图1-518，彩版8）、何家村人物忍冬纹金带把杯（图1-519，彩版7）、何家村仕女纹银带把杯（图1-520，彩版10）、不列颠人物纹海棠形银盘、"都管七国"花瓣形银盒（彩版33）、正仓院狩猎纹罐形银壶（图1-521）、背阴村人物纹三足银壶（图1-522，图版84）、丁卯桥童子纹三足银壶（图1-523，彩版48）、"水邱氏"人物纹四足银壶（图1-524，图版85）。

唐代墓葬壁画、石刻等上的人物题材很多，人物的题材和特征的年代基本清楚。其中狩猎、乐伎、仕女等内容大都为8世纪中叶以前；人物故事、游乐等内容属8世纪中叶以后的为多，唐代金银器上人物纹的变化也是如此。

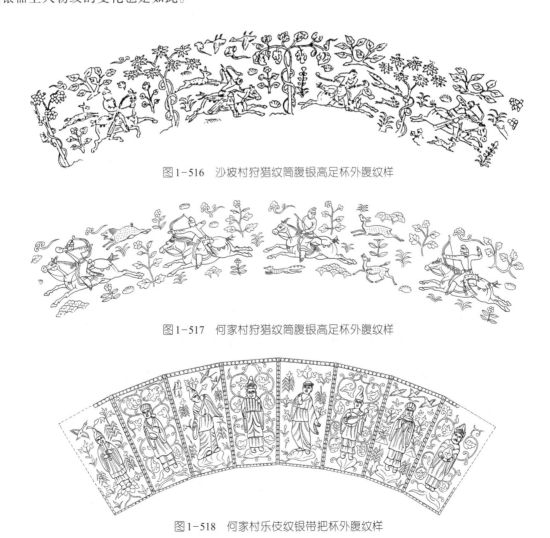

图1-516 沙坡村狩猎纹筒腹银高足杯外腹纹样

图1-517 何家村狩猎纹筒腹银高足杯外腹纹样

图1-518 何家村乐伎纹银带把杯外腹纹样

图1-519 何家村人物忍冬纹金带把杯外腹纹样

图1-520 何家村仕女纹
银带把杯外腹纹样

图1-521 正仓院狩猎纹罐形银壶外腹纹样

图1-522 背阴村人物纹三足银壶外腹纹样

图1-523　丁卯桥童子纹三足银壶外腹纹样

图1-524　"水邱氏"人物纹四足银壶外腹纹样

二、附属纹样

Subsidiary Design

有联珠纹、三角纹、缠枝纹、绳索纹、卷云纹、云曲纹、半花纹、小花纹、叶瓣纹，主要装饰于各种器物的口沿、底边和折棱等处，是作为器物的附属纹样。这些纹样虽然不十分醒目，但有时对器物的断代起着重要作用。

（一）联珠纹

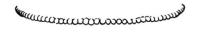

图1-525　白鹤联珠纹折腹
银高足杯外腹纹样

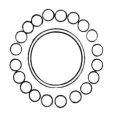

图1-526　何家村人物忍冬纹
金带把杯足底纹样

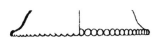

图1-527　何家村莲瓣纹
弧腹金碗足边纹样

由小圆圈、圆珠连续排列而成。有的用錾刻的方法饰成，有的采用焊接的方法制成。多见于口沿、底边和器物有棱角的地方。由于出现的位置不同，联珠有大有小。饰于器物显著部位的，颗粒较大；隐含在其他纹样之中的不易分辨。据此可分成两式。

Ⅰ式联珠纹的联珠颗粒较大，呈浮雕状。一般饰在器口、腹、底，十分醒目。如白鹤联珠纹折腹银高足杯（图1-525）、何家村人物忍冬纹金带把杯（图1-526，彩版7）、何家村人物纹金带把杯（彩版6）、何家村乐伎纹银带把杯（彩版8）、何家村仕女纹银带把杯（彩版10）、何家村莲瓣纹弧腹金碗（图1-527）所饰的纹样。

以上器物除白鹤联珠纹折腹银高足杯外，均出土于8世纪前半叶标准器物群何家村窖藏。故Ⅰ式联珠纹的时代为8世纪中叶以前。

Ⅱ式联珠纹大多数是刻划而成的。如何家村狩猎纹筒腹银高足杯（图1-528，彩版1）、沙坡村狩猎纹筒腹银高足杯（图1-529，图版1）、西安摩羯纹金长杯（图1-530，彩版13）、白鹤鹦鹉纹银长杯、白鹤飞禽纹银长杯（图1-531）、凯波高足银长杯（图1-532）、不列颠人物纹海棠形银盘、"刘赞"葵花形银

图1-528 何家村狩猎纹
筒腹银高足杯足部纹样

图1-530 西安摩羯纹
金长杯内底纹样

图1-531 白鹤飞禽纹
银长杯足部纹样

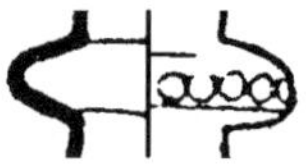

图1-529 沙坡村狩猎纹
筒腹银高足杯足部纹样

图1-532 凯波高足
银长杯足部纹样

图1-533 "刘赞"葵花形
银盘沿面纹样

图1-534 "宣徽酒坊"
莲瓣纹弧腹银碗内底纹样

图1-535 丁卯桥鹦鹉纹
多曲银碗内底纹样

盘（图1-533）、"宣徽酒坊"莲瓣纹弧腹银碗（图1-534，彩版22）、丁卯桥鹦鹉纹多曲银碗（图1-535）、凯波鹦鹉纹圈底银碗、旧金山鹦鹉纹多曲银碗、丁卯桥童子纹三足银壶（彩版48）、咸阳缠枝纹金注壶（图1-536，彩版52）所饰的纹样。

沙坡村狩猎纹筒腹银高足杯、何家村狩猎纹筒腹银高足杯出土于8世纪前半叶标准器物群，"刘赞"葵花形银盘为8世纪后半叶的标准器物，"宣徽酒坊"莲瓣纹弧腹银碗出土于9世纪前半叶标准器物群，丁卯桥鹦鹉纹多曲银碗出土于9世纪后半叶标准器物群。可见Ⅱ式联珠纹存在于整个唐代。

图1-536 咸阳缠枝纹
金注壶外腹纹样

（二）三角纹

由三角形呈锯齿状连续排列而成。如凯波狩猎纹筒腹银高足杯（图1-537）、凯波葡萄纹筒腹银高足杯、芝加哥缠枝纹筒腹银高足杯（图1-538，图版3）、弗利尔缠枝纹弧腹银高足杯、霍姆斯凤鸟纹银带把杯、詹姆斯鸟纹银带把杯（图1-539，图版15）、白鹤缠枝纹银带把杯、大和文华缠枝纹银带把杯（图版16）、瑞典折腹银碗（图1-540）、芝加哥缠枝纹弧腹银碗、弗利尔缠枝纹带盖银碗（图1-541，图版45）、弗利尔缠枝纹带盖银豆

图1-537 凯波狩猎纹
筒腹银高足杯足部纹样

图1-538 芝加哥缠枝纹
筒腹银高足杯外口纹样

图1-539 詹姆斯鸟纹
银带把杯外口纹样

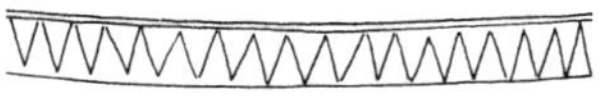

图1-540 瑞典折腹
银碗外腹纹样

（图1-542）所饰的纹样。

根据器物形制的分析，上述器物均不晚于8世纪前半叶。三角纹作为边饰，最盛行是饰在三国两晋南北朝时期的铜镜上[1]，隋代和唐初的铜镜、石刻上仍然流行[2]，其后较为罕见，故三角纹在唐代主要出现在7世纪和8世纪初。

（三）缠枝纹

是唐代金银器边饰的大宗，形式多样，既作为主题纹样，也作为器物的口沿、底部、折棱等处的装饰。其时代的特点及演变形态，与作为主题纹样的缠枝纹相同。见于沙坡村狩猎纹筒腹银高足杯（图1-543）、何家村狩猎纹筒腹银高足杯（图1-544）、凯波狩猎纹筒腹银高足杯、西雅图缠枝纹银带把杯（图1-545）、大阪缠枝纹银带把杯（图版13）、明尼亚波利斯圆形银盘（图1-546）、旧金山鹦鹉纹多曲银碗（图版56）、弗利尔双凤纹蛤形银盒（图1-547，图版77）等。

饰有纤细、花叶较小的缠枝纹边的器物出现在8世纪前半叶标准器物群，花叶较肥大的缠枝纹边出现在8世纪中叶及后半叶的器物上，无花叶只有卷蔓的缠枝边出现在9世纪的器物上。

图1-541　弗利尔缠枝纹带盖银碗盖沿纹样

图1-542　弗利尔缠枝纹带盖银豆足边纹样

图1-543　沙坡村狩猎纹筒腹银高足杯外口纹样

图1-544　何家村狩猎纹筒腹银高足杯外口纹样

图1-545　西雅图缠枝纹银带把杯外口纹样

图1-546　明尼亚波利斯圆形银盘沿面纹样

图1-547　弗利尔双凤纹蛤形银盒盒沿纹样

（四）绳索纹

像麦穗，又似链条。用于器物纹样的边框或环绕器物的边饰。如何家村飞狮纹圆形银盒（彩版28）、何家村凤鸟纹圆形银盒（图1-548、549）、何家村独角兽纹圆形银盒（图1-550、551）、弗利尔宝相花纹花瓣形银盒（图1-552）、正仓院狩猎纹罐形银壶（图1-553，图版83）、何家村舞马纹提梁银壶（图1-554，彩版44）所饰的纹样。

---

①　湖北省博物馆等：《鄂城汉三国六朝铜镜》，文物出版社，1986年。

②　中国科学院考古研究所：《西安郊区隋唐墓》，科学出版社，1966年。

图1-548、549　何家村凤鸟纹　　　　　　　图1-550、551　何家村独角兽纹
圆形银盒盖面、底面纹样　　　　　　　　　圆形银盒盖面、底面纹样

图1-553　正仓院狩猎纹罐
形银壶足部纹样

图1-552　弗利尔宝相花纹
花瓣形银盒盖面纹样

图1-554　何家村舞马纹
提梁银壶足部纹样

除正仓院狩猎纹罐形银壶外，均出土于8世纪前半叶标准器物群何家村窖藏。绳索纹边作为圆框使用，可能是受西方萨珊金银器装饰的影响，年代在8世纪中叶以前。以动物为中心，周围环绕联珠圈或绳索纹圆框的装饰手法，在唐代银器中，大都饰在顶部和底部中心，是萨珊艺术常见手法，称为"徽章式"纹样。唐代金银器皿显然接受了萨珊的艺术手法①，后来这类"徽章式"纹样在中国也发生了改变，首先是以唐代流行的宝相花纹取代了圆框中的动物，何家村独角兽纹圆形银盒的盖与底上，并存动物和宝相花纹这两种风格的"徽章式"纹样，盒盖上仍有口衔花草的独角兽，盒底则是宝相花纹；稍晚一些的银盒圆框中心是宝相花纹，取消了圆形的边框，8世纪中叶以后不见这种装饰。

（五）卷云纹

由卷曲的云头连续排列组成。饰于沙坡村折腹银碗（图版39）、何家村云瓣纹弧腹银碗（彩版27）、何家村双鸿纹圆形银盒（图1-555）、三兆村双鸳纹圆形银盒（图1-556）、西安双猴纹圆形银盒（图1-557）、沙坡村折枝纹圆形银盒（图1-558）、背阴村人物纹三足银壶（图1-559，图版84）。

除背阴村人物纹三足银壶属于9世纪前半叶外，其他器物分别出土于8世纪前半叶标准器物群。而且

图1-555　何家村双鸿纹圆形银盒外腹纹样

图1-556　三兆村双鸳纹圆形银盒外腹纹样

图1-557　西安双猴纹圆形银盒外腹纹样

①　参见本书第三编《唐代金银器皿与西方文化的关系》。

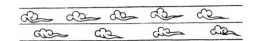

图1-558　沙坡村折枝纹圆形银盒外腹纹样

图1-559　背阴村人物纹三足银壶外颈纹样

图1-560　弗利尔莲瓣纹弧腹银碗足部纹样

图1-561　纽约莲瓣纹弧腹银碗足部纹样

图1-562　纽约缠枝纹弧腹银碗外口纹样

图1-563　纳尔逊缠枝纹银带把杯足部纹样

图1-564　白鹤缠枝纹银长杯足部纹样

图1-565　旧金山缠枝纹银长杯足部纹样

图1-566　沙坡村莲瓣纹折腹银高足杯足部纹样

这种纹样在唐高宗、武则天时期的铜镜上常常见到[1]。因此，其流行时间在7世纪后半叶至8世纪初。

（六）云曲纹

由三五瓣云朵形的花瓣连续排列组成。可分为五式。

Ⅰ式云曲纹的两侧有较大的忍冬叶片。饰于俞博莲瓣纹弧腹银碗、弗利尔莲瓣纹弧腹银碗（图1-560，图版40）、纽约莲瓣纹弧腹银碗（图1-561）上。与忍冬纹、Ⅰ式缠枝纹同时出现，时代应为8世纪中叶以前。

Ⅱ式云曲纹各瓣的形状不明显，且各瓣的底部相连。饰于纽约缠枝纹弧腹银碗（图1-562，图版41）上，与Ⅱ式缠枝纹同出，时代应为8世纪中叶以前。

Ⅲ式云曲纹似为一朵侧视的小花，带两片简略的叶片。饰于纳尔逊缠枝纹银带把杯（图1-563）、白鹤缠枝纹银长杯（图1-564，彩版12）、旧金山缠枝纹银长杯（图1-565，图版18）上。这种云曲纹亦为8世纪中叶以前。

Ⅳ式云曲纹的底部向外撇，较简洁。饰于何家村狩猎纹筒腹银高足杯（彩版1）、沙坡村莲瓣纹折腹银高足杯（图1-566）、沙坡村莲瓣纹弧腹银高足杯（图1-567，彩版5）上。三者皆出土于8世纪前半叶标准器物群。Ⅳ式云曲纹的时代应在8世纪中叶以前。

Ⅴ式云曲纹置于一个椭圆形之内。饰

图1-567　沙坡村莲瓣纹弧腹银高足杯足部纹样

---

① 中国科学院考古研究所：《西安郊区隋唐墓》，科学出版社，1966年。

图1-568 西北工大黄鹂纹圆形银盘内沿纹样

图1-569 西北工大鸿雁纹弧腹银碗内沿纹样

于西北工大黄鹂纹圆形银盘（图1-568，图版25）、西北工大鸿雁纹弧腹银碗（图1-569，图版51）。均出土于8世纪中叶标准器物群。

已知的云曲纹时间跨度不大，但明显存在着由Ⅰ式到Ⅴ式的发展演变。

（七）小花纹

由四瓣小花连续排列而成。见于西安折枝纹弧腹银碗、何家村鹦鹉纹提梁银壶（图1-570、571，彩版45）、丁卯桥高圈足银炉、蓝田杨家沟银器盖（图1-572）。

图1-570 何家村鹦鹉纹提梁银壶上腹部纹样

图1-571 何家村鹦鹉纹提梁银壶下腹部纹样

图1-572 蓝田杨家沟银器盖外沿纹样

何家村鹦鹉纹提梁银壶出土于8世纪前半叶标准器物群，主题纹样是流行于8世纪中叶及以后的Ⅲ式折枝花，故小花纹可能出现在8世纪中叶。蓝田杨家沟银器盖与丁卯桥高圈足银炉出土于9世纪后半叶标准器物群，可见小花纹一直流行，但9世纪更盛行。

（八）半花纹

用四瓣小花的一半排列而成。如西安鸿雁纹银长杯（图1-573）、白鹤鹦鹉纹银长杯（图1-574）、背阴村双鱼纹银长杯（图1-575）、大都会卧鹿纹弧腹银碗（图版42）、西安蝴蝶纹平底银碗（图1-576）、丁卯桥鹦鹉纹多曲银碗（图1-577）、西安鹦鹉纹海棠形银盒、蓝田鹦鹉纹云头形银盒（图1-578）、凯波荷叶形银盒（图版76）、何家村鹦鹉纹提梁银壶（彩版45）、丁卯桥高圈足银炉、法门寺银笼子（彩版60）、背阴村银器盖（图1-579）所饰的纹样。

除何家村鹦鹉纹提梁银壶，均为9世纪的器物。何家村鹦鹉纹提梁银壶和丁卯桥高圈足银炉虽然有半花纹，同时还有完整的小花纹，

图1-573 西安鸿雁纹银长杯内沿纹样

图1-574 白鹤鹦鹉纹银长杯内沿纹样

图1-575 背阴村双鱼纹银长杯内沿纹样

图1-576 西安蝴蝶纹平底银碗内底纹样

图1-577　丁卯桥鹦鹉纹多曲银碗内沿纹样

图1-578　蓝田鹦鹉纹云头形银盒外腹纹样

图1-579　背阴村银器盖外沿纹样

证明半花纹出现的时间与小花纹大致相同。半花纹流行于9世纪，而9世纪器物上的小花纹并不流行，所以，小花纹可能与半花纹同时出现，但很快被半花纹取代。

（九）叶瓣纹

由叶瓣排列成边饰，每个叶瓣上刻划细密的线条，是唐代金银器皿上最常见的边饰。如西安摩羯纹金长杯（图1-580，彩版13）、西安鹦鹉纹银长杯（图1-581）、白鹤飞禽纹银长杯、凯波高足银长杯、"裴肃"葵花形银盘（图版37）、枣园村双凤纹葵花形银盘、蓝田鹦鹉纹葵花形银盘、喀喇沁狮纹葵花形银盘、"敬晦"葵花形银盘（图1-582，彩版15）、法门寺折枝纹葵花形银盘（图版27）、西安折枝纹弧腹银碗（图1-583）、西北工大鸿雁纹多曲银碗、西雅图折枝石榴纹多曲银碗（图版55）、背阴村折枝纹多曲银碗、丁卯桥鹦鹉纹多曲银碗、旧金山鹦鹉纹多曲银碗（图1-584，图版56）、凯波鹦鹉纹圜底银碗、大都会卧鹿纹弧腹银碗（图版42）、大和文华折枝纹弧腹银碗、宾夕法尼亚折枝纹多曲银碗（图1-585，图版53）、丁卯桥凤纹花瓣形银盒（彩版31）、

图1-580　西安摩羯纹金长杯内沿纹样

图1-581　西安鹦鹉纹银长杯内沿纹样

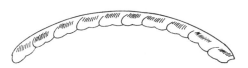

图1-582　"敬晦"葵花形银盘内沿纹样

图1-583　西安折枝纹弧腹银碗内沿纹样

图1-584　旧金山鹦鹉纹多曲银碗内底纹样

图1-585　宾夕法尼亚折枝纹多曲银碗内沿纹样

丁卯桥鹦鹉纹圆形银盒、大和文华四鸿纹环形银盒、蓝田鹦鹉纹云头形银盒、白鹤卧犀纹云头形银盒、法门寺双狮纹花瓣形银盒（彩版32）、丁卯桥高圈足银炉（图1-586）、西安折枝纹银唾壶（彩版50）、普赖斯折枝纹银唾壶、法门寺乐伎纹银香宝子（彩版61）、法门寺银茶罗子、蓝田杨家沟银器盖（图1-587）、背阴村银器盖（图1-588）所饰的纹样。尤其在法门寺出土的器物中非常盛行。

上述器物中，既有8世纪中叶的西北工大鸿雁纹多曲银碗，也有8世纪后半叶的喀喇沁狮纹葵花形银盘、"裴肃"葵花形银盘，还有9世纪前半叶的"敬晦"葵花形银盘及9世纪后半叶的标准器物群出土的物品，说明这种边饰出现在8世纪中叶，但并不流行，绝大多数饰于9世纪的作品上。

（一○）其他

此外，还有作为边饰的飞鸟纹、小叶纹和几何纹。

何家村凤鸟纹圆形银盒（图1-589）出土于8世纪前半叶典型器物群，其上有飞鸟与卷云纹共同组成的边饰。"李杆"葵花形银盘为9世纪后半叶的标准器物群杨家沟窖藏出土的遗物，此器上的飞鸟纹边（图1-590）与绶带纹一同使用。因此，飞鸟纹边饰虽然流行，目前所见资料尚看不出时代变化。

小叶纹是由叶片组成的边饰。在何家村折枝纹带盖银碗（图1-591，图版44）和西安黄鹂纹椭方形银盒盖（图1-592）上出现，它们都和阔叶的折枝纹同出，何家村折枝纹带盖银碗是何家村窖藏中较晚的器物，因此小叶纹主要流行在8世纪中叶以后。

几何纹（不包括三角纹和与南北朝时花纹砖纹饰相似的几何纹）在弗利尔高足银长杯（图1-593）、西安抚琴纹海棠形银盘（图1-594）、丁卯桥童子纹三足银壶（图1-595，彩版48）上

图1-586　丁卯桥高圈足银炉足部纹样

图1-587　蓝田杨家沟银器盖内沿纹样

图1-588　背阴村银器盖内沿纹样

图1-589　何家村凤鸟纹圆形银盒外腹纹样

图1-590　"李杆"葵花形银盘内沿纹样

图1-591　何家村折枝纹带盖银碗足部纹样

图1-592　西安黄鹂纹椭方形银盒盖外腹纹样

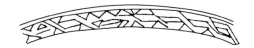
图1-593　弗利尔高足银长杯内沿纹样

图1-594 西安抚琴纹海棠形银盘内底纹样

图1-595 丁卯桥童子纹三足银壶颈部纹样

出现。弗利尔高足银长杯有莲叶纹做成的高足，器形和主题纹样均为9世纪的特点。西安抚琴纹海棠形银盘的形制是9世纪的作品，盘上还有Ⅳ式缠枝纹，进一步表明这件器物为晚唐制品。丁卯桥童子纹三足银壶上的人物头戴硬脚幞头，是晚唐的特点。因此，从这3件器物的形制和主题纹样观察，这类几何纹应流行在9世纪。

伍

唐代金银器皿的分期

Chronological Study on the Gold & Silver of the T'ang Dynasty

    分期是考古学的基础研究，确定了每件器物、每类器物和器物群所处的历史阶段，与之相关的社会生活、中外关系以及美术史方面问题的研究才能展开，因此过去学者们研究唐代金银器的论述中大都涉及了分期问题。有对唐代金银器的总体分期，也有对某一批或某一类器物的分期，前人分期的结果可通过表1-34进行比较。

表1-34　　　　　　　　　　　　　　唐代金银器分期比较表

时代及分期 ＼ 作者及发表年代	俞博 1957	玛格丽特 1971	桑山正进 1977	熊存瑞 1982	陈英英 1983	韩伟 1989	段鹏琦 1980	卢兆荫 1986
公元650年	I			I	I			
公元684年		I	I	II	II	I	I	
公元705年	II							I
公元741年				III	III	II	II	
公元755年					IV			
公元780年	III	II	II	IV	V	III	III	II
公元820年	IV	III	III	V	VI	IV		III
参考文献	①	②	③	④	⑤	⑥	⑦	⑧

① Bo. Gyllensvard, *T'ang Gold and Silver*, No. 29. Bulletin of the Museum of Far Eastern Antiquities, 1957.
② Magaret Medlley, *T'ang Gold and Silver*, 1971.
③ 桑山正进：《一九五六年以来出土の唐代金银器とその编年》，《史林》六〇卷第六号，1977年。
④ 熊存瑞：《唐代金银容器》，中国社会科学院考古研究所图书室藏硕士学位论文。
⑤ 陈英英：《唐代金银器研究》，北京大学考古学系资料室藏硕士学位论文。
⑥ 韩伟：《海内外唐代金银器萃编》，三秦出版社，1989年。
⑦ 段鹏琦：《西安南郊何家村唐代金银器小议》，《考古》1980年6期。
⑧ 卢兆荫：《试论唐代的金花银盘》，《中国考古学研究》，文物出版社，1986年。

表的上栏是作者及研究发表的时间；中栏是分期结果，左侧注明参考年代；下栏为参考文献的出处。还有学者对唐代金银器分期及个别器物的年代发表了看法和评论[①]，不一一列举。

显而易见，这些分期是有区别的。诸种分期因研究的时间不同、所用资料多寡不一而出现差异是可以理解的。这些分期都是对器物形制、纹样进行排比，以铭文纪年器物或纪年遗迹中出土的器物为标准，又参照了其他质料的遗物。值得注意的是有的学者在采用基本相同的资料、同样的方法的情况下出现了分期的不同。除个人认识差异和研究角度不同外，还涉及对考古学研究中"分期"一词的理解。唐代金银器以及其他考古学遗迹和遗物的研究中，人们经常把"分期"混同于"编年"。实际上这是两个完全不同的概念。"编年"研究，以研究考古学现象或遗物的年代和早晚关系为目的，主要解决的是某些现象或遗物的时间问题。"分期"研究，不仅要确定器物的年代、器物之间早晚关系，还要在排列出器物的早晚序列的基础上，与历史发展相联系，找出可反映重要变化的时间界限，并解释形成这些阶段性变化的历史原因以及这些阶段性变化对当时社会产生的影响。按照这一理解，以往唐代金银器分期研究实质上以确定器物的早晚关系为目的，严格地说仍属于编年研究的范畴。正因为如此，尽管各学者把许多金银器物分别归在不同的期别里，但对大多数器物的具体时代的认识并无矛盾，也就是说，这些"分期"在编年上的成果是可取的。

以上的"分期"时间界限划分基本相同，各期内的器物却不相同，所反映的则不仅是对"分期"与"编年"的理解不同，也是对器物的形制、纹样的认识不同，从而也导致对历史发展变化的解释不同。

唐代金银器的发展演变有轨迹可循，应是毫无疑问的。在唐代考古整体之中，金银器的发展方向不是孤立的，器物形制、纹样与陶瓷器、壁画、石刻等遗物的发展演变存在着内在的联系。因此，前面在进行唐代金银器皿的形制和纹样的分析时，已参照其他遗物对每件金银器的年代作出判定，在此基础上再对金银器的分期问题作一探讨。

在分析器物的形制和纹样时可以了解到，形制和纹样的各种样式的流行都有一定的时间跨度，是判定每件器物时代的重要依据。每一件器物都有多方面的形制特征及多种纹样，具有特殊性。如果将这些器物集中起来作为群体考察，便可以概括出诸种形制、纹样最流行的时间，再反过来作为标尺来衡量某件器物，以最多、最主要的形制、纹样特征作为判定某件器物所属时代的依据，偏差就会缩小。器物的形制和纹样是社会风俗、审美情趣、宗教信仰等的反映，并非律令、制度上的规定，所以，每种器物形制和纹样都难以确定准确的产生时间，也没有绝对消失的界限，只能在大量实物资料的基础上把握其最流行的阶段。按照这一认识，可以发现唐代金银器的数量、种类及形制、纹样的许多特征发生大的变化是在8世纪中叶以前、8世纪中叶至后半、9世纪三个时期，由此可将唐代金银器皿的发展变化分成三期。

---

① 赵超：《略谈唐代金银器研究中的分期问题》，《汉唐与边疆考古研究》第一辑，科学出版社，1994年。

一、飞速发展时期

Phase of Rapid Development

为唐代8世纪中叶以前，属于唐高祖至唐玄宗开元前期。这一期的主要器物有：

弗利尔狩猎纹筒腹银高足杯、纽约缠枝纹筒腹银高足杯、凯波狩猎纹筒腹银高足杯、凯波葡萄纹筒腹银高足杯、何家村狩猎纹筒腹银高足杯、北京大学狩猎纹筒腹银高足杯、沙坡村狩猎纹筒腹银高足杯、何家村素面筒腹银高足杯、临潼缠枝纹筒腹银高足杯、大和文华缠枝纹筒腹银高足杯、藤井缠枝纹筒腹银高足杯、芝加哥缠枝纹筒腹银高足杯、沙坡村莲瓣纹折腹银高足杯、韩森寨莲瓣纹折腹银高足杯、白鹤联珠纹折腹银高足杯、耶鲁莲瓣纹折腹银高足杯、凯波莲瓣纹折腹银高足杯、圣·路易斯莲瓣纹折腹银高足杯、凯波立鸟纹折腹银高足杯、沙坡村莲瓣纹弧腹银高足杯、白鹤狩猎纹弧腹银高足杯、白鹤缠枝纹弧腹银高足杯、白鹤莲瓣纹弧腹银高足杯、纳尔逊莲瓣纹弧腹银高足杯、纽约莲瓣纹弧腹银高足杯、凯波折枝纹弧腹银高足杯、凯波萱草纹弧腹银高足杯、芝加哥葡萄纹弧腹银高足杯、弗利尔缠枝纹弧腹银高足杯、沙坡村折枝纹弧腹银高足杯、伊川缠枝纹弧腹银高足杯、何家村人物纹金带把杯、何家村乐伎纹银带把杯、何家村人物忍冬纹金带把杯、韩森寨缠枝纹银带把杯、霍姆斯凤鸟纹银带把杯、何家村团花纹金带把杯、沙坡村素面筒形银带把杯、纳尔逊缠枝纹银带把杯、凯波缠枝纹银带把杯、大阪缠枝纹银带把杯、西雅图缠枝纹银带把杯、弗利尔葡萄纹银带把杯、詹姆斯鸟纹银带把杯、白鹤缠枝纹银带把杯、大和文华缠枝纹银带把杯、维克多利亚缠枝纹银带把杯、大都会缠枝纹银带把杯、何家村仕女纹银带把杯、白鹤缠枝纹银长杯、旧金山缠枝纹银长杯、凯波折枝纹银长杯、凯波犀牛纹圆形银盘、克利夫兰葡萄纹圆形银盘、何家村鹊鸟纹圆形银盘、"李勉"圆形银盘、韩森寨鸾鸟纹菱花形银盘、正仓院折枝纹菱花形银盘、何家村飞廉纹葵花形银盘、何家村熊纹葵花形银盘、何家村凤鸟纹葵花形银盘、何家村龟纹桃形银盘、何家村双狐纹双桃形银盘、大都会缠枝纹叶形银盘、沙坡村折腹银碗、何家村折腹银碗、明尼亚波利斯折腹银碗、瑞典折腹银碗、何家村莲瓣纹弧腹金碗、何家村云瓣纹弧腹银碗、何家村摩羯纹弧腹银碗、何家村龙凤纹弧腹银碗、俞博莲瓣纹弧腹银碗、白鹤莲瓣纹弧腹银碗、弗利尔莲瓣纹弧腹银碗、纽约莲瓣纹弧腹银碗、纽约缠枝纹弧腹银碗、芝加哥缠枝纹弧腹银碗、何家村云瓣纹圆底银碗、"李景由"素面圆底银碗、凯波桃形纹圆底银碗、何家村飞狮纹圆形银盒、何家村凤鸟纹圆形银盒、何家村独角兽纹圆形银盒、何家村石榴纹圆形银盒、何家村双鸿纹圆形银盒、何家村双鸳纹圆形银盒、三兆村双鸳纹圆形银盒、西安双猴纹圆形银盒、沙坡村折枝纹圆形银盒、白鹤鸳鸯纹圆形银盒、凯波双鸳纹圆形银盒、印第安纳波利斯双鸳纹圆形银盒、凯波萱草纹圆形银盒、弗利尔葡萄纹圆形银盒、威廉五鹊纹圆形银盒、西雅图宝相花纹圆形银盒、日本仙鹤纹圆形银盒、"李景由"素面圆形银盒、偃师素面圆形银盒、何家村团花纹花瓣形银盒、"李景由"宝相花纹花瓣形银盒、白鹤宝相花纹花瓣形银盒、弗利尔团花纹花瓣形银盒、弗利尔宝相花纹花瓣形银盒、何家村方形银盒、大阪方形银盒、纳尔逊卧羊形银盒、弗利尔瓜形银盒、"李景由"宝相花纹蛤形银盒、鸳鸯纹蛤形银盒、"韦美美"鸳鸯纹蛤形银盒、大阪鸳鸯纹蛤形银盒、白鹤宝相花纹蛤形银盒、大阪忍冬纹蛤形银盒、芝加哥缠枝纹蛤形银盒、弗利尔双凤纹蛤形银盒、弗拉海狸鼠纹蛤形银盒、瑞典鸾鸟纹蛤形银盒、何家村舞马纹提梁银壶、正仓院狩猎纹罐形银壶、何家村素面罐形银壶、凯波莲花纹罐形银壶、东大寺狩猎纹罐形银壶、何家村三足银壶、莲瓣纹三足银壶、折枝纹三足银壶、海狸鼠纹银瓶、奔狮纹银瓶、何家村小口银瓶、何家村仰莲座银瓶、何家村五足银炉、沙坡村银香囊、何家村银香囊、三兆村银香囊、正仓院银香囊、凯波银香囊、大都会银香囊、何家村双狮纹短柄三足金铛、何家村素面短柄三足银铛、何家村素面长柄三足银铛、"李景由"短柄圜底银铛、芝加哥短柄圈足银铛、何家村双环耳银锅、何家村提梁银锅、弗利尔缠枝纹带盖银豆、何家村银匜、泾川银椁、泾川金棺、临潼银椁、临潼金棺

高足杯、带把杯、分曲在五曲以上的多曲长杯和折腹碗是主要器类，蛤形盒也常见，还有壶、锅、铛、瓶等，其中高足杯、带把杯、多曲长杯等器物在中国传统器形中不见。盘、盒类器物以圆形为主，也有一些呈菱花形，少量为葵花形。壶类多带三足。

纹样盛行忍冬纹、缠枝纹、葡萄纹、联珠纹、绳索纹。花纹纤细茂密，多用满地装饰的手法。流行珍珠地纹，即在器物表面用圆錾刀錾出细密的小圆圈，排列整齐，作为主题纹样的底衬。还流行宝相花纹、卷云纹、云曲纹等，这类纹样多与器物的形制有关，即纹样的样式与器体造型相适应，宝相花纹一般装饰在圆形器物如盒、碗、盘等上，卷云纹和云曲纹多作为边饰使用。

器物的体积小，但比较厚重。绝大多数器物采用捶揲技术制成，器表先捶出凹凸变化的纹样轮廓，再錾刻纹样，纹样錾痕粗深清晰而连续。许多银器通体鎏金。

在出土的金银器中，南北朝至隋代的中国自产的金银器不多，而唐代金银器突然兴盛，是一个十分引人注意的现象。究其原因是多方面的：唐代金银矿开采的兴盛，提供了充足的原料；皇室贵族对金银器皿的喜爱，促进了金银器的生产；唐代中央政府专门设立金银作坊，制作技艺得到提高①。此外，一个特殊原因就是，随着丝绸之路繁荣而来的西亚和中亚等地外来金银的强烈影响。目前，中国境内已经发现了许多外国输入的金银器②，而唐代自产器物的形制和纹样的特征，十分明显地显露出来自中亚粟特、西亚萨珊和地中海沿岸东罗马等地金银器的影响；西方盛行的捶揲技术被唐代工匠掌握，有些器物在器胎上嵌贴凹凸起伏的花纹片使整体为半浮雕式，更是直接学习了西方金银器皿的做法。

8世纪中叶以前是唐代金银器的飞速发展时期，也是外来文化影响最强烈的时期。

唐初，中国西部发生了几次重大事件：（1）贞观九年（公元635年），唐太宗派大将李靖、侯君集、李道宗等出征，大败占有今青海和新疆南部、控扼中西交通要道的吐谷浑，使之顺降于唐朝。（2）贞观十三年（公元639年），唐朝将领侯君集进击高昌，次年高昌降，占据了曾使商胡被其遏绝的高昌之地。（3）贞观十八年（公元644年），郭孝恪又以兵力迫使焉耆臣服。（4）贞观

---

① 参见本书第二编《唐代金银器的社会作用》《唐代金银采矿、冶炼及征收》《唐代金银器制作作坊》。

② 参见本书第三编《唐代金银器与外来文明》。

二十一年（公元647年），郭孝恪及阿史那社尔率兵进击龟兹，次年即破。（5）唐高宗时，唐朝打败了西突厥，在其故地置昆陵、濛池二都护府，使这一地区归属唐朝。

北朝迄隋，中原王朝的统治者已经较普遍地对西域及西方诸国有了更多的了解，并认识到中西之间商路的重要。唐夺取政权，便立即着手经营西部。西域诸国及民族也希望与中国内地交往。唐朝初年对西域的五次重大军事行动及其胜利，打通了中原王朝与西方交往的商路。为加强、巩固这一具有重要政治、经济、文化意义的东西通路，唐朝将安西都护府自高昌移置龟兹，下统龟兹、于阗、焉耆、疏勒四镇。龟兹归唐后，西突厥亦遣使来唐，唐太宗曰："'西突厥已降，商旅可行矣'，诸胡大悦"①，中西交通日益繁荣。唐高宗、武则天时期，国内稳定，与西方诸国和地区之间大的冲突减少，中西交通成为经常性的活动。吐鲁番阿斯塔那191号墓出土的调露二年（公元680年）送波斯王"名册"、100号墓出土的永淳元年（公元682年）"告飞骑尉汜德达"和延载元年（公元694年）"告轻车都尉汜德达"告身，敦煌石窟发现的"景云二年（公元711年）张义君告身"②，斯坦因第三次中亚探查所发现的记有"波斯军"的Ast Ⅲ·4·093号文书③，都表明唐朝与西方来往关系的密切。张义君告身所载的在安西镇守军镇因功受勋的263人中，有不少人来自南方和中原地区。通过这类交往，中国内地必定会对西方器物有较多的接触和了解，西方的器物也会被带入内地，使唐代金银器制造受到西方文化的强烈影响。有较发达手工制造业基础及众多能工巧匠的中国，在接受西方器物影响的同时，不仅仅对西方器物进行了模仿，双方在政治、宗教、艺术等传统上的差异，地理环境、生活习俗上的不同，也必然导致对作为实用器物的金银器皿的形制和纹样的改进，使西方金银器皿的风格中国化，更适合中国人使用和观赏。

二、成熟时期
Phase of Maturity

为8世纪中叶至8世纪末，属于唐玄宗开元后至唐宪宗以前。主要器物有：

不列颠银长杯、何家村耳杯、曲江池团花纹圆形银盘、西北工大黄鹂纹圆形银盘、明尼亚波利斯圆形银盘、宽城鹿纹菱花形银盘、瑞典宝相花纹葵花形银盘、曲江池折枝纹葵花形银盘、八府庄狮纹葵花形银盘、正仓院鹿纹葵花形银盘、"刘赞"葵花形银盘、喀喇沁摩羯纹葵花形银盘、喀喇沁狮纹葵花形银盘、"裴肃"葵花形银盘、蓝田鹦鹉纹葵花形银盘、西北工大鸿雁纹弧腹银碗、何家村折枝纹带盖银碗、何家村团花纹带盖银碗、弗利尔缠枝纹带盖银

① 《新唐书》卷二百二十一下《西域传》，6244页，中华书局，1986年。
② 卫江：《碎叶是中国唐代西部重镇》，《考古》1975年8期。
　　吴震：《从吐鲁番出土"汜德达告身"谈唐碎叶镇城》，《考古》1975年8期。
③ 姜伯勤：《吐鲁番文书所见的"波斯军"》，《中国史研究》1986年1期。

碗、何家村折枝纹圜底银碗、威廉双鸭纹圆形银盒、凯波团花纹圆形银盒、"郑洵"鸳鸯纹蛤形银盒、哈·克·李鹦鹉纹蛤形银盒、大阪山岳纹蛤形银盒、何家村素面提梁银壶、何家村莲瓣纹提梁银壶、何家村鹦鹉纹提梁银壶、喀喇沁双鱼罐形银壶

高足杯、带把杯及五曲以上的多曲长杯极少见到。新出现了各式壶，葵花形盘流行，各种器皿的平面多作成四曲或五曲花形。忍冬纹、葡萄纹、三角纹、绳索纹、卷云纹、云曲纹基本消失。宝相花纹仍可以见到，折枝纹、团花纹兴盛。纹样更为写实，分单元布局，留出较多的空白，显得疏朗大方。少数器物上虽然尚残留与西方金银器相似的地方，但不是直接来自西方金银器的影响，而是继承第一期器物的特点，并有所发展。器物的形制和纹样多是既不见于西方器物、也少见于中国传统器物的创新作品。

这一期是唐代金银器制造的成熟时期，已经基本摆脱了外来文化的直接影响，完成了金银器的中国化进程。

8世纪中叶，唐朝在经历了一个稳定的阶段之后，经济飞速发展，生活富裕丰足，浮华、奢侈之风渐起，尤以统治阶层更甚。鉴于金银宝物的泛滥，唐玄宗继位后，为维护、巩固李唐的统治，于开元二年（公元714年）七月颁布《禁珠玉锦绣敕》云："朕欲捐金抵玉，正本澄源。所有服御金银器物，今付有司，另铸为铤，仍别贮掌，以供军国。"[1]《隋唐嘉话》载："开元始年，上悉出金银珠玉锦绣之物于朝堂，若山积而焚之，示不复御用也。"[2]可知开元二年以前，至少在皇室内有大量的金银器物。开元初毁化金银器为铤，必然会使金银器制作业受到打击。唐代金银器这一停滞期究竟有多长，目前无法准确推断，5年至10年是可能的，其间应有一代或两代工匠出现。这是一个非常重要的时期，唐朝国势强大和经济繁荣都达到了顶点，学术、文化出现了各种流派、各种风格，这一社会背景自然会对金银器的创作产生影响。在金银器制造技术方面，中国工匠已经掌握了西方诸如捶撰等工艺，又经历了从7世纪到8世纪初约百年的生产实践，完全摆脱了西方模式，按自身民族化的方向发展。新一代工匠所受的盛唐文化熏陶，与早期工匠受"胡化之风"的影响不同，当金银器制作再度兴起时，就以一种新的面目出现了。8世纪中叶爆发的长达8年之久的安史之乱，使"宫室焚烧，十不存一"，"人烟断绝，千里萧条"[3]。这场空前的浩劫，使中原经济遭受严重破坏，金银器的生产亦不能例外，短时期内难以恢复和重新创造新的繁荣。因此，第二期（8世纪中叶以后）的金银器发现或可以确定的数量较少，而且多为开元后至天宝时的产品。《旧唐书·西戎传》载："开元之前，贡输不绝。天宝之乱，边徼多虞，邠郊之西，即为戎狄，藁街之邸，来朝亦稀。"[4]也说明8世纪后半叶唐与西方等周边国家的往来进入低潮，在制造的金银器物中，中国化的器物占据主导地位。

---

[1] 《唐大诏令集》卷一百八，562页，商务印书馆，1959年。

[2] 刘悚等：《隋唐嘉话》下，48页，中华书局，1997年。

[3] 《旧唐书》卷一百二十《郭子仪传》，3457页，中华书局，1975年。

[4] 《旧唐书》卷一百九十八，5317页，中华书局，1975年。

三、普及和多样化时期
Phase of Popularization and Diversification

为9世纪，属于唐宪宗至唐末。这一期的器物主要有：

淳安素面银高足杯、背阴村素面银高足杯、丁卯桥素面银高足杯、西安摩羯纹金长杯、西安鸿雁纹银长杯、白鹤鹦鹉纹银长杯、西安鹦鹉纹银长杯、背阴村双鱼纹银长杯、"齐国太夫人"双鱼纹金长杯、白鹤飞禽纹银长杯、弗利尔高足银长杯、大都会高足银长杯、凯波高足银长杯、芝加哥带托银长杯、圣地亚哥蝴蝶纹圆形银盘、繁峙菱花形银盘、"李杆"葵花形银盘、枣园村双凤纹葵花形银盘、"敬晦"葵花形银盘、法门寺折枝纹葵花形银盘、不列颠人物纹海棠形银盘、不列颠鹦鹉纹海棠形银盘、西安抚琴纹海棠形银盘、丁卯桥双鸾纹海棠形银盘、繁峙海棠形银盘、西安荷叶形银盘、"齐国太夫人"荷叶形银盘、大都会卧鹿纹弧腹银碗、大和文华折枝纹弧腹银碗、西安折枝纹弧腹银碗、"宣徽酒坊"莲瓣纹弧腹银碗、"齐国太夫人"绶带纹弧腹银碗、五曲带盖银碗、蓝田绶带纹圜底银碗、西北工大石榴纹圜底银碗、法门寺折枝纹圜底银碗、法门寺素面平底金碗、法门寺伽陵频嘉平底金碗、西安蝴蝶纹平底银碗、背阴村折枝纹多曲银碗、丁卯桥鹦鹉纹多曲银碗、丁卯桥素面多曲银碗、"高骈"多曲银碗、繁峙多曲银碗、西雅图折枝石榴纹多曲银碗、西雅图折枝串花纹多曲银碗、折枝纹多曲银碗、芝加哥荷叶纹多曲银碗、旧金山鹦鹉纹多曲银碗、法门寺莲瓣纹多曲银碗、丁卯桥鹦鹉纹圆形银盒、法门寺素面圆形银盒、丁卯桥素面圆形银盒、凯波缠枝纹圆形银盒、丁卯桥鹦鹉纹花瓣形银盒、丁卯桥凤纹花瓣形银盒、"田嗣莒"双凤纹花瓣形银盒、法门寺双狮纹花瓣形银盒、"都管七国"花瓣形银盒、法门寺四天王纹方形银盒、法门寺素面方形银盒、法门寺如来说法纹方形银盒、法门寺六臂观音纹方形银盒、法门寺珍珠宝钿方形金盒、法门寺素面长方形银盒、法门寺"御前赐"方形银盒、丁卯桥四鱼纹菱形银盒、蓝田鹦鹉纹云头形银盒、白鹤卧犀纹云头形银盒、西安鹦鹉纹海棠形银盒、法门寺双鸿纹海棠形银盒、西安折枝纹四瓣形银盒盖、西安黄鹂纹椭方形银盒盖、丹麦宝相花纹椭方形银盒、凯波鸿雁纹椭方形银盒、"穆悰"犀牛纹椭方形银盒、大和文华四鸿纹环形银盒、丁卯桥蝴蝶形银盒、西安龟背形银盒、繁峙折枝纹提梁银壶、"齐国太夫人"提梁银壶、背阴村人物纹三足银壶、丁卯桥童子纹三足银壶、"水邱氏"人物纹四足银壶、"宣徽酒坊"银注壶、咸阳缠枝纹金注壶、"水邱氏"素面银注壶、不列颠银注壶、丁卯桥素面银注壶、西安折枝纹银唾壶、普赖斯折枝纹银唾壶、"水邱氏"素面银唾壶、法门寺银阏伽瓶、丁卯桥高圈足银炉、"水邱氏"三足银炉、法门寺五足银炉、法门寺高圈足银炉、法门寺盆形银炉、法门寺碗形银炉、法门寺银香囊、"齐国太夫人"长柄圜底银铛、"齐国太夫人"提梁银锅、"水邱氏"缠枝纹银豆、"水邱氏"银匜、丁卯桥摩羯纹银盆、法门寺"浙西"银盆、和平门单层莲瓣银茶托、和平门双层莲瓣银茶托、繁峙银茶托、背阴村银茶托、丁卯桥双瓣葵花形银茶托、丁卯桥葵花形银茶托、法门寺银茶碾子、法门寺银茶罗子、法门寺银盐台、法门寺银笼子、法门寺金银丝笼子、法门寺人物纹银香宝子、法门寺乐伎纹银香宝子、法门寺银龚碗子、法门寺银波罗子、不列颠银蒲篮、淳安银蒲篮、"水邱氏"银温器、丁卯桥银筹筒、繁峙龟形银盒、法门寺龟形银盒、"齐国太夫人"银支架、蓝田杨家沟银器盖、耀县背阴村银器盖、丁卯桥半球形银器盖、丁卯桥荷叶形银器盖、法门寺金塔、法门寺伽陵频嘉纹银棺、法门寺双凤纹银棺、长干寺银椁、长干寺金棺、禅众寺银椁、禅众寺金棺、朱隍村银椁

　　器物种类大增，目前已知唐代金银器中的茶具、香宝子、羹碗子、波罗子、蒲篮、温器、筹筒、龟盒、支架等器类均属这一时期的产品。唐代自始至终都有的碗、盒、盘的形制至此时期发生了大的变化，流行花口浅腹斜壁碗、四五曲花形带足的盒、葵花形的盘等。

　　折枝纹、团花纹继续流行，并更加丰富多彩。折枝纹种类繁多，并以阔叶大花为特点。鸳鸯、鹦鹉、鸿雁、双鱼等成为人们喜爱的动物题材，出现荷叶、绶带纹，叶瓣纹、小花纹、半花纹为主要边饰纹样。纹样风格自由随意，具有浓厚的民间生活气息。珍珠地纹小而浅，也比较稀疏。

　　大型器物较多，但有些器物较轻薄粗糙。錾刻的纹样轻浅断续。刻铭器物增多。

　　这一期是唐代金银器的普及和多样化时期，这里所说的普及是相对前两期而言的，除了皇室和高级贵族，地方官和富裕的百姓也开始较多地使用金银器物，尤其以南方地区较盛，出现了民间金银器作坊和个体工匠，器物的造型和纹样更为大众化。

　　9世纪的唐代，方镇割据势力强大，中央集权衰落。两税法实施后社会经济也出现改变，商品市场得到发展，特别是南方经济发展迅速。金银器质料自身的价值和实用性开始商品化，唐代前期金银器生产主要由中央控制的局面被打破，地方官府及私营的金银器作坊出现，使金银器制造重新繁荣，当时的经济重心南方浙西等地，金银器的生产数量和制作水平，已不亚于中央官府的作坊。

　　作为特殊物品的金银器，与当时社会上层"进奉"之风发生密切联系，促进了金银器大量生产和一些器物制作的精良。目前出土的带有刻铭的金银器，属于9世纪的绝大多数是进奉物品[①]。用于进奉的金银器物品种更加多样化，文献中记录的盘、碟、樽、瓶、盝子妆具、盒、壶、瓮、盆等，许多被考古发现所证实。

---

　　① 卢兆荫:《从考古发现看唐代金银"进奉"之风》,《考古》1983年2期。

图1-596　唐代8世纪中叶以前主要金银器

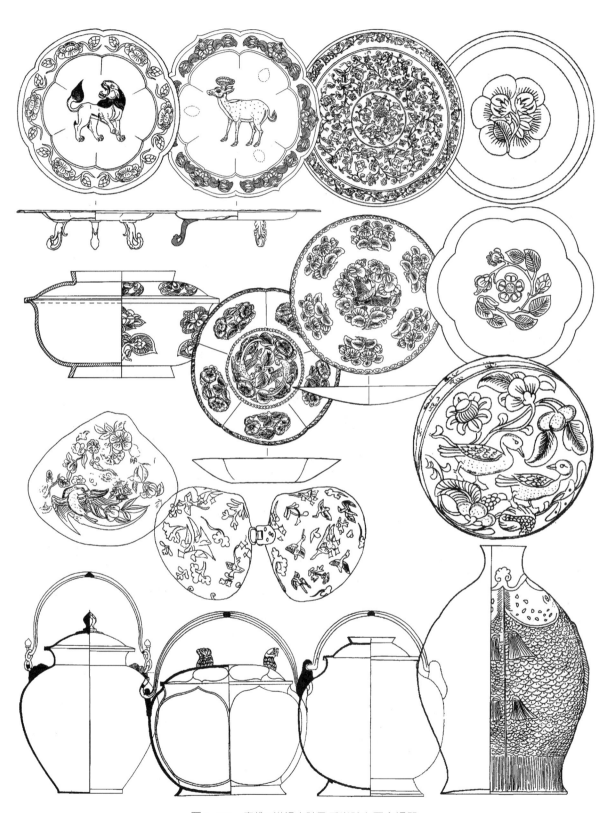

图1-597 唐代8世纪中叶及后半叶主要金银器

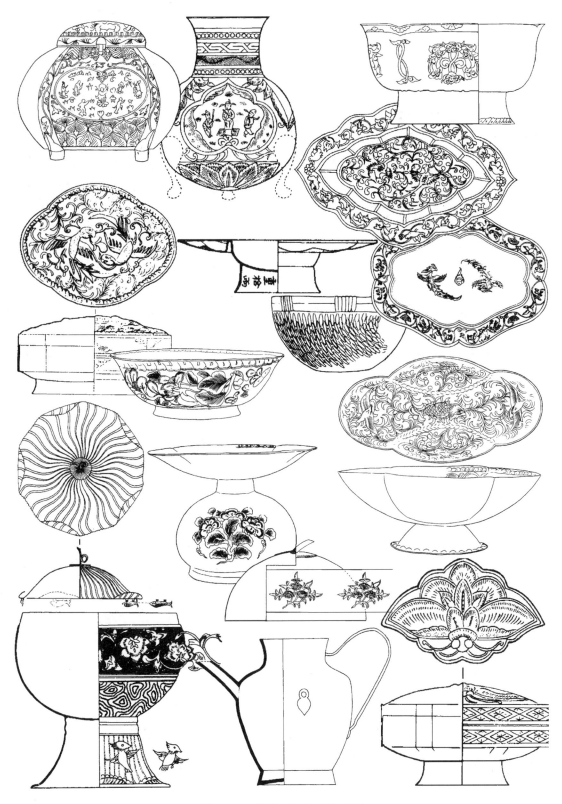

图1-598 唐代9世纪主要金银器

唐代金银工艺

Techniques of the Gold & Silver of the T'ang Dynasty

《新唐书·百官志》少府条在记载唐代官府手工业工匠培养制度时称：

> 钿镂之工，教以四年；车路乐器之工，三年；平漫刀矟之工，二年；矢镞竹漆屈柳之工，半焉；冠冕弁帻之工，九月。教作者传家技，四季以令丞试之，岁终以监试之，皆物勒工名。[1]

钿镂之工当包括制造金银器工匠。《唐六典》少府监条云：

> 凡教诸杂作，计其功之众寡与其难易而均平之，功多而难者限四年、三年成，其次二年，最少四十日，作为等差，而均其劳逸焉。凡教诸杂作工，业金、银、铜、铁铸、钑、凿、镂、错、镞所谓工夫者，限四年成。[2]

学习金银器制作需要四年，是各种技艺中时间最长的，以为这是唐代难度最高的手工业技术之一。金银器制作的复杂工艺，文献阙载。明代人引用《唐六典》时，提到唐代金银工艺有十四种，即销金、拍金、镀金、织金、砑金、披金、泥金、镂金、捻金、戗金、圈金、贴金、嵌金、裹金[3]。《安禄山事迹》在叙述玄宗赏赐安禄山金银器时提到金花银器、金镀银、金平脱、银平脱、金花银双丝、银织、镂银等技术名称。唐代金银工艺十分发达，一些重要的制作技术已为习见，当时文献不予详载，上述唐代金银工艺名称，是无意中保留的，没有逐一对这些工艺作详细解释。用这些工艺技术制成的器物，在地下出土实物中均已发现。目前古人的称谓有些已经废弃不用，代之以现代技术用语。

一、打作与捶揲

Hammering and *Repoussé*

通过采矿、冶炼获得的金银，最初的形状、重量并不统一，由政府征收后，要重新加工。考

---

① 《新唐书》卷四十八，1269页，中华书局，1986年。
② 《唐六典》卷二十二，572页，中华书局，1992年。
③ 参见田艺蘅所著《留青日札摘抄》（丛书集成初编本2917册，118页，中华书局，1985年），但今本《唐六典》不见此条。

图1-599　西安南郊
银铤铭文拓本

古发现的铤、板、饼、锭等，一般是用浇铸和锻造方法制成一定的形状，它们是一种地金，具有货币职能，又可作为制作金银器物的原材料。常有铭文，重量为伍、拾、贰拾、肆拾、伍拾两，比较统一，是重新制作的缘故。西安南郊出土的一件银铤[49]刻"打作匠臣杨存实作下作残银"（图1-599）。杨存实不是采矿、冶炼的人，而是官府的工匠，这从西安西郊未央区出土的"宣徽酒坊"银注壶[32]上得到证实。该壶上刻有"臣杨存实等造，监造番头品官冯金泰，都知高品臣张景谦，使高品臣宋师贞"，"监造番头"为金银作坊院的工官，负责监造，杨存实为官府工匠。"打作匠臣杨存实作下作残银"银铤，显然是将进入官府的普通银做了又一次加工。

　　"打作匠臣杨存实作下作残银"银铤的"打作"二字，泛指金银制作。《归田录》载："打"字"其义本谓考击，故人相殴，以物相击，皆谓之打，而工造金银器，亦谓之打可矣。盖有槌击之义也"[1]。明确指出金银器制作谓之"打""槌"（捶）。作为金银器物原材料使用的铤、板、饼类，除了浇铸，也可"打作"，即将原料通过锻打做成需要的形状。"打作"一词在金银器刻铭中出现，是绝大多数器物成型前必须经过的工艺过程，目前常称作"捶揲"或"槌揲"。捶揲，即锻造、打制，其技术可以冷锻，也可以经过热处理。是利用金、银质地比较柔软、延展性强的特点，将自然或冶炼出的金银锭类的材料捶打成各种形状，供进一步加工使用。出土金银器刻铭中的"打作"，即目前常用的"捶揲"一词。不过目前考古研究中使用的"捶揲"，一般专指器物的制作。

　　唐代金银器皿类中的碗、盘、碟、杯等大多数用捶揲技术制作。用捶揲技术制作器皿，充分利用了金银板片质地较柔软的特点，逐渐捶击使板片材料按设计延展，做成需要的形制。一些形体简单、较浅的器皿便可以直接捶制出来。何家村莲瓣纹弧腹金碗（彩版24、68）、白鹤莲瓣纹弧腹银碗（彩版66）、白鹤缠枝纹银长杯（彩版12）从器物内部可看到清楚的捶揲痕迹。西北工大黄鹂纹圆形银盘（图版25）、大都会缠枝纹叶形银盘（图版36）等唐代绝大多数器物都是这样制造出来的。较复杂的器物也可以分别捶制，"水邱氏"银温器（参见图1-344），由于器形复杂，故用银片分别捶出各个部分，然后再焊接在一起。

　　捶揲技术使唐人能够追求优美而写实的艺术表现，既可以制作器物的形体，也可以制作装饰花纹。何家村莲瓣纹弧腹金碗、何家村仕女纹银带把杯（彩版10），首先捶制出器物的基本形态，然后由内向外捶出双层莲瓣纹轮廓，莲瓣由碗内壁向外壁微微突出，形成内凹外凸的效果，再在外凸的莲瓣轮廓上錾刻花纹。唐代这类莲瓣纹碗以及纹样凸鼓的器物较多，都是用捶揲工艺制作的。

---

　　① 欧阳修：《归田录》卷二，36页，中华书局，1981年。

捶揲器皿形制或纹样有时需要衬以软硬适度、有伸缩性的底衬，古代用沥青、松香加毛草或砥石粉合拌松香制成。捶击金银板片时底衬随之变形，达到成型目的。有的底衬为坚硬的底模，是事先预制出的，金银板片在捶制时按底模成型，也被称为模冲。这种方法广泛运用于纹样的制作，凹凸起伏、造型要求准确的纹样，多采用此法，如何家村舞马纹提梁银壶（彩版44），其中舞马纹样凸出于器表，马的形象逼真，口鼻眼等细部清楚，身体的肌肉也有明显的表现，由于随意捶击的难度很大，遂以事先做好的底模捶制而成。正仓院鹿纹葵花形银盘（图版38），盘沿上有六组完全相同的花纹，制作时应是衬有模具，否则自由捶揲很难达到相同的效果。宽城鹿纹菱花形银盘（彩版19）、喀喇沁摩羯纹葵花形银盘（彩版17）、喀喇沁狮纹葵花形银盘、"刘赞"葵花形银盘、八府庄狮纹葵花形银盘（彩版18）等，盘沿纹样都是用模冲技术制造出来的。

极薄的金银片制作，是用皮革甚至纸张将经过加工后的金银片夹住再进行反复捶打而成。这种薄薄的金银片，一般叫作金银箔，主要作辅助装饰。唐代金银平脱铜镜、漆器上的金银花纹，就是利用极薄的金银片为装饰。法门寺银芙蕖（图1-600），内外三层，共十六瓣，翻卷的荷叶薄如纸，稍受震动就可摇摆，足见唐代捶揲技术的高超。关于箔片加工到明代有了详细记载，《天工开物》载："凡造金箔，既成薄片后，包入乌金纸内，竭力挥椎打成。"[1]《物理小识》也载："金箔，隔碎金以药纸，挥巨斧捶之，金已箔而纸无损。"[2]直到现代，金银箔的制作仍沿用这一古老的工艺。由此推测，唐代应与之相同。

用捶揲法制造的器物要比铸造耗用材料少，也不像铸造器物时需要多人分工合作，故

图1-600　法门寺银芙蕖

---

① 宋应星：《天工开物》卷十四，潘吉星校注及研究本，349页，巴蜀书社，1989年。
② 方以智：《物理小识》卷七，3页，王云五主编《四库全书珍本十一集》本，台湾商务印书馆，1969年。

在质地较软又十分珍贵的金银器制作中极为盛行。唐代金银器皿形制、纹样用捶揲技术形成了浮雕式作风，摆脱了平板单调的表现形式，使器物形制丰富多变。金银较柔软是加工精细作品的便利条件，同时也有器物易于变形的缺陷，即在进行捶揲花纹等进一步加工时，金银板片易扩展。唐前期的高足杯等器物，口沿下常有一周凸弦纹，不仅是美观的装饰，更重要的是在制作工艺上，这条外加的凸弦纹起到了加固器胎的作用。

二、鎏金与镀金
Gilding and Overgilding

唐代金银器研究中常提到鎏金，是当时非常流行的工艺。"鎏金"一词在唐代尚未出现，但这种工艺历史悠久，汉代称为涂金、黄涂，如河北邯郸出土一件东汉鎏金铜器，上刻"建武廿三年，蜀郡西工造乘舆大爵酒尊。下者室铜工堂、金银涂章文工循、造工业、莳工卒（史）恽、长汜、令丞汎、掾曾、令使涪主"。金银涂章文工即鎏金工人，汉代漆器上铜鎏金附件的铭文也称黄涂工[1]。汉代以后，"涂金"似乎不光是指金属器物的鎏金。《晋书·武帝纪》载：泰始二年"七月辛巳，营太庙，致荆山之木，采华山之石，铸铜柱十二，涂以黄金，镂以百物，缀以明珠"[2]。《宋书·武帝本纪》永初二年正月辛酉条："车驾祠南郊，大赦天下。丙寅，断金银涂。"同书《孝武帝纪》载："凡用非军国，宜悉停功，可省细作并尚方，雕文靡巧，金银涂饰，事不关实，严为之禁。"[3]《南齐书·武帝本纪》载：永明七年诏云："涂金镂石以穷茔域之丽，……可明为条制，严勒所在，悉使画一。如复违犯，依事纠奏。"[4]《南齐书·东昏侯本纪》载永元三年条："京邑酒租，皆折使输金，以为金涂。"[5]这里的金涂，多指建筑上用金粉涂抹装饰，不是在金属器表面的鎏金。《三国志·刘繇传》载："乃大起浮图祠，以铜为人，黄金涂身。"[6]这里的"黄金涂身"是在铜器上进行的，大约是目前所说的鎏金了。

鎏金，按现代的说法又叫火镀金、烧金或汞镀金。古代文献较早的记载见于明代《物理小识》所载："镀金法，以汞合金涂银器上，成白色入火，则汞去而金存，数次即黄。"[7]是将纯金和汞按一定比例混合成金汞，俗称金泥，涂抹在器物上，然后在火上烘烤，汞遇热蒸发，金留存于器表。鎏金之外也有鎏银，河北满城汉墓曾出土铜鎏银器，但不常见[8]。鎏金工艺在唐代叫作"金涂"，或称"金花""镀金""金镀"。西安出土的和平门双层莲瓣银茶托，在圈足内刻"大中十四年八月造

---

① 参见史树青：《我国古代的金错工艺》，《文物》1973年6期。
② 《晋书》卷三，54页，中华书局，1996年。
③ 《宋书》卷三，中华书局，56页，1996年。
④ 《南齐书》卷三，57页，中华书局，1995年。
⑤ 《南齐书》卷七，104页，中华书局，1995年。
⑥ 《三国志》卷四十九，1185页，中华书局，1982年。
⑦ 方以智：《物理小识》卷七，3页，王云五主编《四库全书珍本十一集》本，台湾商务印书馆，1969年。
⑧ 中国社会科学院考古研究所等：《满城汉墓发掘报告》，文物出版社，1980年。

成浑金涂茶拓子一枚金银共重拾两捌钱叁字"（图1-601，图版100）；和平门单层莲瓣银茶托，刻"左策使宅茶库金涂工拓子壹拾枚共重玖拾柒两伍钱一"（图1-602，图版101）[1]，其中"金涂茶拓子"，即目前所称的鎏金茶托。陕西扶风法门寺唐代地宫中的大量金银器，据同出的《法门寺衣物账》碑记载的"金涂锁子""银金涂钑花菩萨"（彩版64）等金银器物的名称可知它们即为鎏金银器[19]。《安禄山事迹》载唐玄宗赐安禄山"金花大银盆""金镀银盖碗""金镀银盒子"等，为"金花""金镀"之例。

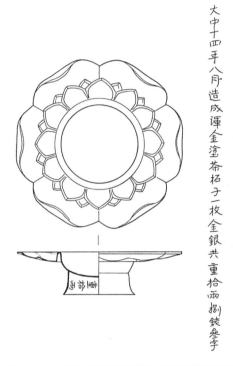
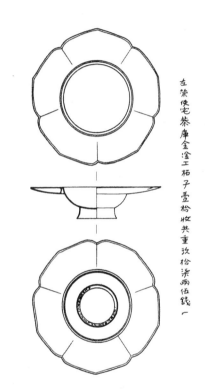

图1-601　和平门双层莲瓣银茶托及其铭文摹本　　　　图1-602　和平门单层莲瓣银茶托及其铭文摹本

　　鎏金需要汞，汞即水银。汞在常温下呈液态的金属，多自丹砂中提炼。丹砂只需低温熔烧，便可得水银，方法不复杂，先秦时就能大量提炼汞了[①]。晋葛洪曰："丹砂烧之成水银，积变又还成丹砂"[②]，对水银的认识已经很清楚。当将水银加热至400℃时即能熔解金、银。鎏金工艺的最大特点是鎏金层极薄，而且紧密，看不出刻意装饰。金的化学稳定性好，不受氧化，同酸、碱不发生反应，加热时也不变色。银色白光亮，与金的黄色形成鲜明的对比，故两者在装饰工艺上黄、白相间，华丽美观，尤其受到喜爱。银的化学稳定性较差，在潮湿的空气中易被氧化腐蚀，生成黑色的硫化银。古代银器经漫长的历史时期，表面因化学变化而发黑。金由于不易发生变化，仍呈

---

① 《史记》卷六《秦始皇本纪》（256页，中华书局，1975年）载："葬始皇郦山……以水银为百川江河大海，机相灌输，上具天文，下具地理。"

② 葛洪：《抱朴子内篇》，王明校释本，72页，中华书局，1985年。

现黑黄或灰黄的效果。

战国西汉时期鎏金工艺已经十分成熟，但大量运用在铜器上。鎏金银器的真正兴盛是在唐代。唐代鎏金银器皿尤为广泛，占银器的大部分。鎏金工艺分通体鎏金和局部鎏金。

通体鎏金看上去和金器相同，如白鹤联珠纹折腹高足银杯（彩版4）、白鹤缠枝纹银长杯（彩版12）等①。鎏金的薄膜对容易氧化的白银表面起到保护作用，只有在显微镜下才可看到凹陷处的汞齐和鎏金表面呈谷纹状，利用光谱和电子探针可发现金层中残留的汞。所以精致的通体鎏金的金属器与金器难以分辨，有时会被误认为是金器。

局部鎏金在唐代银器中最常见，即只在花纹部分鎏金，文献中叫作"金花银器"。《旧唐书·文宗本纪》载：太和二年"敕，应诸道进奉内库，四节及降诞进奉金花银器，并纂组文缬杂物，并折充铤银及绫绢"②。《安禄山事迹》载，玄宗赐安禄山"金花大银盆二"。《法门寺衣物账》有"银金花合""银金花盆"等。由于只在器物纹样部分鎏金，产生出黄、白鲜明对照的艺术效果，文献中屡见不鲜的"金花银器"，是把器物质地与装饰结合在一起的称谓。何家村鹦鹉纹提梁银壶（彩版45）、西安折枝纹银唾壶（彩版50）、何家村银匜（彩版51）等大量器皿都采用了这种工艺。局部鎏金有两种方法，一是刻好花纹再鎏金，二是鎏金后再刻花纹。前者主要流行于唐前期，后者多见于中晚唐，可能因为唐前期纹样为满地装，中晚唐多为局部纹样的缘故。

三、掐丝与金银珠焊缀
Filigree welding Golden and Silver pearls

唐代金银工艺中还流行掐丝，这是一种精细、费时的做法，艺术效果却是玲珑剔透。其做法是将捶打成极薄的金银片，剪成细条，慢慢扭搓成丝，可以单股，也可以多股。另外还有拔丝，是通过拔丝板的锥形细孔，将金银挤压而入，从下面小孔将丝抽出。较粗的丝也可直接捶打而成。《安禄山事迹》提到唐玄宗赏赐安禄山金银器物之事，述及的器物名称有"银丝织成笭筐""银织笅篱""金花银双丝平（瓶）"等③，其中提到"银丝织""银双丝"即现代金银工艺中所称的掐丝或花丝。何家村团花纹金带把杯（彩版11），在光滑的表面上，焊接着以扁金丝构成的花朵。金丝由锻打的金片剪成，极为精细。纹样突出于器表，富有立体感。掐丝编织器物有玲珑剔透之美，法门寺金银丝笼子（彩版59）用细细的金银丝编织而成[45]，为唐代掐丝、金银织工艺的精品。

掐丝经常和金银珠焊缀工艺同时使用。金银珠的制法是把金银片剪成丝，切成段，加热后熔聚成粒，颗粒较小时，自然浑圆。颗粒较大，形状不规整，需要再用两块木板碾研。还可以将金银丝的一端加热，用吹管吹向端点，受热熔化而落下圆珠，有时无需吹落，使圆珠冷却凝结在金

---

① 嘉纳正治（监修）：《白鹤美术馆》图16、17，日本写真印刷株式会社，1981年。

② 《旧唐书》卷十七，528页，中华书局，1975年。

③ 姚汝能：《安禄山事迹》卷上，7、10页，上海古籍出版社，1983年。

银丝的一端备用。**何家村团花纹金带把杯**，在扁金丝构成的花朵边缘再焊细密排列的金珠。西安韩森寨宋氏墓[50]出土的金球，中空，两端有孔，壳薄如纸，用金丝焊出花，金丝的一边或两边用细密的小金珠连缀焊粘而成。掐丝与焊缀金银珠结合的作品，更广泛运用在首饰和装饰类器物上。陕西咸阳贺若氏墓[51]出土的金耳坠、金梳背都用这种技法制作而成（图1-603～605）。陕西长安县王村窦曒墓出土的金玉宝钿带[51]（彩版71）、铐、环等饰件，皆用玉为边框，下衬金板，金板上用金片做出花和叶，其间镶嵌各色宝石，其余部分平铺细小的金珠，极为精细，为唐代金珠焊缀工艺的代表作。**法门寺珍珠宝钿方形金盒**（彩版34）在《法门寺衣物账》中记为"真金函

一枚金筐宝钿真珠装"，对照出土器物，是器表焊有金丝编成的外框及细密的小金珠，再镶嵌宝石，即通常所说的掐丝、焊缀和镶嵌工艺。

掐丝、金银珠经常是用焊接的方法依附在器物表面，故焊接成为唐代金银器必不可少的手段。较大的金银珠和金丝，先用白芨类的黏着剂暂时固定位置，逐个焊接。较小的珠和金丝及细密的装饰，统一撒、点焊药，然后一起加热熔化焊药，冷却后达到焊接目的。焊药的主要成分一般与被焊物相同，加少许硼砂混合而成，也有用银与铜为主合成的焊药。微小的焊接处有时直接加热熔化被焊体和母体两部分，使之冷却后浑然结合为一体。关于焊接工艺，**法门寺银盐台**上錾刻"小药焊"三字，大约是指器物的三足架与托盘相接处的工艺制法，这是唐代器物上唯一见到的与焊接有关的文字。"小药焊"三字说明唐代的焊接技术，有大焊、小焊之别，焊药也不同。唐代文献中虽然没有更详细的记录，但从明朝人

图1-603　贺若氏墓金耳坠

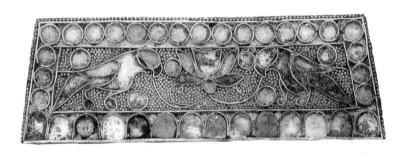

图1-604　贺若氏墓金梳背

图1-605　贺若氏墓金梳背

的记录中可得到启示，《物理小识》在谈到锻缝焊接时说：“以锡末为小焊，响铜末为大焊，焊银器则用红铜末，皆兼硼砂。”“汗（焊）药，以硼砂合铜为之，若以胡桐泪合银，坚如石。今玉石刀柄之类，汗（焊）药加银一分其中，则永坚不脱。试以圆盒口点汗（焊）药于一隅，其药自走，周而环之，亦一奇也。”[1]用锡、铅和铜为主合成焊药焊接时，日久腐蚀后会出现绿锈痕迹。如何家村乐伎纹银带把杯（彩版8），在焊接的缝隙已出现许多绿锈。口小腹大的瓶壶类器皿，更与焊接技术紧密相连。如咸阳缠枝纹金注壶（彩版52）、喀喇沁双鱼罐形银壶（参见图1-278）等，器形口小腹大中空，无法直接捶出，这类器物一般是分两部分捶制，而且多是分上下两部分，然后焊接在一起，打磨光滑，高超的焊技几乎看不出焊接的痕迹。何家村小口银瓶（图版82）长颈较粗，但流口部与腹部相接处仅留直径约为0.5厘米的小孔，器壁厚重，两半浇铸，焊接成型。在西方金银器的影响下，唐代还有将另外制成的凹凸起伏的花纹片，嵌或贴在器胎上融接后整体为半浮雕式者，如白鹤莲瓣纹弧腹银碗（彩版25、66）、何家村双狮纹短柄三足金铛（彩版69），这种技法主要见于唐初的作品。

四、钑镂、錾刻和镂空
Chiselling, Chasing and Openwork

荀子《劝学篇》中的“锲而不舍，金石可镂”成为后世名言警句，锲是用刀刻，镂是雕刻。唐代谈到雕刻时又常用“钑”，并把钑、镂连用。贺知章《答朝士》诗曰：“钑镂银盘盛蛤蜊，镜湖莼菜乱如丝。乡曲近来佳此味，遮渠不道是吴儿。”[2]《安禄山事迹》提到唐玄宗赏赐安禄山金银器物还有“银凿镂、银锁”[3]。“钑”亦为雕刻，“钑镂”也指雕刻纹样。《朝野佥载》记唐安乐公主造百宝香炉：“隐起钑镂，窈窕便娟。”[4]由于这种工艺产生的器物精美，也转义指华丽和富有。《唐国史补》载：“太原王氏四姓得之为美，故呼为钑镂王家，喻银质而金饰也。”[5]“镂”或“钑镂”，现代考古中也叫镌刻、錾刻、攒刻、镂刻、雕镂。最常见的称谓是錾刻，是在器物成型之后的进一步加工技术，多施用于花纹。法门寺四天王纹方形银盒（参见图1-241）和法门寺六臂观音纹方形金盒（参见1-239），在唐人刻写的《法门寺衣物账》中分别叫作“银金花钑作函”和“真金钑花函”。

錾刻工艺十分复杂，工具有几百种之多，根据需要随时制作出不同形状的錾头或錾刀。一类錾头不锋利，錾刻较圆润的纹样，不致把较薄的金银片刻裂，用肉眼就能观察到錾刻的痕迹，由

① 方以智：《物理小识》卷七，39页、22页、23页，王云五主编《四库全书珍本十一集》本，台湾商务印书馆，1969年。
② 《全唐诗》第二函第六册，266页，上海古籍出版社，1994年。
③ 姚汝能：《安禄山事迹》卷上，6页，上海古籍出版社，1983年。
④ 张鷟：《朝野佥载》卷三，70页，中华书局，1979年。
⑤ 李肇：《唐国史补》卷上，21页，上海古籍出版社，1979年。

一段段的短线组成。另一类錾头锋利如凿子，錾出较细腻的纹样，在制作实施时又分两种，一种线条为挤压出来的，另一种线条为剔出来的。《安禄山事迹》云："赐禄山金靸花大银胡餅（瓶）"[①]。此处"金靸花"的"靸"字，大约也是指錾刻工艺。

錾刻技术产生出丰富多彩的艺术效果，有时为平面雕刻，有时花纹凹凸呈浮雕状，可在器物的表里同时使用。在金银器使用了捶揲技术后，錾刻一直作为细部加工手段而使用，运用在铸造器物的表面刻画上，贴金、包金器物的纹样部分也采用此法。

唐代金银器上流行的珍珠地纹是在器物表面用圆錾刀錾出细密的小圆圈，排列整齐，需要熟练的技术，花费较多的时间，使银器表面更为斑斓，反映出白银光芒四射的质感。珍珠地纹是唐代创新和特有的工艺，并影响到其他地区。中晚唐的器物轻薄，珍珠地纹小而浅，也比较稀疏。

镂空，本来也是錾刻，要錾刻掉设计中不需要的部分，形成透空的纹样，故称为镂空或透雕，唐代的银香囊就是这种工艺的代表。香囊的用途为熏香，内外三层用同心机环连接，无论怎样转动，其内部的香灰也不致撒落，但需要将香气散发出来，便将外壁錾刻出透气孔，即在设计的花纹中将不需要的部分去掉。法门寺银笼子（彩版60）的制作也采用镂空技术，据研究这是茶笼[②]，储存茶饼，透气可风干。香囊与银笼采用镂空技术，主要是出自实用功能的需要，也有不少器物花纹镂空纯粹作为装饰。

五、铸造、铆接、镶嵌和平脱

Casting, Riveting, Inlaying and *Pingtuo* (Inlaying large designs made of gold and/or silver foil onto the metal wares)

金的熔点为1 064.43℃，银的熔点为961.93℃，在液态情况下流动性较好，冷凝时间也较长，故浇铸温度可略低于铜等金属，容易制作精细的作品。将金、银熔化为汁液，采用范模浇铸而成的器物，与中国青铜器制造方法相同。湖北省随州战国时期曾侯乙墓[③]出土金盏、杯和两件金器盖，是用铸造方法制成的。捶揲等技术应用后，铸造方法便很少采用了。唐代铸造的金银器有何家村人物纹金带把杯（彩版6）、何家村人物忍冬纹金带把杯（彩版7）、何家村小口银瓶（图版82）等，以胎体厚重为特点。铸造技术很难制出薄胎器物，金银是贵重金属，极少大型器具，故耗费材料的铸造器物不多见。

唐代金银器制作也采用了铆接、切削等工艺。铆接时将接件和主体间凿出小孔，用穿钉钉牢，是器把、提梁常用的手法。"齐国太夫人"提梁银壶（图1-606）通体由两块银片铆接而成，腹部

---

① 姚汝能：《安禄山事迹》卷上，9页，上海古籍出版社，1983年。学海类编本"金靸花"作"金扳花"，藕香零拾本作"金花"，"餅"字疑为瓶。

② 韩伟：《从饮茶风尚看法门寺等地出土的唐代金银茶具》，《文物》1988年10期。

③ 湖北省博物馆：《曾侯乙墓》，文物出版社，1989年。

图1-606 "齐国太夫人"
提梁银壶腹部的铆钉

图1-607 沙坡村素面筒形
银带把杯铆钉铆接的杯把

图1-608 大阪山岳纹蛤形银盒
铆钉固定的环轴

有明显的接缝,用30个银铆钉铆接。沙坡村素面筒形银带把杯(图1-607)以及唐代的蛤形银盒(图1-608)两扇连接处,都用了铆钉固定。一些盘、碗、盒等器皿底部留有同心圆加工痕迹,证明当时已经有了简单的机械车床。机械车床切削加工痕迹纹路较深,不光滑,与打磨抛光留下的痕迹不同。

唐代金银器制作还和其他工艺如镶嵌等相结合。与以往作装饰的"金银镶嵌"不同,唐代的镶嵌金银经常成为母体,嵌入宝石等,如何家村团花纹金带把杯(彩版11)、法门寺珍珠宝钿方形金盒(彩版34)、泾川金棺(图1-609)都镶嵌着宝石、珍珠等,使器物更加灿烂辉煌。但何家村团花纹带把金杯的镶嵌物已脱落,其他金银器的镶嵌物出土时也很少保存。

金银平脱是唐代极为流行的工艺,主要出现在铜镜、漆木器上。唐代铜镜中许多在镜背粘贴金银花饰。其做法是先在镜背涂上厚厚的漆,再镶嵌剪成各种纹样的金、银箔片,然后打磨光滑,有的还进一步在金、银箔片上刻划纹样。如洛阳偃师神龙二年(公元706年)宋祯墓[17]出土的菱花镜,镜背贴的银箔上錾刻

图1-609 泾川金棺镶嵌珍珠及金花

图1-610　卢氏墓金银平脱铜镜

图1-611　郑洵墓金银平脱铜镜

纹样，并鎏金。洛阳关林天宝九载（公元750年）卢氏墓①出土的平脱镜，镜纽外布满金银平脱团花、折枝花及鸾凤（图1-610）。大历十三年（公元778年）郑洵墓②出土的平脱镜的镜背是用银箔剪成的衔花对鸟，中间点缀金箔剪成的石榴（图1-611），洛阳偃师开元二十六年（公元738年）李景由墓[17]还出土了银平脱漆方盒（图1-612），盒的四壁精美的缠枝纹用银箔贴成，繁缛细密，异常精致。金银平脱镜多为盛唐及稍晚时期的作品。此外，金银作为其他器物上辅助性装饰手段在唐代十分流行③，但在这些工艺品中，金银已不是器物的主体了。

　　唐代金银器的装饰纹样也体现出独特的工艺特征，唐代以前的金银器和与唐朝时代相当的中亚、西亚金银器，一般多是在器物内或外一个面上装饰纹样，而唐代有许多器皿两面装饰不同的纹样，如何家村银耳杯（彩版14）、何家村折枝纹圜底银碗（图版47）均为这类装饰手法。

图1-612　李景由墓银平脱漆方盒

　　①　洛阳博物馆：《洛阳关林唐墓》，《考古》1980年4期。
　　②　王振江：《唐代金银平脱铜镜的复原》，《考古》1987年12期。
　　　　中国社会科学院考古研究所河南二队：《河南偃师市杏园村唐墓的发掘》，《考古》1996年12期。
　　③　张广立等：《漫话唐代的金银平脱》，《文物》1991年2期。

唐代南方地区的金银器

The Gold & Silver of the T'ang Dynasty in the Southern Region

　　唐代金银器从总体上说，唐初受西方文化影响较大，8世纪中叶基本完成了中国化过程，开始独立发展。生产制作情况是，8世纪中叶以前主要由北方中原的中央官府和皇室作坊生产，以西安、洛阳为中心的唐代金银器，代表着正统风格。8世纪中叶以后，地方官府和民间私营作坊兴起，并主要出现在南方地区。南方地区的作品，尽管模仿了一些西安、洛阳艺匠的手法，但制作技术及器物形式仍然表现出不同的特色。

　　金银器物制作的原材料及工匠集团、生活习俗、地理环境、文化传统等不同导致了北方与南方器物存在差异，如同唐代陶瓷器等其他考古学遗物都有南北两大系统一样，金银器也显示出区域性风格。不过，金银器是制作技术要求较高的手工行业，产品供少数人享用，南方的工匠也受中央官府征调，南方的作品会进奉到中央，在产品的制作和使用不普及的前提下，金银器的南北区别并不十分明显。尽管有学者专门撰文对唐代南方金银器加以阐述[①]，也有学者否认南北的差异[②]，但是，既然唐代其他考古遗存中存在南北区别，反映的是两种文化传统，那么在统一性很强的金银器皿上也会留下迹象。金银是稀有、珍贵的物质，金银器是高级用品，原料的开采、冶炼受到地区条件的限制，器物制作工艺复杂，决定了金银手工业只能在特定的地区由少量专门工匠承担。当中央政权统治削弱、经济发生变化时，地方金银手工业的兴盛成为必然。这时金银器南方与北方中原地区的区别，不仅有南北文化传统导致的差异，也有中央与地方、官府与民间产品的差异。与其他考古学现象相比，唐代南方金银器的新颖样式，与其说是北方中心文化的传播，不如看作是当地传统与之融合后所产生的异样风格。那些不易察觉的南北之别，更能反映唐代金银器生产较为特殊的社会背景的变化。

　　无论考古发现或史籍记载，都证明了8世纪中叶以前的唐代前期，金银器制作中心在北方，主要由官府控制生产，优秀的工匠为中央和皇室所录用，金银器制品的统一性很强。到中晚唐时期金银器的制造出现以西安、洛阳为中心和以江浙为中心的南北两大生产地。《唐六典》《唐会要》和两唐书记载的唐代产、供金银及金银器的制作，所涉及的绝大多数都是8世纪中叶以后的事情。考古出土的遗物中，目前尚难确定出唐代前期产于南方的金银作品。金银器出现明显的南北风格差异，根据目前资料只能比较清楚地了解中晚唐的情况。因此，对唐代金银器的区域性研究，也就是说目前探讨唐代金银器南北差异问题，主要应是中晚唐时期。

---

　　① 刘建国：《试论唐代南方金银工艺的兴起》，《唐代金银器》，文物出版社，1985年。

　　② 赵超：《法门寺出土金银器反映的晚唐金银制作业状况及晚唐金银器风格》，《首届国际法门寺史文化学术研讨会论文选集》，陕西人民教育出版社，1992年。

一、南方地区金银器的发现
Discovery of the Gold & Silver in the Southern Region

目前唐代金银器皿的发现状况是，8世纪中叶以前的制品主要出土于北方中原地区，能够确定为南方地区的遗物很少。8世纪中叶以后的制品出土和制作于南方的大增。江苏镇江丹徒丁卯桥出土的950余件银器[15]、浙江长兴县下莘桥出土的100余件银器[9]、浙江临安水邱氏墓出土的38件银器[14]，是目前南方地区主要的三批遗物，江苏省镇江甘露寺塔基内出土的金棺、银椁也是南方的制品。此外，北方地区的陕西耀县背阴村窖藏[2]、陕西蓝田杨家沟窖藏[13]、西安南郊西北工业大学窖藏[8]、内蒙古昭乌达盟喀喇沁旗窖藏[10]等出土遗物中也包含着南方的产品。因为一些器物上所刻文字中的人名、地名、官名等，将产地情况叙述得更为清楚，准确地表示出它们制作于南方。例如：陕西西安南郊西北工业大学窖藏出土了"李勉"圆形银盘，李勉曾任洪州刺史充江南道观察等使；内蒙古昭乌达盟喀喇沁旗窖藏出土了"刘赞"葵花形银盘，刘赞曾任宣州刺史、宜翕州观察使；陕西西安北郊坑底村窖藏出土了"裴肃"葵花形银盘，裴肃曾任越州刺史、浙东道观察使；陕西耀县柳林背阴村窖藏出土了"敬晦"葵花形银盘，敬晦曾任盐铁使、浙西观察使；陕西蓝田杨家沟窖藏出土了"李杆"葵花形银盘，陕西扶风法门寺地宫出土了刻"桂管臣李杆进"铭文的法门寺银笼子，桂管臣指桂管经略使，治所设在桂州，属岭南道；还有法门寺"浙西"银盆等，这些器物从刻铭中的人名、地名和官名上看，都制作于南方，然后进奉到皇室或中央政府①。已发现的8世纪中叶以后南方金银器产品数量超过北方中原地区，形成一个庞大的展示南方金银器地区风格的群体，反映了中晚唐南方金银制造业的繁荣。

二、南方地区金银器的特征
Characteristics of the Gold & Silver in the Southern Region

器物之间的风格差异也可能是时代早晚、制作机构和工匠不同所致，所以分析认识南北金银器的异同应将同时期的遗物进行比较，区域性的特征，只有在同时期作品的比较中才能体现。南方地区金银器的特征是以北方金银器作为参照物体现出来的。可以确定的北方金银器产品，在陕西扶风法门寺地宫出土的金银器中大量存在，其中最主要的是刻有"文思院"字样的器物。"文思院"是皇室作坊，职责非常明确，主要就是制造金银器②，故这些器物制作于北方地区毫无疑义。带有"文思院造"字样的器物有：法门寺银盐台、法门寺银茶碾子、法门寺银茶罗子、法门寺五

---

① 参见本书本编《标准器物及标准器物群》。
② 参见本书第二编《唐代金银器制作作坊》。

足银炉（彩版54）、法门寺银如意、法门寺银手炉、法门寺素面圈底金碗、法门寺银锡杖[1]。

根据法门寺地宫内出土的石刻《法门寺衣物账》及其他器物上的刻铭，许多不带"文思院"刻铭的器物也制作于北方地区，如法门寺银手炉上刻"咸通十三年文思院造银白成手炉一枚，并香宝子"，与手炉配套、铭文中附带提到的法门寺银香宝子也是北方产品。法门寺素面方形银盒（宝函，图版75）正面竖錾10行83字，为智慧轮于"咸通拾贰年（公元871年）闰捌月造"。智慧轮是长安城兴善寺高僧，除这件宝函外，他还施舍"银阏伽瓶四只"等，都能肯定制作于北方地区。

此外，明确地制造于北方地区的器物还有：陕西蓝田杨家沟窖藏出土的"田嗣莒"双凤纹花瓣形银盒[13]，盒外底部刻"内园供奉合咸通七年（公元866年）十一月十五日造使臣田嗣莒重一十五两五钱一字"。陕西西安西郊出土"宣徽酒坊"银注壶[32]，器物圈足内的器底刻："宣徽酒坊咸通十三年（公元872年）六月廿日别敕造七升地字号酒注壹枚重壹佰两臣杨存实等造监造番头品官臣冯金泰都知高品臣张景谦使高品臣宋师贞"。陕西耀县柳林背阴村窖藏出土的"宣徽酒坊"莲瓣纹弧腹银碗[2]（彩版22），碗外底刻"宣徽酒坊宇字号"。陕西西安和平门窖藏出土茶托共7件[1]，其中一件圈足内侧刻"大中十四年（公元860年）八月造成浑金涂茶拓子一枚金银共重拾两捌钱叁字"，另有一件圈足内侧刻"左策使宅茶库金涂工拓子壹拾枚共重玖拾柒两伍钱一"。

上述器物形成了9世纪北方中原地区器物群。将北方中原地区器物群与南方器物群相比较，就能看出中晚唐时期金银器的南北区别。

中晚唐的金银作品普遍流行多曲瓣器形的做法，但南北风格并不完全相同。南方器物的曲瓣十分醒目，北方却比较含蓄。南方产品如丁卯桥菱花形银盘（图1-613）、丁卯桥素面多曲银碗（图1-614）、丁卯桥双瓣葵花形银茶托（图1-615）、丁卯桥葵花形银茶托[2]，强调器物的弧曲变化，使口沿凹凸突出，整体造型如盛开的花朵。北方产品如法门寺折枝纹葵花形银盘（参见图1-137，

图1-613　丁卯桥菱花形银盘

图1-614　丁卯桥素面多曲银碗

---

① 各器物的刻铭文字内容，参见本书第二编《唐代金银器制作作坊》中同名器物中所录。据石兴邦《法门寺地宫珍宝的发现及其有关问题》（《首届国际法门寺历史文化学术研讨会论文选集》，陕西人民教育出版社，1992年）一文，素面银如意为"金银作坊院打制"。

② 镇江市博物馆等：《唐代金银器》，图197、198、204、205，文物出版社，1985年。

图版27），虽然也都是五曲瓣形，但分瓣处只是微微内凹，整体感觉仍是圆形。两者之间的微妙区别只能从大量器物的比较中感受到。

圈足器物在中晚唐流行，但南方地区的碗或杯类的器物，圈足较高，显得十分粗壮，有的甚至被称为高足银杯（图1-614、616）。但与流行于唐代前期的高足杯并非同类器物，而是杯碗类器物增高了器足和器身。大型带圈足的盒似乎主要为南方地区制作，丁卯桥窖藏出土了20多件，北方法门寺地宫发现的比较精美的带圈足的盒也是南方的贡品。

南方对动物造型追求逼真的效果，丁卯桥银筹筒（彩版63），做成十分写实的龟形座（图1-617），龟昂首向前，甲背按龟背自然状态制作成不规则形，龟背片也仿生设计，每片内还錾刻细密的线纹，自然和谐，极为生动。北方地区的陕西和山西出土的法门寺龟形银盒（图1-618）、繁峙龟形银盒（图1-619），虽然与丁卯桥银筹筒是用途不同的器物，但都是写实的龟形器。北方地区这两件龟形器，造型比较呆板，细部装饰图案化倾向很浓。法门寺龟形银盒的龟头之下有明显颈部，龟身有浑圆之感，龟背片严格地限制在龟背整体之内，故有些龟背片只有半个或一小部分，失去仿生效果，边缘则是叶片似的装饰，腹部捶

图1-615　丁卯桥双瓣葵花形银茶托

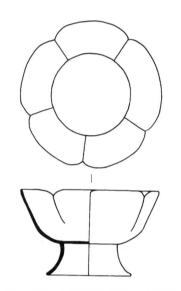

图1-616　"水邱氏"素面多曲银碗

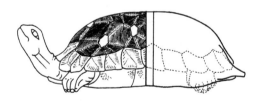

图1-617　丁卯桥银筹筒龟形座

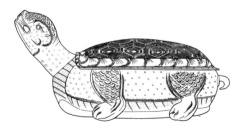

图1-618　法门寺龟形银盒

图1-619　繁峙龟形银盒

有点纹，腿部刻出几何式的鳞纹，虽一丝不苟，却显得过分拘谨，整体造型器具化。繁峙龟形银盒采用了夸张的造型，龟昂首回视，龟背片做出八卦纹，边缘为雷纹，与龟的背片自然纹样完全不同，腹部、腿部的制法和装饰手法与法门寺龟形银盒一致。可见同样是龟的造型，南方和北方的风格不同。

　　器物的纹样装饰方面，南北区别较大。中晚唐金银器大都不再追求满地装式的华丽，在器体上布置纹样时常留出一些空白，这种装饰手法被称为"开光"。虽然这是唐代金银器装饰变化的共同规律，但在北方地区表现得更为突出。"开光"在西安出土的8世纪中叶何家村团花纹带盖银碗（彩版23）上已经开始出现，中晚唐时成为较普遍的做法。人们更乐于接受分单元设计的花纹，再在花纹部分鎏金，用鎏金的黄色和银的洁白形成的强烈对比来表现艺术情趣，如法门寺折枝纹葵花形银盘（图版27），都在花纹之外留出洁白的银质底色，花纹部分鎏金，这就是唐代文献中常提到的"金花银器"。满地装饰花纹金银器在中晚唐北方地区衰落，通体饰花纹的器物与唐前期相比锐减，即便是皇室作坊"文思院"的作品，如法门寺折枝纹圜底银碗虽有花纹，但空白处更多。还有的器物为素面，如"文思院"制造的法门寺素面平底金碗。南方地区则不同，器物满地装式的做法仍然盛行，如丁卯桥鹦鹉纹圆形银盒（参见图1-222）、丁卯桥鹦鹉纹花瓣形银盒（参见图1-234）、丁卯桥凤纹花瓣形银盒（参见图1-235，彩版31），均为通体装饰、鎏金的豪华作品[15]。北方地区出土的法门寺双狮纹花瓣形银盒（彩版32），与丁卯桥窖藏的满饰纹样的银盒在造型和装饰上十分接近，银盒底外壁所刻"江南西道都团练观察处置等使臣李进"的字样，表明是来自南方的进奉之物。

　　莲瓣纹是北方地区中晚唐流行比较普遍的艺术题材。陕西扶风的法门寺五足银炉是北方产品，炉盖上的莲花纽由对卷叶构成花瓣，这是北方从唐初就开始流行的历史悠久的纹样，如西安出土的何家村莲瓣纹弧腹金碗（图1-620-2，彩版24、68）、"宣徽酒坊"莲瓣纹弧腹银碗（图1-620-1，彩版22）等所饰纹样。中晚唐对卷叶构成的花瓣与早期同类纹样装饰一脉相承，区别是花瓣内不是各种缠枝花草，不再构成所谓"宝相花"，多为放射状的细线刻纹，表示叶类植物的筋脉，对卷叶变得较简单、草率。花瓣内以细线刻纹的做法，在法门寺银盐台的底盘、法门寺盆形银炉的底座上部、法门寺莲瓣多曲银碗的腹部、法门寺银阏伽瓶的圈足、法门寺乐伎纹银香宝子器体的下部[19]、"宣徽酒坊"莲瓣纹弧腹银碗腹部也可见到（图1-620-3～6）。南方金银器皿上的纹样种类繁多，盛于北方，但莲瓣纹比较罕见，主要流行各种各样的折枝纹，自由奔放，不拘一格。南方进奉的"刘赞"葵花形银盘的折枝石榴纹，也出现于法门寺"浙西"银盆上；"裴肃"葵花形银盘、"刘赞"葵花形银盘和喀喇沁狮纹葵花形银盘（图1-620-9～12）上的肥阔、流畅的折枝花叶、折枝串花和一种非花非叶的纹样均不见于北方"文思院"的作品中；突出叶花的缠枝纹也与北方突出藤蔓的缠枝纹不同；半花纹边饰在南方的器物上较多。

　　南方金银器的纹样装饰，极少受宗教艺术的影响，莲花、摩羯纹远不如北方盛行，民间喜闻乐见的题材如鸳鸯、凤鸟、鹦鹉较为流行。纹样种类的多样化和世俗化是南方金银器总体风貌。法门寺"浙西"银盆（彩版58）纹样精美，通体鎏金，是目前所知唐代最大的银器皿之一，即便是富贾巨商、高官显贵也难得有如此华丽的器皿，应是专门为进奉皇室制作的。这件银盆虽然发现于法门寺地宫，但既不可能是做佛事的法器，也不可能是僧侣的生活用物，因为银盆的主题装

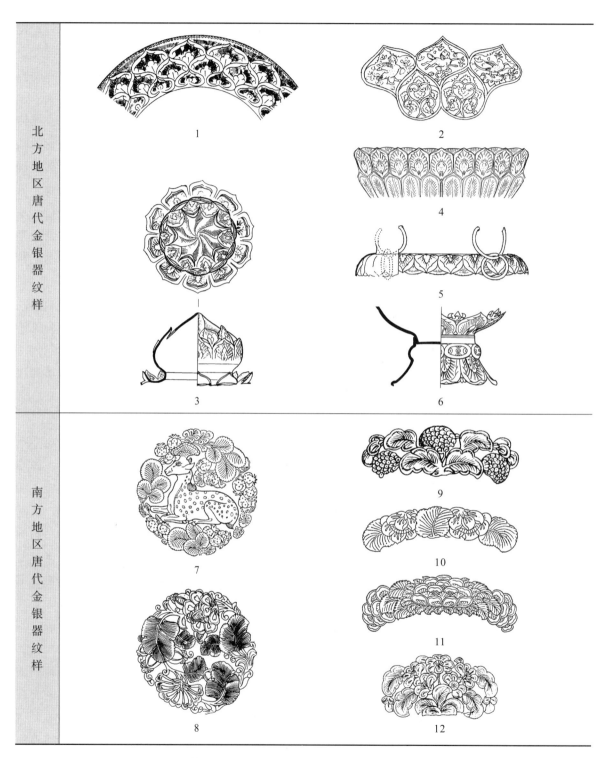

北方地区唐代金银器纹样

南方地区唐代金银器纹样

图1-620 北方、南方地区唐代金银器纹样对比

1. "宣徽酒坊"莲瓣纹弧腹银碗外腹纹样 2. 何家村莲瓣纹弧腹金碗外腹纹样 3. 法门寺五足银炉盖纽纹样 4. 法门寺莲瓣纹多曲银碗外腹纹样 5. 法门寺盆形银炉底座纹样 6. 法门寺银阏伽瓶足部纹样 7. "刘赞"葵花形银盘内底纹样 8. 宾夕法尼亚折枝纹多曲银碗内底纹样 9. "裴肃"葵花形银盘沿面纹样 10. 喀喇沁狮纹葵花形银盘沿面纹样 11. "刘赞"葵花形银盘沿面纹样 12. "裴肃"葵花形银盘内腹纹样

饰是表示男女爱情的鸳鸯嬉戏纹样题材，它应是皇室转赠的施舍物，其纹样与"文思院"的作品完全不同，浓郁的生活气息和世俗情趣使之在法门寺地宫出土金银器中一枝独秀。

南方金银器中盒、盆、筹筒等出人意料的精巧华丽，相比之下同时期北方器物显得有些笨拙，这种风格上的区别应是各自文化传统的延续。南方地区喜爱真实动物胜过虚构的动物，似乎有深远的历史渊源，江西新干出土的商代铜器用人面代替饕餮，湖南出土的青铜尊将栩栩如生的四只羊装饰在器腹，四川广汉三星堆也出土令人惊奇的带动物装饰的青铜器。直到东晋南朝时期的陶瓷鸡首壶、蛙形水注、羊形插器等等，历代南方器物的动物造型和图像所表现的真实感几乎要掩盖过器物本身的形式，无可置疑地显示出地方艺术特色和相对独立性。唐代南方金银艺匠的创新，显非中原艺匠所敢于尝试的。令人赞叹的南方风格，表明南、北两地在传统习俗和艺术品位上的不同。

从总体上说，中晚唐时期北方地区中央政府"金银作坊院"和皇室"文思院"的产品，原则上供应皇室和宫廷需求而不销售，只是因为赏赐等渠道才会流出宫廷。南方地区金银器的商品化趋势明显，某些器类生产量大，制作手法比较一致，有的十分简洁，器体轻薄，器物纹样显示出多样化、世俗化等等。丁卯桥窖藏出土的28件银盒中造型、尺寸和重量完全一致的素面圆盒有15件，显然是作坊中定做或待售的商品。商品化的生产目的，要求产品为人们喜爱，又要降低成本，因此影响到南方金银器的制作和风格发生改变。丁卯桥窖藏的一件素面圆盒经过实测，腹径11厘米，高8.3厘米，重203克。其他10余件素面圆银盒和4件鹦鹉纹圆形银盒也大致如此。而北方的法门寺素面圆形银盒，高9.8厘米，直径18.4厘米，重量却达816.5克，与其他北方地区中晚唐金银器一样比较厚重。中央和皇室作坊生产的金银器因供宫廷所需，制作时一般不考虑成本；南方生产的金银器主要用作商品，在满足人们喜爱的同时，对珍贵的金银材料尽可能省减，即便是专门制造的进奉之物，由地方官府或私营作坊承制，也显示出轻薄的特征。民间自行制作的器物，更是比较草率粗糙，如浙江长兴县下莘桥银器窖藏很可能是民间私人作坊的产品[①]，出土的素面、简单的器物较多。

南方地区金银器种类丰富，"水邱氏"银温器（参见图1-344）、"水邱氏"缠枝纹银豆（参见图1-329，图版90）、"水邱氏"三足银炉（参见图1-304）和丁卯桥银筹筒（参见图1-345，彩版63）等均不见于北方地区，而杯、碗等常见器类则明显地在形制上多样而丰富。盛唐以后民间兴起的金银手工业，必须投富绅所好以求发展，致使工艺技术和器物种类日趋多样化。

生活环境和文化传统的不同使人们的审美意识不同，社会经济结构的变化也影响着制作者为自身利益而迎合社会需求，唐代金银器南、北两地的区别便自然形成。当然，这些形制、纹样和制作上的地区风格，并非截然差异，唐代中晚期南北便利的交通和频繁的往来，已经不似前代那种明显的区域性文化差别，只能从总体看到南方地区金银器的群体特征。

---

① 参见本书第二编《唐代金银器制作作坊》。

三、南方金银器制造业发展的原因

Reasons for the Development of the Gold & Silver Manufacture in the Southern Region

中晚唐南方金银器制作行业的崛起，也得益于地理条件的优越。唐代的岭南道、江南道是金银的主要产区。《新唐书·地理志》载唐代产、贡金银的州府大都在南方地区，全国产金地南方占92%，产银地南方占94%。仅岭南道产金、银之地分别占全国的53%和69%[1]。唐代前期的赋税实行租庸调制，庸调通常为布匹，只有产银地区才贡银，主要是岭南道。8世纪中叶以后，南方贡金银的州大增。铅是进行白银冶炼时的助熔金属，按文献记录唐代发现的铅原料也多出自南方，重要的产地有江南道和岭南道。

中晚唐中央官府对地方和私人开采金银已无法有效控制，因为采矿和冶炼都需要专门的技术，并依赖于地方。此外中央政府欲让金银业发展，也不得不让利于地方，因而南方金银手工业形成了很大的规模，开采、冶炼、制作俱全，形成各种专门化手工行业。在商品经济发展的背景下，南方地区有得天独厚的条件，可以充分地利用当地资源，减少生产成本，自行生产金银器开始兴盛，并迅速成为成熟的手工业门类。

文献对南方的金银器多有记载，详见表1-35。

从表1-35中所列的文献中，不难发现那些供奉金银器物事件，绝大多数都是中晚唐时期南方地区的记录。《新唐书·地理志》扬州条，土贡中最先列出的就是金银。扬州在盛唐后的贸易地位，使之成为全国最大的金银集散地，淮南道等是中央朝廷金银器的供应地。唐代宗大历三年（公元768年）田神功进献的金银器物数量并不多，9世纪王播任淮南节度使期间，三次进献的金银器皿已达5 900多件，说明时代越晚，南方进奉的金银制品越多。中央朝廷的金银器更依赖于南方地区。

《旧唐书·李德裕传》载：“（宝历元年，公元825年）七月诏浙西造银盝子妆具二十事进内。”李德裕曾奏曰：“金银不出当州，皆须外处回市”，并云“去（年）二月中奉宣令造盝子，计用银九千四百余两，其时贮备，都无二三百两，乃诸头收市，方获制造上供。昨又奉宣旨，令进妆具二十件，计用银一万三千两、金一百三十两，寻令并合四节进奉金银，造成两具进纳讫。今差人于淮南收买，旋到旋造。”[2]浙西虽不产金银原料，却是著名的金银器制作之地，聚集着大批能工巧匠，也可以随时到市场上购得金银。《入唐求法巡礼行记》载，开成三年（公元838年）在扬州“砂金大二两，于市头令交易”[3]，表明扬州是金银的集散地。《旧唐书·李德裕传》所载的皇帝两次宣索，所需银竟达二万二千四百余两，金一百三十两，反映唐代南方地区金银的产量很高，器物制作的力量也十分雄厚。法门寺“浙西”银盆，可能即李德裕奉命制作的器物之一。

---

[1] 加藤繁：《唐宋时代金银之研究》，中译本，联合准备银行出版，1944年。
　　参见本书第二编《唐代金银采矿、冶炼及征收》。

[2] 《旧唐书》卷一百七十四，4511页，中华书局，1975年。

[3] 圆仁：《入唐求法巡礼行记》卷一，53页，白化文校注本，花山文艺出版社，1992年。

时间	文献内容	文献出处
大历二年 （公元767年）	剑南西节度使杜鸿渐自成都入朝，献金银器五十床。	《册府元龟》卷一六九帝王部纳贡献门
大历三年 （公元768年）	因刘展反叛，邓景山引田神功助讨："至扬州，大掠百姓商人资产，郡内比屋发掘略遍，商胡波斯被杀者数千人。……大历三年三月，朝京师，献马十匹，金银器五十件，缯彩一万匹。"	《旧唐书》卷一百二十四《田神功传》
长庆四年 （公元824年）	淮南节度使王播进宣索银妆奁二。	《册府元龟》卷一六九帝王部纳贡献门
宝历元年 （公元825年）	（王播）又进银棍（盒）二百枚，银盖椀（碗）一百枚，散椀（碗）二千枚。	《册府元龟》卷五一〇邦计部希旨门
太和元年 （公元827年）	（淮南节度使王播入朝）进大小银碗三千四百枚。	《旧唐书》卷一百六十四《王播传》
元和年间	襄阳裴均违诏书，献银壶瓮数百具，绛请归之度支，示天下以信。帝可奏，仍赦均罪。	《新唐书》卷一百五十二《李绛传》
元和四年 （公元809年）	命中使刘承谦宣副度支，近有敕文，不尽（禁）进奉。其山南东道节度使裴筠（均）所进银器六十事，共一千五百六两，宜准数收管，送纳左藏库。	《册府元龟》卷一六九帝王部纳贡献门
元和十四年 （公元819年）	诛李师道，收复河南二州，弘大惧。……进绢三十五万匹、（绝）三万匹、银器二百七十件，三上章坚辞戎务，愿留京师奉朝请。	《旧唐书》卷一百五十六《韩弘传》

    唐代前期，北方的都城长安是政治、经济中心，城内商业贸易由政府严格控制，长安城内东西两市，白天贸易，夜晚封闭。约自7世纪末8世纪初起，工商业的发展冲破这一束缚，沿里坊开店铺日渐增多。"安史之乱"后经济重心逐渐南移，南方的扬州因地理条件优越，首先作为商业性城市发展起来，成为一大贸易都会，吸引了许多手工业者和商人。唐初曾规定技艺高超的工匠不许纳资代役，必须到中央作坊为国家服役[①]，"安史之乱"后失去控制，一些文人名士避难江南，官府的工匠、长安的商人也有流入南方的，金银器制作也随之由北向南转移。这是顺其自然的发展，而且并不妨碍皇室和中央方便地从南方宣索和收买金银器。目前出土的9世纪的金银器，南方产品占绝大多数，并非考古发现的偶然性。法门寺"浙西"银盆上刻有"浙西"，"敬晦"葵花形银盘

---

① 《唐六典》卷七（陈仲夫点校本，222页，中华书局，1992年）尚书工部条载："少府监匠一万九千八百五十人，将作监匠一万五千人，散出诸州，皆取材力强壮、伎能工巧者，不得隐巧补拙，避重就轻。其驱役不尽及别有和雇者，征资市轻货纳于少府、将作监。其巧手供内者，不得纳资。有阙则先补工巧业作之子弟，一入工匠后，不得别入诸色。"

上提到的"盐铁使臣"敬晦，曾任浙西观察使，"裴肃"葵花形银盘上有"浙东道""越州"，"刘赞"葵花形银盘上的"宣州"，"李杆"葵花形银盘上的"桂管臣"，"李勉"圆形银盘的"洪州"，表明南方确实存在多处金银制造场所和大批优秀的工匠。南方地区既有丰富的金银资源，又有金银作坊和工匠，加之当时商品经济发达，金银制造业必然得以发展；进奉之风的兴起，也促使地方的金银器皿制造水平迅速提高。如同8世纪中叶以后南方的经济发展逐渐超过北方一样，带有南方产地刻铭的器皿与法门寺地宫出土的皇室"文思院"的作品相比，南方金银器皿的制作水平甚至超过中央政府和皇室的作坊。

南方金银制造业发展的重要意义在于，金银器得到一定程度的普及，北方皇室、中央官府的工匠团体虽没有解体，但已不再独领风骚，地方官府及个体工匠的制品进入市场，也供应朝廷，唐代前期政府垄断金银产业的局面被打破。中晚唐南方金银器制作行业的迅速兴起，也为宋以后南方金银器的发展和普及奠定了坚实的基础。

1 何家村狩猎纹筒腹银高足杯

2 北京大学狩猎纹筒腹银高足杯

3 韩森寨莲瓣纹折腹银高足杯

4 白鹤联珠纹折腹银高足杯

5 沙坡村莲瓣纹弧腹银高足杯

6　何家村人物纹金带把杯

7　何家村人物忍冬纹金带把杯

8　何家村乐伎纹银带把杯

9　韩森寨缠枝纹银带把杯

10　何家村仕女纹银带把杯

11　何家村团花纹金带把杯

12　白鹤缠枝纹银长杯

13　西安摩羯纹金长杯

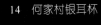

14　何家村银耳杯

15　"敬晦"葵花形银盘

16　"李勉"圆形银盘

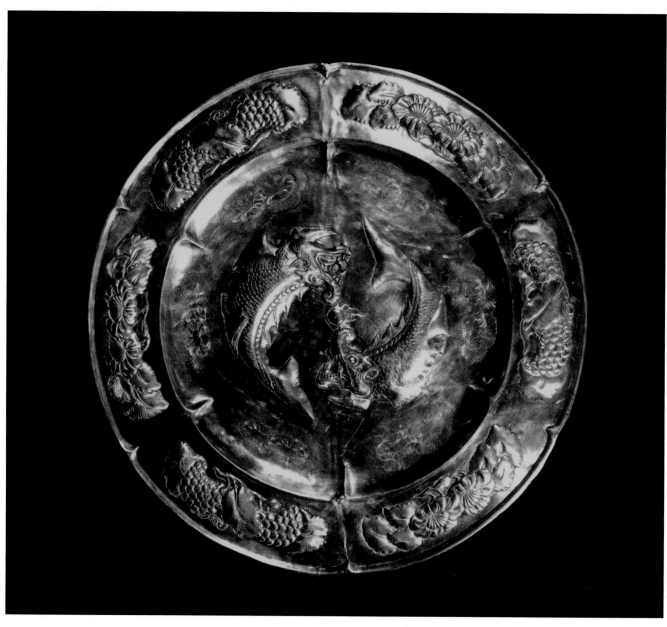

17　喀喇沁摩羯纹葵花形银盘

18　八府庄狮纹葵花形银盘

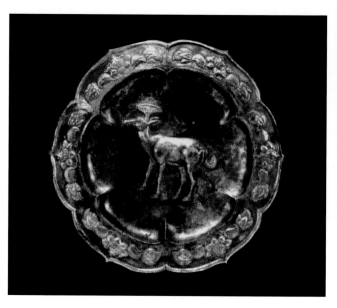

19　宽城鹿纹菱花形银盘

20　丁卯桥双鸾纹海棠形银盘

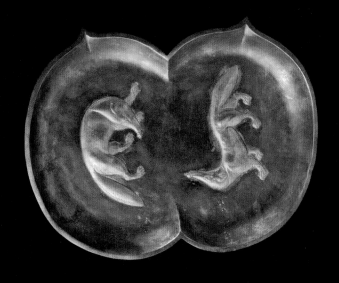

21　何家村双狐纹双桃形银盘

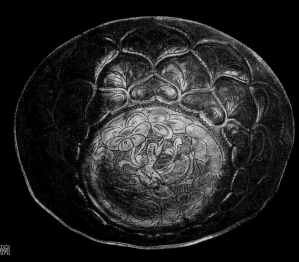

22　"宣徽酒坊"莲瓣纹弧腹银碗

23 何家村团花纹带盖银碗

24 何家村莲瓣纹弧腹金碗

25 白鹤莲瓣纹弧腹银碗

26 何家村云瓣纹圜底银碗

27 何家村云瓣纹弧腹银碗

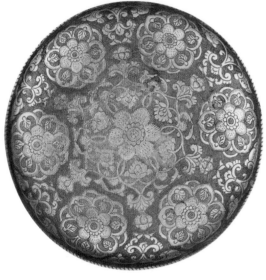

29　象纹圆形银盒

28　何家村飞狮纹圆形银盒

30　"韦美美"鸳鸯纹圆形银盒

32 法门寺双狮纹花瓣形银盒

31 丁卯桥凤纹花瓣形银盒

33 "都管七国"花瓣形银盒

34 法门寺珍珠宝钿方形金盒（宝函）

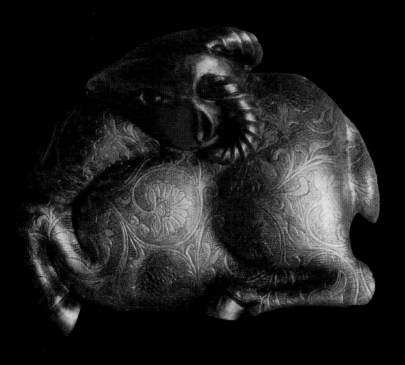

35　纳尔逊卧羊形银盒

36　丁卯桥四鱼纹菱形银盒

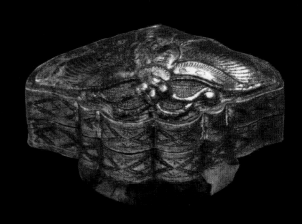

37　丁卯桥蝴蝶形银盒

38　"穆悰"犀牛纹椭方形银盒

39　法门寺龟形银盒

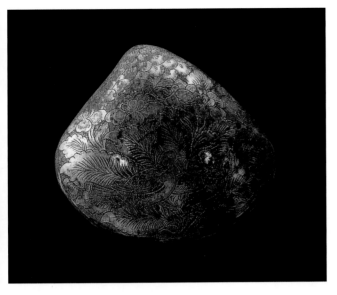

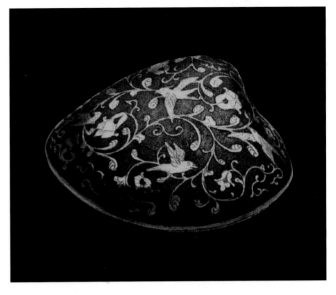

40 "郑洵"鸳鸯纹蛤形银盒

41 芝加哥缠枝纹蛤形银盒

42 "韦美美"鸳鸯纹蛤形银盒

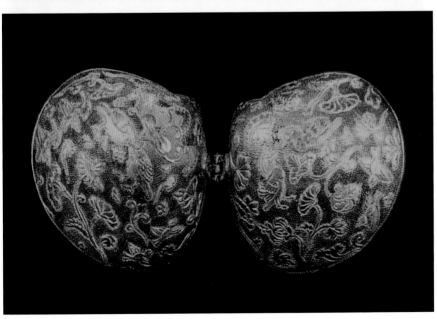

43 鸳鸯纹蛤形银盒

44 何家村舞马纹提梁银壶

45 何家村鹦鹉纹提梁银壶

46 折枝纹三足银壶

47 莲瓣纹三足银壶

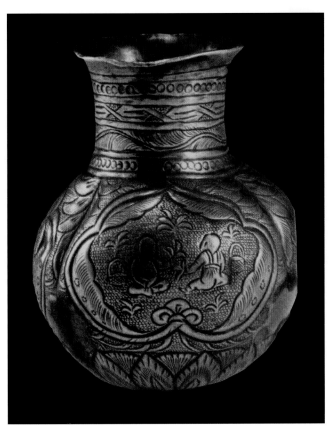

48　丁卯桥童子纹三足银壶

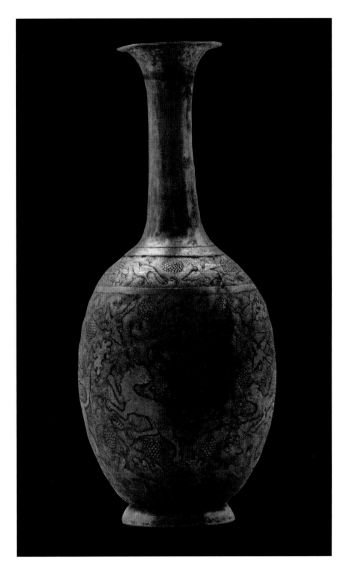

49　奔狮纹银瓶

50　西安折枝纹银唾壶

51　何家村银匜

52　咸阳缠枝纹金注壶

53　法门寺银阏伽瓶

54 法门寺五足银炉及托盘

55 法门寺盆形银炉

56　何家村银香囊

57　沙坡村银香囊

58 法门寺"浙西"银盆

59 法门寺金银丝笼子

60 法门寺银笼子

61　法门寺乐伎纹银香宝子

62　法门寺银波罗子

63 丁卯桥银筹筒

64　法门寺捧真身银菩萨

65　临潼银椁

66 白鹤莲瓣纹弧腹银碗

67 法门寺伽陵频嘉纹平底金碗

68 何家村莲瓣纹弧腹金碗

69 何家村双狮纹短柄三足金铛

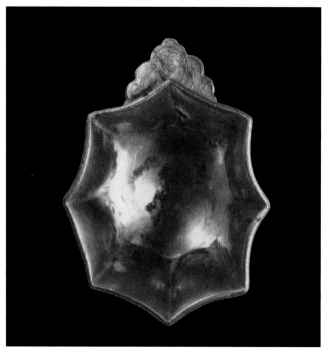

70 何家村人物忍冬纹金带把杯

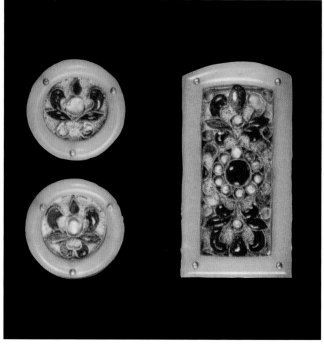

71 窦皦墓金玉宝钿带

第二编 / Part 2

金银制造业的发展

Development of
the Gold & Silver Manufacture

壹

金银器的出现及其利用

Emergence and Utilization of the Gold & Silver

黄金和白银是稀少、珍贵的金属，分布较广，常以自然形态出现，有引人注目的色彩和光泽，比其他金属更容易发现。因此，金、银可能是最早被人类利用的金属。黄金、白银进入人类社会生活后，逐渐在经济、政治、外交和军事等各个方面发挥特殊的作用。

中国出现文字后，商代甲骨文和西周青铜器铭文中就有了"金"字（图2-1），但当时的"金"字并非专指黄金，更主要是指铜。黄金与铜的区别在春秋中期逐渐明确，战国时期文献中的"金"字多半是指黄金。银在早期文献中称"白金"，故出土的甲骨文、青铜器铭文乃至战国文字中都没有"银"字。东汉许慎《说文解字》中"银"字，为形声字，出现很晚。

图2-1　商周时期的"金"字
1. 商代甲骨文　2～4. 西周铜器铭文

战国时期，人们对金、银矿物有了具体认识，知道了金属矿产存在着共生关系。"上有丹沙者，下有黄金。上有慈石者，下有铜金。上有陵石者，下有铅、锡、赤铜。上有赭者，下有铁。此山之见荣者也。""山上有铅，其下有银。山上有银，其下有丹。"[1]指出了金属矿产的共生关系。"见荣"即指矿体露出，是寻找矿藏的标志。有关记载在《山海经》中很多，如《中山经》载：求山"其阳多金，其阴多铁"[2]等等。这种在山之阴阳有诸种金属的记录，是当时人们采矿知识的积累和利用矿床中矿物的共生组合找矿方法的结晶[3]。

在化学性质上，金呈黄色，是最具惰性的金属，不受水和大多数酸的影响，也不为氧所侵蚀。金主要呈自然元素矿物产出，一方面具有稳定性，另一方面又表现出活动性，几乎可在各种地质条件下形成。金在地壳中含量远低于铜、铅、锌，也低于银，可采品位很低。银为白色，自然银露出后很快变暗并带红、淡黄、棕色，表面氧化后具有灰黑色被膜。自然银大多不含金或仅含少量金，在很多类型的金银矿床中可以见到。在金银矿物分类中，最主要是自然金和银金矿（即金银合金，当银在金中占的比例达五分之一时，便叫作银金矿，呈淡黄色），其次是金银矿。自然界中的金块，目前已知最大的为44公斤，中国现代在四川、山西、吉林、青海、江苏、山东、黑龙江发现过金块[4]。

金、银矿床分布广泛，相对平均，容易被人类认识和利用。中国各省都有金银矿藏，古代区

---

①　《管子》，颜昌峣校释本，577页，岳麓书社，1996年。

②　《山海经》第五《中山经》，袁珂校注本，173页，上海古籍出版社，1980年。

③　夏湘蓉等：《先秦金属矿产共生关系史料试探》，《科技史文集》第三辑，上海科学技术出版社，1980年。

④　蔡长金等：《中国金矿物志》，冶金工业出版社，1994年。

域、类型文化研究中，金银器不代表特殊的文化内涵，而有普遍意义。世界各国考古学中金银器物都是重要的研究课题。中国早期金银器可以分为两大不同的文化系统，一个是中原和南方地区，另一个是西北和北方草原地区。此外，外国输入的金银器在许多地方发现，可视为外来文化。中原和南方地区定居的农业居民，在商周时期多使用金银作为铜、木、漆、玉石器及建筑上的装饰，西周以后，逐渐增多了独立的器件。西北和北方地区的游牧民族主要用黄金白银来制作人体装饰，最常见的是耳环、臂钏、项圈、发笄和各种牌饰，极少有其他用途的器物。外国输入的金银器有器皿、人体装饰品和钱币。本章主要讨论的是中原和南方地区的金银器。

一、商代和西周时期的金器
The Goldware of the Shang and Western Zhou Dynasties

河南汤阴龙山文化遗址出土了含金砂的陶片，比一般陶片重，是有意识将金砂掺入，起到装饰作用的[①]，说明史前社会对于金矿物有了一定的认识和利用，但并非用金直接制作器物。目前中国考古发现最早的人工制成的金银器，出土于相当夏代的甘肃玉门火烧沟遗址，是金环、银环和金耳环等小件物品[②]。由于金、银有的以自然状态存在，比人类的起源要早，因此，并不能肯定汤阴龙山文化遗址的含金砂的陶片、火烧沟遗址的金银饰件就是中国最早制作的与金银有关的器物。

商代的黄金饰物屡有发现：河南郑州商代二里岗期上层墓葬[52]内出土金叶制成的夔龙纹装饰品。河北藁城台西商代墓葬[53]出土的漆器上贴有金箔。北京平谷刘家河商代中期墓葬[54]出土金臂钏、金笄和金耳坠。河南安阳殷墟十几处遗迹[55~62]出土金片、金叶、金箔。河南辉县琉璃阁的商代墓葬[63]出土金片、金叶、金箔等。山东益都苏埠屯商代大墓[64]出土金箔14片。山西永和商代墓葬[65]出土金珥形器2件。山西保德商代墓葬[66]出土弓形金饰2件、金丝饰品6根。四川三星堆商代遗址[67]出土包金杖、包金人头像、虎形金饰等。

商代的金制品，比较集中出土在商代晚期都城安阳殷墟，大多数为大型墓葬中的随葬品上的装饰，墓主多为王侯，可见当时的金器基本为上层统治者所使用[③]。商代金制品多为金箔片，形制多样，有方形、长方形、圆形、三角形和虎形、人面等，用作其他质料物品如铜、木、漆、玉石器上的装饰。器件虽小，应用却十分广泛。黄金的硬度低，有良好的延展性，可压成很薄的片。据检测，安阳大司空村出土的商代金片厚仅0.01 ± 0.001毫米，锤锻加工经过退火处理[④]。可知商代对黄金的性能已经熟悉，并在生活中加以利用。

---

① 参见龚国强：《简论商周王国及其周边地区的黄金器饰》，《考古求知集》，中国社会科学出版社，1997年。
② 甘肃省博物馆：《甘肃省文物考古工作三十年》，《文物考古工作三十年》，文物出版社，1979年。
③ 参见龚国强：《简论商周王国及其周边地区的黄金器饰》，《考古求知集》，中国社会科学出版社，1997年。
④ 北京钢铁学院：《中国冶金简史》，科学出版社，1978年。

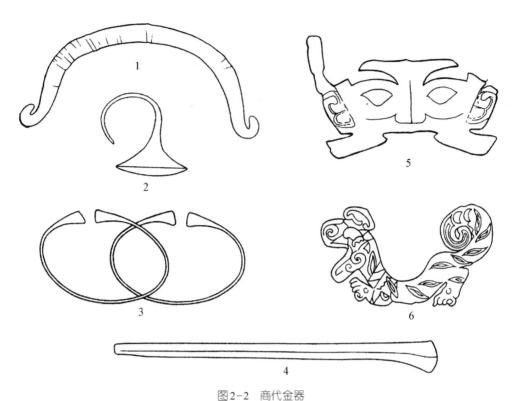

图2-2　商代金器

1. 山西保德林遮峪商墓弓形金饰　2～4. 北京平谷刘家河商墓金耳坠、金臂钏、金笄
5、6. 四川三星堆商代遗址包金人头像、虎形金饰

　　山西保德林遮峪商代墓葬中出土的弓形金饰（图2-2-1）和北京平谷刘家河商代墓葬出土的金耳坠、金臂钏、金笄（图2-2-2～4），是当时较大的器件，制作也相对复杂。金臂钏有捶打的痕迹；金笄长27.7厘米，宽2.9厘米，重108.7克，似铸造而成。四川三星堆商代遗址出土的青铜人头像上的包金片，高9厘米，残宽22厘米；虎形金饰长11厘米（图2-2-5、6）；而包金杖长达142厘米，直径2.3厘米。金片较厚，花纹十分细腻精美，錾痕清晰可辨，表明当时除了铸造、捶揲技术，錾刻已经出现。较大的器件，所需原料多，单靠采集自然黄金无法满足，由此可推知当时已经能够从矿物中提炼黄金了。

　　西周时期出土金器的地域基本与商代相同，黄河中下游仍是主要地区。尽管周族本土渭河流域极少出土，西周统治的北方地区却有较多的发现，如河北迁安县小山东庄西周早期墓葬[68]出土的金耳环、金臂钏，天津蓟县张家园西周时期墓葬[69]出土的金耳环，辽宁朝阳魏营子西周时期墓葬[70]出土的金臂钏，河南浚县辛村西周墓[71]出土的各种金片、包金铜器等，与商代尚无区别。但河南三门峡虢国墓[72]出土的12件金带饰（图2-3）、山西曲沃晋侯墓地[73][74]出土的两组分别为15件和6件的金腰带饰（图2-4），证明西周金器中成套的大型器件开始流行。晋侯墓的一组金带饰，总重达459.3克，而且均铸造成型，饰有精细的花纹，可见熔金铸器业已成熟。1995年甘肃礼县大堡子山发现3座西周晚期的秦人墓，出土7件重环纹金饰片[75]。这批墓曾经被盗，遗

图2-3　河南三门峡西周虢国墓金带饰　　　　　　　　图2-4　山西曲沃西周晋侯墓金带饰

物中的金饰片已流散于欧洲，其中有金虎2件、鸱枭形金饰片8件、口唇纹鳞形金饰片26件、云纹圭形金饰片4件、兽面纹盾形金饰片2件、目云纹窃曲形金饰片2件，被推定为棺上的装饰。其中金虎长41厘米，高16厘米，宽3厘米~4厘米。鸱枭形金饰片高52厘米，宽32厘米。在西周时期的金制品中，这样较大的饰件是罕见的。器物的成型和纹样采用了高超的捶揲技术，纹路清晰，凹凸起伏，犹如青铜器铸造出的纹样。金虎和鸱枭的口、眼清晰，手法简洁，形象生动，代表了西周金器工艺水平。

二、春秋战国时期的金银器

The Gold & Silver of the Spring and Autumn Period and the Warring States Period

春秋战国时期，金器使用较为普遍，银器的数量开始增多，小型的金银装饰物件不胜枚举。陕西宝鸡益门村春秋晚期墓[76]出土金器104件，几乎占墓中出土物品的一半，品种包括串珠、带钩、带扣、带饰环、圆泡等装饰品（图2-5），剑柄（图2-6）、刀首等兵器，总重量约3 000余克。陕西凤翔春秋晚期的秦公大墓[77]尽管严重被盗，仍出土金鸟、金兽、金带钩。此外，河南辉县琉璃阁春秋晚期墓[78]和山东沂水刘家店子春秋中期墓[79]出土金剑柄，山西侯马上马村春秋中晚期墓[80]出土金带钩，江苏涟水三里墩[81]出土战国兽形金带钩、银匜（图2-7-5~7），山东临淄商王村战国墓[82]出土银盘、匜、耳杯、勺、匕和金耳坠（图2-7-4）等12件金银器，山东曲阜战国墓[83]出土银带钩、猿形饰（图2-7-1~3）和金带饰（图2-8），河北平山战国时期的中山王墓出土马车上的金衡饰[84]（图2-9）。

这些金银器物多是铸造而成。金质人体装饰件更流行，车、马、兵器也用黄金制作或装饰，开始出现金银制作的钱币和容器。总之，春秋战国时期的金银器已由装饰性配件转为实用性配件，独立器件大量出现，器物种类广泛，制作工艺和造型艺术也达到了新的高度。

最能反映这一时期金银器发展成就的是车饰、带钩、剑柄和容器。陕西宝鸡益门村出土的带钩、带扣、剑柄均为铸造，不仅装饰华丽的纹样，还采用了透雕式的铸造。串珠颗粒均匀，表明冶炼和铸造达到新的高峰。特别是金剑柄极为精细，可能运用当时铜器制作中的失蜡法浇铸，代

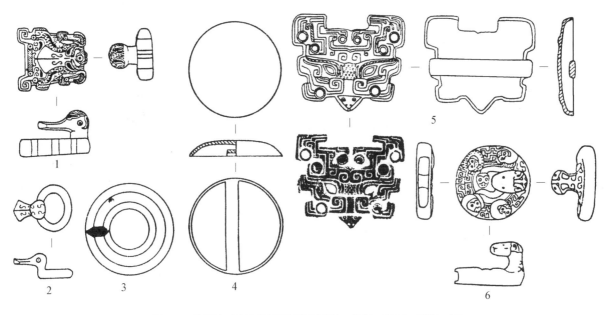

图2-5 陕西宝鸡益门村春秋墓金圆泡、带钩、带扣、带饰、环

表了当时金器制作水平。平山战国中山王墓的2件金衡饰分别重297.7克和334克。金衡饰的造型为龙头形，龙的双眼大睁，眼珠以银镶嵌；鼻上卷，鼻梁上有三道横纹；口微张，露出牙齿；耳为桃形；两角呈八字形附在头顶，额头有一凸起的叶形饰；颈部略束，带一圆形小孔和一周弦纹（图2-9）。金衡饰轮廓清晰，线条洗练，在艺术造型上达到了新的高度。

春秋战国时期的黄金货币和包金铜贝发现较多。包金铜贝河南辉县琉璃阁出土1 548枚，河南省博物馆藏辉县出土319枚，山西侯马上马村13号墓出土32枚，山西潞城县古城村7号墓出土30余枚，河北灵寿县西岔头村出土4枚金贝[85]。楚国金币"郢爰""陈爰"等在安徽、江苏、河南、湖北等地也相继出土。河南扶沟古城村[86]出土银布币18块，共重3 072.9克；金版（图2-10-5～10）与金饼392块，共重8 183.3克。安徽寿县城南郊[87]出土楚金币19块（图2-10-1～4），共重5 187.25克，其中带印记金币10块。出土金币数量和总重量最多的是江苏盱眙南窑庄发现的楚汉时代窖藏[88]，共出土文物38件，有金版"郢爰"11块。其中一

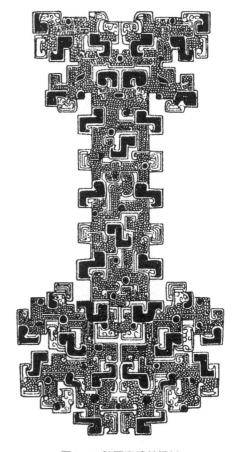

图2-6 陕西宝鸡益门村
春秋墓金剑柄

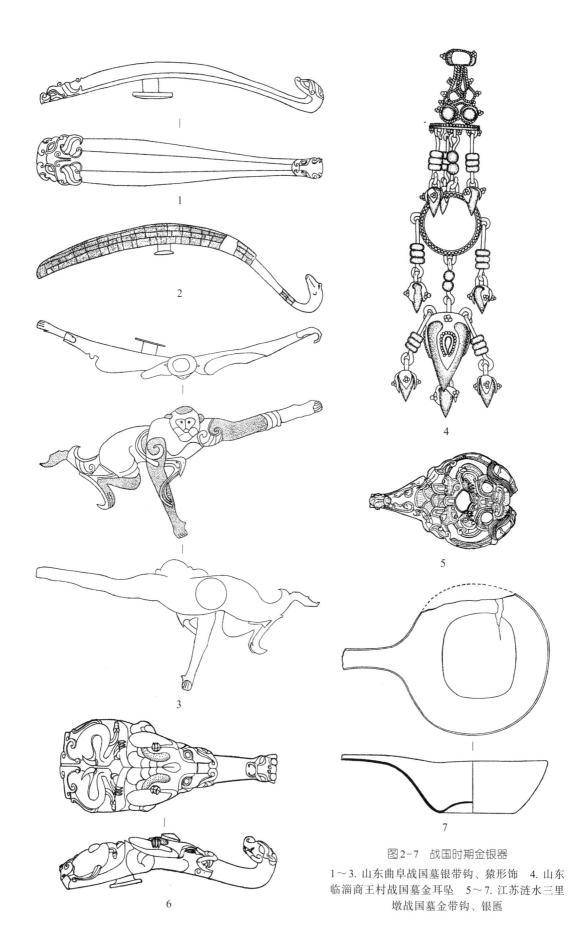

图2-7 战国时期金银器

1～3. 山东曲阜战国墓银带钩、猿形饰 4. 山东
临淄商王村战国墓金耳坠 5～7. 江苏涟水三里
墩战国墓金带钩、银匜

图2-8　山东曲阜战国墓金带饰

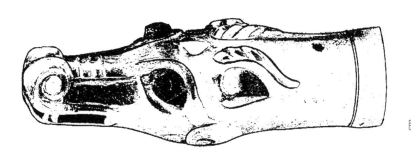

图2-9　河北平山战国
中山王墓金衡饰

块长12.2厘米，宽8厘米，重6 100克，正面有阴文篆书"郢爰"印记46个（图2-10-11），是中国发现的"郢爰"金版中最大的。此窖藏的时代为西汉前期，金版"郢爰"应是战国时代的楚国货币。

在诸种金属中，黄金具备价值尺度、流通手段、贮藏手段、支付手段和世界货币的职能。这五种职能大部分在战国时代已初步具备。不仅有大批的黄金货币类出土，据《管子·乘马篇》记载的"黄金一镒，百乘一宿之尽也。无金则用其绢，季绢三十三。制当一镒。……黄金百镒为一箧"①，可知黄金与其他物品的比值也已出现。世界各地对黄金的价值认识不同步，北美和南美土著

---

① 《管子》，颜昌峣校释本，48页、49页，岳麓书社，1996年。

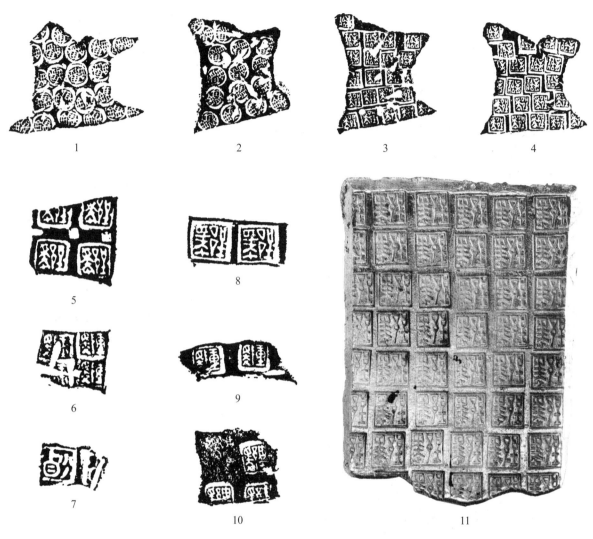

图2-10　战国时期的金币

1～4. 安徽寿县楚金币　5～10. 河南扶沟金版　11. 江苏盱眙金版

居民直到近代仍将黄金装饰作珍宝随葬，而中国早在战国时期黄金已有了价值尺度、流通手段和支付手段功能，当然也有贮藏的作用。

　　银器被人们利用的时间比金器稍晚，商周时期极为少见，到战国时期才较多地出现。《山海经》中提到产银之山极多，《汉书·地理志》记载犍为郡（今四川宜宾）的朱提山出银，益州郡贲古（今建水东南）北边的采山出锡，西边的羊山出银、铅，南边的乌山出锡[1]。河南辉县固围村战国时期的1号墓和2号墓[63]出土的银车马器、银带钩，河北平山战国时期中山王墓[89][90]中出土的银带钩、银俑灯、银圆饰等，已制作得十分精致。

---

① 《汉书》卷二十八，1599页、1601页，中华书局，1996年。

金银容器的出现是战国时期金银器发展的重要标志。湖北随州战国时代的曾侯乙墓[91]出土的一批金器中，有1件金盏（图2-11）、1件金杯和2件金器盖。金盏高10.7厘米，口径15.1厘米，重2 150克。浙江绍兴战国初期墓[92]出土玉耳金杯（图2-12），江苏涟水三里墩出土银匜2件[93]，北京故宫博物院收藏有战国时期楚国的银匜[94]，山东临淄商王村战国墓[82]出土银耳杯、银盘、银匜（图2-13～15），银匜上有"越陵夫人"4字。淄博西汉齐王墓随葬坑[95]出土3件银盘（图2-16、17）。其中1件口径37厘米，高5.5厘米，重1 705克。器物形制为直口，平沿，折腹，底微内凹。口沿及内、外腹阴刻六组龙凤纹，内底阴刻三条变体盘龙。龙的头尾或蟠曲呈环状，或呈盘状，其间有勾连纹相接。纹样鎏金。盘口沿底部刻铭，分别为"奇千三百廿二（斤？）六斤十三两二斗名东""三十三年左工［疾］名吉七重六斤十二两廿一朱"（图2-17）。由于铭文中采用了三晋布钱的计值单位，可知银盘为三晋时代所制。"三十三年"为秦王年号，表明秦灭三晋后银盘归秦，汉灭秦后又归汉，并赐予齐国，故出土于西汉齐王墓的随葬坑中。临淄商王村战国墓的银盘与其无论器形还是纹样都极为相似。

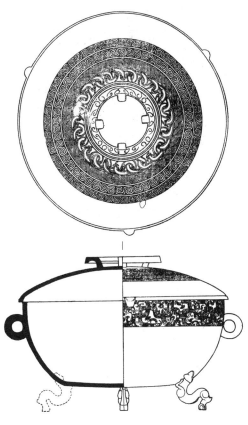

图2-11　湖北随州战国曾侯乙墓金盏

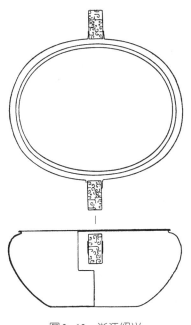

图2-12　浙江绍兴
战国墓玉耳金杯

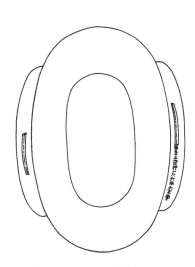

图2-13　山东临淄商王村
战国墓银耳杯

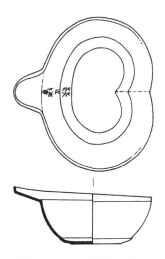

图2-14　山东临淄商王村
战国墓银匜

图2-15 山东临淄商王村战国墓银盘

图2-17 山东淄博西汉齐王墓随葬坑银盘

图2-16 山东淄博西汉齐王墓随葬坑银盘

　　曾侯乙墓金盏形体大，花纹精细而复杂；临淄商王村战国墓银盘和淄博齐王墓随葬坑银盘的造型规整，线条流畅，变体云龙纹疏密适度。这些罕见的精品表明当时金银制作水平高超，具有制作较复杂精细的大型金银器皿的能力，银器制造业也已成熟。

　　春秋战国时期，金属工艺开始盛行鎏金、金银错技术。据报道，甘肃宁县焦村西周晚期墓葬[96]出土的铜戈上发现有鎏金遗存。浙江绍兴战国初期墓[92]出土1件"鎏金嵌玉扣饰"，如果不误，便是最早的用鎏金技术制作的实物。山西长治分水岭战国墓[97]中出土的鎏金铜车马饰，河南信阳长台关楚墓[98]出土的鎏金铜带钩和山东淄博齐王墓随葬坑出土的3件鎏金银盘，为高超的鎏金工艺精品，显示出战国时期鎏金工艺已是常用的技术。

金银错工艺源于商代铜器上的错红铜。金银错出现后，较普遍地用在铜器纹样、文字装饰上，加之青铜器本身的质地，显得异常华丽。战国晚期金银错几乎全部取代了错红铜的做法，使用的范围也更广泛，除了器皿类，还在铜镜、乐器等上出现。春秋时期的"栾书缶"[99]，器身有金错文字40个，盖内金错文字8个。山西长治分水岭战国墓[97]出土的金错夔纹铜豆，通体金错变形的夔纹、垂叶纹、三角云纹。河南洛阳西工区战国墓出土的带流铜鼎[100]上的花纹，用金、银相间错排。山东曲阜战国墓[83]出土了金错银带钩、金错铜带钩和金错铁带钩。河北平山战国时期中山王墓[89]出土一块长94厘米、宽48厘米、厚1厘米的铜版"兆域图"，其上由金银错成一幅建筑平面图，上面439个字的铭文全部金错。

就目前考古发现情况看，西周以前，金器的原料仍主要是自然物质。《山海经》提到金银产地，有些与河流有关，有些与河流无关。黄金矿产分为砂金和岩金，砂金的形成是岩金矿床受自然的侵蚀，金粒、金块露出，属次生矿床。自然银也是次生的，存在于原生的银铅矿床上部的氧化带中。自然银易于氧化而难以获得，故极少被利用。

与河流中的砂金不同，岩金又称脉金，为原生矿床。银也有原生矿床。金、银货币的使用、金银饰件的增多以及金银器皿的制造，不可能全都依靠自然金银，必须通过开采原生矿来获得。战国时期金、银矿被大量发现，从原生矿床中获得金银越来越多。1984年河北兴隆县发现两处面积相似的战国金矿遗址[101]。其中一处东西长20米，南北宽0.5米～1米，深约0.5米～3米，无矿道，沿金矿床露天开采，除将金矿石采出外，没有加宽开凿基岩，方法简单实用。这座中国目前所知最早的金矿，证明当时已从原生矿中获得制造器物的原料。

战国时期青铜冶炼早已普遍，铁矿业也有极大发展，必然带动黄金、白银的开采利用。铜的熔点为1 084.5℃；金的熔点略低，为1 064.43℃；银的熔点更低，为961.93℃。中国矿藏不少是铜、铁与金、银的共生矿，在开采其他金属矿的同时，获得黄金、白银，并掌握其冶炼方法是不难的。战国时期文献在叙述金、银等矿产时，多次提到铅，铅是冶炼银的重要助熔金属，在考古发掘中也有发现，如湖北江陵战国墓[102]出土包金、银箔的铅饼8块，山西长治战国墓[103]出土铅饼，洛阳战国粮仓[104]出土铅料。考古出土的战国时期的黄金白银器皿不必说，金版、金首饰、银币等也显然是经过冶炼、铸造加工制作出来的，既然能加工出复杂和数量众多的金银器物，从矿物中提炼金银应该是没有问题的。

河南扶沟县古城村出土的"郢爰""陈爰"金版及金饼、铲形银币，经光谱分析，金币中含金、银、铜、铅、锡、钨、镍、铋、铂、钛、钙、锰、铁、铝、镁等15种金属，银币含银、金、铜、铅、锡、钨、铋、钛、钒、铁、铝、钙、镁等13种金属。曾侯乙墓出土的黄金制品也作过化学成分的检测，含金在85.66%～92%之间，其他为银、铜等，器皿类的器盖含金稍低，带钩的含金量高。金银中的杂质较多，说明当时金银冶炼技术不高。

有关战国时期金银矿藏被人们发现的情况，《山海经》提到得最多，仅《西山经》中就在英山、大时山、皋塗山、騩山、泰冒山、数历山、高山、龙首山、鹿台山、薰吴山、众兽山、中皇山、西皇山、符愓山、天山、翼望山、申山、泾谷山、英鞮山提到出金银。全书涉及的金银产地包括的主要地区为今河南、湖北和山西、陕西南部，四川、湖南和江西北部，以及山东和甘肃少量地区。《山海经》是中国最早的一部地理书，成书约在战国时代，秦汉时又有增删。书中记述古代传说中的山川及金银物产，反映出主要产地是在中国中部偏南，其中最多的是楚国地域。

《战国策》记载了一段楚怀王与张仪的对话："张子见楚王，楚王不说。张子曰：'王无所用臣，臣请北见晋君。'楚王曰：'诺'。张子曰：'王无求于晋国乎？'王曰：'黄金、珠、玑、犀、象出于楚，寡人无求于晋国。'"[①]楚怀王对国力的自信，来自物产的丰富，其中特别提到了黄金。齐国管仲称"楚有汝、汉之金"[②]，十分羡慕楚国出产黄金。楚国先据长江中游今湖北及其周围地区，后拥有长江下游一带。荆州、扬州是"厥贡惟金三品"的地区[③]。《山海经》中关于黄金、白银的产地，大约都包括了楚地。楚国产金，人们对金的价值也有充分的认识，官府加强控制，故《韩非子》载："荆南之地，丽水之中生金，人多窃采金，采金之禁，得而辄辜磔于市，甚众，壅离其水也，而人窃金不止。"[④]对贪图高利盗采金矿者，用严厉的裂尸刑法处置，但仍不能阻止一些人的冒险采掘。

楚地多金在考古发现的春秋战国文物中体现得十分清楚。前面列举的考古发现的中国早期金器确实多出自楚地，河南扶沟古城村出土金币总重8 183.3克、出土银币总重3 072.9克[86]，安徽寿县城南郊出土楚金币[87]总重5 187.25克，安徽寿县双桥区东津乡出土郢爰金币[87]总重10 055克，湖北随州战国时代的曾侯乙墓[91]出土的金器总重约达8 430克，以及江苏盱眙县南窑庄发现的埋藏38件文物的楚汉时代的窖藏[88]，均为其他地区所未见。

三、秦汉时期的金银器
The Gold & Silver of the Qin and Han Dynasties

汉代文献所载金银产地仍然主要在南方，考古发现的情况却不完全相同，北方地区出土的金银器甚至多于南方。文献与考古出土发生的一些差异，或许是由于保存下来如《华阳国志》这样的地方志类主要记载的是南方和西南地区的事情，而记载其他地区很少的缘故。但南方地区仍是重要黄金产地是毫无疑问的，其他地区要依靠考古资料补充。

北方地区金银器主要有：陕西秦始皇陵铜车马[105]上的数百件金银饰件（图2-18、19），河北满城西汉中山王刘胜墓[106]出土小金饼40枚，总重719.4克，还有金医针、轮形饰（图2-20-1）等12件，银医针、盒（图2-20-4）、漏斗形器（图2-20-2）、箸形器、带铐、盾饰、镞、祖等77件，马面具当卢（图2-21）12件、马饰（图2-20-3）、银泡、银铺首（图2-22）等。窦绾墓[106]出土小金饼29枚，总重438.15克。河北定县西汉墓[107]出土马蹄金，定县东汉刘畅墓[108]出土掐丝金龙等各种金饰80件、银盒等银器25件，山东曲阜九龙山汉代崖墓[109]出土金饰、金箔、银块和银马饰35件，西安出土东汉时期的金灶[110]等。

---

① 《战国策》，何建章注释本，555页，中华书局，1990年。

② 《管子》，颜昌峣校释本，598页，岳麓书社，1996年。

③ 孙星衍：《尚书今古文注疏》，陈抗等点校本，161页、167页，中华书局，1986年。

④ 《韩非子集释》，陈奇猷校注本，544页，上海人民出版社，1974年。

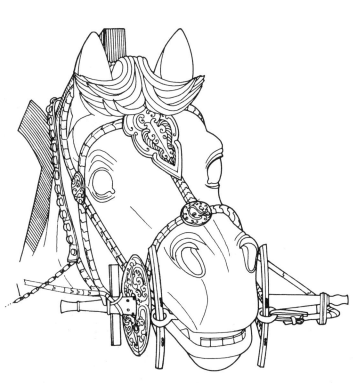

图2-18　秦始皇陵二号车左骖马金银勒

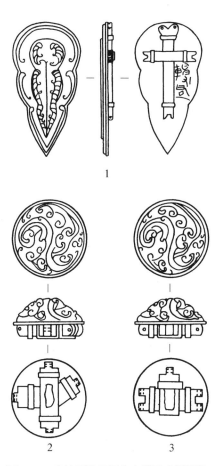

图2-19　秦始皇陵二号车左骖马金银配件
1.金当卢　2.金节约　3.银节约

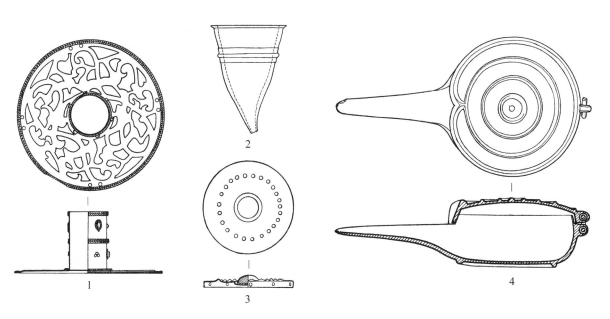

图2-20　河北满城西汉中山王刘胜墓金银器
1.金轮形饰　2.银漏斗形器　3.银马饰　4.银盒

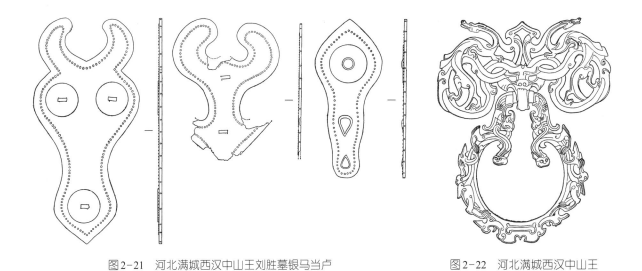

图2-21　河北满城西汉中山王刘胜墓银马当卢

图2-22　河北满城西汉中山王刘胜墓银铺首

图2-23　江苏徐州狮子山西汉墓金带扣

图2-24　江苏徐州西汉宛朐侯刘埶墓金带扣

南方地区金银器主要有：江苏徐州狮子山西汉墓[111]出土金带扣（图2-23）、金带钩、王冠形金饰和银盆、银铞等。徐州西汉宛朐侯刘埶墓[112]出土包括金印、金带扣（图2-24）和银刷柄、银帽、银扣在内的金银器6件，江苏邗江西汉广陵王墓[113]出土大量掐丝金饰件（图2-25）及1件银碗，江苏盱眙南窑庄窖藏[88]出土西汉时代的金兽（图2-26），湖南长沙五里牌东汉墓[114]出土银碗等，广州西汉南越王赵眜墓[115]出土金印3枚及金带钩、金串珠、金杯形器、金花泡。

从目前考古发掘出土情况看，汉代金银器不比战国时期更兴盛，刘胜墓出土的银盒、河北获鹿县西汉墓出土的银盆[116]、中国历史博物馆藏"窦氏银匜"[117]，与战国时期相比没有太大的变

图2-25　江苏邗江西汉广陵王墓金饰

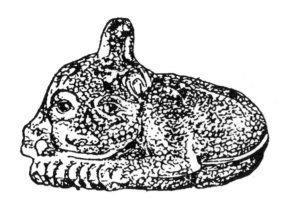

图2-26　江苏盱眙南窑庄窖藏西汉金兽

图2-27　河北获鹿西汉墓银盆

化，而且器物造型与当时的铜器、漆器基本一致。徐州狮子山西汉墓新出土了银铜，其上刻"宦者尚浴沐铜容一石一斗八升重廿一斤十两++朱第一御"，同时出土的银盆口径47.2厘米，底径26.2厘米，高11.4厘米，器腹刻"容六斗十升十二斤十四两十九朱"，是目前所知汉代最大的银器，这两件器物上的刻铭所表示出是用于沐浴的器具也是前所未有的[①]。汉代银器制作工艺上似有提高，不仅能制造大型器皿，而且抛光技术很高，获鹿出土的西汉银盆（图2-27）洁白光亮，崭新程度犹如现代器物。纯净的自然银容易抛光，具有很高的亮度，但抛光后常遗留擦痕，获鹿出土的西汉银盆表明当时抛光技术达到很高水平。

汉代的掐丝和焊缀金珠工艺成熟。掐丝工艺，是将捶打得极薄的金银片，剪成细条，慢慢扭搓成丝。金丝在内蒙古宁城南山根夏家店上层文化的墓葬[118]中便有出土，是两件用金丝绕成的耳环。曾侯乙墓出土有金弹簧426段，弹簧的金丝直径仅0.2毫米。河北满城西汉中山靖王刘胜和其妻窦绾墓出土"金缕玉衣"，玉片用金丝编缀。金丝一般长4厘米～5厘米，形制有四种：第一种金丝断面近似圆形，径0.35毫米～0.5毫米；第二种金丝呈扁条状，用金片剪下的细条加工而成；第三种用厚0.1毫米～0.2毫米的薄金片剪成宽1毫米～2毫米的细长条，然后拧成金丝；第四种由12根很细的金丝拧成，为合股金丝。后者经实验，加工方法可能是拔制，说明当时拔丝和捶金片、剪丝的技术都很高。

焊缀金珠工艺是把小段金丝加热熔聚成粒，也可将金丝的一端加热熔化而落下圆珠。掐丝、金珠经常焊接在器物上作装饰，并经常同时使用，许多器物既是掐丝工艺的杰作，同时也是焊缀金珠工艺的精品。广州西汉时期的南越王赵眜墓出土了39枚小金花泡，形如纽扣，直径仅1厘米左右，用薄金片捶出半球形，周围有用金丝捻成的双重边饰，顶面也有金丝捻成的花瓣和焊缀的极为细小的金珠（图2-28）。焊缀金珠的做法还在满城西汉刘胜墓出土的圆形饰件以及河北定县西汉墓马蹄金（图2-29）上见到。东汉时期掐丝工艺更精细，西安出土的东汉时期的金灶，高1.2厘米，通长2.9厘米，烟囱高0.6厘米。用金丝、金粒焊缀，灶壁和锅的周围饰有细金丝交错的云纹，内嵌绿松石。锅内盛满了"米"，好似正在煮饭，制作极精（图2-30）。河北定县刘畅墓[108]出土的金饰很多是掐丝工艺的珍品，有掐丝金龙（图2-31）、掐丝金辟邪、掐丝龙形金饰片、掐

---

① 韦正等：《江苏徐州市狮子山西汉墓的发掘与收获》，《考古》1998年8期。

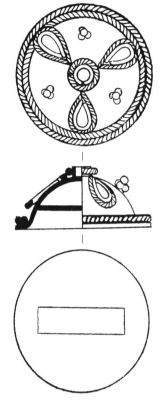

图2-28　广州西汉南越王赵眜墓金花泡

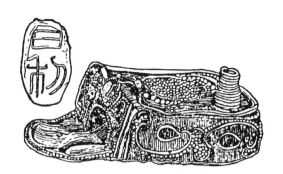

图2-30　西安东汉金灶

图2-31　河北定县东汉刘畅墓金龙

图2-29　河北定县西汉墓马蹄金

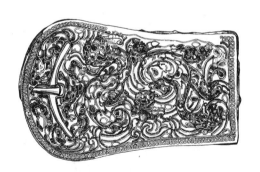

图2-32　新疆焉耆汉代金带扣

丝金羊群和各种各样的金银饰片。动物通体由金丝构成轮廓，然后缀满金珠。其中犹以掐丝金羊群做工精巧，在一錾流云纹的金片上塑造出四只站立的小绵羊，衬底金片长3厘米，宽1.3厘米；绵羊长仅1厘米，高0.8厘米，巧夺天工，精美绝伦。掐丝与焊缀金珠工艺也表现在金牌饰和带扣上，新疆焉耆出土的汉代金带扣[119]（图2-32），主体捶揲成型，上面的一条大龙和六条小龙用掐丝勾出轮廓，再用金珠点缀细部，说明东汉时期掐丝、焊缀金珠的工艺十分成熟，已能创造出精细复杂的作品。金珠与掐丝结合的器物，还有瑞典卡尔·凯波（Carl Kempe）收藏的汉代金提梁壶[120]，通体焊金丝金珠（图2-33）。

汉代的金银产地总体上与战国时期的情况相同，范围略有扩大。与战国时期相比，汉代关于金、银的记载更侧重于矿藏的方位、开采方式、金银成色，也涉及了冶炼和器物制作。

《盐铁论》载：荆、扬"左陵阳之金"。"丹、章有金、铜之山。"[1]《史记·货殖列传》载："江南出……金、锡、连……"，"豫章出黄金"[2]。《后汉书·郡国志》载：永昌郡"博南，永平中置，南界出金"。注引《华阳国志》云："西山高三十里，越山得兰沧水，有金沙，洗取融为金。"同书广汉属国刚氏道下注引《华阳国志》："涪水所出，有金银矿。"[3]《水经注·若水》："兰仓水出金沙，越人收以为黄金。"[4]这些文献都谈到采金之地。云南个旧的银矿汉代已开采，一直延续到清代[5]。

汉代文献对金银开采和冶炼方法的记录更加详细。《华阳国志》记载，涪县"屏水出屏山，其源有金银矿，洗取，火融合之为金银。""晋寿县，本葭萌城，刘氏更曰汉寿。水通于巴西，又入汉川。有金银矿，民今岁岁取洗之。"博南县"有金沙，以火融之为黄金"[6]。通过这些记述，可了解到汉代似乎采集自然黄金仍占重要地位。但是，"以火融之为黄金"却透露出河流中淘出的黄金要加热融合。现代炼金的工艺方法有电解法、湿法和火法。火法炼金是将汞膏、砂金和泥金等含金原料与硼砂、碳酸

图2-33　瑞典卡尔·凯波收藏的汉代金提梁壶

钠、硝石、萤石或石英砂等熔剂混合好后，在1 200℃～1 350℃的温度下进行熔炼，杂质经选渣后由炉内排出，所剩之熔融体即为金银合金，如果要得到纯金，再用硝酸或王水使金与银分离。火法炼金过程简单，容易操作，但劳动条件差，产品质量低[7]。汉代"以火融之为黄金"大约就是这种火法炼金。金银冶炼及兴盛与西汉初期的方士们炼丹有关。《史记·孝武本纪》记载方士李少君曾对汉武帝刘彻说："丹沙可化为黄金"，于是，汉武帝"亲祠灶，而遣方士入海求蓬莱安期生之属，而事化丹沙诸药齐为黄金"[8]。《史记·平准书》所载"又造银锡为白金"[9]，也是用冶炼的方法从矿物中提取黄金和熔造合金。

① 《盐铁论》卷第一，王利器校注本，41页、42页，中华书局，1996年。
② 《史记》卷一百二十九，3253页、3254页、3268页，中华书局，1975年。
③ 《后汉书》卷二十三，3513页、3514页，中华书局，1982年。
④ 《水经注》卷十四《若水》，631页，文学古籍刊行社，1955年。
⑤ 王春云：《金银首饰鉴赏》，15页，广东旅游出版社，1996年。
⑥ 《华阳国志》卷二，刘琳校注本，147页、150页、440页，巴蜀书社，1984年。
⑦ 王春云：《金银首饰鉴赏》，32页，广东旅游出版社，1996年。
⑧ 《史记》卷十二，455页，中华书局，1975年。
⑨ 《史记》卷三十，1427页，中华书局，1975年。

随着黄金白银冶炼的进步，出现了对质量的品评。《史记·平准书》载："金有三等，黄金为上，白金为中，赤金为下。"[①]其中白金指银，赤金指铜，这是从贵贱的角度对不同金属做出的明确评论。《论衡·验符篇》载："永昌郡中亦有金焉，纤靡大如黍粟，在水涯沙中。民采得，日重五铢之金，一色正黄。"[②]是对黄金色泽质量的分辨。黄金的颜色与含量之间存在对应关系，颜色可反映黄金杂质种类和比例，含银的黄金色偏黄，含铜的黄金色偏红，故用色泽来判定黄金成色是一种定性方法。直至现代，民间仍用"赤金""足金"初步辨别黄金成色。运用现代技术手段对北京平谷县刘家河商代中期墓葬出土金器测试表明，器物含金仅在85%[③]；战国时期的金"郢爰"含金量不稳定，有的仅70%，90%以下的也不少；西安上林苑发掘出土的马蹄金和麟趾金，经测定含金最高为97%[④]。汉代金饼和马蹄金、麟趾金含金量一般都在95%以上，最高达99.3%[⑤]。满城西汉中山靖王刘胜和其妻窦绾墓出土"金缕玉衣"，用作"金缕"的金丝含金量为96%，属于纯金类，较柔软，如果没有较高的冶炼和提纯工艺，不可能有如此高的纯度。《汉书·贡禹传》还提到了金银器的制造，汉元帝时"方今齐三服官作工各数千人，一岁费数巨万。蜀广汉主金银器，岁各用五百万。三工官官费五千万，东西织室亦然"[⑥]。豪富之家也私自制作包括金器在内的金属器，《太平广记》记载，东汉光武皇后之弟郭况"累金数亿，家童四百人，以金为器皿，铸冶之声，彻于都鄙"[⑦]。

西汉是个著名的多金王朝。文献中记载西汉皇帝和国家用于赏赐、馈赠、聘礼、储存、贸易的黄金屡见不鲜，而且数量惊人，为各代罕见。如《史记·平准书》记载："大将军、骠骑大出击胡，得首虏八九万级，赏赐五十万金"[⑧]，同书《梁孝王世家》载："（梁）孝王未死时，财以巨万计，不可胜数。及死，藏府余黄金尚四十余万斤"[⑨]，一次对大臣的赏赐和一个王的财产就有如此多的黄金，而有关西汉的历史记载中，见于各种用途的黄金数量，竟达200余万斤。即使包括重复使用，当时社会上的黄金储存量也是一个巨额数字。王莽时期国家黄金储量减少，《汉书·王莽传》明确记载，王莽末时，"省中黄金万斤者为一匮，尚有六十匮，黄门、钩盾、臧府、中尚方处处各有数匮"[⑩]。

然而，考古发现却与文献记录形成强烈的反差，目前发掘了上万座汉墓和多处大型遗址，出土的黄金器物数量很少。西汉墓中属于诸侯、列侯的大墓有40多座，这些厚葬墓中随葬遗物极为丰富，而金银器不多。"西汉巨量黄金消失之谜"，早就引起人们的关注。宋太宗曾问杜镐："西汉

① 《史记》卷三十，1426页，中华书局，1975年。
② 《论衡》卷第十九，黄晖校释本，839页，中华书局，1996年。
③ 北京市文物管理处：《北京市平谷县发现商代墓葬》，《文物》1977年11期。
④ 李正德等：《西安汉上林苑发现的马蹄金和麟趾金》，《文物》1977年11期。
⑤ 安志敏：《金版与金饼——楚、汉金币及其有关问题》，《考古学报》1973年2期。
⑥ 《汉书》卷七十二，3070页，中华书局，1996年。
⑦ 《太平广记》卷二百三十六郭况条，1811页，中华书局，1981年。
⑧ 《史记》卷三十，1428页，中华书局，1975年。
⑨ 《史记》卷五十八，2087页，中华书局，1975年。
⑩ 《汉书》卷九十九，4188页，中华书局，1996年。

赐与悉用黄金，而近代为难得之货，何也？镐曰：当是时，佛事未兴，故金价甚贱。"①清人赵翼认为西汉巨量黄金消失的原因是："古时不以白金为币，专用黄金，而黄金甚多，……后世黄金日少，金价亦日贵，盖由中土产金之地已发掘净尽。而自佛教入中国后，塑像涂金，……泥金写经、贴金作榜，积少成多，日消月耗。"②近人又有种种推测：丝绸之路开通以后，黄金由于购买、交换西域珍宝和赏赐外人而外流；因农民起义，富豪们把黄金埋藏起来，以后失传。也有人认为西汉黄金已经充分体现了价值尺度的职能，文献所载的西汉黄金多是用于计值的等价物；此外西汉黄金的记载有"若干斤"与"若干金"的区别，其计量标准可能和后代不同③。就计量标准而言，1979年，内蒙古准格尔旗西沟畔发现3座相当于战国晚期的匈奴墓[121]，其中2号墓中发掘出土银虎头形节约7件、长方形金牌饰2件，皆刻有称重文字。长方形金牌饰长13厘米，宽10厘米。一件背面刻"一斤五两四朱少半"，重330克；另一件刻"一斤二两廿朱少半"，重291.4克。每斤折重约250克。7件银虎头节约上也刻称重文字，由于银器易腐蚀锈损，每斤折重222.6005克④。可见战国西汉时的"斤"实际重量较小。但西汉有金200余万斤，即使到王莽时期国家储藏黄金仍有70万斤，实在还是惊人。

宋人、清人的解释今天看来并不可取。目前田野考古证实，佛教传入中国在汉代，而大肆建寺造像、写经耗费黄金是在南北朝以后。所谓"后世黄金日少，……盖由中土产金之地已发掘净尽"也与考古发现不符。几十年考古发掘的汉代墓葬、遗址等要比唐、宋多，而出土的金银器类却比唐、宋发现的金银器少。近现代学者的其他解释都可作为西汉黄金消失的原因之一，但说服力不强。值得注意的是，文献记载西汉的黄金量极多与黄金开采的记载极少也互相矛盾，史载阙如是一理由，但西汉史籍中的黄金是否就是后代和现代人们理解的黄金仍值得怀疑。

王莽时的70万斤黄金约合17.92万公斤，恰和当时罗马帝国的黄金藏量相等⑤。但考古发现的黄金器远不如罗马多。即使在后代黄金开采更为发展的情况下，中国北宋金矿分布25个州，年收入量1万余两，仁宗年间黄金最高产量约1.5万两；元代最高产量在3万两；清代光绪年间黄金产量在43.2万两⑥。故西汉时期文献记载的巨额黄金数字是难以置信的。据现代矿物学知识，金可以少量或微量在众多的其他矿物中混存，如自然铜、黄铜矿和黄铁矿中的金。西汉时期人们对矿物的认识远不如后代，故不排除西汉时期所说的金中包括了其他外表相似的金属在内。此外，考古出土的西汉金银器虽少，鎏金的铜器却堪称历代之最。西汉时期制造伪金之风盛行，几乎是社会的灾祸。"先时多作伪金，伪金终不可成，而徒损费，转相诳耀，穷则起为盗贼，故定其律也"⑦。

———————————

① 《宋史》卷二百九十六《杜镐传》，9876页，中华书局，1977年。
② 赵翼：《廿二史札记》卷三汉多黄金条，39页，中国书店，1987年。
③ 龚鹏九：《西汉黄金问题的探讨》，《历史教学》1958年9期。
　叶小燕：《西汉时期的黄金》，《庆祝苏秉琦考古五十五年论文集》，文物出版社，1989年。
④ 田广金等：《西沟畔匈奴墓反映的诸问题》，《文物》1980年7期。
⑤ 蔡长金等：《中国金矿物志》，冶金工业出版社，1994年。
⑥ 蔡长金等：《中国金矿物志》，冶金工业出版社，1994年。
⑦ 《汉书》卷五《景帝本纪》注引应劭语，148页，中华书局，1996年。

当时黄金造假，炼丹方士制造的形形色色的药金也在社会上流行。或许伪金、药金甚至鎏金被称为金。另外，春秋战国时期的"黄金"货币已经出现，但许多是包金铜贝，前引河南辉县琉璃阁出土1 548枚，河南省博物馆藏辉县出319枚，山西侯马上马村13号墓出32枚，山西潞城县古城村7号墓出30余枚。由此可推测，文献记载中的西汉巨额黄金，未必都是真金。

四、三国两晋南北朝时期的金银器

The Gold & Silver of the Three-Kingdoms Period, Western and
Eastern Jin Dynasties and the Northern and Southern Dynasties

三国两晋南北朝时期，历史文献记述中的黄金、白银数量锐减，考古出土的金银器物的数量也不多，已知的器物种类与战国、汉代相比未发现重大改变。尽管这一现象与考古发现的局限性和偶然性有关，但更可能反映出当时历史的真实面貌。三国两晋南北朝时期，北方地区游牧民族以鲜卑文化为主的金饰件较为流行，还出土了许多外国金银器①，外国和北方地区的金银器与中原文化发生交流融和。因此，对三国两晋南北朝时期中原和南方地区的金银器状况进行初步的整理分析，不仅是认识三国两晋南北朝时期金银器本身特征的需要，也对探讨与外来文化和北方游牧民族的文化关系有帮助。

（一）三国两晋南北朝时期金银器的发现

中原地区洛阳市偃师魏晋墓出土了金镯和戒指[31]，北京市西晋幽州刺史王浚妻华芳墓[122]出土掐丝镶嵌银铃（图2-34），河北定县北魏塔基[123]内出土银宝瓶、金银耳坠和银镯、戒指、钗、环、铊尾、小铃、坠饰、金片等，山西大同小站村北魏墓[124]出土银耳杯（图2-35），河北吴桥东魏墓[125]出土金簪、银钗，河北磁县东魏茹茹公主墓[126]出土金饰片、金带扣、金花片、金簪柄，山西太原市北齐娄叡墓[127]中出土金饰（图2-36）。西北地区的宁夏固原北魏墓[128]出土金耳环、银耳杯（图2-37），甘肃酒泉嘉峪关市晋墓[129]出土桃形金片、梳形金片等。

南方地区的湖南安乡西晋刘弘墓[130]出土金印、金带扣（图2-38）、金钗，江苏宜兴西晋周处墓[131]出土金罐、金篮饰（图2-39）、金牌、金簪，南京北郊

图2-34　北京西晋华芳墓银铃

---

① 参见本书本编《唐代以前外国输入的金银器》。

图2-35 山西大同小站村北魏墓银耳杯

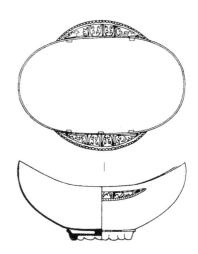

图2-37 宁夏固原北魏墓银耳杯

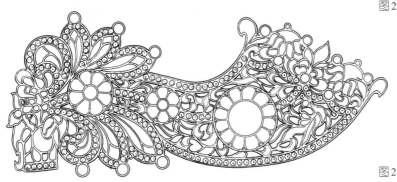

图2-36 山西太原北齐娄叡墓金饰

郭家山东晋墓[132]出土虎形金饰、金钗和各种小型金饰件，南京北郊东晋墓[133]出土金花和银铺首衔环、银栉背、银扣、银环，南京大学北园东晋墓[134]出土金镂空饰片、桃形片、花瓣形金片和小金珠、银泡及银铜铋合金小钉、银铜铋合金铺首，南京富贵山东晋墓[135]出土金钉，南京幕府山六朝墓[136]出土小金叶片、金条式片，南京中华门外晋墓[137]出土金镯、金发饰、金饰圈、银铃，湖南长沙黄泥塘东晋墓[138]出土金双凤圆形饰、金鱼形饰、金长方形饰、金梅花形饰、金扁壶形饰、金垂露形珠、金篮、金珠、金小环、金发钗、金扣、金多角镂空花珠、金空心珠、金圆珠（图2-40）等①，江苏南京富贵山东晋墓[139]出土金手镯、金钗、银碗（图2-41）、银铃及银饰等18件，贵州平坝马场东晋南朝墓[140]出土金钗、簪、花、珠、戒指和漆器上的金饰148件，还有银钗、簪、

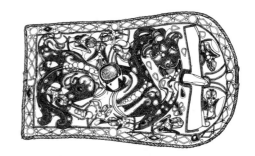

图2-38 湖南安乡西晋刘弘墓金带扣

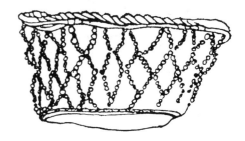

图2-39 江苏宜兴西晋周处墓金篮形饰

---

① 湖南省博物馆：《长沙南郊的两晋南朝隋代墓葬》，《考古》1965年5期。其中金多角镂空花珠、金空心珠、金圆珠等有可能是西方输入的器物。

条脱、手镯、戒指、顶针、泡钉、耳钩、纽和漆器上的银饰件116件（图2-42）。

无论南方还是中原，金银器多是些小型器件，大都是首饰和服饰，少量为器物上的装饰。耳环、戒指、金簪、金钗、银梳背等为首饰。金银扣为衣服饰件。银铺首衔环、银环、银泡、金钉等多是漆木器上的部件。一些金片类，如桃形金片、花瓣形金片、小金珠、金牌等，用途并不明确，但很可能是首饰，因为在洛阳西晋徐美人墓[141]、长沙东晋刘氏墓[142]、南京东晋颜氏墓[143]中也有发现，并多出土在女性尸骨头部。容器类少见，有银耳杯、银宝瓶、金罐等，形制与同时代的陶瓷器相似。尽管史书中有不少关于金银器及装饰的叙述，但与前代和后代相比显得逊色，这可能与当时政府实行禁用政策有关。《宋书·武帝纪》就有明确的记载：永初二年（公元421年）"断金银涂。……禁丧事用铜钉"，"宋台既建，有司奏东西堂施局脚床、银涂钉，上不许；使用直脚床，

图2-40　湖南长沙黄泥塘东晋墓金饰
1. 垂露形珠　2. 扁壶形饰
3、4. 双凤圆形饰　5. 鱼形饰

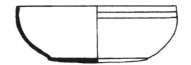

图2-41　江苏南京富贵山东晋墓银碗

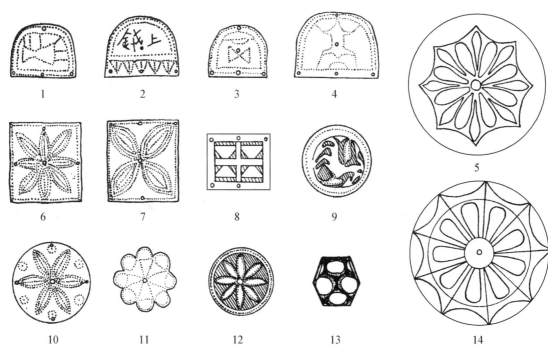

图2-42　贵州平坝马场东晋南朝墓金银器
（13. 银镂孔器，余皆金饰）

钉用铁"①，连金银涂饰、银涂钉之类有时也加以限制。

（二）金银器减少的原因

根据目前考古发现并考察历史文献记载，三国两晋南北朝是中国金银生产和器物制造、使用的相对衰落时期，其原因一方面是黄金和白银产量减少，器物制作受到一定限制；另一方面是佛教兴盛耗费了大量金银。

南北朝时期即便是宫廷内金银及器物的贮藏也较少。《宋书·孝武帝纪》载："凡用非军国，宜悉停功。可省细作并尚方，雕文靡巧，金银涂饰，事不关实，严为之禁。"②这里虽然是在赞颂帝王的节俭，也反映出当时宫中金银储藏不多。《南齐书·东昏侯本纪》载，萧宝卷的宠妃"潘氏服御，极选珍宝，主衣库旧物，不复周用，贵市民间金银宝物，价皆数倍。虎魄钏一只，直百七十万。京邑酒租，皆折使输金，以为金涂"③。连皇室所需金银都要到民间收购。帝王以金银赏赐臣下的记录明显减少，《北齐书·陈元康传》载：因陈元康立有军功，"赏元康金五十斤""赏元康金百铤"④，这种赏赐金银的实例很少见到。北周武帝"身衣布袍，寝布被，无金宝之饰"，灭北齐时，"出齐宫中金银宝器珠翠丽服及宫女二千人，班赐将士"⑤。《宋书·明帝纪》也记载："以皇后六宫以下杂衣千领，金钗千枚，班赐北征将士"⑥。竟然只能收缴宫中妇女所用的金钗赏赐立功将士。当然皇室贵族追求奢侈生活仍会有不少金银器物。《南史·梁武帝诸子传》载：庐陵威王续"临终有启，遣中录事参军谢宣融送所上金银器千余件，武帝始知其富"⑦。《南齐书·萧颖胄传》载："上慕俭约，欲铸坏太官元日上寿银酒鎗，尚书令王晏等咸称盛德。颖胄曰：'朝廷盛礼，莫过三元。此一器既是旧物，不足为侈。'帝不悦。后预曲宴，银器满席。颖胄曰：'陛下前欲坏酒鎗，恐宜移在此器也。'帝甚有惭色。"⑧但与汉代相比，宫廷储藏金银也确实少得多。黄金和白银产量减少，器物制作也难以兴盛。

南北朝时期，几乎历朝历代帝王都崇信佛教，大肆兴建佛寺，以金银为华丽的装饰，不惜工本地用金铸佛造像膜拜，使宫中和民间需要大量金银。如《南齐书·萧颖胄传》载："长沙寺僧业富，沃铸黄金为龙数千两，埋土中。"⑨《魏书·释老志》载："兴光元年（公元454年）秋，敕有司于五级大寺内，为太祖已下五帝，铸释迦立像五，各长一丈六尺，都用赤金二十五万斤。"天安二

---

① 《宋书》卷三，56页、60页，中华书局，1996年。
② 《宋书》卷六，112页，中华书局，1996年。
③ 《南齐书》卷七，104页，中华书局，1995年。
④ 《北齐书》卷二十四，344页，中华书局，1972年。
⑤ 《周书》卷六，107页、99页，中华书局，1983年。
    《北史》卷十，366页、372页，中华书局，1997年。
⑥ 《宋书》卷八，162页，中华书局，1996年。
⑦ 《南史》卷五十三，1322页，中华书局，1995年。
⑧ 《南齐书》卷三十八，666页，中华书局，1995年。
⑨ 《南齐书》卷三十八，667页，中华书局，1995年。

年（公元467年），"于天宫寺，造释迦立像。高四十三尺，用赤金十万斤，黄金六百斤"[1]。史籍用金银制作、装饰佛教建筑和偶像的记录增多，南北朝时期的金和鎏金造像等在考古发现中也大量涌现。

（三）金银生产和器物制作的特点

三国两晋南北朝时期，文献记载的金银产地比起汉代金、银矿的记载还少。《昭明文选·蜀都赋》"金沙银砾"句下注云："永昌有水出金，如糠在沙中，兴古盘町山出银。"[2]《水经注》记载金矿14处、银矿1处[3]。然而，用金作等价交换物或充当货币职能的情况逐渐多了起来。《晋书·愍帝纪》记载，因西晋末年战乱，京师一带"米斗金二两，人相食，死者太半"[4]。《宋书·孔季恭传》载："会土带海傍湖，良畴亦数十万顷，膏腴上地，亩直一金。"[5]都是直接以金作为换算价值的标尺。《南史·梁武帝诸子传》还有黄金及白银的换算关系，"黄金一斤为饼，百饼为簉，至有百簉；银五倍之"[6]。早在东吴时期，金银的货币职能的表现就出现了新的形式——铤。《三国志·孙皓传》载："天册元年，吴郡言掘地得银，长一尺，广三分，刻上有年月字。"[7]显然这就是后来人们所说的银铤。

三国两晋南北朝时期的金银生产和器物制作也在缓慢地发展，最引人注意的是以下几个方面。

1. 采矿和组织方式有了新的发展

《宋书·徐豁传》记始兴郡"领银民三百余户，凿坑采砂，皆二三丈，功役既苦，不顾崩压，一岁之中，每有死者。官司检切，犹致逋违，老少相随，永绝农业，千有余口，皆资他食"[8]，可知南朝刘宋时期始兴郡存在采银专业户，人数很多。《太平御览》引南朝王韶之的《始兴记》载："冷君西北有小首山，宋元嘉元年夏，霖雨山崩，自颠（巅）及麓，崩处有光耀，有若星辰焉。居人往观皆是银砾，铸得银也。"[9]《魏书·食货志》记载："汉中旧有金户千余家，常于汉水沙淘金，年终总输。"[10]采矿专业人员更多。

2. 有关银矿品位的认识明显提高

从矿石中提炼金银，战国甚至更早已经出现，但到北魏时期才有对银矿品位的定量描述。《魏书·食货志》记载：延昌三年（公元514年）"有司奏长安骊山有银矿，二石得银七两。其年秋，恒州又上言，白登山有银矿，八石得银七两，锡三百余斤，其色洁白，有逾上品。诏并置银官，

---

① 《魏书》卷一百一十四，3036页、3037页，中华书局，1997年。

② 《昭明文选》卷四，76页，中华书局，1977年。

③ 陈桥驿：《水经注研究》二五《〈水经注〉记载的工业》，天津古籍出版社，1985年。

④ 《晋书》卷五，130页，中华书局，1996年。

⑤ 《宋书》卷五十四，1540页，中华书局，1996年。

⑥ 《南史》卷五十三，1332页，中华书局，1995年。

⑦ 《三国志》卷四十八，1171页，中华书局，1982年。

⑧ 《宋书》卷九十二，2266页，中华书局，1996年。

⑨ 《太平御览》卷八一二，3609页，中华书局，1985年。

⑩ 《魏书》卷一百一十，2857页，中华书局，1997年。

常令采铸"①。显然人们已经很清楚地认识到矿石含银量的不同和银矿之间的差别,这是对矿藏品位的最早而且十分明确的记载。能够具体认识到矿石品位和从中提炼出银的比例,是北魏的一大进步。北魏政府对品位高、成色好的银矿,立即"诏并置银官,常令采铸",由官府来掌管。

3. 金银冶炼技术更为成熟

晋葛洪《抱朴子内篇》专门谈论到金银冶炼之术:"抱朴子曰:《神仙经黄白之方》二十五卷,千有余首。黄者,金也。白者,银也。……余昔从郑公受九丹及《金银液经》,因复求受《黄白中经》五卷。"葛洪之前已有金银冶炼的专著传世,当然这些涉及冶炼的内容多与方士炼丹术相联系。《抱朴子》认为:"变化者,乃天地之自然,何为嫌金银之不可以异物作乎?"坚信金银可人工制造,列举了如"金楼先生所从青林子受作黄金法""角里先生从稷丘子所授化黄金法""小儿作黄金法"等多种黄金、白银制作方法②,虽然不免怪异荒诞,却反映出当时对金银制作冶炼方法的多种探索。

4. 金银器物出现更多的名称

汉代文献中涉及金银,多是金银的自身,较少提到由金银制作的具体器物。三国两晋南北朝时期经常可见到一些金银器物的名称。如曹操的《上器物表》中有"御物有纯银粉铫一枚",《上杂物疏》中有"御物三十种,有纯银参镂带漆画书案一枚,纯银带参带台砚一枚,纯银参带圆砚大小各一枚。……御物三十种,有纯金香炉一枚,下盘自副,贵人公主有纯银香炉四枚,皇太子有纯银香炉四枚,……御杂物用,有纯金唾壶一枚,……贵人有纯银参带唾壶三十枚"。此外还提到纯银澡豆奁、纯银括镂奁、纯金参带画方严(妆)器、银画象牙杯、银镂漆匣、金错铁镜、银错铁镜等③。《三国志·何姬传》注引江表传云:"使尚方以金作华燧、步摇、假髻以千数。"④《南齐书·魏虏传》记北魏宫廷中"正殿施流苏帐,金博山,龙凤朱漆画屏风,织成幌。坐施氍毹褥。前施金香炉、琉璃钵、金椀(碗),盛杂食器"⑤。《魏书·杨昱传》还记载"恒州刺史杨钧造银食器十具"⑥。《洛阳伽蓝记》载:"河间王琛最为豪首,常与高阳争衡,造文柏堂,形如徽音殿。置玉井金罐,以五色缋为绳。""琛在秦州,多无政绩,遣使向西域求名马,远至波斯国,得千里马,号曰'追风赤骥',次有七百里者十余匹,皆有名字,以银为槽,金为锁环。……琛常会宗室,陈诸宝器,金瓶银瓮百余口,瓯、檠、盘、盒称是。"⑦可见南北朝时以金银制作的器皿比汉代增多。

5. 金银制作工艺出现一些进步

曹操《上器物表》《上杂物疏》中每件金银器物都特别注出质地纯真。《魏书·释老志》所云造释迦立像时"用赤金十万斤,黄金六百斤",将"赤金"与"黄金"明确区分,说明对金的成色

---

① 《魏书》卷一百一十,2857页,中华书局,1997年。

② 葛洪:《抱朴子内篇》卷十六,王明校释本,283~291页,中华书局,1985年。

③ 《曹操集》,40~43页,中华书局,1974年。

④ 《三国志》卷五十,1202页,中华书局,1982年。

⑤ 《南齐书》卷五十七,986页,中华书局,1995年。

⑥ 《魏书》卷五十八,1292页,中华书局,1997年。

⑦ 《洛阳伽蓝记》卷第四,周祖谟校本,206页、207页,上海古籍出版社,1978年。

认识更为清楚。此外，对合金的掌握也较成熟，南京大学北园东晋墓出土的金饰片，金的纯度很高，铜、银、铁、硅皆微量。银器的杂质成分中有铜、铋，还有锡、铁和微量铅、硅，属于银、铜、铋合金[①]。北齐娄叡墓中出土的金饰件（图2-36），用捶揲和掐丝的方法作出金饰的基本形态和复杂流畅的花叶，然后再镶嵌珍珠、玛瑙、蓝宝石、绿松石、贝壳及玻璃等，诸种颜色交相辉映，十分精美。南方地区西晋刘弘墓出土的金带扣更为精致（图2-38），内嵌菱形和圆形绿玉44颗，主题纹样是一条腾飞的龙，身上镶满细小的金珠，整个器物金碧辉煌。宜兴东晋周处墓的金篮形饰（图2-39）、金簪和长沙东晋墓的金饰件（图2-40），有的用金珠焊缀，工艺难度很高。北京西晋华芳墓出土掐丝镶嵌圆形银铃[②]（图2-34），直径只有3.5厘米，顶部为1个卧兽驮环，银铃上半部用掐丝工艺做出手持乐器的8个乐人，每乐人下悬挂一个小银铃。银铃上还镶嵌红、蓝宝石，工艺十分复杂。南京中华门外东晋墓出土的金饰呈梅花形，直径1.6厘米，花瓣用金丝掐成，其中填焊细小的金珠，内有红朱。花蕊圆形，亦填红朱，原来可能镶有宝石。长沙东晋墓也有同样饰件。山西大同北魏墓和宁夏固原北魏墓出土的银耳杯（图2-35、37），是少见的容器。耳杯是汉代以来中国特有的器物，但这两件耳杯的双耳饰联珠纹，固原的银耳杯耳上还有西方风格浓厚的忍冬纹，外来金银器的影响可见一斑。

从不多的出土器物中也能反映出，当时的金银器开始注重精细物品的制作，工艺更为讲究，而且喜欢与镶嵌工艺结合。《魏书·食货志》载："和平二年（公元461年）秋，诏中尚方作黄金合盘十二具，径二尺二寸，镂以白银，钿以玫瑰。"[③]表明合金工艺与镶嵌的结合深受欢迎。

（四）三国两晋南北朝时期的金银工匠

东汉至南北朝时期手工业发展缓慢。尽管前引《三国志·何姬传》《宋书·孝武帝纪》《魏书·食货志》都记载了官府控制的手工业部门尚方仍在制作金银器，但如王羲之致谢安书信中所说："百工医寺，死亡绝没，家户空尽，差代无所，上命不绝。"[④]由于战乱不绝，官府对手工业的管理失控，金银制作行业也不例外，许多工匠摆脱官府而流落民间。金银手工业制作珍贵物品，是历代官府掌管的重要行业，其工匠也是官府控制的对象。东汉末以来工匠散落民间的现象，严重影响了中央及地方政府手工业生产，特别是人数少、技术要求很高的金银手工业者更加缺乏，引起了统治者们的注意。《魏书·世祖纪》载，太平真君五年（公元444年）诏："自王公已下至于庶人，有私养沙门、师巫及金银工巧之人在其家者，皆遣诣官曹，不得容匿。限今年二月十五日，过期不出，师巫沙门身死，主人门诛。……其百工伎巧、驺卒子息，当习其父兄所业，不听私立学校。违者师身死，主人门诛。"[⑤]说明当时的官府作坊缺少工匠，不得不搜罗逃亡、隐匿的民间工匠，严禁私人供养，其中特别注重的是金银工巧之人。这一禁令，一直持续到北齐时仍在执行，

---

① 南京大学历史系考古组：《南京大学北园东晋墓》，《文物》1973年4期。

② 孙机：《三子钗与九子铃》，《文物丛谈》，文物出版社，1991年。

③ 《魏书》卷一百一十，2851页，中华书局，1997年。

④ 《晋书》卷八十《王羲之传》，2098页，中华书局，1996年。

⑤ 《魏书》卷四，97页，中华书局，1997年。

《北齐书·毕义云传》载："又坐私藏工匠，家有十余机织锦，并造金银器物，乃被禁止。"[①]特别提到禁止私造金银器之事。

而从另一方面来看，东晋以后地方民间手工业兴起，也为金银工艺技术得以普及创造了契机。《魏书》所说"金银工巧之人在其家者"和"其百工伎巧、驺卒子息，当习其父兄所业"云云，说明金银手工已成为重要的专门职业。《南齐书·东昏侯本纪》中的"贵市民间金银宝物"，也表明民间金银器物的流传。虽然目前考古发现的实物仍然很少，但金银手工业的专门化和在民间的普及却是前代没有的。此外，南北朝时期西方国家和地区输入的外来金银器物急剧增加，对中国金银器的制造业产生了深刻影响，种种迹象表明，中国金银器制造正孕育着新的繁荣时期的到来。

---

① 《北齐书》卷四十七，658页，中华书局，1972年。

中国北方、西北地区的早期金银器

The Gold & Silver of the Early Period in North and Northwest of China

西北和北方草原地区的游牧民族十分喜爱金银物品，主要用作人身装饰，最常见的是耳环、臂钏、项圈、发笄等各种首饰，也有服饰，还有一些可能是马具。生活用具上的装饰不多，与中原地区定居的农业居民把金银作为铜、木、漆、玉石器及建筑上的装饰形成鲜明的对照。西北和北方地区的各游牧民族经常迁徙，相互杂处，使用的金银装饰品种类复杂，目前很难全部准确定出它们的族属，但考古出土遗物有明确的地点，时代基本清楚，大致文化系统可以推定，按时代先后主要为匈奴和鲜卑两大系统。这些金银遗物也反映出西北和北方不同民族文化的融合及其与中原文化的相互影响。

一、匈奴系统的金银器

The Gold & Silver of the XiongNu (Hun) System

匈奴人兴起于漠南黄河河套地区和阴山一带，从公元前4世纪初开始，势力南移，夺取了今内蒙古伊克昭盟一带的"河南地"，到达秦、赵、燕的北部边境。赵孝成王元年（公元前265年），赵大将李牧大破匈奴10余万骑，其后10余年，匈奴不敢接近赵国边城。秦统一后，于公元前215年，秦将蒙恬将兵30万北击匈奴，收复了河南地，又进一步夺取了河套地区和阴山一带。公元前200年，西汉高祖刘邦在平城（今山西大同东）被匈奴战败，此后不得不与匈奴和亲，直至西汉武帝时才又打败匈奴，使之退至河套及其以西一带。匈奴人主要从事畜牧业，养殖牛、马、羊等，还进行狩猎活动，长期生活在辽阔的草原上，与其他游牧民族有密切的联系；由于与中原农耕民族不断争夺辖地和互通"关市"，也受到中原文化的影响。匈奴人"其送死，有棺椁金银衣裘，而无封树丧服"[①]，地下出土的金银器物是反映匈奴文化的重要媒介。月氏人居住在今甘肃河西走廊，与匈奴接触甚多，公元前3世纪初匈奴王甚至把太子送到月氏为人质。乌孙人游牧于敦煌、祁连山之间，因常被邻近的月氏人所攻，故也常依附匈奴。目前考古资料很难将匈奴、月氏、乌孙的遗物加以区别，而且《史记》《汉书》都记载月氏、乌孙"与匈奴同俗"。故暂将战国至汉代西北和北方地区出土的金银器作为匈奴系统的金银器。

（一）匈奴系统金银器的发现及年代

新疆维吾尔自治区阿合奇县库兰萨日克公元前8世纪至公元前5世纪的墓葬[119]中出土了金马

---

① 《史记》卷一百十《匈奴列传》，2892页，中华书局，1975年。

图2-43、44 新疆阿拉沟虎纹圆形金饰、对虎纹金饰带　　　　　　　图2-45 新疆夏台嵌宝石金戒指

饰和金鹰鹿饰，用捶揲技法制成，是目前西北地区出现较早的金器。马昂首竖耳，前腿呈奔腾状，后足高扬，整体略呈圆形。鹰鹿饰为昂首前行的立鹿，背站一鹰。乌鲁木齐南山矿区阿拉沟约公元前5世纪古墓[144]曾发掘出土金虎纹圆形饰8块、对虎纹金饰带4条、虎形金牌饰1件，还有兽面金饰、六角形金花饰、菱形金花饰，圆形、柳叶形、矩形、树叶形的小金片，小金钉和小金环，以及朽蚀严重的银怪兽面纹版7块。虎纹圆形金饰直径6厘米，重21.25克，纹样为一蹲踞状的猛虎，身体后部卷曲。虎按圆形设计，夸张变形（图2-43）。金饰带上的对虎纹与圆形金饰上的虎纹风格一致，但根据条带的形状将虎做成伏卧相对争斗状（图2-44）。虎形金牌饰的虎，风格和前述饰件相似，整体采用虎的造型。这些饰件都用金片捶出，图案具有高浮雕效果。新疆昭苏县夏台公元1世纪的墓地[144]，出土了1枚嵌宝石的金戒指（图2-45），金戒指周围焊饰金珠组成的三角和弧圈纹，同时还出土了金耳环和菱形、方形、圆形的小金片。吐鲁番交河故城沟西墓地[145]也出土了公元前6世纪至1世纪的各种金银饰（图2-46～50）。

　　这些遗物出土在中国西北边陲，阿拉沟金银饰件应属于匈奴系统的遗物①，夏台墓地被断定为乌孙墓。这批最早的金器都是较小的饰件，工匠以高度的智慧成功地在不同形状内新颖、生动地表现了虎、狮、鹿、鹰等动物题材，显示出西北地区游牧民族早期的金器流行动物纹，在整体文化风格上，属中亚草原游牧民族系统。金器制作中高超的捶揲技术，在同时期的中原地区仍罕见。

图2-46、47 新疆吐鲁番金花饰和
骆驼形饰

　　由西北地区向东，内蒙古伊克昭盟桃红巴拉相当于春秋晚期的匈奴墓[146]出土了金丝环，伊克昭盟准格尔旗西沟畔和杭锦旗阿鲁柴登相当于战国时期匈奴墓的随葬品，是匈奴遗物的重大发

① 阿拉沟金银饰件也可能是塞种人或姑师人的遗物（参见穆舜英主编：《中国新疆古代艺术》，新疆美术摄影出版社，1994年）。

图2-48 新疆吐鲁番怪兽搏虎纹金牌饰

图2-49 新疆吐鲁番银牛头饰

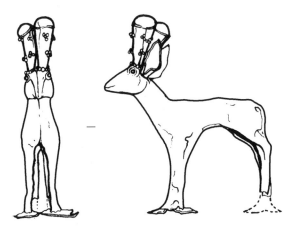

图2-50 新疆吐鲁番金鹿饰

现。西沟畔有3座匈奴墓[121]，其中2号墓中出土虎豕咬斗纹金牌饰2件、金项圈1件、金耳坠2件、金指套1件、剑鞘金饰片16件（双兽纹金饰片7件、卧鹿纹金饰片1件、卧马纹金饰片1件、双马纹金饰片1件、马纹金饰片1件、卧状怪兽纹金饰片1件、三兽咬斗纹金饰片1件、双兽咬斗纹金饰片1件、怪兽纹金饰片1件、直立怪兽纹金饰片1件）、长条形蛇纹金饰片1件、鸟形金饰片7件、涡纹金饰片1件、金泡饰5件、卧马纹银饰片5件、银虎头7件。阿鲁柴登匈奴墓[147]出土金器200余件，共重4 000余克；银器5件。金器有冠形饰4件、长方牌饰4件、镶宝石牌饰12件、虎形饰片21件、鸟形饰片12件、羊形饰片2件、羊形圆饰片5件、羊形饰件2件、刺猬形饰件10件、兽头形饰件2件、火炬形饰件1件、方形扣饰45件、鸟纹圆扣6件、圆扣饰17件、圆泡6件、大圆泡1件、圆管状饰3件、串珠91件、锁链1件、项圈2件、耳坠2件，银器有银虎头2件、牌饰3件等。

属于匈奴文化系统的金器发现甚多，重要的还有在内蒙古伊克昭盟东胜市碾房渠窖藏[148]发掘出土的相当于战国晚期的金银器，有虎狼咬斗纹金牌、双龙纹金牌、金耳坠、金管状饰、金串珠、金兽头形饰、金环、金丝、包金玛瑙饰、银环。内蒙古伊克昭盟伊金霍洛旗石灰沟战国中晚期的匈奴墓还出土了保存完好的虎噬鹿纹银牌饰[149]（图2-51）1件、双虎纹银牌饰2件、双虎纹银扣饰2件、刺猬形银饰2件。陕西北部的神木县纳林高兔村匈奴墓[150]出土战国晚期[①]金鹿形大角兽（图2-52）1件、银虎3件、银鹿5件、金虎2件、银盘羊扣饰1件、银环2件、错金剑柄1件，还有一些银箔饰

---

① 这批器物的年代被定为战国晚期或汉代（参见戴应新：《陕西神木县出土匈奴文物》，《文物》1983年12期。陕西省文物事业管理局：《陕西文物精华》，陕西省人民美术出版社，1993年）。

图2-51　内蒙古石灰沟虎噬鹿纹银牌饰

图2-52　陕西高兔村金鹿形大角兽

片。吐鲁番交河故城沟西墓地汉晋墓葬[151]出土嵌石金耳饰、金戒指、金冠饰、金片饰、金腰牌、金牌饰。

　　以上出土的金银器物，虽然尚不能肯定全部为匈奴人的遗物，但作为当时西北和北方地区势力最强、占地最广的匈奴人，在游牧民族中的影响也最大，这些金银器物就目前考古资料来说，应大体归为匈奴系统。按其年代，新疆阿合奇县库兰萨日克和乌鲁木齐附近的阿拉沟出土遗物为公元前8世纪至公元前5世纪，即春秋中期至战国早期及以前的遗物。这一时期发现的主要是金器，装饰题材以虎、马、鹰、鹿等动物为主。内蒙古伊克昭盟伊金霍洛旗石灰沟、东胜市碾房渠、准格尔旗西沟畔和杭锦旗阿鲁柴登遗迹的时代约为公元前4世纪、公元前3世纪，相当于战国晚期。出土遗物十分丰富，动物纹样以咬斗为主，形成了匈奴文化金银器的鲜明风格。陕西北部的神木县纳林高兔村出土遗物的年代约在公元前3世纪，相当于战国末期或稍晚。动物造型和纹样趋于写实，图案化装饰出现，与中原文化更为接近。新疆昭苏县夏台和吐鲁番交河故城沟西墓地的年代约在公元1世纪以后，相当于汉晋时期，金银器的风格融合了多种文化因素。

（二）器物特征及工艺成就

　　新疆、内蒙古战国及稍早的大量金银饰件，主要属于匈奴文化系统。首饰类比较容易辨认，有的出土时位置清楚。如西沟畔出土的耳环，位于墓中男性墓主的头骨两侧。金银牌饰的种类复杂，出土时有的位于墓葬中墓主尸骨腰部，多为带具饰、服饰和首饰。《战国策·赵策》载：赵武灵王"赐周绍胡服衣冠、具（贝）带、黄金师比"①。注曰："具（贝）带者，黄金具（贝）带之略。黄金师比者，具带之钩。亦本胡名。""古大带、革带，皆无饰。有饰者，胡带也。"可知当时把游牧民族的装饰看成特殊的样式。阿鲁柴登匈奴墓长方金牌饰的四角穿圆形小孔，背面两端有桥形

---

　　① 《战国策》卷十九，何建章注释本，698页，中华书局，1996年。

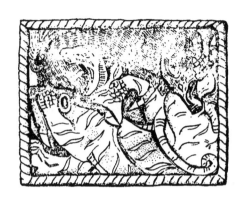

图2-53 内蒙古西沟畔虎豕咬斗纹金牌饰

图2-54 内蒙古西沟畔
双兽咬斗纹金饰片

图2-55 内蒙古西沟畔
三兽咬斗纹金饰片

纽，有1件在虎牛咬斗纹的牛头部位穿出直径1厘米的孔，孔有磨痕，可能为带钩所磨[1]，应为带扣。金银装饰件不仅在大型墓中出土，一些中小型墓也有发现，可知是游牧民族较普遍使用的佩带之物。

匈奴金银器的造型和纹样以动物题材为主，鹿、虎、鹰、马、狼、牛、羊等动物及其组合为常见内容，具有写实性，又不乏夸张手法，带有浓厚的草原游牧生活气息。

图2-56 内蒙古阿鲁柴登虎牛咬斗纹金牌饰

1. 动物咬斗的场面经常出现。动物咬斗为匈奴金银器装饰艺术中引人入胜的情节，也常常是匈奴金银工艺的杰出作品。搏斗的内容复杂，场面激烈，栩栩如生。这类纹样一般出现在较大的牌饰上。如西沟畔的虎豕咬斗纹金牌饰、三兽咬斗纹金饰片、双兽咬斗纹金饰片（图2-53～55），阿鲁柴登虎牛咬斗纹金牌饰、狼背鹿纹银饰片（图2-56、57），碾房渠虎狼咬斗纹金牌饰（图2-58），石灰沟的虎噬鹿纹银牌饰（参见图2-51）等均属这类题材。其中虎占据主动，豕、狼、牛、鹿处于被攻击地位。动物咬斗也较广泛出现在其他器物上，阿鲁柴登金冠形饰[2]，冠面上相对而卧的4只狼和4只羊作咬斗状（图2-59）。吐鲁番金冠饰的上下两端也表现着3只动物依次追逐、撕咬的场面。

图2-57 内蒙古阿鲁柴登狼背鹿纹银饰片

图2-58 内蒙古碾房渠虎狼咬斗纹金牌饰

---

① 田广金等：《内蒙古阿鲁柴登发现的匈奴遗物》，《考古》1980年4期。
② 此器多被称为"金冠"，但可能应为其他饰件（参见孙机：《汉代物质文化资料图说》少数民族文物Ⅰ，文物出版社，1991年）。

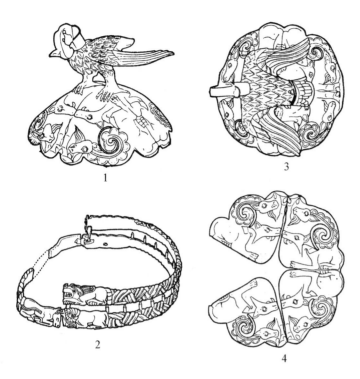

2. 大角怪兽十分流行。除了写实的鹿带有枝角外，还有许多带枝角的怪兽，兽的头顶为多枝形或带涡卷、呈火焰状的角。兽头似鹿，鹰啄。这种怪异的动物在中亚广大地区草原游牧文化中受到特别的重视，公元前6世纪前半的斯基泰、塞种人的金牌上就已出现[1]，既有多枝涡卷角的鹿，也有鹰啄的怪兽[2]。在西沟畔匈奴墓、阿鲁柴登匈奴墓也出土了鹿形大角兽纹金饰片（图2-60、61）和大角兽纹金饰片（图2-62）。阿鲁柴登大角兽纹金饰片上的大角怪兽不仅头顶有多枝形火焰状的角，每个枝角及尾部末梢还有鹰头。这一奇特设计，在陕西高兔村的"金鹿形大角兽"（参见图2-52）上表现得淋漓尽致，枝角部分

图2-59　内蒙古阿鲁柴登金冠形饰

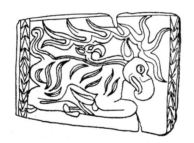

图2-60、61　内蒙古西沟畔鹿形大角兽纹金饰片

图2-62　内蒙古阿鲁柴登大角兽纹金饰片

① 孙机：《东周、汉、晋腰带用金银带扣》，《中国圣火》，辽宁教育出版社，1996年。
② 高浜秀等：《スキタイ黄金美术展》，图17、19，日本放送协会，1992年。

很大，超过动物躯体，鹿头、鹰啄的头部与西沟畔鹿形大角兽纹金饰片的相同，这种兽头还略为简化地出现在枝角的末梢和尾部，多达10个，与阿鲁柴登大角兽纹金饰片上大角兽的枝角相同，这种大角兽纹金牌饰在上海博物馆也有收藏（图2-63）。大角怪兽成为匈奴富有特色的动物纹样及造型。

图2-63　上海博物馆藏大角兽纹金牌饰

3. 虎的形象备受重视。阿拉沟的8块圆形金饰、4条金饰带都以虎纹为主题，还有直接用虎形做成的金牌（图2-64）。西沟畔2号墓中出土虎豕咬斗纹金牌饰2件、银虎头7件。阿鲁柴登匈奴墓出土银虎头2件和金兽头形饰件2件、金虎形饰片21件（图2-65～67）。碾房渠窖藏、石灰沟匈奴墓也都有以虎为题材的金银牌饰。表现整体的虎均四肢肥大、爪趾发达，突出其凶猛的特点。时代较晚的高兔村出土的3件银虎（图2-68、69）和2件金虎，独立表现，以圆雕和高浮雕方法制作，更为生动真实。

图2-64　新疆阿拉沟虎形金牌

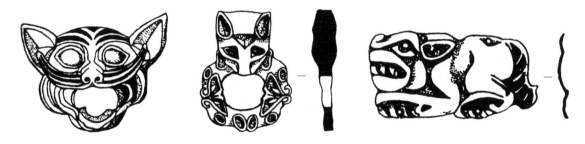

图2-65～67　内蒙古阿鲁柴登银虎头和金兽头形饰件、金虎形饰片

图2-68、69　陕西高兔村银虎形饰

4. 动物题材丰富。除了极度夸张的大角怪兽，还可以辨认出较多的鹿、虎、马、羊、鸟、刺猬等一些变形动物（图2-70～72）。同时写实的动物也较流行，一些鹿（图2-73～75）、虎刻画得一丝不苟。

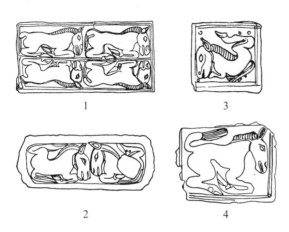

图2-71　内蒙古阿鲁柴登刺猬形金饰

图2-70　内蒙古西沟畔马纹金银饰片

1. 卧马纹金饰片　2. 双马纹金饰片
3. 马纹金饰片　4. 卧马纹银饰片

图2-72　动物纹金银饰件

1. 陕西高兔村羊纹银扣饰
2、3. 内蒙古阿鲁柴登羊形金饰片
4、5. 内蒙古阿鲁柴登鸟纹金扣饰
6. 内蒙古阿鲁柴登鸟形金饰片
7、8. 内蒙古西沟畔双兽纹金饰片
9. 内蒙古碾房渠双龙纹金饰片
10、11. 新疆吐鲁番怪兽纹金牌饰

图2-74、75　陕西高兔村银雌鹿、雄鹿

图2-73　内蒙古西沟畔鹿纹金饰片

5. 凸条式装饰盛行。匈奴金银器中动物身体上的纹样也有独特之处，流行凸条式装饰，似乎是表示动物的体毛，但已经程式化，只具有象征意义。凸条式的纹样有时也做成波状或漩涡状，如阿拉沟金饰虎身纹样呈线刻波状和漩涡。西沟畔、阿鲁柴登、东胜市碾房渠金牌饰上的虎，身上凸条式的纹样较细密琐碎。纳林高兔村的金、银虎，凸条式纹样粗大似瓦棱。虎的形象逐渐写实和虎身纹样由凸条式向瓦棱式的变化，也表现出早晚关系。凸条式装饰充分运用捶揲技法形成，而无论纹样效果是线刻状或是瓦棱形，都与制作技术相联系。

6. 器物造型和动物形体相结合。匈奴金银牌饰中有大量造型和纹样结合在一起，动物既作为器物形状造型，又兼作纹样装饰。这也是包括中亚地区在内的广大草原游牧民族文化金银器的共同特征。

应该指出的是，匈奴系统金银器的各种特征，与匈奴文化铜器的特征基本一致。除了以上动物题材的文化特征外，金银首饰和其他一些饰件（图2-76～79）也反映着匈奴系统的金银器的特点，其中尤以耳环、耳坠最为精致。

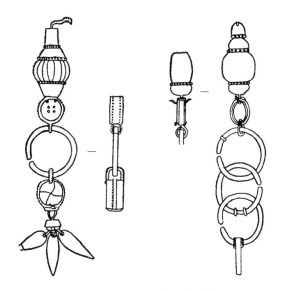

图2-76　内蒙古碾房渠金耳坠

图2-77　内蒙古西沟畔金耳坠

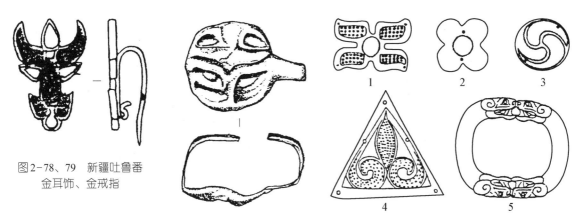

图2-78、79 新疆吐鲁番
金耳饰、金戒指

图2-80 陕西高兔村银饰件
（3.扣形饰，5.环，余饰片）

匈奴系统的游牧民族对金银装饰尤为钟爱，制作也非常精细，不仅用捶揲技术制造出浮雕效果，金碧辉煌，还熟练地运用了錾刻、掐丝及镶嵌（图2-80）等工艺。

最常见的工艺，是将金银原料捶揲成薄片，再捶饰图案，有时还加以錾刻纹样，技艺高超，精致美观。阿鲁柴登出土的金冠形饰（参见图2-59），高7.3厘米，金带形饰长30厘米，共重1 394克。冠形饰由一圆形金片捶成半球形的冠状，表面的狼和羊咬斗场面为錾刻而出，有的部位镂空，形成浮雕效果，增加了立体感。冠顶立一只展翅雄鹰，鹰的鼻内插入金丝通过头部与腹下相连，使头、颈可左右摆动；鹰身用金片制成，身上作羽毛状纹饰；鹰尾插入身后，用金丝连接，整体也可摆动。金带形饰前部有两条用榫卯上下相连接的条带，条带端头细致地捶揲和錾刻出半浮雕状的虎、盘角羊和马。时代较晚的陕西神木县纳林高兔村出土金鹿形怪兽、银虎、金虎、银鹿等，更进一步做成圆雕立体状，体内中空，表壳较薄。阿鲁柴登的长方金牌饰，每件长12.6厘米，宽7.4厘米，厚0.2厘米，重220.6克，铸造而成。这类铸造的器物在匈奴系统金银器中很少发现。

掐丝、镶嵌工艺常常结合在一起出现在匈奴系统金器上。阿鲁柴登出土的金冠形饰顶部的立鹰，头部和颈部镶嵌两块绿松石，与整体的金色形成黄、蓝相间，色彩对比强烈。大角兽纹金饰片镶嵌红、绿色宝石7块。西沟畔的2号墓出土的金耳环及坠，耳环用稍粗的金丝环绕，下端有纽以悬挂坠饰。坠饰是2个或3个用很细的金丝叠绕20多圈的锥筒状，其中1件在2个金坠之间也穿1块绿松石（参见图2-77）。碾房渠窖藏金耳坠、金丝环坠（参见图2-76）夹杂绿松石、玛瑙石，垂挂5层之多，反映了匈奴金器掐丝、镶嵌工艺达到很高的水平。

（三）与周围文化的关系

匈奴文化中的金银器，只是出土文物中的一个种类，如果参照铜器等其他质料的物品，可以明显地看出，丝绸之路北部干线欧亚草原丝绸之路，在战国以前已由北方游牧民族沟通，匈奴作为这一地区的占地最大、最为强盛的民族，向西联结了斯基泰-塞种人、乌孙、月氏，直至西汉初年，匈奴人曾设"童仆都尉"管辖西域诸国。战国至西汉初，匈奴人的统治区域达到今朝鲜边界，又控制了今晋北、陕北一带，并连年南侵，与中原王朝发生密切联系，势力影响也波及辽东甚至更远。

中国西北和北方地区出土的金银器物，越接近中原地区的出土遗物，与中原文化的融合程度越高，时代越晚融合得越紧密。北京平谷县刘家河商代中期墓葬[54]出土金臂钏、金笄和金耳环，辽宁朝阳魏营子西周墓[70]出土了金条盘绕而成的金臂钏，昭乌达盟宁城县南山根春秋早期的石椁墓[118]出土1件较大的金环和2件金丝缠绕的小环等，这些早期金器形制不复杂，多为小件首饰，难以断定为哪一民族特有的遗物，但与内蒙古伊克昭盟桃红巴拉相当于春秋晚期的匈奴墓[146]出土的金丝环等有相似之处。

　　辽宁省凌源县三官甸子春秋墓中出土的鹿形金饰[94]，高3.8厘米，长4.9厘米，重26.5克。鹿的全身以曲线表示，稍有细部刻画，正面具有高浮雕的效果，背面有便于系结的板条。从形制特征上看，应是某种器物上的饰件。鹿的形象非常简洁，作受惊回首、拔腿欲奔状，具有生动的艺术效果。河北易县燕下都战国时期的墓葬中发掘出土饰动物纹的半球形、圆形和长方形牌饰[84]，长方形牌饰长11.6厘米，宽7.6厘米，重247克。边框为绳索纹。正面图案有俯视的牛头、马头、龙头和怪兽头，背面有清晰的布纹。三官甸子的鹿形金饰和燕下都的牌饰都用中原地区流行的铸造法制成，将复杂细密的动物纹样设计在圆形、方形之内。各种动物的样式奇特，起伏变化呈浮雕状，与中原文化差异较大。燕国为姬姓封国，与北方游牧民族接壤，牌饰的动物纹样明显受北方游牧民族匈奴文化的影响。辽宁、河北等地出土的金牌饰，纹样属匈奴系统草原地区文化风格，形制和制法为中原文化特征，是北方地区与中原地区的文化交融的产物。

　　金银装饰品，中原地区在商代已经出现，金银带具也不是西北和北方游牧民族专有。河南三门峡市虢国墓中有12件黄金带饰[72]。山西曲沃北赵村晋侯墓地出土两组分别为15件和6件金腰带饰[73][74]，表明西周金器中成套的金带具已经开始流行。山东曲阜战国墓也出土几乎同样的黄金带饰[83]，并从春秋中晚期开始出土金银带钩。中原地区的带饰等金银装饰及器物通常采用铸造成型，纹样为商代以来的传统作风的延续，流行兽面、几何、蟠螭、云龙等纹样，与西北和北方地区的风格相异，属不同的文化系统。但西北和北方广袤的草原地带十分流行的金银牌饰，在战国晚期也出现少数铸造的制品，如阿鲁柴登出土的长方形金牌饰、西沟畔出土的虎豕咬斗纹金牌饰等，当是受中原文化影响出现的。而中原地区商代以来的金银带饰之外的装饰件虽然也用捶揲方法，工艺技术却远比西北地区逊色。

　　西沟畔的长方形金牌饰和银虎头形节约上刻有汉文称重文字和"少府"的字样[121]。"少府"为官名，战国秦汉时掌管皇室工业制造等。根据文字的字体、衡制和内容，田广金等推测金牌饰受秦的影响较大，可能为三晋地区的赵国王室所造，银虎头形节约可能是中原王朝专为匈奴人制作的①，也可能是从中原购入的②。中原汉文化系统的作品也在新疆地区发现，如新疆焉耆出土的汉代龙纹金带扣[144]，饰有1条大龙和6条小龙，完全是中原文化特征。《史记·匈奴列传》载：孝

---

① 田广金等：《西沟畔匈奴墓反映的诸问题》，《文物》1980年7期。
② 秋山进午著、魏坚译：《内蒙古高原的匈奴墓》，《内蒙古文物考古文集》，中国大百科全书出版社，1994年。

文皇帝前六年，将"服绣袷绮衣、绣袷长襦、锦袷袍各一，比余一，黄金饰具带一，黄金胥纰一，绣十匹，锦三十匹，赤绨、绿缯各四十匹"赠送匈奴[①]。匈奴势力较大的西域也受到汉文化的影响。

中亚斯基泰-塞种人文化中也有各种金银饰出土，以动物咬斗和动物为造型的器物历史更为悠久[②]，与中国西北和北方匈奴系统的各种牌饰不仅风格相似，甚至如头生多枝形、带涡卷、呈火焰状大角兽和刺猬等也为两地共见[③]。但中亚地区的金银牌饰中经常出现的人物形象，在中国西北和北方地区很少见到，可见游牧民族文化中广泛出现的金银牌饰，在不同民族及地区间存在着差别。

内蒙古伊克昭盟西沟畔和东胜市碾房渠窖藏出土的金耳环及坠饰，用金丝环绕，多层悬挂，其间穿插绿松石等做法，不仅在中亚、西亚发现，在古希腊金银首饰中亦极为流行，而且制作得更精，其渊源可能在更遥远的西方。山东临淄商王村1号战国墓[82]出土的耳坠，由金丝、金环和花瓣形金叶构成，其间包嵌绿松石并串有珍珠和牙骨一类的串饰，金丝、金环和花瓣上还饰联珠纹。其造型、装饰风格，与东胜市碾房渠窖藏遗迹中出土的金耳坠，乃至希腊金银首饰似乎有一脉相承之感。此外，焉耆出土的汉文化系统的龙纹金带扣，在朝鲜半岛平壤也有出土[④]。金银器是珍贵物品，容易被人们珍藏保存，也容易传播。将目前发现的匈奴系统金银器与周围文化比较，不难发现春秋战国至汉代，中亚直至地中海地区、中国的西北和北方地区、朝鲜半岛及中国的中原地区的文化有着密切的联系。

二、鲜卑系统的金银器
The Gold & Silver of the XianBei (Sienpi) System

公元2世纪中叶，鲜卑人"南抄缘边，北拒丁零，东却夫余，西击乌孙，尽据匈奴故地"[⑤]，取代了匈奴人的地位，反映其文化特色的金银器也逐渐成为北方游牧民族地区金银器的代表。鲜卑人最初活动于大兴安岭一带，相当于东汉晚期时，鲜卑各部建立了强大的军事联盟。联盟瓦解之后，东部慕容鲜卑先居辽东，后入辽西；黑龙江上游额尔古纳河畔至内蒙古河套东部为拓跋鲜卑，历年考古发掘，发现了鲜卑人在不断南迁过程中留下的遗迹[⑥]。

---

① 《史记》卷一百十，2897页，中华书局，1975年。
② 高浜秀等：《スキタイ黄金美术展》，日本放送协会，1992年。
③ 日本经济新闻社：《スキタイとシルクロード美术展》，奥村株式印刷会社，1969年。
　　孙机：《东周、汉、晋腰带用金银带扣》，《中国圣火》，辽宁教育出版社，1996年。
④ 志贺和子：《汉代〈北方系〉带金具考》，《古代文化》第46卷7号，1994年。
　　孙机：《东周、汉、晋腰带用金银带扣》，《中国圣火》，辽宁教育出版社，1996年。
⑤ 《后汉书》卷九十《乌桓鲜卑列传》，2989页，中华书局，1982年。
⑥ 宿白：《东北、内蒙古地区的鲜卑遗迹——鲜卑遗迹辑录之一》，《文物》1977年5期。

（一）拓跋鲜卑金银器

拓跋鲜卑遗迹的发现以墓葬为主，用木棺、桦皮葬具，随葬桦皮器、骨器、牛马蹄骨和一些具有特色的陶器[①]。金、银饰件零星出土，却显示出鲜明的时代性和地方性。内蒙古呼伦贝尔盟新巴尔虎右旗扎赉诺尔[152][153]、乌兰察布盟察右后旗三道湾[154]、呼伦贝尔盟额尔古纳右旗拉布达林发掘了鲜卑人的墓群[155]。三道湾墓群出土双马纹金牌饰、马纹牌饰、三鹿纹牌饰、双鹿纹牌饰、鹿纹牌饰、驼形牌饰、带钩、耳坠、花饰、片饰和泡饰。拉布达林鲜卑墓群5、24号墓出土金耳坠。拉布达林遗迹可能略早于扎赉诺尔。三道湾墓群分两期，第一期年代与扎赉诺尔墓群的年代相当，第二期略晚，时代相当于东汉时期，一般认为是拓跋鲜卑遗迹。内蒙古林西县苏泗汰拓跋鲜卑墓出土鹿纹金牌饰[156]。内蒙古凉城县小坝子滩相当于西晋时期拓跋鲜卑的遗迹，出土有"晋乌丸归义侯""晋鲜卑归义侯"金印和"晋鲜卑率善中郎将"银印，还有神兽纹金牌饰[157]。呼和浩特市郊区添密梁墓地出土双羊纹金牌饰[158]1件。达茂旗西河子乡出土1套金器[159]，包括金龙形项饰1件、金牛头鹿角形冠饰4件。

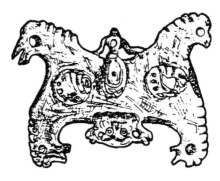

图2-81　内蒙古小坝子滩神兽纹金牌饰

拓跋鲜卑的金银器，多为动物纹样的牌饰及各种首饰。动物纹样有龙、羊、马、牛、鹿和怪兽等，造型带有一些神异色彩，在大量出土的铜牌饰中也常常见到。小坝子滩神兽纹金饰有1件由一个身躯和四个动物头部合成（图2-81），动物头似兽非兽，似鸟非鸟，身躯的束腰处一边为骑坐的人，两边为怪兽头。另1件神兽纹金牌饰由四匹马组成，背面錾有"猗㐌金"三字（图2-82）。猗㐌为始祖神元皇帝拓跋力微之后，曾助并州刺史司马腾击刘渊有功，晋假以金印。还有1件似虎的牌饰（图2-83）。添密梁墓地出土的金牌镂空对称双羊，头部很大，昂首大眼，盘角粗壮绕至后脑部，是神化的表现（图2-84）。拓跋鲜卑的祖先在南迁的过程中，有许多神兽导行的神话。《魏书·序纪》云："圣武皇帝讳诘汾。献帝命南移，山谷高深、九难八阻，于是欲止。有神兽，其形似马，其声类牛，先行导引，历年乃

图2-82　内蒙古小坝子滩神兽纹金牌饰

图2-83　内蒙古小坝子滩神兽纹金牌饰

---

① 陈雍：《扎赉诺尔等五处墓葬陶器的比较研究》，《北方文物》1989年2期。
　许永杰：《鲜卑遗存的考古学考察》，《北方文物》1993年4期。

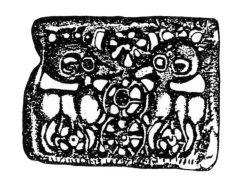

图2-84 内蒙古添密梁
双羊纹金牌饰

出。"[1]故金银器上的龙、羊、马、牛纹样可能与鲜卑拓跋族源、祖源神话有关[2]。

鹿纹金牌饰在拓跋鲜卑遗物中出土较多，也最富有特色。鹿的样式多变，单鹿、双鹿、三鹿以及一些似鹿非鹿纹样十分流行（图2-85），多采用透雕镂空的制法，而且在铜牌饰中也有许多发现。

拓跋鲜卑人推崇的神兽，形似马，金器中的牌饰图像有单马和双马。三道湾出土的单马金牌呈站立状，头部似有圆形冠；双马是在一跪卧状的大马背上，站立一个小马，马头部也有圆形冠（图2-86）。以马为装饰的牌饰在三道湾出土的铜牌中也有发现，属于北方和西北地区常见器物，但拓跋鲜卑的马实际并非纹样，而是整个牌饰的轮廓造型。这种特点突出的马形牌饰在其他时代和民族文化中不多见，联系拓跋鲜卑人的神话传说，或许不是偶然的。

三道湾的金耳坠为金丝盘结而成，制作细致（图2-87-1），与扎赉诺尔出土的铜耳环的形状和制法十分接近。三道湾的金带钩（图2-87-2）、金花饰和金片饰等（图2-87-3～8）也比较独特。拉布达林的金耳环制作较简单（图2-88），西河子乡出土的牛头鹿角形金冠饰（图2-89），是在马头形基座上伸出鹿角形枝杈，枝杈上系有桃形金叶，金叶都能摇动，即通常说的"步摇"，也可能直接插在发前[3]。

图2-85 内蒙古三道湾鹿纹金牌饰

---

① 《魏书》卷一，2页，中华书局，1997年。

② 陈棠栋等：《鲜卑动物形装饰中反映的拓跋族源与祖源神话的创作》，《辽海文物学刊》1993年2期。

③ 孙机：《步摇·步摇冠·摇叶饰片》，《中国圣火》，辽宁教育出版社，1996年。

图2-86 内蒙古三道湾马纹金牌饰

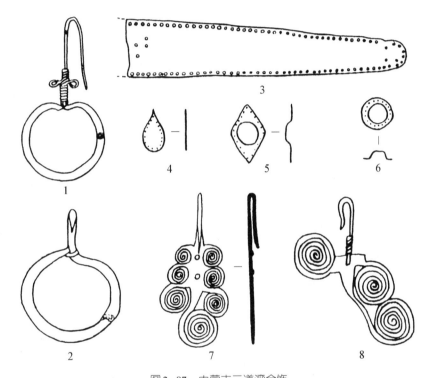

图2-87 内蒙古三道湾金饰
1. 金耳坠 2. 金带钩 3. 金片饰 4～6. 金泡饰 7、8. 金花饰

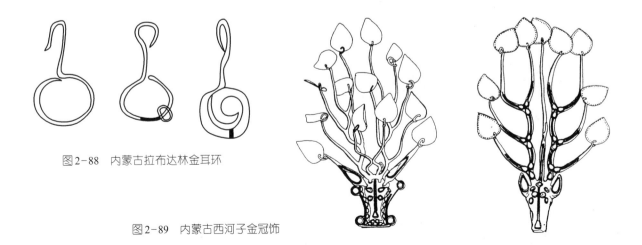

图2-88 内蒙古拉布达林金耳环

图2-89 内蒙古西河子金冠饰

（二）慕容鲜卑金银器

慕容鲜卑金银器的发现是北方地区考古的重要收获。慕容鲜卑于公元3世纪进入辽西，先后建立了前燕、后燕、西燕、南燕和北燕，至公元439年北魏统一，共持续了200多年，其间创造了独特的文化，特别是金器显示出鲜明的特色。相当于西汉末东汉初的吉林榆树老河深中层的鲜卑文化墓葬①，出土金丝扭环带叶耳饰3件、金丝扭环耳饰24件、弧片形金耳饰5件、环形金耳饰11件、银丝扭环耳饰13件、弧片形银耳饰3件[160]。辽宁朝阳王子坟山墓群[161]中，有21座相当于魏晋时期的早期慕容鲜卑的墓葬，出土金步摇饰、金牌饰、金泡饰、金耳环、金指环、半月形金牌饰、银牌饰、银耳环。朝阳田草沟也有2座相当于西晋时期的鲜卑墓[162]，出土金步摇冠饰3件、金牌饰4件、金锁形饰4件、金粟粒锁形饰2件、金素面锁形饰2件、金钏7件、金指环19件、银指环7件、银泡饰59件、银扣饰8件。朝阳十二台乡砖厂前燕时期的墓葬[163]出土包银带扣、金步摇。北票房身村前燕时期的墓葬[164]出土2件金冠饰，北票西官营子北燕冯素弗墓[165]出土许多金银首饰和服饰件。

捶制金片为装饰，一直广泛流行在中国北方广袤的草原地带。内蒙古乌兰察布盟达茂旗西河子出土了相当于北朝时期的金冠饰形步摇，这种以许多小金片悬挂出的"步摇"饰件是慕容鲜卑重要文化特征之一。老河深金耳饰的上端有桃形金叶，下为双丝扭枝，然后分层垂以摇叶（图2-90）。摇叶装饰后来在北方地区广泛流行，高句丽遗物中也能见到，只是多用鎏金铜制作，大都为马具装饰。步摇饰件形制多种多样，大都是在基座上分出枝条，枝上挂缀可活动的金叶。其中不少是属于头冠上的装饰。辽宁北票冯素弗墓的金冠饰，为十字相交的金片上端饰六枝带垂叶的枝条（图2-91）。北票房身村金步摇饰（图2-92）、朝阳王子坟山金步摇饰（图2-93）、朝阳田草沟金步摇饰（图2-94）也是头冠上的装饰，具有鲜明的地方民族特色。

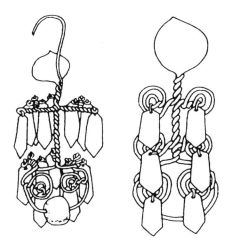

图2-90　吉林老河深金耳饰

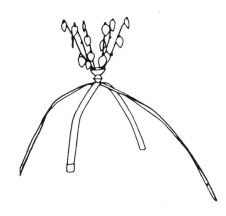

图2-91　辽宁冯素弗墓金冠饰

---

① 也有人认为是夫余文化（参见林秀贞：《评〈榆树老河深〉》，《考古》1990年1期）。

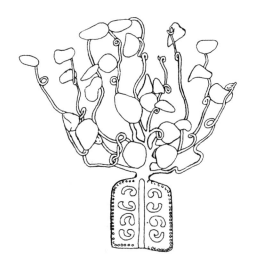

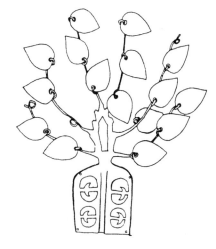

图2-92 辽宁北票房身村金步摇饰　　　　图2-93 辽宁朝阳王子坟山金步摇饰

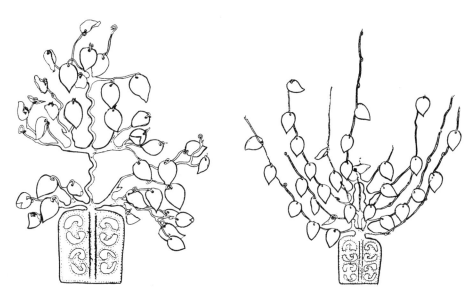

图2-94 辽宁朝阳田草沟金步摇饰

　　北方地区的墓葬中还相继发现一些其他金银装饰品，制作非常精致。内蒙古自治区哲里木盟科尔沁左翼中旗希伯花北魏时期的鲜卑墓中发掘出土金兽牌[94]和带链金马饰。金兽牌高7.7厘米，长9厘米，为一奔走状的兽，似马，头部较大，颈上有鬃毛，尾上卷，四足清晰可辨。兽的头、足之间镂空，身体上留有许多椭圆形的浅槽，原有镶嵌物。金兽牌铸造而成，造型奇特，表面凹凸起伏，表现了兽的肌肉和力量，四足的变化使身体出现变形，体现出强烈的动感。拓跋鲜卑流行的鹿纹牌饰，在慕容鲜卑金器中也有发现，如辽宁义县保安寺石椁墓[166]中出土的鹿纹金牌饰，鹿的形象比较写实，也更加生动（图2-95）。朝阳王子坟山出土的残兽形纹金牌饰有三个站立的难以辨认的半浮雕动物（图2-96）。鲜卑鹿纹牌饰流行，三鹿纹为常见题材，这件牌饰的主题纹样很可能也是表现变了形的三鹿纹。此外，朝阳王子坟山、田草沟及北票房身村

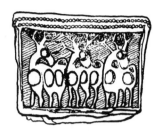

图2-95　辽宁保安寺鹿纹金牌饰

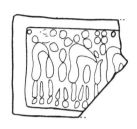

图2-96　辽宁朝阳
王子坟山兽纹金牌饰

还有一些方形、半圆形饰件，在边缘及内部有孔，钉挂摇叶（图2-97~99）。

慕容鲜卑金银器还有些首饰，如朝阳王子坟山、朝阳田草沟出土的金耳环、金钏和金指环（图2-100-1~5）。其他器物以装饰物为主，有一些可能为器物上的装饰（图2-100-6~9），罕见器皿类。金银器的制作大都是用捶揲、镂刻、铆钉、镶嵌、掐丝、金珠焊缀的技法。绝大部分牌饰都是用捶揲方法做出基本形状，有的在细部略加錾刻。牌饰上连续排列的小孔是铆钉或缝缀留下的痕迹。镂空纹样较多。掐

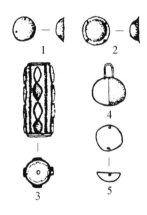

图2-97　辽宁朝阳金银饰件
1、2. 田草沟金泡
3. 田草沟管状金饰
4. 田草沟银扣饰
5. 王子坟山金泡

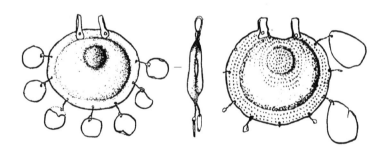

图2-98　辽宁朝阳田草沟金锁形饰

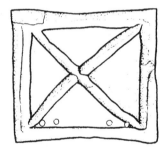

图2-99　辽宁朝阳田草沟金牌饰

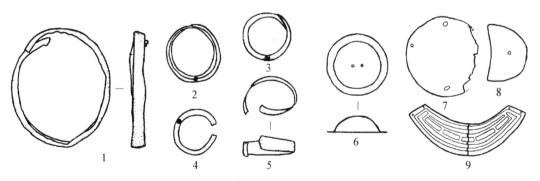

图2-100　辽宁朝阳金银饰件
1. 田草沟金钏　2. 王子坟山金耳环　3. 田草沟金指环　4. 王子坟山金指环
5. 田草沟金指环　6. 王子坟山金泡　7~9. 王子坟山银牌饰

图2-101　辽宁冯素弗墓金冠饰　　　　　　　　　图2-102　甘肃氾心容墓金冠饰

丝、金珠焊缀和镶嵌技术的熟练运用，使鲜卑金银器出现较精致的作品，如冯素弗墓的金冠饰正面的饰件（图2-101），高7.1厘米，呈山形，顶上有尖角，肩部圆弧，两边直，平底。金片镂成蝉形，上焊金丝勾画出纹样，金丝的两边再焊细密的小金珠，中部偏上镶嵌两个对称的灰石珠蝉目，这种做法在前凉时期的甘肃敦煌氾心容墓[167]出土的金冠饰（图2-102）上也有发现。

（三）鲜卑金银器与周边文化的关系

相当于南北朝时期中国北方地区出土的鲜卑金银制品仍以人身装饰为主，器物种类与匈奴遗物大致相同，有异于中原文化系统。形制多样的牌饰是主要物品，特别是拓跋鲜卑的动物纹牌饰与匈奴文化有一脉相承之处。扎赉诺尔墓群出土的石质透雕牌饰，与西岔沟匈奴墓出土遗物相似。动物咬斗和马纹牌饰在西沟畔、阿鲁柴登、西岔沟①等匈奴遗迹都出土过，虽然形制和纹样不尽相同，但均为北方和西北草原地区文化特色。三道湾墓地出土的金片饰和金泡，其形状和圆点装饰的饰件反映了鲜卑南迁匈奴故地后，受当地原匈奴文化影响②。《后汉书·乌桓鲜卑列传》载："和帝永元中，大将军窦宪遣右校尉耿夔击破匈奴，北单于逃走，鲜卑因此转徙据其地。匈奴余种留者尚有十余万落，皆自号鲜卑。"③故较早的鲜卑金银器有匈奴文化特征应是自然的。

鲜卑金银遗物反映出与东西方文化及中原文化融合的趋势。孙机曾对冠饰进行过研究，认为中国古代文献中的"步摇"，即"步则动摇也"。《后汉书·舆服志》在说到东汉皇后首饰中就已提到"步摇"，魏晋时期文献也有"步摇"之说，但其形态只能通过晋顾恺之《女史箴图》的宋代摹本来了解，文献中的"步摇"，可能与中国北方出土的实物属同类装饰，样式却不一定相同。辽宁和内蒙古出土的金冠饰，样式和制作技法与顿河下游新切尔卡斯克公元前2世纪的萨尔马泰女王墓出土的金冠、阿富汗席巴尔干（Shibarghan）公元1世纪前期大月氏墓出土的金冠一脉相承，渊源

①　孙守道：《"匈奴西岔沟文化"古墓群的发现》，《文物》1960年8、9期合刊。

②　乌兰察布博物馆：《察右后旗三道湾墓地》，《内蒙古文物考古文集》，中国大百科全书出版社，1994年。

③　《后汉书》卷九十，2986页，中华书局，1982年。

可能来自西方。这种系统的冠饰，在朝鲜半岛和日本也有发现，影响到海东地区的古代文化。而且作为摇叶装饰不限于冠饰，中国北方和朝鲜半岛、日本还出土了马具装饰等[①]。

扎赉诺尔及其他较早的拓跋鲜卑墓群都出土东汉铜镜及织物，表明了与中原汉文化之间的联系。稍晚些时候，更能看出两者文化间的融合。达茂旗西河子出土的金丝编结的链，两端为龙头，链上缀有兵器模型，显然与中原文化关系密切。孙机据《晋书》《宋书》等文献考证为"五兵佩"，其文化成分倾向于中原较多，还根据佛教艺术中造像胸前的项链认为与西方文化有一定的联系[②]。冯素弗墓金冠饰上的蝉形饰为汉代以来封建等级制度的标志之一，并持续至南北朝时期。《南史·梁武帝诸子传》："冠太子于太极殿。旧制太子着远游冠、金蝉翠缕缨，至是诏加金博山。"[③]因这种制度而出现的金冠上蝉形饰也为鲜卑人所用，可见中原文化不仅从器物样式上，很可能从制度上对鲜卑社会产生了影响。冯素弗墓出土的另一件金饰上，还出现带火焰背光的坐佛像，两侧有持物供养人像，是这一地区最早的佛教形象[④]，佛教的影响当来自中原地区。

① 孙机：《步摇·步摇冠·摇叶饰片》，《中国圣火》，辽宁教育出版社，1996年。
② 孙机：《五兵佩》，《中国圣火》，辽宁教育出版社，1996年。
③《南史》卷五十三，1308页，中华书局，1995年。
④ 宿白：《东北、内蒙古地区的鲜卑遗迹——鲜卑遗迹辑录之一》，《文物》1977年5期。

唐代以前外国输入的金银器

Imported Gold & Silver from Foreign Countries before the T'ang Dynasty

考古发现的唐代以前的金银器中，外国输入品占很大比例。尤其是南北朝时期输入的外国文物较多，而中国自产的器物却很少，这是一个值得注意的现象。

自汉代以来，欧洲和亚洲之间逐渐形成了具有一定规模的东西贸易、文化交流的通道，人们习惯把这条古代东西交往之路称为"丝绸之路"。由于社会或自然环境因素的制约，这条国际性的交往路线随时代而变迁。在中国境内，丝绸之路可以理出不同时期的主线、支线。主线有三条：（1）西安、洛阳经河西走廊至西域路，即沿黄褐色土地上的点点绿洲西进的"绿洲丝绸之路"，或称为"沙漠丝绸之路"。（2）中国北部绿色草原地带的"草原丝绸之路"。（3）中国东南蔚蓝色海洋中的"海上丝绸之路"。其中"绿洲路"又是最主要的干线，这条路从西安至敦煌分为南路、北路和青海路。自敦煌向西又分为南、中、北三条路线。不同时期外国文物出土的地点，多数在丝绸之路沿线上[①]。丝绸之路在唐代最繁荣，这是历代人们不断努力的结果。唐代以前的考古发现，外来文物中最重要的是金银器皿的发现。由于这些金银器皿在造型、纹样和制作技术上比其他类遗物复杂，表现的异域文化特征也更直观、具体，反映东西文化交流的信息更多，从中可以发现唐代金银器繁荣与早些时候外来文物的涌入的密切关系。

中国发现的许多唐以前西方输入的金银器，广泛分布于甘肃、宁夏、山西、河北、山东、广东。主要输入品见表2-1。

这些外来的金银器在中国内地有转送的可能，但总体上看，公元7世纪以前，西方银器是经海上和陆上两种途径输入的。广东、山东出土的西方银器，是通过海路传入的。甘肃、山西、河北的出土物应是北方陆路传入的。输入到中国的金银器，来自不同的国家和地区，时间至少可明确上溯到汉代甚至战国。

山东淄博市西汉齐王刘襄墓随葬坑[95]中出土的银盒（图2-103-1），高11厘米、口径11.4厘米。盖有子母口，盖顶隆起；盒身直壁下弧，平底。盖面和盒壁捶出外凸的水滴状花瓣；盖顶铆合三个铜兽纽，盒下铆合高圈足铜座。此器物的银质部分原来是盒，器物下面的座及盖上面的纽是青铜的，与器身并不协调，是后来安装的，看上去像"豆"，是中国人根据自己欣赏和使用习惯，将外来物品改装成新的中国式的器物。盖的内面浅刻"木南"二字，也是后来加上的。无独有偶，广东广州西汉时期的南越王赵眛墓[115]也出土了一件银盒（图2-103-2），造型、纹样和工艺几乎与临淄西汉齐王墓出土的银盒完全相同，青铜圈足也是后配的。

---

① 徐苹芳：《考古学上所见中国境内的丝绸之路》，《十世纪前的丝绸之路和东西文化交流》，新世界出版社，1996年。

表2-1　　　　　　　　　　　　　　　　唐代以前外国输入金银器皿的主要发现

器物名称	发现时间	发现地点	墓主	时代	收藏地点	参考文献
银盒	1979年	山东淄博	刘襄	文帝元年（公元前179年）	齐故城博物馆	[95]
银盒	1983年	广东广州	赵眜	公元前128～ 公元前117年	南越王墓博物馆	[115]
银壶		青海		晋代	中国历史博物馆	[168]
银盘	1988年	甘肃靖远		3世纪	甘肃博物馆	[169]
银盘	1990年	新疆焉耆		5世纪	巴音郭楞州博物馆	[170]
银盘	1990年	新疆焉耆		5世纪	巴音郭楞州博物馆	[170]
银盘	1981年	山西大同	封和突	景明二年（公元501年）	大同市博物馆	[124]
银碗	1988年	山西大同		6世纪初	大同市博物馆	[171]
银碗	1970年	山西大同		6世纪初	大同市博物馆	[5]
银多曲长杯	1970年	山西大同		6世纪初	大同市博物馆	[5]
银壶	1983年	宁夏固原	李贤	天和四年（公元569年）	固原县博物馆	[172]
银碗	1976年	河北赞皇	李希宗	武平六年（公元575年）	河北省博物馆	[173]
银碗	1984年	广东遂溪		南朝	遂溪县博物馆	[174]
银杯	1984年	广东遂溪		南朝	遂溪县博物馆	[174]

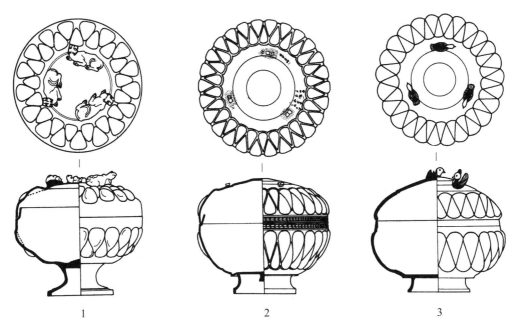

图2-103　外国输入的银盒和中国仿制的铜盒

1. 山东临淄西汉齐王墓随葬坑银盒　2. 广州西汉南越王墓银盒　3. 云南石寨山汉墓青铜盒

刘襄墓随葬坑和赵眜墓出土的银盒采用捶揲技术制成，器表凹凸不平的水滴状花瓣装饰，犹如浮雕，富有立体效果。这种装饰风格的作品在中国从未见过，与波斯以及地中海沿岸古代国家的金银器工艺和纹样极为接近①。波斯阿契美尼德王朝带有铭文的大流士一世（Darius Ⅰ，公元前521年至公元前486年）的金碗（图2-104）、阿塔薛西斯一世（Artaxerses Ⅰ，公元前465年至公元前424年）的银碗（图2-105）和薛西斯一世（Xerxes Ⅰ，公元前485年至公元前465年）的金碗②，以及美国赛克勒美术馆收藏的波斯银碗③（图2-106）、伊朗波斯波利斯出土的玻璃碗④（图2-107）都用凹凸的水滴状花瓣作装饰。齐王墓随葬坑和南越王墓都在中国沿海地区，所出的银盒当是通过海上丝绸之路传入中国的波斯或罗马地区的银器⑤。

图2-104　波斯大流士一世金碗

与地中海地区和西亚、中亚相比，中国唐代以前金银器不算发达，特别是器皿类在中国出现得较晚。湖北省随州战国时代的曾侯乙墓[91]出土了1件金盏和1件金杯，当是

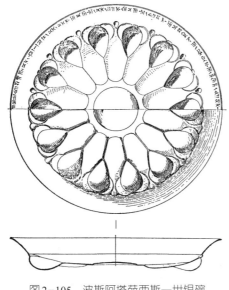

图2-105　波斯阿塔薛西斯一世银碗

图2-106　美国赛克勒美术馆波斯银碗

① 江上波夫等：《古代トラキア黄金展》，中日新闻社，1979年。
② A. C. Gunter, *The Art of Eating and Drinking in Ancient Iran*. Asian Art, Spring 1988; J. Hicks, *The Persians*. Amsterdam, 1975.
③ Ann C. Gunter and Paul Jett, *Ancient Iranian Metalork*. Smithsonian Institution, Washington D.C., 1992.
④ 深井晋司等：《パルシア美术史》，吉川弘文馆，1983年。
⑤ 孙机认为是伊朗安息朝的舶来之物（参见《凸瓣纹银器与水波纹银器》，《中国圣火》，辽宁教育出版社，1996年）。

图2-107 波斯波利斯玻璃碗

目前所知中国最早的黄金器皿，制作工艺上采用的是铸造法，金盏复杂的形制和华美的纹样以及制作技术，与当时青铜器完全一样。临淄齐王刘襄墓随葬坑[95]还出土3件中国自产的鎏金银盘，器形平板单调，錾刻的纹样为战国西汉时期流行的云龙纹，形制和纹样都是当时青铜器样式的翻版。可知在汉代及稍早，中国金银器皿有外来和自产两类。自产器皿的造型、纹样和工艺多取法于青铜器。外来物品传入中国后，马上就出现了仿制品。云南晋宁石寨山11号墓和12号墓①各出土1件镀锡青铜盒（图2-103-3），即是仿造品，造型和外表作出凹凸起伏的水滴状花瓣，与临淄和广州的两件外来的银器十分相像，反映战国和汉代时，古代欧洲与西亚地区不仅与中国有了密切交往，文化间的影响也已经开始。

除了器皿外，一些外来金银装饰品也在中国出土。新疆昭苏县夏台公元1世纪墓[144]出土了1枚嵌宝石的金戒指，周围焊缀细金珠组成的三角和弧圈纹。这座墓地处西北边陲，被断定为乌孙墓，但这件金戒指为中亚或西亚制品。焊缀细金珠的金器在中国内地也有发现，江苏邗江甘泉2号墓[113]出土一批掐丝、焊缀金珠、镶嵌绿松石和水晶的金饰品，是内地出土的年代最早的外来金饰品（图2-108～112）。该墓出土的1件铜雁足灯有"山阳邸铜雁足长镫建武廿八年造比十二"十七字铭文，盗洞填土中发现1方"广陵王玺"龟纽金印。据《后汉书·光武十王列传》等记载，光武帝刘秀第九子刘荆在建武十五年（公元39年）封山阳公，十七

图2-108 江苏邗江东汉广陵王墓金冠形饰

图2-109 江苏邗江东汉
广陵王墓金挂锁形饰

---

① 云南省博物馆：《云南晋宁石寨山古墓群发掘报告》，文物出版社，1959年。

年（公元41年）进爵为山阳王，后徙封为广陵王。永平十年（公元67年）谋反败露后自杀。故该墓为刘荆之墓，埋葬时代为东汉初年①。金饰品有泡形饰、亚形饰、盾形饰、挂锁形饰、"王冠"形饰、珠、兽形片饰等。其中的亚形金饰，由三个上下平、中间圆，整体呈束腰状的饰件连缀组成，边缘黏接细小的金珠为装饰，中间圆形的表面也用小金珠黏接成重环纹，两面纹样相近，重环纹中心有镶嵌物。金珠，是用两个较大的和十二个较小的金环拼焊成二十四个角的空心珠，在金环相接的二十四个空当处各用四粒小如菜籽的小金珠堆焊出尖角（图2-112）。同样的掐丝、焊缀金珠的制品，在湖南长沙五里牌东

图2-110、111　江苏邗江东汉广陵王墓金盾形饰和品形饰

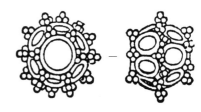

图2-112　江苏邗江
东汉广陵王墓金珠

图2-113　广州东汉墓金珠

汉墓[114]也出土一批，包括金珠、荞麦形饰、亚形饰、花苞形饰、球形饰。此外，广州郊区东汉前期墓[175]出土一件由十二环焊接成，外围焊缀珠饰的金珠（图2-113）。这批金饰件最突出的特征是掐丝和焊缀金珠工艺，所有器物的形制都较奇特，中国找不到可类比的出土实物，形制和工艺非中国风格。多面金珠曾在巴基斯坦呾叉始逻和越南奥高出土，年代大致相当于东汉②。而从希腊至中亚，这种技术历史悠久。所以中国出土的这些饰件应为输入品，可能来自中亚。西方金银装饰工艺品传到中国，对中国金银器的制作产生了极大的推动作用。其中黄金掐丝、焊缀金珠和摇叶装饰等反映得比较突出。如西安出土的金灶[110]、河北定县东汉刘畅墓[108]出土的掐丝金龙（参见图2-31）、掐丝羊群等，样式为纯粹中国式的，制作技术却是外来的。精细的掐丝、焊缀金珠工艺，反映出汉代在外来金银工艺技术的影响下，已经能够熟练地利用黄金延展性能，充分掌握了掐丝和焊缀金珠等金器制作技术。

青海上孙家寨晋墓[168]出土的带把银壶（图2-114），通高15.8厘米，口径7厘米，腹径12厘米，底径5.4厘米。直口，长颈，鼓腹，平底。腹侧置一环形把。口沿、腹部和底边有三组鎏金纹带。口沿饰勾连纹，腹部纹带由六朵不同形状的花朵组成，底边饰三角纹。这是一件十分特别的器物，器物形态和腹部写实的植物纹在魏晋罕见，由正反连续的忍冬叶构成六个单元，其间为各具特色的阔叶植物，与中亚地区时代稍晚的粟特银器装饰相似。特别是银壶雕刻纹样中出现

①　参见南京博物院：《江苏邗江甘泉二号汉墓》，《文物》1981年11期。
②　岑蕊：《试论东汉魏晋墓葬中的多面金珠用途及其源流》，《考古与文物》1990年3期。

图2-114　青海上孙家寨晋墓银壶

的圆点，被认为是粟特银器最具特色的工艺手法[①]，故这件银壶应是中亚地区输入的器物。

　　甘肃靖远县北滩乡出土的银盘[169]，高4.4厘米，口径31厘米。圆形，敞口，浅腹，带矮圈足（图2-115）。盘内满饰纹样，由外向内分三部分。外圈为葡萄纹，其间杂以飞禽、动物；中圈外缘饰花瓣纹和联珠纹，内缘为联珠纹，其间隔出十二等分，各置一个人物和一个动物；盘心是一男子持杖，倚坐在一雄狮或豹的背上。此银盘纹样的构图采用了分层布局的方式，每层又分隔处理画面，盘心以醒目的人物为主题。由于世界各地出土遗物和博物馆藏品中没有很接近的实例可供比较，学者们对此盘的年代和制作地点有多种推测[②]。日本学者石渡美江和法国学者史蒂文森都认为

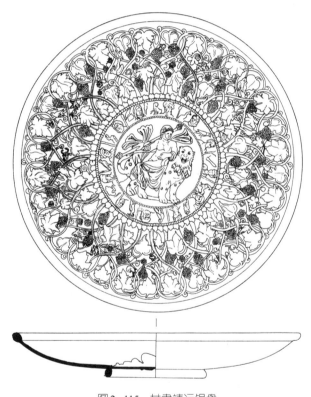

图2-115　甘肃靖远银盘

①　Б. И. Маршак, *Согдийское Серебро*. Москва, 1971.

②　初师宾：《甘肃靖远新出东罗马鎏金银盘略考》，《文物》1990年5期。

　　齐东方：《中国古代金银器皿与波斯萨珊王朝》，《伊朗学在中国论文集》，北京大学出版社，1993年。

　　石渡美江：《甘肃靖远出土鎏金银盘の图像と年代》，*Bulletin of the Ancient Orient Museum*, Volume ⅩⅢ, 1992.

　　米歇尔·瑟若茹丽：《外部世界对中国文化的贡献：接触与同化》，《"迎接二十一世纪的中国考古学"国际学术讨论会论文集》，科学出版社，1998年。

　　林梅村：《中国境内出土带铭文的波斯和中亚银器》，《文物》1997年9期。

盘中心的人物为罗马巴卡斯神（Bacchus），周边的十二个人物为宙斯十二神，器物为公元2世纪至3世纪产于罗马的作品。我曾推测该器为萨珊遗物，后在日本与石渡美江等讨论，认为石渡美江推测为罗马制品更为恰当。

新疆焉耆七个星乡出土6件银器[170]，目前已公布了1件鸵鸟纹银盘和1件银碗的图片。银盘口径21厘米，高4.5厘米。圈底，盘内单线錾刻七只鸵鸟，底心一只，周围六只（图2-116）。圈底器物为粟特地区常见，鸵鸟纹在斯基泰金碗、萨珊银盘和粟特壁画（图2-117）上可以见到。银碗的口径20.5厘米，高7.4厘米。碗壁由浅淡的直棱分成细瓣，圈足上以细密的点线刻中古波斯文（图2-118）。据孙机考证这两件银器的制作年代不晚于6世纪，为粟特遗物①。器壁制成浅淡的直棱瓣，在

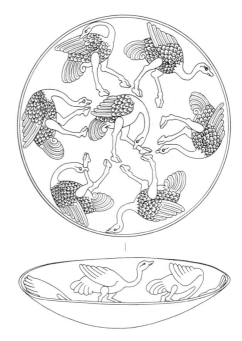

图2-116 新疆焉耆银盘

图2-117 粟特壁画上的鸵鸟

---

① 孙机：《七鸵纹银盘与飞廉纹银盘》，《中国圣火》，辽宁教育出版社，1996年。

图2-118 新疆焉耆银碗

图2-119 萨珊银碗

萨珊和粟特银器中流行（图2-119、120），而在中国古代银器中罕见。

汉代及稍早的外来金银输入品并不多，到南北朝时期西方输入器物大增。1981年，山西大同市北魏封和突墓^[124]出土了1件银盘（图2-121），高4.1厘米，口径18厘米，足径4.5厘米。敞口，浅盘，弧壁，带圈足。盘内饰狩猎图，中央站立一位狩猎者，面部有络腮胡须，头上似有圆形帽，前额戴圆珠帽饰，脑后有飘带两条，耳部垂水滴形珠饰，颈项悬挂由圆珠串成的项链。上身裸露，右腕戴圆珠组成的手镯，腹前的腰带上缀圆珠两颗。下身右腰似配箭筒，臀后有飘带，着紧身裤，穿长筒靴。双手执矛，指向两头野猪，右足踏一野猪。狩猎者左侧以芦苇为背景。现知的波斯萨珊银盘有30余件，带狩猎图的有10余件，风格与封和突墓银盘同属一类，故封和突墓银盘为波斯萨珊器无疑①。据墓志载，封和突卒于宣武帝景明二年（公元501年），所出银盘的制作应早于这一时间，大约在5世纪后半叶。

图2-120 萨珊银盘

图2-121 山西大同封和突墓银盘

① 夏鼐：《北魏封和突墓出土萨珊银盘考》，《文物》1983年8期。
　马雍：《北魏封和突墓及其出土的波斯银盘》，《文物》1983年8期。

萨珊或称萨珊式的银器在中国还有出土。1970年山西大同北魏城址[5]中出土1件银多曲长杯（图2-122）。高4.5厘米，口径23.8×14.5厘米，足径7×4.5厘米。器体八曲，每曲向内壁凹入较深，口沿平，整个器物俯视如八瓣花形，内底中心饰二兽。这件长杯在中国传统器形中未见同类者，却与萨珊银器中多曲长杯的造型基本相同，区别是该器的铜质圈足为喇叭状，呈花瓣形，应是后来配制的。北魏前期之都平城（即大同），为北魏政治、经济和文化的中心，皇室、贵族大都居住于此，也是与西方诸国进行交往的中心。这件萨珊式银长杯传入中国的时间应不超过6世纪初。多曲长杯在3世纪至8世纪流行于伊朗高原。大同的银

图2-122　山西大同北魏城址银多曲长杯

多曲长杯的形制和纹样，与萨珊常见的同类器略有不同。口沿曲棱处的顶端饰小花瓣，内底的怪兽纹带有浓厚的中亚艺术风格，这些特点在粟特地区和所谓斯基泰艺术中可以见到。目前中亚地区尚未发现可确定的银多曲长杯实例，但该地壁画中能见到粟特、呎哒贵族持长杯的画面，中亚地区曾流行长杯是无疑的。不过，多曲长杯的祖型在伊朗，是伊朗人在萨珊时期创造定型的器物，以后才逐步向外传播，或被仿制。故其他地区发现的这类器物可称为萨珊式多曲长杯①。

　　属于萨珊式的银器，还有1983年于宁夏固原北周李贤墓[172]中发掘出的1件更为精致的银壶（图2-123）。壶高37.5厘米，腹径12.8厘米。该壶长颈，鸭嘴形流，器腹下部圆鼓，高圈足。肩部至腹部有一弧形把，把的顶端带一深目高鼻戴帽的胡人像。壶的颈腹相接处、高圈足的中部和足底各饰一周联珠，环绕壶

图2-123　宁夏固原北周李贤墓银壶

---

　　① 参见本书第三编《萨珊式金银多曲长杯在中国的流传和演变》。

的腹部捶出人物图像，共六人，为男女相对的三组。据出土的墓志可知，李贤葬于北周天和四年（公元569年），故该壶制作时间不晚于这一纪年。就形制而言，这种壶在世界各国博物馆和私人手中多有收藏，多为萨珊银器①。李贤墓银壶较特殊的是腹部人物图像的内容，表现的是希腊故事中帕里斯的审判、掠夺海伦及回归的场面②。古代希腊罗马和萨珊伊朗信仰不同，在萨珊式银器上出现希腊故事题材多少令人费解，如果考虑到马其顿东征和中亚地区曾出现"希腊化时代"，中亚艺术与萨珊有密切交融的历史背景。李贤墓银壶的制作地点也可能在中亚③。

　　如果说大同北魏城址的银多曲长杯和固原李贤墓银壶是萨珊式器物，而产地可能在中亚的话，那么与山西大同北魏城址银多曲长杯同出的1件银碗[5]（图2-124）和1988年大同北魏墓葬[171]中出土的1件银碗（图2-125），也可确定为中亚制品。大同北魏城址中出土的银碗，口径8.5厘米，高5厘米。侈口，颈微凹，弧腹，圜底。器腹以大植物叶分作四等分。每分之间有一圆环，环内捶出一半身人物像，像的头为侧面，大眼，高鼻，卷发，头戴圆形帽，颈部悬挂联珠项链，底部有同心圆凸线两道。大同北魏墓中出土的银碗，口径10.2厘米，高4.6厘米。侈口，颈微凹，弧腹，

图2-124　山西大同北魏城址银碗

图2-125　山西大同北魏墓葬银碗

① A. U. Pope, *The Survey of Persian Art*, New Edition. Ashiya, Japan. 1981; Asian Art, Spring 1988.
② B. L. パルツャク、穴泽和光：《北周李贤夫妻墓とその银制水瓶について》，《古代文化》41卷4号，1989年。
③ 吴焯：《北周李贤墓出土鎏金银壶考》，《文物》1987年5期。
　　孙机：《固原北魏漆棺画》，《中国圣火》，辽宁教育出版社，1996年。

圜底。器腹以大植物叶分作四等分。每分之间有一圆环，环内捶出一人物像，像的头为侧面，深目高鼻，长发披肩，底部有同心圆线两道，其间为叶瓣纹。大植物叶和圆环形饰，经常出现在波斯萨珊和中亚艺术中，如巴基斯坦斯瓦特（Swat）出土4世纪至5世纪的石柱头装饰中的叶纹（图2-126），与这两件银碗上的纹样风格十分接近。最主要的特征是碗上出现的头戴圆形帽的人物特征是中亚样式，在哒货币上常常见到①。故这两件银碗的产地应在中亚，并可能是哒人的遗物。由于出土在大同

图2-126 巴基斯坦斯瓦特石柱头叶纹

北魏城址和墓葬中，其传入中国时代下限不晚于6世纪初。

河北赞皇县东魏李希宗墓[173]中发掘出土的银碗（图2-127），高3.8厘米，口径9.3厘米。敞口，弧壁，圈足。碗壁捶出曲线水波纹，使器壁起伏变化，碗内口沿下饰联珠一周，底部捶出浮雕式的六瓣莲花，莲花周围又饰联珠两周。此墓是夫妇合葬，李希宗葬于武定二年（公元544年），其妻崔氏葬于武平六年（公元575年），银碗的制作时代不晚于这一时间。碗的形制和纹样独特，中国尚未发现同类器皿。与之相似的作品在英国不列颠博物馆收藏1件，该碗的碗壁也是起伏的水波纹（图2-128），底部为浮雕式纹样，但内容不是莲花，而是两个印度风格的人物和葡萄卷

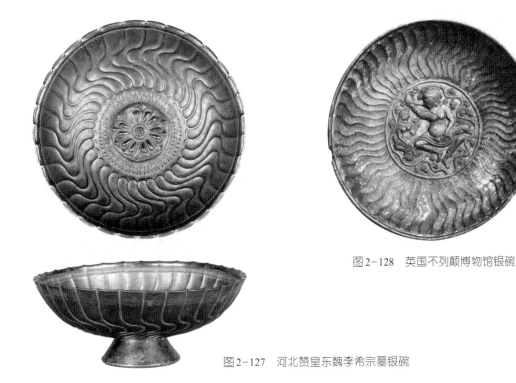

图2-128 英国不列颠博物馆银碗

图2-127 河北赞皇东魏李希宗墓银碗

---

① 杜维善：《丝绸之路古国钱币》，上海卡特印刷有限公司，1992年。

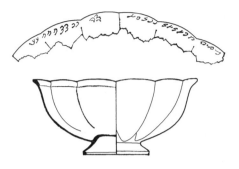

图2-129　广东遂溪南朝窖藏银碗

草，人物为一男一女，被认为是印度或伊朗东部4世纪至5世纪的作品[①]。由于李希宗墓银碗与该碗的造型、制作技术和部分纹样风格很接近，它们的时代和产地应相同。

　　汉代以后，不仅北方和中原地区出土外来银器，南方地区也有出土。广东遂溪县发现一座南朝时期的窖藏，出土金环2个、金戒指6个、银盒1件、残银碗1件、银镯73个、银首饰2件、鎏金银杯2件、波斯银币20枚。波斯银币为沙卜尔三世、伊斯提泽德二世和卑路斯时铸造的，传入中国后被穿孔用作装饰品。银碗高8厘米，口径18厘米，足径7厘米。此器已残，但可以复原。口沿为花形，碗壁分十二瓣，带圈足。口沿外刻有中古波斯文[②]（图2-129）。2件鎏金银杯高7.2厘米，口径8.3厘米，腹径8.8厘米。敛口、尖底。器身通体从口沿至底环绕五组花纹带。口沿为两道弦纹中间夹直线篦纹，其下是波浪形缠枝纹，腹部为七个组合的六边形图案，六边形中分别饰鸟、人首鸟身、鸟、鱼、花草等。腹下为一周波浪形缠枝纹。底部是两层花瓣纹，中心为十瓣小花（图2-130），其产地尚难确定。窖藏中的器物显然是作为珍宝埋藏的，各器物时代和产地未必相同，银碗因其凹凸的十二瓣特征等可基本肯定为粟特器物。

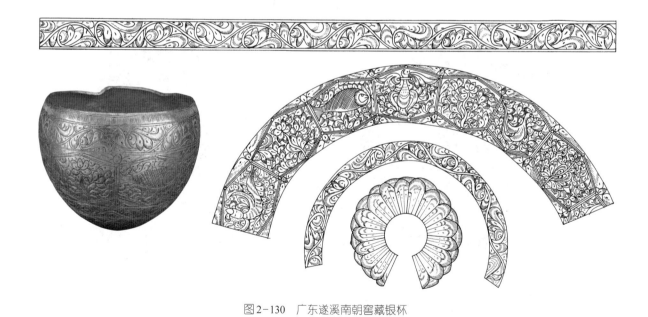

图2-130　广东遂溪南朝窖藏银杯

---

①　Prudence Oliver Harper, *The Royal Hunter*. New York，1978.

②　姜伯勤：《广州与海上丝绸之路上的伊兰人：论遂溪的考古新发现》，《论广州与海上丝绸之路》，中山大学出版社，1993年。

山西大同封和突墓的狩猎纹银盘当是萨珊器物无疑。甘肃靖远的银盘大约是罗马产品。河北赞皇东魏李希宗墓的银碗可能是萨珊东南部或巴克特利亚地区的制品。宁夏固原北周李贤墓的银壶和山西大同出土的银多曲长杯，为制作于中亚的萨珊式器物。山西大同出土的两件银碗，应是中亚哒人的制品。新疆焉耆七个星乡出土的七驼纹银盘和银碗，以及广东遂溪银碗为中亚粟特遗物。广东遂溪出土的银杯尚难推测其产地。罗马、波斯和中亚的哒、粟特与南北朝的往来十分密切，使节和商人将带到中国的一些物品供献给朝廷，在文献中记录很多，考古出土这些实物并不奇怪。输入中国的这些银器都是十分精美的，即使将国外出土文物和博物馆藏品包括在内，许多仍是举世无双的新发现。中国出土的这些外来银器至少具备如下特点：（1）有准确的出土地点。（2）多经科学发掘获得。（3）器物制作年代下限明确。（4）多同其他伴出器物有组合关系。（5）器物保存完整。这在地中海地区、西亚、中亚等器物制作地出土或收藏的器物中也是少见的。古代罗马、萨珊、巴克特利亚、粟特等地的银器极少有明确纪年，可以肯定出土地点的器物也不多。中国这批器物或出土于墓葬内，或出土于遗址、窖藏中，据墓志记载或遗址、窖藏的环境及伴出遗物，许多器物的年代下限十分清楚，对于研究西方银器具有重要参考作用。

外来器物对中国金银制造业发展产生影响，战国西汉时期已经开始，至南北朝时出现更多对西方金银器制作技术和某些装饰的模仿、学习，而且试图与中国传统器形加以融合。山西大同封和突墓[124]和宁夏固原北魏墓[176]出土的银耳杯，出现了西方流行的联珠纹装饰，是中国传统的器物造型与外来纹样的结合。贵金属金银器，本来就是人们想象中奇异神妙、辉煌灿烂的东西，外来物品又使想象更为丰富。唐代中国金银原料大增，对外交流更为广泛，西方金银器物精湛的捶揲工艺、造型艺术和纹样装饰，逐渐与唐代的创新融为一体，使中国金银器风格突变，出现了朝气蓬勃的景象。

唐代金银器的社会作用

Social Function of the Gold & Silver in the T'ang Dynasty

金银器的社会作用应主要包括两个方面：一是金银器的实用功能；二是由于金银器的特殊价值产生的社会功能。金银器之有别于其他如陶瓷等类器物，最重要的便是自身有很高的财富价值。用稀有而珍贵的金银材料制成造型、纹样精美的器物，其陈列观赏功能已远超出使用功能。另外，唐代金银的货币职能已充分体现出来，金银器物实际重量也象征着货币价值。金银及其器物具有体积小、价值高的优势，成为广泛运用于馈赠、供奉、赏赐、赋税的最佳物品，作为对外交往、经济制度、政治斗争的媒介物，直接参与社会生活甚至重大政治活动，这是任何其他质料的器物无法取代的。唐代金银制造业的繁荣与这种深刻的历史背景关系极为密切。

一、金银崇拜和进奉之风

The Fashion of Worshipping and Consecrating the Gold & Silver

唐代皇室贵族对金银器近乎狂热的追求，并非仅仅因为昂贵的价值和华美的外观，还在于人们的思想继承和发展了汉代以来对金银所持有的神秘观念。最普通、最常见的是，认为使用金银做成的器物对人体健康长寿有奇特功效。价值崇拜和命运向往的结合，使金银器皿更为神圣化，其生产制造也随之发生了根本性的变化。考古发现和收藏的唐代金银器皿的数量，超过以前各代的总和，而且种类繁多，制作精美。

《太平御览》珍宝部银条载："武德中，方术人师市奴合金银并成，上（李渊）异之，以示侍臣。封德彝进曰：'汉代方士及刘安等皆学术，唯苦黄白不成，金银为食器可得不死。'"[1]汉代方士们崇尚"金银为食器可得不死"的理念，还反复进行炼丹的实践，虽然多次失败，并未使中国古代贵族灰心。到了唐代，金银为食器可延年益寿的说法仍有极大的影响，于是求索、占有大量的金银器皿，成为帝王及贵族们共同的心愿。唐初封德彝向高祖李渊进言使用金银器的事情，想必在唐朝历代都会发生。接近晚唐时也有类似的记录，当时的名臣李德裕就曾直截了当地劝说敬宗皇帝李湛："臣又闻前代帝王，虽好方士，未有服其药者。故《汉书》称黄金可成，以为饮食器则益寿。又高宗朝刘道合、玄宗朝孙甑生，皆成黄金，二祖竟不敢服。"[2]虽然是以讥讽批判的角度指责时人对黄金的迷信，但也说明金银为食器可益寿的观念在有唐一代普遍流行，而李德裕本人在

---

① 《太平御览》卷八一二，3608页，中华书局，1985年。
② 《旧唐书》卷一百七十四《李德裕传》，4518页，中华书局，1975年。

担任浙西观察使时，也被迫不遗余力地向皇室提供金银器物[①]。

但金银器皿并非人人都能使用。《唐律疏议》舍宅车服器物条载："器物者，一品以下，食器不得用纯金、纯玉。"[②]对使用纯金食器作出明确的规定，不仅反映了高级贵族中以金为食器可益寿观念的牢固，而且这种观念还渗透到重要的社会生活之中，使用金银器成为人们等级身份的标志。《唐会要》杂录云："神龙二年（706年）九月，仪制令诸一品已下，食器不得用浑金玉，六品已下，不得用浑银。"[③]但是，考古发现没能证明《唐律疏议》《唐会要》中规定的实施，许多金银器皿，出土在一品官以下的墓葬及遗址中。可见以金银器物为食器可益寿的观念和等级的象征一旦深入人们的思想，反映到人们行为方式中，用法令制度规定加以限制实际上是难以做到的。

黄金、白银被人类所利用后，很快超越了金属自身的实用性，对社会生活发挥出特殊作用。皇室和权贵们对金银器物的喜好，为一些人通过进奉金银物品而取得宠幸提供了机会。早在唐高宗、武则天时，就出现了地方官向皇帝进奉金银器之事。《旧唐书·李敬玄传》载："敬玄弟元素，亦有吏才，初为武德令。时怀州刺史李文暕将调率金银，造常满樽以献。"[④]进奉是地方赋税之外的供献，这种额外的财富进入的不是国库，而是帝王的私囊。对此，唐代统治者并不避讳。天宝时"王铁为户口色役使，岁进钱百亿万缗，非租庸正额者，积百宝大盈库，以供天子燕私"[⑤]。大盈库或称内库，是皇室专有的收藏宝物之所。大盈库的宝物并非限于金银，但金银可以浓缩庞大数量的各种物品的等量价值，十分昂贵，却体积轻巧，故成为大盈库的主要收藏。体积轻巧而价格昂贵的金银器又有易于运送的优点，试图邀功取宠的地方大臣，把要进奉的财物折成金银，甚至再做成精美的器物送到长安便成了最佳的选择。

唐玄宗时期进奉之风开始兴盛，并愈演愈烈[⑥]，发展至安史之乱以后，每逢元旦、冬至、端午和皇帝生日，地方官都要供献财物，号为"四节进奉"。还以"助军""贺礼""助赏"等名义进奉财物。极盛之时，甚至有"月进""日进"。五花八门的进奉，引起不少人的不满和担忧，德宗时期的诗人王建《送吴谏议上饶州》诗云："养生自有年支药，税户应停月进银"[⑦]，表明江西观察使所辖之地的饶州，虽为著名产银地区，"月进银"这种正税外的特别供奉也成了当地额外的负担。

进奉物品的种类繁多，金银为重要内容，其形式先以金银铤出现。如崔焯进献的"贺冬银"铤[⑧]、崔慎由进献的"端午进奉银"铤[⑨]等等。但金银铤并不能用于陈列玩赏，宫廷权贵和地方官

① 《旧唐书》卷一百七十四《李德裕传》，4511～4512页，中华书局，1975年。
② 《唐律疏议》卷二十六《杂律》舍宅车服器物条，刘俊文点校本，488页，中华书局，1983年。
③ 《唐会要》卷三十一，572页，中华书局，1990年。
④ 《旧唐书》卷八十一，2756页，中华书局，1975年。
⑤ 《新唐书》卷五十一《食货志》，1346页，中华书局，1986年。
⑥ 卢兆荫：《从考古发现看唐代的金银进奉之风》，《考古》1983年2期。
⑦ 《全唐诗》第五函五册，754页，上海古籍出版社，1994年。
⑧ 周伟洲：《陕西蓝田出土的唐广明元年银铤》，《文物资料丛刊》第一辑，文物出版社，1977年。
⑨ 罗振玉：《崔慎由端午进奉银铤影本跋》，《辽居稿》，18～20页。

吏进奉的目的是邀宠，都希望自己所进奉的物品受到皇帝的喜爱，加深皇帝的印象。贪婪和邪恶也会刺激人们聪明才智的发挥，将金银加工成精美器物，使之兼财富、实用和艺术为一体来取悦帝王是最好的办法。因此，伴随进奉金银之风兴起，金银器物的制作也日趋发达。《旧唐书·齐映传》载："映常以顷为相辅，无大过而罢，冀其复入用，乃掊敛贡奉，及大为金银器以希旨。先是，银瓶高者五尺余。李兼为江西观察使，乃进六尺者。至是，因帝诞日端午，映为瓶高八尺者以献。"①齐映官至宰相，后被贬为地方官，又重新得宠与其不断进奉财物有关。他在皇帝诞日端午敬献的高八尺的大银瓶，超过以往任何人所进奉的。齐映在银瓶制作上花费的心机，自然代表着许多官吏的内心世界。竞相攀比导致了器物越做越大，越制越精，越献越多。《资治通鉴》载大历元年（公元766年）"冬十月乙未，上生日，诸道节度使献金帛、器服、珍玩、骏马为寿，共值缗钱二十四万"②。仅仅是一次生日，皇帝就获得如此大量的礼品。

中晚唐时，淮南道逐渐成为中央朝廷金银器的供应地。唐代宗大历时期，这里的金银器就很多。《旧唐书·田神功传》载，因刘展反叛，邓景山引神功助讨，"至扬州，大掠百姓商人资产，郡内比屋发掘略遍，商胡波斯被杀者数千人。……大历三年（公元768年）三月，朝京师，献马十匹，金银五十件，缯彩一万匹"③。毫无疑问，田神功所献的金银器取自扬州。9世纪中央朝廷的金银器更依赖于淮南地区，王播任淮南节度使期间，文献中就留下他三次进奉的记录。长庆四年（公元824年）"淮南节度使王播进宣索银妆奁二"④。宝历元年（公元825年）"又进银槅（盒）二百枚，银盖椀（碗）一百枚，散椀（碗）二千枚"⑤。太和元年（公元827年）淮南节度使王播入朝，"进大小银碗三千四百枚"⑥。大历时田神功回京进献的金银器物数量并不多，而到王播时所献数目则是惊人的，三次记录的金银器皿已达5 900多件。说明时代越晚，进奉的金银制品越多。

《新唐书·李绛传》载：元和时"襄阳裴均违诏书，献银壶瓮数百具，绛请归之度支，示天下以信。帝可奏，仍赦均罪"⑦。《册府元龟》载元和四年（公元809年）"命中使刘承谦宣副度支，近有敕文，不尽（禁）进奉。其山南东道节度使裴筠（均）所进银器六十事，共一千五百六两，宜准数收管，送纳左藏库"⑧。裴筠（均）是经常献物邀宠的地方官，终因献大量银器而免罪。《旧唐书·韩弘传》载：元和"十四年（公元819年），诛李师道，收复河南二州，弘大惧。……进绢三十五万匹、绝三万匹、银器二百七十件，三上章坚辞戎务，愿留京师奉朝请"⑨。韩弘为汴州刺史，用进奉金银器、绢绝的方式，达到了离开边塞回京任职的目的。

① 《旧唐书》卷一百三十六，3751页，中华书局，1975年。
② 《资治通鉴》卷二百二十四唐纪四十代宗大历元年条，7192页，中华书局，1982年。
③ 《旧唐书》卷一百二十四，3533页，中华书局，1975年。
④ 《册府元龟》卷一六九帝王部纳贡献门，2034页上栏，中华书局，1960年。
⑤ 《册府元龟》卷五一〇邦计部希旨门，6118页上栏，中华书局，1960年。
⑥ 《旧唐书》卷一百六十四《王播传》，4277页，中华书局，1975年。
⑦ 《新唐书》卷一百五十二，4837页，中华书局，1975年。
⑧ 《册府元龟》卷一六九帝王部纳贡献门，2033页下栏，中华书局，1960年。
⑨ 《旧唐书》卷一百五十六，4135页，中华书局，1975年。

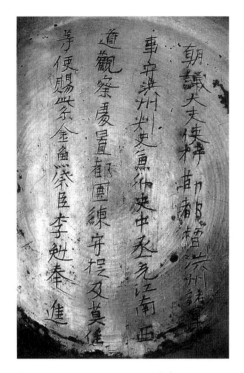

图2-131 "李勉"
圆形银盘外底铭文

大量考古发现证明，进奉的金银直接制成器物送到中央，如：

陕西西安南郊西北工业大学窖藏[8]出土的"李勉"圆形银盘（彩版16），底刻"朝议大夫使持节都督洪州诸军事守洪州刺史兼御史中丞充江南西道观察处置都团练守捉及莫徭等使赐紫金鱼袋臣李勉奉进"（图2-131）。

辽宁昭乌达盟喀喇沁旗窖藏[10]出土的"刘赞"葵花形银盘（参见图1-130），底刻"朝议大夫使持节宣州诸军事守宣州刺史兼御史中丞充宣歙池等州都团练观察处置采石军等使彭城县开国男赐紫金鱼袋臣刘赞进"。

陕西西安北郊坑底村窖藏[29]出土的"裴肃"葵花形银盘（图版37），底刻"浙东督团练观察处置等使大中大夫守越东刺史御史大夫上柱国赐紫金鱼袋臣裴肃进"。

陕西耀县柳林背阴村窖藏[2]出土的"敬晦"葵花形银盘（彩版15），底刻"盐铁使臣敬晦进十二"。

陕西蓝田杨家沟窖藏[13]出土的"李杆"葵花形银盘，外底刻"桂管臣李杆进"（图2-132）。

法门寺地宫[20]出土的法门寺"御前赐"方形银盒（图版73），盒底錾刻"诸道盐铁转运等使臣李福进"，还有"内库"两字。

为满足皇室宫廷的穷奢极欲，皇帝有时直接下令宣索。《旧唐书·李德裕传》载：宝历元年（公元825年）"七月诏浙西造银盝子妆具二十事进内。……去（年）二月中奉宣令进盝子，计用银九千四百余两，其时贮备，都无二三百两，乃诸头收市，方获制造上供。昨又奉宣旨，令进妆具二十件，计用银一万三千两、金一百三十两，寻令并合四节进奉金银，造成两具进纳讫"①。皇帝两次宣索，所需银竟达二万二千四百余两，而且都做成器物送往皇室。《册府元龟》也有相关的记录："旧制：户部所管金银器悉贮于左藏库，时帝意欲使（便）于赐与，故命尽输内藏。"②为了便于帝王进行赏赐，将国家赋税所得的金银器都转移到了皇帝私库。法门寺"御前赐"方形银盒（图版73），原本

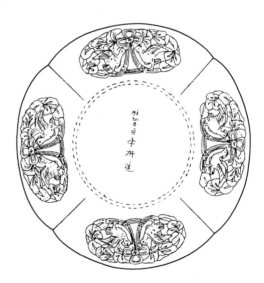

图2-132 "李杆"葵花形银盘外底铭文

① 《旧唐书》卷一百七十四，4511～4512页，中华书局，1975年。
② 《册府元龟》卷四八四邦计部经费门，5790页，中华书局，1960年。

是盐铁转运使"李福进"，后又补加"内库"两字，就是把进奉的物品归入皇室内库。

二、金银器的赏赐
The Gold & Silver Used in Awarding

赏赐金银是历代政治活动中通常的行为，唐朝初年，李世民宣称"国之大事，唯赏与罚"。但是唐代用于赏赐的金银，以制成的器物为主，这是前代不多见的。用金银器收买人心作为政治斗争的手段在唐初已经出现。《旧唐书·尉迟敬德传》载，隐太子建成、巢刺王元吉将谋害太宗，密致书以招尉迟敬德，"赠以金银器物一车"[①]，还对段志玄采用同样手法，"竞以金帛诱之"[②]。在争夺皇位以刀兵相见之前，以金银网罗心腹。宫廷内部权利之争中，赠送财宝以笼络权臣也司空见惯。《旧唐书·长孙无忌传》载："（永徽）六年，帝将立昭仪武氏为皇后，无忌屡言不可。帝乃密遣使赐无忌金银宝器各一车，绫锦十车，以悦其意。"[③]唐高宗为达到立武氏为皇后的目的，试图用赐金银宝器来取得长孙无忌的支持。

唐朝对于有功于朝廷和帝王的将军、权臣进行表彰的方式之一就是由帝王赏赐金银器。《旧唐书·秦叔宝传》云："破尉迟敬德，功最居多。高祖遣使赐以金瓶。"[④]李隆基剪灭太平公主等敌对势力后，对王琚、姜皎、李令问、王毛仲、王守一等人大肆封赏，"累日，玄宗宴于内殿，赐功臣金银器皿各一床"[⑤]。

论功行赏、赐金银器皿也波及外族人，如：

开元二十三年（公元735年），李过折斩契丹可突于降唐，唐玄宗诏封为北平郡王，"赐锦衣一副、银器十事、绢彩三千匹"[⑥]。

至德二载（公元757年），唐肃宗因回纥在收复两京时立下战功，"赐锦绣缯彩，金银器皿"[⑦]。

开元五年（公元717年），突厥遣使献马。授其使郎将，放还蕃。降书喻之曰："今附银胡瓶、盘及杂彩七十匹，至可领取。"[⑧]

贞元三年（公元787年），"诏元谅将本军从浑瑊与吐蕃会盟于平凉。与瑊俱申号令，严

---

① 《旧唐书》卷六十八，2479页，中华书局，1975年。
② 《旧唐书》卷六十八《段志玄传》，2505页，中华书局，1975年。
③ 《旧唐书》卷六十五，2454页，中华书局，1975年。
④ 《旧唐书》卷六十八，2502页，中华书局，1975年。
⑤ 《旧唐书》卷一百六《王琚传》，3250页，中华书局，1975年。
⑥ 《旧唐书》卷一百九十九《契丹传》，5353页，中华书局，1975年。
⑦ 《旧唐书》卷一百九十五《回纥传》，5199页，中华书局，1975年。
⑧ 《册府元龟》卷九七四外臣部褒异一，11445页，中华书局，1960年。

其部伍而还，时谓元谅有将帅之风。德宗嘉之，赐马十四，金银器锦彩等甚厚"①。

元和十五年（公元820年），"帝以（李）光颜功冠诸将，及徐泗李愬……各赐锦彩五百匹，银瓶盘等五事"②。

除了对建功立业者予以重赏外，皇帝一时兴起也把金银器物赐予身边的侍臣。唐玄宗时李嗣业跳了一曲醉舞，玄宗高兴地赐他"金皿五十物"。③《新唐书·上官昭容传》载："数赐宴赋诗，君臣赓和，婉儿常代帝及后、长宁安乐二主，众篇并作，而采丽益新。又差第群臣所赋，赐金爵。"④为皇室权贵代笔作文可获赏金器。《唐摭言》载："王源中，文宗时为翰林承旨学士。暇日与诸昆季蹴踘于太平里第，毬子击起，误中源中之额，薄有所损。俄有急召，比至，上讶之。源中具以上闻，上曰：'卿大雍睦'，遂赐酒两盘，每盘贮十金碗，每碗容一升许，宣令并碗赐之。"⑤不过是皇帝一时开心，就把二十个金碗赏给了王源中。

《安禄山事迹》记载了许多唐玄宗对安禄山的赏赐和安禄山自献金银器物：

> 玄宗赐银平脱破方八角花鸟药屏帐一具，方圆一丈七尺。金铜铰具，银凿镂、银琐二具……。绣茸毛毯合银平脱帐一具，方一丈三尺。金铜铰具……。又赐金平脱五斗饭罌二口，银平脱五斗淘饭魁二，银丝织成笭篱，银织笮篱各一，金银具食藏二。
>
> 赐禄山宝钿镜一面，并金平脱匣、宝枕，承露囊，金花盌等。
>
> 赐禄山金靸花大银胡饼四，大银魁二并盖，金花大银盘四。
>
> 禄山又自献金银器物、婢及驼马等。金窑细胡瓶二，银平脱胡平牀子二。
>
> 玄宗赐金花大银盆二，金花银双丝平二，金镀银盖碗二，金银平脱酒海一并盖，金平脱杓一，小马脑盘二，金平脱大盏四，次盏四，金平脱大［玛］脑盘一。……
>
> 太真赐金平脱装一具，内漆半花镜一，……金镀银盒子二、金平脱盒子四，……金平脱铁面枕一，并平脱锁子一……，银沙罗一，银铟碗一……。
>
> 又赐陆海诸物，皆盛以金银器并赐焉。⑥

唐初用于赠赏的金银器并不多，时代越晚数量越多，赠赏的范围也逐步扩大。虽然中国历史上在政治斗争和社会生活中用财宝重金收买对方、笼络人心的做法屡见不鲜，但唐代的特殊之处不是简单地赠以金银，而是用金银制成的器物赏赐，说明当时赏赐金银器物兴盛，也反映了唐

---

① 《册府元龟》卷三八五将帅部褒异一一，4578页，中华书局，1960年。
② 《册府元龟》卷一二八帝王部明赏二，1541页，中华书局，1960年。
③ 《新唐书》卷一百三十八《李嗣业传》，4616页，中华书局，1986年。
④ 《新唐书》卷七十六，3488页，中华书局，1986年。
⑤ 王定保：《唐摭言》卷十五《杂记》，161页，古典文学出版社，1957年。
⑥ 姚汝能：《安禄山事迹》，曾贻芬校点本，上海古籍出版社，1983年。据藕香零拾本、学海类编本，"金靸花"又作"金板花"，"金窑"作"金宝"，"牀子"作"林子"，"金花银双丝平"作"金花银双丝瓶"，"银沙罗"作"银沙枕"。"银胡饼"疑为"银胡瓶"。

代金银器制造业的蓬勃发展。以上所见多笼统提到金银器物、器皿等，金碗、金爵、金瓶等具体名称虽然不多，仍可以看出唐代金银制成的器皿是多种多样的，许多大型器具十分豪华。人们对金银及其器物的观念发生了变化，使之变成了社会运转的润滑剂，在宫廷内部斗争、对外交往、军事战争等更广泛的层面发挥出特殊的作用。而所有这些又为唐代金银器物的制造发展提供了契机。

使用金银器物是奢华生活的标志，不加限制必然对经济乃至政治产生不良影响。唐朝中央政府和皇室作坊生产及各地进奉的金银器总和起来数目极大，金银器泛滥于世引起了诸多的社会问题，统治者有时不得不对金银器物的制作、使用进行一定程度的限制。唐玄宗时颁布的《禁珠玉锦绣敕》载："朕欲捐金抵玉，正本澄源。所有服御金银器物，今付有司，令铸为铤，仍别贮掌，以供军国。珠玉之货，无益于时，并即焚于殿前，用绝争竞。"[①]这从反面证明了唐代金银器制作兴盛，数量甚多。诏令并没能制止金银器的泛滥，唐文宗于大和二年（公元828年）"敕，应诸道进奉内库，四节及降诞进奉金花银器，并纂组文缬杂物，并折充铤银及绫绢"[②]。可见宫廷中仍有大量精美的金银器。中晚唐地方也大量生产金银器，而且地下出土的遗物属于中晚唐制造的更多，说明朝廷的禁断和折充银铤等措施并没有限制住金银器的制造。

---

① 《唐大诏令集》卷一百八，562～563页，商务印书馆，1959年。
② 《旧唐书》卷十七《文宗本纪》，528页，中华书局，1975年。

唐代金银采矿、冶炼及征收

Mining, Smelting and Collecting of Gold & Silver in the T'ang Dynasty

唐代以前的历史文献对金银采矿、冶炼的情况记载比较简略，可能是因为当时对金银采矿、冶炼的认识与唐代相比有较大差距。唐代颜师古注《汉书·食货志》曰："金谓五色之金也，黄者曰金，白者曰银，赤者曰铜，青者曰铅，黑者曰铁。"[①]五金之说正式规范，标志着对金属的认识更加清楚，金银矿及其开采也愈加发达。唐代文献对金银采矿、冶炼不仅描述得更为具体，散见的与金银有关的记录也多得无法一一列举，还出现了全面的甚至是综述式的概括。而关于金银征收的记录已经十分正式和完备，有些州郡作为土贡必须交纳金银在唐代成为制度。

更为突出的是考古发现的金银遗物数量骤增，而且器皿类非常发达，种类繁多，精美绝伦。如此众多的唐代金银器的出现，并非考古偶然发现所致。就目前中国田野考古发掘的遗迹数量而言，唐代远不及以前诸历史时期，但所出土的金银类器物之多却是前代无法比拟的。金银器物生产的繁荣昌盛，需要充足的原材料，唐代的金银采矿、冶炼技术的提高和普及，以及多种征收和流通方式，是唐代金银制造业发展突飞猛进的基本保证。

一、金银的开采

Mining of Gold & Silver

黄金和白银虽然珍贵、稀少，但在自然界的分布却相对较均匀。现代矿藏的调查表明，中国金、银矿床分布广泛，在各省都有发现。金银矿物分类中，中国储藏的最主要是自然金和银金矿，其次是金银矿[②]。当黄金和白银以天然结晶体游离状态存在时，暴露于地表者可以直接被人类找到。人类早就认识到这一自然现象，并加以采集利用。至少到了战国时期，从矿物中提炼黄金、白银应该没有问题，考古发掘出土了大型的金银器皿、"郢爰"金版等，所需原料较多，只靠采集自然金银显然不能满足需要。

唐代的史书中有了明确的矿业分布和产量情况的记载，详见《唐六典》《通典》《新唐书·地理志》《元和郡县图志》诸书。日本学者加藤繁统计，《唐六典》记贡金之州十九、《通典》记贡金之州十四、《元和郡县图志》记贡金之州十二、《新唐书·地理志》记贡金之州六十三。其差别可能是因各书统计的时代不同，或仅举其主要贡金之州的缘故。《新唐书·地理志》载唐代产、贡金

---

① 《汉书》卷二十四，118页，中华书局，1996年。
② 蔡长金等：《中国金矿物志》，冶金工业出版社，1974年。

的府州有关内道一州、河南道一府、山南道八州、陇右道四州、江东道二州、江南西道十州、剑南道十八州、岭南道三十九州。产、贡银的府州有关内道一州、河内道二州府、河东道一州、山南道一州、江南东道五州、江南西道十州、剑南道一州、岭南道四十七州[①]。后来也有不少人统计，情况并不一致[②]。《新唐书·地理志》所载的产、贡金的情况可能为元和以后、昭宗以前之事，故较《唐六典》《通典》《元和郡县图志》所记府州数大增。或因《新唐书·地理志》把一切大小产、贡金之地都统计在内，其他诸书列举的只是主要地点。但无论如何，都可看出唐代金、银开采已进入兴盛时期，而且唐代中叶以后，金银矿坑的采掘尤为兴旺。

有学者根据《中国官办矿业史略》《古矿录》《中国古代矿业开发史》所提供的历代金矿分布资料，做出历代采金区统计表，可知中国古代和现代曾在四川、山西、吉林、青海、江苏、山东、黑龙江发现金块[③]，数量众多的金矿，分布在全国各地，很多都不是唐代文献提到的产金地。

《新唐书·食货志》云："凡银、铜、铁、锡之冶一百六十八，陕、宣、润、饶、衢、信五州（校勘记：按州名有六而综称五州，必有误衍），银冶五十八，铜冶九十六，铁山五，锡山二，铅山四。"[④]以同书地理志相校，二者略有出入，但无关紧要，总之人们可以统计当时的矿冶之数，这是前代没有的。其实，《新唐书·食货志》所载的"银冶五十八"，也并非当时的实际数量，主要应是中央政府收税的银矿数。即便如此，也非全部，如西安出土一件银铤，上面刻有"河南府伊阳县天宝十二载窟课银壹铤伍拾两"[⑤]，伊阳不属上述六州，证明唐政府收税的银坑也不只五十八之数。

唐代金、银采矿的经营有两大系统，即官府开采和私人开采，两种方式互为补充。政府有时强调其中一种，或在不同地区采用不同政策，在发展金银矿业上具有灵活性。《太平寰宇记》江南西道饶州德兴县条记："本饶州乐平之地，有银山，出银及铜。唐总章二年（公元669年）邑人邓远上列取银之利。上元二年（公元675年）因置场监，令百姓任便采取，官司什二税之。其场即以邓公为名。"[⑥]银场是私人经营，用人名为场名，政府对这类百姓开采的银矿，以十分之二的比例收税获利。《旧唐书·职官志》掌冶署条又载："凡天下出铜铁州府，听人私采，官收其税。"[⑦]允许私人采矿是唐朝的基本政策。政府鼓励民间开采金银，从税收中获益，促进了金银矿业的开发。

金、银开采的普遍及其兴盛，也与经营方式关系密切。《贞观政要》贪鄙条载："贞观十年（公元636年），治书侍御史权万纪上言：宣、饶二州诸山大有银坑，采之极是利益，每岁可得钱数

① 加藤繁：《唐宋时代金银之研究》（中译本），中国联合准备银行出版，1944年。
② 张泽咸：《唐代工商业》，13页，中国社会科学出版社，1995年。
③ 参见韦永福等编著：《中国古代金矿床》，地震出版社，1994年。
④ 《新唐书》卷五十四，1383页，中华书局，1986年。
⑤ 朱捷元：《唐代白银地金的形制、税银与衡制》，《唐代金银器》，文物出版社，1985年。
⑥ 《太平寰宇记》卷一零七，文渊阁四库全书本，470册，146页，台湾商务印书馆，1986年。
⑦ 《旧唐书》卷四十四，1894页，中华书局，1975年。

百万贯。"①唐代大历十四年（公元779年）颁布的《放邕府金坑赦》云："邕州所奉金坑，诚为润国，语人于利，非朕素怀，方以不贪为宝。惟德是物，岂尚兹难得之货，生其可欲之心耶。其金坑宜委康泽，差择清强官专勾当，任贫下百姓采剧，不得令酋豪及官吏影占侵扰。"②可知也有由官府控制生产的金银矿坑，却常任百姓开采。这一政策的实施，为人们提供了致富的机会，也必然导致金银开采一定程度的普及和生产手段的提高。

唐代中期也曾一度试图限制金银矿的私人开采。元和三年（公元808年）六月唐宪宗诏曰："泉货之法，义在通流，若钱有所壅，货当益贱。故藏钱者，得乘人之急，居货者，必损己之资。今欲著钱令以出滞藏，加鼓铸以资流布，使商旅知禁，农桑获安。……又天下有银之山，必有铜矿，铜者可资于鼓铸，银者无益于生人。权其轻重，使务专一。天下自五岭以北，见采银坑，并宜禁断。恐所在坑户，不免失业，各委本州府长吏劝课，令其采铜，助官中铸作。"③私人经营的银矿为专门行业，一旦被禁断，经营者便会失业。故政府除特殊情况，基本上不加干涉。元和三年的"见采银坑，并宜禁断"之举，意在通过禁银而助铜，增加铸币来解决当时商人蓄钱、影响经济发展的问题，并非打击产银业。诏书中十分明确地说"计周岁之后，此法遍行，朕当别立新规"。并于次年元月又敕"五岭已北，所有银坑，依前任百姓开采，禁见钱出岭"④。

开采金银有大利可图，与政府的税收息息相关，究竟如何处理鼓励民间开采金银和政府获利之间的矛盾，统治者经常处境两难。元和三年（公元808年）重申采银之禁的禁令十分严格，同时也说明取银利大，仍有人冒险采掘，禁令的收效似乎不大，所以在第二年就不得不解禁。唐代皇室和官府并不希望私人开采金银业的兴盛，却无可奈何。唐朝政府要从金、银开采中获利，采取时禁时放的政策，大约有四个原因：一是屡禁不住，不得已而放任之；二是禁止开采会使大量以采银为生的人失业，造成其他社会问题；三是认识到采银未必无益于民生，银不仅可制造精美的器物满足皇室贵族的需要，也可充当货币进行交易；四是采矿依赖于矿产所分布的地域，需要专门技术，欲让金银业发展，不得不利用私人采掘的优越性。

二、金银的冶炼
Smelting of Gold & Silver

唐代仍有部分黄金取之于自然界，如刘禹锡《浪淘沙》云："日照澄州江雾开，淘金女伴满江隈，美人首饰侯王印，尽是沙中浪底来。"⑤《蛮书》也记载了采金方式，"土人取法，春冬间先于山上掘坑，深丈余，阔数十步。夏月水潦降时，添其泥土入坑，即于添土之所沙石中披拣，有得

---

① 《贞观政要》，212页，上海古籍出版社，1978年。
② 《唐大诏令集》卷一百十二，583页，商务印书馆，1959年。
③ 《唐会要》卷八十九泉货条，1629页，中华书局，1990年。
④ 《旧唐书》卷四十八《食货志》，2102页，中华书局，1975年。
⑤ 《全唐诗》第六函第三册，911页，上海古籍出版社，1994年。

片块，大者重一斤或至二斤，小者三两、五两，价贵于麸金数倍。"①这样获得的是山水冲刷出来的自然金。但唐代大量的金银是从矿石中提炼出来的。《酉阳杂俎》云："山上有葱，下有银，山上有薤，下有金，山上有姜，下有铜锡。"②比先秦两汉时期单纯以矿物共生组合找矿的方法又有新的探索，试图根据地表生长的植物来判定矿床的分布。有关采矿的方式，白居易的《赐友五首并序》诗中透露出采掘金银矿的艰辛："银生楚山曲，金生郜溪滨，南人弃农业，求之多苦辛。披砂复凿石，矻矻无冬春，手足尽皱胝，爱利不爱身。"③采矿人无论春夏秋冬都披砂凿石获取黄金、白银，作业十分辛苦。

中国古代从矿石中提炼白银，北魏时期的记载比较明确，认识到了矿藏品位的高低。《魏书·食货志》载，长安骊山银矿"二石得银七两"，恒州（今大同）白登山银矿"八石得银七两"④，这是对矿藏品位最早的说明，显然人们已经很清楚两处银矿不同。北魏时从矿石中提炼银的具体认识，无疑为唐代金银冶炼奠定了基础。金的熔点为 1 064.43℃，银的熔点为 961.93℃，都比铜的熔点 1 083℃低，冶炼、加工比较容易。有悠久高超冶铜技术的中国，对金银冶炼不会有太复杂的技术难题。《抱朴子内篇》中，专门谈论金银冶炼之术："余昔从郑公受九丹及《金银液经》，因复求受《黄白中经》五卷。"说明晋代之前已有金银冶炼的专著传世，《抱朴子》还列举了"金楼先生所从青林子受作黄金法""甪里先生从稷丘子所授化黄金法""小儿作黄金法"等多种黄金、白银冶炼的方法⑤。虽然不免怪异荒诞，却反映出当时对金银冶炼方法的探索之多。到了唐代，司空图《诗品二十四则》论诗谈到洗炼时以"犹矿出金，如铅出银"⑥作比喻，反映出金、银获取的途径。金银冶炼时需要助熔原料，铅是冶炼白银时重要的助熔金属，"犹矿出金，如铅出银"既为比喻，说明已为大多数人熟知。唐代地理书籍在记述产金银之地时，也常同时提到有铅矿共存，如江南道产银地二十二处，产铅地七处。岭南道产银地四十九处，产铅地三处⑦。银和铅同时采掘并冶炼自然方便。

《云麓漫钞》载："取银之法，每石壁上有黑路乃银脉，随脉凿穴而入，甫容人身，深至十数丈，烛火自照，所取银矿皆碎石，用白捣碎，再上磨，以绢罗细，然后以水淘，黄者即石，弃去；黑者乃银，用面糊团入铅，以火煅为大片，即入官库，俟三两日再煎成碎银。"⑧这是宋代对采银方法的总结。只有经过长时期的经验积累，才能形成这些细致准确的文字表述。南宋人说的采银之法应来自唐代的反复实践和广泛运用。前引《太平寰宇记》饶州德兴县条记："本饶州乐平之地，

①　樊绰：《蛮书》卷七云南管内物产，33页，丛书集成初编本3117册，中华书局，1985年。

②　段成式：《酉阳杂俎》卷十六，152页，中华书局，1981年。

③　《全唐诗》第七函第一册，1041页，上海古籍出版社，1994年。

④　《魏书》卷一百一十《食货志》，2857页，中华书局，1997年。

⑤　葛洪：《抱朴子内篇》卷十六，王明校释本，283～291页，中华书局，1985年。

⑥　司空图：《诗品二十四则》，4页，丛书集成初编本2612册，中华书局，1985年。关于司空图《诗品二十四则》的真伪问题，学术界有不同意见，可参见陈尚君：《司空图〈诗品二十四则〉辨伪》（《唐代文学丛考》，中国社会科学出版社，1997年）。

⑦　张泽咸：《唐代工商业》，13页，中国社会科学出版社，1995年。

⑧　赵彦卫：《云麓漫钞》卷二，27～28页，中华书局，1996年。

图2-133　西安何家村窖藏银渣块

有银山，出银及铜。唐总章二年（公元669年）邑人邓远上列取银之利。……其场即以邓公为名。"邓氏就是专职采银的场主，或为当时的冶炼专家亦未可知。《云麓漫钞》在叙述取银之法后，又谈及冶炼过程，具体做法是"大抵六次过手，坑户谓之过池。曰过水池、铅池、灰池之类是也"。考古发现亦有线索，西安南郊何家村窖藏中，出土了一块直径40厘米、最大厚度3厘米、重约8公斤的灰白色金属渣块（图2-133），经化验分析，含铅、镓、铟、铊、锌、锑、铜、铋等三十多种元素，本身有明显的烧结痕迹，判断为唐代炼银渣块[1]。类似的渣块在章怀太子李贤墓内也发现六块[2]。据研究，唐代已在炼银中广泛地运用了吹灰技术。目前虽未发现唐代金银冶炼的遗迹，但唐代银器经过测定的，其纯度都很高，如何家村窖藏出土的十件银器的测定结果，其纯度均在98%以上。唐代银的冶炼技术十分高超。

三、金银的征收
Collecting of Gold & Silver

　　诸金银坑所产金银，除了作为赋税上缴，其余也大都由政府收购。通过税收等方式，把全国生产的金银大量集中到中央政府和皇室。金银矿开采和冶炼之后，产品的形式为铤、饼、板、锭等，是为了携带、保存方便，将黄金白银按一定的样式在模内浇铸或捶打而成的。文献中屡见不鲜的金银铤等的记录无须引证，考古发掘出土的唐代金银铤、饼、板等实物已经很多，朱捷元《唐代白银地金的形制、税银与衡制》[3]和卢兆荫《从考古发现看唐代的金银进奉之风》两文收集、列举了诸多实例[4]。

　　金银铤、饼、板、锭等的性质多种多样，有"税山""窟课""庸调""采丁课""税口""税商""和市"和进奉金银。专门从事采矿冶炼业的人，可以用自己生产的银来充代课役，陕西长安县出土的唐天宝年间宣城郡的"采丁课壹铤伍拾两"银铤即为实例[5]。西安何家村窖藏出土的二十二块银饼中，有刻字的银饼四块，两块刻"洊安县开元十九年庸调银拾两专知官令

① 韩伟：《唐代冶银术初探》，《唐代金银器》，文物出版社，1985年。
② 陕西博物馆等：《唐章怀太子墓发掘简报》，《文物》1972年7期。
③ 朱捷元：《唐代白银地金的形制、税银与衡制》，《唐代金银器》，文物出版社，1985年。
④ 卢兆荫：《从考古发现看唐代的金银进奉之风》，《考古》1983年2期。
⑤ 朱捷元：《长安县发现唐课丁银铤》，《文物》1964年6期。

图2-134 西安何家村窖藏"庸调"银饼

图2-135 西安何家村窖藏"东市库"银饼

图2-136 西安
"税商"银铤

彭崇嗣典梁海匠王定",一块刻"游安县开元十九年庸调银拾两专知官令彭崇嗣典梁海匠陈宾",一块刻"怀集县开十庸调银拾两专当官令王文乐典陈友匠高童"(图2-134),是庸调银。还有墨书银饼"东市库郝景五十二两四钱"(图2-135)[4]。西安市南小巷出土的银铤刻"岭南道税商银伍拾两官秤"(图2-136)①。西安市北郊八府庄窖藏出土的银铤,一面刻"专知诸道铸钱使兵侍郎兼御史中丞杨国忠进",另一面刻"中散大夫使持节信安郡诸军事检校信安郡太守上柱国尉迟岩信安郡专知山官丞议郎行录事参军智庭上天宝十载正月日税山银一铤五十两"(图2-137),这是信安郡的银矿收缴的税山银,做成长方形的板状。此外,西安还出土有"和市"银铤(图2-138),山西平鲁县窖藏[177]出土的金铤,有长条形、长方形和长饼形(图2-139),长条形金铤刻有"金贰拾两铤专知官长员外同正"。

唐代金银矿基本或经常任民开采,政府收税以供国用。开元十五年(公元727年)"初税伊阳五重山银、锡"②,说明这一政策由唐初到盛唐逐渐扩大。《元和郡县图志》伊阳县条载:"银矿窟,在县南五里。今每岁税银一千两。"③伊阳银矿于开元十五年正式向政府交税,伊阳银矿所交税银,被西安出土的一件银铤所证实,该铤上刻"河南府伊阳县天宝十二载窟课银壹铤伍拾两"。唐代有不少州固定要交纳金银,也可以用银来代替其他税收。如《新唐书·食货志》载:"唐制,……凡授田者,丁岁输粟二斛,稻

---

① 朱捷元:《唐代白银地金的形制、税银与衡制》,《唐代金银器》,文物出版社,1985年。
② 《新唐书》卷五十四《食货志》,1383页,中华书局,1986年。
③ 《元和郡县图志》卷五,136页,中华书局,1983年。

图2-137 西安　　　　图2-138 西安　　　　　　图2-139 山西平鲁金铤
"税山"银铤　　　　　"和市"银铤

三斛，谓之租。丁随乡所出，岁输绢二匹，绫、绝二丈，布加五之一，绵三两，麻三斤。非蚕乡则输银十四两，谓之调。"①有关非蚕乡输银十四两的记载，在《唐六典》《通典》《旧唐书》《唐律疏议》中不见，故引起清代以来学者们的怀疑。按当时银与绢的比值，调十四两银相当于绢五十六丈，相差太悬殊，故《新唐书》所载"非蚕乡则输银十四两"的记述应有误。然而用银来代替其他物品是允许的，地方官吏也收赋金银。《旧唐书·李敬玄传》载："敬玄弟元素，亦有吏才，初为武德令。时怀州刺史李文暕将调率金银，造常满樽以献。"②可见唐初地方官就开始调率金银。

为运输方便，繁杂的赋税物品可换成金银类的轻货运往中央。唐朝各地政府每岁征得的租调，可以折成钱和银等轻货送往中央。《唐六典》户部度支郎中条载："转运、征敛、送纳，皆准程而节其迟速。凡和市、籴皆量其贵贱，均天下之货，以利于人，凡金银、宝货、绫罗之属，皆折庸、

① 《新唐书》卷五十一，1342～1343页，中华书局，1986年。
② 《旧唐书》卷八十一，2756页，中华书局，1975年。

调以造焉。凡天下舟车水陆载运，皆具为脚直，轻重、贵贱、平易、险涩，而为之制。"①赋税折成金银是通常的做法。地方上缴的作为轻货的银的物质形态之一便是银铤，如洛阳唐宫城出土的银铤一面刻"专知采市银使右相兼文部尚书杨国忠进"，另一面刻"安边郡和市银壹铤伍拾两"②。《唐六典》太府寺条载："凡天下赋调，先于输场简其合尺度斤两者，卿及御史监阅，然后纳于库藏，皆题以州县年月。所以别粗良，辨新旧也。"③税收上来的银常常在官府重新打作，再刻上称重标明其为租调，还刻有供奉者、时间、打造者等，这是在入国库前所需的手续。西安南郊何家村窖藏就

出土银板六十块，打造得十分整齐[4]。考古发现的银铤其上刻的重量为伍、拾、贰拾、肆拾、伍拾两，比较规范，是由专门人员按规定打造的。西安东郊出土的一件唐乾符六年刻铭的银铤[47]，其上刻"内库别铸重卅两"，即是将收得的银按一定的形状和重量重新铸造，再储藏于皇室保存私财的内库。

　　唐代银的产量很难统计。《新唐书·食货志》载：元和初（公元806年），"天下银冶废者四十，岁采银万二千两"④。岑仲勉曾考证，此处的"采银"当为"银税"⑤。如此说不误，据《元和郡县图志》记饶州乐平县"每岁出银十余万两，收税山银七千两"的税率推算，元和初，在废银冶四十处的情况下，唐朝仍可年产银二十余万两。

　　唐代金银开采之后，最初的主要流向是政府，特别是中央政府和皇室。正常赋税之外，中晚唐愈演愈烈的进奉之风也以金银为主。每逢元旦、冬至、端午和皇帝生日，以及各种名目的如"助军""贺礼""助赏"等（图2-140），地方官也要进奉财物，金银所占比例极大，逐渐充实了国库和皇帝私库的积累。除地方官主动进奉外，皇帝还时常下令直接宣索。唐敬宗皇帝时曾两次宣索，竟使浙西送上的器物用银达二万二千四百余两、金一百三十两⑥，数目惊人。《册府元龟》载（宝）历二年七月："户部侍郎崔元略进：'准宣索见在左藏库挺（铤）银及银器十万两，金器七千两。'旧制：户部所管金银器悉贮于左藏库，时帝意欲使（便）于赐与，故命尽输内藏。"⑦户部所管理的金银器是国家赋税所得，即在地方打造好后送交中央，而国家库藏中已制成器物的，又多被调到了皇帝的私库。

　　最终流入皇室的金银及其器物，远远超出宫廷的使用需要。帝王聚敛

图2-140　西安"贺冬"银铤

　　① 《唐六典》卷三，80页，中华书局，1992年。

　　② 贾效谊：《西安东郊挖掘出天宝年间杨国忠等进献的遗物》，《文物参考资料》1957年2期。

　　③ 《唐六典》卷二十，545页，中华书局，1992年。

　　④ 《新唐书》卷五十四《食货志》，1383页，中华书局，1986年。

　　⑤ 岑仲勉：《隋唐史》，402页，中华书局，1982年。

　　⑥ 《旧唐书》卷一百七十四《李德裕传》，4511～4512页，中华书局，1975年。

　　⑦ 《册府元龟》卷四八四邦计部经费门，5790页，中华书局，1960年。

金银的另外目的是用于赏赐。流进宫廷的大量金银器属于进奉到宫廷的器物，已被考古发掘出土的，有的不在唐都城长安的宫城之内。如陕西西安南郊西北工业大学窖藏出土的银盘，为洪州刺史李勉进奉[8]。辽宁昭乌达盟喀喇沁旗窖藏出土的银盘，为宣州刺史刘赞进奉[10]。陕西西安北郊坑底村窖藏出土的银盘，为越州刺史裴肃进奉[29]。陕西耀县背阴村窖藏出土的银盘，为盐铁使臣敬晦进奉[2]。陕西蓝田杨家沟窖藏出土的银盘，为桂管臣李杆进奉[13]。中央官府和宫廷之中拥有大量的金银铤、板和饼既不在普通市面流通，又无实际使用价值，大都成为皇室和官府制作器物的原料，而这些器物及地方进奉的器物又通过赏赐等再回流于社会。

陆

唐代金银器制作作坊

Workshops for Manufacturing the Gold & Silver in the T'ang Dynasty

魏晋到唐，手工业作坊和工匠的变化，是手工业作坊对官府的隶属性削弱，工匠身份由长期服役改为轮番服役[①]。在手工业作坊经营方式转换和工匠身份改变的普遍进程中，金银器制作行业比较特殊，变化迟缓。其原因是金银原料珍贵，制作工艺复杂，产品大都由少数人享用，开设金银手工业作坊不仅需要强大经济实力，工匠也必须经过长期培养才能具有高超的技艺。8世纪中叶以前的唐代，金银制作基本由中央政府和皇室垄断。唐代中后期，土地国家所有制解体，徭役上的纳资代役更为普遍，官府作坊的工匠身份相对自由等，致使南北朝时期出现的城市私营手工业的发展，最终波及金银手工业领域。

手工业与商业联系紧密，在唐代中后期经济重心南移的社会大背景下，加之金银原材料产地、供应等较多依赖南方的客观条件，突破一向由皇室和中央官府紧密控制的局面。中央政府顺应这一变化，允许地方官府甚至私人制造金银器，再通过赋税、宣索和进奉的方式将产品收缴。于是，出现了皇室、中央官府作坊和地方官府作坊、私人作坊并存的繁荣景象。地方官府和私人金银手工业一旦兴起，皇室和中央就无法像以前一样紧密控制产品的流向，近乎百花齐放的唐代金银器制造，出现了崭新的面貌。金银器物的使用出现了一定程度的普及，从此掀开了中国古代金银器生产和使用的新篇章。

唐代虽然皇室和中央官府的金银手工业仍占首要地位，但地方官府作坊、私人作坊逐渐发挥出重要的作用。中晚唐地方官府作坊、私人作坊兴盛，规模日益扩大，但各地区发展不平衡。南方地区金银开采数量多，原料充足，私营金银手工业发展得更为迅速，表现出了产品数量多、质量高、用途广泛等特征，并成为唐代政府依赖的金银产业之一。与此同时，中央和皇室作坊虽然持续生产，但其作用减轻，经营规模和产品质量已不见得领先于地方的官、私作坊了。

唐代金银器制造区别于前代的特点，是摆脱了为其他器物作附属装饰的地位，独立制作器物成为主流，金银器皿类的大型器物数量大大增加。唐代金银器的大量发现，清楚地反映了唐代金银手工行业兴旺发达，也使文献中很少涉及的金银手工业制作作坊问题可通过考古资料进行探讨。文献史料和出土实物结合分析的结果，可以发现唐代金银手工业制作的生产部门分为皇室、中央官府、地方官府、寺院和私人作坊，还有一些流动的个体工匠。各种作坊的工匠的身份、生产管理、生产目的、生产条件、产品质量和文化风格也比较清楚。

---

① 唐长孺：《魏、晋至唐官府作场及官府工程的工匠》，《魏晋南北朝史论丛续编》，生活·读书·新知三联书店，1978年。

一、皇室和中央官府金银作坊
The Imperial and Central Government's Gold & Silver Workshops

《唐六典》少府监掌冶署条载："掌冶署令，掌熔铸铜铁器物之事"，虽未直接提到金银器制作，然其注云："隋太府寺统掌冶署，令二人，掌金银铜铁器之属，并管诸冶。"[①]隋代的掌冶署已担负了制造金银器物的职责，唐代应依旧。《新唐书·百官志》记载得更为清楚，掌冶署"掌范熔金银铜铁及涂饰琉璃玉作"，少府监中尚署直接管辖有"金银作坊院"[②]。如此看来，唐初十分明确的金银制作机构有两个，一是掌冶署内的作坊，另一个是中尚署下的金银作坊院，均为中央官府统辖。文献中只有这些简单的记录，也没有说明两者的区别。但掌冶署制作器物采用"熔铸"，故很可能主要是进行原料的粗加工和制作部分大型器物，而且以制作铜铁器类为主，金银器只是附带品种，故《唐六典》对掌冶署职责记录时，忽略了金银之事。金银作坊院是唐代新出现的机构，专业性极强，是唐代手工业十分明确的专业分工基础上新成立的独立部门[③]。金银作坊院与掌冶署相分离，应以制作精致小巧的器物为主。

唐代金银器制作还有一个重要场所，即都城长安内的"文思院"。《东观奏记》载："武宗好长生久视之术，于大明宫筑望仙台，势侵天汉。上（宣宗）始即位，斥道士赵归真，杖杀之，罢望仙台。大中八年，复命葺之。右补阙陈嘏已下抗疏论其事，立罢修造，以其院为文思院。"[④]《唐会要》杂记条亦云："（大中）八年八月，敕改望仙台为文思院，……武宗好神仙之事，于大明宫筑台，号曰望仙……"[⑤]唐文思院是由望仙台修葺而成的一个特殊机构。有关文思院的职责，唐代文献中没有直接记录。可从宋代"文思院"来推测唐代的情况。《宋史·职官志》少府监条载："文思院，掌造金银、犀玉工巧之物。"[⑥]唐代文思院也应有此职责。但《玉海》太平兴国文思院条所载却不同："唐有文思院，盖天子内殿之比，非工作之所。兴国三年，始置文思院（注：隶少府监），掌工作之事，今属工部，分上下界（注：上金银珠玉，下铜铁竹木）。"[⑦]《玉海》特别指出唐代文思院"非工作之所"，与《事物纪原》库务职局部所记相同："唐有文思院，盖天子内殿之比也，其事见《画断》，然非工作之所。而宋朝太平兴国三年，始置文思院，掌工巧之事，非唐制矣。"[⑧]

---

① 《唐六典》卷二十二，576～578页，中华书局，1992年。
② 《新唐书》卷四十八，1270～1271页，中华书局，1986年。
③ 《汉书》卷七十二《贡禹传》载汉元帝时"方今齐三服官作工各数千人，一岁费数巨万。蜀广汉主金银器，岁各用五百万。三工官官费五千万，东西织室亦然"。若从考古资料看，总体上说汉代金银器物的制造并不发达，"蜀广汉主金银器"，其中当包括制造鎏金银的铜器和漆器上的金银饰件等，并非专业机构。
④ 裴庭裕：《东观奏记》卷上，93页，中华书局，1994年。
⑤ 《唐会要》卷五十，881页，中华书局，1990年。
⑥ 《宋史》卷一百六十五，3918页，中华书局，1977年。
⑦ 《玉海》卷一百六十八，江苏古籍出版社影印浙江书局本，3078页，1988年。
⑧ 高承：《事物纪原》卷七，丛书集成初编本1211册，247页，中华书局，1985年。

《玉海》《事物纪原》所云唐文思院"非工作之所",是将唐文思院和唐长安太极宫内的"文思殿"相混淆,不足为据①。《东观奏记》所载唐文思院之事为唐宣宗时期,但是否为宣宗时期始置,并不清楚,也可能其设置年代要早,宣宗时将文思院从宫内其他位置迁至望仙台。

由上可知,唐代皇室和中央官府制作金银器的场所有三个,即中央政府管辖的少府监掌冶署和少府监中尚署所属的金银作坊院,以及直接隶属皇室的文思院。掌冶署和金银作坊院,唐初已置,以后延续。文思院则兴盛于晚唐。

掌冶署、金银作坊院、文思院无疑是唐代最重要的金银器制作场所。然而上引文献几乎是对这些机构的全部说明。欲进一步了解这些机构作坊的情况,只能依靠考古资料。

考古发现的金银器皿许多都出自金银作坊院和文思院,填补了文献的空缺。西安西郊出土一件"宣徽酒坊"银注壶[32](图2-141),其上刻:

图2-141 "宣徽酒坊"银注壶铭文

> 宣徽酒坊
>   咸通十三年六月廿日别敕造七升
>   地字号酒注壹枚重壹佰两匠
>   臣杨存实等造
>   监造番头品官臣冯金泰
>   都知高品臣张景谦
>   使高品臣宋师贞

只有在官府作坊中,才会有带官职的人参与产品的制作过程。从监造番头、都知、使等官名和"宣徽酒坊"的刻铭来看,这件器物只能出自唐代中央官府作坊,即金银作坊院或文思院。由于目前发现的晚唐金银器中,文思院的作品多明确刻"文思院"的字样,故"宣徽酒坊"银注壶可能是金银作坊院的作品。陕西耀县柳林背阴村窖藏也出土一件"宣徽酒坊"莲瓣纹弧腹银碗[2](彩版22),碗的外底刻"宣徽酒坊宇字号"七字(图2-142)。此外,流传到日本的正仓院鹿纹葵花形银盘[16](图版38)上也刻"宇字号二尺盘一面重一百五两四钱半"。"宣徽"是指唐代的宣徽院,由宦官管理,负责郊祀、宴飨、供账等。这几件器物中的"地

图2-142 "宣徽酒坊"莲瓣纹弧腹银碗外底铭文拓本

---

① 卢兆荫:《关于法门寺地宫金银器的若干问题》,《考古》1990年7期。

图2-143 "田嗣莒"双凤纹花瓣形银盒外底铭文

字号""宇字号"等应是整套器物中的编号，为宫廷宴飨所用的器物。正仓院鹿纹葵花形银盘的时代为8世纪中叶以前，此时有无"文思院"尚不清楚，故这3件器物可基本肯定是金银作坊院的作品。

宫廷宴飨所用的器物，自然由中央官府的金银作坊院负责制作，"宣徽酒坊"银注壶上的文字，表明了金银作坊院有一套完整的生产管理系统。刻铭中的"监造番头"当为负责监造的工官，"都知"和"使"是更高一层的管理者，杨存实为具体制作器物的工匠。器物的生产过程有严格的流程，各负其责，犹如现代的生产责任制。陕西出土的"田嗣莒"双凤纹花瓣形银盒[13]，外底刻："内园供奉合咸通七年（公元866年）十一月十五日造使臣田嗣莒重一十五两五钱一字"（图2-143）。虽无法确定是否为金银作坊院制作，但由于有"内园"二字，不排除为文思院制作的可能，总之为唐代中央官府或皇室作坊所制作。

已知考古发现的带刻铭的金银器物多为中晚唐制品。属于8世纪中叶以前考古发现的金银器，有西安南郊何家村窖藏出土的遗物，已发表的资料中有一件高足杯上草率地刻有"马舍"二字[4]，其他绝大多数器物未见到刻铭；另有少量带有墨书题字，所记内容为器皿中所盛物品之名和器物重量等。何家村窖藏的金银器出土于唐代都城长安，是目前所知唐代金银器中最精美的一批，甚至比晚唐时带刻铭的皇室作坊的制品更为精致，当时地方或民间不可能有生产水平高、规模大的金银作坊出现。考古发现的金银器物似乎表明，唐代前期官府金银作坊，并未流行刻铭的做法。《新唐书·百官志》少府条记载："钿镂之工，教以四年；车路乐器之工，三年；平漫刀稍之工，二年；矢镞竹漆屈柳之工，半焉；冠冕弁帻之工，九月。教作者传家技，四季以令丞试之，岁终以监试之，皆物勒工名。"[1]此处所云"岁终以监试之，皆物勒工名"，是指工匠学徒时的习作，在通过考试时，器物制造者须刻上姓名以备检验。此外，唐代"掌冶署""金银作坊院"对金银器制造集中管理，官府作坊的产品原则上不流入市场，除了供皇室宫廷使用，其他贵族和官吏一般通过赏赐等途径获得。唐代规定"一品以下，食器不得用纯金、纯玉"[2]。唐前期金银器使用范围甚小，由官府作坊制作时未必需要刻铭，何家村窖藏出土的金银器数量多，制造精美绝伦，可看作中央官府作坊的制品。

中晚唐时，皇室和中央官府金银作坊的情况发生了变化，生产的产品多带有刻铭。陕西扶

---

① 《新唐书》卷四十八，1269页，中华书局，1986年。
② 《唐律疏议》卷二十六《杂律》舍宅车服器物条，刘俊文点校本，488页，中华书局，1983年。

风法门寺地宫出土的多件晚唐金银器上都记录有明确的制作地点。这些出土器物及其刻铭详见表2-2[①]。

表2-2 法门寺出土的文思院制造金银器的刻铭

器物名称	刻 铭 内 容
法门寺银盐台	咸通九年文思院造银涂金盐台一只并盖，共重一十二两四钱。四字号。小焊药。判官臣吴弘悫，使臣能顺。
法门寺银茶碾	咸通十年文思院造银金花茶碾子一枚，共重廿九两。匠臣邵元审，作官李师存，判官高品吴弘悫，使臣能顺。
法门寺银茶罗	咸通十年文思院造银茶罗子一副，全共重卅两。匠臣邵元审，作官李师存，判官高品吴弘悫，使臣能顺。十九字号。
法门寺五足银炉	咸通十年文思院造八寸银金花香炉一具，并盘及朵带环子，全共重三百八十两。匠臣陈景夫，判官高品臣吴弘悫，使臣能顺。三字号。
法门寺银如意	咸通十三年打造作官赵智宗，判官高品刘虔诣，副使高品高思厚，使吴弘悫。
法门寺银手炉	咸通十三年文思院造银白成手炉一枚，并香宝子，共重十二两五钱。打造都知臣武敬容，判官高品刘虔诣，副使高品高思厚，使吴弘悫。
法门寺素面平底金碗	文思院准咸通十四年三月廿三日敕令造迎真身金钵盂一枚，重一十四两三钱。打造小都知臣刘维钊，判官赐紫金鱼袋臣王全护，副使小供奉官臣虔诣，使左监门卫将军弘悫。
法门寺银锡杖	文思院准咸通十四年三月廿三日敕令造迎真身银金花十二环锡杖一枚，并金共重六十两，内金重二两，五十八两银。打造匠臣安淑郧，判官赐紫金鱼袋臣王全护，副使小供奉官虔诣，使左监门卫将军臣弘悫。

从这些金银器刻铭看，唐代文思院的职责非常明确，主要就是制造金银器。陕西扶风法门寺是唐代著名寺院，与唐朝皇室关系十分密切，据地宫内石刻《法门寺衣物账》，主要物品是唐懿宗和僖宗供奉之物。寺院地宫中出土的文物大量是皇室和贵族施舍的。其中金银器物多由文思院为皇室制造，转施于法门寺。

1977年，西安东郊还出土1件唐代银铤[47]（图2-144），其上刻：

乾符六年内库别铸重卌两

文思副使臣刘　可濡

---

① 法门寺出土金银器上的刻铭尚未全部发表，本书所用刻铭内容由王仓西的《从法门寺地宫出土金银器谈唐代衡制》、卢兆荫的《法门寺地宫金银器与文思院》（《首届国际法门寺历史文化学术讨论会论文选集》，陕西人民教育出版社，1992年）两篇论文录出。

文思使臣王　彦珪

内库使臣王　翔

银铤侧面刻"匠臣武敬容"。

文思院工匠武敬容之名字，又见于法门寺出土的咸通十三年（公元872年）造的法门寺银手炉上。文思副使、文思使后面的"内库使"，明确了文思院是归属皇室的机构，因为内库即大盈库，据《新唐书·食货志》载：大盈库"以供天子燕私"[①]，文思院与内库关系密切，是专门为皇室制作金银器的。

法门寺"御前赐"方形银盒，盒底錾刻"诸道盐铁转运等使臣李福进"和"内库"的文字。法门寺双狮纹花瓣形银盒盖面上也有墨书"内库"的文字[②]，显然原是皇室的物品。文思院的产品有时通过赏赐、施舍等流出宫廷，法门寺的遗物便是实例，只是法门寺仍具有皇家寺院的性质。文思院的产品流入民间和其他地区的情况也有，如1990年发现的山西省繁峙窖藏银器中，1件大盘上有"咸通十三季（年）文思院造一尺二寸银白成圆合盘一具，重壹拾斤，展计壹佰陆寸两贯，打造小都知臣陈景夫，判官高品臣刘虔诣，副使高品臣高师厚，使臣弘（悫）"[23]铭文，不仅言明为文思院造，提到的打造小都知臣陈景夫、判官高品臣刘虔诣、副使高品臣高师厚、使臣弘（悫）等人，也均见于法门寺地宫出土金银器的刻铭中。文思院工匠陈景夫的作品，分别在陕西扶风法门寺地宫和山西繁峙窖藏发现。两处遗址出土由同一个工匠制作的器物，在考古发现中不是孤例，杨存实制造的"宣徽酒坊"银注壶[32]和他打造的1件银铤[49]也在陕西分别出土。

图2-144　西安
东郊银铤

二、皇室和中央官府金银作坊的工匠及管理

Craftsmen and Management of the Imperial and Central Government's Workshops

唐代金银工匠是专门的职业。掌冶署、金银作坊院等唐代前期中央政府管理的官营作坊，掌握着许多专业金银工匠。按唐代的服徭役制度，各州工匠常被征调到中央服务。《唐六典》尚书工部条载：

少府监匠一万九千八百五十人，将作监匠一万五千人，散出诸州，皆取材力强壮、伎能

---

① 《新唐书》卷五十一，1346页，中华书局，1986年。

② 葛承雍：《法门寺地宫珍宝与唐代内库》，《首届国际法门寺历史文化学术研讨会论文选集》，陕西人民教育出版社，1992年。

工巧者，不得隐巧补拙，避重就轻。其驱役不尽及别有和雇者，征资市轻货纳于少府、将作监。其巧手供内者，不得纳资。有阙则先补工巧业作之子弟，一入工匠后，不得别入诸色。[①]

唐代成年男子每年要缴纳赋税、服徭役，如不服徭役可交纳一定的钱物来代替。役使百姓是国家权利，可以以税代役，以庸代役，但要由官方决定，在规定的范围内实行，不能以百姓个人意愿以税庸折纳代替徭役。唐代服徭役似分为三个层次，普通服徭役只需出力作工，无须具备技术；"技能工巧者"，则必须按规定亲身服役，州府亦不得擅自隐巧补拙，避重就轻；技艺高超的特殊巧匠，无论居住何处，几乎是强制性必须为国家服役，特别规定了他们不许纳资代役。毫无疑问，金银器制作者属于第三类服徭役者。因此，掌冶署、金银作坊院集中了各地有高超熟练技术的金银工匠为官府或皇室服务。金银器制作是各种技艺中最复杂、难度最高的技术工种，所需学习训练的时间也最长。为此唐代制定了在中央监控下实行教授、培养后备人才的制度，《新唐书·百官志》所记包括制造金银器工匠在内的"钿镂之工"，要学习四年后通过严格考核方能成为正式工匠。官府工匠短缺时，工匠的后代优先被选择继承父业。身怀绝技的工匠，往往世代相传，一直为官府服务，官府作坊保证了特殊技术的传授和提高。

在均田制下的唐代前期，官府手工业作坊的工匠主要由各地召集而来，人数众多，生产规模巨大，生产原料主要由地方进贡[②]。各地从事金银制造的能工巧匠，几乎是强制性被征调到中央官府，集中在一起进行各种精美器物的制造，客观上提供了工匠之间相互学习、取长补短的机会。在官府制作金银器，原材料充足，工具、生产条件等不计成本，不受限制，可全心全意地进行创作，从而使产品数量和质量有了突飞猛进的发展。

唐代中央官府金银作坊的管理由少府监负责。玄宗以后，少府所属的作坊逐渐由政府官吏管理转移到宦官手中[③]。而直接隶属皇室宫廷的文思院，始终由宦官负责。宦官所领的宫廷机构唐人通称二十四使司，其中很多属作坊。《唐会要》少府监条云："开元已来，别置中尚使，以检校进奉杂作，多以少府监及诸司高品为之。"[④]诸司高品即宦官，这里指专门负责少府监下属的中央官府作坊的宦官，从法门寺金银器上反复出现的"高品臣"等得知，文思院更是由宦官来操纵。

无论是金银作坊院还是文思院，都属官府作坊。官府作坊每件金银器物的最后完成要经过复杂的手续，参与金银器物制造的人地位不同，所负责任也不同。由于文思院的金银器出土较多，其内部生产运作的情况比较清楚。文思院的人员职责分明。最低一级的是匠、打造匠，稍高一些的作官、打造作官、打造小都知，都属于器物的直接制作者，即工匠。第二个等级是监造番头、判官、判官高品、判官赐紫金鱼袋等，是直接检验产品质量的监督。再高的等级就是副使、副使小供奉官、使、使左监门卫将军，为更高一层的监督者。产品制成后，参与者的人名按其不同身

① 《唐六典》卷七，222页，中华书局，1992年。
② 魏明孔：《略论唐代的手工业作坊与行会》，《西北师大学报》1998年2期。
③ 唐长孺：《魏、晋至唐官府作场及官府工程的工匠》，《魏晋南北朝史论丛续编》，生活·读书·新知三联书店，1978年。
④ 《唐会要》卷六十六，1155页，中华书局，1990年。

份由低向高排列刻在器物上，表示着产品逐级检验的程序。参照西安东郊出土银铤的刻铭，其中的"副使"和"使"，全称应为"文思副使"和"文思使"。而地金或金银原材料入藏时，还要由"内库使"验收。

文思院制作的金银器刻铭中的工匠和管理官员的名称，显然与西安西郊出土的金银作坊院制作的"宣徽酒坊"银酒注的刻铭不同，两者管理程序不完全一样，但为保证产品质量和明确责任，参与制造者要将姓名刻在器物上，生产制作中完善、严明的生产组织系统是相似的。

法门寺地宫出土的金银器，制作时间不同，从刻铭中发现，奉职于文思院的人可以得到升迁。咸通九年制作银盐台时身为普通"判官"的吴弘悫，到咸通十年制作法门寺银茶碾子、法门寺银茶罗子、法门寺五足银炉时升为"判官高品"，而到了咸通十三年制作法门寺银如意、法门寺银手炉时，吴弘悫已经升为"（文思）使"，咸通十四年制作法门寺素面平底银碗、法门寺银锡杖时又为"使左监门卫将军"。吴弘悫是长期在文思院奉职并不断得到升迁的重要人物。同样咸通十三年为"判官高品"的刘虔诣，咸通十四年升为"副使小供奉官"。

法门寺地宫出土金银器所刻的直接制作器物的工匠名字非常明确，法门寺银茶碾子和法门寺银茶罗子是由"匠臣邵元审"制作，法门寺五足银炉由"匠臣陈景夫"制作，法门寺银如意由"打造作官赵智宗"制作，法门寺素面平底金碗由"打造小都知臣刘维钊"制作，法门寺银锡杖由"打造匠臣安淑郧"制作。而人名前面所冠的"匠臣""打造匠臣""打造作官""打造小都知臣"等不同称谓，表现出制造器物工匠身份和技术等级的不同。工匠地位似乎也有变化，如咸通十年在文思院造法门寺五足银炉的"匠臣陈景夫"，到山西繁峙窖藏出土的咸通十三年在文思院造银盘时成为"打造小都知臣陈景夫"。但也可能是同样地位的人的简称，如咸通十三年制作的法门寺银手炉的作者"打造都知臣武敬容"，在乾符六年刻铭的银铤上称为"匠臣武敬容"。

三、地方官府的金银作坊
The Local Government's Gold & Silver Workshops

对研究唐代金银制造作坊来说，文献记载中也提供了重要的线索。颇事奢靡的敬宗皇帝刚刚继位，便下诏书令："浙西造银盉子妆具二十事进内。"事在宝历元年（公元825年）七月。当时任浙西观察使的是唐代名臣李德裕，在接到诏令后写下一札很长的奏书，现将有关内容节录如下：

> ……进献之事，臣子常心，虽有敕文不许，亦合竭力上贡。……至于绫纱等物，犹是本州所出，易于方圆。金银不出当州，皆须外处回市。去二月中奉宣令进盉子，计用银九千四百余两，其时贮备，都无二三百两，乃诸头收市，方获制造上供。昨又奉宣旨，令进妆具二十件，计用银一万三千两、金一百三十两，寻令并合四节进奉金银，造成两具进纳讫。今差人于淮南收买，旋到旋造，星夜不辍，虽力营求，深忧不迨。[①]

---

① 《旧唐书》卷一百七十四《李德裕传》，4511～4512页，中华书局，1975年。

原来，早在当年三月曾有敕文"常贡之外，不令进献"，然而"时准敕不许进献，逾月之后，征贡之使，道路相继"。李德裕深感为难，故上书陈述缘由。皇帝两次宣索，所需银竟达二万二千四百余两、金一百三十两。而浙西一地"其时贮备，都无二三百两"，身为地方官的李德裕不得不立即派人购买，买来就造。这个事件也说明浙西官府内常备有金银，紧急时也能很快收买得到。更引人注意的是这些进奉宫廷的金银是打造好的盏子、妆具等器物成品，无疑在浙西存在着可以制造金银器的地方官府作坊，否则无法很快完成皇室突然宣索的大量器物。

地方设立手工业作坊在唐初已有，是为了解决运输不便，通常生产实用的普通用具，特殊用品主要是宫廷用品和兵器甲胄等。据《旧唐书·马周传》载，贞观年间马周在上书中说："今京师及益州诸处，营造供奉器物，并诸王妃主服饰。"[①]唐初已有了"营造供奉器物"的地方作坊。《唐大诏令集》中乾符二年《南郊敕》载："诸处本置作坊只合制造干戈兵甲及进献供需。"[②]说出了设置地方官府作坊的主要目的。干戈兵甲之外，因各地物产有别，地方官府也设如织染、铜冶、煮盐等作坊，未见有金银器作坊。到8世纪后进奉之风日甚，而且需要大量制作金银器，故有些必须承担制造中央和皇室进奉物品的地方官府作坊，也开始设有金银制作行业。地方官府出现金银器手工业作坊，是唐代金银制造业发展的重要标志，为唐代金银器的普及和全面发展作出了贡献。《太平广记》华阳李尉条引《逸史》载：唐玄宗天宝后，"有张某为剑南节度使，……令于开元寺选一大院，遣蜀之众工绝巧者"[③]。众工绝巧者中，是否有金银工匠不得而知。但更早些时候，地方官员已经有了造金银器的事例。《旧唐书·李敬玄传》载："敬玄弟元素，亦有吏才，初为武德令。时怀州刺史李文暕将调率金银，造常满樽以献，百姓甚弊之，官吏无敢异议者，元素抗词固执，文暕乃损其制度，以家财营之。"[④]此条为武则天延载以前之事，似乎说明当时已有地方官府营造金银器了。地方官府的金银作坊主要兴盛、发展于中晚唐，但在盛唐时已露端倪。

职业金银工匠，并非唐代始有，至少北魏时，民间便有"金银工巧之人"。《魏书·世祖纪》太平真君五年（公元444年）条载："自王公已下至于庶人，有私养沙门、师巫及金银工巧之人在其家者，皆遣诣官曹，不得容匿。"[⑤]《魏书·杨昱传》又记有"恒州刺史杨钧造银食器十具"馈送领军元叉之事[⑥]。民间的金银工匠多世代相袭，成为地方金银器的制造者。唐代官府的金银工匠从民间征发，散在民间的工匠不可能全被调到中央。北魏时官宦人家各行其是，私养"金银工巧之人"，唐代当然也无法杜绝，这些容匿于民间的金银工匠，成为唐代地方官府作坊技术人员的主要来源。

考古发现提供了唐代地方官府金银作坊情况的珍贵资料。1982年江苏镇江丹徒丁卯桥发现银器窖藏，共出土银器近1 000件[15]。遗物中同类器物的重复率极高，绝大多数未经使用，器皿上

① 《旧唐书》卷七十四，2616页，中华书局，1975年。
② 《唐大诏令集》卷七十二，402页，商务印书馆，1959年。
③ 《太平广记》卷一百二十二，860页，中华书局，1981年。
④ 《旧唐书》卷八十一，2756页，中华书局，1975年。
⑤ 《魏书》卷四，97页，中华书局，1997年。
⑥ 《魏书》卷五十八，1292页，中华书局，1997年。

多有"力士"刻铭，有许多残次品和半成品，附近出土大量所谓"银铤"等等，表现出这处遗迹不同于其他唐代以金银器为主的窖藏，很可能是唐代浙西官府金银器制作作坊的遗物。

丁卯桥窖藏出土的银器中钗类多达760件。银钗是妇女束发用物及装饰，使用时，少者1枚，多不过几枚。考古发现的唐代银钗种类极多，华丽的银钗有复杂装饰，雕镂花草飞凤。而丁卯桥窖藏出土的银钗，顶端均为简单的半环状，无任何附属装饰。大量造型简洁而相同的银钗集中在一处，不应是个人自用的首饰，可能是有待出售或专门定做的商品。

丁卯桥窖藏出土的器皿类也很特别，银盒多达28件，其中有造型完全一样者，尺寸也基本相同，腹径11厘米，高8.3厘米，重203克。而且其中15件素面圆形银盒的造型、尺寸和重量与4件鎏金鹦鹉纹圆形银盒相近，区别仅仅是无纹样装饰。这一现象表明，15件素面圆形银盒尚在制作之中，最后完成的样式应与饰纹样的圆形银盒大致相同。唐代银盒的制作，首先是器物成型，然后再饰纹样。这是两道不同的工序，器物成型用捶揲技术，而纹样装饰采用錾刻方法，两者所需要的工具、工作台面、先后次序以及工匠的技术特长都不相同。恰恰是这15件素面圆盒，多数还浅刻有"人""人"形的符号，也许是表示将要錾刻某种纹样的记号。丁卯桥窖藏同时出土15件素面圆盒是罕见的考古学现象，表明其出土的器物应是作坊的产品。

丁卯桥窖藏出土的器皿上许多都刻有"力士"二字（图2-145）。"力士"刻铭的器皿曾被人认为与饮酒有关，或认为可能是唐玄宗时著名宦官高力士的名字。还有人认为"力士"二字应表示坚固结实，质量上乘之意等[①]。由于这批银器明显是唐玄宗时期之后的作品，不可能与显赫一时的宦官高力士有任何联系。目前在唐代金银器刻铭中见到的人名，主要出现在晚唐器物上，绝大多数为工匠和工官的姓名，法门寺地宫出土的皇室作坊文思院制造的器物有固定的刻铭方式，先表明制作机构"文思院造"，再刻工匠和工官。此外，一些银铤、银饼上也出现打作工匠的名字。器物上刻制作者的人名，一方面表示其责任者，另一方面有类似于今世商标或标明名牌产品的作用。丁卯桥窖藏出土的银器属中唐以后的作品，其上的"力士"二字，可能还是属于工匠或作坊的名字。

丁卯桥窖藏还出土银铤20件，有捶打的痕迹，十分整齐（图2-146）。银铤长36.2

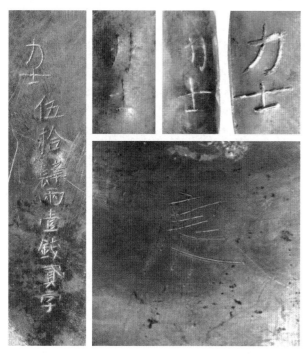

图2-145　江苏丁卯桥银器"力士"刻铭拓本

---

① 孙机：《鹦鹉杯与力士铛》，《文物丛谈》，文物出版社，1991年。

厘米，宽7.6厘米，厚0.6厘米，单重2 050克～2 060克。其中有3件铤面墨书"重伍拾壹两"，实重2 050克或2 060克，每两平均重40.3克。丁卯桥窖藏银铤与以往发现的唐代银铤大小、形状相似，但唐代许多银铤上的文字都錾刻，并且除标重外还有其他内容，如著名的杨国忠等进奉银铤，正面錾刻"专知诸道铸钱使兵部侍郎兼御史中丞臣杨国忠进"，背面文字分三行，分别刻

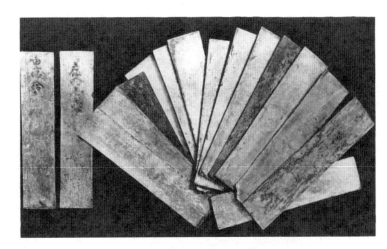

图2-146　江苏丁卯桥银铤

"中散大夫使持节信安郡诸军事检校，信安郡太守上柱国尉迟岩""信安郡专知山官丞议郎行录事参军智庭上""天宝十载正月日税山银一铤伍十两正"[27]。通常的唐代银铤刻铭在格式和内容上也大致相同，地名、官名、人名、时间、用途和重量，性质不外乎是向官府交纳的庸调赋税和进奉的财物。而丁卯桥窖藏出土的20件银铤，只标重量，而且文字为墨书而不是錾刻，说明与唐代发现的其他银铤不同，是制造器物的原料。

丁卯桥窖藏中有一些不知名的遗物，如8根"银棒"中有1根带鎏金葫芦顶，其余为竹节形，有1根上端堆贴两片竹叶饰，究竟何物不得而知，看来应为半成品。出土的器皿中还有3件"残盒底"（图2-147），唐代金银器窖藏曾有故意将器物压折缩小体积而便于埋藏的实例，但丁卯桥窖藏没有这种现象，这3件涂金残银盒更像是报废的产品。与陶瓷器等不同，金银类的产品虽有制作时的失败，其原料价值却不变，仍可再加工使用。因此，只有作坊的遗物中才会有这些半成品和残件。

丁卯桥窖藏出土的遗物十分单纯，除了4件角质梳子，其余全都是银器。但这仅有的4件角质梳子似乎也与金银作坊有关。唐代的梳子，除梳理头发的实际用途，还流行在头上插梳为饰的做法①。插梳的风习，使梳子无论质地如何，梳背常常包上精美的金银材料的装饰，这已被出土的许多唐代金银背梳子所证实。故丁卯桥窖藏的4件角质梳子，似因待装银背而出现在作坊遗物内，与其他银器及原料共存。

丁卯桥窖藏的银器一直未遭扰乱。遗迹的情况是，"深约1.3米土内发现银质酒瓮一口，瓮内叠满各式银器，另有大银盒两只以及盆、钗等银器堆置于瓮的西侧"。窖藏器物的特点是，"许多器物都未用容器盛放，不少器物缺盖少身，未能成套，说明当年埋藏时的仓促，而造成这种情况的原因多是遭到战争的威胁"。"丹徒丁卯桥银器绝大多数未经使用"，20件银铤"放于生土坑内"，与其他器物相隔20米②。器物不成套，未经使用，容器内空空，不少器物缺盖少身，并有原料共

---

①　孙机：《唐代妇女的服装与化妆》，《中国古代舆服论丛》，文物出版社，1993年。

②　陆九皋等：《丹徒丁卯桥出土唐代银器试析》，《文物》1982年11期。

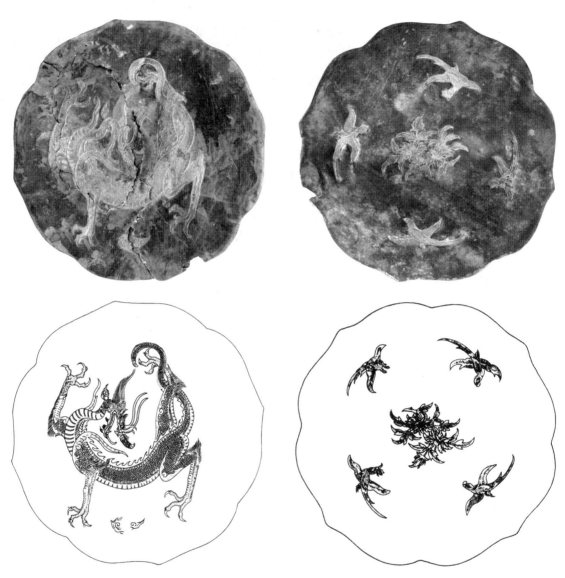

图2-147　江苏丁卯桥残银盒底

存，都符合作坊制作产品时的情况。据发掘报告，丁卯桥窖藏所在处是"居住址"，遗憾的是没有更多的遗迹现象。丁卯桥窖藏出土的银器，部分器物异常精美，而且数量极多，私人作坊难以有这么大的规模，应是由地方官府经营或控制的作坊的物品。

唐代中晚期，皇室和中央需要的金银器越来越依赖于南方，皇帝不时向南方州府宣索金银器物，地方官府为满足供应，需要建立专门的金银作坊。中晚唐地方官都通过进献财物，争相邀宠，进奉财物的主要物品也是金银器物。进奉的滥觞，也导致地方官府自行经营金银作坊。《旧唐书·王播传》载，太和元年，淮南节度使王播入朝，一次就"进大小银碗三千四百枚"[1]，如此惊人

---

① 《旧唐书》卷一百六十四，4277页，中华书局，1975年。

的银碗数量，不可能在短时期搜刮得到，而且零星、陆续获得的金银器，难免在质量上良莠不齐，不能都作为向皇室进贡的物品。所以，地方应有专门的金银作坊来生产。

丁卯桥窖藏出土的一些器物制造之精，在目前发现的中晚唐银器中是少见的。2件鎏金丁卯桥凤纹花瓣形银盒（彩版31），腹径31厘米，足径25.6厘米，高26厘米。刻曲颈展翅的凤凰一对，奔鹿十六组，鸿雁三十二只，通体鎏金，极费工时。4件鎏金丁卯桥鹦鹉纹圆形银盒（参见图1-222）亦格外华丽，陕西扶风法门寺地宫出土的十几件带"文思院"制作刻铭的作品也难以媲美。可见"文思院"虽是专为皇室制造金银器的机构，但金银工艺水平未必高于南方的某些地方官府作坊。法门寺地宫出土金银器中也不乏精美之作，堪称唐代鎏金银器皿豪华之最的法门寺"浙西"银盆（彩版58），其"浙西"二字表明为南方制作，另1件精美之作是法门寺双狮纹花瓣形银盒（彩版32），银盒底外壁刻"进奉延庆节金花陆寸方合壹具重贰拾两江南西道都团练观察处置等使臣李进"，恰恰也是南方进奉的。丁卯桥鹦鹉纹花瓣形银盒（参见图1-234）与法门寺双狮纹花瓣形银盒造型和纹样风格很接近，盒侧面纹样几乎相同，只是盖顶的动物有区别。故可推知，丁卯桥金银作坊的产品有的可能供皇室享用。此外，大中三年（公元849年）至大中五年（公元851年）担任浙西观察使、盐铁使的敬晦进奉的"敬晦"葵花形银盘（彩版15）也在陕西出土[2]，浙西一带进奉皇室和中央的物品不在少数。

法门寺"浙西"银盆的主题花纹是象征爱情婚姻的鸳鸯戏嬉，不是佛教寺院的原藏器物，它与江南西道的法门寺双狮纹花瓣形盒一样，都是由南方进奉到唐朝皇室后，又转赠予法门寺的，显然年代略早于地宫中文思院的作品，而与丁卯桥银器窖藏器物的年代一致，又都是在浙西制造，如果把《旧唐书·李德裕传》所载在浙西造金银器之事联系起来考虑，甚至可以推测，李德裕就是在丁卯桥官府作坊主持为皇室制作金银器物的。丁卯桥在唐代属润州丹徒县，交通、商业发达，在这里出现地方官府的金银作坊，并成为南方金银器制造中心是理所当然的。李德裕为浙江西道观察使，治所正在丹徒，奉命制作的金银器物，事在宝历元年（公元825年），与丁卯桥窖藏出土器物的时代恰好相同。

地方官府作坊不止浙西一处，目前考古发现带刻铭的南方进奉的金银器提供了许多地点，越州刺史裴肃进奉的银盘[29]、宣州刺史刘赞进奉的银盘[10]、"桂管臣"李杆进奉的银盘[13]、洪州刺史李勉进奉的银盘[8]等等，均属唐代银器中的精品，表明江南东道的越州（治所在今浙江绍兴）、江南西道的洪州（治所在今江西南昌）、宣州（治所在今安徽宣州）也存在着官府金银器制造作坊。

四、私营金银作坊和民间个体金银工匠
Private Workshops and Individual Craftsmen

唐代私人手工业的组织形式以"团""火"为基本单位。《新唐书·百官志》载："凡工匠，以州县为团，五人为火，五火置长一人。"①这是指一般手工行业。不同行业各有特色，技术性较强

①《新唐书》卷四十六，1201页，中华书局，1986年。

的行业，通常家传技术，世代相袭，如唐代有"代传染业"的青州人李清、"世织绫锦"织锦人李氏等[1]。金银器制作较织染更为复杂，加之原料珍贵，唐前期主要由皇室和中央官府严格控制生产。到中晚唐时，私营手工业作坊和单独经营者渐多，唐代金银器制作的私人行业也出现了，并在唐代金银制造业的发展中起了重要的作用。

《太平广记》韦公干条引《投荒杂录》云："(琼山)郡守韦公干者，贪而且酷，掠良家子为臧获，如驱犬豕。有女奴四百人，执业者太半。有织花缣文纱者，有伸角为器者，有熔锻金银者，有攻珍木为什具者，其家如市，日考月课，唯恐不程。"[2]韦公干经营的手工行业多种，"熔锻金银者"仅为其一，凭借职权开设了私人金银作坊。

唐代私人经营的金银作坊的遗物，也有线索可寻。1975年发现的浙江长兴县下莘桥窖藏，出土金银器约100件[9]，应是私营金银作坊的遗物。这批器物埋藏在深1.5米的泥土中，摞成椭圆形，因有器物粘有竹篾编织物，原来可能是放在一个椭圆形竹筒或竹盒内。出土器物有银杯3件，银碗1件，"羽觞"1件，长柄汤勺2件，长柄匙22件，匙5件，银筷15双，凤钗16件，细花纹银钗2件，扁平圆头银钗2件，素面银钗25件，饰纹银钗3件，银钏3副，银发夹(?)1件，银铤3件。目前已发现唐代银器窖藏十几处，器物种类多比较繁杂，即使有同类器物形制也多不一样。下莘桥窖藏与丁卯桥窖藏的情况相似，同类遗物大量出现。如银钗就有45件，显然也不是个人用物。25件素面银钗很简单，只是双股银条而已；另有16件比较华美的凤钗，钗的顶端饰镂空凤凰缠枝花，这些银钗似为不同订户分别制造的用物。勺、匙29件，银筷15双，也不像是一般家庭生活用物。下莘桥窖藏遗迹未经扰乱，但出土器物重复又不配套，应是出卖的商品。更明显的是，下莘桥窖藏与银器同时出土的3件银铤，形制很不规则，与以往发现的银铤不同。1件称"铤翼银铤"，2件称"卷腿船形银铤"，原报告特别指出其中1件已使用过，有明显的截取痕迹。这种"银铤"应是制作银器的原料。在为数不多的器皿中，除1件"羽觞"稍显华丽外，其他3件银杯都是素面，制作简单，与产量大、器物精美的丁卯桥官府金银作坊相比，下莘桥没有高级豪华的器物，也许这正是官营、私营作坊的区别。

个体金银匠是技艺较高、专业化极强的工匠，他们以盈利为目的进行生产。《太平广记》王珍条引《广古今五行记》载："唐定州安嘉县人王珍，能金银作。曾与寺家造功德，得绢五百匹。"[3]定州人王珍显然是位个体金银工匠，靠为寺院等做金银器为生。敦煌文书伯4640号《己未年至辛酉年(公元899～公元901年)归义衙内破用纸布历》中谈到支付工匠报酬时明确有金银工匠："山神支粗纸叁拾张。十六日，奉判支与金银匠王神神"[4]。王神神也是个体金银工匠。金银工匠是高级技术者，收入丰厚，令人羡慕。《南楚新闻》载："(薛)昭纬经(黄)巢贼之乱，流离绝粮，忽遇一旧识银工邀食，甚丰。昭纬作诗曰：一碟毡根数十茎，盘中犹更有红鳞。早知文字多辛苦，悔

① 《太平广记》卷三十六，230页；卷二百五十七，2005页，中华书局，1981年。
② 《太平广记》卷二百六十九，2113页，中华书局，1981年。
③ 《太平广记》卷一百三十四，956页，中华书局，1981年。
④ 唐耕耦等：《敦煌社会经济文献真迹释录》第三辑，全国图书馆文献缩微复制中心，1990年。

不当初学决（冶）银。"①

《阙史》赵江阴政事条也记载，咸通初，一楚州淮阴农者，有"银器若干件，匠某锻成者"②，银器不仅为私人工匠制造，而且为农者所有。北方地区，亦有私营的金银工匠及行业。《太平广记》王四郎条引《集异记》载："唐元和中，琚因常调，自郑入京，道出东都，方过天津桥，四郎忽于马前跪拜，布衣草履，形貌山野。琚不识，因自言其名，琚哀愍久之。乃曰，叔今赴选，费用固多，少物奉献，以助其费。即于怀中出金，可五两许，色如鸡冠。因曰，此不可与常者等价也。到京，但于金市访张蓬子付之，当得二百千。……及至上都，……果有张蓬子，乃出金示之，蓬子惊喜。"③可见洛阳、长安等地的金银市场中有专门从事金银鉴定和买卖的人。

唐代金银器刻铭主要出现在中晚唐，器物上的人名主要有两种情况：一是工匠的名字及监督制作的官员的名字；二是器物进奉者或所有者的名字。根据人名出现的实例，除了可考定为文思院等皇室和中央官府作坊的工匠，还有西安南郊何家村窖藏出土的高足杯上有"马舍"[4]，陕西耀县柳林背阴村出土的"涂金刻花四曲银碗"和"五曲银碟"上有"马马明""朱□"[2]，山西繁峙发现的海棠形银碟圈足外壁刻"马师仁"，另一件喇叭形圈足上刻"甲午年造，马师球、马宗"（图2-148）[23]。马舍、马马明、朱□、马师仁、马师球、马宗等，很可能都是工匠的名字。山西繁峙发现的银器刻铭中的马师仁、马师球、马宗还有可能是工匠之家。法门寺素面方形银盒（宝函，图版75）正面刻：

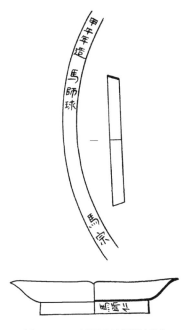

图2-148　山西繁峙银器刻铭

> 上都大兴善寺传最上乘祖
> 佛大教灌顶阿阇梨三藏
> 苾刍智慧轮敬造银函
> 壹重伍拾两献上盛
> 佛真身舍利永为供养
> 殊胜功德福资
> 皇帝千秋万岁
> 咸通拾贰年闰捌月拾
> 伍日造勾当僧教原
> 匠刘再荣邓行集④

这是咸通十二年（公元871年）长安大兴善寺高僧智慧轮为盛放佛舍利专门制造施舍到法门寺地宫的银宝函，由"勾当僧教原"负责，请工匠刘再荣、邓行集制作。法门寺地宫出土金银器

① 尉迟枢：《南楚新闻》，《全唐小说》第四卷，3134页，山东文艺出版社，1993年。
② 高彦休：《阙史》卷上，18页，丛书集成初编本2839册，中华书局，1985年。
③ 《太平广记》卷三十五，223页，中华书局，1981年。
④ 中国文物精华编辑委员会：《中国文物精华》，图119，文物出版社，1993年。

121件，带刻铭文字的器物约占六分之一。从文字内容看可分三类，一是贵族高官、高僧的施舍。二是地方官进奉到皇室后又转施于法门寺。三是文思院专门为法门寺制造的器物。地方官进奉的器物无工匠姓名，文思院制造的器物打作工匠自然隶属皇室，而智慧轮邀请的工匠刘再荣、邓行集，则应是长安城内的个体金银工匠。

私营作坊和个体工匠发展成熟的标志，是形成了有组织的民间私人作坊联盟，即行会的出现，唐代中晚期金银手工业者的行会也已出现。《太平广记》刘景复条引《纂异记》云："吴泰伯庙，在东阊门之西，每春秋季，市肆皆率其党，合牢醴，祈福于三让王。多图善马彩舆女子以献之。非其月亦无虚日。乙丑春，有金银行首，纠合其徒，以绡画美人，捧胡琴以从。"①《纂异记》为大中时人李玫所作，此条系载苏州之事，可见苏州的"金银行"势力很大。所云"金银行"的"行"，是指同业店铺或街市，为民间产生的组织。他们有自己的头领，即所谓行首，或称为"行头"。诚如胡三省所说的"市列为行，市列造金银器贩卖，率淆他物以求赢，俗谓之行作"②。《旧唐书·食货志》元和四年条："自今已后，有因交关用欠陌钱者，宜但令本行头及居停主人牙人等，检察送官。"③这些行业组织不仅为官府认可，还协助官府处理事务。

官府手工业作为商品经济不发达的产物，在唐前期社会经济中占有很大的比例，为国家手工业的主体，生产目的主要为满足统治者的直接消费。随着中晚唐商品经济的活跃和市场的发展，皇室和中央官府所需的物品，不再完全由官府手工业作坊制作，也可通过市场获得。私人金银手工业作坊和个体工匠出现后，政府可以通过行会加以控制，同时私人手工业作坊也是政府的财源之一，因此在中晚唐兴盛发展。

唐少府监"掌冶署"和"金银作坊院"是唐朝中央政府管理的官营作坊，有唐一代自始至终存在。"文思院"为皇室作坊，约出现在盛唐以后。中央政府和皇室的金银作坊都有严密的生产管理体系。地方官府作坊、私人金银作坊和民间个体金银匠兴盛于中晚唐。皇室和中央官府作坊原材料充足，生产不计成本，可以安心地进行创作，制造出精美的器物。在商品经济发达的条件下兴盛起来的地方官府和私人作坊，手工业者身份发生变化，家传技艺和自由创作更丰富了金银产品。因此，唐代金银器制造业出现了前所未有的成就。

---

① 《太平广记》卷二百八十，2235页，中华书局，1981年。
② 《资治通鉴》卷二百零六唐纪二十二则天圣历元年八月条注，6531页，中华书局，1982年。
③ 《旧唐书》卷四十八，2102页，中华书局，1975年。

唐代外来金银及其器物

The Foreign Gold & Silver and Other Objects of the T'ang Dynasty

汉代通西域后，外来文化逐渐对中国传统文化发生冲击。西方文化的东渐，加之南北朝时期的民族大融合，到了唐代，"非我族类，其心必异"的观念开始淡薄，创造出"贞观之治"的唐太宗李世民宣称，自己成功的妙诀之一，就是没有排外心理[①]。开放的政治环境和中西交通的繁荣，使外来物品涌入中国，唐代对外来文化的学习模仿也蔚然成风，中国历史上出现了一次深刻的、跨越式的社会变革。唐初的考古遗迹和遗物，都反映出唐人的文化取向发生了变化，对外来文化的崇尚或对外来事物的赞颂成为重要特征。

唐代金银器的突然兴盛和飞速发展，除了皇室贵族们穷奢极欲地追求、矿藏的广泛开采和冶炼、官私作坊制度的成熟等原因外，外来金银器的输入及其影响是极为重要的。在唐代各种外来文物中，金银器是发现最多、表现外来文化影响最为清晰的文物类别。

一、白银之路

Silver Road

古代东西方交流之路，通常称为"丝绸之路"，以中国对外商品贸易中最具代表性的丝绸作为东西方交流之路的代名词已被大人们所熟知。但在具体实物的研究中，这条交流之路又有"陶瓷之路""绢马之路""茶之路""玉之路""白银之路"之称，即陶瓷、马匹、茶、玉和白银也在东西方交流中扮演着重要角色。古代中国向外输出的物品主要是丝绸、陶瓷、茶等，西方人眼里的东西贸易之路是丝绸之路、陶瓷之路、茶之路。而他们获取丝绸等物品的手段，除了用香料、宝石等实物交换外，就是用黄金，特别是白银来购买。因此，中国人眼里的对外贸易则是"白银之路"。"白银之路"反映了古代西方与中国的贸易形式，在东西方交流中具有特殊意义。

包括黄金在内的"白银之路"，不仅仅指货币的流通。由外国或由周边地区交换、贡奉到中国内地的黄金、白银的其他形式，也是"白银之路"的重要内容。威廉·沃森（William Watson）在《剑桥伊朗史》中指出：中国发现的5世纪至7世纪早期的萨珊银币的少量积蓄，不一定证明银币的大量转移。除非用白银支付符合中国的财政政策，而大量的银币曾被改铸成流通的银锭[②]。威

---

① 《资治通鉴》卷一百九十八，贞观二十一年五月："自古皆贵中华，贱夷狄，朕独爱之如一，故其种落皆依朕如父母。"（6247页，中华书局，1982年）

② 参见马小鹤译：《剑桥伊朗史》第3卷第4编第13章《伊朗与中国》，《中外关系史译丛》第3辑，上海译文出版社，1986年。

廉·沃森所说的由银币改铸成的银锭在中国目前的考古发现中尚未得到证实，但萨珊银币在中国出土为数不少。夏鼐、桑山正进等对中国境内发现的波斯萨珊银币进行过详细的研究，出土地点包括新疆、青海、陕西、山西、河北、河南、湖南、广东。萨珊钱币包括了从沙卜尔二世（Shapur Ⅱ，公元310年至公元379年）到伊斯提泽德三世（Yazdegerd Ⅲ，公元632年至公元651年）共12个王的银币[①]。萨珊银币多在墓葬中出土，一般数量不多，仅1枚、2枚或数枚，有的盖在尸骨的眼睛上，有的含在口中，表达着一种葬仪。还有不少钱币上有后来的穿孔，已改作装饰品使用。作为流通货币使用的也有发现，如新疆乌恰的山中路旁石缝里发现了947枚[②]，青海西宁窖藏出土了100多枚[③]。就数量而言，这两批发现几乎占目前中国约40个地点出土萨珊银币总数的一半。萨珊银币在中国西北地区虽然可以流通，但时间不长，也不是普遍现象。然而，唐初和早些时候中国西北地区金银钱十分盛行倒是事实。

《周书·李贤传》载："令中侍上士尉迟恺往瓜州，降玺书劳贤，赐衣一袭及被褥，并御所服十三环金带一要，中厩马一匹，金装鞍勒，杂彩五百段，银钱一万。"[④]中原内地的考古发现，反映不出银钱的流通，但对镇守西部边陲的李贤，赐予的却是银钱，想必是考虑到当地经济的实际情况。姜伯勤的《波斯通往敦煌、吐鲁番的"白银之路"》一文，在吐鲁番文书中辑出从高昌延昌二十四年（公元584年）到周长安二年（公元702年）的48条提到银钱的纪年文书，指出这些银钱广泛用作赋税征收、计田输银钱、称价钱、臧钱、远行马价钱、丁正钱、入俗钱等[⑤]。因此，吐鲁番地区较长时期流通金银钱是没有问题的。不过金银钱的样式尚不清楚。

黄金在现代社会中的价值尺度、流通手段、贮藏手段、支付手段等职能，战国时期已经基本出现。在唐代，黄金白银继续发挥原有功能的同时，充当世界货币的职能也充分体现出来。而且，国家的赋税制度中明确了金银既可以直接交纳，也能折合其他物品，金银的作用非前代能比。唐代还确立了银本位制度，白银前所未有的价值体现受到特别的重视，其货币职能更成熟。西方国家的银币在唐代中国自然也有价值尺度的作用，波斯萨珊银币即使得不到正式和普遍的认同，其质地决定了在东渐后仍具有货币职能。萨珊、东罗马等在支付中国丝绸贸易时分别使用的金和银，未必全部用金银货币形式，完全可以直接用其他形式的金银地金来支付。

作为地金存在的金银铤，约出现在南北朝时代，《魏书·崔浩传》载："浩明识天文，好观星变。常置金银铜铤于醋器中，令青，夜有所见即以铤画纸作字以记其异。"[⑥]《北齐书·陈元康传》载："赏元康金百铤。"[⑦]文献中虽有记录，实物却极少见到，考古发现的金银铤是在唐代开始盛行

---

① 夏鼐：《综述中国出土的波斯萨珊朝银币》，《考古学报》1974年1期。
　　桑山正进：《东方萨珊式银币再讨论》，《东方学报》第54册，1982年。
② 李遇春：《新疆乌恰县发现金条和大批波斯银币》，《考古》1959年9期。
③ 夏鼐：《青海西宁出土的波斯萨珊朝银币》，《考古学报》1958年1期。
④ 《周书》卷二十五，417页，中华书局，1983年。
⑤ 姜伯勤：《敦煌吐鲁番文书与丝绸之路》，文物出版社，1994年。
⑥ 《魏书》卷三十五，818页，中华书局，1997年。
⑦ 《北齐书》卷二十四，344页，中华书局，1972年。

的，目前已有大量出土①。唐代实行的银本位制不仅推动了中国经济的发展，也适应了对外贸易的需要，西方国家的金银在支付丝绸等时输入到唐朝，唐朝还以各种形式从周边民族地区及方国获得不少金银。

唐代金银的来源，自身生产是主要的，故外国输入和羁縻州郡、方国的供献常常被人们忽视。检索文献和考古出土遗物之后，会发现外来金银及器物对唐代金银制造业发展所起的作用是异乎寻常的。各地黄金、白银及金银器物伴随交往、贸易的行踪，在文化传播中发挥出极大的作用。

二、文献中的外来金银及器物
The Foreign Gold & Silver and Other Objects recorded in the Historical Documents

唐代，外国和周边民族地区金银及器物的输入，超出了商品贸易和政治交往方面的意义，对文化的传播起了重要作用。现存文献中留下记录最多的是吐蕃的金银流入唐朝，详见表2-3。

吐蕃地区多黄金，亦有白银，在与唐朝的求婚、讲和等频繁交往中，时常以金银器物为礼品送往唐朝，而且数量很大。

南诏地区也是重要的产金之地。《新唐书·地理志》载姚州云南郡"土贡：麸金、麝香"②。《蛮书·云南管内物产》载："生金，出金山及长傍诸山，藤充北金宝山。……麸金出丽水，……""有得片块，大者重一斤或至二斤，小者三两、五两，价贵于麸金数倍。""长傍川界三面山并出金。"所产之金"纳官十分之七八，其余许归私，如不输官，许递相告"。采金之户为专门之业，"部落百姓悉纳金，无别税役、征徭"③。云南南诏的黄金作为赋税交纳的主要物品，被官府受缴④，作为土贡不断流入中原地区。

岭南地区不仅产金银，并在汉代就兴起了南海贸易，当地有大量自产和外国流入的黄金和白银。《新唐书·冯盎传》载："盎族人子猷，以豪侠闻。贞观中入朝，载金一舸自随。高宗时，遣御史许瓘视其赀。瓘至洞，子猷不出迎，后率子弟数十人击铜鼓、蒙排，执瓘而奏其罪。帝驰遣御史杨璩验讯。璩至，卑辞以结之，委罪于瓘。子猷喜，遗金二百两、银五百两。璩不受，子猷曰：'君不取此，且留不得归。'璩受之，还奏其状，帝命纳焉。"冯盎据岭南地区，唐初自号总管，后受唐册封，以大量的金、银奉献⑤。

周边民族地区与唐朝交往中，留下的金银及器物记录得不多，但仍反映出各地以各种方式输入内地的金银及器物很多。

---

① 朱捷元：《唐代白银地金的形制、税银与衡制》，《唐代金银器》，文物出版社，1985年。

② 《新唐书》卷四十二，1086页，中华书局，1986年。

③ 《蛮书》，丛书集成初编本3117册，33页，商务印书馆，1960年。

④ 杜娟：《试论唐代云南的手工业生产和产品交换》，《思想战线》1991年1期。

⑤ 《新唐书》卷一百一十，4114页，中华书局，1986年。

表 2-3 吐蕃输入唐朝的金银器

时 间	文 献 内 容	文 献 出 处
贞观十四年 （公元 640 年）	吐蕃遣使求婚，"乃遣其相禄东赞致礼，献金五千两"。	《旧唐书》卷一百四十六 《吐蕃传》
贞观二十年 （公元 646 年）	吐蕃遣其大臣禄东赞 "作金鹅奉献，其鹅黄金铸成，高七尺，中可实酒三斛"。	《册府元龟》卷九七〇 外臣部朝贡三
贞观二十三年 （公元 649 年）	"拜吐蕃赞府弄赞为驸马都尉，封海西郡王。弄赞因致书长孙无忌云：'上初即位，若臣下有不藏之心者，请勒兵以赴之。'并献金银珠宝十五种。"	《册府元龟》卷九六四 外臣部封册二
显庆二年 （公元 657 年）	"吐蕃赞普遣使献金城，城上有狮子、象、驼、马、原羝等，并有人骑。并献金瓮、金颇罗等。"	《册府元龟》卷九七〇 外臣部朝贡三
显庆三年 （公元 658 年）	"吐蕃赞普遣使来请婚，仍献金毦𩨉及牦牛尾。"	《册府元龟》卷九七九 外臣部和亲二
长安二年 （公元 702 年）	"吐蕃遣使献马千匹，金二千两，以表求婚。"	《册府元龟》卷九七九 外臣部和亲二
开元四年 （公元 716 年）	八月，"吐蕃请和……谨献金盏、羚羊、衫段、青长毛毯各一，奉表以闻"。	《册府元龟》卷九七九 外臣部和亲二
开元十七年 （公元 729 年）	吐蕃赞普向唐朝献 "金胡瓶一、金盘一、金碗一"，金城公主 "又别进金鹅盘、盏、杂器物等"。	《旧唐书》卷一百九十六 《吐蕃传》
开元二十一年 （公元 733 年）	"今奉皇帝金铛马脑胡瓶、羚羊、衫段、金银鈲（瓶）盘器等，以充国信。"	《册府元龟》卷九七九 外臣部和亲二
开元二十四年 （公元 736 年）	"吐蕃遣使贡献方物、金银、器玩数百事，皆形制奇异，帝令列于提象门外，以示百僚。"	《册府元龟》卷九七一 外臣部朝贡四
元和十二年 （公元 817 年）	"吐蕃使论乞髯献马十匹，玉腰带二条，金器十事。"	《册府元龟》卷九七二 外臣部朝贡五
太和元年 （公元 827 年）	"吐蕃使论壮大热进国信金银器玉腰带及马等。"	《册府元龟》卷九七二 外臣部朝贡五

外国输入的金银及器物主要来自西亚和中亚[①]。汉代张骞通西域后，中国与西方诸国政府之间较大规模的往来日益增多，北魏时期，来往频繁的是西亚波斯萨珊帝国，遣使 10 次，历史文献记录在谈到波斯萨珊朝物产时，都强调了其地出金银及器物，可见对波斯萨珊朝有较多的了解。唐代与波斯之间通使达 29 次[②]。波斯使节有些可能是商队首领。波斯萨珊朝灭国以后仍出现在文献中

---

① 其他国家亦有输入，如《入唐求法巡礼行记》载："日本大王远赐百金，达至长安。"白化文等校注本，花山文艺出版社，1992 年。

② 张星烺：《中西交通史料汇编》第三册，中华书局，1978 年。

的波斯使者，或为波斯遗族、商人，有时也是对西亚人的泛称。史书提及波斯人在中国的活动，多为"贡方物""朝贡"，具体实物未予详记，其中必有金银及器物。中亚粟特人以善经商著称，粟特地区的金银和粟特人通过贸易将拜占庭等地的金银转输到中国用于交换，文献中记录很少，但敦煌、吐鲁番出土文书中却可见到往来中国的粟特人手中大量持有金银钱的记录[1]。

三、考古发现的外来金银器
Archaeological Discoveries of the Foreign Gold & Silver and Other Objects

文献比较具体地记录了周边民族及方国输入到唐朝内地的金银器物，而西亚、中亚输入品却被以"贡方物""朝贡"来概括，值得庆幸的是具体的金银器物被考古发现所证实。山东淄博西汉齐王墓随葬坑银盒[95]、广东广州西汉南越王墓银盒[115]、甘肃靖远银盘[169]、山西大同北魏封和突墓银盘[124]、山西大同北魏城址银多曲长杯[5]、宁夏固原北周李贤墓银壶[172]、广东遂溪南朝窖藏银碗和银杯[174]等，就是中国已知最早的一批西方输入的银器[2]。中国最初对西方诸国了解较多的是中亚安息帝国（即帕提亚，Parthia），安息不少人来到中国甚至定居，其后裔在北魏时已有入仕做官者。后来的粟特人，自4世纪起开始从中亚逐渐向东移居，一直迁徙到辽宁朝阳地区，留下不少粟特人聚居的部落，表明了中亚与唐朝官方和民间都有密切交往。中亚地区输入中国的银器也有出土，如青海上孙家寨晋墓的银壶、山西大同北魏城址和墓葬银碗、新疆焉耆银盘和银碗、河北赞皇东魏李希宗墓银碗等。这些外来器物表明文献中所记载的"方物"包括金银器是毫无问题的[3]。

隋唐时期西方银器也被陆续发掘出土，如西安隋代李静训墓出土的金高足杯、银高足杯[37]，呼和浩特市出土的银高足杯[178]，河北宽城出土的粟特银壶[44]，内蒙古李家营子出土的粟特银带把壶、带把杯、盘、长杯[7]，西安西郊出土的粟特银碗[41]，西安沙坡村粟特鹿纹银碗[3]，西安何家村银带把杯[4]。唐代外来物品，发现在窖藏、墓葬和遗址中，有的在都城长安之外，说明外国输入品流传较为广泛。这些外来遗物的年代大都在8世纪中叶以前。这并不奇怪，唐初击败了西北方面的突厥等诸民族，于边疆设立行政机构，出现了前所未有的扩张、双向移民和双边贸易。8世纪中叶正是所谓唐代开元、天宝盛世，故考古出土的外来物品多集中在这一时期。

从文献中统计出的唐代外来物品有18类，170余种[4]，如此繁杂的品种，绝大部分仅存其名，即使留下具体描述，也多含糊、夸张，很难推测出物品的真实样式。目前埋藏在地下的是那些不易于腐烂、经久耐用的实物，所以金银器便成为考古发掘出土的西方遗物的大宗。

---

① 参见本书第三编《唐代粟特式金银带把杯》。

② 参见本书本编《唐代以前外国输入的金银器》。

③ 参见本书本编《唐代以前外国输入的金银器》。

④ E. H. Schafer, *The Colden Peaches of Samarkand*. 吴玉贵中译本名为《唐代的外来文明》，中国社会科学出版社，1995年。

考古发现使文献阙载的西亚、中亚等地输入的金银器物及具体样式直观地展示出来。外来金银器造型奇特，纹样新颖，体现出异样文化内容，使唐朝人极为惊奇。《旧唐书》和《册府元龟》对唐代外来方物中的记录，也透露出这种好奇："吐蕃遣使贡方物金银器玩数百事，皆形制奇异。上令列于提象门外，以示百僚。"①强调这些金银器"皆形制奇异"，皇帝特意陈列展示。这种带有政治目的的让百官观赏异域方物的事件，不会仅限于吐蕃器物，西亚、中亚金银器物也有类似的机会令更多的人们了解。

开放的唐王朝欢迎外国使者和商人等平民，容纳和接受外来文化。不断往来的周边民族、方国、外国使团和教徒、商人等，人数众多，有的与中国人通婚留居中国。在正统史书中，往往将外国人带来的异域物品称为"朝贡"，那些使者和精明的商人，是用"朝贡"换得更多的"赏赐"，"朝贡"与"赏赐"名目下的贸易活动，使双方通过商品了解到另一个世界。文献所记流入中国的器物有金胡瓶、金盘、金碗、金鸭盘、金盏、金城等，考古出土了金银高足杯、带把壶、带把杯、盘、长杯等。唐代及早些时候输入的这些外来金银器，以异样的造型和纹样风格使人耳目一新，为唐代金银器的发展奠定了坚实的基础。这些器物对中国的价值，超出了器物的使用功能，极大地影响了中国人的观念，使汉代以来中国传统文化在缺乏内在更新动力时，找到了突破传统的契机。

四、外来金银器对唐代金银器的影响

Foreign Influence on the Gold & Silver of the T'ang Dynasty

唐代对外交往中，输入外来金银及器物，同时也将自己的产品输出。因此，就金银原料而言，外来金银及器物输入并未使中国的金银储藏发生多大改变，直接影响的是唐朝工匠的金银器物制造，出现了不少仿制品，即带外来风格的制品。由输入到仿制的发展过程，是一个社会对外来文化的认同过程。外国物品虽然在唐朝以前已经流入中国，也有少量的仿造品，但远不能与唐代相比。唐代金银器中的仿制品突然增多，体现出人们精神观念和行为方式的变化。

外来器物中，中亚粟特和萨珊银器输入得最多，对唐代金银器制作的影响也最为明显。唐朝艺匠们在学习制作西方器物时，最初总是选择优美、奇特的器物为蓝本，目前可以确定带把杯、长杯、高足杯等类制品，就是前所未见的仿制器物。

西安何家村窖藏、沙坡村窖藏、韩森寨窖藏出土的金银带把杯，把手呈圆环形，上部有宽宽的指垫，顶面刻胡人头像，把手的下部多带有指鋬，有些器体还呈八棱形，是仿粟特银器制造的。粟特带把杯的把上有指垫、指鋬，在西亚、中亚历时悠久，是西方器物制作的传统。唐代的仿制品不都是粟特器物的翻版，有的带把杯取消了指垫和指鋬，或把指垫变成叶状，杯体也由八棱折腹变为碗形，还有的器体呈花瓣形，应是唐代的创新。更主要的是很多器物通体刻饰缠枝、折枝

① 《旧唐书》卷一百九十六，5233页，中华书局，1975年。

花草以及仕女游乐的场面，使这些造型具有浓厚异域特征的器物，纹样上显示的却是显著的唐代特征，所以能确定属于仿制品而不是输入品[①]。

唐代金银长杯是对萨珊式银器的模仿和改造，造型特征与中国传统器皿判然有别。多曲长杯原本是波斯萨珊式的器物，口沿和器身呈变化的曲线，宛如一枚开放的花朵，唐朝人对这种造型奇特的器物十分喜爱，日本白鹤美术馆收藏的唐代银长杯[16]，就是仿制出的与萨珊金银长杯造型几乎完全一致的作品，如果不是因为出现独具特色的唐代纹样，甚至会误以为是舶来品。然而，萨珊式多曲长杯内部有突出的棱线，与中国器物光滑的内部不同，使用功能不符合中国人的习惯。优美形态和使用上的缺陷成为实用与观赏之间的矛盾。唐代艺匠加高器足和器身，淡化内壁突起的棱线，经过不断地改进调整，中晚唐时期的多曲长杯，曲线柔和，增高的器足具有稳定感，或成为浅盘式，虽脱胎于萨珊器皿，却是崭新的面貌，最终成为唐代的创新作品。

高足杯的形制体现了拜占庭器物的作风。内蒙古呼和浩特附近的毕克齐镇[178]和西安李静训墓[37]中发现隋代金银高足杯，与毕克齐镇的两件高足杯同时还出土了拜占庭列奥一世（Leo Ⅰ，公元457年至公元474年）时制造的金币、头冠金饰片、金戒指及刀鞘等，均不是中国的产品，因此，高足杯也可能是拜占庭的制品。拜占庭式高足杯在唐代以前已传入中国，唐代的银高足杯发现较多，目前所知已达20余件[②]，可能直接或间接源于拜占庭的影响。

唐代金银器上的纹样装饰也反映出西方文化的影响。以往那些与信仰关系密切的动物和植物纹样不再流行，写实性很强的动物和植物纹样中，出现一些前所未见的风格显然来自异域文化。如陕西西安何家村出土的银盒中，有的顶部和底部中心均有带翼的动物如狮、鹿等，周围绕以绳索纹圆框。这类做法是萨珊器物的装饰风格，表现手法被称为萨珊"徽章式纹样"，它们出现在8世纪中叶以前的唐代金银器皿上，渊源于萨珊艺术。唐前期金银器上的联珠纹样兴盛，得益于波斯萨珊和中亚粟特装饰艺术的传播。

器物形制与使用方式及生活习俗有关，在一个地区使用的器物到另一个地区往往就失去了它的实用价值。因此，外来的金银器皿在中国的实用价值不大，多是作为珍贵物品收藏赏玩，但对于追求豪华和新奇的皇室贵族来说，别开生面、来之不易的器物可以显示财富和地位。葬于公元673年的房陵公主墓[③]、葬于公元706年的懿德太子墓[④]，墓内壁画表现了奢华的贵族进餐场景，不仅可见到高足杯、带把壶、长杯等异域风格的器物，而且还表现了模仿异邦情调用手指掐住杯足的执物方式。

仿制品除去观赏性，实用价值不大。故仿萨珊的长杯、仿粟特的带把杯和仿拜占庭的高足杯虽然出现一时，并没有广泛流传。但是通过模仿，西方金银器制作中的捶揲技术、焊缀工艺等在唐代日臻成熟，使西方文化的渗透也更便利。用捶揲技法做出凹凸起伏的造型和纹样，使唐代金银手工业制品风格一变，一些不见于中国传统的器物纷纷出现。唐代金银器中的输入品、仿制品

---

① 参见本书第三编《唐代粟特式金银带把杯》。
② 参见本书第三编《唐代高足杯研究》。
③ 安峥地：《唐房陵大长公主墓发掘简报》，《文博》1990年1期。
④ 陕西省博物馆等：《唐懿德太子墓发掘简报》，《文物》1972年7期。

和创新品的演变过程，正是对外来文化的吸收、扬弃及与中国传统文化结合的过程。在模仿过程中，也有很快被直接接受的器物。西方样式的"胡瓶"，是一种带把壶，与中国传统器物中罐类的造型基本相似，差别是带把，能帮助持重，流口作成扁状，液体流出时不易洒落。有的还把器体制成扁形，便于旅行携带，使用方便。对胡瓶的模仿只需在以往的罐类器皿加上把，圆形器口改进成扁状的流口就可以，造型也更为美观，故容易在实用中被接受。胡瓶的实用优势及其与中国生活习俗相吻合，使之具有较强的生命力，因此，不仅影响了金银器的制造，还使得唐代陶瓷胡瓶数量大增，成为新崛起的器类。

器物制作很大程度上也是艺术创作，体现了人的意志和精神。唐代金银器造型和纹样风格独树一帜，说明外来文化影响的真实活力在于人们思想观念的改变，给人以丰富的想象力和创造力。当人们不再满足于传统和现实时，外来事物的影响就越发加大，艺术观赏情趣也发生改变。从这个意义上说，仿制品、创新品是否被人们接受或能否流传并不重要，重要的是外来文化启迪、引发人们放弃对许多传统的恪守，以宽容的心态接纳不同文化，逐渐改变了自己的观念和生活，创造出新的文化。

唐代金银器与外来文明

Gold & Silver of
the T'ang Dynasty and Foreign Civilizations

唐代金银器皿与西方文化的关系

Relations between the Gold & Silverware of the T'ang and the Western Cultures

　　唐代金银器皿上，一些不见于中国传统器物的特点，过去常被称为带有"西方风格"。笼统地说唐代金银器皿的发展受西方影响，不会引起争议，但具体到某一器物或器类与特定地区的关系时可能会有不同见解。过去学者们在涉及一些具体器物与西方的关系时，多视为"萨珊"影响，然而很少有详细的论证。夏鼐先生在《近年中国出土的萨珊朝文物》中的"金银器"一节，仅提到西安南郊何家村出土的唐代高足银杯、八棱金银杯和内蒙古敖汉旗李家营子出土的带把银扁执壶为萨珊式的[①]。面对大量唐代金银器皿，从考古学角度，通过器皿类的比较来探索中西方的文化关系，是极为重要的课题。唐代金银器皿的大量出土和以广袤博深著称的历史文献有关西方诸国的记述，为搞清中西金银器皿的关系提供了可能。

　　由于国内外学术界在这一问题上可供参考的论著极少，故在论述时只能根据目前的资料提出一些假设，并通过考古学文化因素的分析及文献史料的记述来加以证明。

　　首先应注意下面四个问题：（1）在唐代，及稍早一些的南北朝、隋，统称的"西方"是指与中国有密切关系的中亚、西亚和欧洲的国家或地区，主要包括贵霜、哌哒、突厥、萨珊、拜占庭、粟特、大食，都是金银器皿制造发达的国家和地区，均应纳入影响唐代金银器皿的"西方"范围内。（2）20世纪70年代以后，国际上关于"萨珊银器"研究最重要的成果是所谓"东伊朗组"或"粟特银器"方面的进展，即传统认为是"萨珊银器"的实物中的一部分被重新考定成是中亚地区生产的。（3）外国学者关于西方银器与唐代金银器的关系问题的研究，经常提到唐代器物，然而，大都未能利用中国20世纪70年代以后的考古新发现，无法对唐代金银器皿有更多的了解。（4）西方国家或地区收藏的金银器绝大多数是未经科学发掘、无准确出土地点和制造年代的收藏品。

　　中国的许多器物（包括西方输入品）出土于有明确纪年的墓葬中，其他无纪年的器皿，在由大量考古资料为基础建立起来的年代序列的框架中，也不难断定其相对年代。因此，中国出土的古代金银器皿在研究中国与西方的关系问题时格外重要，甚至有的输入品可成为西方金银器皿断代的标准器。

　　在把唐代金银器与"西方金银器"进行反复比较后，可将一部分器皿分成与萨珊、粟特、罗马–拜占庭有关的三个系统。但这并不意味着三者可以截然分开，中亚、西亚及地中海沿岸古代国家复杂的历史背景和金银器皿自身内涵的多样性，也决定了这些器物本身常常是多种文化的集合体。

---

① 夏鼐：《近年中国出土的萨珊朝文物》，《考古》1978年2期。

一、粟特系统
Sogdian System

生活在中亚地区的粟特人，经商足迹遍及欧亚内陆，在充当国际贸易转运者的同时也是东西方文化的传播者。近一个世纪以来中亚地区的考古发掘，充分证实了他们的文化十分发达，片吉肯特（Panjikent）和撒马尔罕（Samarkand）北郊的阿夫拉西阿卜（Afrasiab）古城7世纪至8世纪的壁画中有些人物与唐墓壁画、敦煌石窟壁画极其相似[1]。粟特地区还发现中国织物、铜镜等，都说明该地区与唐朝的关系密切。约自4世纪起，还有不少粟特人移居中国，这在文献和地下出土的文书中均有记述[2]。中国与西方之间的相互交往，许多都是通过粟特人进行的。

中国发现的与粟特有关的唐代金银器皿中，一部分是输入的粟特银器，另一部分是唐代仿粟特器物制造的金银器皿。

（一）输入品

内蒙古敖汉旗出土的<u>李家营子银带把壶</u>、<u>李家营子素面罐形银带把杯</u>、<u>李家营子银长杯</u>、<u>李家营子猞猁纹银盘</u>[7]、西安出土的<u>何家村素面罐形银带把杯</u>[16]、<u>沙坡村鹿纹银碗</u>[3]、<u>西安西郊缠枝纹银碗</u>[41]，<u>河北宽城银壶</u>[44]，应是粟特银器。

<u>李家营子银带把壶</u>（图3-1-4，图版111），器身平面呈扁圆形。口部有流，束颈，鼓腹，圈足呈喇叭形，有联珠围绕足的底沿。弧形把上端和口缘相接处有一胡人头像。鎏金，捶揲成型。同类器物在中亚、西亚经常可以见到，罗马到伊斯兰时代都有发现，传至东方以后，被称为"胡瓶"。20世纪初，中国和日本学术界一般把"胡瓶"的渊源追溯到波斯萨珊朝[3]，但没有可靠的出土资料为证据。后来人们发现有出土地点的"胡瓶"类器物在南俄罗斯的草原地带发现较多。传到日本的1件据说确实出土于伊朗高原吉兰州的带把银壶，日本学者深井晋司进行了研究[4]，发现伊朗的"胡瓶"在萨珊时代，注口后半部加盖，颈部增长，把的上端提高到颈部；萨珊时代末期，壶把上端安在口部。目前所知的萨珊"胡瓶"，绝大多数带有较细高的圈足[5]（图3-2）。

萨珊器物中的这种金银"胡瓶"，其实包括了一些中亚粟特的制品。20世纪70年代，马尔萨克把过去归为萨珊银器中的一部分区分出来，考定为粟特地区的产品[6]，其中就包括了这种"胡瓶"

---

① 姜伯勤：《敦煌壁画与粟特壁画的比较研究》，《敦煌艺术宗教与礼乐文明》，中国社会科学出版社，1996年。
宿白：《西安地区唐墓壁画的布局和内容》，《考古学报》1982年2期。

② 姜伯勤：《敦煌吐鲁番とシルクロード上のソグド人》，《季刊东西交涉》第五卷，一、二、三号，井草出版社，1986年。
张广达：《唐代六胡州等地的昭武九姓》，《北京大学学报》（哲学社会科学版）1986年2期。

③ 原田淑人：《正仓院御物を通して观たる东西文化の交涉》，《古代东亚文化研究》，座右宝刊行会，1940年。

④ 深井晋司：《アナーヒター女神装饰鎏金带把水瓶》，《ペルシア古美术研究・ガラス器・金属器》，吉川弘文馆，1967年。

⑤ *Asian Art.* Arthur M. Sackler Gallery, 1988.

⑥ Б. И. Маршак, *Согдийское Серебро.* Москва, 1971.

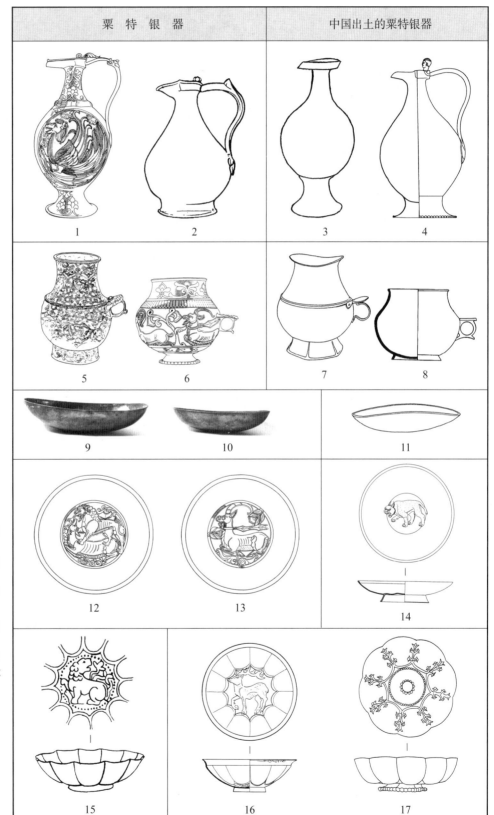

图3-1
粟特银器与中国
出土的粟特银器

1. 粟特银带把壶
2. 粟特银带把壶
3. 宽城银壶
4. 李家营子银带把壶
5. 科比内金带把杯
6. 埃尔米塔什博物馆
   山羊纹银带把杯
7. 李家营子素面罐形
   银带把杯
8. 何家村素面罐形银
   带把杯
9. 粟特或萨珊银长杯
10. 粟特或萨珊银长杯
11. 李家营子银长杯
12. 粟特银盘
13. 粟特银盘
14. 李家营子猞猁纹
    银盘
15. 粟特银碗
16. 沙坡村鹿纹银碗
17. 西安西郊缠枝纹
    银碗

图3-2　萨珊银带把壶

（图3-1-1、2），时代均在7世纪之后。这些器物多为粗矮圈足，甚至无圈足，显然细高圈足和粗矮圈足的金银胡瓶应当是两个不同的系统。

在仔细观察对比了深井晋司和马尔萨克所列举的萨珊壶和粟特壶之后，考察李家营子银带把壶（图3-1-4），不难看出，该壶的特征是，把的上端直接安在口上，颈部短粗，圈足粗矮，而且没有节状装饰，形制更接近粟特的产品，时代也相吻合。

河北宽城银壶（图3-1-3，图版108），小口有流，细颈，斜肩，圆鼓腹，圈足较粗，呈喇叭状。口与腹之间原有一把，现已失。该壶整体风格与李家营子银带把壶一致，也应是粟特银器。

李家营子素面罐形银带把杯（图3-1-7，图版112），器身平面呈扁圆形。口两端上翘，束颈，鼓腹，圈足外侈。腹部有环形把，把上加指垫。目前中国出土资料中，相似的器物仅有西安出土的何家村素面罐形银带把杯（图3-1-8），而与其他大量唐代银器风格相异。考证中国出土的这2件器物的时代和产地，俄罗斯埃尔米塔什博物馆收藏的山羊纹银带把杯（图3-1-6）[1]和俄罗斯叶尼塞河上游的科比内2号墓出土的缠枝纹金带把杯（图3-1-5）[2]可作为参考，它们的造型与李家营子素面罐形银带把杯和何家村素面罐形银带把杯很接近，都是中亚系统，特别是粟特7世纪至8世纪盛行的器物形制，因此，李家营子素面罐形银带把杯和何家村素面罐形银带把杯应是粟特银器[3]。

李家营子银长杯（图3-1-11），素面，呈船形[4]。中国至今尚未发现同类的银器，只有玉长杯和玛瑙长杯。已知的唐代金银器中有八曲形的萨珊式长杯和汉代以来的带耳的杯。李家营子银长

① 东京国立博物馆：《シルクロードの遺宝》，日本经济新闻社，1985年。
② 奈良县立美术馆：《シルクロード大文明展・シルクロード・草原の道》，大冢巧艺社，1988年。
③ 详见本书本编《李家营子出土的银器与丝绸之路上的粟特人》。
④ 原报告《敖汉旗李家营子出土的金银器》（《考古》1978年2期）载其"圈足已残"。

1 沙坡村狩猎纹筒腹银高足杯

4 耶鲁莲瓣纹折腹银高足杯

2 大和文华缠枝纹筒腹银高足杯

5 凯波立鸟纹折腹银高足杯

3 芝加哥缠枝纹筒腹银高足杯

6 芝加哥葡萄纹弧腹银高足杯

7　纳尔逊莲瓣纹弧腹银高足杯

10　大都会缠枝纹银带把杯

8　凯波萱草纹弧腹银高足杯

11　沙坡村素面筒形银带把杯

9　沙坡村折枝纹弧腹银高足杯

12　凯波缠枝纹银带把杯

13　大阪缠枝纹银带把杯

14　维克多利亚缠枝纹银带把杯

16　大和文华缠枝纹银带把杯

15　詹姆斯鸟纹银带把杯

17　"韦洵"折枝纹银杯

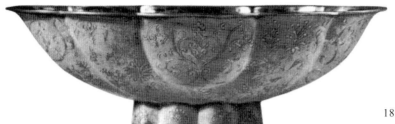

18 旧金山缠枝纹银长杯

19 凯波折枝纹银长杯

21 大都会高足银长杯

20 背阴村双鱼纹银长杯

22 芝加哥带托银长杯

23 克利夫兰葡萄纹圆形银盘

24 圣地亚哥蝴蝶纹圆形银盘

25 西北工大黄鹂纹圆形银盘

26 曲江池团花纹圆形银盘

27 法门寺折枝纹葵花形银盘

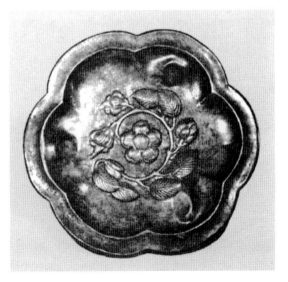

28 曲江池折枝纹葵花形银盘

29 凯波犀牛纹圆形银盘

30 凯波犀牛纹圆形银盘

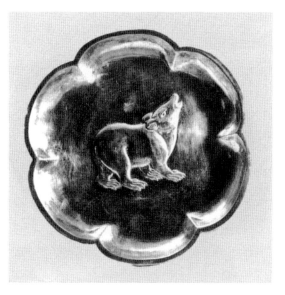

31 何家村熊纹葵花形银盘

32 何家村龟纹桃形银盘

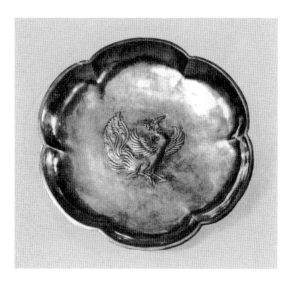

33 何家村凤鸟纹葵花形银盘

34 何家村飞廉纹葵花形银盘

35　不列颠鹦鹉纹海棠形银盘

36　大都会缠枝纹叶形银盘

37　"裴肃"葵花形银盘

38　正仓院鹿纹葵花形银盘

39 沙坡村折腹银碗

40 弗利尔莲瓣纹弧腹银碗

41 纽约缠枝纹弧腹银碗

42 大都会卧鹿纹弧腹银碗

45　弗利尔缠枝纹带盖银碗

46　五曲带盖银碗

43　何家村龙凤纹弧腹银碗

44　何家村折枝纹带盖银碗

50　凯波团花纹圜底银碗

47　何家村折枝纹圜底银碗

48　凯波桃形纹圜底银碗

49　凯波缠枝纹圜底银碗

51　西北工大鸿雁纹弧腹银碗

52 "宣徽酒坊"莲瓣纹弧腹银碗

53 宾夕法尼亚折枝纹多曲银碗

54 西雅图折枝串花纹多曲银碗　　　55 西雅图折枝石榴纹多曲银碗

56　旧金山鹦鹉纹多曲银碗

59　弗拉海狸鼠纹蛤形银盒

57　白鹤十字花纹平底银碗

58　法门寺双鸿纹海棠形银盒

60　弗利尔瓜形银盒

61　西雅图宝相花纹圆形银盒

62　印第安纳波利斯双鸳纹圆形银盒

63　凯波双鸳纹圆形银盒

64　威廉双鸭纹圆形银盒

65　旧金山缠枝纹圆形银盒

66　威廉五鹊纹圆形银盒

67 纳尔逊折枝纹花瓣形银盒

68 "李景由" 宝相花纹花瓣形银盒

70 大和文华飞鸟纹花瓣形银盒

69 大都会宝相花纹花瓣形银盒

71 白鹤宝相花纹花瓣形银盒

72　法门寺如来说法纹方形银盒（宝函）

74　何家村方形银盒

73　法门寺"御前赐"方形银盒

75　法门寺素面方形银盒（宝函）

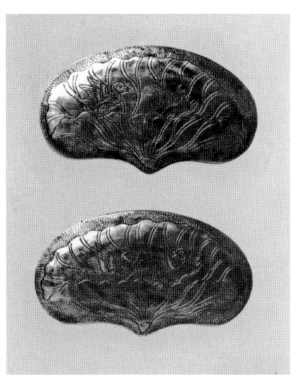

76 凯波荷叶形银盒

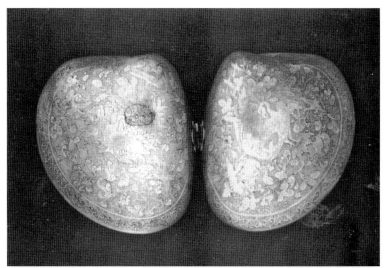

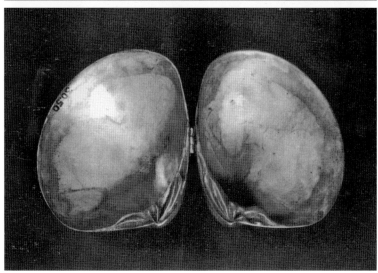

77 弗利尔双凤纹蛤形银盒

80 何家村三足银壶

78 何家村素面提梁银壶

81 何家村素面罐形银壶

79 何家村莲瓣纹提梁银壶

82 何家村小口银瓶

83　正仓院狩猎纹罐形银壶

84　背阴村人物纹三足银壶

86　海狸鼠纹银瓶

87　凯波莲花纹罐形银壶

85　"水邱氏"人物纹四足银壶

88 何家村五足银炉

89 法门寺高圈足银炉

90 "水邱氏"缠枝纹银豆

91 法门寺银羹碗子

92　凯波银香囊

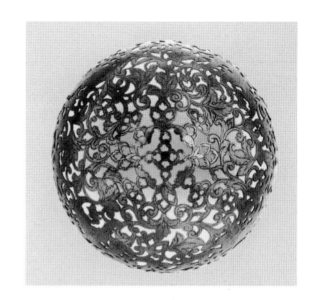

93　大都会银香囊

94　正仓院银香囊

95 芝加哥短柄圈足银铛

97 何家村双环耳银锅

96 何家村素面长柄三足银铛

99 何家村提梁银锅

98 何家村提梁银锅

100　和平门双层莲瓣银茶托

101　和平门单层莲瓣银茶托

102　丁卯桥荷叶形银器盖

103　丁卯桥半球形银器盖

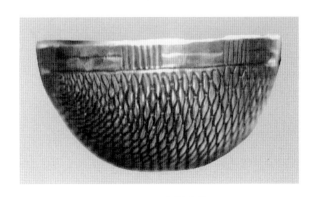

104　不列颠银蒲篮

105　法门寺金塔

106　法门寺伽陵频嘉纹银棺

107　法门寺双凤纹银棺

108 宽城银壶

111 李家营子银带把壶

109 李家营子猞猁纹银盘

112 李家营子素面罐形银带把杯

110 沙坡村鹿纹银碗

113 沙坡村素面碗形银带把杯

杯既不分曲，又不带耳，形制特别。这种杯在中亚和西亚十分流行（图3-1-9、10），还出现在中亚粟特壁画中[1]。可见李家营子银长杯的产地也应是粟特地区。

李家营子猞猁纹银盘（图3-1-14，图版109），侈口，斜壁，圈足。盘心饰一猞猁或虎状动物，是目前中国、中亚和西亚器物装饰中的孤例。萨珊、粟特银器很盛行在盘的中心饰动物，周围留出空白的做法（图3-1-12、13）[2]。从这一特点来看，李家营子猞猁纹银盘的装饰手法更接近粟特银器。

沙坡村鹿纹银碗（图3-1-16，图版110），侈口，口沿以下内束一周，腹壁斜收向下，圈足。碗壁捶出十二个起伏的瓣，碗内底部刻花角鹿一只。该碗的形制、纹样与中国发现的其他银碗迥然不同。内底醒目地刻画出一只花角鹿，与中国式的如宽城鹿纹菱花形银盘、正仓院鹿纹葵花形银盘、"刘赞"葵花形银盘、喀喇沁鹿纹银瓶上的"肉芝顶"鹿，在形象上差别很大（参见图3-32）。鹿作为器物的装饰纹样，花角鹿更多见于西方的器物上，粟特银器中花角鹿更是主要纹样题材，中国像这种风格的鹿纹还不多见[3]。日本天理参考馆收藏的伊朗7世纪至8世纪的鎏金银碗[4]，除了碗壁无分瓣，是与沙坡村鹿纹银碗最为接近的。沙坡村鹿纹银碗的口沿以下内束一周，也是不见于中国器物的作风，而在西方器物中较流行。银碗在碗壁上捶揲出十二个瓣，使器壁变得凹凸起伏。早在公元前，地中海东部沿岸国家和波斯帝国内便流行这种银器。保加利亚南部古代色雷斯地区曾发现许多这种银制品[5]，5世纪至6世纪的粟特银器中也流行这种做法[6]（图3-1-15）。中亚、西亚的分瓣银器，分瓣多而细密的器物，年代早，地点偏西；分瓣少的器物，年代稍晚，为偏东地区所造。根据这种装饰手法在时代和分布区域上的变化，可以认为沙坡村鹿纹银碗是粟特地区制造的。

西安西郊缠枝纹银碗（图3-1-17）碗壁分瓣，圈足底饰联珠一周，碗内中心亦有联珠两周。如前所述，都是粟特银器的特征，有类似的实例（参见图3-63、66、67）。

（二）仿制品

马尔萨克的《粟特银器》一书所附的图表中，A、B、C三个流派的器物均有带把杯，把的特征是在杯体的一侧呈环形，上有指垫，下带指鋬，指垫宽于把的断面，其上多为胡人头像，杯体有八棱形、筒形、圜底碗形、罐形。唐代金银器皿中均有与之相似的器物（参见图3-42～58）。

---

[1] Guitty Azarpay, Sogdian Painting. In *The Pictorial Epic in Oriental Art*, 1981.

[2] *Согдийское Серебро* 图版5、6、7以及《シルクロードの貴金属工芸》图9～11、15，都是这种装饰风格的盘。

[3] 中国内蒙古伊克昭盟速机沟出土的鹿形铜饰件为花角鹿，时代被定为战国（参见盖山林：《内蒙古自治区准格尔旗速机沟出土一批铜器》，《文物》1965年2期）；内蒙古西沟畔匈奴墓、呼鲁斯太匈奴墓也出土花角鹿纹的饰牌和饰件，是春秋末到战国时代北方匈奴墓的遗物（参见伊克昭盟文物工作站等：《西沟畔匈奴墓》、塔拉等：《呼鲁斯太匈奴墓》，《文物》1980年7期）。两者都不是中原文化的特点，而且年代很早。

[4] 古代オリエント博物馆：《シルクロードの貴金属工芸》，有限会社シマプレス，1981年。

[5] 江上波夫等：《古代トラキア黄金展》，中日新闻社，1979年。

[6] Б. И. Маршак, *Согдийское Серебро*. Москва, 1971.

唐代这些带把杯除了李家营子素面罐形银带把杯、何家村素面罐形银带把杯可能是输入的器物以外，其他杯从纹样上观察，应是中国在粟特银器影响下制造的。6世纪至7世纪粟特银器中的碗类，器体多分曲或作花瓣形，并以捶揲技法使之凹凸起伏。中国唐代的许多碗也带有这种装饰，而中国传统器物中无相应的造型，因此，唐代多曲瓣金银碗中较早的器物应是受粟特影响的结果[①]（参见图3-64）。

二、萨珊系统
Sasanian System

中国与萨珊往来最密切的时期是在北魏至唐初。唐永徽二年（公元651年）萨珊国王伊嗣俟（Yezdigerd Ⅲ）被杀，萨珊灭亡，其子卑路斯（Perozes）逃至吐火罗，咸亨年间来到唐朝，被授予右武卫将军。卑路斯死后，其子尼涅师于调露元年（公元679年）返回吐火罗，20年后，部落离散[②]。唐代，萨珊与中国通使凡29次[③]，其灭国后的所谓使者，可能是萨珊遗族或商人冒充的使节。定居中土的"波斯人"，其中有的是金银工匠。《旧唐书·玄宗纪》载，开元二年十二月，"时右威卫中郎将周庆立为安南市舶使，与波斯僧广造奇巧，将以进内。监选使、殿中侍御史柳泽上书谏，上嘉纳之"[④]。又《旧唐书·田神功传》载：田神功"至扬州，大掠百姓商人资产，郡内比屋发掘略遍，商胡波斯被杀者数千人。……大历三年三月，朝京师，献马十匹、金银器五十件，缯彩一万匹"[⑤]。说明当时居住在中国的波斯人为数不少，而且手中有许多银器，有的是带来的，有的是就地制造的。

中国发现最多的萨珊文物是萨珊银币和萨珊织物，时代从4世纪末直到8世纪中叶[⑥]。其间，金银器皿亦有传入。如考古发现的封和突墓的银盘[124]、大同出土的"银洗"[5]，表明唐代以前萨

---

① 参见本书本编《唐代粟特式金银带把杯》《唐代金银器对粟特银器的影响》。

② 《新唐书》卷二百二十一《西域传》，6258～6259页，中华书局，1986年。

③ 参见张星烺：《唐代波斯与中国之交通》，《中西交通史料汇编》第三册，中华书局，1978年。

④ 《旧唐书》卷八，175页，中华书局，1975年。

⑤ 《旧唐书》卷一百二十四，3533页，中华书局，1975年。

⑥ 由于货币是固定充当一般等价物的商品，由国家铸造，作为法定的流通手段，故其形制鲜明地反映制币国的特征，直观上便可判定其产地来源。古代货币作为特殊商品，在发生国际贸易关系时，有的超越本国范围、充当了地区性货币，但这必须以双方或多方认可为前提。萨珊银币曾一度成为这种跨地区的国际货币。中国河西地区在隋以前萨珊银币可能是通货，证明中国与萨珊之间的商业交往。夏鼐发表的《综述中国出土的波斯银币》（《考古学报》1974年1期）对这些银币作过详细的研究。据他当时的统计，中国发现的萨珊银币有三十三批，共1 174枚。这些萨珊银币在中国的埋葬年代从4世纪末到8世纪中叶，其中以7世纪的最多。仅新疆乌恰山中7世纪后半的窖藏一次就出土947枚。出土于窖藏中的可能是商人遇险时掩埋的，墓葬中的多是作为珍宝、饰品随葬。萨珊的织物也曾传入到中国（参见夏鼐：《新疆发现的古代丝织品——绮、锦和刺绣》，《考古学报》1963年1期）。

珊银器已传入中国。唐代金银器被学者明确指出与萨珊有关的是西安南郊何家村出土的3件八棱带把金银杯、高足银杯、李家营子银带把壶。这些器物的确带有一些萨珊风格，但与其说是萨珊式，莫如说更接近罗马和粟特地区的器物（详见上节）。

唐代银器中萨珊式的器物最具代表性的应属长杯。世界各国博物馆中有不少这种杯，可进行比较。

日本至少收藏4件：1件为东京私人收藏，1件藏于天理参考馆，1件藏于冈山市立古代东方美术馆，还有1件保存地点不明①。

俄罗斯圣彼得堡（原列宁格勒）的埃尔米塔什博物馆收藏3件：1件八曲长杯出土于俄罗斯彼尔姆（Perm）的斯罗地卡（Sloudka），1件素面十二曲金长杯出土于乌克兰中部的彼尔塔瓦（Poltava），1件八曲长杯出土于彼尔姆的库拉克齐（Koulagyche）②。

波兰发现2件：皆出土于波兰东境的伏林尼（Wolynia），1件八曲银长杯由基辅市个人收藏，1件十二曲银长杯藏于沙托利斯基博物馆（Czartoiysky）③。

伊朗发现1件：里海南岸厄尔布尔士山脉南麓的加兹温（Kazvin）出土1件素面八曲长杯，藏于德黑兰考古美术馆④。

阿萨都拉·索连（Assadulah Souren）和麦立坚·齐尔万尼（Melikian Chlirvani）的《伊朗银器及其对唐代中国的影响》一文讨论了翼驼纹带把壶、带把杯、直筒杯和八曲长杯，认为这组器物应是粟特或东部伊朗制作的。还指出"所有与中国唐代银器最接近的那些器物都是萨珊帝国疆域以外制作的，而且几乎都是萨珊朝最后崩溃，即伊嗣侯三世在木鹿（Merv）附近被害之后百年制作的"。"一旦我们同意这些银器是粟特制作的，或更泛泛地说是东部伊朗生产的，在稍晚的时期所有同类器物都可以看作是7世纪后期或8世纪的。伊朗影响唐代金属器的问题不得不重新考虑。"⑤但作者最终也未排除萨珊银器对中国影响的可能。有关"与唐代最接近的器物"，文中仅提到上述4件和多棱杯类器物，缺少直接涉及中国的具体实例。然而即使这4件器物是在萨珊灭亡之后制造的，也并非所有与唐代银器相似的器物都晚于这一时间。

出土萨珊银盘的大同小站村花圪塔台北魏封和突墓，据墓志载墓主卒于宣武帝景明二年（公元501年），该盘不会晚于这一时间。大同北魏城址出土的"银洗"（即长杯，图3-3-6）亦被考定是萨珊银器或中亚银器⑥。大同即北魏之都平城，为北魏政治中心，皇室、贵族大都居住于此，当然也是与西方诸国交往的中心。与长杯同出的还有1件银碗、3件鎏金铜高足杯，均为精美的物品，非一般百姓所能享用。公元494年，北魏将都城迁至洛阳，平城逐渐失去繁荣，孝昌年间（公元525～526年）平城为朔州流民占领，此后至唐代一直比较荒僻。故长杯及同出的其他珍贵器物

① 古代オリエント博物馆：《シルクロードの贵金属工艺》，有限会社シマプレス，1981年。

② A. U. Pope, *The Survey of Persian Art*. New Edition, Ashiya, Japan, 1981.

③ 深井晋司：《镀金银制八曲长杯》，《ペルシア古美术研究·ガラス器·金属器》，吉川弘文馆，1967年。

④ 原田淑人：《古代东亚文化研究》，座右宝刊行会，1940年。

⑤ W. Watson (editor), *Pottery and Metal Work in T'ang China*. London, 1977.

⑥ 孙培良：《略谈大同市南郊出土的几件银器和铜器》，《文物》1977年9期。
  参见本书本编《萨珊式金银多曲长杯在中国的流传和演变》。

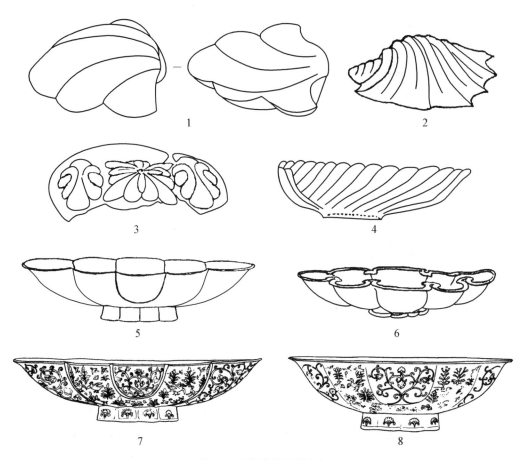

图3-3 长杯的起源及演变

1. 伊朗北部贝壳式银器　2. 法国卢浮宫仿贝壳式银器　3. 伊朗萨珊朝银马具装饰纹样
4. 北欧贝壳式青铜杯　5. 俄罗斯埃尔米塔什博物馆萨珊金长杯　6. 山西大同北魏城址银长杯
7. 白鹤缠枝纹银长杯　8. 旧金山缠枝纹银长杯

传入的时间应不晚于6世纪初，也就是说大同出土的这件萨珊长杯时代下限不晚于6世纪初。据研究，日本天理参考馆藏的八曲长杯，器身所饰的波斯主生殖和丰收的阿那希塔（Anahita）女神裸体于水中，已具有伊斯兰时代常见画面的特点，故推测时代在萨珊末期，即6世纪至7世纪[1]。中国的2件器物的时代下限明确或基本明确，天理参考馆的长杯时代也经过研究，它们都不是"后萨珊时期"（Post-Sassanian Period）的作品。

关于东方发现的八曲或十二曲长杯的渊源，20世纪30年代，原田淑人曾根据正仓院南仓的八曲鎏金铜长杯和中仓的十二曲绿玻璃长杯体呈椭圆形的特点，认为它源于中国的耳杯，其后向东西传播[2]。20世纪60年代后期，深井晋司研究了后来新收藏于日本的八曲长杯（即东京私人收藏品和天理参考馆藏品），根据法国卢浮宫所藏的仿贝壳形式的罗马银器和北欧出土的贝壳式青铜杯（图3-3-2、4），提出八曲长杯是以罗马时代贝壳形式的银器为蓝本，从贝壳作180度展开后的形

---

①　深井晋司：《镀金银制八曲长杯》，《ペルシア古美术研究・ガラス器・金属器》，吉川弘文馆，1967年。
②　原田淑人：《正仓院御物を通して观たる东西文化の交涉》，《古代东亚文化研究》，座右宝刊行会，1940年。

式得到启发而创作出来的。罗马时代银器中无八曲长杯，应是萨珊朝在伊朗创作的。天理参考馆所藏长杯的龟甲纹与伊朗里海南岸吉兰省出土的"切子装玻璃碗"[①]的装饰风格一致，制作地点应有密切的联系。长杯纹样中出现的鼻端突出的鱼，应是制造者按其熟悉的里海中的鲟鱼而作，该杯可能制作于里海周围。德黑兰考古博物馆也藏有出土于伊朗高原北部马赞德兰省的，据说时代为公元3世纪的贝壳式的银器[②]（图3-3-1）。作为一种地区性文化特征，造型艺术的某些特点是共同的。伊朗法尔斯省波斯波利斯（Persepolis）还出土过萨珊朝的银制马具装饰，其上出现了高浮雕多曲长杯式的纹样（图3-3-3），所以深井晋司的推测不无道理。从中国出土的遗物和上述学者的研究，我认为多曲长杯是产生、流行于萨珊的银器。就萨珊银器与中国银器的关系而言，中国的2件地点明确、可以确定年代下限的器物，为中国唐代金银器受萨珊的影响提供了证据。

中国的长杯最初忠实地模仿萨珊的器物。此类杯（图3-3-7、8）造型上最重要的多曲特征与萨珊长杯（图3-3-5）几乎完全一致，说明7世纪后半叶或稍晚萨珊银器对中国产生了相当大的影响。但将它们与全部萨珊长杯比较，又显出其独特性。不仅其形制上杯体较深，口沿向外敞开，足部增高等皆表现出与萨珊器物微妙的区别；繁缛细密的植物纹样更在萨珊器物上不见踪影。唐代工匠尽管模仿外来的器物造型，但并不盲目。从这一最典型的仿制品上就反映出受西方影响很大的唐代金银器7世纪后半叶已经开始中国化。在中国长杯演变谱系中，杯体深、敞口、高足等有别于萨珊器的特征，在后来的器物上沿着两个方向发展，一种是先将八曲改为八瓣，即每曲形成的内凹线都是从口至底，再进一步将八曲减少至四曲。一种是基本保持着八曲的特点，但杯体更深，几乎成为圜底碗的形态，下面的足更高，呈喇叭形，足部的棱已消失，中国流行的荷叶纹样与形体结合成为装饰[③]。长杯在中国演变出的这两个分支是唐代的创新之作，成为两种使用功能不同的器物。

唐代金银器皿中还有一些较特别的纹样装饰当为萨珊银器的影响下出现的，如何家村飞狮纹圆形银盒（图3-4-3，彩版

图3-4　唐代银器所饰"徽章式纹样"

1. 何家村凤鸟纹圆形银盒盖面纹样　2. 何家村独角兽纹圆形银盒盖面纹样　3. 何家村飞狮纹圆形银盒盖面纹样　4. 喀喇沁鹿纹银瓶外腹纹样

---

① "切子装玻璃碗"中国称为磨花玻璃碗，此类碗的特点是用切或磨的技法在器表上作出许多龟甲纹状的装饰。

② 深井晋司：《镀金银制八曲长杯》，《ペルシア古美术研究·ガラス器·金属器》，吉川弘文馆，1967年。

③ 参见本书本编《萨珊式金银多曲长杯在中国的流传和演变》。

图3-5　萨珊银器所饰"徽章式纹样"
1. 银瓶外腹纹样　2. 银带把壶外腹纹样　3. 银盘内底纹样　4. 银器内底纹样　5. 银碗内底纹样

28)、何家村凤鸟纹圆形银盒（图3-4-1）、何家村独角兽纹圆形银盒（图3-4-2）、喀喇沁鹿纹银瓶（图3-4-4）均有带翼的动物如狮、鹿和独角兽等，周围绕以绳索纹圆框或花瓣。这类装饰做法在唐代不流行，仅出现于8世纪中叶以前的几件器物上。萨珊和粟特器物上的动物多为想象出来的形象，将各种动物添加双翼，并在四周加绳索纹圆框，即为萨珊银器中经常见到的"徽章式纹样"（图3-5）[①]。唐代金银器皿上的这种纹样显然接受了萨珊艺术的内容。这种纹样后来在中国的器物上发生了改变，首先是取消了圆框中的动物，代之以唐代流行的宝相花类，何家村独角兽纹圆形银盒并存了动物和宝相花这两种风格的徽章式纹样，一面仍有口衔花草的独角兽，另一面则饰团花。稍晚一些的弗利尔宝相花纹花瓣形银盒圆框中心是一朵宝相花，西雅图宝相花纹圆形银盒取消了圆形的边框，8世纪中叶以后唐代金银器少见这种徽章式纹样的装饰。

① 　P. O. Harper, *The Royal Hunter*. New York, 1978.
　　东京国立博物馆：《シルクロードの遗宝》，日本经济新闻社，1985年。

三、罗马-拜占庭系统
Roman - Byzatine System

　　山西大同北魏平城遗址中曾出土了3件鎏金铜高足杯[5]，形制各不相同。大同北魏封和突墓出土1件银高足杯[124]，虽已残，但可以看出杯体较斜，喇叭形高足的中间无节。隋和唐代前期，金银高足杯数量较多，呼和浩特毕克齐镇出土2件银高足杯[178]，杯体为直口，腹部有一周突棱，圜底，下接喇叭形高足。隋代"李静训"金高足杯、"李静训"银高足杯[37]与呼和浩特出土的很相似。

　　高足杯不见于中国传统器物的造型之中。夏鼐认为，大同出土的鎏金铜高足杯，是输入的西亚或中亚的产品，带有强烈的希腊风格；李静训墓出土的金、银高足杯，是萨珊帝国的输入品。何家村出土的银高足杯，器形是萨珊式的，纹样为唐代中国式的，可能是中国匠人的仿制品[①]。孙培良认为，大同的高足杯很可能来自伊朗东北部[②]。上述意见表明，人们倾向于将高足杯的来源定在萨珊伊朗。萨珊伊朗确有这种高足杯的传世品，但这是否为当地的传统风格，需要进行探讨。

　　日本学者桑山正进曾将唐代的金银杯分为四类，其中第二、四类即高足杯。他认为，第二类杯形的高足杯在粟特和萨珊伊朗都不存在，而在中国的陶瓷器中可上溯到东晋。高足器是4世纪至5世纪罗马流行的器物，后传入中亚。中国的这种高足器的祖型可能源于吐火罗地区[③]。桑山正进所说的粟特及萨珊伊朗不存在高足杯，可能是指这些地区的早期。然而，他提出与罗马有关的论点却很有见地。

　　我们可列举一些西方高足杯的实例。

　　古代色雷斯地区（今保加利亚）出土的银高足杯，时代为公元前1世纪[④]。

　　土耳其伊斯坦布尔博物馆藏的釉陶高足杯，时代为罗马帝国时代前期的1世纪[⑤]。

　　叙利亚的玻璃高足杯，为3世纪至5世纪的制品[⑥]。

　　出土于伊朗吉兰州的1件银高足杯，时代为3世纪至6世纪[⑦]。

　　出土于伊朗吉兰州的1件高足玻璃杯，时代为3世纪至7世纪[⑧]。

　　土耳其伊斯坦布尔博物馆所藏的青铜高足杯，为拜占庭时代6世纪的作品[⑨]。

　　埃尔米塔什博物馆收藏，出土于黑海沿岸彼尔塔瓦市郊的4件高足杯，2件金杯的时代为7世纪，2件银杯为7世纪初[⑩]。

---

① 夏鼐:《近年中国出土的萨珊朝文物》,《考古》1978年2期。
② 孙培良:《略谈大同市南郊出土的几件银器和铜器》,《文物》1977年9期。
③ 桑山正进:《一九五六年来出土の唐代金银器とその编年》,《史林》六十卷六号,1977年。
④ 江上波夫等:《古代トラキア黄金展》,中日新闻社,1979年。
⑤ 中近东文化センター:《トルコ文明展》,平凡社,1985年。
⑥ 《冈山市立オリエント美术馆》,大冢巧艺社,1979年。
⑦ 《冈山市立オリエント美术馆》,大冢巧艺社,1979年。
⑧ 《冈山市立オリエント美术馆》,大冢巧艺社,1979年。
⑨ 中近东文化センター:《トルコ文明展》,平凡社,1985年。
⑩ 东京国立博物馆等:《シルクロードの遗宝》,日本经济新闻社,1985年。

高足杯在形制上最具特色的是高足部分。上述实例中，属于伊朗地区，即古代萨珊地区的器物，高足部分多无"算盘珠"式的节，而在偏西地区的器物中却较多地带有节状装饰，尽管萨珊时代的一些器物如执壶的高足中部也有节，但总体上说比罗马-拜占庭地区少，而且时代偏晚。

　　与李静训墓金银高足杯、毕克齐镇银高足杯形制相似的器物曾在黑海沿岸的彼尔塔瓦市郊出土（参见图3-113～116）。马尔萨克认为它们应为黑海北岸游牧民族制作的遗物，而且类似的器物在6世纪至7世纪从匈牙利到乌克兰的所有草原地带都有发现[①]。但其渊源应为古代罗马造型艺术的影响。

　　中国内蒙古呼和浩特毕克齐镇银高足杯是在修水渠工程中发现的，当时掘得人骨架一具，尸骨处有拜占庭金币1枚、金戒指2枚及牙签、刀鞘、铜环、牛骨，头部有冠顶上的金饰片1件。"尸骨旁没有发现棺椁等葬具的痕迹，或许是一个商队的商人暴死于路而加以掩埋。根据死者身上携带的如圈足银杯等物品，掩埋的时间，可能为隋唐时代或稍早一些。"[②]所出的拜占庭金币是列奥一世（Leo I，公元457年至公元474年）时所铸，同出的金饰片也不是中国风格的物品。因此，这批器物中的高足杯可能与金币同样是拜占庭的制品。这种推测如果不误，说明拜占庭的高足杯在唐代以前已传入中国。李静训墓出土的金银高足杯，杯体较浅，为圜底碗形；高足为喇叭形，从足的顶部开始逐渐向外撇；高足中间仅有一细小的突棱。这种杯与毕克齐镇高足杯，乃至黑海地区和古罗马-拜占庭的作品相似。总之，高足杯最初应是罗马风格的器物，拜占庭时仍沿用。唐代的高足杯类，可能源于拜占庭的影响。当然，由于萨珊控制着中国通往拜占庭的要道，不能排除这种影响是间接的。

　　中国发现的一些仿金银器皿的铜、锡、陶瓷高足杯，大都出于南方的湖南、湖北、江西地区，时代最早的为东晋、隋。这一特别现象，似乎与拜占庭和中国的关系相吻合。《三国志》引鱼豢《魏略·西戎传》的记载：大秦"常欲通使于中国，而安息图其利，不能得过"[③]。萨珊朝时这种情况更为严重，拜占庭则采取了相应的措施，查士丁二世于公元568年曾遣使到西突厥的可汗庭，想绕道与中国交往。裴矩的《西域图记》序也记载了通往拜占庭的三条商路，"北道从伊吾，经蒲类海铁勒部、突厥可汗庭，度北流河水，至拂菻国，达于西海"[④]。此路须绕道黑海，大致经过黑海北岸出土高足杯的地区。而最重要的还是通过海路，如公元531年拜占庭曾鼓动其盟国埃塞俄比亚国王与印度发展贸易，将中国丝绸输往本国[⑤]，虽未成功，已可见其对通过海路与中国交往的兴趣。海上交通，对拜占庭并不陌生。《后汉书·西域传》载，东汉初，大秦"与安息、天竺交市于海中，利有十倍"[⑥]。《梁书·诸夷传》载，"大秦王安敦遣使自日南徼外来献，汉世唯一通焉。其国人行贾，往往至扶南、日南、交趾"[⑦]。足见中国通过南海与罗马-拜占庭交往的历史悠久。因此，隋唐时中国南方出土较多的铜、锡、陶瓷高足杯是仿罗马-拜占庭器物的可能性更大。

---

① 东京国立博物馆等：《シルクロードの遗宝》，日本经济新闻社，1985年。
② 内蒙古文物工作队等：《呼和浩特市附近出土的外国金银币》，《考古》1975年3期。
③ 《三国志》卷三十，861页，中华书局，1982年。
④ 《隋书》卷七十六《裴矩传》，1579页，中华书局，1973年。
⑤ 参见齐思和：《中国和拜占庭帝国的关系》，上海人民出版社，1956年。
⑥ 《后汉书》卷八十八，2919页，中华书局，1982年。
⑦ 《梁书》卷五十四，798页，中华书局，1983年。

几十年来，中国出土了较多的拜占庭遗物，如新疆、甘肃、陕西、内蒙古、河北等省区的许多地点发现有拜占庭金币，金币多为6世纪后期到7世纪中期所铸，此外，还有一些玻璃制品传入[1]。因此唐代金银器皿中的高足杯类很可能是受拜占庭器物形制的影响而制作的。

四、其他文化因素
Other Cultural Factors

三个系统的问题一经提出，更多难以解决的问题也随之出现。种种迹象表明，唐代金银器中还存在着印度、贵霜、嚈哒、突厥、阿拉伯文化的因素。马尔萨克在解释黑海北岸出土的高足杯时说，器物上的装饰既让人想到拜占庭的纹样，又与突厥、粟特混合样式接近[2]。可见，上述三个系统并不能囊括西方对唐代金银器皿产生影响的全部地区。只是由于资料不多，或文化特征不明显，及有关某些文化的本身尚待探索，不能作出更多的推测，但也必须将现象提出。

（一）印度文化因素

瑞典学者俞博早在20世纪50年代根据传世品研究唐代金银器时，就提出了唐代金银器的形制、纹样有中国传统风格、萨珊波斯风格、印度风格和中国创新风格。有关印度风格，唐代金银器皿上，出现一些莲瓣、莲叶、迦陵频嘉的题材，或认为是印度文化的因素。但是莲花纹伴随佛教艺术传入中国，早在南北朝时已十分流行。唐代金银器皿，包括其他遗物上的这类纹样如若不追溯本源，毋宁说是南北朝风格的延续。唐代金银器纹样中的一些怪鱼类倒是值得注意的现象（图3-6、7）。

图3-6　唐代金银器所饰摩羯纹
1. 何家村摩羯纹弧腹银碗
2. 俞博莲瓣纹弧腹银碗
3. 西安摩羯纹金长杯
4. 凯波高足银长杯
5. 何家村仕女纹银带把杯

① 参见宿白：《中国境内发现的中亚与西亚遗物》，《中国大百科全书·考古学》，677页，中国大百科全书出版社，1986年。
② 东京国立博物馆等：《シルクロードの遺宝》，日本经济新闻社，1985年。

它们出现于何家村仕女纹银带把杯（彩版10）、西安摩羯纹金长杯（彩版13）、凯波高足银长杯、何家村摩羯纹弧腹银碗、俞博莲瓣纹弧腹银碗、白鹤莲瓣纹弧腹银碗、喀喇沁摩羯纹葵花形银盘（彩版17）、丁卯桥摩羯纹银盆上，被称为"摩羯"，是印度神话中的动物，常

图3-7　唐代银器所饰摩羯纹
1. 喀喇沁摩羯纹葵花形银盘
2. 丁卯桥摩羯纹银盆

出现在古代印度雕塑、绘画艺术中。摩羯在中国流行于唐代以后的器物上[①]，金银器皿上犹多。这种纹样应是受印度文化的影响而出现的。不过，阿富汗的伯格拉姆（Beram）遗址出土的贵霜时代遗物和中亚撒马尔罕的片治肯特粟特人遗址中，也有摩羯纹样，所以不排除从中亚传入的可能。

（二）贵霜-哎哒文化因素

哎哒原居于阿尔泰山一带，因受柔然攻击西迁，5世纪中叶灭贵霜居于其地，进而控制粟特地区。哎哒立国虽时间不短，控地广阔，仍属游牧民族，自身文化特征不清，故作为文化系统，暂与贵霜归在一起。如果说中国与西方交通，波斯和中亚粟特地区是重要的中间站，贵霜-哎哒则是中国通往这个中间站的必经之路，此地对中西交通举足轻重。可是，能了解到的属于贵霜-哎哒文化的器物很少，这一地区数易其主，又常常依附于周围强大的政权，特别是波斯文化及希腊化时代的影响，难以分辨出当地独特文化的基本内涵。就金银器而言，目前被推定的哎哒器物，如埃尔米塔什博物馆收藏的哎哒银碗（图3-8）和撒马尔罕出土的哎哒银碗（图3-9），年代为5世纪及后半叶[②]。这些器物的形制均非当地独有，而纹样又带明显的希腊罗马及萨珊特征。不管这些器物能否肯定是哎哒器物，可以肯

图3-8　埃尔米塔什哎哒银碗

图3-9　撒马尔罕哎哒银碗

---

① 岑蕊：《摩羯纹考略》，《文物》1983年10期。
　　孙机：《摩羯灯》，《文物》1986年12期。
② 东京国立博物馆等：《シルクロードの遗宝》，图77、78，日本经济新闻社，1985年。

定的是这一风格对唐代金银器有一定的影响。因为何家村莲瓣纹弧腹银碗上的尖瓣装饰和这些器物的装饰意匠接近。

（三）大食文化因素

大食于7世纪中叶崛起，自唐永徽二年（公元651年）始，与中国通使达36次之多，其间也有武力冲突。天宝十载（公元751年）的恒罗斯战役，唐大败。其后，大食又派兵助唐平安史之乱，唐与大食交往密切，甚至除正史外，还出现了一些专门的著述，如杜环在大食及其附近国家中生活十几年后写下的《经行记》和唐德宗贞元十七年（公元801年）贾耽的《四夷述》。中国还发现有大食地区阿拉伯人制造的金币。据考，西安土门村唐高宗、武则天时期的墓中出土的拜占庭式金币，是7世纪中叶仿拜占庭希拉古略（Heraclius，公元610年至公元641年）时的金币[①]。西安西窑头村8世纪后半叶至9世纪前半叶的唐墓中出土3枚阿拉伯金币，最早的1枚铸于阿布达·马利克（Abd amalik）在位期间，约为公元702年；最晚的1枚铸于奥梅雅朝（白衣大食）最后的回教主马尔凡第二（末换）时期，约相当于公元746年至747年[②]。阿拉伯也有发达的金银器皿制造业，从文献记载和中国出土阿拉伯金币的情况看，其金银器皿也会传入中国，并对中国金银器皿的制造产生影响，但这一影响应比唐初受粟特、萨珊和罗马–拜占庭的影响要小，因为8世纪中叶以后，中国金银器皿的制造业已发展成熟，形成了自身鲜明的特色和生产模式。

最后，还必须看到：中西文化交流是双向的，通过"丝绸之路"，中国古代的先进技术亦传入中亚、西亚乃至欧洲，拜占庭引入中国的育蚕法、粟特人把造纸术传入欧洲已为人们所熟知。作为当地制品上中国文化因素的渗透，曾有康国7世纪至8世纪仿中国方孔圆廓的铜币、葡萄纹铜镜等。金银器皿也当如此，现已查明的粟特银器中，便有许多与唐代金银器相近，有的应是接受了中国的影响。

---

① 夏鼐：《西安土门村唐墓出土的拜占庭式金币》，《考古》1961年8期。
② 夏鼐：《西安唐墓出土的阿拉伯金币》，《考古》1965年8期。

李家营子出土的银器与丝绸之路上的粟特人

Silverware Excavated from Lijiayingzi
Related to Sogdian on the Silk Road

1978年《考古》第2期刊登了内蒙古敖汉旗李家营子发现的金银器，其中1号墓出土5件银器，可分别称为李家营子银带把壶、李家营子素面罐形银带把杯、李家营子银长杯、李家营子猞猁纹银盘和银勺。夏鼐先生指出，带把壶"底部外缘有联珠一周，口部有流，流和口缘相接处有接缝，把部和口缘相接处有一胡人半身像，这些都是萨珊式银执壶的特征"[①]。宿白先生认为，这些器物大约是中亚、西亚的输入品[②]。韩伟先生将这些器物的年代定在初唐到唐高宗时期（公元618年至公元683年）[③]。但他们都没有详细讨论。

李家营子银器的重要性在于：（1）它们是作为一批器物发现的，有组合关系。（2）已知的唐代金银器皿基本上没有同类器物，属于新发现的器形。（3）出土地点不在大量发现唐代金银器的西安、洛阳和江浙一带，而在中国北方地区。因此，对这批器物的产地和时代的进一步考察，有助于中西交通及唐代金银器兴盛原因的研究。

一、遗迹的性质
Characteristics of the Remains

银器出土于老哈河右岸的第一级台地上，原报告在报道这些器物时说，它们是敖汉旗荷叶勿苏公社李家营子大队在修水渠时发现的。其后敖汉旗文化馆对出土文物进行了收集，并对出土地点做了调查。"两次分别发现在相距不远的两个地方，距地表深都在1.5米左右。据当地群众反映，出土时都发现过人骨，但没有发现砖、石建筑材料，估计金银器的出土地点可能为两个土坑墓，故分别编为墓1和墓2。"5件银器都出土于墓1。墓2出土金带饰99件、银镯1件、小银环1件、玛瑙珠2件、鎏金铜盒1件，此外还有鎏金铜饰。报告的最后说："墓1出土的鎏金银盘的制作和纹饰与近年陕西长安何家村出土的唐代鎏银盘相似。而银壶（李M1：1）的造型和联珠纹饰，则是波斯萨珊王朝时期的样式。墓2出现的金质带饰，为辽墓中习见的饰物，锤雕的卷草纹仍有浓厚的唐代风格。由于这两组金银器的发现，可以推测李家营子是一处年代较早的辽代墓地。"

---

① 夏鼐：《近年中国出土的萨珊朝文物》，《考古》1978年2期。

② 宿白：《中国境内发现的中亚与西亚遗物》，《中国大百科全书·考古学》，677页，中国大百科全书出版社，1986年。

③ 韩伟：《海内外唐代金银器萃编》，三秦出版社，1989年。

这批器物虽然出土地点明确，但并非经科学发掘获得。据事后调查情况看，墓1的情况十分特殊，因为没有发现砖、石建筑材料。众所周知，能出土精美银器的墓，墓主人的身份一般很高，墓的建造和规模也应讲究。目前该地区已发现了大量唐代、辽代墓葬，如唐代张秀墓[①]、韩贞墓[②]和辽陈国公主驸马墓[③]、耿氏墓[④]等，墓葬形制和墓内设施多为砖石结构。李家营子墓1无论是被盗或破坏，遗失的物品首先应是珍贵的银器，剩下其他遗物，不可能只留下银器而没有别的遗物和遗迹。另外，墓1所出的银器不像是通常墓葬中的随葬品，这几件银带把壶、带把杯、长杯、盘、勺，恰好是一套餐饮用具，简洁、实用，又便于携带。很容易使人联想到它们是外出旅行者的简单餐具。墓1的特殊性还在于出土的银器也不同于西安何家村、镇江丁卯桥的金银器窖藏。何家村窖藏、丁卯桥窖藏埋藏着贵族或官府的珍宝，种类繁多，何家村窖藏中的器物并非同一时代的作品。李家营子出土的器物少，而且只有单一的银器，时代应相同。根据所报道的银器附近有人骨而无其他遗迹和器物的情形推测，墓主人很可能是随身携带一套餐具的旅行者，因遇不测突然死亡，遗体连同随身物品一起草草埋下。确定出土遗迹的性质，对于探讨器物的时代、产地及其他问题会有很大帮助。

二、银器的产地及年代
Provenance and Date of the Silver

李家营子墓1出土的5件器物，除银勺外，都发表了照片，带把壶、带把杯、盘还附有线图。下面逐件考察。

<u>李家营子银带把壶</u>（图3-10，图版111），高28厘米，器身平面呈扁圆形。口部略似鸟头形，有扁状的流口。短束颈。鼓腹，最大直径稍偏下。圈足较粗，呈喇叭形，有联珠围绕足的底沿。把的上端起自口部，下端止于中腹，呈弧形。把的上端和口缘相接处有一胡人头像，鎏金。整个器物捶揲成型。

这类器物在中亚、西亚经常可以见到，一般认为是波斯萨珊遗物。但它起源早，分布广，罗马到伊斯兰时代都有发现。传至东方的中国和日本以后，被称为"胡瓶"。唐玄宗曾"赐禄山金镀花大银胡饼（瓶）"，安禄

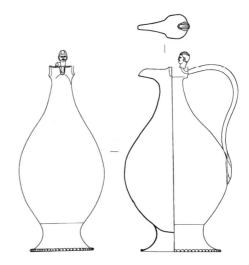

图3-10 李家营子银带把壶

---

① 辽宁省博物馆文物队：《辽宁朝阳隋唐墓发掘简报》，《文物资料丛刊》第6集，文物出版社，1982年。
② 朝阳地区博物馆：《辽宁朝阳韩贞墓》，《考古》1973年6期。
③ 内蒙古文物考古研究所：《辽陈国公主驸马合葬墓发掘简报》，《文物》1987年11期。
④ 朝阳地区博物馆：《辽宁朝阳姑营子耿氏墓发掘简报》，《考古学集刊》第3集，1983年。

山也献过"金窑细胡瓶"[①]。日本奈良正仓院保存1件银平脱漆瓶（图3-11），被书于天平胜宝八年（公元756年）的《东大寺献物帐》，称为"漆胡瓶一口"[②]，由此可知"胡瓶"的形状。中国和日本古代文献中的"胡瓶"即指李家营子出土的这类带把壶。中国文献中的"胡"是泛称，在用于国家时，主要指西域诸国。东方学者较早注意"胡瓶"的是原田淑人，他在谈到正仓院收藏的漆胡瓶时比较了波斯萨珊时代的器物，并肯定其渊源在波斯萨珊[③]。然而，在相当长的时期内，找不到萨珊王朝所在的伊朗高原出土的作品。有明确出土地点的器物也都在南俄罗斯的草原地带。后来，1件据说确实出土于伊朗高原吉兰州的银带把壶传到日本，日本学者深井晋司著《阿那希塔女神装饰鎏金带把水瓶》一文，讨论了这种器物的形制特点和历史渊源问题。他列举了11件这类壶，并把萨珊晚期至伊斯兰初期的器物与典型萨珊时代的器物进行了排比，认为它们有如下变化：史前同类陶器的上部几乎没有口部，萨珊时期注口顶端前半部变为圆形，后半部加盖。另外，注口顶端舒缓的弯曲已消失或成为折角；颈部稍长；把顶端的位

图3-11　正仓院银平脱漆胡瓶

置由原来的从腹的上部沿着颈上伸再作曲线下垂，改做从颈部的中央开始，即把手的上端在壶的位置向上提高了；高足中部的节状装饰更加形式化。将壶把上端安在口部，是萨珊时代末期的做法[④]。李家营子银带把壶的把手上端直接安在口沿处，按萨珊器物的演变，它的年代应在萨珊时代的末期，即7世纪前半叶及以后。

　　但是，过去认为是萨珊器物的带把壶，未必都是萨珊器。20世纪70年代马尔萨克的《粟特银器》一书，把过去归为萨珊银器中的一部分带把壶区分出来，考定为粟特地区的产品，一共找出7件（图3-12-1～5、7、8），时代均在7世纪之后[⑤]。如果仔细观察对比深井晋司和马尔萨克所列举的全部萨珊壶和粟特壶之后，再来考察李家营子银带把壶，就不难看出，该壶把的上端直接安在口上，颈部短粗，圈足粗矮，没有节状装饰等，特征更接近粟特的产品，时代也相吻合。而且，在中亚粟特地区的陶器中也流行这类带把壶（图3-12-6）。李家营子银带把壶是素面，圈足的底沿饰一周联珠。萨珊器一般都有繁缛的纹样，粟特的银壶器表却多无装饰。2件带人物和翼驼纹的粟特银壶，被马尔萨克归在与萨珊相关的粟特器物中。联珠纹虽然在萨珊和粟特都流行，但以粟特地区为盛。

　　带把壶喇叭形高圈足的特点，可追溯到帕提亚（Parthian）乃至阿契美尼德（Achaemenidae）

①　姚汝能：《安禄山事迹》卷上，9页，上海古籍出版社，1983年。
②　奈良国立博物馆：《正仓院展》，133页，株式会社便利堂，1990年。
③　原田淑人：《正仓院御物を通して观たる东西文化の交渉》，《东亚古文化研究》，座右宝刊行会，1940年。
④　深井晋司：《ペルシア古美术研究・ガラス器・金属器》，166页，吉川弘文馆，1967年。
⑤　Б. И. Маршак, Согдийское Серебро. Москва, 1971.

图 3-12　粟特 7 世纪至 8 世纪的银带把壶、陶带把壶

王朝时代，罗马时代也有这样的高足器物。中亚、西亚的带把壶有高圈足和矮圈足（甚至无圈足）两类，应当是两个不同的系统。深井晋司文中的11件萨珊带把壶，只有1件是矮圈足的，为青铜制品，收藏于柏林国立博物馆，出土地点不明。其他都是喇叭形高圈足。而马尔萨克所列举的7件粟特带把壶则全部都是粗矮圈足或无圈足。李家营子银带把壶无疑属于后一系统。

中国唐代的陶瓷器、塑像、壁画多有带把壶，这是模仿西方器物特别是金银器制作或描绘的。值得注意的是，壁画和塑像上的带把壶多与胡人、商旅有关，这也为推测李家营子银带把壶的年代、产地进一步提供了证据。

李家营子素面罐形银带把杯（图3-13），高11.2厘米，口径6.5厘米。器身平面呈扁圆形。口两端上翘，束颈，鼓腹，圈足外侈。腹部有环形把，把上加椭圆形指垫。

这件造型别致的器物在中国传统器形和唐代金银器中没有完全相同的，有几件器物可供比较。1件是西安出土的何家村素面罐形银带把杯（图3-14），年代为8世纪前半叶。另1件是埃尔米塔什博物馆收藏的山羊纹银带把杯（图3-15），年代为8世纪[①]。还有俄罗斯米努辛斯克盆地西部、叶尼塞河上游的科比内2号墓出土的缠枝纹金带把杯（图3-16），年代为8世纪[②]。这些器物风格一致，时代和产地可作参考。埃尔米塔什博物馆的山羊纹银带把杯，被考定是粟特或伊朗东北部的呼罗珊地区的产品。科比内缠枝纹带把金杯被考定为突厥器物或突厥式器物[③]。

图3-13　李家营子素面罐形银带把杯

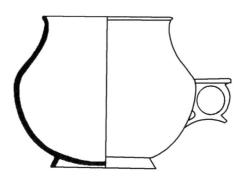

图3-14　何家村素面罐形银带把杯

图3-15　埃尔米塔什
山羊纹银带把杯

①　东京国立博物馆：《シルクロードの遺宝》，日本经济新闻社，1985年。
②　奈良县立美术馆：《シルクロード大文明展・シルクロード・草原の道》，大冢巧艺社，1988年。
③　孙机：《近年内蒙古出土的突厥与突厥式金银器》，《中国圣火》，辽宁教育出版社，1996年。

图3-16 科比内金带把杯

何家村素面罐形银带把杯如不是输入的，至少也是仿制品。

埃尔米塔什博物馆的山羊纹银带把杯，杯的环形把上部有椭圆形指垫，当用手执杯时，拇指按在圆垫上既可使手感舒适，又能帮助其他手指加力持重，增加持杯时的稳定，是一种实用、巧妙的设计。粟特地区的其他杯类也都有这种指垫。粟特人很重视这一装饰，指垫上常常饰精美的花纹或人物头像。由此可见，李家营子素面罐形银带把杯把上部的指垫正是粟特银器中流行的做法。前面对李家营子的遗迹性质进行分析时谈到，这批银器很可能是旅行者弃藏的遗物，所有器物的年代、来源应是相同的。因此，银带把壶和银带把杯可互证。

李家营子银长杯（图3-17），口长18.5厘米。原报告说：“圈足已残。”

图3-17 李家营子银长杯

报告所附的照片为正侧面，反映不出圈足已残的痕迹，甚为遗憾。但是，无论原来是否有圈足，中国除了玉长杯和玛瑙长杯外，至今尚未发现同类金银器。已知的唐代金银器中有两种椭圆形的长杯，一种以藏于日本的白鹤缠枝纹银长杯（彩版12）为代表[1]，杯体是八曲形，为典型的萨珊样式。后来这种杯虽然发生变化，但仍然在杯体上分瓣。另一种以西安南郊出土的何家村银耳杯[16]（彩版14）为代表，是汉代以来的耳杯的形制。李家营子银长杯既不分瓣，又不带耳，形制特别。然而，这种不分瓣、不带耳的长杯在西方较多发现，并且历史悠久，日本许多私人藏品中有金、银、青铜和白铜制品（图3-18、19）[2]。长杯也有出土遗物，杰克斯·摩根（Jacquesde Morgan）在伊朗的

① 嘉纳正治监修：《白鹤美术馆》，图16，神户新闻出版センター，1981年。

② 参见古代オリエント博物馆编《シルクロードの贵金属工艺》图24～图30（有限会社シマプレス，1981年），这些器物为日本东京、大阪、京都等私人的藏品，尚未经过仔细鉴定研究，据图片观察，其中有的可能为粟特器物。

苏萨（Susa）发掘出1件残器，年代为6世纪或7世纪[1]。这些长杯多被认为是萨珊遗物，其实有许多应是粟特遗物。粟特地区十分流行长杯，中亚撒马尔罕（Samarkand）东约70公里的片吉肯特（Panjikent）发掘出大量的粟特壁画，其中有许多人物手持这种杯进行宴饮的画面（图3-20、21），与粟特壁画艺术接近的巴拉雷克反映哒王族宴饮场面的壁画中也有持长杯的人物（图3-22）[2]。可见李家营子银长杯的产地也应当在萨珊、粟特地区，最重要的还是粟特地区。

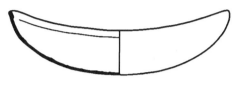

图3-18　银长杯

图3-19　铜长杯、银长杯
（1、2.铜质，余银质）

①　P. O. Harper, *The Royal Hunter*. New York, 1978.
②　Guitty Azarpay, Sogdian Painting. In *The Pictorial Epic in Oriental Art*. 1981.

图3-20 片吉肯特粟特壁画

图3-21 片吉肯特粟特壁画

图3-22 巴拉雷克呎哒壁画

李家营子猞猁纹银盘（图3-23，图版109），高4厘米，口径18厘米。侈口，斜壁，圈足外侈。盘心单独饰一猞猁或虎状动物。

中国古代的动物纹样十分流行，但未见这种动物及装饰手法。萨珊、粟特的银器中虽未发现这种动物，却很盛行在盘心饰动物。粟特地区的银盘更流行在盘中心饰纹样，特别是动物，周围留出空白的做法（图3-24、25）[①]。因此，李家营子猞猁纹银盘也当是粟特地区的产品。

通过以上分析，完全有理由认为，李家营子银带把壶、李家营子素面罐形银带把杯、李家营子银长杯、李家营子猞猁纹银盘，加上未发表线图的银勺是一组密不可分的用具，而且是

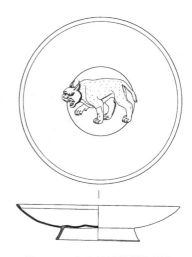

图3-23 李家营子猞猁纹银盘

---

① 参见《粟特银器》（Б. И. Маршак, *Согдииское Серебро*. Москва, 1971.）图版5～8，《シルクロードの贵金属工艺》（有限会社シマプレス，1981年）图9、10、11、15。

图3-24　粟特银盘

图3-25　花剌子模粟特式银盘

输入品。它们的原产地应在粟特或萨珊王朝的东北部，而以粟特地区的可能性更大。其时代为7世纪后半叶到8世纪中叶。

三、草原丝绸之路的繁荣
Prosperity of the Silk Road

　　既然李家营子墓1可能是旅行者因遇不测突然死亡草草掩埋的墓葬，所出银器又是一套产于中亚、时代为7世纪后半叶到8世纪中叶的餐饮用具，就有必要对有关历史背景和当地出土的其他遗物略加说明，同时对上述推断进一步证明。

　　自20世纪70年代以来，中国的北方地区连续发现了一些西方的输入品。较重要的有甘肃靖远出土1件4世纪至5世纪的银盘[169]，宁夏固原北周李贤墓出土1件鎏金银壶、1件玻璃碗[172]，山西大同北魏平城遗址出土1件多曲银杯、3件鎏金铜杯[5]，山西大同北魏封和突墓出土1件银盘[124]，辽宁朝阳北票北燕冯素弗墓出土5件玻璃器[165]，河北赞皇东魏李希宗墓出土1件银碗[173]，内蒙古奈曼旗辽陈国公主、驸马墓出土7件玻璃器①，辽宁朝阳姑营子辽耿延毅墓出土的2件玻璃器②。此外，还出土许多东罗马、萨珊的金银币。这些发现充分证实在中国北部存在着一条约从河西经包头、呼和浩特、大同，通过河北北部进入内蒙古赤峰，到达辽宁朝阳的中西交通路线。这是一条大体上与兰州、西安、洛阳的"丝绸之路"主干线的中路相平行的北路。这段北路尽管是从河西走廊叉开的支线，但应看作是历史上中国北部通西方的草原路。仅从考古发现的遗物看，这条路自北魏到辽代一直畅通。唐初，统治者对外经营的主要精力放在西北，目的之一便是通过绿洲之路与西方沟通，但同时也非常注意对北方的经营，设幽州、营州管辖北方事务，从游牧民族占据的草原通往西方的交通路线上获得利益。

丝绸之路中的北方草原路线问题，虽然早已提出③，但多指西伯利亚南部草原很早的斯基泰人、塞种人的迁徙和交流问题。对6世纪以后的唐代、辽代的草原路线研究甚少，而考古学研究几乎是空白。李家营子所出的一套成组的银器、遗迹的性质及器物的产地令人深思。

在唐代及早些时候，中国与中亚、西亚的许多国家或地区都有联系，学者们在论及中国发现的西方器物时，多涉及萨珊、拜占庭、巴克特里亚及与中国的关系，近年又提到嚈哒。其原因主要是：第一，这些器物很可能是分别属于这些地区的产品。第二，有关这些地区的文献记载较多。第三，巴克特里亚、嚈哒在这一时期与中国接壤。探讨器物的时代、产地等问题虽有不同意见，但大致范围相差不大。然而在深入到中西交通或丝绸之路的研究时，却存在很大的缺陷。因为搞清哪些国家在什么时期与中国的关系更为密切，是探讨中西文化交流的至为重要的内容。从这个意义上说，发现西方输入的器物和文献记载的中国遣使西方及西方诸国朝贡的事例，不一定都能说明中西文化的交流问题。"文化交流"，并非几件器物、数条文献所能证明，而遗物的多少、文献记载的多少也不一定反映事物的本质，因为考古发现和历史记载都有局限性。"中西文化交流"有广阔的背景和深刻的历史原因，这正是强调李家营子银器重要性的理由所在。

人们乐道的张骞通使西域，尽管是划时代的历史事件，但对当时中西"文化交流"的影响并不大，其重要意义在于表明中国与西方开始了正式的政府之间的接触，交往程度限于相互对话，还是彼此了解的阶段。张骞第一次出使西域所率一百多人途中被匈奴扣留，其后他虽历尽艰辛到达西方诸国，回来时又再次被匈奴所拘，回归长安时仅几个人，既不可能带回许多西方文物，也不可能进行更广泛的宣传。第二次出使收获较大，但也不能与北魏以后的规模相比。有些考古材料可以证实在张骞通西域前后中西的交往，著名的巴泽雷克墓葬出土有中国的铜镜、漆器、织物等④，阿富汗黄金家出土了汉代的昭明镜⑤；中国南方的广州南越王墓[115]、黄河下游的山东淄博齐

---

① 内蒙古文物考古研究所：《辽陈国公主驸马合葬墓发掘简报》，《文物》1987年11期。

② 朝阳地区博物馆：《辽宁朝阳姑营子耿氏墓发掘简报》，《考古学集刊》第3集，1983年。

③ 松田寿男：《古代天山历史地理学研究》，中央民族学院出版社，1987年。

④ С. И. Руденко, *Кульму ра населения го рного Алмая вскифское время.* Изд-во АН СССР, Москва-Ленинград, 1953.

⑤ *Bactrian Gold.* Aurora Art Publishers, Leningrad, 1985.

王墓随葬坑^[95]出土有西方银器。但这些证明的只是各自在自己的国家里发现了对方的器物。目前已进行了大量的汉代考古发掘，从实物还看不出西方文化有多大的影响。南北朝时期的情况不同，中国考古学文化面貌发生了很大的改变，器物造型和纹样风格都可以见到许多西方的因素。隋唐时期西方文化的影响又有发展。究其原因，与包括佛教东渐的西方文化向东传播不无关系。西方的情况亦如此，伴随着大月氏两次向西及西南移动，中亚发生了各民族的连锁迁徙，这是世界史上罕见的、跨度很大、涉及民族与地区极广的大迁徙。此后，加上法显、玄奘通西域，"丝绸之路"才逐渐进入文化交流的繁荣期，加快了中西文化的相互渗透。目前考古发现的西方文物大都属于南北朝至隋唐阶段。因此南北朝以前为中西对话、了解阶段；南北朝之后为文化交流、渗透阶段。

在这样的历史背景下，考察唐代西方的哪个民族和地区与中国的关系最密切，粟特地区和粟特人的桥梁及媒介作用便显现得更为突出了。

四、丝绸之路上的粟特人
Sogdian on the Silk Road

阿姆河（Amu dar'ya）、锡尔河（Syr dar'ya）流域的粟特人，素以善经商著称于世，粟特地区既是东西交通的枢纽，也是南北往返的中继站，可称为当时欧亚文明的十字街头。中国与西方之间的相互交往，许多都是通过粟特人进行的。粟特人充当了丝绸之路上的向导、交易中的商人，也是中国西北民族和中亚、西亚诸国政治交往中的顾问。吐鲁番出土文书中有在中国经商的粟特人写给故乡家人的信件^①，还有在突厥人与汉人交易时充当翻译的文书^②。因此，中国发现的西方遗物，无论属于哪一国家和地区，似乎都不可忽视粟特人的作用。粟特人的生活同时具备了农业、牧业、手工业、商业特点，这在古代欧亚的诸民族中是不多见的。近一个世纪以来苏联中亚地区的考古发掘，充分证实了粟特文化十分发达，而且还发现该地区与唐朝的关系密切。片吉肯特和撒马尔罕北郊的阿夫拉西阿卜（Afrasiab）古城7世纪至8世纪壁画中的有些人物，与唐墓壁画、敦煌石窟壁画极其相似。粟特地区还发现中国织物、铜镜及用中国出产的绢丝加工成的所谓"胡锦""蕃锦"。粟特人又将自己生产的和从中国贩运的织物远销于里海以西的高加索地区和西欧，甚至还将他们加工后的织物返销回中国。这些都说明以经商为目的的粟特人，客观上极大地推动了中西文化的渗透与传播。中国除了李家营子出土的银器，还有一些重要的发现。《吐鲁番出土文书》中收录有几十件与粟特人姓名和事件有关的各种文书，可知6世纪至7世纪，吐鲁番地区居住着大量的粟特人，有些人已有正式户籍，但仍聚族而居。还有一些是往来于丝绸之路上的商人。

---

① 参见林梅村：《敦煌出土粟特文古书信的断代问题》，《中国史研究》1986年1期。
② 姜伯勤：《敦煌吐鲁番とシルクロード上のソグド人》，《季刊东西交涉》第五卷一、二、三号，井草出版社，1986年。

1982年发表的河南洛阳安菩墓（公元704年）[①]，墓志题为"唐六胡州大首领安君墓志"，其先祖也是"安国大首领"，表明六胡州为粟特人聚居之地，如缀合史籍中的零散记录，不难看出，从4世纪开始，大量的粟特人陆续移居中国，并逐渐向东发展，到8世纪，吐鲁番以东，沿河西走廊到西安、洛阳，又自河西走廊北上到宁夏、大同，再奔朝阳，即丝绸之路中国境内的东段的中路、南路和北路，都有粟特人的移民聚落[②]。粟特在中西"文化交流"中的历史作用不能低估。文献记载中的粟特人何氏家族也特别引人注意，《隋书·何妥传》载，其父细胡（《北史》《通志》作"细脚胡"）作为商人入中国，"主知金帛，因致巨富，号为西州大贾"。何妥年仅十七便"以技巧事湘东王"[③]。《隋书·何稠传》又载，妥之兄何通，"善斫玉"。通之子何稠，"博览古图，多识旧物，波斯尝献金绵锦袍，组织殊丽，上命稠为之。稠锦既成，逾所献者，上甚悦。时中国久绝琉璃之作，匠人无敢厝意，稠以绿瓷为之，与真不异"。更重要的是，炀帝幸扬州，感于当时"服章文物，阙略犹多"，令稠"讨阅图籍，营造舆服羽仪"，"稠于是营黄麾三万六千人仗，及车舆辇辂、皇后卤簿、百官仪服"，"参会今古，多所改创"。何稠"巧思过人，颇习旧事，稽前王之采章，成一代之文物。虽失之于华盛，亦有可传于后焉"[④]。足见隋朝重用粟特人，粟特人也对隋唐文物制度改进作出了贡献。隋唐文化与秦汉文化相比发生的大变革，粟特及西方文化的影响是很重要的原因。

中国境内的丝绸之路，可大体以兰州为界分成东、西两段。在4世纪至6世纪，东部五胡十六国逐鹿中原，西部各民族连年争战，东西方难以通过传统的交通路线进行交往。然而，战乱并未使中西交流停顿，西北诸民族间的争战，许多都是围绕控制中西商路的目的而展开的，反映出当时中西交流的繁荣和人们对这条道路重要性的认识。这时东方欲与西方诸国来往，不得不另辟新路，上述甘肃、宁夏、山西、内蒙古、河北、辽宁发现的西方金银器、玻璃器及李家营子的银器也证明了北方草原丝绸之路的再度兴盛。善于经商的粟特人沿着这条连接东西方的通路一直进入到今辽宁、内蒙古一带。开元五年（公元717年），唐重建柳城（今朝阳），新城建成后，"集商胡立邸肆。不数年，仓廪充，居人蕃辑"[⑤]。该地商胡能招之即来，足见北方草原丝绸之路的繁荣与兴盛。李家营子的银器可能就是这一带粟特商胡的遗物。

① 洛阳市文物工作队：《洛阳龙门唐安菩夫妇墓》，《中原文物》1982年2期。
　　赵振华等：《安菩墓志初探》，《中原文物》1982年2期。
② 池田温：《八世纪中叶における敦煌のソグド聚落》，《ユーラシア文化研究》Ⅰ，1965年。
　　荣新江：《塔里木盆地周边的粟特移民》，《西域考察与研究》，新疆人民出版社，1994年。
　　张广达：《唐代六胡州等地的昭武九姓》，《北京大学学报》（哲学社会科学版）1986年2期。
③ 《隋书》卷七十五，1709～1710页，中华书局，1973年。
④ 《隋书》卷六十八，1596～1599页，中华书局，1973年。
⑤ 《新唐书》卷一百三十，4494页，中华书局，1986年。

中国发现的粟特银碗

Sogdian Silver Bowls Discovered in China

中国考古发现的唐代金银器，因有一些外来器物混淆在其中未经分辨，不仅影响了正确阐述唐代金银器的艺术风格和制造成就，也无法深入探讨唐代金银器与外来文明的关系。内蒙古敖汉旗李家营子[7]发现的一组银器，形制特殊，与中国传统器物区别较大，容易使人意识到是来自他乡。但与唐代中国自产的金银器同时出土的外来器物常被忽略，鉴别考订出这些器物，不仅是考古学的基础研究，而且这些外来遗物的特殊性，即它们所反映的不同地区的民族文化，无疑也是历史研究中的重要内容。特别是当文献史料缺乏时，这些实物显得尤为珍贵，它们不仅证明了唐代中外交流的繁荣，也具体、形象地再现出唐代文化较为特殊的内涵。

一、沙坡村鹿纹银碗

Study on the Silver Bowl with Stag Design from Shapocun

1964年春，陕西西安沙坡村（唐长安城内）发现一处唐代窖藏[3]，出土15件银器。其中有1件银碗，口径14.7厘米，底径4.8厘米，高4厘米。此碗最突出的特点是在内底刻花角鹿一只[6]，可称为沙坡村鹿纹银碗，现藏于中国历史博物馆。碗的形制、纹样与其他唐代银碗迥然不同，陶瓷器中亦无相同者，唐以前的传统器物中更无同类器形，其产地、制作年代及有关问题需进行讨论。

沙坡村鹿纹银碗（图3-26、27，图版110），形制上最引人注意的是口沿以下内束，然后折成略有弧状的斜壁，碗壁上捶揲出十二个凹凸起伏的瓣状，圈足。这种制作技法和造型风格在古代中亚、西亚乃至地中海沿岸十分流行，是西方传统器皿的特征，显然不像中国自产的器物。地中海东北部地区，银器的造型较早、较多地采用了口沿下内束，使口以下出现颈部，并与器腹之间形成折棱的表现手法，但颈部长，无圈足①。器体刻划或捶揲出起伏的瓣状装

图3-26　沙坡村鹿纹银碗

① 江上波夫等：《古代トラキア黄金展》，中日新闻社，1979年。

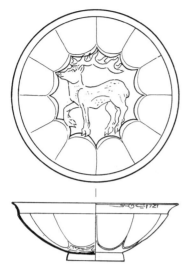

图3-27 沙坡村鹿纹银碗

饰，更是西方古老的传统，早在公元前6世纪末5世纪初，地中海东北部和波斯帝国内便流行这种银器，巴尔干半岛南部的古代色雷斯地区就曾有许多发现[①]（图3-28-1～3），其渊源可能是希腊建筑石柱上带凹槽的做法在银器造型上的运用。后来这种银器较长的颈部逐渐变矮，成为与沙坡村鹿纹银碗近似的样式。捶揲瓣状装饰的做法也曾广泛传播，东方的巴克特利亚、粟特地区都可以见到，5世纪至6世纪的粟特银器中较为盛行[②]（图3-28-4、5），壁画上也能见到描绘的同样的器皿[③]（图3-28-6、7）。就西方银器总体而言，分瓣多而细密、更接近希腊建筑石柱装饰的器物，年代早，生产地点偏西；分瓣少而粗疏的器物，

图3-28 巴尔干半岛银碗、粟特银碗和粟特壁画描绘的碗
1～3. 巴尔干半岛银碗　4、5. 粟特银碗　6、7. 粟特壁画描绘的碗

① 江上波夫等：《古代トラキァ黄金展》，中日新闻社，1979年。

② Б. И. Маршак, Согдииское Серебро. Москва, 1971.

③ 参见桑山正进：《一九五六年以来出土の唐代金银器とその编年》，《史林》六〇卷第六号，1977年。

年代偏晚，为偏东地区所造。这一时代和地区性的变化，为沙坡村鹿纹银碗的产地和年代提供了线索。沙坡村鹿纹银碗上捶揲出的十二瓣，每瓣较粗大，比起巴尔干半岛古代银器上细密的瓣要少得多，而与粟特地区的作品更接近。

沙坡村鹿纹银碗仅于内底醒目地捶出一只鹿，再无其他纹样。鹿高6.7厘米，右前足上抬作行走状，头部昂起前视，耳竖立，似在窥察方向。鹿角按鹿行进方向向后左右展开，每面四个支角，整体呈火焰状，可称为花角。

鹿作为器物的装饰纹样，中国和西方地区均有，而且历史都很悠久，但形象特征却有区别。波斯和粟特艺术中鹿是常见题材，为花角鹿①，英国不列颠博物馆收藏沙卜尔二世的帝王狩猎银盘②、美国私人收藏的带把壶③也都有这样的花角鹿，更多的是见于粟特遗物中。在西方，花角鹿还有更早的实例，如保加利亚出土的2世纪至3世纪的石刻和公元前10世纪至公元前7世纪的青铜饰件上，鹿的形象已具有这样的风格④。巴基斯坦、印度也发现过带花角鹿纹样的遗物。因此，以这一特征的鹿为装饰题材，是西方历史悠久的传统做法。然而对其起源有两种观点，一说源于古希腊爱奥尼亚，一说源于波斯阿契美尼德王朝。不管怎样，巴基斯坦、印度古代遗物上的花角鹿纹样的渊源也来自西方。西安郊区发掘的隋大业四年（公元608年）李静训墓[37]，出土了1件嵌有宝石的金项链，项链上端正中为圆形，边缘焊饰金珠一周，内嵌深蓝色珠饰的垂珠，珠上凹刻一花角鹿（图3-29）。据研究该项链原产于巴基斯坦或阿富汗地区⑤。李静训的祖上在河西为官，她的墓中还出有西方输入的金银器皿，这些物品可能是家传之物。宁夏固原已发掘了葬于天和四年（公元569年）的李静训的曾祖北周李贤墓[172]，墓中出土的鎏金银壶和玻璃碗分别被认为是巴克特利亚地区或嚈哒及萨珊的产品⑥。无论这些推测正确与否，中国在唐以前便从伊朗和阿富

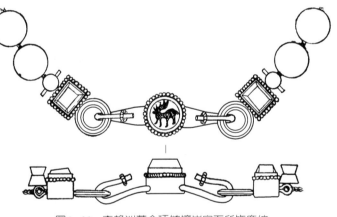

图3-29　李静训墓金项链镶嵌宝石所饰鹿纹

① A. U. Pope, *The Survey of Persian Art*, New Edition. Ashiya, Japan, 1981.
② Prudence Oliver Harper, *The Royal Hunter Art of The Sasanian Empire*. 1978.
③ 参见深井晋司：《アナーヒター女神装饰镀金银制把手付水瓶》，《ペルシア古美术研究·ガラス器·金属器》，吉川弘文馆，1967年。
④ 参见深井晋司：《アナーヒター女神装饰镀金银制把手付水瓶》，《ペルシア古美术研究·ガラス器·金属器》，吉川弘文馆，1967年。
⑤ 参见熊存瑞：《隋李静训墓出土金项链、金手镯的产地问题》，《文物》1987年10期。
⑥ 吴焯：《北周李贤墓出土鎏金银壶考》，《文物》1987年5期。
　孙机：《固原北魏漆棺画研究》，《文物》1989年9期。
　安家瑶：《北周李贤墓出土的玻璃碗——萨珊玻璃器的发现与研究》，《考古》1986年2期。

汗地区的古代巴克特利亚输入了一些物品是无疑的，而当时花角鹿的纹样已在这些地区流行了。

俄罗斯学者马尔萨克所著的《粟特银器》①书中定为6世纪至8世纪的3件粟特银器上饰花角鹿纹样（图3-30）。日本古代东方博物馆编《丝绸之路上的贵金属工艺》一书收录的天理参考馆所藏7世纪至8世纪的鎏金银碗，均以花角鹿为主题纹样②。此外，该书还收录2件私人收藏的青铜盘，被定为萨珊朝的遗物（图3-31），仅根据照片观察，2件器物的真伪尚难确定，但如果不是赝品，它们应是粟特器物而不是萨珊器物；如果是赝品，它们仿造时也必有所本，仍可一定程度地反映粟特器物的风格。以上器物的年代已与沙坡村鹿纹银碗的时代很接近了，而鹿纹的样式更证明了粟特艺术中鹿纹的特色。

中国古代以鹿作为装饰或纹样也很多，如内蒙古伊克昭盟速机沟③出土的鹿形铜饰件为花角鹿，内蒙古西沟畔匈奴墓[121]、呼鲁斯太匈奴墓④也出土花角鹿的饰牌和饰件，都是春秋战国时代北方匈奴系统的遗物。中国南方地区战国时期的遗物中也偶见花角鹿纹样及器物。唐代遗物上

图3-30　粟特银器所饰鹿纹

---

①　Б. И. Маршак, *Согдииское Серебро*. Москва, 1971.

②　古代オリエント博物馆：《シルクロードの贵金属工艺》，有限社会シマプレス，1981年。

③　盖山林：《内蒙古自治区准格尔旗速机沟出土一批铜器》，《文物》1965年2期。

④　塔拉等：《呼鲁斯太匈奴墓》，《文物》1980年7期。

图3-31　鹿纹铜盘

以鹿为纹样的更多，但花角鹿不多见。金银器皿上广泛流行鹿的题材，狩猎图中作为猎物被追赶的鹿暂且不论，仅作主题纹样使用的就有河北出土的宽城鹿纹菱花形银盘[44]（彩版19），内蒙古出土的喀喇沁鹿纹银瓶和"刘赞"葵花形银盘[10]，日本收藏的正仓院鹿纹葵花形银盘[16]（图版38），陕西西安何家村凤鸟纹圆形银盒[16]。这些鹿凡有鹿角的均为平顶，呈灵芝状，有时被称为"肉芝顶"鹿（图3-32）。显然，它们与西方的花角鹿完全是两种风格。毫无疑问，沙坡村鹿纹银碗上的鹿纹属于西方的风格。通过器物形制、纹样的比较之后，可以认为，沙坡村鹿纹银碗是一件西方输入的器物。但此银碗的形制、纹样特征在中亚、西亚都可以找到相似的东西，究竟是哪一地区的产品，也值得探讨。

实际上，通过前面的分析，可以发现，尽管沙坡村鹿纹银碗的产地在"西方"，器物的形制和纹样渊源于地中海东北部古老的工艺技术和装饰手法，但器物特征及时代还是最接近中亚粟特地区。1985年文物出版社出版的《唐代金银器》收录此碗时，新发现并注明"口沿下刻铭文一行，不识"，后来被识出是粟特文①。中国已发现粟特银器，也有不少粟特文字的资料，与粟特人有关的出土文

图3-32　唐代银器所饰鹿纹
1. 宽城鹿纹菱花形银盘　2. 喀喇沁鹿纹银瓶
3. 正仓院鹿纹葵花形银盘　4. "刘赞"葵花形银盘

① 参见林梅村：《中国境内出土带铭文的波斯和中亚银器》，《文物》1997年9期。

书和历史文献记载也很多①。沙坡村鹿纹银碗，可定为粟特银器。

马尔萨克曾将粟特银器分成带萨珊风格、本地特征和接近中国唐代银器的三个流派。把那些捶撲出凹凸起伏的花瓣为器物装饰的碗、盘等，归在了本地特征的流派之中，即属于粟特本地风格②。遗憾的是，马尔萨克论及的粟特银器多是未经科学发掘的传世品；他通过类型学分析，谨慎地将它们分别定在6世纪、7世纪和8世纪，除个别实例，大多数器物的时代范围近百年。因此，无法根据马尔萨克确定的粟特器物来推断沙坡村鹿纹银碗的时代。在中国大量考古资料基础上建立起来的遗物年代演变序列中，确定一件自产器物更小的时代范围并不困难。沙坡村鹿纹银碗与其他十几件唐代器物同出一个窖藏，确定这些同出器物的时代，对沙坡村鹿纹银碗年代的考订有很大帮助。

沙坡村窖藏共出土15件银器，有4件高足杯。其中沙坡村狩猎纹筒腹银高足杯（参见图1-51）深腹，口部之下带突棱，高足上部与杯体相接处带托盘，中部有"算盘珠"式的节。与之形制相同的有临潼缠枝纹筒腹银高足杯（参见图1-53），出土于陕西临潼庆山寺塔基地宫内，地宫中同时出土唐开元二十九年（公元741年）树立的"上方舍利塔记"[26]。沙坡村莲瓣纹折腹银高足杯（参见图1-57）、沙坡村莲瓣纹弧腹银高足杯（参见图1-63，彩版5）的口径大于腹深，杯体上捶撲出两层莲瓣，这种装饰方法在唐代金银器皿中仅见于8世纪中叶以前。沙坡村折枝纹弧腹银高足杯（参见图1-73），亦为口径大于腹深，高足上部无托盘，中部也无"算盘珠"式的节，纹样为飞鸿、折枝花草，与其相同的纹样出现在8世纪初的唐永泰公主李仙蕙墓③和成王李仁墓④的石刻上，时代也不会很晚。饰细密的缠枝、葡萄等纹样的4件沙坡村银香囊（彩版57），以及2件沙坡村素面银带把杯（参见图1-83），也都是8世纪中叶前流行的纹样和器形。因此，沙坡村窖藏的年代下限，不晚于8世纪中叶。鹿纹银碗的制作时代当在此之前。

与沙坡村鹿纹银碗相似、在器壁上捶撲出凹凸瓣状装饰的唐代银器，主要为银碗。西安南郊出土的何家村莲瓣纹弧腹金碗、何家村云瓣纹圜底银碗[16]，收藏在海外的俞博莲瓣纹弧腹银碗⑤、弗利尔莲瓣纹弧腹银碗、纽约莲瓣纹弧腹银碗⑥、白鹤莲瓣纹弧腹银碗⑦（参见图3-64-1～6），都捶出瓣状的装饰，每瓣即通常称作宝相花的一个花瓣。这些花瓣连续展开后环饰器体，有的器物

① 姜伯勤：《敦煌吐鲁番とシルクロード上のソグド人》，《季刊东西交涉》第五卷一、二、三号，井草出版社，1986年3、6、9月。

② Б. И. Маршак, *Согдииское Серебро*. Москва, 1971.

③ 陕西省文物管理委员会：《唐永泰公主墓发掘简报》，《文物》1964年1期。

④ 中国科学院考古研究所：《西安郊区隋唐墓》，科学出版社，1966年。

⑤ Bo Gyllensvard, *T'ang Gold and Silver*, Bulletin of the Museum of Far Eastern Antiquities No. 29. 1957.
又见韩伟编著：《海内外唐代金银器萃编》，图113，三秦出版社，1989年。

⑥ Masterpieces of Chinese and Japanese Art. In *Freer Gallery of Art Handbook*. Smithsonian Institution. Washington, D.C., 1976.
又见韩伟编著：《海内外唐代金银器萃编》，图114，三秦出版社，1989年。

⑦ 嘉纳正治监修：《白鹤美术馆》，神户新闻出版センター，1981年。
又见韩伟编著：《海内外唐代金银器萃编》，图116，三秦出版社，1989年。

饰有双层。花瓣内饰忍冬叶、缠枝、花草、禽兽等。上述器物的造型和纹样，时代均为8世纪中叶以前。经过年代判定的，多定在7世纪。已知唐代以前的金银器上无此类装饰技法，在西方却十分流行，故银器上捶揲出凹凸起伏的瓣状装饰技法应是外来文化影响的结果。沙坡村鹿纹银碗为输入的器皿，时代应与上述银碗相同或略早。另外，西方多瓣器物在由瓣多且细密向瓣少且粗疏的演变过程中，也有变成桃形瓣的实例（参见图3-28-4）。从中外两方面考虑，沙坡村鹿纹银碗的制作时代约在7世纪前半叶。

外来器物传入的年代与产地之间有着不可分割的联系，其输入中国的时间也必然反映某些历史问题。沙坡村窖藏中同时出有粟特和唐代自产的两类器物，说明唐代对粟特银器有相当多的了解。唐代前期的银器制造与西方的关系密切，特别是受粟特银器的影响，沙坡村鹿纹银碗是一个实物证明。

二、西安西郊缠枝纹银碗

Study on the Silver Bowl with Interlocking Branches and
Flowers Design from Xi'an's Western Surburb

西安西郊缠枝纹银碗在中国尚属孤例，已知粟特银器中也没有十分相似的作品，但毫无疑问的是它与唐式银器差异明显，具有浓厚的粟特银器风格。

这件银碗1970年出土于西安西郊，最初发表于《考古与文物》1982年1期，后收入《唐代金银器》[6]《海内外唐代金银器萃编》[16]两书。该碗的碗体不深，平面呈八曲瓣花形，腹壁稍斜，下部内收。碗底接多棱喇叭形矮圈足。器腹凹凸起伏的造型格外引人注意，外腹八条分瓣内凹线较深，在碗内形成八条凸起的棱线，使碗体呈八曲瓣，各瓣凸鼓明显。碗内腹沿着分瓣棱线布置八株花草，每株有对称花叶，花叶顶端为三瓣，一圆两尖，花草下部互相联结呈八角状，整体装饰具有图案化倾向。碗内底心饰有两周联珠纹。碗的外腹按器体的八瓣分为八个单元，每单元内的纹样内容相同，主题由两枝完全对称的缠枝纹组成。足的底边饰一周联珠。器物捶揲成型，花纹錾刻，外壁和碗内纹样鎏金。唐代银碗属常见器物，但此件器物十分独特。

此碗至少在三个方面有外来风格，而且均来自粟特银器。

首先，在器物形制上，腹壁很深的八条内凹线自口及底，使碗内出现明显的凸棱，碗外形成凸鼓的八瓣（图3-33）。沙坡村鹿纹银碗的器壁多瓣起伏，已考订为外来的粟特银器。粟特银器上分瓣常常是凸鼓较明显，属于器物造型范畴。唐式金银碗的分瓣一般都很浅，属于纹样设计。唐式金银碗分瓣的做法，是

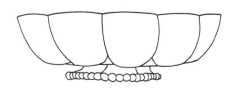

图3-33 西安西郊缠枝纹银碗

用捶揲技术使器皿外表形成花瓣的轮廓，其上錾刻细部纹样，器物的内壁凹陷的痕迹多不十分明显，与粟特器物风格不同。此外，唐式银碗分瓣多为桃形，甚至上下两层，即便如此，这种作风也来源于西方，特别是粟特工艺。

西安西郊缠枝纹银碗与唐式银碗的重要区别，是它的分瓣已经使器物形成了多曲状。多曲状的器身与其说是装饰，不如说是器物的造型，这正是粟特银器的特征。沙坡村鹿纹银碗的十二瓣在这方面与其一致。马尔萨克《粟特银器》①一书列举2件多曲瓣的银碗（图3-34），1件为1961年出于乌兹别克斯坦撒马尔罕的查雷克（Chilek），年代不晚于7世纪。另1件列入粟特本土风格银器组中，为7世纪后半叶的制品②。它们比任何唐式器物更接近西安西郊缠枝纹银碗。

图3-34　粟特银碗

唐代也有一些分瓣的银器，即分瓣时内凹线稍深的器物，如日本白鹤缠枝纹银长杯、西安出土的何家村云瓣纹弧腹银碗和何家村仕女纹银带把杯（彩版12、27、10）。然而，这些分瓣或分曲与西方萨珊、粟特金银器相比都不能算作明显。而且，白鹤缠枝纹银长杯的造型源于萨珊艺术③、何家村云瓣纹弧腹银碗风格源于中亚④、何家村仕女纹银带把杯是粟特银器影响下在中国的创新⑤。可见隆起较高的曲瓣为器物造型的做法属西方金银器风格。

隆起较高或凸鼓明显的曲瓣形器物或许可追溯到地中海沿岸地区的希腊罗马，但在萨珊时期的银器中得到充分体现。代表性器物是多曲长杯，它们以突出高隆的曲瓣为造型特征。长杯的分曲有两种情况，一种是横向分层式的，另一种是竖向分瓣式的。波斯萨珊金银器对中亚地区有极大的影响，但在中亚，隆起较高的曲瓣却产生相对变浅的趋势。阿富汗席巴尔干第四号墓出土的1件金碗，曲瓣较浅⑥，说明早在公元1世纪中亚就已经使用曲瓣式金银容器了，这一特征被后来中亚粟特银器工艺所继承。

---

①　Б. И. Маршак, *Согдийское Серебро*. Москва, 1971.
②　俞博在20世纪50年代研究唐代金银器时也提到过这件器物，并说出土于洛阳。马尔萨克沿用这一说法，但两书均无更多的说明（参见Bo Gyllensvard, *T'ang Gold and Silver*. No.29. 1957. pp.58–60. fig.21. The Museum of Far Eastern Antiquities）。
③　参见本书本编《萨珊式金银多曲长杯在中国的流传和演变》。
④　孙机：《凸瓣纹器与水波纹银器》，《中国圣火》，139页，辽宁教育出版社，1996年。
⑤　参见本书本编《唐代粟特式金银带把杯》。
⑥　加藤九祚译：《シルクロードの黄金遗宝》，112页、113页，岩波书店，1988年。

其次，西安西郊缠枝纹银碗的器足呈多棱形，并在底边饰以联珠，这不是中国传统器皿风格，也不是唐式银器的作风，而与粟特银器相同。粟特银器足部常见多棱，甚至有的器体部分也采用多棱形。而联珠纹原本流行于萨珊和粟特地区，后传入中国，6世纪中叶至8世纪在中国突然兴盛，如敦煌220窟东壁维摩变中的帷屏上的纹样①和420窟西壁龛菩萨塑像裙上的纹样②。唐代金银器上的联珠纹有两种形式，一是突鼓雕塑式的联珠，二是平面錾刻出的联珠。西安西郊缠枝纹银碗足底边的联珠为前者。这类做法在唐代金银器中还有其他实例，如西安何家村出土的金银带把杯和何家村莲瓣纹弧腹金碗[4]，内蒙古敖汉旗出土的李家营子带把银壶[7]，都是在足底边饰有突鼓雕塑式的联珠。带把壶为粟特银器③，带把杯是粟特式器物，碗为粟特影响的结果④。如果再把西安西郊缠枝纹银碗与粟特银器进行比较，这些器物足底边饰联珠做法的来源便十分清楚了。马尔萨克《粟特银器》书中器物图表中有12件银器具有这种装饰，凸鼓雕塑式的联珠可视为粟特银器的重要风格之一。

第三，西安西郊缠枝纹银碗的纹样与绝大多数唐代金银器不同。碗内底的两层联珠纹属西方特征，碗内腹沿着分瓣棱线布置的八枝花草，在唐代其他金银器中也找不到相似的实例（图3-35）。花草的枝头都是三瓣式，中瓣基本作圆状，两侧边瓣向外分为尖叶状，有别于唐代常见的三瓣云朵式花枝，而见于粟特银器。树枝头或花草枝头作三瓣式，是粟特人喜欢的纹样（图3-36），在粟特装饰艺术中常常出现⑤。至于花草严格的对称是因为器形棱线的缘故。碗的外腹为缠枝纹。在唐代金银器纹样的描述中，常用缠枝卷草纹的说法，这是一个含糊的概念，因为尚不能把这种纹样用现实植物名称加以对应，它们已经相当图案化。西安西郊缠枝纹银碗上的纹

图3-35　西安西郊缠枝纹银碗内壁和外腹纹样

图3-36　粟特银碗外壁纹样

①　参见《敦煌壁画》，图117，文物出版社，1960年。
　　参见《敦煌彩塑》，图40，文物出版社，1978年。
②　薄小莹：《吐鲁番地区发现的联珠纹织物》，《纪念北京大学考古专业三十周年论文集》，文物出版社，1990年。
③　参见本书本编《李家营子出土的银器与丝绸之路上的粟特人》。
④　参见本书本编《唐代金银器对粟特银器的影响》。
⑤　Б. И. Маршак, *Согдийское Серебро*. Москва, 1971. 参见书后附图表34、25号器物。

样虽称缠枝纹，但与一般唐式碗的缠枝纹差别很大，它们缺乏明显的对合式多瓣卷叶，也没有7世纪至8世纪唐代金银器纹样中的对勾、云朵式的花瓣，更未形成莲瓣连续的布局。即便在粟特银器中，多瓣卷叶式忍冬纹和云朵式的花瓣也常常见到，而西安西郊缠枝纹银碗的缠枝纹，却与粟特艺术中特有的比较单调的缠枝纹风格相同。

从器物形制和纹样上，目前可见到的与西安西郊缠枝纹银碗较为接近的器物，均为粟特银器。尽管已知的粟特银器分瓣多、敞口，或许这些差异是由于粟特银器的时代分别为6世纪和7世纪，早于西安西郊缠枝纹银碗的缘故。因为在粟特银器中，碗类器物的演变也有分瓣减少、敞口逐渐内收的发展趋势。

总体来说，唐代金银器注重纹样装饰，以华丽丰富为特征，粟特银器常把纹样和造型结合运用。这可能是由于粟特人和萨珊人一样，能更熟练地运用捶揲技术的缘故。捶揲技术不仅使器形发生改观，也令纹样富于变化。综观粟特银器，许多纹样都不是单纯的线刻式的画面，而是器物形态装饰的一部分，有的直接成为器物的造型特征，这在唐代金银器中是难以见到的。器物造型和使用方式与生活习俗有关，地区不同就失去了它的实用意义。西安西郊缠枝纹银碗外表各瓣凸鼓，分瓣线深深内凹，器内出现明显凸棱，显然不符合于中国器皿内部光滑的传统，加之造型、纹样与粟特银器风格接近，可断定是件粟特银器，如不排除唐朝工匠仿造的可能，至少可称为粟特式银器。

三、粟特银碗出现的历史背景
Historical Background of the Emergence of Sogdian Silver Bowl

唐朝以前，中国的金银工艺落后于萨珊和中亚。造型奇异、制作精良的西方金银器的传入，令唐朝工匠耳目一新。在学习模仿中，逐渐将富于变化的优美形态变成适合中国人的兼具实用与观赏的新形制。如何家村莲瓣纹弧腹金碗（彩版24）和白鹤莲瓣纹弧腹银碗（彩版25），运用捶揲技术形成的略微起伏的莲瓣，及足底沿的联珠等粟特遗风，几乎淹没在浓郁的唐式造型和纹样中难以分辨了。

西方银器对唐代金银工艺的影响，以粟特地区最为重要，西亚的萨珊或东罗马的影响，也多间接经过粟特而为唐人接受。既然能产生如此重要影响，当时必定有数量较多的实物流入中国。目前已有不少粟特银器被鉴别出来，逐渐形成了流入中国的粟特银器群，它们分散在各地，与粟特人在中国的迁徙背景相吻合[①]。唐朝境内的粟特人，大量从事手工业技术活动，虽然他们与金银器的关系少见记载，但也不是无据可查。敦煌遗书P.2912《某年四月八日康秀华写经施入疏》[②]便有粟特人康秀华向寺院施舍"银盘子叁枚"的记录，这3件银盘子的样式已无法了解，为粟特人私人用物是没问题的。关于与粟特文化有关的银器，近年又有新的报道，相当于唐代的青海海西州

---

① 张广达：《唐代六胡州等地的昭武九姓》，《北京大学学报》（哲学社会科学版）1986年2期。

② 参见郑炳林：《唐五代敦煌粟特人与归义军政权》，《敦煌研究》1996年4期。

都兰吐蕃墓中出土了一些银器，显然是其他遗物上的配饰件，但从纹样上观察，可以将其与粟特银器风格联系在一起[①]。

粟特是个奇异的民族，虽然历史上经常被外来势力所统治，但他们居住在中亚阿姆河、锡尔河流域富饶的土地上，经济、文化一直较独立，而且融汇了农耕、游牧民族文化的特点，并兼有发达的手工业和商业。他们经商和迁徙的足迹遍及欧亚。粟特人东迁和丝绸之路上粟特商人的频繁往来，促进了粟特地区与中原文化的交流。东迁定居唐朝的粟特人聚族而居，保持族内通婚的习俗，较长期保持着自身的生活习俗，使自身文化得到延续。他们使用的具有民族特色的器物及带来的手工业技术，必然对唐朝金银手工业产生影响。

有关粟特人及粟特地区的记载，很早就见于汉文史料[②]，约4世纪开始不断有移民向塔里木盆地[③]、河西地区及中原[④]迁徙，与中国逐渐发生了密切联系，但真正对中国文化产生影响是在唐代。其原因大约是唐以后粟特人由较少的几处聚居点向四处分散，分散后的粟特人虽仍聚族而居，但其影响面更加扩大。

粟特人能有力地将自身文化向外传播，特别是向高度发达的唐代社会渗透，大概有如下原因：
（1）自身文化的凝聚力强。中国历史上少数民族能较长期保持族内通婚，而不被其他民族同化的实例罕见，比粟特更强大的鲜卑、突厥，一旦进入中原，不久便被同化。而粟特人的数量不多，也没有对中国政治产生大的影响，却长期繁衍生息。（2）思想意识开放。善于经商的粟特人不仅与汉族、突厥等其他民族交往，充当诸民族间贸易的中介人，而且他们的商业行为也伴随着文化的交流，商业对文化传播的作用远超过从事农业经济的民族。（3）文化程度较高。粟特人相对其他民族的人来说，属文化阶层的较多。从敦煌文书中可见，除了商人，粟特人中还有大量的僧侣[⑤]。古代社会的僧侣，不同于一般百姓，自然起到文化传播的作用。（4）留居唐土的粟特人，有的进入官府做官，特别是还有人官商结合，为传播自身文化提供便利。（5）粟特人信仰祆教或佛教，有自己的语言，也是维系民族传统文化的重要原因。因此，重视自身文化的粟特人，便在其迁徙和留居内地的过程中扮演着东西文化交流使者的角色。

---

① 许新国：《都兰吐蕃墓中镀金银器属粟特系统的推定》，《中国藏学》1994年4期。

② 参见白鸟库吉：《康居粟特考》，中译本，商务印书馆，1936年。

③ 荣新江：《古代塔里木盆地周边的粟特移民》，《西域考察与研究》，新疆人民出版社，1994年。

④ 池田温：《八世纪中叶における敦煌のソグド聚落》，《ユーラシア文化研究》Ⅰ，1965年。

⑤ 参见郑炳林：《唐五代敦煌粟特人与归义军政权》，《敦煌研究》1996年4期。

唐代粟特式金银带把杯

Sogdian Silver Handle Cup of the T'ang Dynasty

　　唐代金银器中，既有输入品、仿造品，也有外来文化影响下的创新制品，许多尚未辨识出来。以往学者在论述唐代的金银器时，曾笼统地指出受外来文化的影响，但缺乏具体论证。当一些输入品被鉴别出来之后，有关唐代金银器的外来影响的讨论也应该更加具体、深入。资料较多、外来文化影响显著的金银带把杯便是值得特别关注的重要器类。

　　20世纪60年代初，西安沙坡村窖藏出土了2件素面银带把杯[3]，报道简单，没有更多说明，未引起人们的注意。1972年，西安南郊何家村窖藏又出土金银带把杯6件，统称为唐代遗物[4]。几年后，有学者指出其中的八棱鎏金银杯具有"萨珊式的特征"，将之与萨珊伊朗联系在一起①，但未确定是输入品还是仿制品。

　　当人们意识到唐代金银器受西方影响时，往往首先与萨珊伊朗相联系，这是有缘由的，因为波斯商人在中国的活动为人们所熟知，中国文献中见到的"胡人"多被理解为波斯人。波斯萨珊王朝末代帝王伊嗣侯，即伊斯提泽德三世（Yazdegerd Ⅲ，公元632年至公元651年）②与大食人争战，兵败逃到吐火罗斯坦被杀。其子卑路斯（Peroz）居疾陵城，唐以其地为波斯都督府，授卑路斯为都督。后来卑路斯于咸亨年间（公元670年至公元674年）干脆入唐避难。萨珊末代皇室迁到中国的事件，也容易使人产生萨珊器物随之东来的联想。此外，西亚的萨珊与中亚的粟特银器，长期混淆在一起无法分辨。直到1971年俄国学者马尔萨克撰写了《粟特银器》一书③，粟特银器的面貌才揭示出来。在基本弄清了萨珊朝和阿巴斯朝之间7世纪至8世纪粟特银器的情况后，唐代那些被认为具有"萨珊式的特征"的金银器物应该重新考虑它们的来源了。

　　唐代金银带把杯与粟特器物的关系，首先被日本学者桑山正进提了出来，他认为唐代的筒形和八棱形带把杯的年代"应相当于8世纪前半，是原来中国完全没有的形式，在萨珊朝银器中也完全不存在。如果不考虑粟特地区与唐代中国的关系，这类杯的出现便无从解释"④。这一看法很有见地，只是桑山氏题为《一九五六年来出土的唐代金银器及其编年》的论文，侧重对唐代金银器的介绍和编年研究，其中"金银杯的谱系"一节内容不多，而且还包括其他如高足杯类的讨论，涉及带把杯甚少。

---

① 夏鼐在伊朗德黑兰第六届考古年会上宣读的论文《近年中国出土的萨珊朝文物》中指出，何家村"窖藏中的文物达千余件，其中便有几件是萨珊式的。例如三件八棱鎏金银杯，器身作八棱面，……除了各面的人像和衣服有的具有中国风外，其余都是萨珊式的特征"（《考古》1978年2期）。

② 伊斯提泽德（Yazdegerd）三世，在《旧唐书》中称"伊嗣侯"（5312页，中华书局，1975年），《新唐书》中称"伊嗣侯"（6258页，中华书局，1986年）。

③ Б. И. Маршак, *Согдииское Серебро*. Москва, 1971.

④ 桑山正进：《一九五六年来出土の唐代金银器とその编年》，《史林》六十卷六号，1977年。

随着唐代金银器的大量出土，外来器物需要鉴别和确定产地，一些仿造品和唐代的创新制品也有必要阐明。唐代金银器中不仅存在着一些粟特输入的器物，还有一部分粟特工匠在中国制造的作品，而在粟特器物影响下出现的唐代创新产品更多。这些与粟特关系极为密切的器物，可统称为粟特式器物。所谓"粟特式"器物，未必是输入品，但不是中国风格，可能是中国工匠的仿制品，也可能是粟特工匠在中国的制品。这类器物以金银带把杯最具代表性，金银带把杯所涉及的中亚粟特银器与唐代的密切关系十分明显，考察唐代金银带把杯与粟特器物的关系，不仅可寻找出粟特式器物在中国演变的轨迹，还能据此探讨粟特人在唐朝的活动及其文化影响。

一、粟特银带把杯与唐代金银带把杯
Silver Handle Cup of Sogdia and the T'ang Dynasty

粟特地区的带把杯，只发现有银器，目前知道大约有十几件。杯体呈八棱形、筒形和圜底碗形，绝大部分在杯体下部有横向内折棱，底部带圈足。器物由口部至腹部有环形把手，把手上部有指垫，指垫上面多饰浮雕状人头像。这些器物出现在7世纪至9世纪初。7世纪至8世纪初有八棱形带把杯（图3-37）；7世纪中叶也出现了筒形带把杯（图3-38、39），8世纪中叶以后更为流行；8世纪中叶以后又出现圜底碗形

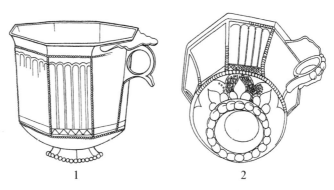

图3-37　粟特八棱形银带把杯

图3-38　粟特筒形银带把杯

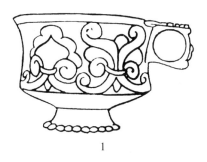 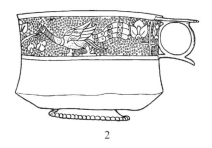

1 2

图 3-39 粟特筒形银带把杯

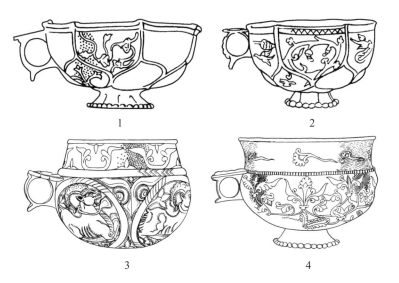

1 2

图 3-41 粟特罐形银带把杯

3 4

图 3-40 粟特碗形银带把杯

（图 3-40）、罐形的带把杯（图 3-41），而八棱形带把杯不再出现。

唐代带把杯，除了银器外，还有金器，发掘出土和世界各博物馆收藏这类器物共 30 余件。造型与粟特各种带把杯基本相同，但把手的样式更丰富。所有这些器物，均无纪年。主要器物参见本书第一编表 1-3，下面对各器的年代略做考证。

<u>李家营子素面罐形银带把杯</u>（图 3-42，图版 112），口部两端微上翘，束颈，鼓腹，腹部偏上有折棱。腹部有环形把，把上有椭圆形指垫。带圈足。

<u>何家村素面罐形银带把杯</u>（图 3-43），颈部稍短，腹上部无折棱。腹部的环形把上有指垫，下有指錾。有圈足。

 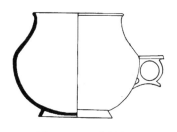 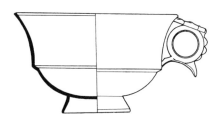

图 3-42 李家营子
素面罐形银带把杯

图 3-43 何家村素面
罐形银带把杯

图 3-44 沙坡村素
面碗形银带把杯

沙坡村素面碗形银带把杯（图3-44，图版113），敞口，腹壁稍内束，下部有横折棱。口与腹部折棱之间的环形把外侧饰联珠，上部有指垫，下有指鋬。有圈足。

这3件器物器体均素面无纹，相似之处在于杯把，唐代金银器中无其他实例可供比较，确定其年代只能参照共出器物。我综合考定内蒙古敖汉旗李家营子素面罐形银带把杯等5件器物的年代在7世纪后半叶到8世纪中叶，以7世纪后半叶的可能性较大[①]。何家村窖藏和沙坡村窖藏年代下限约在8世纪中叶，窖藏的器物并非同时的制品，而其中的带把杯是较早的器物[②]。总之，这3件器物约为7世纪后半叶或8世纪初的制品。

何家村人物纹金带把杯（图3-45，彩版6），杯体八棱形，侈口，器壁稍内弧，下部由横向内折棱处内收，下接圈足。把置于杯体上部，由联珠组成环形把，上部有指垫，指垫上的装饰呈浮雕状。杯体形成的八个棱面各饰一个人物，折棱处饰联珠纹。足部亦为八棱形，足底边为一周联珠。

何家村人物忍冬纹金带把杯（图3-46，彩版7），形制与何家村人物纹金带把杯极为相似，唯杯把指垫上饰一个深目高鼻、长髯下垂的胡人头像。杯体所饰的人物大都穿窄袖翻领袍等胡服，人物的两边饰忍冬纹，棱上为细密的联珠纹。

何家村乐伎纹银带把杯（图3-47，彩版8）[③]，形制与前2件金杯同。杯体上人物均为深目高

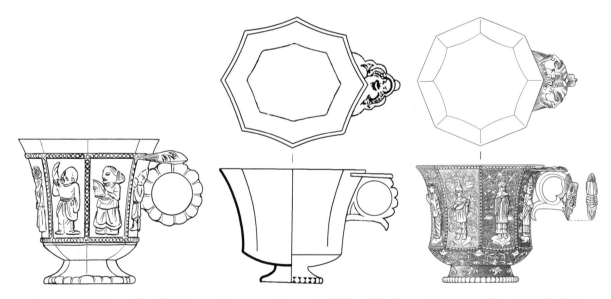

图3-45　何家村人物纹金带把杯　　　　图3-46　何家村人物忍冬纹金带把杯　　　　图3-47　何家村乐伎纹银带把杯

①　参见本书本编《李家营子出土的银器与丝绸之路上的粟特人》。

②　有关何家村窖藏金银器年代下限的讨论，参见段鹏琦：《西安南郊何家村唐代金银器小议》（《考古》1980年6期）。

③　韩伟编著的《海内外唐代金银器萃编》（三秦出版社，1989年）图68，称该器物为"金杯"。《"文化大革命"期间出土文物》（文物出版社，1973年）51页下图，称其为"银杯"。两相对照应是同一器物，为鎏金银器。

鼻、头戴尖顶或瓦楞帽的胡人，手持乐器或作舞蹈状。杯把指垫上饰两个相背的胡人头。

这3件杯均为八棱形杯体，环形把，上带指垫，2件杯把下部有指錾。杯体上的纹样以人物纹为主，植物纹为辅，比较庞杂，显示出浓厚的异域风格，在唐代金银器发展序列中难以进行比较。但其中的联珠纹时代性较强，在织物、壁画和石刻等遗物中，联珠纹出现于北朝，隋和唐初较流行。8世纪中叶以后唐代金银器已很少出现联珠纹，特别是那种颗粒雕塑状的联珠几乎没有。所以3件杯的年代约在7世纪后半叶或8世纪初。

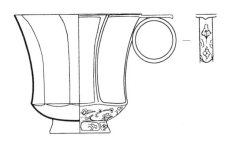

图3-48　韩森寨缠枝纹银带把杯

韩森寨缠枝纹银带把杯（图3-48，彩版9），杯体形制与上述金银带把杯同，但足底无联珠。把上部为近三角形的指垫，其上是折枝飞鸿纹，下部无指錾。杯体的八个棱面四面为缠枝纹，四面为折枝瑞鸟纹。缠枝纹在唐代金银器上流行，此种风格为8世纪前半叶（彩版8）[①]。另外在美国也收藏一件造型、纹样都与此十分相似的器物[②]。

霍姆斯凤鸟纹银带把杯（图3-49），杯体为八棱形。杯把贴在杯体上部沿向外下卷，呈叶芽形。杯腹的纹样打破八个棱面的限制，由一株整体的大缠枝卷叶纹和一只凤鸟通体装饰，枝叶肥大，时代约在8世纪前半叶。

图3-49　霍姆斯凤鸟纹银带把杯

何家村团花纹金带把杯（图3-50，彩版11），杯体呈筒形，侈口，器壁内束，下部有横向内折棱。杯把环形，指垫不与器口相接，直接从环把伸出呈叶片状，与环把一起为"6"字形。带圈足。腹部焊接以扁金丝构成的团花四朵，花瓣的中心曾镶嵌珠宝，边缘焊饰小金珠，杯腹上、下边间隔地饰有云朵纹。杯腹所饰团花，在唐代金银器中不常见，与之风格相近的纹样只出现在泾川金棺上，与金棺同时发现武则天延载元年（公元694年）的舍利石函[③]。因此，何家村团花纹金带把杯年代约在7世纪后半叶。

沙坡村素面筒形银带把杯（图3-51，图版11），形制与前件金杯同，年代也当在7世纪后半叶。

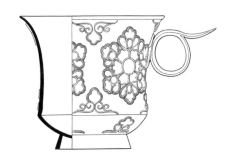

图3-50　何家村团花纹银带把杯

①　东京文化博物馆：《大唐长安展》（日本写真株式会社，1994年）图68出土于西安电车二场，《海内外唐代金银器萃编》（三秦出版社，1989年）图70出土于韩森寨，疑为同件器物，即使不同，造型、纹样风格也完全一致。

②　Maxwell K. Hearn, *Ancient Chinese Art, The Ernest Erickson Collection*, p.18. New York，1981.

③　甘肃省文物工作队：《甘肃省泾川县出土的唐代舍利石函》，《文物》1963年3期。

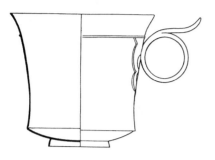

图3-51 沙坡村素面筒形银带把杯

图3-52 纳尔逊缠枝纹
银带把杯

纳尔逊缠枝纹银带把杯[①]（图3-52）、凯波缠枝纹银带把杯（图3-53，图版12）、大阪缠枝纹银带把杯（图3-54）、维克多利亚缠枝纹银带把杯（图版14）都是传世品。形制均与前2件杯相同，而且通体饰缠枝纹。3件器物的缠枝纹虽有区别，但都纤细繁密，此类纹样也在泾川银椁上出现，据同时发现的武则天延载元年（公元694年）的舍利石函，年代约在7世纪后半叶或8世纪初。

图3-53 凯波缠枝纹
银带把杯

图3-54 大阪缠枝纹
银带把杯

西雅图缠枝纹银带把杯（图3-55）、弗利尔葡萄纹银带把杯（图3-56）、詹姆斯鸟纹银带把杯（图3-57，图版15），也都是传世品。形制与前5件金银杯相同。区别在于杯把，把外侧为两片外卷的草叶状装饰，上片叶是两个对卷勾，下片叶接杯壁并形成指鋬。这种把都较大，几乎与杯身同高。3件杯均饰缠枝纹，西雅图缠枝纹银带把杯和弗利尔葡萄纹银带把杯纹样细密，年代应在7世纪末8世纪初。詹姆斯鸟纹银带把杯的纹样趋于疏朗，并出现阔叶，时代约在

图3-55 西雅图缠枝纹
银带把杯

图3-56 弗利尔葡萄纹
银带把杯

图3-57 詹姆斯鸟纹
银带把杯

---

① 纳尔逊缠枝纹银带把杯即韩伟编著的《海内外唐代金银器萃编》图73"卷草纹6字形柄银杯"（三秦出版社，1989年）。

8世纪中叶。此外还有白鹤缠枝纹银带把杯和大和文华缠枝纹银带把杯（图版16），但杯把都已失[①]。

图3-58　何家村仕女纹银带把杯

何家村仕女纹银带把杯（图3-58，彩版10）。器壁向内凹的八条线使器体呈外鼓的八瓣花形，杯体下部也无横向内折棱，为圜底碗形。带圈足，足底周饰联珠纹。环形杯把，指垫与口沿平，为多曲三角形，其上刻一只鹿及简单的花枝。杯体下部为花瓣似的托，其上八瓣每瓣内饰仕女或骑马狩猎纹。纹样内容在8世纪初章怀太子李贤墓壁画[②]等许多资料中见到，其时代应在8世纪前半叶。

以上唐代金银带把杯的时代都在7世纪中叶至8世纪中叶，即唐代前期百年左右。器物之间虽在形体、杯把、纹样上有差异，却无明显的演变关系。

二、唐代金银带把杯分组
Categorization of the Gold & Silver Handle Cups of the T'ang Dynasty

20世纪50年代，瑞典学者俞博（Bo Gyllensvard）在研究唐代金银器时进行了器物分类，当然也涉及带把杯，不过当时没有科学发掘出土物，所能见到的器物均为传世品。他将这类器物列入 Wine Cups（葡萄酒杯）一节中，列举出7件银带把杯的实物[③]。在进行器物比较时，将瓷器和西方器物一并列入。令人不解的是，有1件他认为是萨珊的带把杯却归入多瓣碗中，可能是考虑到这件器物曲瓣式的器身[④]。然而在多瓣碗类器物中，又包括了通常所说的多瓣碗、多瓣高足杯和多瓣带把杯。由于当时只有传世品，萨珊与粟特器物也尚未加以区别，俞博的研究受到很大限制。今天看来，多瓣碗、多瓣高足杯和多瓣带把杯是完全不同的器类，而他在器物比较时利用的西方带把杯与萨珊银器的关系不大，那些所谓萨珊带把杯，后来被马尔萨克论定为粟特器物。

20世纪70年代日本学者桑山正进分类整理唐代的金银带把杯，全都采用地下出土物，没有参考传世品。他把唐代金银带把杯分两类，其中一类又分为a、b两种亚型，a亚型，即本文的何家村团花纹金带把杯、沙坡村素面筒形银带把杯，强调的特征是其筒形杯体和"6"字形环把。b亚型，

① 韩伟编著：《海内外唐代金银器萃编》图76、80，三秦出版社，1989年。
② 陕西省博物馆等：《唐章怀太子墓发掘简报》，《文物》1972年7期。
③ Bo Gyllensvard, *T'ang Gold and Silver*, fig.24, No.29, The Museum of Far Eastern Antiquities, 1957. fig.21. pp.58-64.
④ 俞博文中称带把杯为wine cup，意为葡萄酒杯，另一类器物称Poly-lobed bowls，意为多瓣，其中包括有多瓣高足杯和多瓣碗，也有多瓣带把杯。

即本文的何家村人物忍冬纹金带把杯、何家村乐伎纹银带把杯，强调的特征是其八棱形杯体和带指垫、指錾的把手。另一类则是本文的沙坡村素面碗形银带把杯、何家村仕女纹银带把杯，强调的特征是其圜底碗形的杯体。实际上是指出了三种不同的形制，即杯体为筒形、八棱形和圜底碗形三种区别。桑山正进在研究时已读到了马尔萨克的著作，文中将唐代带把杯与西方器物进行比较，认为与粟特关系密切[①]。

随着唐代、萨珊、粟特银器研究的进展，当年俞博对唐代金银器的分类已经不能接受，原因是带把杯被分在不同的器类中，而且他在证明唐代金银器受萨珊影响时所依据的某些器物，恰恰是目前已从萨珊银器中区分出来的粟特器物。桑山对唐代金银带把杯的分类着眼于器物本身的形态，在分类结果与不同文化谱系的联系方面有创见，但在探讨这些器物究竟是由谁、在什么地方制造等问题时无法深入，而且分类仅限于出土器物，致使资料薄弱，论述未能展开。

器物形态的相似性通常是归为同一类型的理由，器物间最主要或最明显的一致最容易在器物形态分类中受到重视。但是，形态不同的器物可以是同一时代、同一地区、由不同的工匠制作的；而形态相同或接近的器物，也可能有时代和产地的不同。唐代带把杯的罐形、八棱形、筒形、圜底碗形杯体是显而易见的差别，然而这类器物值得重视的还有杯把的鲜明特色。

唐代带把杯的杯把细部区别有四种：（1）环形把，上有宽平的指垫，下带指錾。（2）环形把，窄指垫上翘，无指錾，把环与指垫呈"6"字形。（3）叶芽形把，似一枝叶芽贴在器壁，然后向外部下方弯曲。（4）卷草叶形把，两叶相叠，上片为指垫，下片下垂为指錾，把内由对勾形成耳状。

四种杯体和四种杯把主要有六种组合：（1）罐形杯体与带指垫、指錾类把共存。（2）八棱形杯体与带指垫、指錾类共存。（3）圜底碗形杯体与带指垫、指錾类把结合。（4）筒形杯体与"6"字形环把类结合。（5）筒形杯体与卷草叶形把结合。（6）八棱形杯体与叶芽形把类结合。

任何时代都会出现新的器类和器形。一般地说，所谓传统，是与一定地区的生活习俗和信仰有关，因此会有极强的生命力和延续性，也会反映到日常生活中使用的器物上。追溯带把杯的渊源，在中国传统器物中，只有一个模糊的线索，那就是汉代饮器中有一种小卮（图3-59），小卮的整体形制，与唐代圜底碗形金银带把杯有些接近，带环形的把，并有在环把上部带指垫者，呈"6"字形[②]。小卮在汉代并不多见，以后也不流行，湖南安乡西晋刘弘墓出土一件玉卮，为"6"字形把，而器体呈筒形，带三个

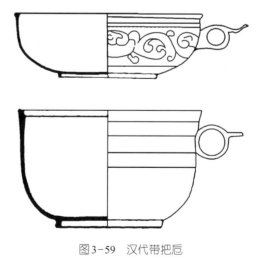

图3-59　汉代带把卮

①　桑山正进：《一九五六年来出土の唐代金银器とその编年》，《史林》六十卷六号，1977年。
②　参见孙机：《汉代物质文化资料图说》，310～312页，文物出版社，1991年。

图3-60　晋代玉带把卮

矮蹄足（图3-60）[①]。这种带"6"字形把的器物,汉晋时期一直罕见,找不到与唐代带把杯之间的演变联系。

与一般社会自身发展出现的创造不同,外来文化的渗透会影响人们的社会生活,产生出一批新的器物和器形。这种新的器物和器形与移民、输入品和仿制活动有关。带把杯的出现应属于这一种情况。如果与西方物品进行比较,能找到许多共性,甚至可以说,不少器物与粟特银器惊人地相似。

由于唐代金银带把杯在中国传统器物形制中找不到演变的渊源,而在粟特器物中常见,杯把又是最突出的特征,以此为参照,将唐代带把杯的杯把细部区别、杯体和杯把的结合与粟特带把杯进行比较。以杯把所具有的粟特器物特征的有无和强弱作为标准,可将这些唐代带把杯分为三组,详见表3-1。

这样划分的三组器物,或许令人产生疑义,因为带把杯的形制一望即知的区别是杯体的不同,即明显分为罐形、八棱形、筒形、圜底碗形,而八棱形杯却被分在不同组之中,同样,2件圜底碗形杯也分到不同的组别中,似乎违反了一般对器物形态分类的原则,因而需要对此略作说明。

这样分组目的是讨论这些器物是在什么地区、由什么人制造的。如前面所述,同类型的器物可能由不同的工匠群体或民族制作,不同类型的器物也可能由相同的工匠群体或民族制作。因为民族的迁徙、文化的交流,会出现模仿和多种风格的融合。而且,在手工业时代,器物由不同的人或同一人一件件地制造,器形也千姿百态。加之工匠的移动和交流等,器物制作形态都会呈现复杂性。一般注重形态最明显区别的类型分析,有时也满足不了对制造者和产地,以及工匠们技能发展和社会风习变化的探求。

就唐代金银带把杯而言,通常的类型划分并不能充分反映年代上和地理上的关系,难以通过器物了解其背后的历史。考古学和艺术史研究中,更有价值的探讨是器物形态背后工匠或艺术家创造性的发现、区域间的相互影响和历史的演进。因此,在考察唐代金银带把杯,并试图通过器物揭示历史时,首先必须对器物形态进行分析,带把杯的分类不必拘泥于显而易见的杯体,而应综合考虑杯把的特征、杯体与杯把的组合、装饰纹样和制作方法,重要的参照依据是粟特器物。

基于这一看法,第一组的3件银杯,都是中国传统没有的形制,而杯体与杯把特征在粟特及广大中亚草原地区的金银器中可找到原型。第二组的3件金银杯,也是中国原来没有的形制,杯体与杯把在粟特银器中有相同的造型,却无同样的铸造技术和金质器物。第三组的11件金银杯,杯体在粟特银器中有原型,杯把却是新样式,纹样更相异趣。为了与通常的分类相区别,把三种类型称为组别。

---

① 安乡县文物管理所：《湖南安乡西晋刘弘墓》,《文物》1993年11期。

表 3-1 唐代金银带把杯分组

概况 分组	器物名称	杯体形制	杯把形制	器物性质	时代
第 一 组	李家营子素面罐形银带把杯	罐形	环形	粟特制品	7世纪后半叶或 8世纪初
	何家村素面罐形银带把杯	罐形	环形	粟特制品	7世纪后半叶或 8世纪初
	沙坡村素面碗形银带把杯	碗形	环形	粟特制品	7世纪后半叶或 8世纪初
第 二 组	何家村人物纹金带把杯	八棱形	环形	粟特工匠的制品	7世纪后半叶或 8世纪初
	何家村人物忍冬纹金带把杯	八棱形	环形	粟特工匠的制品	7世纪后半叶或 8世纪初
	何家村乐伎纹银带把杯	八棱形	环形	粟特工匠的制品	7世纪后半叶或 8世纪初
第 三 组	韩森寨缠枝纹银带把杯	八棱形	环形	中国制品	8世纪前半叶
	大都会缠枝纹银带把杯	八棱形	环形	中国制品	8世纪前半叶
	霍姆斯凤鸟纹银带把杯	八棱形	环形	中国制品	8世纪前半叶
	何家村团花纹金带把杯	筒形	6字形	中国制品	7世纪后半叶
	沙坡村素面筒形银带把杯	筒形	6字形	中国制品	7世纪后半叶
	纳尔逊缠枝纹银带把杯	筒形	6字形	中国制品	7世纪后半叶
	凯波缠枝纹银带把杯	筒形	6字形	中国制品	7世纪后半叶
	大阪缠枝纹银带把杯	筒形	6字形	中国制品	7世纪后半叶
	维克多利亚缠枝纹银带把杯	筒形	6字形	中国制品	7世纪后半叶
	西雅图缠枝纹银带把杯	筒形	草叶形	中国制品	7世纪末8世纪初
	弗利尔葡萄纹银带把杯	筒形	草叶形	中国制品	7世纪末8世纪初
	詹姆斯鸟纹银带把杯	筒形	草叶形	中国制品	8世纪前半叶
	何家村仕女纹银带把杯	碗形	6字形	中国制品	8世纪前半叶

三、各组器物的产地和制造者
Provenance and Manufacturor of Each Category

三个组别的划分，与器物的制造者、产地紧密相关。

第一组器物中的李家营子素面罐形银带把杯，我曾将其考定为粟特器物，在此不再赘述[①]。有的学者认为是突厥式银器[②]。粟特人手工业发达，并有经商的传统，与游牧民族的突厥人有密切的往来，突厥人又曾较长时间统治粟特地区，突厥人的金银器与粟特器物有相似之处，故国外有关中亚考古研究中有"突厥-粟特文化圈"的说法，而对7世纪至8世纪中亚草原地带发现的某些金银器，称之为突厥-粟特混合样式。突厥人也直接使用粟特金银器。李家营子的银器是偶然发现的，发掘报告估计金银器的出土地点可能为"两个土坑墓"[③]，银器皿出土于1号墓，被推测为辽代。我在本书本编《李家营子出土的银器与丝绸之路上的粟特人》中指出，目前已知的辽墓或唐墓，能出土精美银器皿者，墓主的身份较高，墓的规模较大，多为砖室墓。报告特别提到有人骨而无砖、石建筑材料。如是一般墓葬，随葬品不会只有银器而无其他遗物。从单纯出土带把壶、带把杯、盘、长杯和勺这一套餐具的情况看，很像是旅行者随身携带的用具。墓主有可能是因突发原因死亡而被草草掩埋的旅行者。粟特人经商旅行各地，足迹到达过李家营子所属的地区。这一套完整的银餐具，均有浓厚的粟特银器风格，制造来源应一致。

何家村素面罐形银带把杯在唐代金银器中也无相似的造型。青海上孙家寨晋墓出土过1件银壶[168]，形态有些接近，但时代较早，很难直接比较分析。在粟特故地及北部草原地区，突厥、粟特或粟特-突厥混合式的器物中常见罐形带把杯[④]，粟特银器中还有形制更相像的实例，如俄罗斯埃尔米塔什博物馆收藏的山羊纹罐形银带把杯（参见图3-41）[⑤]。沙坡村素面碗形银带把杯，折腹及把手的特征与粟特银器也较接近[⑥]。何家村窖藏和沙坡村窖藏，出土遗物的内涵复杂，现已查明两窖藏中均有外来物品，特别是存在着粟特遗物[⑦]。这2件带把杯的形制特殊，又与粟特器物接近，也可能是输入品。由于沙坡村素面碗形银带把杯口部外侈、口径大于腹深的特点在粟特器中不多见，而且已知的口径大于腹深的粟特带把杯，杯体多呈圜底碗形，不再有折棱，也不排除沙坡村素面碗形银带把杯是中国仿制的，但至少可称为"粟特式"带把杯。

第二组器物中的何家村人物纹金带把杯、何家村人物忍冬纹金带把杯、何家村乐伎纹银带把杯，外来风格亦极为浓厚，但又有特殊性。何家村人物纹金带把杯的大联珠环状把，何家村人物

---

① 参见本书本编《李家营子出土的银器与丝绸之路上的粟特人》。
② 孙机：《近年内蒙古出土的突厥与突厥式金银器》，《中国圣火》，260～264页，辽宁教育出版社，1996年。
③ 敖汉旗文化馆：《敖汉旗李家营子出土的金银器》，《考古》1978年2期。
④ 东京国立博物馆等：《シルクロードの遗宝》，图137、139，日本经济新闻社，1985年。
⑤ 东京国立博物馆等：《シルクロードの遗宝》，图130，日本经济新闻社，1985年。
⑥ 马尔萨克：《粟特银器》，图表中的12、40、45（Б. И. Маршак, *Согдииское Серебро*. Москва, 1971）。
⑦ 参见本书本编《唐代金银器皿与西方文化的关系》《中国发现的粟特银碗》。

忍冬纹金带把杯、何家村乐伎纹银带把杯指垫上饰的胡人头像，都是粟特带把杯最具特色的内容。粟特银器中的带把杯，环形把手的上部有近似水平的指垫，指垫上饰人物头像，把下部都有小突起，很少例外。这3件器物足部底边的联珠和八棱折棱处的联珠等，也流行于粟特器物中。杯上的人物形象和服饰也不似唐代作风，窄袖翻领袍具胡服特色，与唐代大量金银器的装饰风格不同。

但是，粟特银器饰有人物纹样的较少，何家村人物纹金带把杯横向内折棱处饰有网格、钱币纹和对置的叶瓣，是在南北朝时期的墓砖上也能见到的纹样。种种迹象表明，这组既不属于唐代风格，又不宜定为粟特器物的带把杯，应该是粟特工匠在唐朝的制品。后文将对此专门讨论。

第三组带把杯最重要的部位——杯把是新样式。目前所知的粟特银器中，几乎都是带宽指垫和指鋬的环形把。而这组器物中，一部分把手是将银条作成环形安在杯上，上端不与口缘平齐，如果口缘下有突带，则安在突带之下；指垫不与口沿相连，直接从环形把上部向外伸出，并微向上翘；环把更无装饰、无指鋬，这是粟特没有的样式。考虑到汉晋时期曾出现过带"6"字形把的卮，尽管相距太远，中间又罕见其延续，如不排除跳跃式重新接受的可能，似乎也可视为中国的式样。还有一部分叶芽形把和卷草叶形把，均不见于粟特和西方银器中，是中国的创新样式。

八棱形杯体在这组器物中只有2件，圜底碗形的也只有1件，其他都是筒形杯体。尽管这些器物形制的总体仍是粟特风格，但不仅杯把形状有创新，纹样也完全采用唐代流行的缠枝或雀绕花枝内容，其浓厚的中国式纹样证明这组器物制造于中国。何家村仕女纹银带把杯较特别，呈圜底碗形的杯体，因捶揲出莲瓣而形成多曲的花形。其环形把手仍以环为主体，上部有与口缘平齐的指垫，下部带突起的指鋬，与杯相反的一侧饰有联珠，还保留着粟特带把杯的遗风。纹样不仅有乔木花草，还有褒衣博带的仕女和骑马狩猎纹。

这组器物应是在粟特带把杯影响下进行了一些改造的创新制品。

四、粟特带把杯与第二组器物

Sogdian Handle Cup and the Second Group of Vessels

被称作"昭武九姓"的粟特人与中国唐朝的密切关系，随着近些年历史学的深入研究，也越来越清楚了。唐代器物中新出现的这些粟特式带把杯，当不是偶然现象。前面已将第一组定为粟特输入品，第二组定为粟特工匠在中国的制品，第三组定为唐代在粟特影响下的创新制品。其中第二组器物定为粟特工匠在中国的制品的原因，需要专门进行讨论。

中亚粟特银器中，带把杯是主要的器类之一。马尔萨克《粟特银器》一书列举出粟特带把杯12件。杯体也有罐形、八棱形、筒形、圜底碗形，杯把却只有一种，即环形、宽指垫、有指鋬类。它们的流行年代情况是，8世纪中叶以前，主要是八棱形带把杯，最早的列入7世纪后半叶，较晚的为8世纪前半叶，形态都较瘦高。8世纪中叶以后，杯身发生大的变化，有罐形、筒形和圜底碗形的带把杯，口部或腹部直径大于杯高。圜底碗形的带把杯，杯身还做出以花瓣为托，上部再分花瓣的做法（参见图3-40）。12件粟特带把杯中，有10件足底边饰联珠，6件指垫饰胡人头，4件环形把以联珠为装饰。

唐代金银带把杯的第二组，与粟特早期器物最为接近，年代也相当，形制基本不差地属于粟特银器的造型。最醒目的杯把部分同粟特银器一样，做得很精致，环形把的上面带宽指垫，下面有指錾，又非常强调指垫的装饰，连粟特带把杯指垫上的胡人头像（图3-61-1～6），甚至两个相背的胡人头像的做法，均精细地表现出来。何家村人物忍冬纹金带把杯、何家村乐伎纹银带把杯饰深目高鼻、长髯下垂的胡人头像的罕见做法（图3-61-7、8），可以称作是纯粹的粟特风格。粟特银器经常在环把的外侧做出联珠装饰，也一模一样地出现在何家村人物忍冬纹金带把杯上，同时出土的何家村人物纹金带把杯，干脆由大联珠组成环形杯把。由大联珠组成的环形把曾被中亚及在更广阔范围内的游牧民族较普遍采用。黑海沿岸出土的7世纪金带把杯，是突厥-粟特混合样式，联珠圈式的杯把与何家村人物纹金带把杯一致[1]。仅根据把和杯体的基本样式，无法将这组器物和粟特银器相区别，它们不大可能出自中国工匠之手。

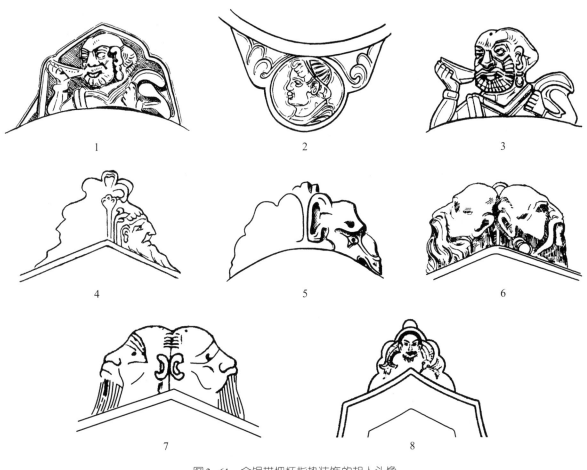

图3-61　金银带把杯指垫装饰的胡人头像
1～6.粟特银带把杯　7、8.唐代粟特式金银带把杯

---

① 东京国立博物馆：《シルクロードの遗宝》，图139，日本经济新闻社，1985年。

它们也不是输入的器物。首先，3件器物均采用铸造方法制作。粟特银器的重要特征之一，是器体轻薄，采用捶揲技术。而在中国，铸造工艺有悠久的传统，不仅青铜器如此，中国最初的金器皿也采用铸造方法制作。如湖北随州战国时期的曾侯乙墓出土的金盏、金杯等[91]。第二组的3件杯由于铸造成型，杯体显得十分厚重，这种胎体不见于粟特器物。其次，这组器物有2件是金器。从6世纪至8世纪，粟特虽然大量制作银器，金器却极少，其制作情况并不清楚。金和银因熔点不一样，制造时有差别。粟特金器的制作至今尚无资料。第三，这3件杯的人物纹样，按八个棱面单体出现，并采用浮雕式的做法。这种分隔单体式的人物，在萨珊和粟特器物中都尚未见到。萨珊银器特别是银盘常见人物，而且多是帝王狩猎场面。粟特银器受萨珊影响，但出现人物的也不多。有1件饰有国王宴饮图的粟特银盘，马尔萨克将其归为与萨珊银器关系密切的作品①；另1件饰有裸女、牡鹿、葡萄缠枝纹的银盘②，马尔萨克认为是粟特银器中的特殊器物。至于粟特银带把杯，目前资料中还不知有人物纹样出现。据报告中的描述，<u>何家村人物忍冬纹金带把杯</u>上"除一人双手合十，袒腹裸胸外，其余均穿窄袖翻领袍、束带、着靴，或挎刀佩剑，或执筭在手"。<u>何家村乐伎纹金带把杯</u>"有执拍板、小铙、洞箫、曲颈琵琶的乐伎，另有抱壶、执杯及两名空手做舞者。人物均系深目高鼻头带卷檐尖帽或瓦棱帽的胡人"③。由于器物形体较小，通高只有5.3厘米和6.6厘米，又是采用浇铸成型，人物的高度不足4厘米，无法精细刻画，也很难进行详细的特征描述，服饰、面目和头饰，总体可看出是胡人与胡服特色，是否执筭难以确定。

这组金银杯与粟特器物多方面的一致，最大的可能便是粟特工匠在唐朝的制品。中国目前已经发现了输入的粟特器物，其他器物中大量出现粟特银器的风格，说明粟特银器工艺对唐朝影响很深，如果仅仅是靠唐代工匠对外来器物的模仿，而没有粟特人的参与，是很难想象的。粟特工匠在唐朝，很容易得到金银原料、学会铸造技术，用来制作自己熟悉的作品。这组器物的造型和人物纹样，又恰恰反映了作者对粟特器物的造型十分熟悉，如果解释为粟特工匠在中国制造的，其异常风格似乎都顺理成章了。

五、粟特人在中国
Sogdian in China

第二组器物由粟特工匠在中国制造，是据器物自身的分析得出的结论。单纯依靠考古资料似乎仅能推测到此。当时是否有粟特工匠来到中国？他们是否有在中国制造器物的可能？从文献记载中，可得到诸多的启示。

通过文献探讨有关粟特人来华之事，虽早有研究，但近些年来的成果尤为显著。粟特在中国内地有大量的移民存在，在考古学上也有不少资料。西安、洛阳等地曾出土安令节、曹明照、康

① 马尔萨克《粟特银器》图表中的31（Б. И. Маршак, *Согдииское Серебро*. Москва, 1971）。
② 马尔萨克《粟特银器》图表中的43。
③ 韩伟编著：《海内外唐代金银器萃编》，182页、183页，三秦出版社，1989年。

庭兰、安延、安神俨、康磨伽、康留买、石崇俊、米萨宝、何知猛、何摩诃等昭武九姓粟特人墓志[①]，洛阳还发掘了粟特人安菩的墓葬[②]，宁夏固原甚至发掘了粟特人的墓群[③]，可知粟特人在唐朝分布相当广泛。

由于敦煌和吐鲁番出土了文书，这两个地区粟特人的情况比较清楚。唐代敦煌从化乡是粟特人聚集的中心，其他诸乡也有大量粟特人生活，他们居住敦煌至少可上溯到4世纪[④]。S.613《西魏大统十三年（公元547年）瓜州效谷郡计帐》就记录了曹姓的粟特人。进入唐朝后似乎粟特人数更多，P.3557、P.3669《武则天大足元年（公元701年）沙州敦煌县效谷乡籍》，P.3898、P.3877《唐开元十年（公元722年）沙州敦煌县悬泉乡籍》，S.6298《唐开元年代沙州敦煌县籍》，S.2703《唐天宝年代敦煌名簿》都记载了曹、康、石、安、米等诸姓粟特人[⑤]。吐鲁番出土的《唐神龙三年（公元707年）高昌县崇化乡点籍》中，残存户主名47人，属于昭武九姓的粟特人达25人。如同敦煌从化乡一样，这里也是粟特人聚落[⑥]。"从化""崇化"的乡名，指"归化""慕化"唐朝的外族人。可见唐朝对粟特人来华并不排斥，安置也是有计划的。这些户籍均为8世纪中叶以前，与本文讨论的唐代金银带把杯，特别是第二组粟特工匠制品的时代一致，即出现这组制品时，已经有大量粟特移民来到中国。

居住在敦煌和吐鲁番的粟特人，是否会来到长安？姜伯勤曾将流入中国的粟特人分为"登籍"和"未登籍"两类。前面提到的敦煌、吐鲁番文书中的户籍记载的粟特人，都是登录入籍于唐朝的人。未登录唐朝户籍的粟特人主要为"商胡"或"客胡"。约为7世纪的《高昌昭武九姓胡人曹莫门陁等名籍》文书，载有曹姓33人、何姓7人、康姓2人，为"客胡"名簿[⑦]。

"登籍"的粟特人与主要从事农业生产的汉人不同，他们从事手工业和商业，这自然是祖传的技能，把自己擅长的技术带来中国。既然是"登籍"的唐朝编户，就能享受均田制下的授田，同样也要担负差科徭役。按唐代的服徭役制度，各州工匠常被征调到中央服务。《唐六典·尚书工部》载："少府监匠一万九千八百五十人，将作监匠一万五千人，散出诸州，皆取材力强壮，伎能工巧者，不得隐巧补拙，避重就轻。其驱役不尽及别有和雇者，征资市轻货纳于少府、将作监。其巧手供内者，不得纳资。有阙则先补工巧业作之子弟，一入工匠后，不得别入诸色。"[⑧]唐代政府规定普通百姓可以税代役、以庸代役，但能工巧匠除外，他们不得纳资代役，必须到中央服役，从事各种手工业品的制造。粟特人既入唐成为编户臣民，有擅长金银细工者，就要到中央服役，

① 向达：《唐代长安与西域文明》，12～24页，生活·读书·新知三联书店，1979年。
　　吴玉贵：《凉州粟特胡人安氏家族研究》，《唐研究》第三卷，北京大学出版社，1997年。
② 洛阳市文物工作队：《洛阳龙门唐安菩夫妇墓》，《中原文物》1982年2期。
　　赵振华等：《安菩墓志初探》，《中原文物》1982年2期。
③ 罗丰：《固原南郊隋唐墓地》，文物出版社，1996年。
④ 池田温：《八世纪中叶における敦煌のソグド聚落》，《ユーラシア文化研究》Ⅰ，1965年。
⑤ 参见郑炳林：《唐五代敦煌粟特人与归义军政权》，《敦煌研究》1996年4期。
⑥ 姜伯勤：《敦煌吐鲁番とシルクロード上のソグド人》，《季刊东西交涉》第一号，井草出版社，1986年3月。
⑦ 国家文物局古文献研究室等：《吐鲁番出土文书》第三册，119～120页，文物出版社，1981年。
⑧ 《唐六典》卷七，222页，中华书局，1992年。

似乎别无选择。

唐长安城内曾居住过不少粟特人。《旧唐书·职官志》载："初以萨宝府、亲王国官及三师、三公、开府、嗣郡王、上柱国已下，护军已上勋官带职事者府官等品。开元初，一切罢之。今唯有萨宝、祆正二官而已。"[①]"萨宝"一词，一般认为源于粟特语，其意为商队首领。在中国"萨宝"作为官职，是总管胡教之首领，特别是拜火教的首领[②]。《隋书·百官志》记北齐制度时称，掌蕃客朝会的鸿胪寺，统"典客署，又有京邑萨甫二人，诸州萨甫一人"。萨甫即"萨宝"，有时亦作"萨保"，为音译用字不同。至隋，"雍州萨保，为视从七品"，"诸州胡二百户已上萨保，为视正九品"[③]。可见有的地区特别是京城，专设萨宝之职，这一职务多由粟特人担任，固原粟特墓地出土的史射勿墓志便称："曾祖妙尼，祖波波匿，并仕本国，具为萨宝"[④]。

粟特人手中拥有银器和从事金属手工业的记载，在文书中也有反映。P.2912《某年四月八日康秀华写经施入疏》记载，粟特人康秀华请寺院写经一部，便"施银盘子三枚"和其他物品充写经值。从事手工业的人，也有金属业中的铜器制造者。64TAM35：25是与武周圣历元年（公元698年）文书同出的《唐高昌县为追送铜匠造供客器事下团头帖》：

> 高昌县　　　帖团头傅□
> 　　□□张竹
> 铜匠安明智、安大寿、石思
> 　　右件人等，先造供客器□
> 　　至。仰速追送，立待三□
> 　　　丞尉张仁

安明智、安大寿和石某等粟特人即为高昌县的铜匠。

"未登籍"的粟特人，主要是往来于中亚与唐朝之间进行各种贸易活动的"商胡"。值得注意的是他们买卖金、银之事。《高昌内藏奏得称价钱帐》载：

> 起正月一日，曹迦钵买银二斤与何卑尸屈，二人边得钱二文。即日、曹易婆□买银二斤五两与康炎毗，二人边得钱二文。次二日翟陁头买金九两半，与□显祐，二人边得□□□。次三日，何阿陵遮买银五斤二两与安婆□，□□□□钱五文。即日、翟薛畔买香五百七十二斤，输石叁拾。[⑤]

① 《旧唐书》卷四十二，1803页，中华书局，1975年。
② 龚方震：《唐代大秦景教碑古叙利亚文字考释》，《中华文史论丛》1辑，中华书局，1983年。
　　罗丰：《固原南郊隋唐墓地》，拾壹《史氏墓志考释》，文物出版社，1996年。
③ 《隋书》卷二十八，790～791页，中华书局，1973年。
④ 罗丰：《固原南郊隋唐墓地》，文物出版社，1996年。
⑤ 国家文物局古文献研究室等：《吐鲁番出土文书》第三册，318页，文物出版社，1981年。

据朱雷对此件文书的研究，其中的"买"即"卖"，在曹迦钵与何卑尸屈二人之间的买卖银的交易中，官府从双方收取税钱二文[1]，姜伯勤又曾将称价钱的情况列出明细表[2]，可根据此表取其一部分简化成表3-2。

表3-2　　　　　　　　　　　　吐鲁番文书所见粟特人买卖金银情况

品　目	卖　方	买　方	数　量
金	翟陁头（高车） □□顛 □□伦遮信 曹遮信（粟特） 康那宁材（粟特）	□显祐 康莫毗多（粟特） 供勤大官（突厥） 何刀（粟特） 车不吕多（车师） 曹诺提（粟特）	九两半 十两 八两半 九两 四两
银	曹迦钵（粟特） 曹易婆□（粟特） 何阿陵遮（粟特） 翟陁头（高车） 康□□（粟特） □□顺	何卑尸屈（粟特） 康炎毗（粟特） 安婆□（粟特） 何阿伦遮（粟特） 何破延（粟特）	二斤 二斤五两 五斤二两 八斤一两 二斤一两 一斤

这是吐鲁番部分文书所见粟特人等买卖金、银的情况。对这些金银的用途没有记录。容易联想到的事情是，4世纪至7世纪波斯以东至河西走廊流通金银币。《隋书·食货志》云："河西诸郡，或用西域金银之钱，而官不禁。"[3]这种情况大约持续到隋代铸"五铢"钱统一货币，并严令禁止旧钱的开皇五年（公元585年）以后。高昌及唐墓中出土的衣物疏、契约上也出现大量金银钱的记录。然而从考古发现来看，西北地区墓葬出土金银钱币比铜币要少得多，而且4世纪至7世纪，西北地区流通的金银货币为萨珊银币、东罗马金币及仿制品，均不是制造于中国而是外来的货币。在货币经济发达的时期，金银也很少直接充当货币职能用来交换。那么，在粟特人之间转手买卖的这些金银，如不是用来制造货币，便不能排除用作原料制作器物的可能。

粟特人大量迁到中国约在6世纪至7世纪，由于他们在迁徙的过程中，聚族而居，有共同的宗教信仰[4]，甚至使用自己的语言，还主要在本族内部通婚[5]，保持自身的传统，很难在短期内被同化，故得以长期保持自己的文化。

---

① 朱雷：《麴氏高昌王国的〈称价钱〉——麴朝税制拾零》，《魏晋南北朝隋唐史资料》第四期，武汉大学历史系魏晋南北朝隋唐史研究室，1982年。

② 姜伯勤：《敦煌吐鲁番とシルクロード上のソグド人》，《季刊东西交涉》第一号，井草出版社，1986年。

③ 《隋书》卷二十四，691～692页，中华书局，1973年。

④ 陆庆夫：《唐宋敦煌粟特人之汉化》，《历史研究》1996年6期。
　　郑炳林：《唐五代敦煌粟特人与归义军政权》，《敦煌研究》1996年4期。

⑤ 卢兆荫：《何文哲墓志考释——兼谈隋唐时期在中国的中亚何国人》，《考古》1986年9期。

伍

唐代金银器对粟特银器的影响

The T'ang Dynasty's Influence on Sogdian Silverware

 唐代以前，中国金银工艺落后于中亚、西亚乃至地中海沿岸的古代国家。随着丝绸之路的畅通，西方物品传入中国，考古发掘出土的、数量众多的外来物品中，较多的是金银器[①]。而西方文化对中国产生影响，在考古发现的文物中以金银器反映得最明显、最突出。前面的《唐代金银器皿与西方文化的关系》中，提出了唐代金银器皿受西方文化影响后出现的萨珊、粟特、罗马－拜占庭三个系统风格的问题；《李家营子出土的银器与丝绸之路上的粟特人》、《中国发现的粟特银碗》对中国发现的粟特银器鉴别考订，《唐代粟特式金银带把杯》考察了粟特金银带把杯在中国的流传、演变和影响。然而，系统地考察粟特银器和唐代金银器，两者间醒目的相似性所显现的不仅仅是粟特风格对唐代金银器产生的影响，也有唐文化融合域外文化而形成的独特风格对粟特的影响。因此，丝绸之路所形成的中西文化交流，中国并非被动地吸收、接受外来影响，唐文化的对外传播也是十分明显的。

 泛论唐代金银器与粟特银器的关系，可以理解为粟特银器对唐朝的影响，也可以看作是唐朝对粟特银器的影响。以往的金银器研究中，粟特银器和唐代金银器的相似性，多被理解为来自粟特风格，唐代对粟特地区的影响几乎没有论及。然而，辨析这种相似性中的影响方和接受方，探寻唐代金银器对粟特银器影响的轨迹，不仅可以澄清相关的时代和产地的疑问，还可以通过两者相互影响的复杂历程揭示古代中西文化交流绚丽多彩的面貌。

一、粟特银器的研究状况及主要器类的变化趋势

Status quo of the Studies on the Sogdian Silverware and
the Trends of Change of the Major Types of Objects

 20世纪70年代以前，人们对粟特银器的认识十分模糊，以至于没有"粟特银器"的明确提法，虽然学者们对传统认为的萨珊遗物不断提出质疑，并从中区分出所谓"后萨珊器物""萨珊银器东部伊朗组"等。随着中亚地区考古工作的进行，发现了大量陶器、壁画及建筑，粟特的文化面貌得以揭示，粟特银器的研究也取得了很大进展。20世纪70年代初马尔萨克（Маршак）的《粟特银器》一书出版[②]，系统地展示了粟特银器的面貌，使学术界对其有了较清楚的认识。

---

① 参见徐苹芳：《考古学上所见中国境内的丝绸之路》，《十世纪前的丝绸之路和东西文化交流》，新世界出版社，1996年。

② Б. И. Маршак, *Согдийское Серебро*. Москва, 1971.

马尔萨克在《粟特银器》一书中介绍了52件器物，并把它们分为三个流派。这三个流派的划分，注重工艺技术和器物风格的继承、流传，也包括相互影响。流派A与萨珊银器及艺术有关，流派B为粟特本土风格，流派C"在造型和工艺上与唐代银器相近"。

马尔萨克撰写这部著作时，中国唐代金银器的大量重要遗物尚未出土，因此，他对"在造型和工艺上与唐代银器相近"的流派C的论述较为薄弱。不过，他已经感受到粟特与中国的相互影响，指出："整个7世纪到9世纪早期，中国与粟特的紧密关系从未打破过，中国的金属工艺受到中亚器物的强力影响，反之的影响也是显而易见的，只是主要表现在装饰内容上而不是造型与器类。""流派C最好的材料也许可归入中亚东部，因为它们与流派B和中国都有关系，它们在制作手法以及通常在造型上有别于中国，但在装饰主题上可以纳入唐代银器的时间序列中。"

对唐代金银器较清楚的认识始于20世纪70年代初。1972年西安南郊何家村窖藏出土的包括金银器皿在内的上千件金银器，拓展了人们对唐代金银器的了解。此后陆续公布的新资料，使人们初步搞清唐代金银器的编年序列和各时代特征。因此，在中国金银器整体情况不明的条件下，马尔萨克觉察到粟特与中国的相互影响，明确提出"流派C"的问题，足见其学术眼光的敏锐。他的观点对目前的研究有很大的启示。

因当时对唐代金银器的认识有限，马尔萨克对有些器物的判定是不妥的，与之相关的具体研究也多有重新认识的必要。他曾明确指出，粟特的鹿纹银盘（图3-62-1）"尽管并非中国器物的直接翻版，仍属于仿造系列"，这一看法是正确的。但是，他对其他器物的论述语意含糊，很难看出这些器物与唐代银器关系究竟如何。狮纹多瓣银碗（图3-62-4）、水波纹银带把杯（图3-62-3），引自瑞典学者俞博（Bo Gyllensvard）《唐代金银器》一文[①]，俞博断定二者为"后萨珊时期"的器物，马尔萨克进一步将其归于流派B和流派C。据说这两件器物发现于中国洛阳，按照目前对唐代金银器的认识，它们不是唐代的作品。水波纹银带把杯也不能看成是受唐代影响而出现的。如果说与唐代金银器有关，应是这类器物对唐代金银器的制作有影响。狮纹银盘（图

图3-62　粟特及唐代银器
1. 粟特鹿纹银盘　2. 八府庄狮纹葵花形银盘
3. 粟特筒形银带把杯　4. 粟特狮纹多瓣银碗

①　Bo Gyllensvard, *T'ang Gold and Silver*, No.29. The Museum of Far Eastern Antiquities, 1957.

3-62-2），即八府庄狮纹葵花形银盘，出土于中国，是件唐代器物，但被马尔萨克列在粟特本土银器中，他认为："这件发现于唐代都城长安的盘已被认为是当地工匠制作，但无论如何，流派B的强烈影响是显而易见的。"事实可能正相反。由此可以看出，因当时可以借鉴的资料贫乏，找不到充分的例证，在唐代金银器与粟特银器关系的具体问题上，马尔萨克无力弄清影响方和接受方。

由于马尔萨克注重流派的确立，他将同类器物分列在不同流派中，认为流派C是"很容易区分的器物，这组器物在珍珠底纹上装饰浮雕式纹样。而且，流派A和流派B器物中不见的单一的细节和内容，能在这组的许多器物中发现"。同时，他感到最复杂的也是流派C，"如果不与其他流派比较，就难以进行时间上的依次排列"，故流派C的断代是以A、B两流派作参考的。因此，流派C在研究粟特银器与唐代金银器的关系中是十分重要的一组器物。

然而，探讨唐代金银器与粟特银器的关系，研究唐代金银器对粟特银器的影响，不能仅以粟特银器的流派C与唐代金银器作类比，而应在流派A、流派B共存的背景下，考察流派C的演变。因为，唐与粟特，相距遥远，作为两大区域文化存在。粟特银器的三个流派各具特色，但相对唐代银器而言，这三个流派却是不可分割的共同体，共同构成粟特银器的完整面貌。只有在流派B和流派A的衬映下，流派C的特色才更为突出，唐代文化的影响才显现得更为清晰。所以，应该综合考察粟特银器三个流派的相关器类，发现其同类器物的年代演变轨迹，使具体器物的对比研究得以展示文化影响的具体事实。

判断相似的器物在文化传播中的渊源关系，最重要的是器物的断代。粟特银器大宗器类的时代特征如下。

多瓣碗　出现在5世纪至6世纪，延续到8世纪中叶以前。其演变是瓣数不断减少，瓣体增大，形状由水滴状变为桃形和网状。

带把杯　以八棱形体、把上带指垫、指垫上有人头像为特征者，时代为7世纪至8世纪初。7世纪中叶新出现了筒形带把杯，8世纪中叶以后更流行。8世纪中叶以后又出现圜底碗形的带把杯类，器体纹样设计为桃形和网状。

盘　始终流行，均为圆形，内底多饰一单体动物，主要出现在与萨珊银器有关的流派A中。流派B、流派C在8世纪中叶后出现盘，其内区出现多曲瓣的葵花状，动物主题缩小在盘心，周围有植物纹。有的不见动物纹。

壶　始终流行，造型变化不明显。总的趋势上似乎有由早到晚壶底加宽的变化。

二、粟特银器形制所见的唐代风格
The T'ang's Style Appearing in the Shapes of the Sogdian Silverware

目前发现的唐代金银器皿类已达几千件以上，粟特银器中的带把杯、盘、碗、壶等器类，在唐代金银器中都有发现。因此，两者间的对比研究成为可能。毫无疑问，在造型、纹样和工艺上，粟特银器与唐代银器有许多相似之处。根据大量唐代金银器，可以从形制上将唐代与粟特器物进行具体、详细的比较。

（一）碗类

多瓣装饰的银碗，在公元前6世纪地中海地区的古代国家及波斯阿契美尼德时代就开始流行[①]，传统一直在西亚和中亚延续。粟特银器5世纪至6世纪的银碗，便以捶揲技法制成的凹凸起伏的多瓣纹为特征。

在目前所知的粟特银碗中，时代较早的是1943年在贝格瓦特（Begovat）附近的木查克（Munchak）和1961年在撒马尔罕附近的查雷克（Chilek）发现的两个窖藏的出土物。木查克（Munchak）出土3件银碗和1件银瓶，同出的一些陶器残片证明其时代为5世纪至6世纪，出土物收藏在俄罗斯埃尔米塔什博物馆。查雷克（Chilek）出土4件银碗，该遗迹的地层表明窖藏的时代不晚于7世纪初，出土物收藏在撒马尔罕博物馆。这两个窖藏的银碗，以细密的多瓣为特点（图3-63）。

中国出土的粟特输入品有西安沙坡村鹿纹银碗、西安西郊缠枝纹银碗[②]（参见图3-27、33），按形制可将它们的时代定在7世纪前半叶。它们的分瓣已不细密，分别为十二瓣和八瓣，就分瓣数量由多向少的转变来说，恰好在粟特多瓣银碗的瓣形由水滴状变为桃形和网状的演变之间。时代稍晚的属于7世纪后半叶的粟特多瓣银碗，装饰发生了较大的变化，分瓣减少，由二十瓣减至八九瓣；瓣形由原来一反一正相间的水滴状瓣变为桃形瓣，并形成明显的双层装饰。

唐代金银器中的何家村云瓣纹圜底银碗（图3-64-1）、何家村莲瓣纹弧腹金碗（图3-64-2）、白鹤莲瓣纹弧腹银碗（图3-64-3）、俞博莲瓣纹弧腹银碗（图3-64-4）、弗利尔莲瓣纹弧腹银碗（图3-64-5）、纽约莲瓣纹弧腹银碗（图3-64-6），时代均为7世纪后半叶。在此之前，中国尚未发现同类造型的金银器。北朝晚期的陶瓷器虽有莲瓣装饰，但一般饰于罐类器物上，而且莲瓣是在器体上部呈下垂状[③]。金银器皿的壁面捶揲出凹凸起伏的多瓣装饰，也不是中国传统作风。7世纪后半叶唐代许多金银碗带有这种风格，有可能在接受中亚粟特文化之前，便与地中海地区文化发生了联系，但更直接的是受到粟特的影响。

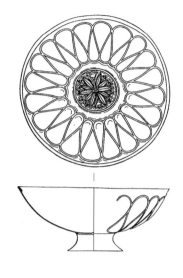

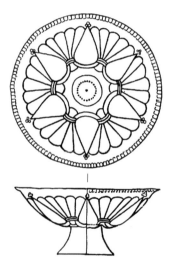

图3-63　粟特多瓣银碗

---

①　江上波夫等：《古代トラキア黄金展》，中日新闻社，1979年。

②　参见本书本编《中国发现的粟特银碗》。

③　李知宴：《三国、两晋、南北朝制瓷业的成就》，《文物》1979年2期。

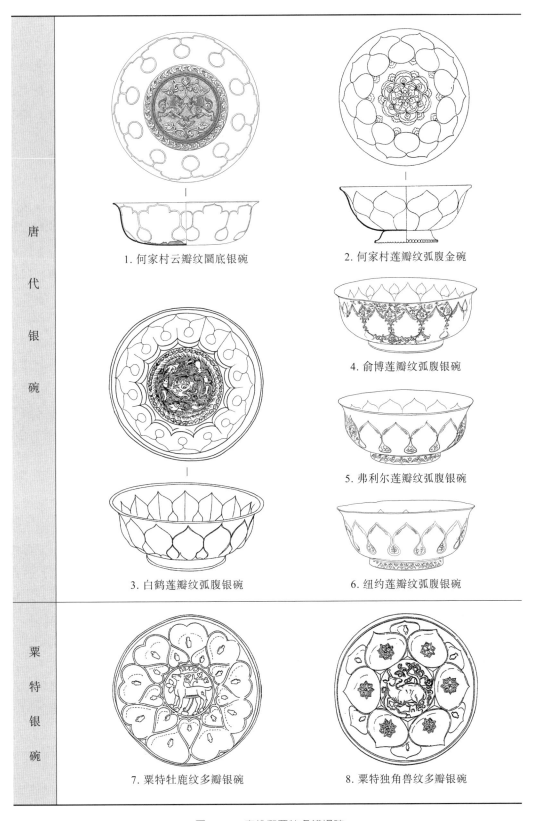

1. 何家村云瓣纹圈底银碗

2. 何家村莲瓣纹弧腹金碗

4. 俞博莲瓣纹弧腹银碗

5. 弗利尔莲瓣纹弧腹银碗

3. 白鹤莲瓣纹弧腹银碗

6. 纽约莲瓣纹弧腹银碗

7. 粟特牡鹿纹多瓣银碗

8. 粟特独角兽纹多瓣银碗

唐代银碗

粟特银碗

图3-64　唐代和粟特多瓣银碗

当唐朝与粟特地区的联系更加密切后,粟特银器又反过来接受了唐朝的影响。如粟特牡鹿纹和独角兽纹多瓣银碗(图3-64-7、8),特雷弗(C. Trever)在最初发表时未能确定这2件器物的时代和产地,他说:"由于没有任何迹象,无论如何,我们都难以解决该碗的时代和产地问题,我们只能说这两个碗是迄今所见这一组特殊器物中的孤例。"马尔萨克则指出:2件碗都在中心有浮雕凸饰,这种配置既不见于伊朗,也不见于唐代金属工艺,而类似于粟特的陶器装饰。同时,牡鹿纹多瓣银碗上的"ɕ"样戳记,为7世纪至8世纪粟特国王铸币的重要标志,戳记的位置表明这是原始作品的一部分,并非后来补加的。所以,马尔萨克基本肯定这二者是粟特器物。也恰好在这时候,唐代凹凸起伏的莲瓣金银碗十分流行。对于这种现象,或许可以这样理解:唐代接受了包括粟特在内的西方银器制作技术和文化影响,普通金银碗类出现了凹凸多瓣的作风。由于唐代工匠接受外来文化时,常常加以改造,使之更适于中国人的品位,多瓣遂变成莲瓣纹样。流畅连续的莲瓣和常常以双层结构为装饰的金银碗,是改造后的唐式碗形,到7世纪后半叶已经成为流行的样式。然后随着唐朝金银工艺突飞猛进的发展以及唐朝帝国领土的扩张,唐朝风格向外传播,粟特银器中那种不见于当地传统的莲瓣便出现了。唐代既有粟特输入银碗,如西安沙坡村鹿纹银碗和西安西郊缠枝纹银碗,又有莲瓣的创新样式,向外传播是完全可能的。这样,粟特的"难以解决时代和产地问题"的牡鹿纹和独角兽纹多瓣银碗的出现,便可以在中国唐朝找到源头了。这2件唐代风格很浓的多瓣银碗还保留着粟特文化自身的重要特点,即碗心的独角兽和牡鹿的后部都有一棵树。由动物,特别是狮、虎守护的树,是西亚和中亚古老、常见的题材,被称作是生命之树,不仅和祆教信仰有关,甚至可追溯到亚述艺术之中。这种表现特定信仰的标志,与唐代中国人的观念无涉,所以两器的产地在粟特当无问题。至于二者的时代,按粟特多瓣银碗的瓣数不断减少、瓣体逐渐增大的演变趋势,它们应晚于西安沙坡村鹿纹银碗,约在7世纪后半叶。

粟特狮纹多瓣银碗(参见图3-62-4)传言出土于洛阳,马尔萨克认为:"饰有前腿提起的蹲狮葵口碗与流派B第二阶段(约7世纪)器物在造型上有联系。狮子的形象不同于萨珊手法而更让人想起片吉肯特木雕和粟特骨灰罐上的蹲狮。"但是,即便该碗确实出土于洛阳,也可以肯定它是粟特的器物。因为,尽管其多瓣造型与唐式器物有共同之处,碗心的蹲狮也在唐代金银器乃至石刻上可以见到,但这个狮子后部的两枝花叶,是西亚、中亚与宗教信仰有关的生命之树的表征,在萨珊银盘(图3-65-1)、粟特银器(图3-65-2)中多次出现,甚至出现在粟特印章(图3-65-3)[①]之中。另1件双层花瓣的多瓣银碗也有生命之树,只是放在了狮子的前方(图3-66)。至于2件银碗所饰狮纹与唐代图案的相似性,是从艺术形式上吸收了唐代风格。

收藏在日本天理参考馆的立鸟纹多瓣银碗(图3-67)传言出土于中国西安,形制比较特殊,器底刻划有汉字,被释为"其廿"二字,推测是中国拥有者的编号,该器大概为粟特制造,然后运到中国[②]。

---

① 此粟特宝石印章出土于中国宁夏固原的史诃耽墓(罗丰:《固原南郊隋唐墓地》240页,文物出版社,1996年)。

② 参见古代オリエント博物馆编:《シルクロードの贵金属工艺》,21页图17,有限会社シマプレス,1981年。

1 2 3

图3-65 萨珊、粟特器物所饰"生命之树"

1. 萨珊狮纹银盘 2. 粟特狮纹银盘 3. 粟特宝石印章

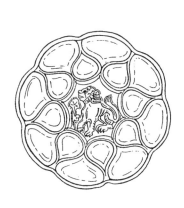 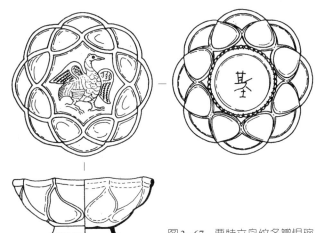

图3-66 粟特狮纹多瓣银碗　　　　　　图3-67 粟特立鸟纹多瓣银碗

到8世纪，粟特多瓣银碗的曲瓣已经与器形进一步结合。狮纹多瓣碗、狮纹双层花瓣银碗已由原来曲瓣不及口沿，变为通到口部，成为器物的形制特征，即花口碗。这是粟特银器中的一种新形制，也是受唐代的影响而后才有的。

（二）杯类

粟特银器中，7世纪至8世纪前半叶的带把杯，以八棱形、罐形杯体和把上带指垫、指垫上有人头像为特征。到8世纪中叶以后，杯身发生很大的变化，器体由八棱形变为筒形和圜底碗形，形态由较瘦高向粗矮发展，口径渐渐大于杯高（参见图3-37～40），还出现桃形双重花瓣的装饰。这种较突然的形态和装饰风格的变化，参照唐代同类器物，似乎能得到较圆满的解释。

唐代的带把杯，在7世纪后半叶出现一种筒形杯体，以何家村团花纹金带把杯①为代表（图

---

① 陕西省博物馆等：《西安南郊何家村发现唐代窖藏文物》，《文物》1972年1期。

　　韩伟编著：《海内外唐代金银器萃编》，图69，三秦出版社，1989年。

3-68，彩版11）。这件器物的装饰较特
别，是在光滑的器表焊接以扁金丝构成
的花朵，花瓣的边缘再焊饰细密的金珠，
中心原镶嵌珠宝。这种工艺不见于粟特，
团花式的花朵亦为粟特所无。而甘肃泾
川金棺上出现与之风格相似的纹样，由
于金棺与武则天延载元年（公元694年）
舍利石函同出，二者的年代应相当①。由
此可知，何家村团花纹金带把杯的形制
和装饰，是唐代的风格。沙坡村素面筒
形银带把杯与前述金杯形制完全相同②。
这种筒形的带把杯是唐代带把杯的主要
形制，8世纪中叶后不再流行。粟特的
筒形带把杯目前所知出现在7世纪中叶，
直到9世纪还有发现。因此，粟特的筒
形带把杯可能接受了唐代的影响。

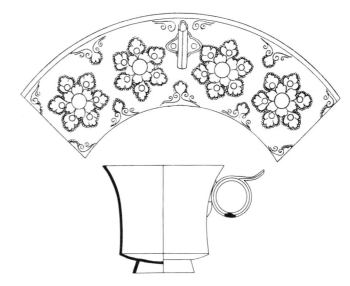

图3-68　何家村团花纹金带把杯

　　何家村仕女纹银带把杯，杯体的八个内曲捶揲出八瓣花形，杯体底部为八瓣花形托，喇叭形
八棱圈足的底边饰联珠③。杯体各内凹处饰以绳索纹样，八瓣花形中，四瓣饰狩猎纹，四瓣饰仕女
乐舞、戏婴、梳妆和游乐的图案（彩版10）。狩猎纹常见于金银高足杯上，仕女纹在章怀太子李贤、
永泰公主李仙蕙墓壁画中常见④，据此，这件器物的时代应在8世纪前半叶，早于粟特的圜底碗形银
带把杯。后者在造型上与何家村仕女纹银带把杯一致，可以认为，这种形制的带把杯源于唐代。

　　将唐代和粟特的带把杯进行比较，可以得出这样的结论：筒形杯体和圜底碗形杯体是7世纪
至8世纪唐代的创新形制，8世纪中叶以后，粟特带把杯没有继续承袭本土风格的八棱形杯体，而
是接受了唐代的新样式。

　　粟特圜底碗形带把杯中，有2件器体为多瓣碗形（参见图3-40），时代在8世纪中叶以后。从
造型的角度看，不同器类之间也会相互借鉴。在多瓣碗形带把杯出现之前，粟特银器中已经有了
多瓣碗，在形制上，多瓣碗形带把杯是介于普通带把杯和多瓣碗之间的新式器物。由于唐代无论
是多瓣碗形带把杯还是多瓣碗都早于粟特同类器物，所以，这些粟特器物是接受了中国唐代的影
响。这种不同器类之间的相互借鉴，已不是一般性的器形自身演变，而是人们审美情趣变化的反
映。唐代金银器的形制多样性远远超出粟特银器，在双方不断的接触中，粟特工匠吸收唐代造型
艺术融汇于自己的创作中，也是自然的。

　　①　甘肃省文物工作队：《甘肃省泾川县出土的唐代舍利石函》，《文物》1966年3期。
　　②　韩伟编著：《海内外唐代金银器萃编》，图75，三秦出版社，1989年。
　　③　韩伟编著：《海内外唐代金银器萃编》，图94，三秦出版社，1989年。
　　④　陕西省博物馆等：《唐章怀太子墓发掘简报》，《文物》1972年7期。
　　　　陕西省文物管理委员会：《唐永泰公主墓发掘简报》，《文物》1964年1期。

（三）盘类

除了银杯、银碗以外，粟特银盘也是可见到唐代影响的重要器类，而且在反映唐代文化特征上更为明显。粟特鹿纹银盘、立鸟纹银盘、花朵纹银盘（参见图3-62-1，图3-69、70）出土于瑞皮卡（Repievka）村，其中鹿纹银盘带三足，盘沿和盘腹连接处出现了葵花式的瓣。马尔萨克以类型学方法把同时出土的这3件粟特器物分出了早晚，鹿纹银盘约为8世纪后半叶，鸟纹银盘约为8世纪至9世纪之交，花朵银盘约为9世纪。他还具体描述它们装饰上的演变：鹿纹银盘，"我们注意到花瓣的退化，花瓣顶端较平，其中心环绕装饰图案，鹿角类似一种王冠，从类型学上这一浅盘较第二阶段更为偏晚（约8世纪后半叶）的事实可以从它的细节上得到证实。鹿头后面的花比以前的三叶又加了两叶，从而更为复杂"。立鸟纹银盘，"花瓣已是纯粹的装饰，不再影响器物的造型，以描绘而不是浮雕作为装饰纹样"。花朵纹银盘，"花瓣已从以前器物造型的一部分最终变成了平面装饰的一部分，三层花边充填在花瓣里，大而粗糙的花瓣因而成了弓形，结构变得复杂了"。

马尔萨克所说的"花瓣的退化，花瓣的顶端较平"，是相对粟特较早的桃形尖瓣装饰而言的，但将其与唐代器物比较，可知这种"退化"解释为来自唐代的影响更贴切。

中国古代器皿的形制大都为圆形，特别是饮食类器皿。唐代约在武则天以后，多瓣花形器物逐渐盛行，而且不限于金银器，铜器、铜镜和瓷器中也常常可见。粟特银盘出现的花瓣装饰，可称为葵花瓣，是许多唐代银器的重要特征。葵花形银盘在西安何家村窖藏出土3件[1]，器体分六瓣，盘心饰动物纹样，时代为7世纪后半叶至8世纪初。3件盘的盘沿很窄，只在盘心饰一个单独的动物纹样，具有萨珊或粟特银器的作风[2]。8世纪前半叶以后，唐代银盘的盘沿加宽且外折，与西方窄沿银盘风格大不相同。日本的<u>正仓院鹿纹葵花形银盘（图3-71）[3]</u>与粟特这件鹿纹银盘的造型风格一致，盘心的鹿甚至连行走的姿态都十分相像。西安八府庄狮纹<u>葵花形银盘（参见图3-62-2）也是这种形制[4]</u>，它与刻有"天宝十

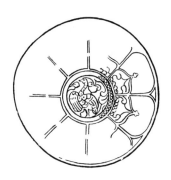

图3-69　粟特立鸟纹银盘

图3-70　粟特花朵纹银盘

图3-71　正仓院鹿纹葵花形银盘

---

① 韩伟编著：《海内外唐代金银器萃编》，图158～160，三秦出版社，1989年。

② 夏鼐：《近年中国出土的萨珊朝文物》，《考古》1978年2期。

③ 东京国立博物馆：《正仓院宝物》，图104，便利堂，1981年。

④ 李问渠：《弥足珍贵的天宝遗物——西安市郊发现杨国忠进贡银铤》，《文物参考资料》1957年4期。

载"（公元751年）纪年的银铤同出，年代也应相近。这件狮纹银盘被马尔萨克归在了粟特银器流派C之中，但这是1件纯粹的中国风格的唐式银盘，葵花式的器形和盘沿的纹样在粟特银器中未见，盘心的狮子也与粟特乃至整个中亚、西亚狮子的风格不同。至于粟特银器中的2件狮纹多瓣银碗中的狮子与其有相似之处，恰恰表明唐文化对粟特的影响。

葵花形宽沿银盘为唐代银盘最主要的形制，内蒙古昭盟出土的喀喇沁摩羯纹葵花形银盘（图3-72-1）、喀喇沁狮纹葵花形银盘（图3-72-2）、"刘赞"葵花形银盘（图3-72-3）都是这一形制。其中"刘赞"葵花形银盘刻有文字，表明刘赞将此盘进奉到中央或皇室的时间在贞元三年（公元787年）[1]。此外，还有西安北郊坑底村出土的"裴肃"葵花形银盘（图3-72-4），是贞元年间（公元785～805年）裴肃进奉的银盘[2]。说明这类盘是8世纪最流行的样式[3]。葵花形器物受到唐代人的特别喜爱，不独见于金银器，8世纪中叶以后在铜镜中也广泛流行。纪年墓中出土葵花形镜较早的是洛阳偃师杏园唐玄宗开元十年（公元722年）卢氏墓，天宝年间的郑夫人墓、韩贞墓也有

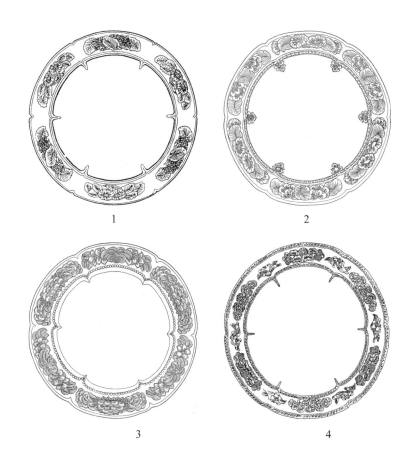

1

2

3

4

图3-72 唐代葵花形银盘
1. 喀喇沁摩羯纹葵花形银盘
2. 喀喇沁狮纹葵花形银盘
3. "刘赞"葵花形银盘
4. "裴肃"葵花形银盘

① 卢兆荫：《从考古发现看唐代的金银进奉之风》，《考古》1983年2期。
② 陕西省博物馆　李长庆等：《西安北郊发现唐代金花银盘》，《文物》1963年10期。
　　卢兆荫：《关于西安北郊所出唐代金花银盘》，《考古》1964年3期。
③ 卢兆荫：《试论唐代的金花银盘》，《中国考古学研究》，文物出版社，1986年。

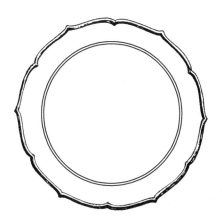

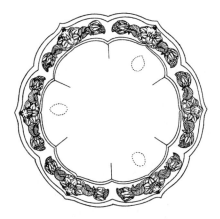

图3-73　哈卡斯菱花形银盘　　　　　　　　　图3-74　宽城鹿纹菱花形银盘

葵花形铜镜[1]。粟特银器在8世纪中叶以前不见葵花形装饰的宽沿外折的银盘，其后又骤然较多地出现，当是受唐文化影响的结果。

　　唐代的菱花形银盘也对粟特及北方草原地带的银器产生了影响。1939年在叶尼塞河上游哈卡斯（Khakasiia）出土的菱花形银盘（图3-73），时代被定为8世纪至9世纪[2]，其六曲菱花形的器形与河北出土的8世纪中叶的宽城鹿纹菱花形银盘（图3-74）造型完全相同。与哈卡斯菱花形银盘同时出土的还有1件圆形金盘（图3-75），中心在圆形轮廓内饰卷草纹，四周有六个桃形花瓣，每瓣内为一对立于莲花上的凤鸟。这种风格的纹样也见于唐长安城大明宫方形花纹砖上（图3-76）。哈卡斯这2件器物应是唐代产品，而且时代约为8世纪前半叶或稍早，可知唐代器物已向外流传。陕西西安东郊出土的韩森寨鸾鸟纹菱花形银盘，时代更早，约为8世纪初[3]，据此可知，菱花形银盘的出现时间还应更早。菱花形也是唐人喜爱的造型，麟德元年（公元664年）的郑仁泰墓曾出土1件菱花形铜盘[4]。铜镜中菱花形镜很多，据纪年墓中出土的实例可知主要流行于武则天至唐玄宗天宝以前，即7世纪末8世纪初。洛阳偃师开元二十六年（公元738年）李景由墓出土的六瓣菱花形铜镜，镜背贴

图3-75　哈卡斯圆形金盘

---

① 徐殿魁：《唐镜分期的考古学探讨》，《考古学报》1994年3期。

② 奈良县立美术馆：《シルクロード大文明展・シルクロード・オアシスと草原の道》，图163，大冢巧艺社，1988年。

③ 阎磊：《西安出土的唐代金银器》，《文物》1959年8期。

④ 陕西省博物馆等：《唐郑仁泰墓发掘简报》，《文物》1972年7期。

图3-76　唐长安城大明宫方形花纹砖

银箔，然后錾刻纹样、鎏金[1]。而洛阳关林天宝八载（公元749年）墓出土的菱花形镜，镜纽周围有"长寿二年（公元693年）腊月头七日造初样"的文字[2]。不难想见，这种形制铜镜的制造时间应当更早。菱花形镜在8世纪几乎成了主要的镜形，8世纪中叶以后不多见。

　　无论葵花形还是菱花形，在8世纪乃至更晚，成为唐代多种质料器物的重要形制。由于它们在唐代广泛出现，而在中亚、西亚难觅源头，故可视为唐式造型风格。

三、粟特银器纹样所见的唐代风格
The T'ang's Style Appearing in the Designs of the Sogdian Silverware

　　多瓣、葵花形、菱花形等装饰，都体现出装饰和器形相结合的特色，更主要反映的是造型特征。粟特银器由于捶揲技术的熟练运用和自身的审美意识，造型和装饰纹样常常结合，凸雕式的纹样显现出与唐代金银器装饰明显的差异。当然，两地区由于信仰和生活习俗的不同而出现的纹样内容的区别更大。粟特器物花纹，往往表现出一种纯雕塑性，以动物为代表，花纹则非常装饰化。但是，这些不同的文化内涵主要表现在粟特早期的器物上。8世纪中叶以后，唐代文化逐渐渗透，粟特银器的唐式风格越来越浓。

　　前述粟特鹿纹银盘的主题纹样，是盘心装饰行走状的鹿（参见图3-30）。鹿扭头后顾，一只前腿弯曲抬起，显得十分生动，这在粟特装饰化很强的动物纹样中是不多见的，却与正仓院鹿纹葵花形银盘、河北出土的宽城鹿纹菱花形银盘更相似。而且，鹿角为肉芝顶，更是粟特银器中极

---

　　① 徐殿魁：《唐镜分期的考古学探讨》，《考古学报》1994年3期。
　　② 洛阳博物馆：《洛阳出土铜镜》，图105，文物出版社，1988年。

为罕见的。肉芝顶鹿角在中亚、西亚似乎无渊源，当地流行的是花角鹿[①]。而唐代肉芝顶鹿角的鹿，在正仓院鹿纹葵花形银盘、"刘赞"葵花形银盘、宽城鹿纹菱花形银盘、喀喇沁旗鹿纹银瓶（参见图3-32）上发现，是唐代流行的样式，甚至长安都城建筑材料的方砖（图3-77）上也有[②]。粟特银盘上的肉芝顶鹿的纹样，只能来源于唐代。

图3-77　唐长安城方形花纹砖

粟特有2件圜底碗形带把杯，都饰有复杂的三叶花，分枝呈曲线（参见图3-40-1、2），被看作是粟特银器纹样的本土风格。8世纪中叶以后，粟特银器所饰植物纹的多样化、复杂化，不能不说是唐文化强烈影响的结果。不过，与唐代纹样相比，这些纹样显得有些凌乱。而这2件带把杯还出现了粟特银器中本来没有、唐代金银器中十分流行的鱼子地纹。至于一些不属于粟特风格的如意式云朵花瓣纹、对勾托起的云朵花瓣纹纷纷出现，更是直接吸收了唐文化的装饰形式。如俄罗斯埃尔米塔什博物馆藏银带把杯（参见图3-40-4），口沿下的如意式云朵花瓣纹，完全是唐代早些时候很流行的纹样，而且以连续排列的方式进行设计，与唐代常把这种纹样作边饰的情形相同。唐代的如意式云朵花瓣纹大量表现在8世纪前半叶的各种器皿上（参见图1-58、59），粟特银器出现这种花纹时唐代已经不再流行。显然，唐代的这种艺术形式被粟特吸收，因地区遥远而出现时间滞后。

斯特利马克（Sterlitmak）出土的8世纪中叶的筒形带把杯上，大片的忍冬叶装饰着整个器身（参见图3-39-1）。时代相近的另1件筒形带把杯也饰变形的忍冬纹（参见图3-38-3）。这种几乎占据整个器体的特大型忍冬纹，是粟特银器中首次出现、极为罕见的主题。忍冬纹的渊源虽不在中国，但伴随佛教艺术东传，南北朝时曾非常盛行，后被隋至唐初所继承。而同时的西方已不流行。粟特银器中，5世纪至8世纪前半叶忍冬纹样很少使用，8世纪中叶又重新出现。这种现象如同粟特多瓣碗与唐代莲瓣纹碗的关系一样，首先是中国接受西方的影响，形成自身的特点后又向外传播。

粟特女神葡萄纹银盘（图3-78），盘心饰立鹿、裸体女神和葡萄纹，外区由葡萄纹环绕出八个单元，内有各种动物。马尔萨克认为它与粟特银器的A、B、C三个流派都有关系。单从文化因素来看，该盘与唐朝、萨珊甚至东罗马都有联系；若以其所处的时代分析，这件盘与唐代金银器的关系可能更密切。这件盘晚至8世纪至9世纪之际，唐文化的影响已在粟特地区根深蒂固，加之

图3-78　粟特女神葡萄纹银盘

①　参见本书本编《中国发现的粟特银碗》。
②　奈良县立橿原考古学研究所附属博物馆：《遣唐使が見た中国文化》，图81-2，明新印刷株式会社，1995年。

萨珊帝国灭亡后，其文化余绪的影响逐渐减弱，而来自唐朝的影响日趋增强。所以这件银盘上的葡萄缠枝纹，更可能来自唐朝。葡萄纹在唐代金银器中有许多实例，如弗利尔葡萄纹银带把杯、何家村龙凤纹弧腹银碗、明尼亚波利斯折腹银碗、克利夫兰葡萄纹圆形银盘、弗拉海狸鼠纹蛤形银盒、海狸鼠纹银瓶、奔狮纹银瓶（参见图1-364~368）等[①]。这种葡萄纹夹杂动物的表现形式，在唐代铜镜中更多见。此外，该盘的宽折沿也是唐代银盘的特征。所以这件盘与唐代金银器的关系更密切。至于盘心所饰的裸体女神和鹿，不见于唐代，或许与东罗马艺术有关。

粟特葡萄纹银碗，时代为9世纪。马尔萨克感到"这件器物有许多技术特点，不属于流派A，也不属于流派B和C"。碗外壁通体饰葡萄纹，但已经简化，葡萄串只用轮廓线表示（图3-79）。唐代的葡萄纹，据纪年墓出土铜镜资料，大约出现在唐高宗时期，武则天时期最盛，唐玄宗以后极少见。纹样的演变，也有由简至繁再至简的趋势。唐代饰有葡萄纹的金银器，尚无纪年器物发现。但葡萄纹风格与铜镜上的基本相同，也都属于唐高宗、武则天时期。与粟特葡萄纹银碗最相似的纹样，见于陕西临潼缠枝纹筒腹银高足杯（图3-80），已经简化疏朗，表现出唐代葡萄纹较晚的特点。女神葡萄纹银盘和葡萄纹银碗，纹样由繁到简、由密到疏的变化和唐代金银器、铜镜纹饰风格一致，不过总体上与中国相比出现时间差，应是文化传播时遥远的空间距离造成的。

图3-79　粟特葡萄纹银碗外壁纹样

图3-80　临潼缠枝纹筒腹银高足杯外腹纹样

四、中亚发现的中国风格的遗物及其历史背景

Remains with Chinese Characteristics Uncovered

in the Central Asia and their Historical Background

从目前出土的资料看，中国古代金银器制造的历史悠久。湖北随州战国时期的曾侯乙墓[91]、山东临淄西汉齐王墓随葬坑[95]、河北获鹿西汉墓[116]出土的中国自制的金银器皿精美绝伦，说明唐代以前中国金银工艺已经达到一定的水平。至少到7世纪，中国金银制造已经成熟地运用铸造、捶揲、焊接、掐丝、金珠、铆和鎏金等各种技术，从一些器物底部的同心圆旋痕可知当时还使用车床类的工具。

---

① 韩伟编著：《海内外唐代金银器萃编》，图77、图107、图137、图171、图261、图298、图299，三秦出版社，1989年。

唐代金银工艺更加成熟，能制造出纷繁复杂的器物，同一种器物的形制极少雷同；造型采用流线、圆弧式手法，器物显得舒展大方、轻松活泼。纹样繁缛是唐代金银器的重要特点，许多器物采取通体装饰纹样的做法，自由挥洒，富丽堂皇，内容几乎囊括了已发现的唐代所有纹样。7世纪至8世纪初，纹样中的人物主要是歌舞、狩猎，动物纹有不少飞狮、天马、独角兽等，植物纹以忍冬、葡萄、宝相花纹最突出，边饰多采用联珠、卷云、云曲瓣、缠枝纹等。8世纪中叶至8世纪末的器物，纹样中折枝花纹兴起，鹿、鸿雁、蜂蝶、绶带鸟等非常写实的描绘较为流行。9世纪的纹样布局多分单元，留出较多的空白，内容以折枝花、团花等为主，并盛行用细碎线刻出的叶瓣和小花纹做边饰。唐代金银器皿的发展演变清楚地表明，工匠追求奇巧，善于创新。外来的风格逐渐中国化，融合成了新的样式，器物造型和纹样都突破了中国传统艺术的模式。

由于金银工艺的迅猛发展及其制品的质料珍贵，使金银器成为赏赐臣下和对外交往的礼品。在中西文化交流繁荣的唐代，金银器也沿丝绸之路西传，对粟特银器产生了影响。唐代向西方世界大量输出丝绸，但丝绸不是唯一的输出品，而且丝绸从汉到唐源源不断输入西方，已经成为人们熟知的产品；被当时世界认为繁荣而又神秘的唐代帝国，丝绸之外的其他奇货宝物自然也是西方希望获得的物品。由于史料缺载，出土实物又不多，其他物品在研究时常常被忽视。日本奈良正仓院保存的唐代珍宝，种类繁多，令人惊叹。由此推想，当时向西方世界输入的物品应是丰富多彩的。那么，一度为中国直接控制的中亚昭武九姓的粟特地区，更能够容易地获得唐朝物品，由此而出现的唐文化的影响自然也应是十分深刻的。

虽然目前尚未报道过粟特地区出土唐代金银器的情况，但通过前文所考察的唐代金银器对粟特银器的影响，可以断言，当时的粟特地区肯定有唐朝金银器的输入。《新唐书·西域传》中记载昭武九姓之西曹国，"有金具器，款其左曰：'汉时天子所赐。'"①《通典》引杜环《经行记》所载其在大食见到汉人的情景，"绫绢机杼，金银匠，画匠"②。说明中国不仅物品很早就输入到这一地区，唐代还有工匠到达中亚。前述叶尼塞河上游的哈卡斯出土的银盘和金盘是唐代器物③，出土地点在当时为黠戛斯，黠戛斯与唐朝的交往远不如粟特，尚发现有唐代金银器，粟特地区应该没有问题。

1991年，我参加了联合国教科文组织的草原丝绸之路考察，曾在哈萨克斯坦的江布尔作关于中国发现的有关丝绸之路文物的报告，会前当地学者介绍1件江布尔博物馆收藏的铜锛形器，上刻"大黄布千""泉货五两"（图3-81）。由于报告中涉及唐代银器和粟特银器，会后当地学者又出示了1件当地出土的唐代银器，器物已残，

图3-81　江布尔出土的
铜锛形器

---

① 《新唐书》卷二百二十一，6245页，中华书局，1986年。

② 《通典》卷一百九十三《边防九》，王文锦等点校本，第5册，5280页，中华书局，1992年。

③ 孙机：《近年内蒙古出土的突厥与突厥式金银器》，《中国圣火》，辽宁教育出版社，1996年。

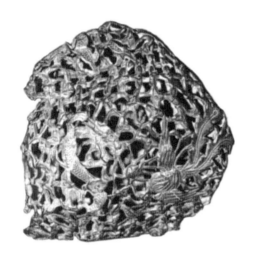

图3-82　江布尔出土的唐代银器　　　　　　图3-83　片吉肯特出土的十二生肖铜镜

是用很薄的银片捶揲和镂空的圆形器，上刻三龙三凤，很像唐代的银香囊（图3-82）。撒马尔罕博物馆、片吉肯特博物馆、吉尔吉斯科学院考古研究所工作室，都有当地出土的唐代铜镜、开元通宝、乾元重宝、大历元宝等唐代遗物。在片吉肯特东部一处正在发掘的称为夹尔（Jar）的袄寺考古工地，还看到1枚刚发掘出土的中国隋至唐初流行的十二生肖铜镜（图3-83）。

唐代物品输入粟特地区，已被大量的发现所证实。实物传播之外，文化的影响还有间接方式，粟特仿开元通宝的铜钱和粟特人仿唐代的铜镜，在中亚就出土不少。唐代粟特商人曾把"开元通宝"铜钱带回本土，还按唐代货币形制制造方孔钱币，与"开元通宝"形制相同，还有的正面带"开元通宝"汉字，背面为粟特文字。这些货币集中出土在片吉肯特及撒马尔罕。苏联学者О.И.斯米尔诺娃指出，7世纪中叶，粟特王发行大小两种唐式铜钱，甚至在粟特铸钱也得到唐朝的许可，并有唐朝工匠的参与[1]。中国铜镜的西传更早，中亚地区发现大量汉代铜镜，唐代铜镜也很多[2]，有四神镜、葡萄镜、花鸟镜，发现的地区有塔吉克斯坦、哈萨克斯坦、吉尔吉斯斯坦，以及泽拉夫善河流域出土著名粟特、汉文文书的穆格山城。精美的铜镜长期、大量地涌入中亚地区，不会不对粟特金属行业产生影响。如前所述，铜镜的菱花形、葵花形造型应对粟特晚期银器的造型和装饰产生了一定的影响。

中亚塔吉克斯坦片吉肯特及撒马尔罕北郊的阿夫拉西阿卜（Afrasiab）古城，发掘出许多7世纪至8世纪的居室壁画，其中某些人物形象、服饰与唐代壁画所绘的十分相似（图3-84、85）。苏联考古学家L.I.阿尔巴乌姆（Al'baum）指出，阿夫拉西阿卜壁画中女性头发用发笄固定的做

---

① 参见姜伯勤：《敦煌吐鲁番とシルクロード上のソグド人》，《季刊东西交涉》，第五卷一、二、三号，井草出版社，1986年。

周延龄：《对syspyrMLK'钱的探讨》，《考古与文物》1994年5期。

② 冈崎敬：《东西交涉の考古学》，132～148页，平凡社，1980年。

加藤九祚译：《シルクロードの黄金遗宝》，岩波书店，1988年。

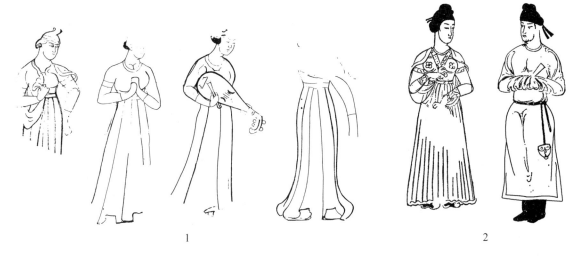

图3-84　片吉肯特壁画

法，是7世纪至8世纪中国女性头饰的特征[1]。宿白先生通过西安地区唐墓壁画和粟特居住址壁画的比较，更明确指出了5世纪至7世纪两地的文化交流[2]。有些画面表现的是特殊的内容，如阿夫拉西阿卜23号发掘地点的1号居址壁画，都是专门表现唐朝人的题材。西壁为"诸使献礼图"（图3-85-2），壁画下方是手执礼品的唐装人物，粟特文题记提到粟特"九姓之王Brrwm'n"，即《新唐书·西域传》中受唐册封的康居都督府都督拂呼缦[3]；北壁西侧为"唐装仕女泛舟图"（图3-85-3）和"唐装骑马狩猎图"（图3-85-1）。中亚壁画没有更早的资料可证明这些形象是当地的传统，同时期其他壁画内容也与之相异。而片吉肯特壁画出现的那些女乐舞（图3-84-1）、女侍和手持笏板的男吏（图3-84-2），几乎与唐墓壁画所表现的完全一样，使人不敢相信其竟为粟特壁画。

唐朝皇帝是以康国为首的粟特昭武九姓诸国的宗主，其间往来密切，粟特壁画直接地表现唐朝人物的同时，反映了两地绘画艺术的交融。姜伯勤甚至认为"阿夫拉西阿卜壁画无疑采用了来自中国的画样"[4]，因为其服饰、手执的乐器等准确地反映了唐朝人的风貌，很可能是依据了中国传去的画样。从考古发现看，唐代这类形象流行要早于粟特壁画，姜伯勤的推测合乎情理。唐朝的金银工艺也同绘画艺术一样，不仅会有器物输入到粟特，很可能也有工匠前往。唐代杜环在中亚见到的金银匠当是可信的。

7世纪至9世纪前期，中国与粟特的紧密关系从未中断过，S.1344《开元户部格断简》载"敕：诸番商胡若有驼逐，任与内地兴易，不得入蕃。仍令边州关津镇戍，严加捉捕。其贯属西、庭、伊等州府者，验有公文，听于本贯以东来往。"还限制金银等的出口。近些年吐鲁番、敦煌文书

①　参见加藤九祚：《古代サマルカンドの壁画》，108～109页，文化出版局，1980年。
②　宿白：《西安地区唐墓壁画的布局和内容》，《考古学报》1982年2期。
③　《新唐书》卷二百二十一，6244页，中华书局，1986年。
④　姜伯勤：《敦煌壁画与粟特壁画的比较研究》，《敦煌艺术宗教与礼乐文明》，中国社会科学出版社，1996年。

图3-85　阿夫拉西阿卜壁画

的研究结果表明，所谓"诸番商胡"许多都是粟特人。胡商在中国的贸易活动受官府的管辖，但显然金银等物品仍大量流入西方，因为只有这类情况屡屡发生时，政府才会下令加以限制。另外，官方允许的贸易还不在此之列。西方的胡商在中国，鸿胪寺的酬答和朝廷的赏赐是他们货物的另一种来源，这是以"进贡"换取"回赐"的特殊贸易方式。带回赏赐的货物，当然不在禁断之列。

粟特商人把中国物品带回本土，可早至4世纪。敦煌文书曾记载粟特商人从敦煌买麻布、毛毯，卖香料，并将绢帛向粟特地区发送的事件。中国新疆阿斯塔那1座出有麟德二年（公元665年）和咸亨四年（公元673年）文书的墓葬中，还有《高昌县上安西督护府牒》残卷，内容是名叫曹毕娑的粟特人从弓月城向龟兹运输一批织物的事①。弓月城在今伊犁河北岸伊宁附近，是西通粟特地区的重要通道。从这件文书可知弓月城是粟特人进行贸易的集散地。

---

① 新疆维吾尔自治区博物馆等：《丝绸之路——汉唐织物》，图版说明6～7页，文物出版社，1973年。

《新唐书·地理志》西域条载："龙朔元年（公元661年），以陇州南由令王名远为吐火罗道置州县使，自于阗以西、波斯以东，凡十六国，以其王都为都督府，以其属部为州县。凡州八十八，县百一十，军、府百二十六。"[①]此地域当有不少粟特人居住，故唐朝在阿捺腊城置粟特州。唐朝在这一地区的行政控制情况如何另当别论，其文化对当地影响深远是没问题的，况且中国与这里的密切联系长达几个世纪。

唐高宗永徽时，以昭武九姓之康国为都督府，授其王拂呼缦为都督[②]，将中亚地区列入唐朝版图，唐王朝与中亚的交往更为密切。此后，粟特与唐朝之间文化的相互影响，由从西向东影响为主逆转为从东向西影响为主，即唐代文化对粟特地区的影响越来越大。

在讨论完唐代金银器对粟特银器的影响之后，再看马尔萨克的《粟特银器》所谈到的粟特银器及与唐代的关系，不难发现，他的结论需要做较大的修正。

马尔萨克著作所附的图表，是为反映他的研究结果而精心设计的。图表中的每件器物不仅标明时代、流派，所处的位置也取决于与其他器物的相互关系，即与某一流派的亲疏远近，与其他器物的相对早晚。流派C有19件器物，其中1件壶、1件带把杯、1件碗难以界定，放在了流派C与流派B之间。流派B有18件器物，其中2件器物放在了流派A与流派B之间。

在对粟特银器与唐代金银器的关系进行了具体探讨后，粟特银器的序列和流派中部分器物的位置需要进行调整：（1）流派A萨珊风格的器物中，有1件山羊纹带把杯，其罐形的杯体，带指鋬和指扳的环形把手，以及所饰山羊纹的主题，应属于流派B粟特本土风格。（2）中国西安沙坡村鹿纹银碗、西安西郊银碗和敖汉旗李家营子出土的几件粟特遗物归入流派B适当的位置。（3）将牡鹿纹银碗、独角兽纹银碗、狮纹多瓣纹银碗、狮纹双重多瓣纹碗、立鸟纹银碗、鹿纹葵花形银盘、立鸟纹葵花形银盘、花朵纹葵花形银盘从流派B粟特本土风格的器物中移到流派C唐代风格器物中。（4）将2件八棱形带把杯和1件筒形带把杯从流派C唐代风格器物中移到流派B粟特本土风格的器物中。马尔萨克对粟特银器研究最重要的价值在于对后人的启示。当我们试图弥补他研究的缺憾，并具体论证唐代银器对粟特的强烈影响后，自然而然地感到，马尔萨克的研究局限是因为当时不可能掌握更多的资料。他对唐代金银器的了解，来自20世纪50年代瑞典学者俞博所介绍的器物，其中绝大多数是传世品，当时的断代也多有问题。今天，众多的地下出土遗物为研究提供了良好的条件，我们的认识理应更加全面。但是，考古发现的局限性和偶然性决定了我们不可能完整无缺地再现古代社会的全貌，而且新的资料将会不断发现，因此，本文也可能出现与马尔萨克同样性质的局限。

① 《新唐书》卷四十三，1135页，中华书局，1986年。
② 《新唐书》卷二百二十一《西域传》，6244页，中华书局，1986年。

萨珊式金银多曲长杯在中国的流传和演变

The Circulation and Evolution of the Sasanian Gold & Silver Poly-lobed Long Cups in China

一、萨珊式多曲长杯的发现与研究

Discovery and Study of the Sasanian Poly-lobed Long Cups

3世纪至8世纪，伊朗高原流行一种平面大体为长椭圆形，器壁呈多曲瓣状的杯，由于这一时期伊朗高原主要由萨珊王朝统治，长椭圆形多曲瓣状的杯就成为萨珊王朝文物中具有代表性的器皿之一（图3-86、87）。在西方文献中，它们被称为 Lobed dish，或可译为曲口沿盘；也叫作 Oblong cup, Oval dish，意为长杯或椭圆形盘；有时还以 Shal-low Cup 相称，意为浅杯。这些都是现代人的命名，古代萨珊人所使用器物的名称已不清楚。日本学者把这类器物称为"长杯"，并以曲瓣的多少分别称作"八曲长杯""十二曲长杯"，或笼统叫作"多曲长杯"。

1958年，陕西省耀县柳林背阴村窖藏出土了一批唐代银器，1966年正式报道，其中有3件形态十分相近的器物，定名为"羽觞"[2]。"羽觞"一词在古文献中多用来指汉晋时期的耳杯①。背阴村窖藏出土的器物是多曲瓣使器壁起伏变化的造型（图3-88），与通常叫作"羽觞"的耳杯形制差别很大，是不同类的器物。20世纪70年代初山西大同南郊北魏遗址中，又出土1件类似的器物，

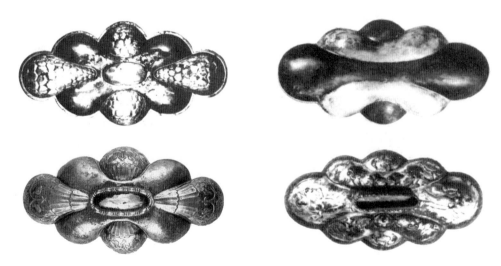

图3-86　天理参考馆萨珊银长杯

---

① 孙机：《汉代物质文化资料图说》，306～307页，文物出版社，1991年。

图3-87 冈山古代东方美术馆萨珊银长杯

图3-88 背阴村银长杯

图3-89 大同北魏城址银长杯

定名为"银洗"（图3-89）[5]。1996年，孙机对这类器皿的定名作了考察，引用中国古文献中提到的酒器"叵罗"及颇罗、破罗、不落、凿落，认为"在唐代常见的酒器中只有多曲长杯不知其本名，而在常见的酒器名称中又只有叵罗而不知为何物，两相比较，则多曲长杯或即叵罗"[①]。关于"叵罗"，俄国学者在翻译美国学者薛爱华（E.H. Shafer）《撒马尔罕的金桃》一书时，特别对"叵罗"加以注释，认为源出伊朗语Padrōd，即指碗[②]。

即使"叵罗"与多曲长杯不能等同，"叵罗"也显然是个古代外来语，音译为汉文时可用不同的汉字表示。背阴村和大同发现的"羽觞"和"银洗"，也显然不是中国传统的或流行的器物，而与伊朗萨珊多曲长杯相似。如果多曲长杯即为"叵罗"，而"叵罗"一词又源于伊朗语，那么中国发现的多曲长杯类的器物当与古代西亚文化有关。即使没有器物定名上的这些推测，北朝至唐代的多曲长杯与伊朗萨珊器物有密切的关系也是毫无疑问的。

这种形态的器物，中国除了出土品，还有不少非科学发掘品流传在海外。此外，还有一些多曲形态不明显的长杯，在以往报告中称为洗、盏、碟、盘、船形杯、椭圆形杯、花口形杯、羽觞、碗等等，属一类器物或同一演变谱系的器物，可依据其形制为长椭圆形并有曲瓣的特点，统称为长杯。

最初涉及中国多曲长杯研究的是日本学者原田淑人，他在1939年以奈良正仓院南仓的八曲鎏金铜长杯和中仓的十二曲绿玻璃长杯为资料，又列举了2件英国和美国收藏的中国唐代银长杯，认为多曲长杯器形的渊源，有可能是中国汉代的耳杯[③]。20世纪50年代，瑞典学者俞博（Bo Gyllensvard）推测中国唐代多曲长杯起源

---

① 孙机：《唐·李寿石椁线刻〈侍女图〉、〈乐舞图〉散记》，《中国圣火》，222页，辽宁教育出版社，1996年。
② E. H. Shafer, *The Golden Peaches of Samarkand*, A Study of Tang Exotics. 吴玉贵中译本名为《唐代的外来文明》（中国社会科学出版社，1995年）。俄译本"叵罗"注释参见蔡鸿生：《〈隋书〉康国传探微》（《文史》26辑，1986年）。
③ 原田淑人：《正藏院御物を通して观たる东西文化の交涉》，《古代东亚文化研究》，座右宝刊行会，1940年。

380　唐代金银器研究

于萨珊[1]。60年代以后，伊朗发现的一些多曲长杯陆续为日本博物馆和个人收藏，深井晋司以此为线索进行了系统研究，指出日本新入藏的多曲长杯是萨珊器物，而多曲长杯是萨珊人在古罗马的贝壳式银器启发下的创新器物，中国唐代的多曲长杯与萨珊同类器物有密切的关系[2]。

中国已知时代最早的1件多曲长杯，即为山西大同南郊北魏遗址所出者，器形呈八曲状，内底有两只怪兽。孙培良曾撰文考证，推测为萨珊器，其时代为5世纪中叶至5世纪末，产地为伊朗东部的呼罗珊地区。理由是多曲长杯是萨珊银器的典型样式[3]。这一说法后来受到孙机的怀疑："因为大同长杯造型很奇特，萨珊制品中根本没有和它相近的标本。这件长杯的每一曲都从器口直通器底，是竖向的'分瓣'式的，而不像萨珊长杯那样，有几曲不通器底，是横向的'分层'式的。它的每曲在口沿处又各拐一小弯，旋绕成云朵形，在别处从未见过。此杯为素面，不像萨珊长杯的纹饰主要分布在外壁；而且大同长杯于器内在底心饰有两只相搏斗的怪兽，其造型和萨珊艺术的作风全不相侔，反倒与中亚以及迤北之草原地带的野兽纹近似，所以大同长杯当非萨珊所制。这些情况表明，我国之多曲长杯的渊源不止来自萨珊，中亚之粟特等地的影响也是不可忽视的。"[4]美国学者Ann C. Gunter和Paul Jett则明确指出，大同的八曲长杯"在器内的中心部位的浮雕曲线图案是印度神话中的一个古老的形象——摩羯鱼（Makara）。此外，还配有装饰性的形象。这种摩羯鱼的出现和图案形式类似于印度笈多（Gupta）艺术中的装饰主题，也许说明大同的这件器物出自印度或巴基斯坦"[5]。

大同银八曲长杯的形制和纹样，确与萨珊常见的同类器有所不同。曲棱口沿处的顶端饰小花瓣，内底的怪兽纹带有浓厚的中亚艺术风格，这些特点在粟特地区和所谓斯基泰艺术中可以见到，故可推测为中亚产品。虽然目前在中亚地区尚未发现可确定的银多曲长杯实例，但该地曾流行长杯是无疑的。乌兹别克斯坦的巴拉雷克（Balalyk）遗迹壁画中能见到哒贵族持杯画面[6]，但人们手执的杯还不能肯定就是长杯。塔吉克斯坦的片吉肯特（Penjikent）建筑壁画中则有了比较明确的长杯和多曲长杯的形象[7]（图3-90）。由此可知中亚地区存在着这类器皿。壁画表现的是人们日常生活的场面，常见的长杯和多曲长杯为中亚人自制的产品是完全可能的。

图3-90 片吉肯特壁画执长杯人物

① Bo Gyllensvard, *T'ang Gold and Silver, No.29,* p.57. The Museum of Far Eastern Antiquities, 1957.
② 深井晋司：《镀金银制八曲长杯》，《ペルシア古美术研究・ガラス器・金属器》，吉川弘文馆，1967年。
③ 孙培良：《略谈大同市南郊出土的几件银器和铜器》，《文物》1977年9期。
④ 孙机：《唐・李寿石椁线刻〈侍女图〉、〈乐舞图〉散记》，《中国圣火》，221页，辽宁教育出版社，1996年。
⑤ Ann C. Gunter and Paul Jett, *Ancient Iranian Metalwork*. Smithsonian Institution, Washington D.C., 1992.
⑥ 古代オリエント博物馆：《シルクロードの贵金属工艺》，30～31页，有限会社シマプレス，1981年。
⑦ 深井晋司等：《ペルシア美术史》，148页，吉川弘文馆，1983年。
  M.M.梯亚阔诺夫：《边吉坎特的壁画和中亚的绘画》，《美术研究》1958年2期，图九、遗址六1号室西墙、北墙构图概貌。

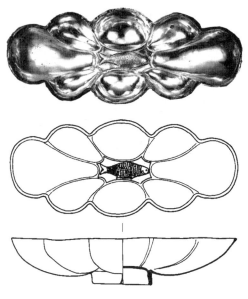

图3-91 日本藏萨珊银长杯

图3-92 美国藏萨珊银长杯

但是，多曲长杯的祖形在伊朗，是伊朗人在萨珊时期创造定型的器物，以后才逐步向外传播，或被仿制。故其他地区发现的这类器物可称为萨珊式多曲长杯。大同多曲长杯与萨珊多曲杯虽有异趣，但总体上说仍源于萨珊器物。即使是采用竖向分瓣式及器内的底心饰动物的做法，在萨珊器中也可见到。如日本东京私人收藏的一件银八曲长杯就是竖向分瓣式，而且外表光素，内底饰一鱼纹（图3-91）[1]。美国赛克勒美术馆藏6世纪的银长杯，也是竖向分瓣式，外表光素，内底饰一虎纹（图3-92）[2]。由此可知，竖向分瓣和在内底饰纹样的做法也是萨珊艺术的特征。大同的八曲长杯，可看作是1件制造于中亚的"萨珊式"器物，古代西亚和中亚交流频繁，中亚人是从西亚萨珊人那里学会制造这类器物的。

如何分辨5世纪到8世纪或延续稍晚的萨珊与中亚的银器，一直困扰着学者们。尽管马尔萨克在其《粟特银器》一书中，从以往笼统认为的萨珊银器里区分出了相当一部分考定为粟特器物，但也明确承认它们受萨珊银器的深刻影响[3]。中亚是个广泛而不十分明确的区域概念，甚至有人形容浩瀚的沙漠和茫茫的草原的终止地区，便是中亚的边界。如果把中亚界定为印度以北、伊朗呼罗珊以东、中国新疆以西和北部草原以南这样一个范围，这里主要是粟特、贵霜和嚈哒人的领地[4]，大同多曲长杯的制作者当与他们有关。在很多萨珊与中亚银器还无法被准确划分的情况下，试图确定大同多曲长杯的产地和族属，必将导致无休止的争论。中亚地区是各民族迁徙、杂居之

---

① 古代オリェント博物馆：《シルクロ一ドの贵金属工艺》，30～31页，有限会社シマプレス，1981年，23页。

② Ann C. Gunter and Paul Jett, *Ancient Iranian Metalwork*, Smithsonian Institution, Washington D.C., 1992.

③ Б. И. Маршак, *Согдииское Серебро*. Москва, 1971.

④ 参见王治来：《中亚史纲》，湖南教育出版社，1986年。

地，特别是游牧民族常常是这里的主人，各种文化都在这里融合，遗物反映出多种文化因素是正常现象。就多曲长杯而言，它们源于萨珊，最流行于萨珊已不成问题，其他地区的同类器物细部的差异，或与萨珊影响的多少有关，或因时代早晚所致，都应叫作萨珊式多曲长杯。这有助于探讨中国发现的多曲长杯与萨珊文化的关系。

二、萨珊式多曲长杯的类型与年代
Types and Dates of the Sasanian Poly-lobed Long Cups

萨珊式多曲长杯在中国出现不晚于4世纪，新疆库车克孜尔第38窟主室窟顶4世纪的壁画上已经见到多曲长杯的图像（图3-93）[①]。唐代多曲长杯是地下出土的实物，说明这种器物出现不久就传入中国，并在以后对中国银器制造产生了重要影响。

如果把平面大体为长椭圆形，并呈多曲状作为器物形制特征来衡量，唐代金银器中的这类长杯已发现几十件（参见表1-4）。它们之间在器形上或许差别较大，有的可称为萨珊式器物的翻版，有的则看不到多少萨珊式器物的特征。但如果按时代早晚将之依次排列，就会发现那些差别是渐变的过程，表明它们是自成发展体系的器物。根据多曲长杯形制上的特点，可分为两种类型、三种样式，其中较具代表性的器物及其特征和时代详见表3-3。

长杯中未发现纪年器，因此首先需要对各器物的年代加以考订。年代的考察主要根据以下几个方面：一是共出器物的年代，即同时出土了纪年器物或据其他文字可考其年代。二是器物造型，器物造型有

图3-93　克孜尔第38窟
主室窟顶壁画

时代共性，可通过其他年代较明确的器物，间接推测其年代。三是纹样风格，与器物造型一样，纹样也有时代共性，同其他遗物的纹样进行比较，是确定其时代的重要参考依据。四是逻辑关系，确定一种器物属于同一谱系后，又了解到其外来文化的渊源和早晚特征，那么外来风格的浓厚与否就可能表示出早晚关系，兼有早晚某些特征的器物就有可能是两者间的过渡形式。因为以上比定年代的每一种方法都只是可能性，故某一件器物的相对年代，是经过综合考察推定得出的。

A型多曲长杯以日本白鹤缠枝纹银长杯和美国旧金山缠枝纹银长杯为代表（图3-94-1、2），均非科学发掘所得。2件器物的平面呈八曲椭圆形，杯体较浅，曲瓣对称，曲线处向器内凹入。两侧曲瓣的曲线不及底，为横向分层式的曲瓣，有椭圆形矮圈足。2件器物的造型极为相似，纹样也只有细微的差别。器物两侧的中瓣内饰纤细的缠枝藤蔓，藤蔓顶部为卷勾托起的如意式的云头花朵，或两片忍冬对合式的花蕾。其他瓣内为一株株的花草，间饰飞鸟和蝴蝶。圈足上也有卷勾托

① 《中国石窟·キジル石窟》卷1，图版119，平凡社/文物出版社，1983年。
孙机：《唐·李寿石椁线刻〈侍女图〉、〈乐舞图〉散记》，《中国圣火》，218页，辽宁教育出版社，1996年。

表3-3　　　　　　　　　　　　　　　唐代金银多曲长杯的特征及时代

型式	特　　　征	器物名称	时　　代
A型	多曲瓣明显，器内出现较高的凸棱，器外表为较深的凹线，通常为八曲瓣	白鹤缠枝纹银长杯 旧金山缠枝纹银长杯	7世纪后半叶 7世纪后半叶
B型 I式	多曲瓣的凸棱不明显，分瓣处只是浅浅的内曲，分瓣各自独立并均由口至底，大多是四曲瓣浅杯体	凯波折枝纹银长杯 西安摩羯纹金长杯 "齐国太夫人"双鱼纹金长杯 白鹤飞禽纹银长杯 西安鹦鹉纹银长杯 背阴村双鱼纹银长杯 西安鸿雁纹银长杯	8世纪前半叶 8世纪末9世纪初 8世纪末9世纪初 9世纪 9世纪 9世纪 9世纪
B型 II式	多曲瓣的凸棱不明显，分曲与萨珊多曲长杯一致，两侧的分曲不通器底，呈横向分曲，分瓣凸鼓不明显。杯体较深，器口近似椭圆形，重要特点是带高圈足	弗利尔高足银长杯 大都会高足银长杯 芝加哥带托银长杯 凯波高足银长杯 不列颠高足银长杯 背阴村素面银长杯 下莘桥摩羯纹银长杯	9世纪 9世纪 9世纪 9世纪 9世纪 9世纪 9世纪

起的如意式云头花朵。此类器物在美国还有1件，造型和纹样风格基本一致，但饰有狩猎纹[1]。

波普主编的《波斯艺术综述》一书和深井晋司对萨珊多曲长杯进行研究时，列举萨珊多曲长杯多件[2]。与之比较，不难发现A型的白鹤缠枝纹银长杯、旧金山缠枝纹银长杯与萨珊器物的造型非常相近。然而萨珊器物极为重视捶揲技术的应用，除了器形采用捶揲技术，主题纹样也常常是先捶出轮廓，然后进行细部雕刻，形成浮雕式图案。白鹤缠枝纹银长杯和美国旧金山缠枝纹银长杯虽然也运用了捶揲技术成型，纹样部分却为平錾线刻，显得平板。所表现的纹样内容是中国特有的，表明系中国制造的器物无疑。因两者的纹样与西安韩森寨缠枝纹银带把杯、沙坡村莲瓣纹折腹银高足杯、沙坡村莲瓣纹弧腹银高足杯等器物上纤细的缠枝藤蔓、花草飞鸟和如意式的云头花朵完全一致，为唐代前期流行的纹样[3]，而造型又是外来样式，其年代应在7世纪后半叶。

B型多曲长杯分两式。

I式长杯在以往报告中最容易被称为盏、碟、盘、花口形杯、碗等器名。但是，器形的多曲瓣特征，以及曲线使器体内部形成凸棱的做法，如果不在A型多曲长杯中寻找渊源，中国传统器物几乎提供不了任何演变依据。与A型多曲长杯不同的是，B型I式长杯各曲瓣的曲线均由口至底，各自独立，形成竖向分瓣式的器体。而且大多杯体浅，四曲瓣。分瓣也不再醒目突出，多为

———————

[1]　*Oriental Art.* Winter，1993.

[2]　A.U. Pope, *The Survey of Persian Art.* New Edition, Ashiya, Japan, 1980.

[3]　参见韩伟编著：《海内外唐代金银器萃编》，图49、50、70，三秦出版社，1989年。

微微内曲，十分平缓。

凯波折枝纹银长杯（图3-94-3），韩伟在《海内外唐代金银器萃编》中收录此器时称为"鸿雁折枝纹长杯"[16]。俞博（Bo Gyllensvard）在为卡尔·凯波藏品编撰的书中，称为Small Shallow Cup，意为小浅杯，指出杯为椭圆形，应属多曲长杯类①。此器略为特殊，分八个曲瓣，四曲内凹，四曲外凸，曲线由口及底，每瓣凸鼓不明显，显得略为平板，杯体更深。纹样共四组，主题是枝叶肥大的对称折枝花，两侧配以对鸟（鸭）。两组为站立的鸟（鸭），两组为飞翔的鸟（鸭）。多曲瓣开始向平滑演变，是新的迹象。唐代的阔叶折枝和对鸟纹流行在8世纪以后，还可举出大量的实例，仅就金银器而言，如西安何家村银耳杯、何家村折枝纹圜底银碗的装饰为阔叶折枝花主题②，而到中晚唐这种阔叶大花为流行的样式。何家村双鸿纹圆形银盒、何家村双鸳纹圆形银盒上的对鸟纹，其风格也与凯波折枝纹银长杯的纹样相似③。所以凯波折枝纹银长杯的年代应比A型略晚，约在8世纪前半叶。

有6件长杯都是四曲长杯。西安摩羯纹金长杯（图3-94-4），杯内底錾摩羯和火焰宝珠，衬以水波纹，四周围以联珠和叶瓣边饰，叶瓣内刻密集的碎线。器物腹壁饰四组阔叶大花。阔叶大花已如前所述，为8世纪特别是8世纪中叶以后流行的纹样。底心、口沿和圈足部均有叶瓣边饰，每个叶瓣内刻细密的碎线，这类叶瓣边饰多见于江苏丹徒丁卯桥窖藏和陕西扶风法门寺地宫两批中晚唐的金银器物上，而在8世纪中叶前的器物上尚未见到。由于例证甚多，故可作为断代依据。河南伊川鸦岭唐齐国太夫人墓出土了21件金银器皿，其中"海棠花形金盏"属于四曲长杯，即本文的"齐国太夫人"双鱼纹金长杯（图3-94-5）。它与西安摩羯纹金长杯的造型极为相似，纹样作风雷同，底心纹样的边缘和口沿也为叶瓣边饰。齐国太夫人吴氏卒于公元824年，故进一步证明叶瓣纹作为边饰在9世纪更流行。两器的时代应为8世纪末9世纪初。

白鹤飞禽纹银长杯收藏在日本（图3-94-6），饰有阔叶大花，叶瓣边饰、缠枝卷蔓。不带花朵的缠枝卷蔓，见于咸阳缠枝纹金注壶、丁卯桥银筹筒上纹样，为中晚唐纹样特色。

西安鹦鹉纹银长杯（图3-94-7），器物口沿亦为叶瓣纹边饰，腹壁分隔饰有四簇肥大的折枝花。器物底心为一对鹦鹉纹，衬以缠枝卷蔓，周边饰叶瓣纹，所有这些都表现出9世纪纹样的特征。

背阴村双鱼纹银长杯（图3-94-8），出土于9世纪前半叶标准器物群，同出器物有大中年间制作的"敬晦"葵花形银盘④。该长杯口沿的半花纹边饰和底心的荷叶双鱼纹不仅流行于晚唐，而且是宋代纹样的特征，故其时代应为9世纪。

西安鸿雁纹银长杯（图3-94-9），器口边缘为半花纹。器物底心为飞翔的两只鸟和流云纹，周边饰有叶瓣边饰。半花纹边饰见于中晚唐时期丹徒丁卯桥鹦鹉纹多曲银碗口沿外，该碗带高圈

---

① Bo Gyllensvard, *Chinese Gold, Silver and Porcelain: The Kempe Collection.* fig.43. The Asia Society Inc, Distributed by New York Graphic Society Ltd，1971.

② 参见韩伟编著：《海内外唐代金银器萃编》，图81、93，三秦出版社，1989年。

③ 参见韩伟编著：《海内外唐代金银器萃编》，图204、208，三秦出版社，1989年。

④ 参见卢兆荫：《从考古发现看唐代的金银"进奉"之风》，《考古》1983年2期。

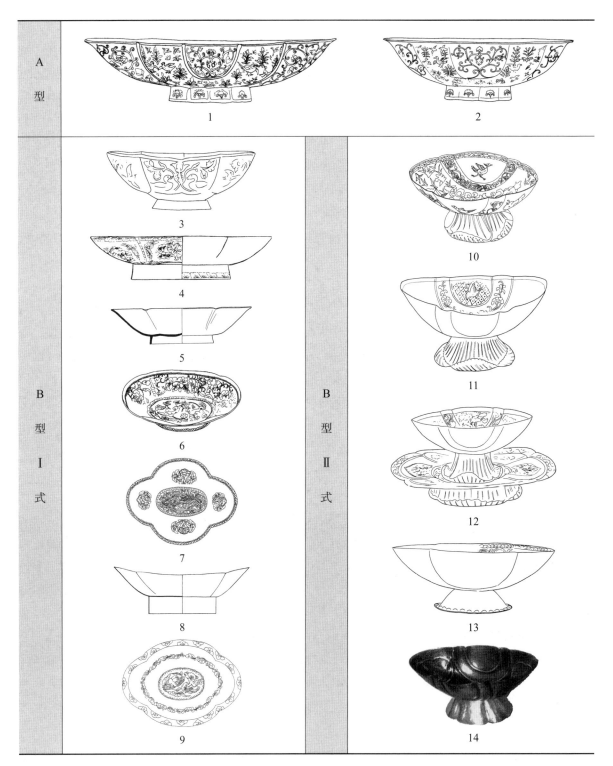

图3-94　萨珊式金银多曲长杯在中国的演变

1.白鹤缠枝纹银长杯　2.旧金山缠枝纹银长杯　3.凯波折枝纹银长杯　4.西安摩羯纹金长杯　5."齐国太夫人"双鱼纹金长杯　6.白鹤飞禽纹银长杯　7.西安鹦鹉纹银长杯　8.背阴村双鱼纹银长杯　9.西安鸿雁纹银长杯　10.弗利尔高足银长杯　11.大都会高足银长杯　12.芝加哥带托银长杯　13.凯波高足银长杯　14.不列颠高足银长杯

足，足下部边缘又有叶瓣边饰，是件9世纪的作品①。此外，半花纹边饰还见于禅众寺银椁和禅众寺金棺上，而镇江禅众寺的遗物，依据同时出土的唐文宗太和三年（公元829年）的石函铭文②，可定为9世纪的遗物。因此，西安鸿雁纹银长杯的时代约为9世纪。

Ⅱ式长杯的杯体加深呈碗形，圈足增高成台座。由于杯体还保持着多曲长杯的遗风，甚至分曲时有几曲不通器底，是横向分层式的，故属于多曲长杯系统。Ⅱ式长杯有些器物的曲瓣很浅，与常见的凸鼓式萨珊多曲长杯有所不同，还有些器物分曲处不明显，使器口几乎成为椭圆形。

弗利尔高足银长杯、大都会高足银长杯（图3-94-10、11），杯体横向分层式的八个曲瓣不是平均分配，两端的最大，两侧的次之，其间的最小，保留着浓厚的萨珊多曲长杯的风格。但杯口的曲瓣已不明显，近似于椭圆形，分曲的曲线只有浅浅的痕迹。卷荷叶式粗壮的高圈足是新出现的样式，但可以在唐代9世纪其他金银器上见到，如法门寺银香宝子上即可见到这种作风③。故这2件高足长杯应为9世纪的作品。芝加哥带托银长杯（图3-94-12），与前2件器物造型一致，只是器底带托盘，其时代也应相近。

凯波高足银长杯（图3-94-13），口沿饰叶瓣纹边饰，杯体内的四曲瓣各有展翅的飞鸟，底心为摩羯，全部衬以不带花朵的缠枝卷蔓。如前所述，其纹样都是晚唐特色，应为9世纪的作品。不列颠高足银长杯（图3-94-14），造型与凯波高足银长杯基本一致，年代也应相近。Ⅱ式八曲长杯在瓷器中也有发现，如浙江临安光化三年（公元900年）钱宽墓④、天复元年（公元901年）水邱氏墓[14]中都有出土。因此，更进一步证明这种长杯主要流行在9世纪后半叶。

背阴村银长杯为十二曲椭圆形杯，无高足部分（参见图3-88）。《中国美术全集》收录这件器物时指出："圈足脱落，外底留有焊接痕迹："⑤故原来的器形应与Ⅱ式长杯同，此器与背阴村双鱼纹银长杯同出于陕西耀县背阴村窖藏，其时代应为9世纪。

下莘桥摩羯纹银长杯，曾被称为"摩羯纹羽觞"，亦为八曲长杯，原来是否有高足不得而知，内壁还有清晰的棱线，应属Ⅱ式，时代也与其他Ⅱ式长杯一样，为9世纪的作品（图3-95）。与下莘桥摩羯纹银长杯相似的器物，有伊朗德黑兰考古美术馆收藏1件时代为6世纪至7世纪的银长杯⑥，杯口是椭圆形，却捶击出清晰可

图3-95 下莘桥摩羯纹银长杯

① 丹徒县文教局等：《江苏丹徒丁卯桥出土唐代银器窖藏》，《文物》1982年11期。参见韩伟编著：《海内外唐代金银器萃编》，图135，三秦出版社，1989年。

② 江苏省文物工作队镇江分队：《江苏镇江甘露寺铁塔塔基发掘记》，《考古》1961年6期。参见韩伟编著：《海内外唐代金银器萃编》，图325、326，三秦出版社，1989年。

③ 法门寺"香宝子"在《法门寺地宫珍宝》（陕西人民美术出版社，1989年）发表时称调达子、银坛子（图版10、11），据同出的《法门寺衣物账》应定名为香宝子。

④ 浙江省博物馆等：《浙江临安晚唐钱宽墓出土天文图及"官"字款白瓷》，《文物》1979年12期。

⑤ 中国美术全集编委会：《中国美术全集·工艺美术编10·金银玻璃珐琅器》，图版说明六三，文物出版社，1978年。

⑥ 林良一：《ペルシアの遺宝2·金·银·铜·宝石》，图版48，新人物往来社，1979年。

辦的多曲长杯的图案，与之很相似（图3-96），是萨珊银器。日本白鹤美术馆藏鎏金铜长杯（图3-97）的造型和纹样布局更为相似，为中国晚唐或五代时期的器物。

图3-96　德黑兰考古美术馆萨珊银长杯　　　　　　图3-97　白鹤美术馆鎏金铜长杯

三、萨珊式多曲长杯在唐代的演变
Evolution of the Sasanian Poly-lobed Long Cups of the T'ang Dynasty

在唐代以前的中国传统器皿中，除了汉晋时期的耳杯，并不流行长形器皿，多曲长杯的造型更未见到。多曲长杯因分曲使外部凹陷进去而内部形成凸起的条棱，失去其光滑的杯体，这显然不是中国传统器皿中饮食类器物，使人不得不联想到外来文化的影响。

A型多曲长杯与萨珊多曲长杯在造型上最类似，属仿制品无疑。如果将世界各博物馆藏的萨珊多曲长杯与这2件器物的造型相比较，很难在形制上加以区别。说明在7世纪后半叶或稍晚，萨珊银器的造型对唐代金银器的制作产生了相当大的影响。大同北魏城址出土的多曲长杯，证明西方的这种杯的实物早在北魏时已传入中国，并显然会直接影响到后来唐朝金银器的制作。唐朝初年或稍早，造型奇异、制作精良的西方金银器令人耳目一新，促使唐朝艺匠开始学习和模仿。艺匠们在仿制出萨珊长杯那多曲凹凸起伏特征的同时，又稍加改动，使杯体稍深，口沿也略微外侈敞开，分曲形成的曲瓣不明显，凹凸起伏较浅，曲瓣不像大多数萨珊器那样极其夸张地凸鼓，显现出轻快活泼的特性。这些与萨珊器物细微的区别，反映出7世纪后半叶唐代工匠尽管模仿外来的器物造型，但并不盲从，金银器制作中外来风格的中国化已经开始。

A型多曲长杯的外表纹样与萨珊器的纹样装饰完全不同。萨珊多曲长杯主要纹样是波斯主生殖和丰收的阿那希塔（Anahita）女神、水波鱼兽、葡萄圣树等，表现的是拜火教圣典中的信仰和神怪故事。但这2件A型多曲长杯，以萨珊长杯为蓝本在形制上进行了忠实模仿，纹样却选择了西方银器中根本不见踪影的中国样式，通体满饰缠枝藤蔓、花草飞鸟、如意式的云头花朵等，显现出唐朝文化最初对外来文化吸收时的特征。在信仰和审美的巨大反差下，萨珊器物上的纹样不能被中国人接受，与信奉拜火教有关的阿那希塔裸体或半裸体女神、圣树和水中鱼怪等题材，一开始就受到唐代工匠们的摒弃，取而代之的是唐人喜闻乐见的繁缛细密的植物纹样，如忍冬、缠枝、藤蔓、卷草和如意式的云头花朵等。虽然忍冬纹等还带有一些西方纹样的韵味，直接继承的却是北朝的作风，并未直接受外来文化影响。而诸种纹样的有机结合，更是唐朝的创造。纹样的总体特征，在唐代金银器皿乃至其他遗物上常常可以见到。

唐代工匠最初制造的多曲长杯，注重器物的外部形态，但是这种多曲长杯，在造型上与中国传统器皿判然有别，不完全符合中国人的观赏和使用习惯。或许人们所喜爱的是器身宛如开放花朵式的变化曲线，视觉上的美，使唐人舍弃了对物质实物本身功用性的追求，这意味着对纯艺术欣赏的情趣大于对实用性的关心。可能是由于实用价值不大，所以直接来自外来器物的造型难以被接受，7世纪后半叶属于A型的多曲长杯不仅少见，以后也不流行。

多曲长杯的演变是由A型发展到B型Ⅰ式、B型Ⅱ式的变化过程，但B型Ⅰ式和B型Ⅱ式之间似乎没有演变关系，它们同是A型发展出的两个分支。

多曲长杯富于变化的优美形态符合一般人的审美观，而在实用性上又难以被全部接受，故解决实用与观赏之间矛盾的办法，就是进行调整，逐渐扬弃那些不符合中国传统的部分。于是出现了凯波折枝纹银长杯那种B型Ⅰ式多曲长杯的样式，即曲瓣微微内曲，趋于平滑，淡化了以前那种夸张的曲瓣。这一变化可以看作是萨珊式长杯向中国式长杯过渡的形制，也奠定了多曲长杯后来演变的基础。到了8世纪中叶以后，B型Ⅰ式长杯逐步脱离萨珊器造型的束缚，曲瓣不那么明显凸鼓，曲线已由口及底成为纵向式分曲，并将曲瓣减少至四曲。

B型Ⅱ式多曲长杯是沿着另一个方向发展出来的器形。同Ⅰ式相同的是也淡化了凸鼓的曲瓣，但基本保持着横向分层式的多曲的基本特点。区别在于杯体部分加深，几乎成为圜底碗的形态。下面的足更高，呈喇叭形，足部的多棱也消失，中国式的卷荷叶纹样与高足完美地结合在一起。

长杯在中国演变出的这两个分支是唐代的创新之作。改进后的创新产品，虽脱胎于萨珊器皿，却看不到多少本来面目。或许不应再把B型Ⅰ式和B型Ⅱ式多曲长杯看作是外来影响的结果，它们直接继承和发扬的是早些时候A型多曲长杯仿制品的特点，而A型多曲长杯才能清楚地看出对萨珊式器物的仿造。如果不探求它们的渊源轨迹，将B型Ⅰ式和B型Ⅱ式多曲长杯看作中国式器物亦无妨。

四、萨珊式多曲长杯的影响
Influence of the Sasanian Poly-lobed Long Cup

唐代以前，包括银器在内的萨珊器物已传入中国。确定无疑的萨珊遗物，有北京西晋华芳墓出土的萨珊玻璃碗、山西大同小站村花圪塔台北魏封和突墓出土的萨珊银盘及大同南郊北魏墓出土的萨珊玻璃碗、江苏镇江六朝墓出土的萨珊玻璃碗、宁夏固原北周李贤墓出土的萨珊玻璃碗、陕西西安东郊清禅寺塔基出土的萨珊玻璃瓶等[1]，还有几千枚萨珊银币在中国各地出土，这说明了萨珊与中国的密切关系。萨珊朝经常与中国通使已为人们所熟知，还有不少定居中土的波斯人，

---

[1] 参见齐东方等：《中国出土的波斯萨珊凸出圆纹切子装饰玻璃器》，《创大アジア研究》第十六号，创价大学アジア研究所，1995年。

他们曾"广造奇巧,将以进内"[1]。即波斯人不仅带来自己的产品,还在中国广为制作。包括多曲长杯在内的萨珊器物,必然对中国手工业制造产生影响。

萨珊式多曲长杯传到中国,经过由仿制到创新的演变,虽然逐渐失去了本来的特征,却反映了外来文化在中国的融合过程。开放的唐朝,政府宽容的政策和广泛的多边交流,使人们学习和模仿的能力得到了前所未有的发挥,并以极大的自信和独立性进行改造、创新。多曲长杯在中国的演变,清楚地反映了唐代工匠通过模仿和改造,使之变成中国化器物的发展轨迹。在中国长杯演变谱系中,到了晚唐时期,萨珊特征只能说是一种痕迹,实际上已经与其母体分道扬镳了。从审美角度看,较单纯的多曲改为花朵式的多瓣,区别在于前者是几何式的抽象美,后者是植物式的写实美。这一改变符合唐代艺术发展的大趋势。多曲经过流畅的变形,宛如盛开的花朵,艺术效果完全不同。杯体下面的底座更高,呈喇叭形高圈足,中国特色的莲叶纹样刻在其上,自然流畅,这正是中国人的艺术品位。

符合了大众共同的喜好,就会成为既定的发展模式,具有流行于社会的生命力。萨珊式多曲长杯对中国器物造型的深远影响不仅仅局限在金银器上,河南偃师杏园会昌五年(公元845年)李存墓[2]出土了滑石长杯(图3-98),开成五年(公元840年)崔防墓[3]出土了白瓷长杯(图3-99),与金银长杯B型Ⅰ式相同,而且这种瓷器流传很广,湖南长沙铜官镇瓦渣坪五代至宋代窑址中也有出土[4]。水邱氏墓出土的白瓷喇叭形高足多曲杯和日本白鹤美术馆藏的青瓷高足多曲杯等(图3-100、101),几乎与美国收藏的弗利尔高足银长杯和大都会高足银长杯的B型Ⅱ式银长杯完全一致,连横向分层式的曲瓣和八个曲瓣不是平均分配的细节也相同。不过,瓷器上的创新样式,是通过对银器精心模仿而间接地得益于萨珊艺术。西安南郊何家村窖藏和辽代

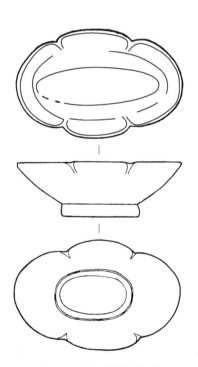

图3-98 李存墓滑石长杯

图3-99 崔防墓白瓷长杯

① 《旧唐书》卷八《玄宗纪》,174页,中华书局,1975年。
② 中国社会科学院考古研究所河南第二工作队:《河南偃师杏园村的两座唐墓》,《考古》1984年10期。
③ 奈良县立橿原考古学研究所附属博物馆:《遣唐使が见た中国文化》,图45,明新印刷株式会社,1995年。
④ 出土文物展览工作组:《"文化大革命"期间出土文物》第一辑,38页,文物出版社,1973年。

图3-100　水邱氏墓白瓷长杯

图3-101　白鹤美术馆青瓷长杯

陈国公主墓分别出土了水晶八曲长杯和玉四曲长杯（图3-102、103）[①]。玻璃器中也有反映。西安唐代总章元年（公元668年）李爽墓也出土1件多曲玻璃杯，分瓣由口及底[②]，虽不是长形，却和中国传统器皿不同，至少应是萨珊器皿影响下的产物。日本正仓院收藏的十二曲绿玻璃长杯（图3-104），与金银长杯同属一种形制，与日本文化自身的容器毫无关系。它的底部没有足，呈圜底，器物外壁刻花草，两侧瓣还刻兔、猪等动物。根据正仓院事务所的报告，这件十二曲玻璃杯的原料成分含铅极高[③]，与中亚、西亚玻璃不同，却与中国制造的玻璃成分相类，有可能是中国制品。正仓院南仓还收藏1件鎏金铜八曲长杯（图3-105），也曾一度认为是从中国输入的，近些年又考虑是日本制造的[④]，其渊源当属于萨珊艺术，反映了多曲长杯还进一步向东传播，8世纪日本已经知道了这种奇特的器物，而这种了解是假道于中国的。

陈西耀县柳林还出土2件背阴村素面银高足杯[2]，口部呈花形，与B型长杯整体形制接近，杯体保留着花瓣式的多曲，却不是椭圆形长杯。还有如丁卯

图3-102　何家村窖藏水晶长杯

图3-103　陈国公主墓玉长杯

图3-104　正仓院绿玻璃长杯

①　内蒙古自治区文物考古研究所等：《辽陈国公主墓》，彩版一五：2，文物出版社，1993年。
②　陕西省文物管理委员会：《西安羊头镇唐李爽墓的发掘》，《文物》1959年3期。
③　松本保：《正仓院とシルクロード》，122页，平凡社，1981年。
④　奈良国立博物馆：《正仓院展》，图66，株式会社便利堂，1994年。

图3-105 正仓院鎏金铜长杯

桥双鸾纹海棠形银盘、西安抚琴纹海棠形银盘[1]，也是多曲的形状。高足花口杯和海棠形盘在晚唐乃至宋代一直流行。它们也许是受多曲长杯和其他如高足杯、葵花盘等器形的影响而综合发展出来的新器形。但不论与多曲长杯之间是否为同一发展谱系，都可以说明由于外来文化的传入，通过学习和融会，一定程度地引起人们观念的变化，从而导致行为活动的变化，最后影响到社会生活。中晚唐新兴的器物群体，应该是社会生活的缩影。

---

[1]　韩伟编著：《海内外唐代金银器萃编》，图175、176，三秦出版社，1989年。

唐代高足杯研究

Study on the High-stemmed Cups

唐代的高足杯是一种形制特殊的器物。它分为上、下两部分，上部为杯体，用来盛装液体，下部是器足，具有放置和使用时手执的功用。高足杯的杯身平面为圆形或多曲圆形，有的腹深大于口径，有的小于口径，底部呈圜形，下接高足。高足的顶部很细，部分带有一个圆饼状的托盘，高足中部一般有"算盘珠"式的节，下部向外撇。这种高足杯唐以前极少，唐以后亦不流行。

1964年报道西安沙坡村窖藏中出土了银高足杯[3]，当时并未引起人们的注意。20世纪70年代初，西安南郊何家村窖藏再次出土这种器物[4]，才有学者对银高足杯做了一些说明。有人主张其形制为萨珊式①，也有人认为这种高足杯的某些特点在西亚1世纪的罗马帝国时代已出现并广泛使用，5世纪末至6世纪前半叶中亚也流行②。二者看法虽不同，但都把这种银高足杯与西方银器联系在一起，由此看来，高足杯不仅是唐代考古学中值得探讨的器物，对它的研究还涉及中西文化交流这一更为重要的课题。

一、银高足杯的形制与纹样

Shape and Design of the High-stemmed Cup

唐代的银高足杯，除了中国发掘出土的外，还有许多传世收藏品，其中大都属于外国各博物馆和私人的藏品，参见表1-2。

银高足杯可分为三型，详见表3-4。

A型杯体深，高大于宽，筒形腹。高足较细，中部大都带有"算盘珠"式的节。据细部的差别，A型高足杯可分为三式。

A型Ⅰ式，腹壁较斜，有尖瓣装饰。高足上部带托盘，中间有"算盘珠"式的节（图3-106-1、2）。

A型Ⅱ式，腹壁较直，大多数口沿下有一周突棱，有的腹下部亦带突棱（图3-106-3～8）。

A型Ⅲ式，腹部既无尖瓣，也无突棱，有的圈足上没有"算盘珠"式的节（图3-106-9、10）。

---

① 夏鼐：《近年中国出土的萨珊朝文物》，《文物》1978年2期。
② 桑山正进：《一九五六年来出土の唐代金银器とその编年》，《史林》六十卷六号，1977年。

表 3-4　　　　　　　　　　　　　　　唐代银高足杯主要器物　　　　　　　　　　　　　长度单位：厘米

器物名称	型式	通高	器宽	纹　样　内　容	参考文献
弗利尔狩猎纹筒腹银高足杯	AⅠ	7.8	6.9	杯腹有六个尖瓣装饰，尖瓣内饰骑马狩猎者和花枝，足面饰对卷忍冬叶构成的花瓣	［16］
纽约缠枝纹筒腹银高足杯	AⅠ			杯腹有四个尖瓣，其之间为缠枝纹，其间有飞鸟走兽	［16］
凯波狩猎纹筒腹银高足杯	AⅡ	5	4.1	口沿下为一周缠枝纹，杯腹为狩猎场面，狩猎者骑马奔驰，周围有山石、树木、花草、流云和飞鸟走兽。高足托盘饰三角纹	［16］
凯波葡萄纹筒腹银高足杯	AⅡ	5.2		口沿下为一周缠枝纹，杯腹饰葡萄纹，腹下部为对卷忍冬叶构成的花瓣，花瓣内有卷草。高足托盘饰三角纹	［16］
何家村素面筒腹银高足杯	AⅡ	8	6.3	无纹样	［4］、［16］
何家村狩猎纹筒腹银高足杯	AⅡ	7	5.9	鱼子地纹。口沿下、腹下及足面上饰缠枝纹，腹部为骑马狩猎者，其间有树木、花草、流云和走兽。高足的节部饰联珠纹	［4］、［16］
北京大学狩猎纹筒腹银高足杯	AⅡ	8.5	7.5	纹样与前杯同	［34］
沙坡村狩猎纹筒腹银高足杯	AⅡ	7.4	6.3	纹样与前杯略同，只是腹部纹样稍复杂，增加了飞鸟，树木高大。高足的托盘底饰八瓣莲花	［3］、［16］
临潼缠枝纹筒腹银高足杯	AⅢ	6	5	口沿下及腹部均饰葡萄纹，枝叶肥大	［16］、［26］
大和文华缠枝纹筒腹银高足杯	AⅢ	6		腹部及足面上为缠枝纹，高足托盘饰小花	［16］、［46］
藤井缠枝纹筒腹银高足杯	AⅢ	6.5		腹部为缠枝纹，足部亦饰花纹	［16］
芝加哥缠枝纹筒腹银高足杯	AⅢ	7.6	6.4	口沿下和高足托盘饰三角纹，腹部是阔叶缠枝纹及飞鸟	［16］
沙坡村莲瓣纹折腹银高足杯	BⅠ	5	7.2	鱼子地纹。杯身以折棱为界錾两层花瓣，每瓣内饰飞鸟、流云、树木、山水。高足托盘刻云曲瓣，足面刻带枝干和叶的云曲瓣	［3］、［16］
韩森寨莲瓣纹折腹银高足杯	BⅠ	6.1	7.7	纹样与前杯同	［35］
白鹤联珠纹折腹银高足杯	BⅠ	5.4	7.5	鱼子地纹。杯腹折棱饰联珠纹一周，上、下各錾花瓣，每瓣中刻走兽、飞鸟、花草、流云	［16］
耶鲁莲瓣纹折腹银高足杯	BⅠ	5.1	7	与前杯基本相同。唯腹部折棱处无联珠纹。足面为云曲瓣和对卷的忍冬叶构成的花瓣	［16］

器物名称	型式	通高	器宽	纹　样　内　容	参考文献
凯波莲瓣纹折腹银高足杯	B I	5.4		杯腹饰两层花瓣，每瓣中有花草	[16]
圣·路易斯莲瓣纹折腹银高足杯	B I	5.4	7	纹样与前杯基本相同	[16]
凯波立鸟纹折腹银高足杯	B I	6.2	8.1	杯腹饰两层花瓣，每瓣内饰花草、立鸟	[16]
沙坡村莲瓣纹弧腹银高足杯	B II	5	7.2	鱼子地纹。杯身錾两层花瓣，每瓣内饰飞鸟、蜂蝶、花草、流云。高足托盘饰云曲瓣。足面饰缠枝纹	[3]、[16]
白鹤狩猎纹弧腹银高足杯	B III	5.5	8.7	杯腹分为六瓣，每瓣内有骑马狩猎者奔驰于树丛之中，另有狐兔、飞鸟	[16]
白鹤缠枝纹弧腹银高足杯	B III	5.2	7.6	杯腹分为六瓣，缠枝纹和飞鸟、花草组成的纹样相间装饰	[16]
白鹤莲瓣纹弧腹银高足杯纹	B III	4.7	6.2	纹样与前杯略同，但在口沿下有一周缠枝	[16]
纳尔逊莲瓣纹弧腹银高足杯	B III	3	6.4	杯腹分为八瓣。纹样与前杯基本相同	[16]
纽约莲瓣纹弧腹银高足杯	B III	4.8	6.4	纹样与前杯基本相同	[16]
凯波折枝纹弧腹银高足杯	B III	4	5.9	杯腹外饰飞鸟、流云、蜂蝶及花草	[16]
凯波萱草纹弧腹银高足杯	B III	4.3	7	杯腹分为八瓣，每瓣内錾飞鸟、流云、蝴蝶。杯腹下部饰对卷忍冬叶构成的花瓣，其内有云曲瓣	[16]
芝加哥葡萄纹弧腹银高足杯	B III	4.8	7.6	杯腹分两层花瓣，每瓣内饰葡萄纹或缠枝纹，并有飞鸟	[16]
弗利尔缠枝纹弧腹银高足杯	B III	4.2	6.5	杯腹饰阔叶缠枝纹，腹下饰一周三角纹。足面亦饰缠枝纹	[16]
伊川缠枝纹弧腹银高足杯	B III	4	6	鱼子地纹。杯腹饰缠枝纹	[36]
沙坡村折枝纹弧腹银高足杯	B III	4	6.2	鱼子地纹。杯腹分为六瓣，三瓣饰飞鸟，三瓣饰花枝，相间排列。每瓣主题纹样旁边均有草叶、流云。足面为卷云和折枝花	[3]、[16]
淳安素面银高足杯	C	8	10		[12]
背阴村素面银高足杯	C				[2]

图3-106　A型银高足杯

1. 弗利尔狩猎纹筒腹银高足杯　2. 纽约缠枝纹筒腹银高足杯　3. 凯波狩猎纹筒腹银高足杯
4. 凯波葡萄纹筒腹银高足杯　5. 何家村狩猎纹筒腹银高足杯　6. 沙坡村狩猎纹筒腹银高足杯
7. 临潼缠枝纹筒腹银高足杯　8. 大和文华缠枝纹筒腹银高足杯　9. 藤井缠枝纹筒腹银高足杯
10. 芝加哥缠枝纹筒腹银高足杯

图3-107 B型I式银高足杯

1. 沙坡村莲瓣纹折腹银高足杯 2. 白鹤联珠纹折腹银高足杯 3. 耶鲁莲瓣纹折腹银高足杯
4. 凯波莲瓣纹折腹银高足杯 5. 圣·路易斯莲瓣纹折腹银高足杯 6. 凯波立鸟纹折腹银高足杯

B型杯体浅，宽大于高，折腹或弧腹。据细部差别，B型高足杯亦分为三式。

B型I式，腹部稍深，中间有折棱，有的在折棱处饰联珠。高足上部有托盘，中间有"算盘珠"式的节，足为花瓣形。仅凯波立鸟纹折腹银高足杯的足底有立沿，不呈花瓣形（图3-107）。

B型II式，腹部稍深，腹部无折棱（图3-108）。

B型III式，浅腹，腹部无折棱，有的足上部无托盘，皆无"算盘珠"式的节。多数器体为花瓣形，足有圆形和花瓣形两种（图3-109、110）。

图3-108 B型II式银高足杯
沙坡村莲瓣纹弧腹银高足杯

图3-109 B型III式银高足杯

1. 白鹤狩猎纹弧腹银高足杯 2. 白鹤缠枝纹弧腹银高足杯 3. 白鹤莲瓣纹弧腹银高足杯

图3-110 B型Ⅲ式银高足杯

1. 纳尔逊莲瓣纹弧腹银高足杯
2. 纽约莲瓣纹弧腹银高足杯
3. 凯波折枝纹弧腹银高足杯
4. 凯波萱草纹弧腹银高足杯
5. 芝加哥葡萄纹弧腹银高足杯
6. 弗利尔缠枝纹弧腹银高足杯
7. 沙坡村折枝纹弧腹银高足杯

　　中国至迟在战国、西汉时代就有带高足，并在高足的中部有"算盘珠"式的节的金属器物，不过当时这种高足中间有节的器物不多，而且并未对后来的器物造型产生很大的影响。类似于唐代银高足杯上部杯体形态的器物，在南北朝陶瓷器中多有发现，它们的时代变化自成谱系，其规律是口部由侈口向直口发展，器体由矮向高演变，底部由不带足变成带足。至南北朝末期，典型的陶瓷杯已成为直壁、深腹、带足的形态。这种杯与唐代的银高足杯的杯体部分已无区别。唐代的陶瓷杯亦有自身发展演变的体系，其规律是器体由高向矮、器壁由直向斜变化。唐代A型银高足杯的杯体部分与北朝末至唐初的陶瓷杯一致。B型更接近于盛唐时期的陶瓷器物。因此，A型银高足杯从总体上看，可能早于B型。

　　C型杯体深，斜壁，花口形，高足较粗，底部多为花瓣形（图3-111）。

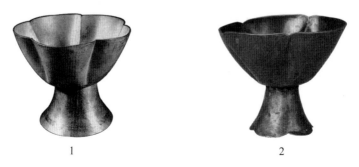

图3-111 C型银高足杯
1. 背阴村素面银高足杯　2. 淳安素面银高足杯

银高足杯上出现的纹样有忍冬纹、三角纹、联珠纹、葡萄纹、狩猎纹、缠枝纹、折枝纹花草等。下面逐一分析纹样的特点以确定每件器物的时代。

忍冬纹　典型的忍冬纹一般是指波状的枝蔓加以叶片组成的纹样，其叶为一侧看的三四片的植物叶。这种典型的忍冬纹在银高足杯上未见，但构成忍冬纹的植物叶出现于沙坡村莲瓣纹折腹银高足杯外腹纹样上。忍冬纹在敦煌莫高窟壁画中从北朝一直流行到唐初，而以北朝最盛[①]。

三角纹　亦被称为锯齿纹，经常作为边饰使用。饰三角纹的高足杯有凯波狩猎纹筒腹银高足杯、凯波葡萄纹筒腹银高足杯、芝加哥缠枝纹筒腹银高足杯（图版3）、弗利尔缠枝纹弧腹银高足杯。三角纹在三国两晋南北朝时期的铜镜上十分流行[②]，隋、唐初墓葬出土的神兽铜镜上还普遍饰用[③]，高宗以后铜镜上的三角纹逐渐绝迹。

联珠纹　饰联珠纹的银高足杯有何家村狩猎纹筒腹银高足杯（彩版1）、沙坡村狩猎纹筒腹银高足杯（图版1）、白鹤联珠纹折腹银高足杯（彩版4）。前二者把联珠纹刻划于高足中部的节上，后者则以浮雕的手法饰于杯体的折棱处，十分醒目。联珠纹在金银器上比较常见，织物、铜镜、绘画上亦可见到。中国较早的联珠纹流行于南北朝晚期及隋代，主要发现于西北地区的古代遗物上。新疆吐鲁番唐代前期的墓葬中出土了大批彩绘联珠纹的陶器和织物[④]。北朝、隋、唐初中原地区的一些遗物上也发现不少联珠纹，如安阳北齐墓出土的黄釉乐舞扁壶[⑤]、西安隋李静训墓出土的扁壶[37]、陕西三原隋李和墓出土的石棺[⑥]、唐尉迟敬德妻苏氏墓志[⑦]等都有联珠纹。铜镜上的联珠纹多饰于镜缘和内外区交界处，而且主要出现在高宗、武则天时期的葡萄镜上。从现知的联珠纹实例看，它们主要流行在6世纪后半叶到8世纪初。

葡萄纹　饰有葡萄纹的银高足杯有凯波葡萄纹筒腹银高足杯、芝加哥葡萄纹弧腹银高足杯（图版6）。中国西北地区出现葡萄纹较早，敦煌莫高窟贞观年间的壁画流行葡萄纹[⑧]。内地出现葡萄纹是在南北朝，最兴盛是在唐高宗、武则天时期，即6世纪后半叶，主要流行在铜镜上。饰葡萄纹的铜镜在武则天时期以后很少见到了[⑨]。

狩猎纹　见于弗利尔狩猎纹筒腹银高足杯、凯波狩猎纹筒腹银高足杯、北京大学狩猎纹筒腹银高足杯（彩版2）、何家村狩猎纹筒腹银高足杯（彩版1）、沙坡村狩猎纹筒腹银高足杯（图版1）、白鹤狩猎纹弧腹银高足杯。后4件高足杯上狩猎纹的特点、构图方式基本一致，只是细部略有不同。狩猎活动是唐代统治者所喜爱的，唐太宗李世民甚至把狩猎与国家统一、国泰民安并列起

① 薄小莹：《敦煌莫高窟六世纪末至九世纪中叶的装饰图案》，《敦煌吐鲁番文献研究论集》第五辑，北京大学出版社，1990年。

② 湖北省博物馆等：《鄂城汉三国六朝铜镜》，文物出版社，1986年。

③ 中国科学院考古研究所：《西安郊区隋唐墓》，科学出版社，1966年。

④ 新疆博物馆考古队：《吐鲁番哈喇和卓古墓群发掘简报》，《文物》1978年6期。

⑤ 河南省博物馆：《河南安阳北齐范粹墓发掘简报》，《文物》1972年1期。

⑥ 陕西省文物管理委员会：《陕西省三原双盛村隋李和墓清理简报》，《文物》1966年1期。

⑦ 昭陵文物管理所：《唐尉迟敬德墓发掘简报》，《文物》1978年5期。

⑧ 薄小莹：《敦煌莫高窟六世纪末至九世纪中叶的装饰图案》，《敦煌吐鲁番文献研究论集》第五辑，北京大学出版社，1990年。

⑨ 孔祥星等：《中国古代铜镜》，文物出版社，1984年。

来，这种题材在墓葬壁画、铜镜上也可以见到。西安、河南均出土有唐代的狩猎纹铜镜[①]，时代为唐玄宗时期。陕西三原县贞观四年（公元630年）李寿墓[②]、乾县神龙二年（公元706年）章怀太子李贤墓[③]的墓道壁画上也绘有狩猎图，场面和风格与金银器上的同类题材很相像。8世纪中叶以后的墓葬壁画基本不见狩猎的场面。

缠枝纹　缠枝纹类比较复杂，常常被称为卷草、蔓草等。这种纹样都是由一弯曲变化的主枝配以茎、蔓、花、草之类，细部存在着种种不同。整体纹样较随意，纤细、繁缛的时代较早，出现在白鹤莲瓣纹弧腹银高足杯、纽约缠枝纹筒腹银高足杯（参见图3-106-3、2）上。有阔叶或大花，而且叶与花很突出，茎、蔓减少的时代较晚，如临潼缠枝纹筒腹银高足杯、藤井缠枝纹筒腹银高足杯、芝加哥缠枝纹筒腹银高足杯、芝加哥葡萄纹弧腹银高足杯、弗利尔缠枝纹弧腹银高足杯等所饰花纹（参见图3-106-7、9、10，图3-110-5、6）。

折枝花草纹　出现于凯波狩猎纹筒腹银高足杯、北京大学狩猎纹筒腹银高足杯（彩版2）、何家村狩猎纹筒腹银高足杯（彩版1）、沙坡村狩猎纹筒腹银高足杯、白鹤联珠纹折腹银高足杯（彩版4）、沙坡村莲瓣纹折腹银高足杯、耶鲁莲瓣纹折腹银高足杯（图版4）、凯波莲瓣纹折腹银高足杯、圣·路易斯莲瓣纹折腹银高足杯、沙坡村莲瓣纹弧腹银高足杯（彩版5）、韩森寨莲瓣纹折腹银高足杯（彩版3）、白鹤狩猎纹弧腹银高足杯、白鹤缠枝纹弧腹银高足杯、白鹤莲瓣纹弧腹银高足杯、纳尔逊莲瓣纹弧腹银高足杯（图版7）、纽约莲瓣纹弧腹银高足杯、凯波折枝纹弧腹银高足杯、凯波萱草纹弧腹银高足杯（图版8）、沙坡村折枝纹弧腹银高足杯（图版9）之上。折枝花草纹也是一种叫不出具体名称的花草类纹样，广泛流行于唐代各种器物之上。由于不同样式的折枝花草可能属于不同的植物，可据风格分为两种。一种是纤细、多枝叶的，如前举18件杯所饰的纹样；另一种是阔叶花草，如沙坡村折枝纹弧腹银高足杯所饰的纹样。前者曾广泛地施于唐代8世纪初及以前的各种器物之上，如神龙二年（公元706年）永泰公主李仙蕙墓[④]和景云元年（公元710年）李仁墓[⑤]出土的石刻上的纹样。后者则流行于8世纪中叶。

已知的唐代银高足杯，无一件纪年者，但经过科学发掘出土的何家村狩猎纹筒腹银高足杯、沙坡村狩猎纹筒腹银高足杯、何家村素面筒腹银高足杯、临潼缠枝纹筒腹银高足杯、沙坡村莲瓣纹折腹银高足杯、沙坡村莲瓣纹弧腹银高足杯、沙坡村折枝纹弧腹银高足杯，均为8世纪前半叶的标准器物群中的遗物，可根据出土地点和共出遗物考其大致的时代范围，特别是时代的下限。A型高足杯中有2件出土于西安南郊何家村，1件出土于西安沙坡村。何家村窖藏器物中，有的可能晚于8世纪中叶[⑥]，但不包括高足杯。沙坡村窖藏金银器中最晚的器物，亦为8世纪中叶[⑦]。因此，这

① 孔祥星等：《中国古代铜镜》，文物出版社，1984年。
② 陕西博物馆等：《唐李寿墓发掘简报》，《文物》1974年9期。
③ 陕西博物馆等：《唐章怀太子墓发掘简报》，《文物》1972年7期。
④ 陕西省文物管理委员会：《唐永泰公主墓发掘简报》，《文物》1964年1期。
⑤ 中国科学院考古研究所：《西安郊区隋唐墓》，科学出版社，1966年。
⑥ 段鹏琦：《西安南郊何家村唐代金银器小议》，《考古》1980年6期。
⑦ 韩伟编著：《海内外唐代金银器萃编》，三秦出版社，1989年。

3件高足杯的年代都不晚于8世纪中叶。1件A型杯出土于唐开元二十九年（公元741年）陕西临潼唐庆山寺塔基地宫内，年代也不会晚于8世纪中叶。B型高足杯中的3件出土于沙坡村，时代也不会晚于8世纪中叶。此外，何家村狩猎纹筒腹银高足杯、沙坡村狩猎纹筒腹银高足杯上所饰的联珠纹和狩猎纹，表明其时代可能在7世纪后半叶。临潼缠枝纹筒腹银高足杯饰已经简化的葡萄纹，仅有葡萄叶和藤蔓，应为葡萄纹衰落后的样式，参照同出的石刻塔记，其时代约在8世纪前半叶。何家村素面筒腹银高足杯的形制与何家村狩猎纹筒腹银高足杯、沙坡村狩猎纹筒腹银高足杯、临潼缠枝纹筒腹银高足杯基本相同，时代也应接近。沙坡村莲瓣纹折腹银高足杯、沙坡村莲瓣纹弧腹银高足杯的杯体捶出两层花瓣，沙坡村莲瓣纹折腹银高足杯的花瓣尖部是由两个对卷的忍冬叶合成，尖瓣之间有小花。两杯的花瓣内饰飞禽和折枝花草。两个对卷的忍冬叶合成的尖瓣，与敦煌贞观至开元前期的宝相花的花瓣相似，瓣内所饰的飞禽和折枝花草，接近于李仁及李仙蕙墓中的石刻。故其时代应在8世纪初。沙坡村折枝纹弧腹银高足杯的杯体浅，高足部分无托盘和"算盘珠"式的节，杯口呈六瓣葵花形。花瓣形器物出现略晚，按铜镜的演变规律，呈花瓣形的葵花镜主要流行在唐玄宗时期及以后。沙坡村折枝纹弧腹银高足杯杯体上的折枝花稍显肥大，而肥大的折枝花是在8世纪中叶以后流行起来的。由此看来，该杯的时代约在8世纪的中叶。其他器物虽然都是传世收藏品，但从器形和纹样上看，都不会晚于8世纪中叶。

通过上述分析，目前发现的唐代银高足杯，均属于唐代前期，即8世纪中叶以前的作品。口径小于腹深的A型杯出现的时间可能略早，口径大于腹深的B型杯出现的时间稍晚。高足带托盘和"算盘珠"式的节的器物较早，以后这两种装饰逐渐消失。

二、银高足杯的渊源
Origin of the High-stemmed Cup

唐代银高足杯不是中国的传统器形，应是在外来影响下出现的。而杯上的纹样，在同时期各种遗物上常常见到，是唐代独特的装饰风格，可以肯定银高足杯是中国生产的。因此，有关唐代银高足杯出现的背景和渊源值得考察。

1970年山西大同北魏平城遗址出土了3件鎏金铜高足杯[①]。1件深腹，腹壁内弧，下部折成圜底，然后直接为高足"算盘珠"式的节，其下是覆盆状的足底（图3-112-1）。1件深腹，口下内束后带折棱，圜底，高足较细，中间有"算盘珠"式的节（图3-112-2）。1件深腹，斜壁，高足较粗，呈喇叭形（图3-112-3）。大同北魏封和突墓[124]出土1件银高足杯，已残破，但仍可以看出杯体较斜，高足中间无节。呼和浩特市土默特左旗毕克齐镇东北[178]出土2件银高足杯，杯体为直口，腹部有一周突棱，圜底，下接喇叭形高足（图3-113）。西安城郊隋大业四年（公元608年）李静训墓[37]出土金、银高足杯各1件（图3-114）。西安南郊隋丰宁公主墓[179]也出土1件

---

① 出土文物展览工作组：《"文化大革命"期间出土文物》，文物出版社，1973年。

1   2   3

图3-112　大同北魏鎏金铜高足杯

图3-113　毕克齐镇银高足杯   图3-114　李静训墓金高足杯   图3-115　丰宁公主墓金高足杯

金高足杯（图3-115）。看来早在唐代以前，至少在金属器皿中，已有高足杯。大同出土的铜杯中有2件杯高足中部带"算盘珠"式的节，腹较深，与唐代的A型银高足杯有共同点。李静训墓出土的2件高足杯与毕克齐镇出土的很相似，杯体较浅，为圜底碗形，高足为喇叭形，从足的顶部开始逐渐向外撇，高足中间有一细小的突棱，杯体上带突棱。与唐代的A型、B型银高足杯都有相近之处。

    大同的鎏金铜高足杯和李静训墓出土的金、银高足杯已被考定或推测是西方输入的产品[①]。唐代的银高足杯尽管与之存在一定的区别，但仍是最为相近的作品，因此，唐代的银高足杯应是受西方器物的影响而出现的。

    笼统地说高足杯是受西方影响而产生的，大概不会引起争议。但具体讨论西方影响的发源地时会有不同意见。下面就这一问题试做探讨。

    高足杯的特殊之处在于它的高足，这也是与西方器物可以比较的重要部位。夏鼐认为，大同出土的鎏金铜高足杯，是输入的西亚或中亚的产品，带有强烈的希腊风格。李静训墓出土的金、

---

①   夏鼐：《近年中国出土的萨珊朝文物》，《考古》1978年2期。

    孙培良：《略谈大同市南郊出土的几件银器和铜器》，《文物》1977年9期。

银高足杯是输入的萨珊朝作品。何家村出土的银高足杯，其器形是萨珊式的[①]。孙培良又进一步指出大同的高足杯很可能来自伊朗东北部[②]。上述意见表明，中国学者倾向于将高足杯的来源考虑在萨珊伊朗及中亚。对高足杯进行了研究的学者还有日本的桑山正进。他认为杯形高足杯（即本文的A型高足杯）在粟特和萨珊朝的伊朗都不存在，在中国的陶瓷器中可上溯到东晋。但这种高足杯是4世纪至5世纪罗马流行的器物，后传入中亚，中国的这种高足杯的祖型可能源于吐火罗地区[③]。尽管粟特及萨珊伊朗也存在高足杯，然而，桑山正进认为这种器物与罗马有关的观点值得重视。

我们可列举一些西亚和地中海等地区的高足杯进行分析，详见表3-5。

这些实例中，属于伊朗地区，即古代萨珊地区的器物，高足部分多无"算盘珠"式的节，而在偏西地区的作品中却较多地带有节状装饰，尽管萨珊时代的一些器物如执壶的高足的中部也有节，但总体上说比罗马-拜占庭地区少，而且时代偏晚。

表3-5 西方高足杯

出土或收藏地点	质料	时代	参考文献
保加利亚出土	银	公元前1世纪	①
土耳其伊斯坦布尔博物馆收藏	釉陶	1世纪初	②
叙利亚	玻璃	3世纪至5世纪	③
伊朗吉兰州出土	银	3世纪至6世纪	④
伊朗吉兰州出土	玻璃	3世纪至7世纪	⑤
土耳其伊斯坦布尔博物馆收藏	青铜	6世纪	⑥
俄罗斯埃尔米塔什博物馆收藏（黑海沿岸彼尔塔瓦市出土）	金2件 银2件	7世纪	⑦

① 夏鼐：《近年中国出土的萨珊朝文物》，《考古》1978年2期。
② 孙培良：《略谈大同市南郊出土的几件银器和铜器》，《文物》1977年9期。
③ 桑山正进：《一九五六年来出土の唐代金银器とその编年》，《史林》六十卷六号，1977年。
④ 江上波夫等：《古代トラキア黄金展》，图416，中日新闻社，1979年。
⑤ 中近东文化センター：《トルコ文明展》，图254，平凡社，1985年。
⑥ 《冈山市立オリェント美术馆》，大冢巧艺社，1979年。
⑦ 《冈山市立オリェント美术馆》，大冢巧艺社，1979年。
⑧ 《冈山市立オリェント美术馆》，大冢巧艺社，1979年。
⑨ 中近东文化センター：《トルコ文明展》，图254，平凡社，1985年。
⑩ 东京国立博物馆等：《シルクロードの遗宝》，图145～148，日本经济新闻社，1985年。

与中国的高足杯形制最相似的是1912年黑海沿岸的彼尔塔瓦市郊出土的4件金、银高足杯（图3-116）。1件金杯的杯体中部有折棱，下部捶揲四个浮雕式的忍冬纹，其间的上端有三角形的花蕾。纹样粗犷简洁，没有细致的刻画，器壁很薄。另1件杯的形制相同，纹样是在杯体折棱下部饰绳索纹，其下为花瓣纹。2件银杯无纹样，高足部分与金杯稍有不同，"算盘珠"式的节细而小，几乎成为凸弦纹。器物上有希腊或突厥文的字母。马尔萨克认为它们不是从伊朗传入的，应制作于黑海北岸，为游牧民族的遗物，而且类似的容器在6世纪至7世纪从匈牙利到乌克兰的所有草原地带都有发现[①]。

图3-116　彼尔塔瓦金、银高足杯

　　据报道，毕克齐镇的2件杯是在修水渠工程中发现的，当时掘得人骨架1具，尸骨处有拜占庭金币1枚、金戒指2枚及牙签、刀鞘、铜环、牛骨，头部有冠顶上的金饰片1件。"尸骨旁没有发现棺椁等葬具的痕迹，或许是一个商队的商人暴死于路而加以掩埋。根据死者身上携带的如圈足银杯等物品，掩埋的时间，可能为隋唐时代或稍早一些。"[②]1枚拜占庭金币（图3-117）是列奥一世（Leo Ⅰ，公元457年至公元474年）时所铸，与中国发现的其他的阿拉伯时代的仿制品不同。同出的金饰片十分引人注意，完全不是中国风格的物品，金饰片呈飞鸟展翅形，长21厘米，正中有一个卷眉、圆目、吐舌的兽头，两边为蜥蜴或鳄鱼形兽（图3-118）。出土时位于死者的头部，应是冠顶上的装饰物[③]。金戒指1枚镶紫色宝石，1枚镶黑色宝石，并刻长发人头像（图3-119）。这批器物中的高足杯可能与金币同样是拜占庭的制品。这种推测如果不误，说明拜占庭的高足杯在唐代以前已传入中国。

---

① 参见马尔萨克对这几件器物所作的图版说明。
　　东京国立博物馆等：《シルクロードの遗宝》，日本经济新闻社，1985年。
② 内蒙古文物工作队等：《呼和浩特市附近出土的外国金银币》，《考古》1975年3期。
③ 《旧唐书》卷一百九十八《西戎传》载拂菻国"其王冠形如鸟举翼，冠及璎珞，皆缀以珠宝"（5313页，中华书局，1975年）与此金冠饰正合。但拂菻国的王冠不大可能流传到中国，或许《旧唐书》所记的是当时人们对拂菻人头冠的印象。

总之，高足杯最初应是罗马风格的器物，拜占庭时仍沿用。唐代的高足杯类，可能源于拜占庭的影响。当然，由于萨珊控制着中国通往拜占庭的要道，不能排除这种影响是间接的。

　　中国发现的一些仿金银器皿的铜、锡、陶瓷高足杯，大都出于南方的湖南、湖北、江西地区，时代较早的为东晋、隋。《三国志》注引鱼豢《魏略·西戎传》的记载：大秦"常欲通使于中国，而安息图其利，不能得过"[①]。萨珊朝时这种情况更为严重，拜占庭则采取了相应的措施，查士丁二世于公元568年曾遣使到西突厥的可汗庭，想绕道与中国交往，裴矩的《西域图记》序也记载了通往拜占庭的三条商路，"北道从伊吾，经蒲类海铁勒部、突厥可汗庭，度北流河水，至拂菻国，达于西海"[②]。此路须绕道黑海，大致经过黑海北岸出土高足杯的地区。罗马地区与中国的交往最重要的还是通过海路，如公元531年拜占庭曾鼓动其盟国埃塞俄比亚国王与印度发展贸易，将中国丝绸输往本国[③]，虽未成功，已可见其对通过海路与中国交往的兴趣。海上交通，对拜占庭并不陌生，《后汉书·西域传》载：东汉初，大秦"与安息、天竺交市于海中，利有十倍"[④]。《梁书·诸夷传》载："大秦王安敦遣使自日南徼外来献，汉世唯一通焉。其国人行贾，往往至扶南（今柬埔寨南部）、日南（今越南北部）、交趾。"[⑤]中国通过南海与罗马-拜占庭交往的历史悠久，因此，隋唐时中国南方出土较多的铜、锡、陶瓷高足杯是仿罗马-拜占庭同类器物的可能性更大。

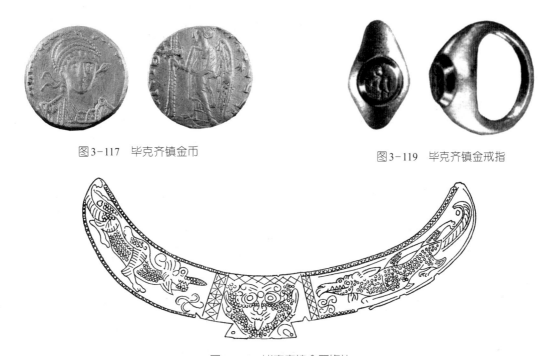

图3-117　毕克齐镇金币

图3-119　毕克齐镇金戒指

图3-118　毕克齐镇金冠饰片

---

① 《三国志》卷三十，861页，中华书局，1982年。
② 《隋书》卷六十七，1579页，中华书局，1973年。
③ 参见齐思和：《中国和拜占庭帝国的关系》，上海人民出版社，1956年。
④ 《后汉书》卷八十八，2919页，中华书局，1982年。
⑤ 《梁书》卷五十四，798页，中华书局，1983年。

几十年来，中国出土了较多的拜占庭遗物，新疆、甘肃、陕西、内蒙古、河北等省的许多地点发现有拜占庭金币，金币的年代多为6世纪后期到7世纪中期所铸，此外，还有一些玻璃制品传入[①]。因此唐代金银器皿中的高足杯类很可能是受拜占庭器物形制的影响而制作的。

唐代是一个善于吸收外来文化的时代，其自身的高度文明又对外来文化有很强的融合力，高足杯这种西方特征的器物传入中国以后，中国工匠并未直接地全部仿造，而是将其改造成为一种新的器物。最为明显的是器物的纹样和装饰，唐代的高足杯上的纹样主体是缠枝花卉、狩猎、葡萄和各种动物，都是常见于其他种类器物上、当时人们所喜爱、反映一定思想意识和审美情趣的纹样。

三、铜、锡、石、陶瓷和玻璃高足杯
Bronze, Tin, Stone, Porcelain and Glass High-stemmed Cups

唐代银器主要是社会上层人物使用的物品，贵族之间的攀比，促进了品质精良的银器大量制造，并成为当时艺术作品的典范。一般说来，模仿富贵生活方式，追求高级生活用品，是社会的自然现象。但很多人无能力、财力拥有这些奢侈品，而其他材料仿金银器的制品，也能部分地满足一些人的心理。最容易被仿制的器物，往往是造型新奇、美观的作品，银器中的高足杯等一些形制较为特殊的器物便是被仿造的主要对象，出现了不少铜、锡、石、玻璃、陶瓷器的仿制品，主要器物如表3-6。

铜、锡和陶瓷器高足杯，大都出土于墓葬之中，年代比较明确。将其与银高足杯相比，既是对银高足杯断代的进一步证明，也可以了解银器与其他器物的关系及唐代的社会生活等。

铜、锡和滑石高足杯的大小与银高足杯相仿，器形几乎完全一致（图3-120～122），这些器物的器体也有斜壁、直壁两种，高足有中间带节和不带节之分，如按银高足杯的型、式划分，亦可归入A型Ⅱ式、A型Ⅲ式之中。铜高足杯大都鎏金，看上去与银高足杯难以区别。如美国旧金山美术馆藏的狩猎纹筒腹青铜鎏金高足杯，口沿下为一周卷云纹，腹部是骑马狩猎者及走兽，其间饰山石、花草[16]，与A型Ⅱ式银高足杯几乎完全一样。

陶瓷高足杯的尺寸稍大（图3-123～129），时代较早的出土于北齐武平五年（公元574年）范粹墓[②]、隋开皇十七年（公元

图3-120　旧金山美术馆铜高足杯

---

① 宿白：《中国境内发现的中亚与西亚遗物》，《中国大百科全书·考古学》，677页，中国大百科全书出版社，1986年。

② 河南省博物馆：《河南安阳北齐范粹墓发掘简报》，《文物》1972年1期。

表3-6

铜、锡、滑石、玻璃及陶瓷高足杯

出土或收藏地点	器高	器宽	质地	时代	参考文献
长沙赤峰山M6出土	6.5	6.5	铜	隋	《考古学报》1959年3期
长沙赤峰山M2出土	7.5	6.1	锡	唐初	《考古》1966年4期
旧金山博物馆收藏	6.4	5.1	铜	唐	［42］
黑川古文化研究所收藏	4.6		铜	唐	［180］
黑川古文化研究所收藏	4.6		铜	唐	［180］
大和文华馆收藏	6.3		滑石	唐	［180］
钦州久隆1号墓出土	8.5	7.4	玻璃	隋	［84］
长沙南郊砂M3出土	8.5	9	青瓷	晋	《考古》1965年5期
河北临城M4出土	8.5	8.5	青瓷	北齐	《文物》1991年8期
江西清江M9出土	9	10	青瓷	隋	《考古》1960年1期
长沙南郊野M4出土	8	6.7	青瓷	隋	《考古》1965年5期
广东英德M2412出土	10.4		青瓷	隋、唐初	《考古》1963年9期
长沙近郊M35出土	7.8	6.5	青瓷	唐初	《考古》1966年4期
长沙长涂M出土			青瓷	唐	《考古》1966年4期
长沙黄土岭唐墓出土	7	6.5	青瓷	唐初	《考古通迅》1958年3期
长沙咸家湖唐墓出土	6.5	6.5	青瓷	唐初	《考古》1980年6期
桂州窑址出土	7.9	7	青瓷	唐	《考古学报》1994年4期
出光美术馆收藏	7.9		青瓷	唐	［180］
太原南郊斛律彻墓出土			白瓷	隋	《文物》1992年10期
黑川古文化研究所收藏	6.9		白瓷	唐	［180］
大和文华馆收藏	6.8		白瓷	唐	［180］
太原南郊M3出土	8		三彩	盛唐	《考古》1960年1期

图3-121 黑川古文化研究所铜高足杯　　　　　图3-122 大和文华馆滑石高足杯

图 3-123　凯波
白瓷高足杯

图 3-124　黑川古文化
研究所白瓷高足杯

图 3-125　大和文华馆
白瓷高足杯

图 3-126　隋斛律彻墓
白瓷高足杯

图 3-127　长沙咸家湖
唐墓青瓷高足杯

图 3-128　英德隋唐墓
青瓷高足杯

597年）斛律彻墓[①]，其形制多与 A 型 I 式、A 型 II 式银高足杯相似。陶瓷高足杯大都是唐墓出土，与 A 型 II 式银高足杯相似，只是口沿下一般没有突棱，其原因大概是银高足杯口沿下附加一周突棱，起到加固器身以防变形的作用，而陶瓷器无此必要。此外广西钦州还出土有隋代玻璃制高足杯[②]（图 3-130），但发现不多。

铜、锡、滑石、陶、瓷、玻璃高足杯，主要是考古发掘品，许多出土于中、小型墓葬中，广西桂州窑址中出土 17 件青瓷高足杯[③]。中、小型墓葬和瓷窑遗址能出土较多的高足杯，说明渊源于西方的高足杯对 8 世纪中叶以前的唐代器物及社会生活产生了很大的影响，并已成为人们日常生活中较常见的器皿。

图 3-129　桂州窑址
青瓷高足杯

图 3-130　钦州玻璃
高足杯

① 山西省考古研究所等：《太原隋斛律彻墓清理简报》，《文物》1992年10期。
② NHK大阪放送局：《中国の金银ガラス展》，日本写真印刷株式会社，1992年。
③ 桂林博物馆：《广西桂州窑遗址》，《考古学报》1994年4期。

四、银高足杯及其狩猎图像
Silver High-stemmed Cup and the Hunting Scene

北京大学赛克勒考古与艺术博物馆收藏1件狩猎纹银高足杯，据说出土于洛阳北邙。杯的口沿外侈，沿下有一周凸起的条带，杯腹较直，其下接高足（彩版2）。杯体以鱼子纹为地，所饰纹样分为三个部分：口之下至凸起的条带之间为缠枝纹，由一枝波浪式起伏的主藤多方连续，波浪间出现叶和花，花为如意云朵形。杯体的中部是器物的主题纹样狩猎纹，由四个骑马射箭者、动物及陪衬的植物组成。狩猎图中的人物分两组：一组中前面一人骑马转身向后射箭，后面一人骑马向前射箭，两者之间为一头野猪。另一组也是两人配合狩猎，前者转身将弓挟在怀中，后者的箭刚刚射出，两者之间偏上为一只奔跑的鹿，偏下为一中箭的鹿，还有一只逃跑的狐狸。狩猎人物均着窄袖袍，头戴幞头。杯体主题狩猎图之下，由一周条带相隔，其下部为多方连续的缠枝纹，与口沿下的缠枝纹略同。高足的托盘立面亦为一周多方连续的缠枝纹，由于托盘立面较窄，缠枝纹简单，枝蔓伸出的花像一个个云朵。"算盘珠"式的节上錾刻一周联珠纹，下部的喇叭形底座表面饰十束放射性花枝。

整个器物用捶揲技术成型，杯体和高足分别预制，然后焊接在一起。口沿下的一周凸起条带和高足中部"算盘珠"式的节也是器物成型后附加焊接的，在接缝处出现焊药渗出的绿锈。杯体上的鱼子地纹用圆头錾细密錾出，使鱼子地纹略低于纹样主题。狩猎纹的人物、马、花树等在轮廓之内再錾刻细部。杯腹下部的缠枝纹由器物内部向外捶出，腹内壁可见到清楚的凹痕。器物外壁所有的花纹部分都鎏金，由于纹样细小，有时鎏金略有出界，如狩猎纹的野猪旁边也粘上点点的鎏金层。

目前所知的唐代银高足杯，与北京大学狩猎纹筒腹银高足杯在形态上最接近的，何家村狩猎纹筒腹银高足杯、何家村素面筒腹银高足杯、凯波狩猎纹筒腹银高足杯、沙坡村狩猎纹筒腹银高足杯、临潼缠枝纹筒腹银高足杯[1]。这些高足杯都同时具有杯腹深、口下有一周凸棱、高足带托盘和"算盘珠"式的节等特征，时代均在8世纪中叶以前。

唐代金银器植物纹样的演变中，唐初单株、纤细的乔木或萱草后来变为阔叶的折枝；缠枝花草越来越肥大简洁，或成为不带花蕾的藤蔓。8世纪前半叶唐代金银器上可看到单株乔木萱草与缠枝花草结合出现的现象，并常常在分瓣器体上相间地施用。后来单株的乔木或萱草不见而阔叶折枝大大发扬，缠枝花草由于肥大与折枝花难以分别，细密的花纹被不带花蕾的藤蔓取代，从而更具装饰效果。由此看来，临潼缠枝纹筒腹银高足杯的纹样为阔叶大花等盛唐纹样的特征，时代略晚，其他的都是7世纪后半叶至8世纪初的作品。北京大学狩猎纹筒腹银高足杯纹样细密繁缛，年代应是7世纪后半叶。

北京大学狩猎纹筒腹银高足杯最突出的特征是主题纹样为狩猎纹。这是唐代重要的艺术表现题材，并且较多地出现在8世纪中叶以前的唐代银器上，目前至少在9件器物上出现。一般看上

---

① 韩伟编著：《海内外唐代金银器萃编》图37、38、41、42、45，三秦出版社，1989年。

去，唐代银器上的狩猎纹差别不大，但如果将之按时代早晚进行排列，其微妙的区别，也反映出一些时代变化和难以察觉的历史问题。

中国古代狩猎历来被看成是重大事件，狩猎题材也曾在战国铜器、汉代壁画和画像石、魏晋砖画中出现。古代狩猎图的意义不仅是单纯表现猎获动物，而是主要用于反映帝王贵族的生活，带有练兵习武、军事检阅的性质。各代常常围出专供帝王皇室游猎的场所，猎场被视为军事禁区。皇室贵族的狩猎活动不为一般人所熟悉，故唐以前艺术题材中狩猎图出现得并不多。唐代贵族的墓葬壁画，热衷于出行仪仗的描绘，反映了等级社会对人物身份的高度重视，狩猎图仅见于章怀太子李贤等少数墓葬壁画中。

唐代银器上狩猎纹的出现是个突然现象，与前代的狩猎图像区别甚大，其渊源不仅仅是中国传统的狩猎题材。沙坡村狩猎纹筒腹银高足杯大致可以说是唐代同类题材中最早的[3]。从杯体纹样展开图上看①，四位骑马人物各自为独立的画面，其间以一棵大树分隔。也可以看成是以树木为中心，两边为骑马狩猎者。四个骑马狩猎者尽管姿态各异，却无连环画式的联系，更谈不上人物之间的呼应（图3-131）。以沙坡村狩猎纹筒腹银高足杯上的狩猎题材为先驱，其后的狩猎图像逐渐发生着变化。何家村狩猎纹筒腹银高足杯，看不到那一株株在整个画面上顶天立地的大树②，狩猎场面间或有些独体树木，但矮小得如同花枝（图3-132）。而凯波狩猎纹筒腹银高足杯的狩猎图像③，矮小的树木已不再醒目，甚至只能称之为萱草了（图3-133）。日本藏的正仓院狩猎纹银壶，不仅没有突出的树木，整体构图也显得杂乱无章（图3-134）。时代更晚的日本白鹤狩猎纹弧腹银高足杯（图3-135）和西安出土的何家村仕女纹带把银杯上④，狩猎题材只是随器体分瓣间隔地与动物、仕女图共存，已不占重要地位。

图3-131　沙坡村狩猎纹筒腹银高足杯外腹纹样

---

①　韩伟编著：《海内外唐代金银器萃编》，图37，三秦出版社，1989年。
②　韩伟编著：《海内外唐代金银器萃编》，图38，三秦出版社，1989年。
③　韩伟编著：《海内外唐代金银器萃编》，图41，三秦出版社，1989年。
④　东京国立博物馆：《正仓院宝物》，图94，便利堂，1981年。
　　韩伟编著：《海内外唐代金银器萃编》，图61、94，三秦出版社，1989年。

图3-132　何家村狩猎纹筒腹银高足杯外腹纹样

图3-133　凯波狩猎纹筒腹银高足杯外腹纹样

图3-134　正仓院狩猎纹银壶外腹纹样

图3-135　白鹤狩猎纹弧
腹银高足杯外腹纹样

　　尽管唐代以前也出现过狩猎图像，但场面小、内容简单，构图和人物形象处理也不同。沙坡村狩猎纹筒腹银高足杯的狩猎图像中最重要的细节是画面中心顶天立地的大树，在中国传统狩猎图中不见，很容易令人想起西亚、中亚艺术中的"生命树"。生命树在西方古代艺术中非常重要，它和当地宗教信仰有关，因此屡屡出现在金银器、雕刻等各种艺术形式中，它们在画面中顶天立地，构图上难以翻新，处处雷同。而西方古代世界的狩猎图比中国更为流行，与中国相比，他们不注重场面的渲染，而强调人物的烘托（图3-136、137）。波斯萨珊银器较早地传入中国，已在考古发掘中得到证实。山西大同小站村花圪塔台北魏封和突墓出土萨珊银盘，其上即为狩猎图像。狩猎图像在萨珊银器乃至萨珊艺术中是压倒多数的题材，中亚粟特壁画中也是如此。最多的是帝王骑马狩猎的情景，而骑马射猎在中亚、西亚乃至罗马也很常见。在中西文化交流空前繁荣的唐代，狩猎图像的突然增多，似乎不是偶然的。沙坡村狩猎纹筒腹银高足杯上的狩猎图像以大树间隔的构图方式和骑马狩猎的姿态，不能排除受到西方风格影响的可能。还应该注意的是，唐代的

图3-136　帕提亚（安息）时代的狩猎图像

狩猎图像大多饰于高足杯之上。从艺术形式上看，直壁圆筒形的器皿，比较容易设计人物、动物、树木、花草组成的带有一定情节的狩猎图。可是具有直壁圆筒形特征的器皿类很多，却没有普遍出现狩猎图像。而高足杯恰恰不是中国传统器物，它大约是渊源于地中海地区的罗马，然后通过西亚、中亚对中国产生影响的。在外来风格的器物上出现外来风格的狩猎图像应不是偶然的巧合。

当然，不能简单地把狩猎图像的渊源追溯为西方艺术，这里仅仅是指出其外来影响，但不是唯一来源。或许把唐代银器上的狩猎图像看作是中国传统题材的延续和外来风格的影响两者结合更为恰当。西方古代生命树和狩猎图的题材在表现人的观念时并不相同。如西方艺术中狩猎图上帝王是主角，被猎物常常是狮子，反映宗教信仰中的善恶相争，这些特别含义与中国人的观念无关。生命树极度对称和人物与动物特别突出的构图，显得单调和呆板，表达不了唐代艺匠不断求新的审美意识。因此，与西方相近的沙坡村狩猎纹筒腹银高足杯上的狩猎图像，只能在唐初昙花一现。西安出土的盛唐时期的何家村仕女纹带把银杯上的狩猎图像已经明显退化，杯体由八瓣分出八个画面，有四瓣被侍女图取代，剩下的狩猎图像也变得简单草率。狩猎图像还在唐代铜镜上出现，出土的不多。河南洛阳偃师杏园502号唐墓出有一件菱花镜，主题纹样是两个骑马猎者，其中一人手中执长矛刺猎一只怪兽，怪兽张牙舞爪似人形，与猎

图3-137　萨珊银盘上的狩猎图像

者对抗。另一猎者正弯弓射箭,追逐一只鹿。人与兽之间上部有一对枝叶。狩猎图像围绕镜纽展开(图3-138)[①]。西安东郊王家坟90号唐墓也出土一件圆形铜镜,四猎手骑马奔跑,手中执长矛、弓及绳索,猎物被追逐得慌不择路(图3-139)。此外还有二骑手、三骑手的狩猎纹镜[②]。从镜的形制和纹样风格看,其时代为8世纪中叶,似比带狩猎图像的金银器略晚,手执长矛的狩猎者在金银器上也不见。到了中晚唐时期狩猎图像不再受到青睐。

图3-138　洛阳狩猎纹铜镜

图3-139　西安狩猎纹铜镜

北京大学狩猎纹筒腹银高足杯与何家村狩猎纹筒腹银高足杯,无论是造型还是纹样都惊人地相似,只是尺寸略小一点。这说明狩猎图像在唐代由于一度成为人们十分喜爱的题材,部分作品便遵循着大致相同的构图原则来设计画面,甚至可能有粉本流传于世。目前所见的唐代银高足杯,可能都是唐代官府作坊的制品,作为工乐杂户的金银艺匠,虽然很难亲眼见到帝王贵族狩猎的辉煌场面,然而官府控制下的优秀工匠在为中央和皇室制造器物时,能借助身在中央的条件得知狩猎的情况。官府为提高艺匠们的技术,会将宫廷藏品交付给如"金银作坊院"里的艺匠们参考仿制,工匠也有机会亲眼看到外来的作品,想必会对外来的狩猎图像留下深刻的印象,加之狩猎图像也是中国传统重视的内容,便由此创作出具有自身特色的作品。

北京大学狩猎纹筒腹银高足杯与何家村狩猎纹筒腹银高足杯的狩猎图像,整体画面中的骑马猎者,背景陪衬树木花草、飞禽走兽,几乎满满充填装饰于器体,有密不通风之感。不难看出,唐初的纹样装饰正以崭新的面貌出现。草木丛生的复杂景象以前几乎没有,能够看出与缠枝花草略有渊源的是南北朝时的忍冬纹,但南北朝时的忍冬纹是以片叶连续的边饰出现,唐代缠枝花草与之不仅风格不同,在装饰意匠上也分道扬镳了。狩猎图像的骑马人物是连续出现的,尽管人物姿态和猎物配置有所不同,但仍给人以不断重复一个画面的感觉,初看画面无中心可言,但实际上整个构图经过了精心设计。两组画面都是由两人配合狩猎,骑马人物一前一后。第一组场景中

①　徐殿魁:《唐镜分期的考古学探讨》,《考古学报》1994年3期。

②　孔祥星:《中国铜镜图典》图640、641、642、643,文物出版社,1992年。

两骑马者共猎一头野猪，前面的转身射箭，后面的正身射箭，密切合作，构图上自然形成呼应关系。第二组的场景略有不同，后者奋力射箭，前面的骑马猎者却在转身观看，这种巧妙地利用狩猎时人与人、人与兽之间必然发生的联系进行构图，使画面为之生动。

在艺术表现上，两个画面均抓住了狩猎时最精彩的瞬间。前者突出了狩猎时扣人心弦的紧张时刻，猎者都是两臂极度张开，弓弦拉满，箭即将射出，野猪正拼命逃窜。猎者的坐骑和野猪的四腿几乎呈一百八十度张开，是动物奔驰时最大的极限，尽量强调了人物和动物的运动。后者却反映了另一番情趣，两个骑猎者之间有一只四蹄张开逃命的鹿，另一只鹿前肢右腿向前，左腿曲后，后肢右腿向后，左腿曲前，头部高仰作鸣叫状，身体前低后高呈向前冲倒状。原来鹿的脊部已经中箭，戛然止住狂奔。箭来自后面骑马者，猎者还保持着箭出弦时的瞬间动作。前面的骑马猎者已经收弓挟在怀中，转身微笑观赏，画面充满胜利的喜悦。两个画面在同一场景出现是古代惯用的手法，使画面有了动和静的搭配，紧张与悠闲的变化。而人物、动物剧烈的动作和花草树木的静止的对比，出现了有张有弛的效果。

北京大学狩猎纹筒腹银高足杯的杯体部分仅有5.6厘米高，去掉上下的缠枝纹带，实际用于刻画狩猎图的部分约4厘米高，比何家村狩猎纹筒腹银高足杯狩猎图像的面积还要小些。狩猎图设计成波澜壮阔的场面，一定程度上限制了对人物、植物的细致刻画，在如此狭小的表面描绘繁杂内容在历代艺术品中也属罕见。然而，更令人惊叹的是，画面中的人物虽然极小，但身着窄袖袍，头戴幞头，身上的衣纹、佩带的弓囊箭袋以及人物的面目五官都十分清晰。坐骑骏马的刻画也丝毫不马虎，不仅对奔跑时的肌肉变化有所表现，更小的如缰绳、鞍鞯、鞯带上的杏叶等细节也表现得惟妙惟肖。更为精妙的是在只占几平方毫米的人物面孔和野猪头部上，把人物的微笑和野猪的惊恐都淋漓尽致地刻画出来。所以将高足银杯及其狩猎图像的艺术表现称为"方寸之间，气象万千"，毫不为过。

捌

唐代墓葬壁画中所见的金银器皿

The Gold & Silver in the Mural Paintings in the T'ang's Tombs

唐代墓葬壁画中描绘的器皿，有些可考定为金银器。壁画虽难以准确表现出器物的质料，却能如实反映其形制。唐代金银器皿的造型独特，器物制作曾受西方文化的影响，特别在唐代前期，许多器皿都带有中亚、西亚风格，与中国传统的器物有较大的区别。唐代金银器皿形制的特殊性，为考定墓葬壁画上器皿的质地提供了可能。绘有壁画的唐墓，多出土纪年墓志，一般墓主人的身份都较高。墓葬壁画不仅是唐代绘画艺术的宝库，也是研究社会历史的重要资料，难以用文字描述的金银器皿图像的出现，对研究考古发现的金银器实物的断代、演变、贵族生活及与西方文化的关系等问题尤为重要。

出现日常生活中各种器皿的唐代壁画墓很多，能清楚断定绘有金银器皿的首推位于陕西富平县吕村乡双宝村的唐代房陵大长公主墓壁画[①]，这座墓壁画中出现的壶、高足杯、盘等完整准确地再现出当时金银器的形制、用途和使用方法。下面以此墓为线索，参照其他墓葬进行探讨。

房陵大长公主墓是一座双室砖墓，并带有墓道、过洞、天井、小龛和甬道。双室砖墓在唐代，特别是8世纪中叶以前的葬仪中，只有最高等级的人才能享用[②]。房陵大长公主是唐高祖李渊的女儿，咸亨四年（公元673年）55岁时薨于九成宫，同年陪葬于唐高祖李渊献陵。她的身份为皇姑，"皇姑为大长公主，正一品"[③]，使用双室砖墓并用石椁为葬具符合她的身份。壁画绘在天井、甬道和墓室内，现残存27幅，均为姿态各异、相对独立的侍女图。报告发表的图版和《唐墓壁画集锦》图录中，有7幅侍女画的侍女手持各种器皿：前甬道西壁侍女左手持高足杯（图3-140）；前室东壁南侧侍女，左手齐肩举一件多曲长杯，右手提带柄长颈壶（图3-141-1）；前室西壁侍女两手捧四足大盘（图3-141-2）；前室东壁北侧侍女两手捧五足圆盘（图3-141-3）；后室东壁侍女双手捧盝顶方盒（图3-141-4）；后室北壁侍女，左手持高足杯，右手提带柄长颈壶（图3-141-5）；后室东壁侍女双手捧多曲长杯（图3-141-6）。

图3-140 房陵大长公主墓
前甬道西壁壁画

---

① 安峥地：《唐房陵大长公主墓清理简报》，《文博》1990年1期。
② 齐东方：《略论西安地区唐代的双室墓》，《考古》1990年9期。
③ 《新唐书》卷四十六《百官志》，1188页，中华书局，1986年。

图3-141　房陵大长公主墓前、后室壁画

1. 前室东壁南侧　2. 前室西壁　3. 前室东壁北侧　4. 后室东壁南侧　5. 后室北壁西侧　6. 后室东壁中央

目前已知的唐代双室墓，后室都是墓葬的主室，放置棺椁，前室放置日常生活用品，象征着墓主人的起居之所。墓室所绘壁画的内容都与墓主人生前的日常活动有关，房陵大长公主墓亦不例外。区别是在同样身份等级、时代相近的墓中，其他墓的壁画突出仪仗队伍，并有浓厚的军事气氛，而房陵大长公主墓壁画主要反映的是家内生活，这或许与她的女性身份有关。

该墓的前、后室壁画所绘的侍女，虽然各自独立，但如果按她们在墓室内分布的位置，可看出其间的内在联系，表现出带有连贯性又各负其责的贵族家庭生活图景：即供奉主人进餐的连续场面。天井和甬道的侍女，双手交置于胸前，作伫立迎候状。前、后室西半部侍女所执器皿中有的放置各种水果，似在送物；前、后室东半部侍女所持器皿中多空无一物，似将用完的器皿撤回，两边的人物均作行走状，表情严肃认真。后室的侍女贴近于主人，她们的姿态动作更为虔诚谨慎，东壁的两个侍女1人执盒、1人托盘，神情小心翼翼，而北壁的侍女应是直接伺候主人的侍者，面带微笑，右手提瓶，左手举杯，向左面前趋作进酒状。所有人物的位置、朝向、姿态是从南面开始，由西往东排列，恰如许多侍者侍奉贵族主人进餐时的完整过程，共同组成了一个贵族日常生活的生动场景。

这一贵族进餐的情景中，侍女手中所持器皿包括：五足圆盘、四足多曲盘、带柄长颈壶、多曲长杯、盝顶方盒、高足杯等6种器皿。壁画中侍女身高多在1.5米左右，与真人的高度相近，手中端执的器物大致是实际生活使用的器皿的尺寸。因此，这些器皿便可与考古发现的实物进行比较。

目前，仅西安地区就已发掘近3 000多座唐墓，加上遗址、窖藏等，出土了大量器物，这些遗物的数目无法统计，器皿类大多为陶瓷器，种类繁多。然而，已出土的大量陶瓷器皿与壁画描绘的器物形制相同的并不多。因此，不得不考虑这里描绘的器皿在当时生活中的原型是什么，是根据什么质料的物品来描绘的。在全面整理研究唐代金银器的过程中，恰好发现了许多与壁画中的器物相似的制品。

房陵大长公主墓的壁画中，有2个持盘的侍女，分见于前室东壁、前室西壁[①]（图3-141-2、3）。唐代银盘发现甚多，《海内外唐代金银器萃编》收录银盘31件，带足者10件，多数是三足，少数为四足，保存完好的都是卷曲式的足。房陵大长公主墓前室描绘的盘有两种，一种盘呈圆形，带五个卷曲的足，与河北出土的宽城鹿纹菱花形银盘（彩版19）[44]、日本收藏的正仓院鹿纹葵花形银盘（图3-142-1）[16]、正仓院折枝纹菱花形银盘（图3-142-2）[16]、内蒙古昭盟喀

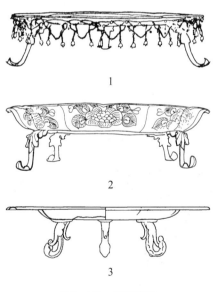

图3-142 唐代银盘
1. 正仓院鹿纹葵花形银盘　2. 正仓院折枝纹菱花形银盘　3. 八府庄狮纹葵花形银盘

① 《唐墓壁画集锦》的59页图52、60页图53（陕西人民美术出版社，1991年）与发掘报告所述位置不同，发掘报告中的"前室西壁宫女"为《唐墓壁画集锦》中的"前室东壁北侧托盘侍女图"，发掘报告中的"前室北侧宫女"为《唐墓壁画集锦》中的"前室东壁北侧托盘侍女图"。

图3-143 李贤墓前甬道
西壁壁画

图3-144 李震墓第三过洞
东壁壁画

图3-145 李凤墓甬道
东壁壁画

喇沁摩羯纹葵花形银盘（彩版17）[10]、"刘赞"葵花形银盘（参见图1-130）[16]、喀喇沁狮纹葵花形银盘（参见图1-131）[10]、西安东北郊出土的八府庄狮纹葵花形银盘（图3-142-3）[27]属同

图3-146 宽城银壶　　图3-147 李家营子银带把壶

类器物。另一种盘为多曲形，带四个环状足。带环状足的银盘尚未发现，陶瓷器中有相似者，不排除是陶瓷器的可能，但盘身为多曲却常见于银器。

唐代的带柄长颈壶，常常被称为"胡瓶"。其特征是鸭嘴式的口，长颈，椭圆形腹，圈足。这种器物出现在房陵大长公主墓前室东壁南侧、后室北壁壁画的侍女手中，形制完全相同。唐李贤墓[①]、李震墓[②]、李凤墓[③]壁画也出现这种器物形制（图3-143～145）。银器中的同类者，如河北出土的宽城银壶（图3-146）[44]，内蒙古出土的李家营子银带把壶（图3-147）[7]。

① 陕西省博物馆等：《唐李贤墓壁画》，图37，文物出版社，1974年。
② 陕西历史博物馆：《唐墓壁画集锦》，112页图128，陕西人民美术出版社，1991年。
③ 陕西历史博物馆：《唐墓壁画集锦》，41页图25、72页图73，陕西人民美术出版社，1991年。

唐代陶瓷器、三彩器中也有许多"胡瓶"，一般认为是
模仿金银器的造型。

多曲长杯是唐代的一种形制特殊的器皿。杯的平面
呈多曲长椭圆形，杯体因分曲而形成外凹内凸的棱线。
房陵大长公主墓的"前室东壁托盘提壶男装侍女图""后
室东壁中央执盘侍女图"绘有这种器皿，同样的器皿还
出现在唐永泰公主李仙蕙墓①前室西壁南数第三人的手
中。唐李寿墓石椁线刻（图3-148-1）、懿德太子李重润
墓壁画中也表现了人物手执多曲长杯的形象②。多曲长杯
在陶瓷器中很少见到，银器却有很多实例。房陵大长公
主墓壁画中的这种"盘"较小，与前室其他侍女用双手捧
着的盘不同，"前室东壁托盘提壶男装侍女图"的侍女仅
用一只手承托，应是唐代金银器中的多曲长杯，曾见于日
本收藏的白鹤缠枝纹银长杯[16]（彩版12）、美国收藏的旧
金山缠枝纹银长杯[16]（图版18），其形制与壁画中的长
杯基本一致。

高足杯，上部是杯体，下为高足。这是唐代金银
器中常见的器形，特别是在银器中，现知的银高足杯已
达30余件。房陵大长公主墓的"前甬道西壁执杯男装
侍女图"和"后室北壁西侧执杯提壶侍女图"手持的
高足杯与沙坡村狩猎纹筒腹银高足杯、北京大学狩猎
纹筒腹银高足杯、何家村狩猎纹筒腹银高足杯形制完
全相同。唐李寿墓③石椁线刻侍女图也有手执高足杯的
（图3-148-2），也当表现的是金银器。

盝顶方盒出现于房陵大长公主墓的"后室东壁南
侧捧盒侍女图"中。西安南郊出土何家村方形银盒1件
（图3-149）[4]，陕西扶风法门寺唐代地宫出土盛装佛骨
舍利的方形金、银盒7件[19][20]，均为盝顶盒盖。这种
形制的盒在其他质料的器皿中少见。

上述几类器皿在唐代主要见于金银器中，玻璃器中
虽然也有高足杯、多曲长杯等，但比金银器少得多。壁
画由于色彩的缘故，可以表现玻璃透明的效果，唐代画

图3-148　李寿墓石椁线刻

图3-149　何家村方形银盒

---

① 人民美术出版社：《唐永泰公主墓壁画集》，人民美术出版社，1963年。
② 孙机：《唐·李寿墓石椁线刻〈侍女图〉、〈乐舞图〉散记》，《中国圣火》，辽宁教育出版社，1996年。
③ 孙机：《唐·李寿墓石椁线刻〈侍女图〉、〈乐舞图〉散记》，《中国圣火》，辽宁教育出版社，1996年。

家的艺术造诣和表现手段，完全能把玻璃等制品的质地通过绘画反映出来[①]，而前面提到的壁画中的这些器物从质感上观察，应属金银器。五足圆盘等形体较大，而且从画面上看是由侍女手执器足使用，很难想象这是容易破碎的玻璃器皿，已知的中外玻璃器尚未见到这样形制的盘。因此它们更可能是金银器而非玻璃器。至于陶瓷器中出现的少量同类器物，并非唐代陶瓷器主要流行的器类，它们应是仿金银器的作品。壁画中其他如唾壶、瓶、碗、盘等，与金银器的造型也基本一致，由于这些器物在陶瓷器中常见，虽然不能肯定为金银器，但原形取自金银器的可能性仍然很大。

珍贵的金银器皿在唐代为高级贵族使用的物品，作为描绘日常生活图景的壁画，它们出现在唐高祖李渊之女房陵大长公主、唐高宗李治之子章怀太子李贤、唐中宗李显之女永泰公主李仙蕙、唐高祖李渊第十五子虢王李凤、梓州刺史李震墓中，与他们的身份地位相符合。唐代文献中有大量关于贵族使用金银器皿的记载。如唐初长孙无忌反对高宗欲立昭仪武氏为皇后，高宗曾经"密遣使赐无忌金银宝器各一车"，以悦其意，进行拉拢[②]。唐玄宗李隆基诛灭太平公主后论功行赏，曾"赐功臣金银器皿各一床"[③]。这些记载都表明唐代皇室及某些大臣拥有大量的金银器皿。《旧唐书·吐蕃传》中还记述了一些具体器物，如开元十七年（公元729年），吐蕃向李唐王朝进献"金胡瓶一、金盘一、金碗一、马脑杯一"等[④]。太和元年（公元827年），淮南节度使王播入朝，"进大小银碗三千四百枚"[⑤]。这些文献中出现的器物名称，可以与高官贵族墓壁画中的器物相对应。

唐代金银器中仅容器就已发现几千件，通过器物形制、纹样、制作技术的分析，高足杯、长杯、带柄长颈壶等均属唐代8世纪中叶以前的制品。唐墓壁画中金银器皿的样式，无疑取材于当时社会上已有的器物，由于考古发掘的唐代前期的金银器皿多无纪年，这些壁画上描绘的金银器皿遂成为唐代金银器皿断代的重要依据。墓葬壁画上见到的盘、带柄长颈壶、多曲长杯、高足杯等器皿，进一步证实了这些器类及其形制特征，都是唐代8世纪中叶以前流行的器物。

中国金银器生产尽管历史悠久，但直到唐代才突然兴盛起来，考古发掘的唐代遗物数量、种类和质量远远超过以前各代。金银器皿作为唐代手工业最高成就的体现物之一，其兴盛与社会经济、文化的繁荣紧密相连。唐代金银矿广泛开采提供了丰富的原材料。帝王赏赐臣下、官吏买官邀宠、贵族追求享乐的需要，又促进了金银器物的大量制作。除此之外，唐代"丝绸之路"的空前繁荣，沟通了与中亚、西亚地区更紧密的联系，使西方金银器物通过朝贡、贩运等方式输入中国，而西方悠久的金银工艺制作技术和器物形制、纹样风格对唐代的这一新兴的手工业门类产生了重要的影响。唐代前期的许多金银器中，不仅是受外来文化影响而出现的，有西方国家和地区的金银器物的造型和纹样特征，而且有的器物就是舶来品。

墓葬壁画中所表现的器物的真实程度毕竟有一定的局限性，无法准确反映出它们的产地，但可以肯定的是，这些器皿与西方器物有着密切的关系。俄罗斯埃尔米塔什博物馆藏粟特鹿纹银盘

---

① 安家瑶：《莫高窟壁画上的玻璃器皿》，《敦煌吐鲁番文献研究论集》第二辑，北京大学出版社，1983年。
② 《旧唐书》卷六十五《长孙无忌传》，2454页，中华书局，1975年。
③ 《旧唐书》卷一百六《王琚传》，3250页，中华书局，1975年。
④ 《旧唐书》卷一百九十六《吐蕃传》，5231页，中华书局，1975年。
⑤ 《旧唐书》卷一百六十四《王播传》，4277页，中华书局，1975年。

（图3-150）^①与房陵大长公主墓前室北侧侍女手中所持的1件带卷曲足的盘造型相似；前室东壁南侧侍女左手上的多曲长杯和永泰公主墓前室南壁侍女手上的多曲长杯，在俄罗斯、波兰、伊朗及日本收藏的波斯萨珊银器中经常见到^②；房陵大长公主墓、李贤墓、李震墓、李凤墓壁画中所画的带把长颈壶，中国曾在河北宽城、内蒙古李家营子出土中亚粟特的输入品^③，也是萨珊、粟特银器中流行的器类。房陵大长公主墓壁画侍女所持的高足杯，与主要流行于拜占庭地区的器物接近^④。上述比较的外国器物，均无纪年依据，被判定为7、8世纪的作品。唐代纪年墓壁画上的同类器皿，其现实生活中的原型，无论是输入的，或是仿制的，对于西方银器年代的研究也是珍贵的参照物。

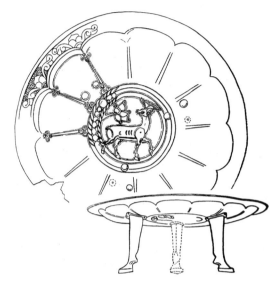

图3-150 粟特鹿纹银盘

　　唐墓壁画中出现的带有浓厚的中亚、西亚银器特征器物是不足为奇的。手执长杯、壶进餐的场景也在粟特银器上出现（图3-151、152），唐朝贵族使用西方器物，模仿西方生活成为某些人

图3-151 粟特宴饮图银盘

图3-152 萨珊宴饮图银碗局部

① Б. И. Маршак, *Согдииское Серебро*. Москва, 1971.
② 深井晋司：《镀金制八曲长杯》，《ペルシァ古美术研究・ガラス器・金属器》，吉川弘文馆，1967年。
　　参见本书本编《萨珊式金银多曲长杯在中国的流传和演变》。
③ 参见本书本编《李家营子出土的银器与丝绸之路上的粟特人》。
④ 参见本书本编《唐代金银器皿与西方文化的关系》。

的追求，故在死后的墓葬中绘上生前的生活情景。李震卒于显庆五年（公元660年）、房陵大长公主卒于咸亨四年（公元673年）、李凤卒于上元二年（公元675年）、章怀太子李贤和永泰公主李仙蕙葬于神龙二年（公元706年），其时代均为8世纪中叶以前。唐朝初年，击败了西部势力最强大的突厥人，从贞观四年（公元630年）起，先后统治了天山南北的广大地区，还在中亚地区的锡尔河、阿姆河流域控制了康国（康居都督府）、安国（安息州）、石国（大宛都督府）、米国（南谧州）、何国（贵霜州）、史国（佉沙州）、拔汗那国（休循州）、吐火罗国（月氏都督府）等粟特昭武九姓诸国。至于粟特西南的波斯萨珊朝，素与中国往来密切，后与大食国交战失败，波斯王卑路斯甚至逃往长安[①]。西部的拜占庭所在地区，早在西罗马时期就通过海路、陆路与中国有了直接和间接的往来。如此背景下，西方的金银器通过朝贡、掠夺、贸易等途径传入中国是极其自然的。而这些器物出现在墓葬壁画和石刻中，更表明了在开放的唐代社会，西方输入的金银器皿已成为高官贵族生活中的日常用具。

---

① 《新唐书》卷二百二十一《西域传》，6258页、6259页，中华书局，1980年。

后 记
Postscript

　　一部书完稿付印前，作者通常要写篇后记，但这时书还没有呈献给读者。当我提笔写后记时，仍没有从校对、插图等事务中解脱，来不及去想书出版后我和读者是否满意。只有一个奇怪的念头时时出现：自己为什么花近20年的时间去研究唐代金银器？

　　许多事情的缘起都是偶然的。1981年我在吉林大学本科毕业时，无意中选择了"试论唐代金银器皿花纹的演变"作为毕业论文，论文算是优秀的，但实际上我最大的收获是：深感自己无力去碰这个复杂的考古学问题。然而，也正是这个原因使我与金银器结下了不解之缘，犹如宋代诗人李清照的词句那样"此情无计可消除，才下眉头，却上心头"。

　　在北京大学读硕士时暂将金银器搁置一边，去做唐代墓葬制度的研究。然而，在我的卡片资料中，量最大的还是那些金银器，对金银器考古新发现的关注和收集形成了习惯。10年后，我终于又选择了唐代金银器作为博士论文研究题目，当时信心十足的原因是我已经积累了大量资料，更重要的还有导师宿白先生的指导。从硕士研究生开始，我一直在宿白先生指导下读书、教书，他那严谨的学风和对学生严格的要求，以及他的博学，都曾给我的研究以极大的帮助。与其说自己对这个课题研究有把握，不如说有一位好老师的指点使我更有信心。1992年我以《唐代金银器皿的分期研究》获得了博士学位。

　　我的博士论文共8万多字，如稍作补充修改，再加上插图、照片，是可以作为一本书出版的，当时我也有此意。但恰好我要到日本访问一年，只好暂时搁置。以后又应邀到美国近一年，修改、整理博士论文出版的计划未能实现。这倒是件好事。因为唐代金银器有不少流传到了海外，日本和美国又是收藏最多的国家，我在海外研究期间有幸亲眼见到、亲手摸到了那些珍贵的器物，甚至过去只隔着展柜玻璃看过的国内的一些金银器，也在它们到外国展出期间获得亲手翻来覆去地观察的机会。加上1991年应联合国教科文组织之邀赴苏联（今俄罗斯及中亚诸国）进行"草原丝绸之路"考察时，曾见到过粟特、萨珊、罗马金银器等，这些经历使我对受外来文化影响很深的唐代金银器有了许多新的认识。因此，我放弃了对原博士论文修修改改后出版的初衷，只把它作为一个部分的基础，增加了其他篇幅，这样就写成了这部分为三编、包括图版近60万字的书。这样，又过了近10年。

　　20年来研究金银器，并不枯燥乏味。虽然我整日面对的是图片、文字和数字，也经常触摸、观赏那些根本不属于我的器物，但我仍觉得自己像拥有它们一样，感到生活的充实。我自1984年开始在北京大学考古系教书以来，承担的教学和科研领域始终是三国两晋南北朝隋唐考古，深深感到"丝绸之路"畅通后，西方文化对中国产生了很大的影响。以物质实物为对象的考古学研究，面对这一时期的遗物时，常常会遇到一些中国传统文化中没有的、难以理解的器物形制和纹样，而这类现象在金银器上表现得最明显。金银器的造型多变，纹样装饰丰富，几乎可以囊括其他所有文物上见到的现象。从这个意义上说，研究金银器或许是理解三国至隋唐考古许多问题，特别是这一时期中外文化交流问题的钥匙。从金银器入手扩展到对整个隋唐考古研究，也许不失为一条有效的途径，何况如同青铜、陶瓷、丝绸等遗物已经成为专题那样，金银器作为考古学的一个门类却是尚待开垦的领域。因此，近20年间在金银器上断断续续耗去的时光，我感觉没有白费，除了这本书，我对三国至隋唐考古有了更多的新认识。

这部书的写作，得到海内外许许多多师友、同行和博物馆等机构的帮助，我无法一一指出，因为那将是一个长长的名单，而且难免遗漏。本书许多线图得益于韩伟先生编著的《海内外唐代金银器萃编》和孙机先生的论著，同时奥本公司在电脑制作时做了细致的加工处理。英文目录、提要为曹音、孙莉、沈睿文翻译，沈睿文、丁晓雷对书中引文进行了核对，倪润安、刘耀辉也对校对给予了帮助。需要特别指出的是，由于本书线图、照片甚多，给编辑工作带来极大困难，经中国社会科学出版社冯广裕、中国社会科学院考古研究所张静二位先生认真审读，精细编排，付出大量艰苦的劳动，使本书增色许多，在此深表谢意！

最后要感谢罗杰伟（Roger E. Covey）先生、罗新博士及唐研究基金会支持、资助本书的出版。

再版后记

Postscript of the Second Edition

　　这是一本20多年前写的书，如今重版，总要说上几句话。其实十几年前，人民美术出版社就想重版，签了合同，不知啥原因迟迟没出。后来上海古籍出版社又要出，所以改变了出版社。要再版，主要是市面上买不到，甚至炒高价，再版也许是对市场的回应。这书还有再版必要，说明还有存在的价值，有读者想看，对作者无疑是高兴的事。记得读书时，本科时的老师张忠培先生、硕博研究生时的导师宿白先生都说过类似的话，意思是一篇文章5年后还被提起，就很不错了。一本书能存世20年也算不错了。"长江后浪推前浪"，学术著作被淘汰是常事，能够重版，至少不算是羞愧之作。

　　如今看来，这本书的问题肯定是有的。再版没有修订。要修订，可是不小的工程。因为本书出版在1999年，如今又有许多新的考古发现，修订不是补充、丰富材料的问题，有些地方要改写，那就成另外一本书了。所以这本书只做了这几处内容上的修改：1. 本书刚刚出版时，参加了中央工艺美院（现清华大学美术学院）尚刚教授的研究生周卫星的答辩，两人指出258页李希墓银碗的平面图是另一件辽代器物，谢二位赐教。此次再版替换为照片。2. 原书159页图1-528和1-529、图1-564和1-565互相错位，此次予以纠正。3. 关于甲骨文中"金"的写法，以前用得似不准确，这次以刘钊先生的《甲骨文常用字字典》一书收录的字为准。4. 原书第6页第5行"私人收藏以美国卡尔·凯波收藏最多"，改"美国"为"瑞典"。卡尔·凯波的收藏品，在美国做过两次展览并出版了图录，所以我当时以为卡尔·凯波是美国人，还费了很大周折找到了图录。后来我有机会见到同样研究唐代金银器（在20世纪50年代）的瑞典学者俞博，他与卡尔·凯波是多年好朋友，才得知卡尔·凯波是瑞典人。卡尔·凯波虽是收藏家，但对学术研究贡献很大，不能把他的国籍搞错[①]。5. 纠正了个别错别字。

　　还有一项比较大的改动，就是更换了不少图。这本1999年出版的书，记得是考古图书出版中第一次用电脑排版，第一次用电脑处理图像，一切都是探索。当时的扫描仪比现在落后得多，很多扫描图实在不清楚。这次重版尽可能进行了替换，还有不少图像又进行了电脑处理，变得更清晰了。这要重谢贺逸云、缪丹二位。

　　还有一个遗憾是，书中的资料，有些是在外国看到的书，当时只记了书名，翻拍的图质量很差，如今国内实在查不到原书，也找不到更好的图片，只好作罢。

---

① 　可参见《瑞典卡尔·凯波收藏品的下落》，《文物天地》2000年6期。

感谢上海古籍出版社，本书重版，令我想起大学期间开始这项研究，读博士期间选择了这个题目为学位论文，博士毕业之后又用了10年进行修改补充。如今恍惚过去了40多年，写这本书时无论多么辛苦，现在回忆都变成了美好！

齐东方

2022年11月于四川成都

参考文献

Reference

正文参考文献

［1］马得志：《唐代长安城平康坊出土的鎏金茶托子》，《考古》1959年12期。

［2］刘向群等：《陕西省耀县柳林背阴村出土一批唐代金银器》，《文物》1966年1期。

［3］西安市文物管理委员会：《西安市东南郊沙坡村出土一批唐代银器》，《文物》1964年6期。

［4］陕西省博物馆等：《西安南郊何家村发现唐代窖藏文物》，《文物》1972年1期。

［5］出土文物展览工作组：《"文化大革命"期间出土文物》，文物出版社，1973年。

［6］镇江市博物馆等：《唐代金银器》，文物出版社，1985年。

［7］敖汉旗文化馆：《敖汉旗李家营子出土的金银器》，《考古》1978年2期。

［8］保全：《西安出土唐代李勉奉进银器》，《考古与文物》1984年4期。

［9］长兴县博物馆　夏星南：《浙江长兴县发现一批唐代银器》，《文物》1982年1期。

［10］喀喇沁旗文化馆：《辽宁昭盟喀喇沁旗发现唐代鎏金银器》，《考古》1977年5期。

［11］保全：《西安东郊出土唐代金银器》，《考古与文物》1984年4期。

［12］浙江博物馆：《浙江淳安县朱塔发现唐代窖藏银器》，《考古》1984年11期。

［13］蓝田县文管会　樊维岳：《陕西蓝田发现一批唐代金银器》，《考古与文物》1982年1期。

［14］明堂山考古队：《临安县水邱氏墓发掘报告》，《浙江省文物考古研究所学刊》，科学出版社，1981年。

［15］丹徒县文教局等：《江苏丹徒丁卯桥出土唐代银器窖藏》，《文物》1982年11期。

［16］韩伟：《海内外唐代金银器萃编》，三秦出版社，1989年。

［17］中国社会科学院考古研究所河南第二工作队：《河南偃师杏园村的六座纪年唐墓》，《考古》1986年5期。

［18］许新国：《都兰吐蕃墓中镀金银器属粟特系的推定》，《中国藏学》1994年4期。

［19］陕西省法门寺考古队：《扶风法门寺塔唐代地宫发掘简报》，《文物》1988年10期。

［20］法门寺考古队：《法门寺地宫珍宝》，陕西人民美术出版社，1989年。

［21］陕西省考古研究所：《陕西新出土文物选萃》，重庆出版社，1998年。

［22］呼林贵等：《西安东郊唐韦美美墓发掘记》，《考古与文物》1992年5期。

［23］李有成：《繁峙县发现唐代窖藏银器》，《文物季刊》1996年1期。

［24］洛阳市第二文物工作队：《伊川鸦岭唐齐国太夫人墓》，《文物》1995年11期。

［25］甘肃省文物工作队：《甘肃省泾川县出土的唐代舍利石函》，《文物》1966年3期。

［26］临潼县博物馆：《临潼唐庆山寺舍利塔基精室清理记》，《文博》1985年5期。

［27］李问渠：《弥足珍贵的天宝遗物——西安市郊发现杨国忠进贡银铤》，《文物参考资料》1957年4期。

［28］中国社会科学院考古研究所河南二队：《河南偃师市杏园村唐墓的发掘》，《考古》1996年12期。

［29］李长庆：《西安北郊发现唐代金花银盘》，《文物》1963年10期。

［30］江苏省文物工作队镇江分队等：《江苏镇江甘露寺铁塔塔基发掘记》，《考古》1961年6期。

［31］奈良县立橿原考古学研究所附属博物馆：《遣唐使が见た中国文化》，明新印刷株式会社，1995年。

［32］朱捷元等：《西安西郊出土唐"宣徽酒坊"银酒注》，《考古与文物》1982年1期。

［33］後藤守一：《大英博物馆所藏の唐代金银器》，《考古学杂志》第二十卷第二号，1930年。

［34］北京大学考古学系：《北京大学赛克勒考古与艺术博物馆藏品选（1998年）》，科学出版社，1998年。

［35］京都文化博物馆：《大唐长安展》，日本写真印刷株式会社，1994年。

［36］洛阳文物工作队：《洛阳出土文物集粹》，朝华出版社，1990年。

［37］中国社会科学院考古研究所：《唐长安城郊隋唐墓》，文物出版社，1980年。

［38］*Ancient Chinese Art*. The Metropolitan Museum of Art The Ernest Erickson Collection, 1987.

［39］Jessica Rawson, *Chinese Ornament*, Published for the Trustees of the British Museum by British Museum Publicatons Limited, 1984.

［40］贺林等：《西安发现唐代金杯》，《文物》1983年9期。

［41］保全：《西安市文管会收藏的几件唐代金银器》，《考古与文物》1982年1期。

［42］Clarence W. Kelley, *Chinese Gold & Silver in American Collections*. The Dayton Art Institute, Dayton, Ohio, 1984.

［43］阎磊：《西安出土的唐代金银器》，《文物》1959年8期。

［44］宽城县文物保护管理所：《河北宽城出土两件唐代银器》，《考古》1985年9期。

［45］法门寺博物馆：《法门寺》，陕西旅游出版社，1994年。

［46］奈良县立橿原考古学研究所附属博物馆：《唐草纹の世界》，明新印刷株式会社，1987年。

［47］张达宏等：《西安市文管会收藏的几件珍贵文物》，《考古与文物》1984年4期。

［48］李毓芳：《咸阳市出土一件唐代金壶》，《考古与文物》1982年1期。

［49］朱捷元等：《西安南郊发现"打作匠臣杨存实作"银铤》，《考古与文物》1982年1期。

［50］张正岭：《西安韩森寨唐墓清理记》，《考古通讯》1957年5期。

［51］中国文物精华编辑委员会：《中国文物精华》，文物出版社，1997年。

［52］河南省博物馆等：《郑州商代城遗址发掘报告》，《文物资料丛刊》（一），文物出版社，1977年。

［53］河北省文物研究所：《藁城台西商代遗址》，文物出版社，1985年。

［54］北京市文物管理处：《北京市平谷县发现商代墓葬》，《文物》1977年11期。

［55］郭宝钧：《一九五〇年春殷墟发掘报告》，《中国考古学报》第五册，1951年。

［56］马得志等：《一九五三年安阳大司空村发掘报告》，《考古学报》第九册，1955年。

［57］河南省文化局文物工作队：《河南安阳薛家庄殷代遗址、墓葬和唐墓发掘报告》，《考古通讯》1958年8期。

［58］梁思永等：《侯家庄》，历史语言研究所，1962年、1970年。

［59］中国科学院考古研究所安阳发掘队：《1971年安阳后冈发掘报告》，《考古》1972年3期。

［60］中国社会科学院考古研究所安阳工作队：《1969—1977年殷墟西区墓葬发掘报告》，《考古学报》1979年1期。

［61］安阳市博物馆：《安阳铁西刘家庄南殷代墓葬发掘简报》，《中原文物》1986年3期。

［62］中国社会科学院考古研究所安阳队：《殷墟259、260号墓发掘报告》，《考古学报》1987年1期。

［63］中国社会科学院考古研究所：《辉县发掘报告》，科学出版社，1956年。

［64］山东省博物馆：《山东益都苏埠屯第一号奴隶殉葬墓》，《文物》1972年8期。

［65］杨绍舜：《山西永和发现殷代铜器》，《考古》
　　　1977年5期。

［66］吴振录：《保德县新发现的殷代青铜器》，《文
　　　物》1972年4期。

［67］四川省文物管理委员会等：《广汉三星堆遗址
　　　一号祭祀坑发掘简报》，《文物》1987年10期。

［68］唐山市文物管理处等：《河北迁安县小山东庄
　　　西周时期墓葬》，《考古》1997年4期。

［69］韩嘉谷：《蓟县张家园新石器时代至商周遗
　　　址》，《中国考古学年鉴（1988）》，文物出版
　　　社，1989年。

［70］辽宁省博物馆文物工作队：《辽宁朝阳魏营子
　　　西周墓和古遗址》，《考古》1977年5期。

［71］中国科学院考古研究所：《浚县辛村》，科学出
　　　版社，1964年。

［72］河南省文物研究所等：《三门峡上村岭虢国墓地
　　　M2001发掘简报》，《华夏考古》1992年3期。

［73］北京大学考古系等：《天马－曲村遗址北赵晋
　　　侯墓地第二次发掘》，《文物》1994年1期。

［74］北京大学考古系等：《天马－曲村遗址北赵晋
　　　侯墓地第五次发掘》，《文物》1995年7期。

［75］韩伟：《论甘肃礼县出土的秦金箔饰件》，《文
　　　物》1995年6期。

［76］宝鸡市考古工作队：《宝鸡市益门村二号春秋
　　　墓发掘简报》，《文物》1993年10期。

［77］韩伟等：《秦都雍城考古发掘研究综述》，《考
　　　古与文物》1988年5、6期合刊。

［78］中国科学院考古研究所：《山彪镇与琉璃阁》，
　　　科学出版社，1959年。

［79］山东省文物考古研究所等：《山东沂水刘家店
　　　子春秋墓发掘简报》，《文物》1984年9期。

［80］山西省文物管理委员会侯马工作站：《山西侯
　　　马上马村东周墓葬》，《考古》1963年5期。

［81］南京博物院：《江苏涟水三里墩西汉墓》，《考
　　　古》1973年2期。

［82］临淄市博物馆：《山东临淄商王村一号战国墓
　　　发掘简报》，《文物》1997年6期。

［83］山东省文物考古研究所：《曲阜鲁国故城》，齐
　　　鲁书社，1982年。

［84］NHK大阪放送局：《中国の金银ガラス展》，日
　　　本写真印刷株式会社，1992年。

［85］黄盛璋：《论中国早期（铜铁以外）的金属工
　　　艺》，《考古学报》1996年2期。

［86］河南省博物馆：《河南扶沟古城村出土的楚金
　　　银币》，《文物》1980年10期。

［87］涂书田：《安徽省寿县出土一大批楚金币》，
　　　《文物》1980年10期。

［88］姚迁：《江苏盱眙南窑庄楚汉文物窖藏》，《文
　　　物》1982年11期。

［89］河北省文物管理处：《河北省平山县战国时期
　　　中山国墓葬发掘简报》，《文物》1979年1期。

［90］《中山王文物展》，日本东京，1981年。

［91］湖北省博物馆：《曾侯乙墓》，文物出版社，
　　　1989年。

［92］浙江省文物管理委员会等：《绍兴306号战国墓
　　　发掘简报》，《文物》1984年1期。

［93］《中国古代青铜器选》，文物出版社，1976年。

［94］中国美术全集编辑委员会：《中国美术全
　　　集·工艺美术编·金银玻璃珐琅器》，文物出
　　　版社，1987年。

［95］山东省淄博市博物馆：《西汉齐王墓随葬器物
　　　坑》，《考古学报》1985年2期。

［96］庆阳地区博物馆：《甘肃宁县焦村西沟出土的
　　　一座西周墓》，《考古与文物》1989年6期。

［97］边成修：《山西长治分水岭126号墓发掘简报》，
　　　《文物》1972年4期。

［98］河南省文化局文物工作队：《信阳长台关第二
　　　号楚墓的发掘》，《考古通讯》1958年11期。

［99］容庚等：《殷周青铜器通论》，科学出版社，
　　　1958年。

［100］洛阳文物工作队：《洛阳出土文物集粹》，朝
　　　　华出版社，1990年。

［101］王峰：《河北兴隆县发现战国金矿遗址》，《考
　　　　古》1995年7期。

［102］湖北省文化局文物工作队：《湖北江陵太晖观
　　　　楚墓清理简报》，《考古》1973年6期。

［103］山西省文物管理委员会：《山西长治分水岭战
　　　　国墓第二次发掘》，《考古》1964年3期。

［104］洛阳博物馆：《洛阳战国粮仓试掘记略》，《文
　　　　物》1981年11期。

［105］秦俑考古队：《秦始皇陵二号铜车马清理简报》，《文物》1983年7期。

［106］中国社会科学院考古研究所等：《满城汉墓发掘报告》，文物出版社，1980年。

［107］河北省文物研究所：《河北定县40号汉墓发掘简报》，《文物》1981年8期。

［108］定县博物馆：《河北定县43号汉墓发掘简报》，《文物》1973年11期。

［109］山东省博物馆：《曲阜九龙山汉墓发掘简报》，《文物》1972年5期。

［110］《西安》画册编辑委员会：《西安》，中国外文出版社，1986年。

［111］韦正等：《江苏徐州市狮子山西汉墓的发掘与收获》，《考古》1998年8期。

［112］徐州博物馆：《徐州西汉宛朐侯刘埶墓》，《文物》1997年2期。

［113］南京博物院：《江苏邗江甘泉二号汉墓》，《文物》1981年11期。

［114］湖南省博物馆：《长沙五里牌古墓葬清理简报》，《文物》1960年3期。

［115］广州市文物管理委员会等：《西汉南越王墓》，文物出版社，1991年。

［116］中国文物精华编辑委员会：《中国文物精华》，文物出版社，1992年。

［117］孙机：《汉代物质文化资料图说》，文物出版社，1991年。

［118］辽宁省昭乌达盟文物工作站等：《宁城县南山根的石椁墓》，《考古学报》1973年2期。

［119］穆舜英等：《中国新疆古代艺术》，新疆美术摄影出版社，1994年。

［120］Bo Gyllensvard, *Chinese Gold, Silver and Porcelain: The Kempe Collection.* Distributed by New York Graphic Society Ltd, 1971.

［121］伊克昭盟文物工作站等：《西沟畔匈奴墓》，《文物》1980年7期。

［122］北京市文物工作队：《北京西郊王浚妻华芳墓清理简报》，《文物》1965年12期。

［123］河北省文化局文物工作队：《河北定县出土北魏石函》，《考古》1966年5期。

［124］大同市博物馆马玉基：《大同市小站村花圪塔台北魏墓清理简报》，《文物》1983年8期。

［125］河北省沧州地区文化馆：《河北省吴桥四座北朝墓葬》，《文物》1984年9期。

［126］磁县文化馆：《河北磁县东魏茹茹公主墓发掘简报》，《文物》1984年4期。

［127］山西省考古研究所等：《太原市北齐娄叡墓发掘简报》，《文物》1983年11期。

［128］宁夏固原博物馆：《宁夏固原北魏墓漆棺画》，宁夏人民出版社，1988年。

［129］甘肃省博物馆：《酒泉、嘉峪关晋墓的发掘》，《文物》1979年6期。

［130］安乡县文物管理所：《湖南安乡西晋刘弘墓》，《文物》1993年11期。

［131］罗宗真：《江苏宜兴晋墓发掘报告》，《考古学报》1957年4期。

［132］南京市博物馆：《南京北郊郭家山东晋墓葬发掘简报》，《文物》1981年12期。

［133］南京市博物馆：《南京北郊东晋墓发掘简报》，《考古》1983年4期。

［134］南京大学历史系考古组：《南京大学北园东晋墓》，《文物》1973年4期。

［135］南京博物院：《南京富贵山东晋墓发掘报告》，《考古》1966年4期。

［136］华东文物工作队：《南京幕府山六朝墓清理简报》，《文物参考资料》1956年6期。

［137］南京市文物保管委员会：《南京中华门外晋墓清理》，《考古》1961年6期。

［138］湖南省博物馆：《长沙南郊的两晋南朝隋代墓葬》，《考古》1965年5期。

［139］南京市博物馆等：《江苏南京市富贵山六朝墓地发掘简报》，《考古》1998年8期。

［140］贵州省博物馆考古组：《贵州平坝马场东晋南朝墓发掘简报》，《考古》1973年6期。

［141］河南省文化局文物工作队第二队：《洛阳晋墓的发掘》，《考古学报》1957年1期。

［142］湖南省文物管理委员会：《长沙南郊烂泥冲晋墓清理简报》，《文物参考资料》1955年期。

［143］南京市文物保管委员会：《南京老虎山晋墓》，《考古》1959年6期。

［144］新疆维吾尔自治区社会科学院考古研究所编：

《新疆古代民族文物》，文物出版社，1985年。

［145］联合国教科文组织驻中国代表处等：《交河故城》，东方出版社，1998年。

［146］内蒙古自治区文物工作队　田广金等：《鄂尔多斯式青铜器》，文物出版社，1986年。

［147］田广金等：《内蒙古阿鲁柴登发现的匈奴遗物》，《考古》1980年4期。

［148］伊克昭盟文物工作站：《内蒙古东胜市碾房渠发现金银器窖藏》，《考古》1991年5期。

［149］中国文物精华编辑委员会：《中国文物精华》，文物出版社，1993年。

［150］戴应新等：《陕西神木县出土匈奴文物》，《文物》1983年12期。

［151］新疆文物考古研究所：《1996年新疆吐鲁番交河故城沟西墓地汉晋墓葬发掘简报》，《考古》1997年9期。

［152］郑隆：《扎赉诺尔古墓群》，《内蒙古文物资料选集》，内蒙古人民出版社，1964年。

［153］内蒙古文物考古研究所：《扎赉诺尔古墓群1986年清理发掘报告》，《内蒙古文物考古文集》，中国大百科全书出版社，1994年。

［154］乌兰察布博物馆：《察右后旗三道湾墓地》，《内蒙古文物考古文集》，中国大百科书出版社，1994年。

［155］内蒙古文物考古研究所：《额尔古纳右旗拉布达林鲜卑墓群发掘简报》，《内蒙古文物考古文集》，中国大百科全书出版社，1994年。

［156］林西县文物管理所：《林西县苏泗汰鲜卑墓葬》，《内蒙古文物考古文集》第二辑，中国大百科全书出版社，1997年。

［157］李逸友：《内蒙出土文物概述》，《内蒙古出土文物选集》，文物出版社，1963年。

［158］陈棠栋等：《鲜卑动物形装饰中反映的拓跋族源与祖源神话的创作》，《辽海文物学刊》1993年2期。

［159］陆思贤等：《达茂旗出土古代北方民族金龙等贵重文物》，《文物》1984年1期。

［160］吉林省文物考古研究所：《榆树老河深》，文物出版社，1987年。

［161］辽宁省文物考古研究所等：《朝阳王子坟山墓群1987、1990年度考古发掘的主要收获》，《文物》1997年11期。

［162］辽宁省文物考古研究所等：《朝阳田草沟晋墓》，《文物》1997年11期。

［163］辽宁省文物考古研究所等：《朝阳十二台乡砖厂M81发掘简报》，《文物》1997年11期。

［164］陈大为：《辽宁北票房身村晋墓发掘简报》，《考古》1960年1期。

［165］黎瑶渤：《辽宁北票县西官营子北燕冯素弗墓》，《文物》1973年3期。

［166］刘谦：《辽宁义县保安寺发现的古代墓葬》，《考古》1963年1期。

［167］敦煌文物研究所考古组：《敦煌晋墓》，《考古》1974年3期。

［168］青海省文物考古研究所：《上孙家寨汉晋墓》，文物出版社，1993年。

［169］甘肃省博物馆　初师宾：《甘肃靖远新出东罗马鎏金银盘略考》，《文物》1990年5期。

［170］京都市美术馆等：《楼兰王国と悠久の美女》，朝日新闻社，1988年。

［171］山西考古研究所等：《大同南郊北魏墓群发掘简报》，《文物》1992年8期。

［172］宁夏回族自治区博物馆等：《宁夏固原北周李贤夫妇墓发掘简报》，《文物》1985年11期。

［173］石家庄地区革委会文化局文物发掘组：《河北赞皇东魏李希宗墓》，《考古》1977年6期。

［174］遂溪县博物馆：《广东遂溪县发现南朝窖藏金银器》，《考古》1986年3期。

［175］广州市文物管理委员会等：《广州汉墓》，文物出版社，1981年。

［176］宁夏固原博物馆：《固原北魏墓漆棺画》，宁夏人民出版社，1988年。

［177］陶正刚：《山西平鲁出土一批唐代金铤》，《文物》1981年4期。

［178］内蒙古文物工作队等《呼和浩特附近出土的外国金银币》，《考古》1975年3期。

［179］戴应新：《隋丰宁公主与韦圆照合葬墓》，《故宫文物月刊》第十六卷第六期，1998年。

［180］和泉市久保惣纪念美术馆：《饮器》，ナカバヤシ株式会社，1989年。

插图参考文献

在重版过程中，为了更好地呈现图像，重新搜寻了图像，并与原书进行了比对。在正文参考文献的基础上，书中插图还参考了如下文献：

· 陕西省博物馆，陕西省文物管理委员会：《唐李贤墓壁画》，文物出版社，1974年。

· 尹盛平、韩伟主编，张鸿修编著：《唐墓壁画集锦》，陕西人民美术出版社，1991年。

· 陕西省文物事业管理局：《陕西文物精华》，陕西人民美术出版社，1993年。

· 秦始皇兵马俑博物馆、陕西省考古研究所：《秦始皇陵铜车马发掘报告》，1998年。

· 中国社会科学院考古研究所：《偃师杏园唐墓》，科学出版社，2001年。

· 陕西历史博物馆等：《花舞大唐春：何家村遗宝精粹》，文物出版社，2003年。

· 申秦雁主编：《陕西历史博物馆珍藏·金银器》，陕西人民美术出版社，2003年。

· 山西省考古研究所、太原市文物考古研究所：《北齐东安王娄睿墓》，文物出版社，2006年。

· 法门寺博物馆、宝鸡市文物局等：《法门寺考古发掘报告》，文物出版社，2007年。

· 《中国墓室壁画全集》编辑委员会：《中国墓室壁画全集·隋唐五代》，河北教育出版社，2011年。

· 徐光冀主编：《中国出土壁画全集·陕西》，科学出版社，2012年。

· 浙江省文物考古研究所，浙江省博物馆，杭州市文物考古研究所等：《晚唐钱宽夫妇墓》，文物出版社，2012年。

· 镇江博物馆：《镇江出土金银器》，文物出版社，2012年。

· 河南博物院：《汉唐中原：河南文物精品展》，科学出版社，2015年。

· 大同市博物馆：《平城文物精粹：大同市博物馆馆藏精品录》，江苏凤凰美术出版社，2016年。

彩版、图版参考文献

- 陕西省博物馆:《隋唐文化》，学林出版社，1990年。
- 北京大学考古学系:《北京大学赛克勒考古与艺术博物馆藏品选（1998年）》，科学出版社，1998年。
- 京都文化博物馆:《大唐长安展》，日本写真印刷株式会社，1994年。
- 嘉纳正治监修:《白鹤美术馆》，神户新闻出版センター，1981年。
- 中国历史博物馆编:《华夏之路》，朝华出版社，1997年。
- 中国美术全集编辑委员会:《中国美术全集·工艺美术编·金银玻璃珐琅器》，文物出版社，1987年。
- 田边昭三监修:《シルクロードの都长安の秘宝》，日本经济新闻社，1992年。
- 奈良县立橿原考古学研究所附属博物馆:《唐草纹の世界》，明新印刷株式会社，1987年。
- 镇江市博物馆等:《唐代金银器》，文物出版社，1985年。
- NHK大阪放送局:《中国の金银ガラス展》，日本写真印刷株式会社，1992年。
- 富山市教育委员会:《东アジア文明の源流展》，大冢巧艺社，1989年。
- 陕西省考古研究所:《陕西新出土文物选萃》，重庆出版社，1998年。
- 法门寺博物馆:《法门寺》，陕西旅游出版社，1994年。
- Clarence W. Kelley, *Chinese Gold & Silver in American Collections*. The Dayton Art Institute, Dayton, Ohio, 1984.
- 奈良县立橿原考古学研究所附属博物馆:《遣唐使が见た中国文化》，明新印刷株式会社，1995年。
- 大阪市立东洋陶磁美术馆:《シカゴ美术馆·中国美术名品展》，日本写真印刷株式会社，1989年。
- 法门寺考古队:《法门寺地宫珍宝》，陕西人民美术出版社，1989年。
- 古代オリエント博物馆:《シルクロードの贵金属工艺》，有限会社シマプレス，1981年。
- Bo Gyllensvard, *Chinese Gold, Silver and Porcelain: The Kempe Collection*. Distributed by New York Graphic Society Ltd, 1971.
- *Ancient Chinese Art*, The Metropolitan Museum of Art The Ernest Erickson Collection, 1987.
- Jessica Rawson, *Chinese Ornament*. Published for the Trustees of the British Museum by British Museum Publicatons Limited, 1984.
- 东京国立博物馆:《正仓院宝物》，便利堂，1981年。
- 出土文物展览工作组:《"文化大革命"期间出土文物》，文物出版社，1973年。
- 中国文物精华编辑委员会:《中国文物精华》，文物出版社，1997年。
- 敖汉旗文化馆:《敖汉旗李家营子出土的金银器》，《考古》1978年2期。
- 白鹤美术馆:《白鹤美术馆名品选》，便利堂，1989年。
- 奈良国立博物馆:《正仓院展》，便利堂，1987年。
- 奈良国立博物馆:《正仓院展》，便利堂，1984年。
- 马得志:《唐代长安城平康坊出土的鎏金茶托子》，《考古》1959年12期。

索 引
Index

表格索引

第一编

第二编

第三编

插图索引

第一编

第二编

第三编

彩版索引

图版索引

Abstract

Things often happen by accident. In 1981, when I was a senior student in Jilin University, I randomly chose "Study on the Evolution of Decorative Designs on the Gold & Silver Vessels of the T'ang Dynasty" as the title for my thesis. When I finished it, the greatest result was that I realized how incapable I was at that time to deal with such a complicated issue in Chinese archaeology. However, it is this attempt which has made me irrevocably committed to the study on ancient gold and silver artifacts ever since, just like what Li Qingzhao, the Song Dynasty's poet, described in her poem:"Nothing can eliminate my affection, as soon as it disappears from my eyebrows, it crawls into my mind". Ten years later, I obtained my doctor's degree with a dissertation entitled "Chronological Study on the Gold & Silver From the T'ang Dynasty" in 1992.

I had intended to publish my dissertation, which was 80,000 words long with a large number of plates, and it was indeed ready for publishing. However, the plan of revising and publishing the dissertation was delayed by two years of overseas research projects, involving one year in Japan and the other in the United States. The postponement turned out to be very beneficial for my long-term research. Since a large number of the T'ang Dynasty's gold and silver artifacts are now in foreign collections, especially in Japan and the U. S., my research abroad provided me with great opportunities not only of looking at them, but also of actually holding some pieces of them in my hands. For example, I had the honor of conducting a close-up observation by tossing and turning the excavated vessels from the hoard in Hejiacun, which I had only previously been able to see through exhibition cases inside China. Furthermore, I was invited to participate in the exploration along the Steppe Silk Road organized by UNESCO in 1991, in honor of which had I the chance to visit the former Soviet Union and Central Asia, and saw many gold and silver pieces from Sogdiana, Sasan and Rome. I was able to glean a great deal of new understanding on the T'ang Dynasty's gold and silver, which were greatly influenced by these foreign cultures. So I decided to give up the original plan of publishing my revised dissertation, and instead, to publish a more comprehensive book on ancient China's gold and silver which includes my dissertation (as the foundation) and many new chapters. The result of another ten years' research is this book before you, which has three parts containing about 600,000 words and many plates.

In the past twenty years, my life has centered on studying gold and silver. I had to face thousands of cards containing pictures, descriptions and measurements of objects everyday. I used to touch and admire exquisite artifacts not belong to me, but I never once felt that it was boring or that I was wasting time. On the contrary, I felt my life was very much fulfilled, as though I possessed these collections. Now, it is time to conclude these decades of research, and to present the fruits to the readers. Still, in doing so, I feel somewhat disconsolate, as if I am giving up my own treasures.

It is a hard and troublesome work to collect data on ancient gold and silver artifacts. However, the amount of materials a researcher possesses is vital to his or her study. I am proud to say that I believe I have collected the largest amount of data on the T'ang Dynasty's gold and silver. Up to 1998, I have accumulated data on over one thousand gold and silver artifacts of the T'ang Dynasty, and almost the complete data of gold and silver productions of pre-T'ang periods. Nevertheless, the goal of publishing this book is not to provide a complete data bank. Serious academic research must be selective in front of the mountain of data. I can assure the readers that I was very careful and reasonable in choosing what to include and what to omit based on the following principles:

First, I selected only one specimen among similar artifacts falling into one category. Second, the artifact should be abandoned if it is only mentioned in existing archaeological reports without a picture. Third, objects whose pictures are too blurred in earlier reports due to poor printing were not included. And finally, those objects whose authenticity I doubted have been left out.

I felt very frustrated with the ancient gold and silver wares in private and museum collections abroad. Their details have been published without consistency and their ownership undergoes constant change. The major references I relied upon include *HaiNeiWai T'angDai JinYinQi CuiBian* (Essences of the T'ang Dynasty's Gold & Silver at Home and Abroad) (1989), *Chinese Gold & Silver in American Collections* (1984), *T'ang Gold & Silver* (1957), and several other catalogues. It is very possible that there will be missing pieces, as well as mistakes. My final selections are 2,000 drawings of nearly 500 artifacts. I paid special attention to the excavated pieces while I was collecting my data, since these scientifically unearthed objects provide researchers with broader scope of accurate dating, burial environment and accompanied objects.

Studies on the T'ang's gold and silver cannot only rely on the materials of gold and silver artifacts themselves which are far from enough. I also cross reference to the following three kinds of materials:

(1) Mural paintings, bronzes and porcelains of the T'ang Dynasty which have close relation to the gold and silver. Despite the different materials, the styles, decorations and craftsmanship of the remains from the same period bear very close resemblance. My study fortunately benefited from my continuous teaching of the course of Archaeology of Sui and T'ang Dynasties in Peking University, which enabled me to remain familiar with quite a wide range of material culture of that period.

(2) Foreign gold and silver artifacts contemporary to or earlier than the T'ang Dynasty are also significant, especially the Sogdian and Sasanian silver wares which have close ties to those of the T'ang Dynasty. I found these reference mainly from two books: *Sogdian Silver* (Б. И. Маршак, *Согдииское Серебро*. Москва, 1971.) and *The Survey of Persian Art* by A. U. Pope (1980).

(3) The T'ang Dynasty left very abundant written documents unmatched by other countries at that time. These contain scattered records related to gold and silver of the T'ang Dynasty. Though I gave my best efforts to search for these pieces in the sea of records, I cannot guarantee that I have not missed any.

On the base of the collected data, I think I have answered the following questions.

1. The chronological study in archaeology

At the beginning of the three hundred years regime of the T'ang Dynasty, China experienced conquest and immigration, and initiated the migrations of several ethnic groups in Central Asia. While the T'ang Dynasty expanded its territory, it was simultaneously invaded by foreign cultures.

It was followed by the "Sheng T'ang Era" (The zenith of T'ang Dynasty's prospect), when wealth, luxury and cultural renaissance led the T'ang Dynasty to its splendid peak. However, the "An Shi Turmoil" (A. D. 755–762) sent the empire into a sudden decline. Constant warfare and separatist regimes severely weakened the empire, which finally collapsed in the 10th century and disappeared from history. The evolution of gold and silver coincided with these historical changes. Due to the fact that any chronology might be subjective, after I corrected the previous dating of some objects, I established a dating framework used on the gold and silver associated with the history of the T'ang Dynasty.

I established three phases of the development of the T'ang gold and silver, "phase of rapid development", "phase of maturity" and "phase of popularization and diversification".

The first phase of rapid development is dated from the 7th to the early 8th century. As soon as the T'ang gained power, the rulers immediately turned their attention to the west. The five important military expeditions to Seridian (including China's present-day Xinjiang Uigur Autonomous Region and regions further west) and their victories during the reigns of Emperors Taizong and Gaozong opened up the commercial route between the Chinese empire and the west, and the central government also set up many administrative organizations in Seridian. During the reigns of Emperor Gaozong and Empress Wu Zetian, thanks to a stable domestic situation and prosperous trade between China and the west, a large amount of western goods including the gold and silver were brought into China. At the same time, China widely exploited its own gold and silver mines. Workshops specialized in making the gold and silver, which resulted in a rapid development of gold and silver production of China itself, were established by the central government. Exotic gold and silver from western and central Asia, Rome and the eastern shores of the Mediterranean were introduced to China through the "Silk Road", and had great influence on China. This influence can be seen in all aspects of the gold and silver of the T'ang Dynasty between 7th and middle 8th century, such as their shapes, decorations and the manufacturing techniques. For example, the high-stemmed cup, handle cup and poly-lobed long cup are definitely not traditional Chinese designs, neither are the decorations of acanthus, interlocking branches and flowers, grapes, chained-pearls and rope pattern. These were all obviously introduced from the west. The T'ang craftsmen also grasped the *repoussé* technique, which was applied to both shaping the object and decorating the surface of the artifacts. In the later case, the outline of the decoration was first created, and the details were engraved on the uneven surface. Another method of decorative technique, that of inlaying or pasting the pre-made uneven motif flakes onto the object, and eventually creating a semi-relief surface, was by all means learned directly from western gold and silver craftsmanship. Because of traditional differences in culture, religion and art between China and the west, and the dissimilarity of the geographical environment and people's customs, while the T'ang Dynasty accepted the outside influences, it also started its own innovation in order to make both the shapes and decorations of objects more suitable for Chinese people to use and to appreciate.

The second half of 8th century is the phase of maturity of the art forms. In the first half of 8th century, the T'ang Dynasty was very strong and prosperous, when varieties of schools and styles existed in the academic and cultural fields. This social background influenced the production of the gold and silver. After the T'ang craftsmen had experience in making the gold and silver for about one hundred years from the early 7th to early 8th century, they shook off completely the western model, and developed toward a more national orientation. The new generation of craftsmen who grew up during the prosperous age of T'ang culture were so different from their forerunners, who were influenced by the west, that production of the gold and silver emerged with a completely new appearance. The previous shapes of the high-stemmed cups, handle cups and poly-lobed dishes, and the designs of acanthus and grapes were seldom seen. There are many new shapes, such as the ewer, plate and case which often contained four or five lobes. Decorations of rosettes, plucked-branches and posy flowers sprang up. The composition of decorations became scattered, and the content tended to be realistic. The similarity to the western gold and silver on a few objects were no longer the result of the direct influence from the west, rather inherited from features of the first phase. Most shapes and decorations of the objects were new inventions which had not previously been seen in the west or in traditional Chinese handicraft industry.

The 9th century was the phase of popularization and diversification. The central government's power of the T'ang Dynasty in the 9th century suffered decline while separatist groups became more and more powerful. This also brought an ebb in the contact between the T'ang and the west and other nearby regions. The introduction of new tax system, *Liangshuifa*, changed the social economy and stimulated the development of the market economy, especially in the south. The monopoly of producing the gold and silver by the central government in the early T'ang Dynasty was broken, and more and more local official-owned or privately-owned gold and silver workshops emerged. However, the use of gold and silver still remained exclusive within the imperial family and high-ranking officials. The popularization and diversification of the 9th century are only relatively true compared to the two previovs phases. The commercialization of gold and silver made the objects more practical, and some rich commoners also began to use them, especially in the south. The change also made objects lighter, thinner and simpler, but varieties increased in a large way. Among the T'ang Dynasty's gold and silver, tea wares, *xiangbaozi, gengwanzi* (gilt silver bowl with lotus-shaped ring foot), *boluozi* (gilt silver cases with hollow ring foot), *pulan*, warming vessels, *choutong* (silver cylinder container for lots), turtle-shaped case and holders all belong to this phase. The shapes of bowls, cases and plates changed to magnificent effect. Bowls with flower-shaped rims, shallow and slanted bellies, four- or five-lobed footed cases and plates with mallow petal shapes became very popular. There were many varieties of designs of plucked branches, and wide leaf and large flower decorations were very distinctive. Decorative themes of animals, such as mandarin ducks, parrots, geese and paired fish became favorites, and lotus-leaf, ribbon and petal motives appeared as well. The style was free and random, richly depicting folk life. The number of inscribed objects also increased.

2. The study of the historical origin and cause for the flourishing of the gold and silver of the T'ang Dynasty

The emergence of the prosperity of the T'ang Dynasty was the result of many causes. I have devoted three chapters to comprehensively discussing China's gold and silver of the preT'ang periods. Although it is not the focus of this book, however, I believe it is definitely necessary in order to accurately understand and explain the T'ang's gold and silver.

The T'ang Dynasty inherited and further developed the mythical concept towards the gold and silver which began during the Han Dynasty, hundreds of years before. Meanwhile, the use of gold and silver was also associated with the social hierarchy system. Because the imperial family and nobles were fond of gold and silver, some people gained favor from the powerful by donating gold and silver. In internal court struggles, diplomatic communication and military warfare, gold and silver also became major choices for bribery and reward. All these circumstances provided the perfect opportunity for the development of gold and silver work, spurring increased production and more exquisite results. As recorded in a historical document, when Wang Bo was the *Jiedushi* (official rank) of Huainan in the first half of 9th century, he donated the Emperor gold and silver on three occasions. The biggest gift was "to donate 3,400 pieces of silver bowls," and totaled more than 5,900 pieces of gold and silver. There are many historical records of emperors using the gold and silver as rewards.

Archaeologists and art historians mainly focus their research on finished gold and silver products. However, we should not forget other aspects in producing the gold and silver, such as mining, casting, collecting and the workshop, which guaranteed the prosperous development of the T'ang's gold and silver. According to the *Dilizhi* (Record of Geogerphy) of *Xintangshu* (New Chronicle of the T'ang Dynasty), there were 73 places producing and contributing gold, and 68 ones silver. The mines were extracted by both official and private sectors, and allowing private enterprises to mine gold and silver was a fundamental policy of the T'ang Dynasty. By encouraging private mining, the state was able to collect more tax and stimulate the development of the gold and silver industry. For example, one silver mine in the Yiyang county paid more than 2,000 *liang* of silver in tax yearly. Many local governments required people to pay a fixed amount of gold and/or silver, and silver could also substitute for other kinds of taxes. The production of gold and silver during the T'ang Dynasty was unprecedented. Most silver artifacts of the T'ang Dynasty which have been examined show a high degree of purity, usually above 98%, indicating the advanced techniques of refining silver in the T'ang Dynasty.

The manufacturing of the gold and silver was mainly controlled by the central government and the imperial family before the mid-8th century through two organizations, the *Zhangyeshu* (*Foundry Office*), and the Institute of Gold & Silver Workshop. The *Wensiyuan* of the T'ang imperial workshop became very prosperous in the 9th century. Skillful craftsmen from different areas were virtually dragooned to join official workshops where they could exchange their techniques and learned from each other. These workshops had abundant materials, advanced producing facilities, and the cost of the production was not concerned. These enabled craftsmento concentrate on creating fine works. Each piece of production from the official workshops would bear names of those who participated in its manufacture according to their status. The strict monitoring and examining process improved the quality of the production. The T'ang Dynasty also established the system of teaching and training young craftsmen. One could only become a real craftsman after four years of studying skills of making gold and silver and passing very strict examinations. The descendants of the craftsmen from the official workshops had the privilege to be selected first to continue their fathers' career.

The inscribed gold and silver wares from archaeological excavations indicated that there were local official gold and silver workshops in Yuezhou (present-day Shaoxing, Zhejiang Province), Xuanzhou (in Anhui Province), Guizhou (Guilin, in Guangxi Zhuang Autonomous Region), Hongzhou (present-day Nanchang in Jiangxi Province). Many silver vessels from the hoards at Dingmaoqiao and Xiashenqiao were almost identical in shapes and sizes, which suggests that they were either custom-made or simply commodities. They also marked the mature development of local official and private workshops. Some names of craftsmen and of associations of private workshops appearing on the silver vessels had never emerged in previous periods.

3. I devote one third of this book to discuss the issue of the gold and silver of the T'ang Dynasty and exotic civilization since foreign cultures had a vital influence on the development of the gold and silver of the period. The first half of the T'ang Dynasty was the time in which exotic goods was most popular. Foreigners from Turk, Uigur (present-day Xinjiang in China), Persia, Sogdiana and Tocharia who lived in Chang'an and Luoyang were treated like local people. They were allowed to establish their own religious centers, marry Chinese and occupy official positions in the government. Foreign businessmen preferred to live in the cities and towns along the Silk Road in order to benefit most from the trade. The markets in Chang'an and along the Hexi Corridor became major locations for selling foreign goods, as well as places for cultural merging. Exotic objects brought curiosity and imagination to the T'ang people, enlightened and changed the people's thoughts and behaviors.

In previous studies, scholars such as E. H. Shafer from America and Xiang Da from China have conducted thorough research on Sino-foreign relations mentioned in the historical records. They all fully realized and strongly advocated the importance of archaeological discoveries but the period in which they lived did not provide more assistance to their research. Today, we can base our systematic and detailed description of the foreign civilizations of the T'ang Dynasty mainly on unearthed relics instead of the historical documents. We can appreciate Chang'an as a great cosmopolis from the archaeologically-discovered pottery figurines, mural paintings and the gold, silver and glass vessels. The gold and silver remains, which could be well-preserved, are among the majority of the unearthed artifacts which have not been spoiled. As the media of cultural transferring, the gold and silver productions are abundant in styles and decorative designs, and contain a great amount of information. Because of their rarity, they first influenced the lives and thoughts of the upper class in the society, and the altered lives and thoughts were later imitated by commoners.

On the issue of the gold and silver of the T'ang and the foreign civilizations, I propose the three systems of Sasanian, Sogdian and Byzantine as having the most important influence. The complicated historical background of the ancient states of the Central Asia, West Asia and Mediterranean, and the diversities of the gold and silver vessels determined that they were multi-cultural assemblies. Therefore, it is impossible to recognize explicitly the influences of the three systems. However, it is still meaningful for historical research to differentiate the three systems since different foreign cultures from the west had varied influence in China when they were introduced.

The Sogdian silverware had the closest relation to the T'ang silverware. I identified over one dozen specimen of silver vessels, including ewer with handle, handle cup, long cup, plate and bowl which were previously thought to be the products of the T'ang Dynasty to be in fact imported objects from Sogdiana. I discuss the relation between the Sogdian and the T'ang silverwares through researching individual objects and the influence of the T'ang gold and silver to the Sogdiana.

China and Sasan had their closest contact between the Northern Wei and early T'ang Dynasties. There have been over 3,000 Sasanian silver coins unearthed in China so far. Chinese tombs dating between the 4th and 6th centuries have yielded many Sasanian silverware and glassware. There were 29 diplomatic visits between China and Sasan in the T'ang Dynasty. When the last king of Sasan, Yezdigerd Ⅲ, was assassinated, his son, Perozes escaped to the T'ang Empire. The historical fact that Sasanian merchants and the royal descendants came to China indicated the close relationship between the two places. The gold and silver long dish of Sasanian style was very popular during the T'ang Dynasty. The decorative design, such as the medallion motif which was named after the feather of winged lions and stags within the ring of rope pattern, was obviously influenced by the Sasanian art.

The popular high-stemmed cup of the early T'ang Dynasty was probably the result of the Byzantine influence. The Roman-Byzantines who were familiar with maritime transportation had contact with China through the South China Sea long before. Therefore, there were many bronze, tin and porcelain high-stemmed cups imitating the Roman styles in South China. The silver high-stemmed cup, which was very popular in the early T'ang Dynasty, was very likely influenced by the Roman-Byzantine objects. Nevertheless, since Sasan and Sogdiana controlled the land route between China and Byzantine, it is easily to be suggested that this influence might be indirect.

Since a large number of Chinese objects were discovered from dated tombs (including imported goods from the west), other objects can be dated according to the chronological framework established on the basis of archaeological data. Therefore, China's unearthed gold and silver objects are extremely important in studying the relationship between China and the west. Some imported artifacts can even become the standard objects for dating the western gold and silver vessels.

Since Zhang Qian opened the route to Seridian in the Han Dynasty, the western world gradually learned about China. Then Central Asia, Western Asia and Europe were attracted to the mythical land of the

T'ang Dynasty. Many westerners traveled back and forth on the dangerous "Silk Road" despite the risk of losing their lives. Foreign diplomats and merchants also rushed to the Orient in the spirit of greed. While they fulfilled their own needs, they also played a role in cultural exchanges between the east and the west. The T'ang Dynasty made a great contribution to world civilization because it benefited from the learning, absorbing and innovating of knowledge it received from foreign cultures. To look at the world from China, and then to look at China from the world. We get so much glimpses on the significance of exchange and the common pursuits of mankind through the study of the gold and silver of the T'ang Dynasty.

Finally, I would like to especially mention Mr. Roger E. Covey, who generously sponsored publishing this book. Being the President of the T'ang Research Foundation, Mr. Covey himself is also a researcher of the T'ang Dynasty's gold and silver. He has shown great interest in and concern about publishing this book. Mr. Covey also provided me with a large amount of materials abroad. I hereby express my sincere thanks to Mr. Covey for his long time support.

图书在版编目(CIP)数据

唐代金银器研究 / 齐东方著. —上海：上海古籍
出版社,2022.12 （2024.6重版）
ISBN 978－7－5732－0533－9

Ⅰ.①唐… Ⅱ.①齐… Ⅲ.①金银器(考古)-研究-
中国-唐代 Ⅳ.①K876.434

中国版本图书馆CIP数据核字（2022）第211018号

唐代金银器研究

齐东方 著

上海古籍出版社出版发行

（上海市闵行区号景路 159 弄 1-5 号 A 座 5F　邮政编码 201101）

（1）网址：www.guji.com.cn
（2）E-mail: guji1 @ guji.com.cn
（3）易文网网址：www.ewen.co

上海丽佳制版印刷有限公司印刷

开本 889×1194　1/16　印张 29.75　插页 31　字数 720,000
2022 年 12 月第 1 版　2024 年 6 月第 2 次印刷
ISBN 978－7－5732－0533－9

K·3296　定价：186.00 元

如有质量问题，请与承印公司联系